"十三五"国家重点图书规划项目

古代汉语句型新探

——结构主义视阈下的古汉语句法解析模型与转换机制

董治国　著

南开大学出版社

天　津

图书在版编目(CIP)数据

古代汉语句型新探：结构主义视阈下的古汉语句法
解析模型与转换机制 / 董治国著. —天津：南开大学
出版社，2020.5
ISBN 978-7-310-05923-2

Ⅰ.①古… Ⅱ.①董… Ⅲ.①古汉语－句法－研究
Ⅳ.①H141

中国版本图书馆 CIP 数据核字(2020)第 016831 号

古代汉语句型新探
—— 结构主义视阈下的古汉语句法解析模型与转换机制
Gudai Hanyu Juxing Xintan—Jiegou Zhuyi Shiyu
Xia De Guhanyu Jufa Jiexi Moxing Yu Zhuanhuan Jizhi

南开大学出版社出版发行
出版人：陈　敬
地址：天津市南开区卫津路 94 号　邮政编码：300071
营销部电话：(022)23508339　营销部传真：(022)23508542
http://www.nkup.com.cn

鑫艺佳利(天津)有限公司印刷　全国各地新华书店经销
2020 年 5 月第 1 版　2020 年 5 月第 1 次印刷
260×185 毫米　16 开本　39.25 印张　4 插页　952 千字
定价：239.00 元

如遇图书印装质量问题，请与本社营销部联系调换，电话：(022)23508339

致　谢

　　昔日，瑞典斯德哥尔摩大学东方语言系主任马悦然（Goran Malmqvist）教授（后任诺贝尔奖评委）曾来函对拙著表示关注、鼓励；北京大学文学院前院长陈保亚教授、西南大学文学院王春玲教授对拙著给予高度评价；挚友百花文艺出版社总编辑顾传菁编审、内蒙古大学文学院史震已教授、沧州师范学院文学院汪政章教授都给了我不少真诚的帮助；各高校学者同人给了我诸多支持（恕我不一一列名）；当今新著即将付梓，南开大学出版社领导及此书项目负责人张彤编审，多年不辞劬劳，鼎力相助，使拙作早日面世。以上种种，皆使我十分感激，在此一并向他们致以由衷谢忱！

前　言

　　笔者于 20 世纪 70 年代初，对当时风靡一时的英语句型教学产生了深厚的兴趣，深感此种教学方法新颖简捷，使学生学起来快速省时，理解透彻，记忆牢固，教学效果十分显著，遂萌生了将它借鉴过来，创立一整套古代汉语句型系统的念头。此举得到了邢公畹、马汉麟二位业师的赞许。于是，我徜徉于数量繁多而又艰深难解的方籍中，采摘出数千个例句，经过筛选整理，终于归纳出若干个句型和句型转换，撰写了一些学术论文和专著。后又收到了国内外许多专家学者的来函，使我颇受鼓舞，信心倍增。

　　随着日月的推移，笔者年事已高，但在科研路上仍马不停蹄，继续拼搏。有一句英语谚语"No pains，no gains."（一分耕耘，一分收获。）时时在提醒我，要有不畏艰难困苦的精神准备；精卫填海、镆铘铸剑等一系列中国古代故事所体现的那种坚强刚毅的精神不断鼓舞着我；尤其是自大学求学时就铭记在心的伟大诗人屈原的《离骚》中的诗句"汩余若将不及兮，恐年岁之不吾与。朝搴阰之木兰兮，夕揽洲之宿莽。"（光阴飞逝我追不上，我恐惧那不等待我的时光。早晨在土坡上采摘木兰，夜晚在水洲里收取宿莽。）更是深深地激励着我，让我勇往直前，我愿认屈原为宗师、榜样，像他那样朝夕采摘，日夜奋战，不惜花费毕生的心血来完成此项艰辛的科研工作。经过退休后 20 余年的努力，笔者感到在学识上有了更多的积累，在认识上有了更大幅度的提高，在借鉴布龙菲尔德的结构主义和乔姆斯基的转换生成语法上也有了更深刻的体会。笔者不断地探索着古代汉语句型的内在规律，以锐意开拓创新为己任，笔耕不辍，遂使拙作终告杀青。

　　笔者在学术领域中不断挖掘和耕耘所结成果，以其独特的研究角度、鲜明的选题特色，给读者带来了古文学习的启迪。经归纳，拙著具有以下五点特色。

　　一、句型齐全而有系统

　　本书从秦汉时期的哲学、历史典籍中采摘例句，经过认真筛选整理，还借鉴了英语系统创建句型的经验来归纳句型。它几乎囊括了古代典籍中各类句型，力图展示古代汉语全貌。

　　二、独特的双语公式

　　书中所有句型都设计了独特的公式。每个句型都含有由英语字母符号和汉语语法术语组成的两套相对应的公式，供读者选择使用。已试用过此类公式的人们觉得使用这些公式来学习古汉语既能迅速增进内容理解，又能记得牢靠扎实。

　　三、译文全面而准确

　　本书依据"信""达""雅"的原则，把书中的全部例句都做了翻译，搭配提供翻译的规律和技巧，力争尽快地提高读者阅读和翻译古籍的能力。

　　四、替换词举一反三

　　书中的许多句型都列出了丰富的替换词，让读者知道都有哪些词和词语可以适合这个句型来进行替换。读者可以仿照来进行替换练习，亲自从书中撷取并不断补充替换词，使学习古书由索然无味变得轻松自如、妙趣横生。

五、深层揭示古汉语规律

全书共归纳出 46 则句型转换，将其划分为 7 类。同时，还介绍了几种句型转换的方法及句型转换的条件限制。句型转换的研究，对于人们充分认识句子的表层结构、深层结构及句型之间的关系，乃至深刻地认识古代汉语内部的特有规律，都是非常有意义的。

最后，我想起英语谚语中有一句话说得好："The proof of the pudding is in the eating."（布丁好不好，一尝就知晓。）对本书有兴趣的人可算对古代汉语有不解之缘，您的亲自体验弥足珍贵。笔者虽殚精竭虑，耗费心思，但仍会有一些考虑不周之处，书中难免出现瑕疵与纰缪。诚祈专家学者和广大读者不吝匡正。

董治国

2018 年 4 月

凡　例

一、本书将不同句型分别划入三编、七部分和七十六类中。全书共归纳句型 439 个，其中第一编 231 个，第二编 100 个，第三编 108 个。全书共有"相关句型"181 个，有此作为补充，使全书的句型更加丰富、全面。

二、很多句型都举了 10 个以上的例句，以使确立句型所依据的语言材料具有充实性和涵盖力。

三、每个句型都有独特的结构式（公式）。有的句型根据动词的不同（及物、不及物）或有无省略成分等，将结构式又细分成几个分支，并标以 I、II、III 等数码。各分支仍隶属于一个句型。

四、本书将每个句型中的第一个例句提上来放在题端，定为"代表句"来加以分析。

五、本书在翻译全部例句时，大多本着直译的原则，字词互相对应，并扣紧语法关系，使译文准确而又讲求文采；少数句子则采用意译；每逢艰深之处稍加注释，很多地方还阐释了古今对译的规律，让读者掌握翻译技巧。

六、每个句型的"说明"，着重阐述这个句型所具有的特点。其中包括对某些重点词（短句）从词性、语法作用和意义等方面详加解释，还列举了与其语法作用相同、可以互相替换的词语。有的句型在"说明"末尾，通过与其他句型互相比较，探讨了"句型转换"问题。

七、第一、二编中的语料都是以单句作单位。有些例句采自古书中复句所包含的分句，为了保持选取例句的简洁完整，有时省略了分句之间的关联词语，如"而""则""故""于是""况"等；另外，还尽量依据上下文补出省略的主语，以六角括号"〔〕"标志。

八、对于名词、名词短语或代词充当主语和宾语这种最常见的情况，除了在开始的句型中做了分析以外，以后为了避免重复，当出现相同情况时，不再分析。

九、古书中的句子大都比较复杂，但经采摘作为例句的词语，大多能够适合某个句型结构框架，但也难免有个别词语与该句型结构无关，不需要分析，以圆括号"（）"标志。例如："公子（乃自骄而）功之"（《史记·魏公子列传》）中的"乃自骄而"，就是不需分析的词语。

十、主谓短语可以充当主语、谓语或宾语，其中尤以充当宾语的情况较常见。主谓短语由主语和谓语两部分组成，两部分之间有着被陈述与陈述的关系。有时，主谓短语是可以把它提到句外，像分析单句一样来分析它的句型结构的。在一些前辈著名学者的著作中亦有此例。如："汝意谓长安何如日远？"（《世说新语·夙惠》），有的书就径引作"长安何如日远？"并把它和其他单句放在一起来分析。本书在必要时，偶尔收录了这种例句。

十一、常见的语气词，放在某部分或类的说明中介绍；不常见的语气词，仅当它在某句型出现时方加以阐释。

十二、句型转换首次出现在第一编、Ⅰ、一、句型 4 和句型 7 中，这里句型转换的过程阐释较详细，读者应着重阅读；为了节省篇幅，其余句型转换阐释均从简。

十三、本书也归纳了少量的非主谓句型，但不把它们单独作为系统，仅将它们置于结构相同的主谓句型的后面。非主谓句型的语法分析大多省略，请参照其前的主谓句型的"说明"。

符号表

N	Noun	名词
NPos	Noun of Position	方位名词
NPl	Noun of Place	处所名词
NT	Noun of Time	时间名词
NPers	Noun of Person	表人名词
NOff	Noun of Official position	表官职名词
V	Verb	动词
Vt	Transitive Verb	及物动词
Vi	Intransitive Verb	不及物动词
CV	Causative Verb	使动（致使性动词）
SV	Subjective Verb	意动（意谓性动词）
Pas	Passive	被动
OV	Optative Verb	能愿动词
A	Adjective	形容词
RA	Repetition of Adjectives	形容词叠字
Num	Numeral	数词
CN	Cardinal Number	基数词
ON	Ordinal Number	序数词
MW	Measure Word	量词
VMW	Verbal Measure Word	动量词
Pron	Pronoun	代词
NIP	Negative Indefinite Pronoun	否定性无定代词
Ad	Adverb	副词
NA	Negative Adverb	否定副词
Int	Interjective	叹词
P	Phrase	短语
NP	Noun Phrase	名词短语
VP	Verb Phrase	动词短语
AP	Adjective Phrase	形容词短语
PP	Prepositional Phrase	介词短语
S-PrP	Subject-Predicate Phrase	主谓短语
FCS	Form of Complex Sentence	复句形式
S	Subject	主语
Pr	Predicate	谓语

NPr	Nominal Predicate	名谓
VPr	Verbal Predicate	动谓
APr	Adjective Predicate	形谓
AdPr	Adverb Predicate	副谓
NumPr	Numeral Predicate	数谓
O	Object	宾语
DO	Direct Object	直接宾语
IO	Indirect Object	间接宾语
Pre-IO	Preceded Indirect Object	前置间接宾语
PO	Prepositional Object	介词宾语
Piv	Pivot	兼语
Attr	Attribute	定语
HW	Head Word	中心语
Adv	Adverbial	状语
C	Complement	补语
hpr	head of predicate	谓语中心
hproe	head of predicate and other elements	谓语中心及其他
APP	Appositive	同位语
Ant	Antecedent	先行词
DS	Declarative Sentence	陈述句
FCl	Fore Clause	前分句
HCl	Hind Clause	后分句
Cl1，Cl2 …	Clause1，Clause2 …	第一分句、第二分句……
N-Non-S-PrS	Nominal-Non-Subject-Predicate Sentence	名词性非主谓句
A-Non-S-PrS	Adjective-Non-Subject-Predicate Sentence	形容词性非主谓句
V- Non-S-PrS	Verbal-Non-Subject-Predicate Sentence	动词性非主谓句

（ ）　　　　　（1）表示注释。

如：S+NPr（Num+N）　主语+名谓（数+名）

这里用来注释某句子成分由哪类词或短语充当。

又如：FCl+HCl（并列关系）　前分句+后分句（并列关系）

这里用来注释前后分句的关系。

（2）表示可以互相替代的词语。

如：S+"与"（"赐""贻""馈""遗"）+IO+DO

主语+"与"（"赐""贻""馈""遗"）+间接宾语+直接宾语

（3）用在例句中，表示不分析的词语。

如：明君（者），（必将先）治其国。

〔 〕　　　　　表示省略了的成分可以根据上下文补出来。

2

如：〔越王勾践〕破吴兵。

〈〉 　　表示可有可无的词语。
　　　　　　如：S+NPr（VP/A+"者"）〈+"也"〉
　　　　　　主语+名谓（动词短语/形+"者"）〈+"也"〉

／ 　　（1）用在圆括号内，表示可以互相替代的不同词性或词语。
　　　　　　如：S（V/VP/A+"者"）+Vt+O
　　　　　　主语（动/动词短语/形+"者"）+及物动词+宾语
　　　　（2）表示对代表句结构的切分。
　　　　　　如：亚父者 /，范增也 /。

∥ 　　用在单句各类的结构式中，表示划分主语和谓语。
　　　　　　如：S∥Vt+O　主∥动（及物）+宾

∣ 　　用在复句的代表句中，表示隔开两个分句。
　　　　　　如：得道者多助，∣失道者寡助。

→ 　　表示词类活用。
　　　　　　如：S+Vt（N→V）+O
　　　　　　主语+及物动词（名用如动）+宾语

⇒ 　　表示句型转换。
　　　　　　如：S+NPr（A+N）〈+"也"〉⇒S+NPr（N〈+"之"〉+A+"者"）〈+"也"〉
　　　　主语+名词（形+名）〈+"也"〉⇒主语+名谓（名〈+"之"〉+形+"者"）
　　　　〈+"也"〉
　　　　五谷者，美种也。⇒五谷者，种之美者也。

Ⅰ、Ⅱ、Ⅲ…… 　　（1）表示部分的号码。
　　　　　　（2）表示句型下属的各分支。

一、二、三…… 　　表示类的号码。
　　　　　　如：第一编、Ⅱ、五、句型 3，表示第一编第二部分第五类句型 3。

导　论

一、句型与句型转换

句型（Sentence Patterns）就是从无数具体句子中抽象出来的造句结构。汉语句型是以汉语的词或短语（其中包括许多虚词）做框架，结构比较固定，能列出特有的公式来表达一定汉语意义的表现模式。著名学者王引之、裴学海等人，在他们有关虚字的著作中，曾经用过"句法""文例"一类的词，实际上他们已经朦胧地感觉到是有与"句型"相似的事物存在了。当然，他们受历史条件的限制，还不能发现今天所归纳出来的真正的句型，他们所接触的只能是中国古代人民在交际中所使用的零星少许习惯性的语言结构。

保留句子的原意而把句中的某些成分加以变换，使得一个句型结构变成另一个句型结构，这就叫作句型转换（the Transformation of Sentence Patterns），也叫句型变换。句子具有深层结构（Deep Structure）和表层结构（Surface Structure）。深层结构是人们在说话之前脑子里存在的一种概念结构，表层结构是说话时的词语组合。深层结构决定句子的意义，表层结构决定句子的形式。

二、语言学家归纳和整理句型

早在 1927 年，英国教育心理学家桑戴克（Thorndike）就曾经对英语句式做过归纳整理，写成 *An Inventory of English Construction*（《英语结构总表》）一书，着重统计了各种句式的使用率。美国结构主义学派代表人物弗里斯（C. C. Fries）、拉多（R. Lado）等人编写了 *English Sentence Patterns*（《英语句型》）和 *English Pattern Practice*（《英语句型练习》），英国学者霍恩比（A. S. Hornby）编写了 *Guide to Patterns and Usage in English*（《英语句型和惯用法》），都系统地整理了英语的句型结构。美国麦克米兰公司出版的《英语九百句》对于英语句型的大量操练方法，在我国产生了很大的影响。日语、法语和俄语等其他语种也都有关于句型的著作。

三、前辈学者不断探索句型转换

在转换生成语法创建以前，我国的前辈语言学家在长期的语言研究实践中，已经发现了一些有关"转换"的语言事实。金兆梓早在 1922 年就曾列出了 S.Vi 等五类基本句式与变式的转换，而且在讨论复句结构时提出可以使用"浓缩""省字""位移""变形"等方法。吕叔湘先生在 20 世纪 40 年代初深入而细致地探讨了句子与词组的转换、单句与复句的转换。他精辟地论证了句法变化所运用的"以繁驭简"和"以简驭繁"两项原则。马汉麟先生在 20 世纪 50 年代从事古代汉语教学时，着重阐述了数词、疑问词语的"改变句法"问题。他指出，这些词语通过转换可以从作状语提升作谓语。在详尽地分析了两个句型转换的步骤之后，他又阐明了转换所起到的语法作用。虽然这些前辈学者对于汉语转换语法的研究还处于萌芽阶段，并未建立起成套的完整而系统的理论，但他们所总结的转换规律，与当今的转换生成语法是一致的。

自乔姆斯基（N. Chomsky）创建转换生成语法理论以后，我国语言学界开始借鉴这一学派的最新成果，以便重新认识和探求汉语的自身发展规律。邢公畹先生从 20 世纪 50 年代起就孜孜不倦地钻研乔姆斯基等人的理论，一直致力于将转换生成语法的观点、方法引进到汉语的科研领域里，取得了显著的成绩。

四、句型转换的方法和分类

一个句型在转换成另一个句型的过程中，必须使用一定的规则和方法。学界惯用的是乔姆斯基等人在转换生成语法中提出的转换方法。转换方法主要有以下几种：

1. 位移（Movement），是指改变符号线列中某些成分的位置。

2. 添加（Addition）或插入（Insertion），是指在句中增添或者插入某些成分。

3. 删除（Deletion）或省略（Ellipsis），是指在句中去掉或者省略某些成分。

4. 替换（Substitution），是指用另一成分取代原有的某一成分。

现列出本书归纳的句型转换中主要的类型 25 则，分为七大类，简述如下：

（一）单句之间句子成分的转换

1. 动词谓语与名词谓语的转换。参见第一编、I、一、句型 7 和句型 8。

2. 不同动词谓语的转换。参见第一编、II、一、句型 35 和句型 36。

3. 两个句型中主语的转换。参见第一编、I、一、句型 23。

4. 两个句型中状语的转换。参见第一编、II、二十、句型 1。

5. 两个句型中主语与谓语的转换。参见第一编、I、一、句型 7。

6. 两个句型中谓语与宾语的转换。参见第二编、I、二、句型 18。

7. 两个句型中宾语与主语的转换。参见第一编、II、九、句型 1。

8. 两个句型中状语与主语的转换。参见第一编、II、一、句型 10。

9. 两个句型中状语与谓语的转换。参见第一编、III、一、句型 9。

10. 两个句型中宾语与状语的转换。参见第一编、II、二十、句型 1。

11. 两个句型中谓语与补语的转换。参见第二编、I、三、句型 4。

12. 两个句型中宾语与补语的转换。参见第一编、II、二十四、句型 2。

（二）例程句与变式句的转换

参见第一编、I、一、句型 4。

（三）肯定句与否定句的转换

参见第一编、I、六、句型 1 和 II、十二、句型 1。

（四）主动句与被动句的转换

参见第一编、II、三十一、句型 2 和三十三、句型 2 及三十四、句型 1。

（五）陈述句与其他语气的转换

参见第二编、I、一、句型 1 和二、句型 1 及 III、一、句型 1。

（六）单句与复句的转换

参见第三编、七、句型 9 和十、句型。

（七）复句与复句的转换

参见第三编、七、句型 9 和三、句型 6。

五、古汉语句型教学的优点

语言大师吕叔湘、邢公畹先生都曾强调过汉语句型教学的必要性。吕先生曾在一次会议致辞中说："这次会的总题目是讨论动词和句型。这是语法研究中的第一号重要问题。"（《句型和动词学术讨论会开幕词》，1985）"以学习语法为主，辅之翻译练习，这个时代早已过去了。用直接教学法，以会话为主，反对系统地学习语法，这个时代也已经过去了。现在一般的做法是从句型也就是基础语法入手，逐渐过渡到读物（包括会话形式）为主，配合读物讲语法；有的就此结束，有的在适当的时候来一个总结性的语法复习。"（《英语语法自修课本》序）邢先生则指出："在古汉语教学上，就课文逐句分析其语法结构，当然是必要的；但如果同时从句型上进行综合的讲授，那么讲一课书，几乎可以收到十课书的效果了。当然，这仅仅是就对古汉语语法结构的领悟来说的。"（为拙著《古代汉语句型大全》写的序，天津古籍出版社，1988）

笔者认为古汉语句型教学具有以下的优点：

1. 凭借公式加强理解记忆

一个完整的句型系统需要设计出成套的公式。学生学习数理化喜欢用公式，因为记住公式就是抓住了"纲"。讲授古汉语同样可以向学生标出公式，通过若干符号排列成各种不同的模式来概括同类句子的结构规律。例如：《廉颇蔺相如列传》中有含"所以……者"的句子："臣所以去亲戚而事君者，徒慕君之高义也。"这类句子是单句还是复句，原有不同看法，我们认为它是单句，属于判断句型。我们标出它的公式：S（N/Pron＋"所以"＋VP＋"者"）＋Pr（VP）——主语（名词/代词＋"所以"＋动词短语＋"者"）＋谓语（动词短语），学生看了就会一目了然，能够很快理解该句型的语法特点：主语是"所以……者"短语，谓语是动词短语。由此可见，使用公式进行句型教学，既便于教师在课堂上讲授，也有利于学生自学，使学生能够独立准确地分析句型结构，并能牢固地记住该句型结构的特点。

2. 学会运用替换，熟悉翻译规律

教师在讲解句型时，不仅要让学生掌握句型公式和例句中的重点词，而且还应该把这些词的替换词尽量介绍出来。例如：在讲授"授予"义双宾语句型时，列出"授""与""予""赐""贻""馈""赠""献""偿""属"等词；在讲授"告示"义双宾语句型时，列出"告""示""语""问""言""教""悔""报"等词。通过列举这些替换词，可以使学生了解究竟有哪些动词（或其他能组成语法框架的词语）适合于这类句型。替换词是从众多的古文之中，经过采集、筛选和验证得来的。学生记住替换词可以扩大视野，从而培养举一反三、触类旁通的能力。教师在授课时，要着重提高学生翻译古文的能力，通过长期不断地训练，使他们掌握每个句型古今对译的规律，提高阅读和翻译原版经典古籍的水平。

3. 便于不同结构对比，探索转换规律

当教师逐个讲解句型时，随时把结构类似、容易混淆的句型加以比较、辨析，可以提高学生分辨能力熟练度和准确性。例如："吾与徐公孰美？"与"吾孰与徐公美？"都出自《邹忌讽齐王纳谏》，两句话的结构难以分辨。通过比较就会认清这两个句型结构不同的语法特点：前者疑问代词"孰"作主语，"吾与徐公"是它的先行词，其中连词"与"连接两个并列成分，形容词"美"作谓语；后者"孰与"已凝固成固定结构，作谓语，偏正短语"徐公美"作补语，其中"美"作中心语，"徐公"作定语。通过对比，还会发现其中有一部分句型结构虽然不同，但所表达的意义相同或相近，它们之间可以互相变换。上面所举的两句话就属于这种情况。由此可见，句型教学有利于我们汲取结构主义和转换生成语法中的有益经验，深入地探讨和总结汉语的转换语法。

此外，句型教学还具有以下优点：模型/公式代入法能够简便、快捷地掌握汉语的惯用结构；可以适应多媒体输入法，便于积累语料库，并通过视频课件等方式方便移动网络教学。

总之，古书的语言距离我们很遥远，因此学习起来难免枯燥乏味，而句型教学却令人觉得兴趣盎然，犹如幽径探秘，可以取得事半功倍的效果。

六、开展古汉语句型教学的做法

1. 新编教材要汲取句型的科研成果

我国的英语教学，从 20 世纪 70 年代初开展了句型教学，一时有如雨后春笋，蓬勃发展，规模十分壮观。北京人民广播电台的英语广播讲座，所编教材更是篇篇以讲解句型为纲，令人耳目一新，深受广大听众的欢迎。继之北京大学、北京外国语大学、复旦大学等都推出了讲解句型的新教材。这些教材把句型练习（Pattern Drills）摆在了首位，教师授课并不是先讲课文，而是向学生示范性地介绍句型的代表例句。然后学生随着教师反复模仿，并且学会使用替换词（Substitute），来迅速地回答教师所提出的问题。笔者认为，大学古代汉语教材和中学语文课本中的文言文部分应该适当编写出含有讲授句型的内容，这样才能使学生坚实地打好获取古汉语知识的基础。

2. 加强翻译训练

古汉语句型教学虽然需要借鉴外语句型教学的经验，但决不能照搬外语句型教学的模式，而应有自己的教学方法和原则。外语句型教学以听说为主，强调培养学生在听懂的基础上学会说外语；而古汉语句型教学应该着重培养学生阅读和翻译古文的能力。翻译训练是古汉语句型学习的主要步骤。我们首先可以撷选结构相同、便于替换的例句，放在每篇古文之首。例句一般是五句左右。为了避免教师唱独角戏，要让学生翻译大量句子，调动他们的主动性、积极性。指导他们掌握按照句型结构进行翻译的技巧，以熟悉古今对译的规律。

3. 讲授语法知识和句型知识要统一起来

前提是所有的讲授都要遵循教学大纲的要求。教师在讲解每课的语法内容时，尽量列出与之相关的句型公式，并促成师生共同完成教学任务。提倡学生大胆设想、发挥，敢于发表自己的意见，最后由教师归纳总结。教师还要编写含有句型的标点断句翻译的练习册，来巩固教学上的收获。采用这种生动活泼的新教法，要比单一、枯燥的旧教法强得多。

4. 句型的科研成果走进教师的教研活动中

目前绝大多数教师对于"句型"的概念十分陌生，因此在大学、中学语文教师的教研活动中应该介入古汉语句型教学的内容，让授课教师不要停留在只探讨文章的字、词讲解上，而要深刻挖掘分析每个句型结构。应鼓励广大教师列出句型的公式，对于句型结构提出新的分析方法，对于不同的句型进行对比；鼓励广大教师各抒己见，畅所欲言，充分调动他们教学上的主动性、积极性。

最后，还要在全国各地师范院校开设选修课，专门讲授古汉语句型的课程，使广大语文教师对于这门前沿科学有更全面、更深入的了解，这是大力开展古汉语句型教学的重要前提。开设选修课要力求做到全面系统、分类缜密而又层次清楚，力争做到使学生对句型教学产生浓厚的兴趣。

目　录

9

14

31

33

第一编　单句（上）

单句分为主谓句和非主谓句两类。主谓句是由主谓短语构成的。非主谓句是由单个的词或主谓短语以外的其他短语构成的。

主谓句是最常见的句型。在分析主谓句时，首先要分成主语和谓语。充当主语和谓语的可以是词，也可以是短语。如果主语和谓语是由短语充当，就要对不同类型的短语做进一步分析。名词短语是以名词为主体，可以分解成定语和中心语；动词短语是以动词为主体，可以分解成动词、宾语、状语和补语；形容词短语是以形容词为主体，可以分解成形容词、状语和补语。

下面举例说明：

1. 亚父者，‖范增也。（《史记·项羽本纪》）

主语是名词"亚父"，谓语是名词"范增"。

2. 其巫，‖老女子也。（《史记·滑稽列传附录》）

主语是名词短语"其巫"，其中名词"巫"是中心语，"其"是定语。谓语是名词短语"老女子"，其中名词"女子"是中心语，"老"是定语。

3. 吕公女‖乃吕后也。（《史记·高祖本纪》）

谓语是"乃吕后"，其中名词"吕后"作谓语中心，"乃"作状语。

4. 项王‖怒。（《史记·项羽本纪》）

谓语是不及物动词"怒"。

5. 〔子〕‖以杖叩其胫。（《论语·宪问》）

谓语是动词短语"以杖叩其胫"，其中及物动词"叩"作谓语中心，"其胫"作宾语，"以杖"作状语。

6. 晋‖强。（《韩非子·说林下》）

谓语是形容词"强"。

7. 君‖美甚。（《战国策·齐策》）

谓语是形容词短语"美甚"，其中形容词"美"作谓语中心，"甚"作补语。

在整理、归纳全部句型时，首先应该抓住基本句型。根据句子的主干——主语、谓语以及宾语的通常运用情况所确立的句型，叫作基本句型。基本句型是全部句型中的核心部分。基本句型有以下七类：

1. S‖N　　主‖名　　　　　　　　　　　　（第一编、Ⅰ、一）
2. S‖Vt＋O　主‖动（及物）＋宾　　　　　（第一编、Ⅱ、一）
3. S‖Vi　主‖动（不及物）　　　　　　　　（第一编、Ⅱ、三）
4. S‖Vt＋IO＋DO　主‖动（及物）＋宾（间）＋宾（直）　（第一编、Ⅱ、五）

5. S‖V＋Piv＋V〈＋O〉 主‖动+兼语+动〈+宾〉　　　　　　（第一编、II、七）

6. S‖V〈＋O〉＋V〈＋O〉 主‖动〈+宾〉＋动〈+宾〉　　　　（第一编、II、八）

7. S‖A　主‖形　　　　　　　　　　　　　　　　　　　（第一编、III、一）

基本句型以外的叫作一般句型。一般句型通常是与基本句型结构相比有所变化，或者是在基本句型结构基础上派生出来的。例如有变式句（主谓倒置、宾语前置）、扩展句（增加了定语、状语、补语）、省略句和被动句等。主谓谓语句根据充当谓语的主谓短语的不同类型，也分别划归各部分中的一般句型。

第一部分　判断句

判断句是表示判断的，多用于解释或注释，有时也用于表示比喻，或说明原因。判断句主要是以名词或名词短语作谓语。

在上古汉语中，肯定的判断句在主语和谓语之间，不用表示判断的动词"是"字。

判断句常见的句中语气词是"者"字，表示提顿。例如：

南冥者，天池也。（《庄子·逍遥游》）

常见的句尾语气词是"也"字，帮助判断。例如：

墨子者，显学也。（《韩非子·外储说左上》）

判断句常使用"者"和"也"前后照应，有四种形式：

1. 句中有"者"，句尾有"也"。这是判断句的典型结构。例如：

陈胜者，阳城人也。（《史记·陈胜世家》）

2. 句中没有"者"，句尾有"也"。这种情况较常见。例如：

滕，小国也。（《孟子·梁惠王下》）

3. 句中有"者"，句尾没有"也"。这种情况较少见。例如：

陈婴者，故东阳令史。（《史记·项羽本纪》）

4. 句中的"者"和句尾的"也"都不用。这种情况也较少见。例如：

荀卿，赵人。（《史记·荀卿列传》）

此外，"也"还用来肯定事情的因果关系。例如：

魏王所以贵张子者，欲得韩地也。（《史记·张仪列传》）

常见的句首语气词是"夫"字，表示要发议论。例如：

夫明堂者，王者之堂也。（《孟子·梁惠王下》）

第一类 S‖N
主‖名

句型 1

[结构式] S (N)〈＋"者"〉＋NPr (N)〈＋"也"〉

        主语（名）〈＋"者"〉＋ 名谓（名）〈＋"也"〉

[代表句] 亚父者 /，范增也 /。

[例句]

序号	S	"者"	NPr	"也"	引书
1	亚父	者	范增	也	《史记·项羽本纪》
2	诸葛孔明	者	卧龙	也	《三国志·诸葛亮传》
3	周公		弟	也	《孟子·公孙丑下》
4	管叔		兄	也	《孟子·公孙丑下》
5	夔		人	也	《韩非子·外储说左下》

[译文]

1. 亚父是范增。
2. 诸葛孔明是卧龙。
3. 周公是弟弟。
4. 管叔是哥哥。
5. 夔是人。

[说明]

1. 句型 1—19 是一组以名词、名词短语或代词作主语的句型。名词、名词短语或代词作主语是最常见的。
2. 本句型的主语和谓语都是名词。
3. 名词或名词短语作主语的句型一般用来注释，即说明人物的姓氏、身份、品格或事物的性质等。
4. 古代汉语肯定判断句在译成现代汉语时，要在主语后面加上"是"字，"者""也"可以不译。

句型 2

[结构式] I. S〈＋"者"〉＋NPr (N+N)〈＋"也"〉

        主语〈＋"者"〉＋ 名谓（名＋名）〈＋"也"〉

[代表句] 陈胜者 /，阳城人也 /。

[例句]（表一）

序号	S	"者"	NPr		"也"	引书
			N	N		
1	陈胜	者	阳城	人	也	《史记·陈涉世家》
2	淮阴侯韩信	者	淮阴	人	也	《史记·淮阴侯列传》
3	梁孝王	者	孝景	弟	也	《史记·魏其武安侯列传》
4	陈婴	者	故东阳	令史		《史记·项羽本纪》
5	天下	者	高祖	天下		《史记·魏其武安侯列传》
6	南冥	者	天	池	也	《庄子·逍遥游》
7	荀卿		赵	人		《史记·荀卿列传》
8	楚左尹项伯	者	项羽	季父	也	《史记·项羽本纪》

[译文]
1. 陈胜是阳城人。
2. 淮阴侯韩信是淮阴人。
3. 梁孝王是汉景帝的弟弟。
4. 陈婴原先是东阳县的书吏。
5. 天下是汉高祖创建的天下。
6. 南海是天然形成的大池。（冥：同"溟"，指海。）
7. 荀卿是赵国人。
8. 楚国的左户项伯，是项羽的叔父。

[结构式] II. S〈+"者"〉+ NPr（N+"之"+N）〈+"也"〉
　　　　　主语〈+"者"〉+ 名谓（名+"之"+名）〈+"也"〉
[代表句]（夫）明堂者 /，王者之堂也 /。
[例句]（表二）

序号	S	"者"	NPr			"也"	引书
			N	"之"	N		
1	（夫）明堂	者	王者	之	堂	也	《孟子·梁惠王下》
2	书	者	政事	之	纪	也	《荀子·劝学》
3	食	者	民	之	本	也	《淮南子·主术训》
4	民	者	国	之	本	也	《淮南子·主术训》
5	国	者	君	之	本	也	《淮南子·主术训》
6	韩		天下	之	咽喉		《战国策·秦策》
7	魏		天下	之	胸腹		《战国策·秦策》
8	虢		虞	之	表	也	《左传·僖公五年》
9	秦		虎狼	之	国		《史记·屈原贾生列传》

[译文]

1. 明堂是有道德而统一了天下的君主的殿堂。
2. 尚书是记载政事的。
3. 食粮是百姓的根本。
4. 百姓是国家的根本。
5. 国家是国君的根本。
6. 韩国是天下咽喉一般的险要地方。
7. 魏国是天下胸腹一般的中心区域。
8. 虢国是虞国的外围。
9. 秦国是一个像虎狼一样贪婪凶暴的国家。

[说明]

1. 本句型的谓语是个偏正短语，中心语是名词，定语是名词。在表二例句中，在定语和中心语之间有一个助词"之"字作标志，并起调谐音节的作用。
2. 表一例 8 的"楚左尹"和"项伯"是复指成分。

句型 3

[结构式] S + NPr（A+N）〈+"也"（"耳"）〉

　　　　主语 + 名谓（形+名）〈+"也"（"耳"）〉

[代表句] 滕 /，小国也 /。

[例句]

| 序号 | S | NPr | | "也" | 引书 |
		A	N		
1	滕	小	国	也	《孟子·梁惠王下》
2	墨子（者）	显	学	也	《韩非子·外储说左上》
3	其巫	老	女子	也	《史记·滑稽列传附录》
4	千金	重	币	也	《战国策·齐策》
5	百乘	显	使	也	《战国策·齐策》
6	白起	小	竖子	耳	《史记·平原君虞卿列传》
7	其人	圣	儒		《史记·扁鹊仓公列传》
8	子产	仁	人		《史记·郑世家》
9	其人	辩	士		《史记·范睢蔡泽列传》
10	（夫）鲁	小	国		《史记·孙子吴起列传》
11	虎（者）	戾	虫		《战国策·秦策》

[译文]

1. 滕是小的国家。
2. 墨子是声名显赫的学者。
3. 那个巫是个老婆子。

4. 千斤黄金是贵重的礼物。（币：礼物。古代用作礼物的有玉、马、皮、帛、圭、璧等。）

5. 出动百辆车子的是显赫的使者。

6. 白起不过是小孩子罢了。

7. 那个人是圣儒。

8. 子产是个仁爱的人。

9. 那个人是个口才好、善于辩论的人。

10. 鲁国是个小国。

11. 老虎是贪婪凶暴的动物。

[说明]

1. 本句型的谓语是个偏正短语，中心语是名词，定语是形容词。在定语和中心语之间，不用助词"之"字。

2. 语气词"耳"表示限止，即把事情往小处说，不把它当回事，译作"罢了"。

[附] 相关句型有下列两个：

1. S〈+"者"〉+NPr（V/VP+"之"+N）〈+"也"〉

主语〈+"者"〉+名谓（动/动词短语+"之"+名）〈+"也"〉

陈轸者，游说之士。（《史记·张仪列传》）

陈轸是周游各国以言辞劝说的策士。

这个句型的谓语是个偏正短语，中心语是名词，定语是动词或动词短语。在中心语和定语之间有助词"之"字作标志。

2. S+NPr（Num+MW+"之"+N）

主语+名谓（数+量+"之"+名）

今秦，万乘之国。（《战国策·赵策》）

当今秦国是拥有万辆兵车的大国。

这个句型的谓语是个偏正短语，中心语是名词，定语是数量词。在中心语和定语之间有助词"之"字作标志。

句型 4

[结构式] S+NPr（N〈+"之"〉+A+"者"）〈+"也"〉

主语+名谓（名〈+"之"〉+形+"者"）〈+"也"〉

[代表句] 五谷（者）/，种之美者也 /。

[例句]

| 序号 | S | NPr | | | | "也" | 引书 |
		N	"之"	A	"者"		
1	五谷（者）	种	之	美	者	也	《孟子·告子上》
2	伯夷	圣	之	清	者	也	《孟子·万章下》
3	伊尹	圣	之	任	者	也	《孟子·万章下》
4	柳下惠	圣	之	和	者	也	《孟子·万章下》
5	孔子	圣	之	时	者	也	《孟子·万章下》
6	是	（则）罪	之	大	者		《孟子·离娄下》
7	恃陋而不备	罪	之	大	者	也	《左传·成公九年》

[译文]

1. 五谷是种子里的优良品种。
2. 伯夷是圣人中清高的人。
3. 伊尹是圣人中负责的人。
4. 柳下惠是圣人中平易近人的人。
5. 孔子是圣人中合乎时宜、机动灵活的人。
6. 这就是最大的罪过。
7. 依仗简陋却不设防备是罪过中的大罪。

[说明]

1. 本句型的谓语是个偏正短语，中心语是名词，定语一般是形容词。
2. 本句型的特点是：定语的位置是在中心语的后面，以便使中心语突出。
3. "者"字是代词。定语放在中心语后面，一般要用"者"字煞尾。
4. "之"字是助词，放在中心语和后置定语之间，使中心语和定语具有全体和部分的关系。有的句子可以不加"之"字。
5. "之"字译作"的"。

[句型转换]

S+NPr（A+N）〈+"也"〉 ⇒ S+NPr（N〈+"之"〉+A+"者"）〈+"也"〉

主语+名谓（形+名）〈+"也"〉 ⇒ 主语+名谓（名〈+"之"〉+形+"者"）〈+"也"〉

五谷者，美种也。⇒ 五谷者，种之美者也。（本句型例1）

"墨子者，显学也"（第一编、I、一、句型3例2）中的"显学"是以形容词"显"作定语，这个定语放在中心语的前面。前句型"五谷者，美种也"和"墨子者，显学也"结构相同。如果把"美"移到"种"的后面，并在两字中加助词"之"字，"美"的后面加"者"字，这样就转换成后句型："五谷者，种之美者也。"这是用把定语移位并添加"之"和"者"的方法转换成另一句型的。本转换式属于常式句与变式句的转换。

"五谷者，美种也"经过上述改变句型结构，转换成"五谷者，种之美者也"，而其表达的意思仍然基本相同，并没有大的变化。一个同样的意思，可以用不同的句型结构来表达，而其意思仍然保持基本相同或相近，就叫作句型转换。需要说明的是：上面的"五谷者，美种也"是笔者为了阐述句型转换方便而拟出来的句子。之所以这样做的原因是：（1）"五谷者，美种也"与"墨子者，显学也"结构相同，二者是同构句。"五谷者，美种也"虽然不出自古籍，但是由于它符合古代汉语句子结构的规律，它是完全可以成立的。（2）"五谷者，美种也"与"五谷者，种之美者也"是同义句，二者能够互相转换。在阐述句型转换的过程中，我们把这两句话分别称为"前句型"和"后句型"。后面讨论句型转换均依此例。

前句型转换成后句型的条件是：只有表示修饰性的定语可以移到中心语后面，而表示同一性和领属性的定语不能移到中心语后面。

句型 5

[结构式] I. S 〈+"者"〉+NPr（N+"之"+A+N）〈+"也"〉

主语 〈+"者"〉+名谓（名+"之"+形+名）〈+"也"〉

[代表句] 二老者 /，天下之大老也 /。

[例句]（表一）

序号	S	"者"	NPr				"也"	引书
			N	"之"	A	N		
1	二老	者	天下	之	大	老	也	《孟子·离娄上》
2	韩子卢	者	天下	之	疾	犬	也	《战国策·齐策》
3	（夫）父之孝子		君	之	背	臣	也	《韩非子·五蠹》
4	农		天下	之	大	业	也	《盐铁论·水旱》
5	廉颇	者	赵	之	良	将	也	《史记·廉颇蔺相如列传》
6	（吾闻）鲁仲连先生		齐国	之	高	士	也	《史记·鲁仲连邹阳列传》

[译文]

1. 两位老人是天下最有声望的老人。
2. 韩子卢是天下跑得最快的犬。
3. 父亲的孝子却是君主的叛臣。
4. 农业是天下最大的事业。
5. 廉颇是赵国杰出的将领。
6. 我听说鲁仲连先生是齐国道德高尚的人。（"鲁仲连先生，齐国之高士"是主谓短语作"闻"的宾语，这里把它作为单句来分析。）

[结构式] II.〔S〕+NPr+"也"
　　　　　〔主语〕+名谓+"也"

[代表句]（子曰）/ 隐者也 /。

[例句]（表二）

序号	〔S〕	NPr	"也"	引书
1	（子曰）〔　〕	隐者	也	《论语·微子》
2	（对曰）〔　〕	翳桑之饿人	也	《左传·宣公二年》
3	（今上山见虎）〔　〕	虎之室	也	《晏子春秋·卷二》
4	（下泽见蛇）〔　〕	蛇之穴	也	《晏子春秋·卷二》

[译文]

1. （孔子说）〔这〕是一位隐士。
2. （回答说）〔我〕是翳桑那个挨饿的人。
3. （现在您上山看见虎）〔山〕是虎的住处。
4. （下洼地看见蛇）〔洼地〕是蛇的洞穴。（此句省略的主语是"泽"。）

[说明]

1. 本句型的谓语是个偏正短语。中心语是名词；定语是形容词，用来表示修饰。在形容词充当的定语和中心语之间不加"之"字。

2. 在这个偏正短语的前面，又加上一个定语，这个定语是名词，用来表示领属。在名词充当的定语和后面的偏正短语之间，要加上助词"之"字作标志。

3. 在表二例句中，承上文省略了主语，这类句型一般出现在人物的对话当中。

句型 6

［结构式］S +NPr（Num+N）

主语+名谓（数+名）

［代表句］所击杀者 / 数十人 /。

［例句］

序号	S	NPr		引书
		Num	N	
1	所击杀者	数十	人	《史记·刺客列传》
2	所杀伤	数十	人	《史记·魏其武安侯列传》
3	冠者	五六	人	《论语·先进》
4	童子	六七	人	《论语·先进》
5	列侯执珪死者	七十（余）	人	《史记·张仪列传》
6	所诛者	数百	人	《史记·楚世家》
7	所进者	数百	人	《史记·楚世家》
8	海内悦其仁美其义而为服役者	七十	人	《韩非子·五蠹》

［译文］

1. 打死的有几十人。
2. 杀死的和受伤的有几十人。
3. 成年人有五六个。（冠者：成年人。古代男子二十岁举行冠礼，表示已经成人。）
4. 少年有六七个。
5. 列侯或执珪最高爵位的作战战死的有七十多人。
6. 杀死的有几百人。
7. 提拔任用的有几百人。
8. 各国喜爱赞美他提倡仁义道德，而又愿意为他效劳的有七十人。

［说明］

1. 本句型的谓语是个偏正短语，中心语是名词，定语是数词。
2. 本句型的主语是名词或名词短语，其中多为"者"字短语和"所"字短语。
3. 例 3 的"五六"和例 4 的"六七"是连用了相邻的两个数词，表示约数。
4. 本句型在译成现代汉语时，可以在数词前面加上"有"字。如："数十人"译为"有几十人"。

句型 7

［结构式］S +NPr（VP/A+"者"）〈+"也"〉

主语+名谓（动词短语/形+"者"）〈+"也"〉

[代表句] 曾从子 /，善相剑者也 /。

[例句]

序号	S	NPr		"也"	引书
		VP/A	"者"		
1	曾从子	善相剑	者	也	《韩非子·说林上》
2	弈秋	通国之善弈	者	也	《孟子·告子上》
3	是	助王息其民	者	也	《战国策·齐策》
4	齐谐（者）	志怪	者	也	《庄子·逍遥游》
5	城北徐公	齐国之美丽	者	也	《战国策·齐策》
6	寝尹工尹	勤先君	者	也	《左传·哀公十八年》
7	臧氏之母	养公	者	也	《公羊传·昭公三十一年》

[译文]

1. 曾从子是善于鉴别剑的人。
2. 弈秋是全国擅长下棋的人。
3. 这是帮助齐王让老百姓繁衍的人。
4. 《齐谐》是记载怪异之事的书。
5. 城北的徐公是齐国漂亮的人。
6. 寝尹、工尹是替先君出过力的人。
7. 鲁国臧氏的母亲是抚养孝公的人。

[说明]

1. "者"字是特殊指示代词，用在动词（动词短语）或形容词后面（前者如例1"善相剑者"，后者如例5"齐国之美丽者"），组成一个名词短语，表示某种人或某种事物。
2. 在本句型中，"者"字短语作谓语。
3. "者"字译作"……的人""……的事物"，或者省略后面的"人""事物"，直接译成"……的"。

[句型转换] 有下列两个：

1. S+Vt+O ⇒ S+NPr（VP+"者"）〈+"也"〉

   主语+及物动词+宾语 ⇒ 主语+名谓（动词短语+"者"）〈+"也"〉

   曾从子善相剑。⇒ 曾从子，善相剑者也。（本句型例1）

   "叔喜剑"（第一编、II、一、句型1例3）是主动宾句型。为了论述方便，现据此虚拟出来一个"曾从子善相剑"的句子。"曾从子善相剑"与"叔喜剑"结构完全相同，二者是同构句，所以"曾从子善相剑"是可以成立的。现将"曾从子善相剑"设定为前句型。如果在"善相剑"后面加上代词"者"，就成为"者"字短语"善相剑者"。这样前句型就转换成后句型："曾从子，善相剑者也。"前句型是主动宾句型；后句型是判断句型，"者"字短语作谓语。这是用添加"者"字的方法来进行句型转换的。

   本式是两个句型中动词谓语与名词谓语的转换，也可看作叙述句型与判断句型的转换。

   判断句能够转换成叙述句是要具备一定条件的。条件是：这个判断句必须是由动词短语加"者"组成的"者"字短语来充当主语或谓语才行。

2. S（VP+"者"）+NPr〈+"也"〉⇒ S+NPr（VP+"者"）〈+"也"〉

主语（动词短语+"者"）+名谓〈+"也"〉⇒ 主语+名谓（动词短语+"者"）〈+"也"〉

善相剑者曾从子也。⇒ 曾从子善相剑者也。（本句型例1）

"知我者，鲍子也"（第一编、I、一、句型10例5）是以"者"字短语作主语的判断句型。首先，据此虚拟出来一个"善相剑者，曾从子也"的句子，它与"知我者，鲍子也"结构完全相同，二者是同构句，所以"善相剑者，曾从子也"是可以成立的。现将"善相剑者，曾从子也"设定为前句型。如果把"善相剑者"移到"曾从子"的后面（移位），这样前句型就转换成后句型："曾从子，善相剑者也。"前后句型都是判断句型。在前句型中，"者"字短语作主语；在后句型中，"者"字短语作谓语。这是用移位的方法来进行句型转换的。

本式是两个句型中的主语与谓语的转换。

句型 8

[结构式] S〈+"者"〉+NPr（N/Pron〈+"之"〉+"所"+V）〈+"也"〉

主语〈+"者"〉+名谓（名/代〈+"之"〉+"所"+动）〈+"也"〉

[代表句] 粟者 /，民之所种 /。

[例句]

序号	S	"者"	NPr				"也"	引书
			N/Pron	"之"	"所"	V		
1	粟	者	民	之	所	种		《汉书·食货志》
2	天下之士悦之		人	之	所	欲		《孟子·万章上》
3	好色		人	之	所	欲		《孟子·万章上》
4	富		人	之	所	欲		《孟子·万章上》
5	贵		人	之	所	欲		《孟子·万章上》
6	（夫）诚	者	君子	之	所	守	也	《荀子·不苟》
7	鱼		我		所	欲	也	《孟子·告子上》
8	马	者	王	之	所	爱	也	《史记·滑稽列传》

[译文]

1. 粟是百姓所耕种的。
2. 天下的士人喜欢他，是人们都想要得到的。
3. 女子的美貌，是人们都想要得到的。
4. 财富是人们都想要得到的。
5. 尊贵是人们都想要得到的。
6. 诚实是君子所要遵守的。
7. 鱼是我想要的东西。
8. 马是王所喜爱的。

[说明]

1. "所"字是特殊指示代词，放在及物动词前面，组成一个名词短语。"所"字具有指示和称代动作行为的对象的作用。在本句型中，"所"字短语作谓语中心。

2. "所"字短语的前面是定语，这个定语是名词（如例1的"民"）或代词（如例7的"我"）。在定语和"所"字短语之间加助词"之"字作标志，但定语是代词时，后面一般就不加"之"字。

3. 本句型的主语是名词（如例1的"粟"）、形容词（如例4的"富"）或主谓短语（如例2的"天下之士悦之"）。

4. "所"字译作"（所）……的人""（所）……的事物"，或省略后面的"人""事物"，直接译成"（所）……的"。

5. 本句型指示代词的替换词有："所""攸"（"攸"多见于《诗经》《尚书》《易经》等书中）。

[附] 相关句型：

S +NPr（N/Pron〈+"之"〉+"所"+V+N）〈+"也"〉

主语+名谓（名/代〈+"之"〉+"所"+动+名）〈+"也"〉

和氏璧，天下所共传宝也。（《史记·廉颇蔺相如列传》）

和氏璧是天下公认的宝贝。

这里"所"字短语后面还有名词，"所"字短语就成为这个名词的定语。

[句型转换]

S+Vt+O⟹S〈+"者"〉+NPr（N/Pron〈+"之"〉+"所"+V）〈+"也"〉

主语+及物动词+宾语⟹主语〈+"者"〉+名谓（名/代〈+"之"〉+"所"+动）〈+"也"〉

王爱马。⟹马者，王之所爱也。（本句型例8）

"叔喜剑"（第一编、II、一、句型1例3）是主动宾句型，前句型"王爱马"和"叔喜剑"结构相同。如果把动词"爱"的宾语"马"移到"王"字的前面，使它成为全句的主语，同时在"爱"的前面加上代词"所"，"所"字短语就成为谓语中心，"王"成为"所"字短语的定语。这样就转换成后句型："马者，王之所爱也。"这是用把宾语移位，并在动词前面添加"所"字的方法，使叙述句转换成判断句的。本转换式是两个句型中动词谓语与名词谓语的转换。

这里的后句型一般可以转换为前句型，但前句型（II、一、句型1、句型2等）并不是全部都能转换为后句型的，这就要看是否具备一定的条件。转换的条件有两个：

（1）转换的新句型，主语和谓语之间必须能构成判断关系，即这个句子能够起解释事物的含义或辨别事物的作用。

（2）转换的新句型，在词语之间的搭配上，必须符合古代汉语的语言习惯。

在句型转换时，如不具备上述两个条件，则不能转换。

句型9

[结构式] S〈+"者"〉+NPr（"所以"+V/VP）〈+"也"〉

主语〈+"者"〉+名谓（"所以"+动/动词短语）〈+"也"〉

[代表句] 笾豆 /，所以食也 /。

［例句］

序号	S	"者"	NPr "所以"	NPr V / VP	"也"	引书
1	笾豆		所以	食	也	《韩非子·外储说左上》
2	席蓐		所以	卧	也	《韩非子·外储说左上》
3	彼兵	者	所以	禁暴除害	也	《荀子·议兵》
4	夫爵禄旗章		所以	异功伐别贤不肖	也	《韩非子·外储说左下》
5	法	者	所以	爱民	也	《商君书·更法》
6	礼	者	所以	便事	也	《商君书·更法》

［译文］

1. 笾和豆都是用来盛食物的食具。（笾：古代祭祀和宴会时盛食品用的一种竹器。豆：一种木制的器皿。）
2. 席和蓐都是用于睡觉的卧具。（席蓐：席子和草垫子。）
3. 那个军队是用来禁止强暴、除掉祸害的。
4. 爵禄和旗帜都是用来区分功劳大小、贤和不贤的。
5. 法是用来爱护百姓的。
6. 礼是用来做事方便的。

［说明］

1. "所"字是特殊指示代词，"以"字是介词。"所以"和后面的动词（或动词短语）组成一个名词短语。
2. 在本句型中，"以"表示"用""拿"。"所"字具有指示和称代这个动词表示的动作行为使用的工具（或方法、方式）的作用。
3. 在本句型中，"所以……"短语作谓语。
4. "所以"译作"用来……的东西"或"用来……的办法"。

［附］相关句型有下列三个：

1. S+NPr（"所与"+V/VP）〈+"也"〉
   主语+名谓（"所与"+动/动词短语）〈+"也"〉
   圣人（非）所与熙也。（《晏子春秋·内篇杂下》）
   圣人是不能跟他开玩笑的。（圣人：学问和道德品质都好的人，这里指晏子。熙：同"嬉"，开玩笑。）
   这里"所"和介词"与"组成凝固结构，引进与动作行为有关的人物。

2. S+NPr（N〈+"之"〉+"所从"+V/VP）
   主语+名谓（名〈+"之"〉+"所从"+动/动词短语）
   是吾剑之所从坠。（《吕氏春秋·察今》）
   这里是我的剑掉下去的地方。
   这里"所"和介词"从"组成凝固结构，介绍动作行为发生的处所。

3. S+NPr（N〈+"之"〉+"所"+V/VP）

主语+名谓（名〈+"之"〉+"所"+动/动词短语）

其北陵，文王之所辟风雨也。（《左传·僖公三十二年》）

它的北陵是周文王躲避风雨的地方。

在上古汉语里，"所"字可以直接放在动词或动词短语前面，表示行为的处所，而不需要介词表示。

[句型转换]

S+"以"+PO+Vt+O〈+"也"〉

⇒ S〈+"者"〉+NPr（N〈+"之"〉+"所以"+V/VP）〈+"也"〉

主语+"以"+介词宾语+及物动词+宾语〈+"也"〉

⇒ 主语〈+"者"〉+名谓（名〈+"之"〉+"所以"+动/动词短语）〈+"也"〉

以彼兵禁暴除害。⇒ 彼兵者，所以禁暴除害也。（本句型例3）

"〔子〕以杖叩其胫"（第一编、II、二十、句型1例1）是个省略了主语、带"以"字介词短语的叙述句型，前句型"以彼兵禁暴除害"和"〔子〕以杖叩其胫"结构相同。如果把"彼兵"移到"以"的前面，使它成为全句的主语；而在"以"字前面加上代词"所"，"所以"和后面的动词短语（"禁暴""除害"）就组成了名词短语，这个名词短语在句中作谓语；同时还要分别在"彼兵"与"所以禁暴除害"后面加上"者"和"也"。这样就转换成后句型："彼兵者，所以禁暴除害也。"这是用移位与添加的方法，使叙述句转换成判断句的。本式是两个句型中状语与主语的转换。

如果前句型中有主语，在转换成后句型时，这个主语就放在"所以"的前面作定语。

句型10

[结构式] S（VP+"者"）+NPr〈+"也"〉

　　　　　主语（动词短语+"者"）+名谓〈+"也"〉

[代表句] 起予者 /，商也 /。

[例句]

序号	S		NPr	"也"	引书
	VP	"者"			
1	起予	者	商	也	《论语·八佾》
2	为渊驱鱼	者	獭	也	《孟子·离娄上》
3	为丛驱爵	者	鹯	也	《孟子·离娄上》
4	为汤武驱民	者	桀与纣	也	《孟子·离娄上》
5	生我	者	父母		《史记·管晏列传》
	知我	者	鲍子	也	

[译文]

1. 启发我的人是卜商。

2. 替深池把鱼驱赶来的是水獭。
3. 替丛林把鸟雀驱赶来的是鹞鹰。（爵：同"雀"。）
4. 替商汤、周武王把百姓驱赶来的是夏桀和商纣王。
5. 生我的人是我的父母，了解我的人是鲍叔牙先生。

[说明]
1. "者"字是特殊的指示代词，用在动词或动词短语后面（也可以用在形容词后面），组成一个名词短语，表示某种人或某种事物。
2. 在本句型中，"者"字短语作主语。
3. 带"者"字短语的判断句型，一般用来注释、说明从事某项活动的是某人或某物。
4. "者"字译作"……的人""……的事物"，或省略后面的"人""事物"，直接译成"……的"。

句型 11

[结构式] S（VP+"者"）+NPr（VP+"者"）〈+"也"〉

　　　　 主语（动词短语+"者"）+名谓（动词短语+"者"）〈+"也"〉

[代表句] 不知子都之姣者 /，无目者也 /。

[例句]

序号	S		NPr		"也"	引书
	VP	"者"	VP	"者"		
1	不知子都之姣	者	无目	者	也	《孟子·告子上》
2	以大事小	者	乐天	者	也	《孟子·梁惠王下》
3	以小事大	者	畏天	者	也	《孟子·梁惠王下》
4	以为无益而舍之	者	不耘苗	者	也	《孟子·公孙丑上》
5	助之长	者	揠苗	者	也	《孟子·公孙丑上》

[译文]
1. 不知道子都漂亮的，是没有眼睛的人。
2. 以大国的身份侍奉小国的，是安于天命而快乐的人。
3. 以小国的身份侍奉大国的，是畏惧天命而谨慎的人。
4. 认为培育工作没有好处就放弃不干的，是种庄稼不除草的人。
5. 违背规律地去帮助它生长的人，是拔苗助长的人。

[说明]
1. "者"字是特殊指示代词。在本句型中，"者"字用在动词（动词短语）后面，组成一个名词短语，表示某种人或某种事物。
2. "者"字短语在句中分别作主语和谓语。
3. "者"字译作"……的人""……的事物"，或省略后面的"人""事物"，直接译成"……的"。

句型 12

[结构式] S（Pron/N+Num+"者"）+NPr〈+"也"〉

主语（代/名+数+"者"）+名谓〈+"也"〉

[代表句] 此五者 /，邦之蠹也 /。

[例句]

序号	S			NPr	"也"	引书
	Pron/N	Num	"者"			
1	此	五	者	邦之蠹	也	《韩非子·五蠹》
2	此	三	者	人主之所恃	也	《吴子·励士》
3	此	五	者	知胜之道	也	《孙子兵法·谋攻》
4	农商官	三	者	国之常官	也	《商君书·去强》

[译文]

1. 这五种人是国家的蛀虫。（蠹：蛀虫。）
2. 这三点是君主所依靠的。（恃：依靠。）
3. 这五条是预测能取得胜利的规律。
4. 务农、经商、从政这三种是国家经常从事的职业。

[说明]

1. "者"字是特殊指示代词。在本句型中，"者"字放在数词后面，组成一个名词短语。"者"字具有称代作用，表示几个（种）人、几样东西或几件事情。"者"字短语作主语或主语中心。
2. 在数词前面经常有指示代词"此""是"等，用来复指上文出现的人或物，并作"者"字短语的定语；也可以有名词短语（如例 4 的"农、商、官"），和"者"字短语构成重叠复指。
3. "数+者"译作"……个（种）人""……样东西"或"……件事情"。
4. 本句型指示代词的替换词有"此""斯"等。

句型 13

[结构式] S（N/Pron〈+"之"〉+"所"+V+"者"）+NPr〈+"也"〉

主语（名/代〈+"之"〉+"所"+动+"者"）+名谓〈+"也"〉

[代表句] 臣之所好者 /，道也 /。

[例句]

序号	S					NPr	"也"	引书
	N/Pron	"之"	"所"	V	"者"			
1	臣	之	所	好	者	道	也	《庄子·养生主》
2	狄人	之	所	欲	者	吾土地	也	《孟子·梁惠王下》
3	（昔）吾		所	亡	者	纺缁	也	《吕氏春秋·淫辞》

序号	S					NPr	"也"	引书
	N/Pron	"之"	"所"	V	"者"			
4	丹		所	报				《史记·刺客列传》
	先生		所	言	者	国之大事	也	
5	公	之	所	恶	者	张仪	也	《史记·韩世家》
6	吾		所	欲	者	土地	也	《韩非子·五蠹》

[译文]

1. 我所爱好的是道。
2. 狄人想要的是我们的土地。
3. 刚才，我丢失的是一件纺丝的黑衣服。（纺缁：纺，用纺丝的方法织成的丝织品；缁，黑色的。）
4. 我所告知的，先生所说的是国家的大事。（丹：燕太子丹自称其名。）
5. 您所厌恶的人是张仪。
6. 我想要的是土地。

[说明]

1. "所"和"者"都是特殊指示代词。本句型的主语是个偏正短语，中心语是"者"字，定语是"所"字短语。"所……者"组成一个名词短语，"所"字具有指示动作行为的对象的作用，"者"字具有称代作用。
2. "所"字短语的前面是定语。这个定语是名词（如例4的"丹"）、名词短语（如例2的"狄人"）或代词（如例3的"吾"）。有的在定语和"所"字短语之间加助词"之"字作标志。
3. 带"所"字短语的判断句型，一般用来注释、说明人物动作行为的对象是某事物。
4. "所"字译作"（所）……的人""所……的事物"，或省略后面的"人""事物"，直接译成"（所）……的"。

[附] 相关句型：

S（N/Pron〈+"之"〉+"所"+V）+NPr〈+"也"〉

主语（名/代〈+"之"〉+"所"+动）+名谓〈+"也"〉

龙之所言，世俗之言也。（《商君书·更法》）

甘龙所说的世间平庸人的言论。（甘龙：秦国的大臣。）

这里"所"字短语作主语。

句型 14

[结构式] S（N/Pron＋"之"＋"所"+V）+NPr（N/Pron＋"之"＋"所"+V）〈+"也"〉

　　　　主语（名/代+"之"+"所"+动）+名谓（名/代+"之"+"所"+动）〈+"也"〉

[代表句] 子之所难 /，人之所易 /。

[例句]

序号	S				NPr				"也"	引书
	N/Pron	"之"	"所"	V	N/Pron	"之"	"所"	V		
1	子	之	所	难	人	之	所	易		《史记·仲尼弟子列传》
2	子	之	所	易	人	之	所	难		《史记·仲尼弟子列传》
3	丘	之	所	言	（皆）吾	之	所	弃	也	《庄子·盗跖》
4	乱	之	所	始	祸	之	所	集	也	《史记·赵世家》

[译文]
1. 您认为难做到的事，一般人却认为是很容易的。
2. 您认为容易做到的事，一般人却认为是很难的。（所易、所难：这里的"易"和"难"都是形容词的意动用法，即认为容易、认为难。）
3. 你所说的，都是我要抛弃的。（丘：孔子的名字。）
4. 变乱开始的地方，也是灾祸汇集的地方。

[说明]
1. "所"字是特殊指示代词，放在及物动词前面，组成一个名词短语。"所"字具有指示和称代动作行为的对象的作用。
2. 在本句型中，"所"字短语分别作主语中心和谓语中心。
3. "所"字短语的前面是定语。这个定语是名词（如例 1 的"人"）或代词（如例 3 的"吾"）。在定语和"所"字短语之间加助词"之"字作标志。
4. 本句型一般用来解释或注释，说明某人或某物的动作行为对象就是另外的人或物的动作行为对象。前者和后者往往形成对峙关系。
5. "所"字译作"（所）……的人""（所）……的事物"，或省略后面的"人""事物"，直接译成"（所）……的"。

句型 15
[结构式] S（N＋"之"＋"于"＋PO）〈＋"也"〉+NPr＋"也"
　　　　主语（名＋"之"＋"于"＋介词短语）〈＋"也"〉+名谓+"也"
[代表句] 口之于味也 /，……性也 /。
[例句]

序号	S				"也"	NPr	"也"	引书
	N	"之"	"于"	PO				
1	口	之	于	味	也			《孟子·尽心下》
	目	之	于	色	也			
	耳	之	于	声	也			
	鼻	之	于	臭	也			
	四肢	之	于	安佚	也	性	也	

18

序号	S				"也"	NPr	"也"	引书
	N	"之"	"于"	PO				
2	仁	之	于	父子	也			《孟子·尽心下》
	义	之	于	君臣	也			
	礼	之	于	宾主	也			
	知	之	于	贤者	也			
	圣人	之	于	天道	也	命	也	
3	麒麟	之	于	走兽				《孟子·公孙丑上》
	凤凰	之	于	飞鸟				
	泰山	之	于	丘垤				
	河海	之	于	行潦		类	也	
4	圣人	之	于	民		（亦）类	也	《孟子·公孙丑上》

［译文］

1. 口舌对于美味，眼睛对于美色，耳朵对于好听的声音，鼻子对于芬芳的气味，四肢对于安逸，这些喜好都是天性。
2. 仁对于父与子，义对于君与臣，礼对于宾与主，智对于贤人，圣人对于天道，能否成为现实，都是命运。
3. 麒麟对于走兽，凤凰对于飞鸟，泰山对于小土堆，河海对于路旁的积水，都是同类。（垤：小土堆。行潦：雨后路旁的积水。）
4. 圣人对于老百姓，也是同类。

［说明］

1. 在本句型中，主语是个偏正短语，定语是名词（如例 1 的"口"）或名词短语（如例 2 的"圣人"），中心语是"于"字介宾短语。
2. "于"字是介词，用来引进动作行为的对象。"于"字的宾语是名词（如例 4 的"民"）、名词短语（如例 3 的"走兽"）或形容词（如例 1 的"安佚"）。
3. "之"是助词，放在定语和中心语之间作标志，同时舒缓语气，让读者等待下文。
4. "也"是语气词，用于句中的表示顿宕，用于句尾的表示帮助判断。句尾的"也"在本句型中不可缺少。
5. "于"可译为"对于"。

句型 16

［结构式］S（Pron）+NPr〈+"也"〉

　　　　主语（代）+名谓〈+"也"〉

［代表句］此 / 壮士也 /。

19

[例句]

序号	S	NPr	"也"	引书
1	此	壮士	也	《史记·淮阴侯列传》
2	彼	丈夫	也	《孟子·滕文公上》
3	我	丈夫	也	《孟子·滕文公上》
4	余	而所嫁妇人之父	也	《左传·宣公十五年》
5	是	胜之舍人	也	《史记·平原君虞卿列传》
6	是	寡人之过	也	《左传·僖公三十年》
7	君	纣	也	《新序·刺奢》
8	（今）君	天子		《韩非子·说林上》

[译文]

1. 这是壮士。
2. 他是个男子汉大丈夫。
3. 我是个男子汉大丈夫。
4. 我是你曾嫁出去的一个女人的父亲。
5. 这是我的门客。
6. 这是我的过错。
7. 君主是纣王。
8. 现在周王是天子。

[说明]

1. 本句型是以代词作主语。
2. 在代词充当主语的后面，不用语气词"者"字。
3. 指示代词"此"（"是"）有辩别事物的作用：说明是这种人或物，而不是其他的人或物。
4. 本句型代词的替换词有："吾""我""余""予""朕""台""卬"（以上第一人称代词）；"臣""走""仆"（以上是谦称，可代替第一人称代词使用）；"若""女（汝）""而""尔""戎"（以上第二人称代词）；"子""吾子""公""君""夫子""卿""先生"（以上是尊称，可代替第二人称代词使用，谦称和尊称都是名词）；"此""是""彼"（以上指示代词）等。

句型 17

[结构式] "此"（"是"）+NPr（N/Pron〈+"之"〉+"所"+V）〈+"也"〉
　　　　 "此"（"是"）+名谓（名/代〈+"之"〉+"所"+动）〈+"也"〉

[代表句] 此 / 子之所闻 /。

[例句]

序号	"此"	NPr				"也"	引书
		N/Pron	"之"	"所"	V		
1	此	子	之	所	闻		《史记·扁鹊仓公列传》

序号	"此"	NPr				"也"	引书
		N/Pron	"之"	"所"	V		
2	此	（则）滑釐		所	（不）识	也	《孟子·告子下》
3	此	（实）吾		所	（自）为	也	《吕氏春秋·淫辞》
4	此	五代	之	所	（不）变	也	《礼记·祭法》
5	此	小人	之	所	务		《荀子·荣辱》
		（而）君子	之	所	（不）为	也	
6	是	刑法	之	所	（不）舍	也	《荀子·荣辱》
		圣王	之	所	（不）畜	也	
7	是	人情	之	所	（同）欲	也	《荀子·荣辱》

[译文]

1. 这就是您所听到的。
2. 这是我滑釐不懂得的了。
3. 这确实是我自己亲手做的。
4. 这是唐、虞、夏、殷、周五代都没有改变过的。
5. 这是品德卑劣的人所做的，而有道德和才能的人不去做的。
6. 这是刑法不能饶恕的，圣明的君主不能收留的。（畜：养，收留。）
7. 这是世人情感上共同奢望的。

[说明]

1. "所"字是特殊的指示代词，放在及物动词（或动词短语）前面，组成一个名词短语。"所"字具有指示和称代动作行为的对象的作用。
2. 在本句型中，"所"字短语作谓语中心。
3. "所"字短语前面是定语，这个定语是名词（如例2的"滑釐"）、名词短语（如例6的"圣王"）或代词（如例3的"吾"）。助词"之"字加在定语和"所"字短语之间作标志（但代词后面不加"之"字）。
4. 指示代词"此"或"是"字作主语。
5. "所"字译作"（所）……的人""（所）……的事物"，或省略后面的"人""事物"，直接译成"（所）……的"。

句型 18

[结构式] "此"+NPr（N/Pron〈+"之"〉+"所"+"谓"/"为"+N/NP/VP/FCS）〈+"也"〉
　　　　　 "此"+名谓（名/代〈+"之"〉+"所"+"谓"/"为"+名/名词短语/动词短语/复句形式）〈+"也"〉

[代表句] 此 / 所谓河北之军也 /。

[例句]

序号	"此"	NPr					"也"	引书
		N/Pron	"之"	"所"	"谓"	N/NP/VP/FCS		
1	此			所	谓	河北之军	也	《史记·项羽本纪》
2	此			所	谓	养虎自遗患	也	《史记·项羽本纪》
3	此			所	谓	妇人之仁	也	《史记·淮阴侯列传》
4	此			所	谓	战胜于朝廷		《战国策·齐策》
5	此			所	谓	率土地而食人肉 罪不容于死		《孟子·离娄上》
6	此	臣	之	所	谓	传檄而千里定者	也	《史记·张耳陈馀列传》
7	此			所	为	重人	也	《韩非子·孤愤》

[译文]

1. 这就是称作河北的军队。
2. 这就叫作养虎给自己留下了祸患。
3. 这就是所说的妇人的仁慈。
4. 这就是所说的在朝廷上战胜敌国。
5. 这就是叫作率领土地来吃人肉，死刑都不足以赎他们的罪过。
6. 这就是我们所说的只要发出征召文告就可以平定广阔土地的计策。
7. 这叫作重人。（为：通"谓"。重人：控制大权的人。）

[说明]

1. 本句型的谓语是个偏正短语。定语是"所"和"谓（为）"组成的"所"字短语。"所"字是特殊指示代词；"谓""为"是及物动词，表示"称谓"。中心语是名词（如例 7 的"重人"）、名词短语（如例 1 的"河北之军"）、动词短语（如例 4 的"战胜于朝廷"）或复句形式（如例 5 的"率土地而食人肉，罪不容于死"）。
2. 在"所"字短语前面，还可以加上名词或代词作定语。
3. "此"是指示代词，在句中作主语。
4. 本句型一般用来注释、说明人们对某人或某事的流行说法。
5. "谓（为）"译作"叫作""称作"，"所谓（为）"译作"叫作（称作）……的"。
6. 本句型的"所"字也可以跟及物动词组成"所"字短语，充当定语，"所"字短语后面的名词充当中心语。例如：此韩非之所著书也。（《史记·老子韩非列传》）这类句子较少见。

[附] 相关句型：

S（N/Pron〈+"之"〉+"所"+"谓"+N/NP）+NPr（N/Pron〈+"之"〉+"所"+"谓"+N/NP）〈+"也"〉

主语（名/代〈+"之"〉+"所"+"谓"+名/名词短语）+名谓（名/代〈+"之"〉+"所"+"谓"+名/名词短语）〈+"也"〉

今之所谓良臣，古之所谓民贼也。（《孟子·告子下》）

今天所说的好臣子，正是古代所说的害民之贼。

这里"所谓"分别用在主语和谓语当中，充当它后面名词短语的定语。

句型 19

[结构式]"此"（"是"）+NPr（N/NP/Pron〈+"之"〉+"所以"/"所为"+V/VP/A）〈+"也"〉
　　　　"此"（"是"）+名谓（名/名词短语/代〈+"之"〉+"所以"/"所为"+动/动词
　　　　短语/形）〈+"也"〉

[代表句] 此 / 人之所以忧也 /。

[例句]

序号	"此"	NPr				"也"	引书
		N/NP/Pron	"之"	"所以"	V/VP/A		
1	此	人	之	所以	忧	也	《韩非子·说林上》
2	此	汤		所以	获天福	也	《左传·襄公二十六年》
3	此	圣人	之	所为	泣	也	《韩非子·外储说右下》
4	是	天子	之	所以	取天下	也	《荀子·荣辱》
5	是	诸侯	之	所以	取国家	也	《荀子·荣辱》
6	是	士大夫	之	所以	取田邑	也	《荀子·荣辱》
7	是	官人百吏	之	所以	取禄秩	也	《荀子·荣辱》
8	此	吾		所以	（不）受	也	《庄子·让王》
9	此	先汉	之	所以	兴隆	也	《三国志·诸葛亮传》
10	是	世	之	所以	乱	也	《韩非子·五蠹》
11	是	其		所以	危	也	《荀子·荣辱》

[译文]

1. 这就是人们忧愁的缘故。
2. 这就是汤之所以获得上天赐福的原因。
3. 这就是圣人哭泣的原因。
4. 这就是天子取得天下的原因。
5. 这就是诸侯取得国家的原因。
6. 这就是士大夫取得封地的原因。
7. 这就是各级官吏取得俸禄官位的原因。
8. 这就是我不接受的原因。
9. 这就是西汉兴盛的原因。
10. 这就是世间混乱的原因。
11. 这就是他们遭受危亡的原因。

[说明]

1. "所"是特殊指示代词，"以"（"为"）是介词，表示"因为"。"所"字放在"以"（"为"）
   的前面，再接上动词、动词短语或形容词，组成一个名词短语，用来表示某种动作行为或某种性质、状态的原因。

2. "所以（为）"短语的前面是定语，这个定语是名词（如例1的"人"）、名词短语（如例3的"圣人"）或代词（如例11的"其"）。

3. 在本句型中，"所以（为）"短语作谓语中心。指示代词"此"（"是"）作主语。

4. 例3的"为"是介词，"所为……"用来表示行为的目的或原因。

5. "所以（为）"译作"……的原因"或"……的缘故"。

[附] 相关句型：

"此"（"是"）+NPr（N〈+"之"〉+"所以"+V/VP/A+"者"）〈+"也"〉

"此"（"是"）+名谓（名〈+"之"〉+"所以"+动/动词短语/形+"者"）〈+"也"〉

此商君之所以车裂于秦而吴起之所以枝解于楚者也。（《韩非子·奸劫弑臣》）

这就是商君被秦国用车子撕裂肢体，吴起被楚国分解肢体的原因。

此句型的谓语中心是"所以……者"短语，其中"者"是中心语，"所以……"是定语。

句型 20

[结构式] S（V/VP）〈+"者"〉+NPr〈+"也"〉

主语（动/动词短语）〈+"者"〉+名谓〈+"也"〉

[代表句]（夫）战 /，勇气也 /。

[例句]

序号	S	"者"	NPr	"也"	引书
1	（夫）战		勇气	也	《左传·庄公十年》
2	亲仁善邻		国之宝	也	《左传·隐公六年》
3	（夫）听	者	事之侯	也	《史记·淮阴侯列传》
4	计	者	事之机	也	《史记·淮阴侯列传》
5	疑	者	事之害	也	《史记·淮阴侯列传》
6	（夫）积贮	者	天下之大命	也	《汉书·食货志》

[译文]

1. 作战是依靠勇气（取胜）的。

2. 亲近仁义、友好邻国是国家的宝物。

3. 善于听取意见，是能够预见事物发展的征兆。（听：听取意见。侯：征兆，迹象。）

4. 反复思考，是能够掌握事情成败的关键时机。（计：思考，谋划。机：关键。）

5. 犹豫不决，是做事情的祸害。

6. 积存是国家的命脉。

[说明]

1. 句型 20—23 是一组以动词、形容词或主谓短语作主语的句型。

2. 本句型是以动词或动词短语作主语。

3. 动词或形容词作主语的判断句型一般用来注释、说明这个动词或形容词的含义；也有的用来表示比喻（如例2"亲仁善邻，国之宝也"）。

4. 有的判断句在字面上主语和谓语不能直接构成判断，如例 1 "夫战，勇气也"是内容压缩了的判断句。

句型 21

[结构式] S（A）+NPr〈+"也"〉
　　　　主语（形）+名谓〈+"也"〉
[代表句] 仁 /，人心也 /。
[例句]

序号	S	NPr	"也"	引书
1	仁	人心	也	《孟子·告子上》
2	义	人路	也	《孟子·告子上》
3	陋（也者）	天下之公患	也	《荀子·荣辱》
		人之大殃大害	也	
4	仁（也者）	人	也	《孟子·尽心下》

[译文]
1. 仁是人的心灵。
2. 义是人的道路。
3. 知识浅薄是天下人共同的忧患，是人的最大的祸害。
4. 仁就是人。

[说明]
1. 本句型是以形容词作主语。
2. "也者"是语气词连用，放在主语后面，表示提顿。

句型 22

[结构式] S（S-PrP/FCS）+NPr〈+"也"〉
　　　　主语（主谓短语/复句形式）+名谓〈+"也"〉
[代表句] 都城过百雉 /，国之害也 /。
[例句]

序号	S	NPr	"也"	引书
1	都城过百雉	国之害	也	《左传·隐公元年》
2	约束不明申令不熟	将之罪	也	《史记·孙子吴起列传》
3	既已明而不如法（者）	吏士之罪	也	《史记·孙子吴起列传》
4	莒溃楚遂入郓	莒无备故	也	《左传·成公九年》
5	小国争盟	祸	也	《左传·僖公二十一年》
6	桓公九合诸侯不以兵车	管仲之力	也	《论语·宪问》
7	孟尝君为相数十年无纤介之祸（者）	冯谖之计	也	《战国策·齐策》

[译文]

1. 都邑的城墙超过一百雉，是国家的祸害。（雉：量词，长三丈，高一丈。）
2. 纪律宣布得不明白，申述命令没有让人们熟悉，这是将领的罪过。（约束：期约节制，也就是纪律。）
3. 已经听明白，却不遵照号令去做，是军官和士兵的过错。（不如法：不遵从号令。）
4. 莒国溃散，楚国就进入郓城，是由于莒国没有防备的缘故。
5. 小国争当盟主是灾祸。
6. 齐桓公多次召集各国诸侯会盟，不使用武力，这都是管仲出的力啊！（九：泛指多数。以：凭借，依靠。兵车：战车，这里指武力。）
7. 孟尝君做了几十年宰相，没有发生细小的灾祸，都是仰仗冯谖的计谋。

[说明]

1. 本句型的主语是主谓短语（如例 5 的"小国争盟"）或复句形式（如例 2 的"约束不明，申令不熟"），用来表示某件事情或某种情况。
2. 在本句型中，有的句子用来解释原因（如"桓公九合诸侯，不以兵车，管仲之力也"）；有的表示判断，即解释、说明某件事情的性质（如"约束不明，申令不熟，将之罪也"）。

句型 23

[结构式] S（N〈+"之"〉+"为"+N）+NPr
　　　　主语（名〈+"之"〉+"为"+名）+名谓

[代表句]（今夫）弈之为数 /，小数（也）/。

[例句]

序号	S				NPr	引书
	N	"之"	"为"	N		
1	（今夫）弈	之	为	数	小数（也）	《孟子·告子下》
2	〔广〕		为	人	（长）猿臂	《史记·李将军列传》
3	高祖		为	人	隆准（而）龙颜美须髯	《史记·高祖本纪》
4	越王		为	人	长颈鸟喙	《史记·越王勾践世家》

[译文]

1. 下棋这种技艺是一种小的技艺。
2. 李广这个人（身材高大），两臂像猿猴一样。（猿猴：两臂像猿那样长而又灵活。）
3. 高祖这个人，高鼻子，龙一般的相貌，有漂亮的胡须。（隆：高。准：鼻梁。须髯：胡须。）
4. 越王这个人脖子长，有鸟一样的嘴。

[说明]

1. 本句型是以主谓短语作主语。这个主谓短语中的主语和宾语都是名词，二者有着部分和全体的关系：作主语的名词是部分（如例 1 的"弈"），作宾语的名词是全体（如例 1 的"数"）。"为"是动词，表示"作为"。"之"是助词，加在主谓短语之间，取消句子的独立性。

2. 本句型有的用于解释、说明人或物的性质（如例 1 的 "弈之为数，小数也"），有的用于说明人的相貌（如例 3 的 "高祖为人隆准而龙颜，美须髯"），有的用于打比喻（如例 2 的 "〔广〕为人（长）猿臂"）。

[句型转换]

　　S（N）+NPr〈+ "也"〉⇒ S（N〈+ "之"〉+ "为" +N）+NPr〈+ "也"〉

　　主语（名）+名谓〈+ "也"〉⇒ 主语（名〈+ "之"〉+ "为" +名）+名谓〈+ "也"〉

　　弈，小数也。⇒ 弈之为数，小数也。（本句型例 1）

　　前后句型都是判断句。"滕，小国也"（第一编、I、一、句型 3 例 1）是以名词作主语。前句型 "弈，小数也" 和 "滕，小国也" 结构相同。如果用主谓短语 "弈为数" 来替换名词 "弈"，并在主谓短语的主语和谓语之间加助词 "之" 字，这样就转换成后句型："弈之为数，小数也。"后句型是以主谓短语作主语。这是用替换与添加的方法转换成另一句型的。本式是两个句型中的主语的转换。

第二类　　S‖A（表判断）

主‖形（表判断）

句型

[结构式] S+APr〈+ "也"〉

　　　　主语+形谓〈+ "也"〉

[代表句] 居上位而不恤其下 /，骄也 /。

[例句]

序号	S	APr	"也"	引书
1	居上位而不恤其下	骄	也	《新序·杂事》
2	缓令急诛	暴	也	《新序·杂事》
3	非其鬼而祭之	谄	也	《论语·为政》
4	政（者）	正	也	《论语·颜渊》
5	彻（者）	彻	也	《孟子·滕文公上》
6	学不厌	智	也	《孟子·公孙丑上》
7	教不倦	仁	也	《孟子·公孙丑上》
8	无报人之志而令人疑之	拙	也	《史记·仲尼弟子列传》
9	有报人之志使人知之	殆	也	《史记·仲尼弟子列传》
10	事未发而先闻	危	也	《史记·仲尼弟子列传》

[译文]

1. 居高位却不怜悯他的下属，就是骄傲。

2. 不及时立法令，却急用刑罚，就是凶暴。

3. 不是我应该祭祀的鬼，却去祭祀，就是谄媚。

4. 政就是端正的意思。

5. 彻是天下一律通用的意思。

6. 学习不知道厌倦，就是智慧。

7. 教诲人不知道疲倦，就是仁德。

8. 如果没有报仇的心意，却让人怀疑他，是笨拙的。

9. 如果有报仇的心意，让人知道他，是危险的。

10. 事情还没有发动，却先让人听到了，是很危急的。

[说明]

1. 本句型的主语是名词（如例 4 的"政"）、主谓短语（如例 6 的"学不厌"）或复句形式（如例 8 的"无报人之志而令人疑之"）。

2. 本句型一般用于对某件事情或情况做定义性的注释，并且采用了"……者……也"或"……，……也"的判断句典型形式，所以应属于判断句。第三类动词谓语的句型与此相同。

第三类　S‖V（表判断）

主‖动（表判断）

句型

[结构式] S〈+"者"（"也者"）〉+VPr〈+"也"〉

　　　　主语〈+"者"（"也者"）〉+动谓〈+"也"〉

[代表句] 庠者 /，养也 /。

[例句]

序号	S	"者"	VPr	"也"	引书
1	庠	者	养	也	《孟子·滕文公上》
2	校	者	教	也	《孟子·滕文公上》
3	序	者	射	也	《孟子·滕文公上》
4	助	者	藉	也	《孟子·滕文公上》
5	见义不为		无勇	也	《论语·为政》
6	庸	也者	用	也	《庄子·齐物论》
7	用	也者	通	也	《庄子·齐物论》
8	通	也者	得	也	《庄子·齐物论》

[译文]

1. 庠是教养的意思。

2. 校是教导的意思。

3. 序是习射的意思。

4. 助是借助的意思。

5. 看到公正合宜的事情却不做，就是没有勇气。

6. 按照循环往复的变化办事，就是用无用而有用。（庸：常，就是循环往复。）

7. 用无用而有用的道理去观察一切，是通达。

8. 通达就是自得。（自得：自己感到很得意或舒适。）

[说明]

1. 本句型的主语是名词（如例1的"庠"）或动词（如例4的"助"）。

2. 例6—8的"也者"是连词的语气词，表示提顿。

第四类　Ｓ‖Ｖ（表判断）＋Ｏ

主‖动（表判断）＋宾

本类句型中的"是""为""曰"等是表示判断的动词。"犹""若""如"等虽与判断词相近，但不是真正的判断词，而是表示联系。"犹"字句也划归此类。

句型1

[结构式] S+"是"+O〈+"也"（"耳"）〉

　　　　主语+"是"+宾语〈+"也"（"耳"）〉

[代表句] 巫妪、弟子 /，是 / 女子也 /。

[例句]

序号	S	"是"	O	"也"	引书
1	巫妪弟子	是	女子	也	《史记·滑稽列传附录》
2	风伯雨师雷公	是	群神	也	《论衡·祀义》
3	余	是	所嫁妇人之父	也	《论衡·死伪》
4	韩	是	魏之县	也	《战国策·魏策》
5	此	是	家人言	耳	《史记·儒林列传》

[译文]

1. 巫婆、徒弟是女人。

2. 风伯、雨师、雷公是一群神仙。

3. 我是出嫁妇女的父亲。

4. 韩是魏国的一个县。

5. 这只是普通人的言论罢了。（家人：家中仆役。）

"是"是动词，表示肯定判断，即断定主语和宾语之间是同一关系或者隶属关系。"是"作谓语，判断句中使用"是"字，在先秦时代开始萌芽，汉代以后逐渐增多。

句型 2

[结构式] I. S+"为"+O

主语+"为"+宾语

[代表句] 余 / 为 / 伯鯈 /。

[例句]（表一）

序号	S	"为"	O	引书
1	余	为	伯鯈	《史记·郑世家》
2	尔	为	尔	《孟子·公孙丑上》
3	我	为	我	《孟子·公孙丑上》
4	（吾乃今日而知）先生	为	天下之士（也）	《战国策·赵策》
5	知之	为	知之	《论语·为政》
6	不知	为	不知	《论语·为政》
7	民	为	贵	《孟子·尽心下》
8	君	为	轻	《孟子·尽心下》
9	师直	为	壮	《左传·僖公二十八年》
10	曲	为	老	《左传·僖公二十八年》
11	事亲	为	大	《孟子·离娄上》
12	守身	为	大	《孟子·离娄上》
13	和	为	贵	《论语·学而》
14	里仁	为	美	《论语·里仁》

[译文]

1. 我是伯鯈。
2. 你是你。
3. 我是我。
4. 我现在才知道先生是天下的贤士。
5. 知道就是知道。
6. 不知道就是不知道。
7. 百姓是最重要的。
8. 君主是轻的。
9. 军队作战，理直就是气壮。
10. 理曲就是气衰。
11. 侍奉父母是最重要的。
12. 保持自身的操守是最重要的。（守身：洁身自爱，也就是不让自己陷于不义境地。）

13. 遇事做到恰到好处是最可贵的。（和：合适，恰当。）
14. 居住在有仁德的地方才是好的。（里：名词用作动词，这里解作"居住"。）

[结构式] II.〔S〕+"为"+O

　　　　　　〔主语〕+"为"+宾语
[代表句] 为 / 孔丘 /。
[例句]（表二）

序号	〔S〕	"为"	O	引书
1	〔　　〕	为	孔丘	《论语·微子》
2	〔　　〕	为	仲由	《论语·微子》

[译文]
1. 那位驾车子的是孔丘。
2. 我是仲由。

[说明]
1. 本句型是采用叙述句形式的判断句。"为"是动词，表示判断，作谓语中心。
2. "为"的宾语是名词（如表一例1的"伯鯈"）、名词短语（如表一例4的"天下之士"）、代词（如表一例2的"尔"）、动词短语（如表一例5的"知之"）或形容词（如表一例7的"贵"）。
3. 本句型的主语是名词（如表一例7的"民"）、代词（如表一例1的"余"）、动词短语（如表一例5 的"知之"）、形容词（如表一例13的"和"）或主谓短语（如表一例9的"师直"）。
4. 在上古汉语里，本句型比较罕见，一般用在主语和宾语指称同一事物（如表一例5的"知之为知之"）；作为主谓短语去充当某句话中的某个句子成分（如表一例4"先生为天下之士"作"知"的宾语）；或者宾语是形容词，用于表示对某种性质、状态的肯定（如表一例7的"民为贵"）。这种表示判断的"为"字，常用在前后相对的两个句子中。
5. 本句型不用"也"字煞尾帮助判断（表一例4的语气词"也"字，在"吾乃今日而知……"句末，表示确认某种事实，和本句型情况不同）。
6. 表二例句承上文省略了主语，这类句子一般出现在人物的对话当中。
7. "为"译作"是"。

[附] 相关句型有下列两个：
1. S+"最"（"极"）+"为"+O（A）
   主语+"最"（"极"）+"为"+宾语（形）
   蚩尤最为暴。（《史记·五帝本纪》）
   蚩尤最凶恶残忍。
   在"为"的宾语是形容词的句子中，"为"的前面可以加程度副词"最""极"等。
2. S+"不"（"未"）+"为"+O（A）
   主语+"不"（"未"）+"为"+宾语（形）

齐卿之位不为小矣。（《孟子·公孙丑下》）

齐国卿的官位不算小了。

在"为"的宾语是形容词的句子中，"为"的前面可以加否定副词"不""未"等。

[句型转换]

S+APr⟹S+"为"+O（A）

主语+形谓⟹主语+"为"+宾语（形）

民贵。⟹民为贵。（本句型表一例7）

"晋强"（第一编、Ⅲ、一、句型1例1）是以形容词作谓语的描写句型，前句型"民贵"和"晋强"结构相同。如果在"贵"的前面加上动词"为"字，"为"就充当全句的谓语中心，而"贵"作"为"的宾语。这样就转换成后句型："民为贵。"这是用添加动词的方法，使描写句转换成判断句的。本式是两个句型中的谓语与宾语的转换。

前后句型转换的条件是：前句型的谓语和后句型"为"的宾语必须是形容词。

句型 3

[结构式] S+"曰"（"谓""名""字"）+O

主语+"曰"（"谓""名""字"）+宾语

[代表句] 员父 / 曰 / 伍奢 /。

[例句]

序号	S	"曰"	O	引书
1	员父	曰	伍奢	《史记·伍子胥列传》
2	春申君之正妻子	曰	甲	《韩非子·奸劫弑臣》
3	文公之贱妾	曰	燕姞	《史记·郑世家》
4	伤良	曰	谗	《荀子·修身》
5	害良	曰	贼	《荀子·修身》
6	老而无妻	曰	鳏	《孟子·梁惠王下》
7	老而无夫	曰	寡	《孟子·梁惠王下》
8	老而无子	曰	独	《孟子·梁惠王下》
9	幼而无父	曰	孤	《孟子·梁惠王下》
10	国无九年之蓄	曰	不足	《礼记·王制》
11	天子适诸侯	曰	巡狩	《孟子·梁惠王下》
12	一	曰	水	《尚书·洪范》
13	二	曰	火	《尚书·洪范》
14	三	曰	木	《尚书·洪范》
15	四	曰	金	《尚书·洪范》
16	五	曰	土	《尚书·洪范》
17	此	谓	坐忘	《庄子·大宗师》

序号	S	"曰"	O	引书
18	是	谓	人主之道（也）	《荀子·君道》
19	樗里子（者）	名	疾	《史记·樗里子列传》
20	仲由	字	子路	《史记·仲尼弟子列传》

[译文]

1. 伍员（子胥）的父亲叫伍奢。
2. 春申君的原配夫人的儿子叫作甲。
3. 郑文公的一个贱妾叫作燕姞。
4. 恶语中伤好人叫作谗。
5. 陷害、伤害好人叫作贼。（害：伤害，杀害。）
6. 独身或死了妻室的老年男人叫作鳏。（鳏：鳏夫，即无妻室或丧妻的老年男人。）
7. 死了丈夫的老年女人叫作寡。（寡：寡妇。）
8. 没有儿女的老人叫作独。（独：孤老。）
9. 死了父亲的孩子叫作孤。（孤：孤儿。）
10. 一个国没有九年的储蓄，叫作不足。（不足：不够富裕。）
11. 天子到诸侯的国家去，叫作巡狩。
12. 第一叫作水。
13. 第二叫作火。
14. 第三叫作木。
15. 第四叫作金。
16. 第五叫作土。
17. 这叫作坐忘。（坐忘是指遗忘了自己的肢体，丢掉了自己的聪明，离开了身躯，抛弃了智慧，和大道融合相通。）
18. 这叫作君主统治的原则。
19. 樗里子名叫作疾。
20. 仲由的字是子路。

[说明]

1. "曰"（"谓""名""字"）是及物动词，表示对人、物与事情的称谓，作谓语中心。本句型的形式是叙述句，实际表示判断。
2. 本句型的主语是名词（如例20的"仲由"）、名词短语（如例1的"员父"）、代词（如例17的"此"）、动词短语（如例4的"伤良"）、主谓短语（如例10的"国无九年之蓄"）或数词（如例12的"一"）。
3. "曰"（"谓"）译作"叫""叫作"。
4. 本句型动词的替换词有："曰""谓""为""名""字""号"等。

句型 4

[结构式] I. S（N/NP/Pron）＋"犹"（"若""如""似"）＋O（N/NP/Pron）

主语（名/名词短语/代）＋"犹"（"若""如""似"）＋宾语（名/名词短语/代）

[代表句] 门庭 / 若 / 市 /。

[例句]（表一）

序号	S	"犹"	O	引书
1	门庭	若	市	《战国策·齐策》
2	文	犹	质（也）	《论语·颜渊》
3	质	犹	文（也）	《论语·颜渊》
4	虎豹之鞟	犹	犬羊之鞟	《论语·颜渊》
5	征舒	似	女	《左传·宣公十年》
6	心	如	虎狼	《荀子·修身》
7	行	如	禽兽	《荀子·修身》
8	肌肤	若	冰雪	《庄子·逍遥游》

[译文]

1. 门前和院子里人很多，像集市一样。

2. 文采如同本质一样（重要）。

3. 本质如同文采一样（重要）。

4. （如果去掉有纹彩的毛）虎豹的皮革就如同犬羊的皮革一样了。（鞟：去掉毛的兽皮，即革。）

5. 征舒长得像你。

6. 内心好像虎狼一样。

7. 做事好像禽兽一样。

8. 神人的皮肤好像冰雪那样洁白。

[结构式] II. S（N〈＋"之"〉＋"与"＋N）＋"犹"＋O（N〈＋"之"〉＋"与"＋N）

主语（名〈＋"之"〉＋"与"＋名）＋"犹"＋宾语（名〈＋"之"〉＋"与"＋名）

[代表句]（今）秦之与齐（也）/，犹 / 齐之与鲁（也）/。

[例句]（表二）

序号	S				"犹"	O				引书
	N	"之"	"与"	N		N	"之"	"与"	N	
1	（今）秦	之	与	齐（也）	犹	齐	之	与	鲁（也）	《史记·张仪列传》
2	（夫）齐卒		与	山东之卒	犹	孟贲	之	与	怯夫	《史记·张仪列传》
3	中国		与	边境	犹	支体		与	腹心（也）	《盐铁论·诛秦》

[译文]

1. 现在秦国跟齐国相比，如同齐国跟鲁国相比一样。

2. 秦兵跟山东六国的兵相比，好像勇猛的力士孟贲跟胆怯软弱的人相比一样。

3. 中原地区跟边境相比，好像四肢跟腹腔内脏相比一样。

[结构式] III. S（VP/S-PrP）+"犹"（"如"）+O（N/NP）

　　　　主语（动词短语/主谓短语）+"犹"（"如"）+宾语（名/名词短语）

[代表句] 视天下悦而归己 /，犹 / 草芥（也）/。

[例句]（表三）

序号	S	"犹"	O	引书
1	视天下悦而归己	犹	草芥（也）	《孟子·离娄上》
2	少而好学	如	日出之阳	《说苑·建本》
3	壮而好学	如	日中之光	《说苑·建本》
4	老而好学	如	炳烛之明	《说苑·建本》

[译文]

1. 把天下的人将要高兴地归附自己，看成像草芥一样（不重要）。

2. 少年时喜好学习，好像太阳初升时的光。

3. 壮年时喜好学习，好像正午的太阳光。

4. 老年时喜好学习，好像点燃蜡烛发出的光亮。

[结构式] IV. S（VP）+"犹"（"如""譬若"）+O（V/VP）

　　　　主语（动词短语）+"犹"（"如""譬若"）+宾语（动/动词短语）

[代表句] 思贤 / 如 / 渴 /。

[例句]（表四）

序号	S	"犹"	O	引书
1	思贤	如	渴	《三国志·诸葛亮传》
2	事君	犹	事父（也）	《公羊传·定公四年》
3	今必俱死	如	以肉委饿虎	《史记·张耳陈馀列传》
4	夫以秦卒之勇车骑之众 以治诸侯	譬若	施韩卢而搏蹇兔（也）	《史记·范雎蔡泽列传》

[译文]

1. 思慕贤才好像口渴那样急迫。

2. 侍奉君王好像侍奉父亲一样。

3. 如果一定要我跟他一同死，就好像拿肉送给饥饿的老虎一样。

4. 凭借秦国士兵的勇敢、车辆的众多，去统治诸侯，就好像驱使猛犬韩卢去和跛脚的兔子搏斗一样。（韩卢：韩国著名的猎狗。蹇兔：跛脚兔子。）

[结构式] V. S（S〈+"之"〉+V+O）+"犹"（"如""譬如""譬若""当"）+O（S〈+"之"〉
　　　　+V+O）〈+"也"〉

主语（主〈＋"之"〉＋动＋宾）＋"犹"（"如""譬如""譬若""当"）＋宾语（主〈＋"之"〉＋动＋宾）〈＋"也"〉

[**代表句**] 士之失位（也）/，犹 / 诸侯之失国家也 /。

[**例句**]（表五）

序号	S				"犹"	O				"也"	引书
	S	"之"	V	O		S	"之"	V	O		
1	士	之	失	位（也）	犹	诸侯	之	失	国家	也	《孟子·滕文公下》
2	民	之	归	仁（也）	犹	水	之	就	下		《孟子·离娄上》
						兽	之	走	圹	也	
3	仆	之	思	归	如	痿人		（不）忘	起		《史记·韩信列传》
						盲者		（不）忘	视	也	
4	夫贤士	之	处	世（也）	譬若	锥	之	处	囊中		《史记·平原君虞卿列传》
5	孤	之	有	孔明	犹	鱼	之	有	水	也	《三国志·诸葛亮传》
6	秦	之	有	韩（也）	譬如	木	之	有	蠹	也	《史记·范雎蔡泽列传》
						人	之	有	心腹之病	也	
7	郑	之	有	原圃	犹	秦	之	有	具囿	也	《左传·僖公三十三年》
8	燕	之	有	祖	当	齐	之	有	社稷		《墨子·明鬼》
						宋	之	有	桑林		
						楚	之	有	云梦	也	

[**译文**]

1. 士人丢掉了官位，就好像诸侯丢掉了国家。
2. 老百姓归附仁政，就好像水往低处流，兽往旷野跑一样。
3. 我思归的心情，就好像瘫痪的人不忘记起身行走，失明的人不忘记睁眼观看一样。
4. 一个贤能的士人生活在世界上，就好像铁锥放在袋子里一样。
5. 我有了孔明，好像鱼有了水一样。
6. 秦国境内伸进了韩国的土地，就好像树木里面长了蛀虫，人的内脏得了严重疾病一样。（蠹：蛀虫。心腹之病：人体腹腔内脏的严重的疾病。）
7. 郑国有原圃，就好像秦国有具囿一样。
8. 燕国有祖泽，就像齐国有社稷、宋国有桑林、楚国有云梦一样。（祖：祖泽，地名，燕人祭祀神的地方。）

[**说明**]

1. "犹""若""如""似""譬若""譬如""当"等是动词，表示两个人或物之间的关系，作谓语中心。
2. 表二例句主语和宾语都是偏正短语，中心语是"与"字介词短语。"与"表示"跟……相比"或"对于"。
3. 表五例句主语和宾语都是主谓短语。例5—8在主谓短语中，包含动词"有"字，表示

"领有""具有"。

4. 在表五例句中，助词"之"字加在主谓短语的主语、谓语之间，取消句子的独立性。
5. "犹"（"若""如"……）译作"好像""如同""好比""跟……一样"，"当"译作"相当"。
6. 本句型动词的替换词有："犹""由""若""如""似""类""譬若""譬如""譬犹""当"等。

句型 5

［结构式］S+"若"（"如"）+O（V/VP/N/NP+"然"/"者"）

主语+"若"（"如"）+宾语（动/动词短语/名/名词短语+"然"/"者"）

［代表句］善养生者 /，若 / 牧羊然 /。

［例句］

序号	S	"若"	O		引书
			V/VP/N/NP	"然"	
1	善养生者	若	牧羊	然	《庄子·达生》
2	其视杀人	若	艾草菅	然	《汉书·贾谊传》
3	贫贱者行不合言不用 则去之楚越	若	脱躧	然	《史记·魏世家》
4	〔道〕	（宜）若	登天	然	《孟子·尽心上》
5	及以燕赵起而攻之	若	振槁	然	《荀子·王霸》
6	（夫）道	若	大路	然	《孟子·告子下》
7	〔一角兽〕	若	麃	然	《史记·封禅书》
8	圆居而方止	（则）若	盘石	然	《荀子·议兵》
9	山（见水中）	若	柱	然	《水经注·河水》
10	人之视己	如	见其肺肝	然	《礼记·大学》
11	走死地	如	骛	者	《史记·货殖列传》
12	（栾布哭）彭越趣汤	如	归	者	《史记·季布栾布列传》
13	其游	如	父子	然	《史记·魏其武安侯列传》

［译文］

1. 善于养生的人，好像牧羊一样。
2. 他看见杀死人，好像割草一样。（其：代词，他，这里指胡亥。艾：通"刈"，割草。菅：一种多年生的草。）
3. 贫贱的人行为不符合国君的心意，言论不被国君采用，就离开他，前往楚越各国，好像脱掉鞋子一样。（躧：鞋。）
4. （寻求道）好像登天一样。
5. 等到燕赵两国崛起攻打他的时候，好像摇落枯叶一样。（振：挥动，抖动。槁：枯萎，这里指枯叶。）

6. 道好像大路一样。

7. 捕获到长着一只角的野兽，好像狍子一样。（麇：同"狍"，鹿一类的动物，长着一只角，牛尾。）

8. 军队扎营阵形整齐，按兵不动，好像磐石一样。

9. 高山在水中出现，好像柱子一样。

10. 别人看你自己，好像能看见你的心肝五脏一样。（己：自己，这里指小人。）

11. 奔往死路，好像快马奔驰。（骛：马快跑，这里指追求。全句意谓有些少年追求财利而不怕死。）

12. 栾布痛哭彭越，他把奔赴汤镬就死，看成好像回家一样。（趣：通"趋"，奔赴。汤：本意是热水、开水，这里指汤镬，即古代刑罚，把人投入滚开的水中煮死。）

13. 他们交往很密切，好像父子一样。（游：交游。）

[说明]

1. "若""如"等是及物动词，作谓语中心。

2. "然""者"是助词，和前面的"若""如"等相呼应，构成固定格式，表示比况。

3. 在"若（如）……然（者）"当中，可以嵌入名词（如例 7 的"麇"）、名词短语（如例 6 的"大路"）、动词（如例 12 的"归"）或动词短语（如例 1 的"牧羊"）。

4. 本句型的主语是名词（如例 6 的"道"）、名词短语（如例 1 的"善养生者"）、主谓短语（如例 10 的"人之视己"）或复句形式（如例 3 的"贫贱者行不合，言不用，则去之楚越"）。

5. "若（如）……然（者）"译为"好像……样子""好像……似的"。

句型 6

[结构式] S+"若"（"如""似""似若"）+Vt+O+"然"（"者"）

　　　　 主语+"若"（"如""似""似若"）+及物动词+宾语+"然"（"者"）

[代表句] 国 / 若 / 假 / 城 / 然（耳）/。

[例句]

序号	S	"若"	Vt	O	"然"	引书
1	国	若	假	城	然（耳）	《荀子·强国》
2	〔建〕	如	（不能）言		者	《汉书·万石君传》
3	〔周公〕	（躬躬）如	畏		然	《史记·鲁周公世家》
4	〔孔子〕	似	（不能）言		者	《论语·乡党》
5	子之哭也	（壹）似	（重）有	忧	者	《礼记·檀弓下》
6	〔公子〕	似若	无	所容	者	《史记·魏公子列传》

[译文]

1. 国家好像向别国借来的城池的样子。（假：借。）

2. 建好像不会说话的样子。

3. 周公谨慎恭敬地好像很害怕的样子。

4. 孔子好像不会说话的样子。

5. 您这样哭，实在像连着有几桩伤心事似的。

6. 公子好像无地容身似的。

[说明]

1. "若""如""似""似若"等是副词，放在动词前面表示某种事实或情况大体如此，不十分确定，作状语。

2. 本句型以及物动词作谓语中心，故属于叙述句。为了便于比较，现附于此。

3. "然""者"是助词，和前面的"若""如"等相呼应，构成固定格式，表示一种状态。

4. 在"若（如、似、似若）……然（者）"当中可以嵌入的是动词（如例2的"言"）或动词短语（如例1的"假城"）。

5. 本句型的主语是名词（如例1的"国"）或主谓短语（如例5的"子之哭"）。

6. "若（如、似、似若）……然（者）"可译作"好像（似乎、仿佛）……的样子""好像（似乎、仿佛）……似的"。

7. 比较

A. 善养生者，若牧羊然。（前一句型例1）

B. 国若假城然耳。（本句型例1）

两种句型的区别有三方面：

（1）A句型"若""如"等是及物动词，作谓语中心；B句型"若""如"等是副词，作状语，其后动词才是谓语中心。

（2）A句型表示人或物的比况，B句型表示人或物的不十分确定的状态。

（3）A句型用的动词多为"若"字，B句型用的副词有"如""似""若"等字，较为宽泛多样；A句型最后用的助词多为"然"字，B句型最后用的助词多为"者"字。

第五类　S（"所以……"P）‖Pr（VP/PP）

主（"所以……"短语）‖谓（动词短语/介词短语）

句型

[结构式] S（N/Pron＋"所以"/"所为"＋VP＋"者"）＋Pr（VP/PP）〈＋"也"〉

主语（名/代＋"所以"/"所为"＋动词短语＋"者"）＋谓语（动词短语/介词短语）〈＋"也"〉

[代表句] 魏王所以贵张子者／，欲得韩地也／。

[例句]

序号	S				Pr	"也"	引书
	N/Pron	"所以"	VP	"者"			
1	魏王	所以	贵张子	者	欲得韩地	也	《史记·张仪列传》
2	〔吾〕	所以	遣将守关	者	备他盗之出入与非常	也	《史记·项羽本纪》

序号	S				Pr	"也"	引书
	N/Pron	"所以"	VP	"者"			
3	臣	所以	去亲戚而事君	者	徒慕君之高义	也	《史记·廉颇蔺相如列传》
4		所为	见将军	者	欲以助赵	也	《战国策·赵策》
5	吾	所以	为此	者	以先国家之急而后私仇	也	《史记·廉颇蔺相如列传》
6	夫燕	（之）所以	不犯寇被兵	者	以赵之为蔽于南	也	《战国策·燕策》
7	政	所以	蒙污辱自弃于市贩之间	者	为老母幸无恙妾未嫁	也	《史记·刺客列传》
8	孟尝君	所以	贷钱	者	为民之无者以为本业	也	《史记·孟尝君列传》
9		所以	求息	者	为无以奉客	也	《史记·孟尝君列传》
10	秦	（之）所为	重王	者	以王之有齐	也	《史记·楚世家》

[译文]

1. 魏王尊重张仪的原因，是想要得到韩国的土地。（贵：形容词的意动用法，认为……尊贵。）

2. 我派遣将领把守关口的原因，是防备其他盗贼的出入和发生意外的情况。

3. 我们离开亲人来侍奉您的原因，只是仰慕您的高尚的节义。

4. 我会见将军的目的，是想要借机会帮助赵国。

5. 我之所以这样做，是因为把国家的急务放在前头，把个人的仇怨放在后面。

6. 燕国之所以没有遭受贼寇的侵犯和战乱祸患，是因为赵国在南面做了屏障。

7. 聂政之所以蒙受污辱，自己甘愿埋没在市民商贩之中，是因为老母亲身体康泰，我还没有出嫁的缘故。

8. 孟尝君之所以放债，是为了给没有钱的人提供资金去从事农业生产。

9. 孟尝君索取利息的原因，是没有钱财供养宾客。

10. 秦国之所以重视大王，是因为大王有齐国支援。

[说明]

1. 本句型的主语是个偏正短语，中心语是"者"字，定语是"所以（为）……"短语。

2. "所"是特殊指示代词，"以"（"为"）是介词。"所"字放在"以"（"为"）的前面，再接上动词短语，组成一个名词短语，表示某种动作行为的原因或目的。

3. "所以（为）……"短语前面的名词或代词，作它的定语。在名词充当定语和"所以（为）……"短语之间，可以加助词"之"字作标志。

4. 例1—4的谓语是动词短语。例5—10的谓语是"以"（"为"）字介词短语。"以"（"为"）表示"因为（为了）"。

5. "所以（为）"译作"……的原因""……的缘故"或"……的目的"。"所以（为）……者，以（为）……"译作"（之所以）……，是因为（为了）……"或"……的原因，是……"。译时要注意尽量简洁，避免文字上烦冗重复。

6. 本句型"所"字短语的替换词语有："所以""所谓""所为"等。

[附] 相关句型：

S（N/Pron+"所以"/"所为"+VP+"者"）+NPr〈+"也"〉

主语（名/代+"所以"/"所为"+动词短语+"者"）+名谓〈+"也"〉

齐景公所以遂有齐国者，颜涿聚之力也。（《韩非子·十过》）

齐景公之所以能够顺利地统治齐国，是靠了颜涿聚的力量。

这个句型的谓语是名词短语。

第六类　S‖Adv（NA）+N

主‖状（否定副）+名

句型 1

[结构式] I. S+"非"+N（NP）〈+"也"〉

主语+"非"+名词（名词短语）〈+"也"〉

[代表句] 回（也）/ 非助我者也/。

[例句]（表一）

序号	S	"非"	N	"也"	引书
1	回（也）	非	助我者	也	《论语·先进》
2	求	非	我徒	也	《孟子·离娄上》
3	我	非	生而知之者		《论语·述而》
4	是	非	君子之道		《孟子·滕文公下》
5	子	非	鱼		《庄子·秋水》
6	公	非	长者		《史记·淮阴侯列传》
7	是	非	汝所知	也	《孟子·离娄下》
8	是	非	儿曹愚人所知	也	《史记·外戚世家》
9	（夫）仁义辩智	非	所以持国	也	《韩非子·五蠹》
10	（夫）合诸侯	非	吾所能	也	《左传·成公十六年》
11	有国	非	吾节	也	《左传·襄公十四年》
12	适夫人	非	所以事君	也	《韩非子·奸劫弑臣》
13	适君	非	所以事夫人	也	《韩非子·奸劫弑臣》
14	举烛	非	书意	也	《韩非子·外储说左上》
15	劳师以袭远	非	所闻	也	《左传·僖公三十二年》
16	城郭不完兵甲不多	非	国之灾	也	《孟子·离娄上》
17	子有令闻而美其室	非	所望	也	《左传·襄公十五年》

［译文］

1. 颜回不是帮助我的人。

2. 冉求不是我的学生。

3. 我不是生来就有知识的人。

4. 这不是有道德的人应有的行为。

5. 你不是鱼。

6. 您不是忠厚人。

7. 这不是你们所能了解的。

8. 这不是小辈愚蠢人所能明白的。（儿曹：儿辈，晚辈。曹：辈。）

9. 施行仁义善辩机智不是用来保卫国家的好办法。（持：保持，保全。持国：保卫国家。）

10. 会合诸侯，不是我能够做到的。

11. 占有国家，不是我的节操。

12. 顺从夫人，不是用来侍奉您的办法。（夫人：指代春申君的正妻。）

13. 顺从君主，不是用来侍奉夫人的办法。（君：指代春申君。）

14. 举起蜡烛，并不是信的原意。

15. 使军队疲劳去侵袭远方，我没听说过。（劳：疲劳，这里是形容词的使动用法。劳师：使师劳。）

16. 城墙不坚固，武器装备不充足，不是国家的灾祸。（完：坚固。）

17. 您有好名声，却把自己住宅修饰得很华丽，不是别人所希望的。

［结构式］II.〔S〕+"非"+N（NP/Pron）〈+"也"〉

　　　　　　〔主语〕+"非"+名词（名词短语/代）〈+"也"〉

［代表句］非 / 吾徒也 /。

［例句］（表二）

序号	〔S〕	"非"	N	"也"	引书
1	〔 〕	非	吾徒	也	《论语·先进》
2	〔 〕	非	我	也	《孟子·梁惠王上》
3	〔 〕	非	酒	也	《韩非子·十过》
4	〔 〕	非	吾所得制	也	《韩非子·孤愤》
5	〔 〕	非	求益者	也	《论语·宪问》

［译文］

1. 〔冉求〕不是我的学生。

2. 〔使百姓死亡的〕不是我。

3. 〔这〕不是酒。

4. 〔这〕不是我所能控制的。

5. 〔阙党的一个童子〕不是个求上进的人。

［说明］

1. "非"是否定副词，表示否定谓语与主语的判断关系，作状语。"非"译为"不是"。

2. 本句型的主语是名词（如表一例 1 的"回"）、代词（如表一例 3 的"我"）、形容词短语（如表一例 9 的"仁义辩智"）、动词短语（如表一例 10 的"合诸侯"）、主谓短语或复句形式（如表一例 16 的"城郭不完兵甲不多"）。

3. 表一例 1 的前一个语气词"也"放在主语后面，表示顿宕。

4. 在表二例句中，承上文或人物对话而省略了主语。

5. "非"译为"不是"。

[句型转换]

S+NPr ⇒ S+"非"+N（NP）

主语+名谓 ⇒ 主语+"非"+名词（名词短语）

是君子之道。 ⇒ 是非君子之道。（本句型表一例 4）

"是胜之舍人也"（第一编、I、一、句型 16 例 5）是判断句型，前句型"是君子之道"和"是胜之舍人"结构相同。如果在"君子之道"前面加上一个否定副词"非"字，作状语，这样就转换成后句型："是非君子之道。"这是用添加的方法，使肯定判断句转换成否定判断句的。

句型 2

[结构式] S+"非"+A 〈+"也"〉

主语+"非"+形容词 〈+"也"〉

[代表句] 杀一无罪 /，非仁也 /。

[例句]

序号	S	"非"	A	"也"	引书
1	杀一无罪	非	仁	也	《孟子·尽心上》
2	非其有而取之	非	义	也	《孟子·尽心上》
3	介人之宠	非	勇	也	《左传·文公六年》
4	损怨益仇	非	知	也	《左传·文公六年》
5	以私害公	非	忠	也	《左传·文公六年》
6	富贵不能快意	非	贤	也	《史记·季布栾布列传》
7	公之追之	非	正	也	《谷梁传·僖公二十六年》
8	君子崇人之德扬人之美	非	谄谀	也	《荀子·不苟》
9	言己之光美拟于舜禹参于天地	非	夸诞	也	《荀子·不苟》
10	与时屈伸柔从若蒲苇	非	慑怯	也	《荀子·不苟》
11	刚强猛毅靡所不信	非	骄暴	也	《荀子·不苟》

[译文]

1. 杀害一个没有罪的人，不是仁爱。

2. 不是自己所有的，却取过来，不是正义。

3. 凭借别人的宠信（去报自己的私仇），不是勇敢。（介：凭借，依赖。）

4. 要消减我的怨气，却增加了别人对我的仇恨，不是聪明。

43

5. 由于私而损害公，不是忠诚。

6. 到了富有显贵的时候，不能够称心快乐，不是贤能。

7. 僖公亲自追赶齐军，不是常规呀。（正：符合礼制的常规。第一个"之"，助词，表示取消句子独立性。第二个"之"，代词，指代齐军。）

8. 有道德的人尊崇别人的德行，赞扬别人的长处，不算是阿谀奉承。

9. 称赞自己的美好，和舜禹相比拟，和天地相并列，不算是虚夸狂妄。

10. 随着时势伸缩，柔顺得好像蒲草芦苇一样，不算是胆小害怕。

11. 刚强勇猛坚韧，什么场合从不屈服，不算是骄傲残暴。（靡：无，没有。"靡所"即"无所"。信：通"伸"，伸张。）

[说明]

1. "非"是否定副词，表示否定谓语与主语的判断关系，作状语。

2. 本句型的主语是动词短语（如例4的"损怨益仇"）、主谓短语（如例1的"杀一无罪"，这个主谓短语的主语承上文省略）或复句形式（如例8的"君子崇人之德，扬人之美"），都表示某种动作行为或某事。

3. "非"译作"不是"。

[附] 相关句型：

　　S+"非"+VP〈+"也"〉

　　主语+"非"+动词短语〈+"也"〉

　　正义直指，举人之过，非毁疵也。（《荀子·不苟》）

　　公正无私地评论，坦率地指出别人的过错，不能算作诽谤、挑剔。

　　这是以动词作谓语中心的否定判断句。

第七类　S‖Adv（Ad）+N

主‖状（副）+名

句型1

[结构式] S+"乃"（"如""即""则"）+N（NP/Pron）〈+"也"（"矣""已矣"）〉

　　　　主语+"乃"（"如""即""则"）+名词（名词短语/代）〈+"也"（"矣""已矣"）〉

[代表句] 吕公女 / 乃 / 吕后也 /。

[例句]

序号	S	"乃"	N	"也"	引书
1	吕公女	乃	吕后	也	《史记·高祖本纪》
2	臣	乃	市井鼓刀屠者		《史记·魏公子列传》
3	嬴	乃	夷门抱关者	也	《史记·魏公子列传》
4	当立者	乃	公子扶苏		《史记·陈涉世家》
5	此	乃	恬之罪	也	《史记·蒙恬列传》

序号	S	"乃"	N	"也"	引书
6	此	乃	臣效命之秋	也	《史记·魏公子列传》
7		如	其仁		《论语·宪问》
8	梁父	即	楚将项燕		《史记·项羽本纪》
9	吾翁	即	若翁		《史记·项羽本纪》
10	谷城山下黄石	即	我	矣	《史记·留侯世家》
11	此	则	寡人之罪	也	《孟子·公孙丑下》
12	此	则	距心之罪	也	《孟子·公孙丑下》
13	卿	则	州人		《三国志·太史慈传注》
14	是	则	章子	已矣	《孟子·离娄下》

[译文]

1. 吕公的女儿就是吕后。

2. 我本是市场上一个动刀宰杀牲畜的人。

3. 我只是夷门的守门人。（嬴：侯嬴，这里是自称其名。关：门闩。抱关者：抱门闩司启闭城门的人。夷门：魏国都城大梁的东门。）

4. 应当承帝位的是公子扶苏。

5. 这就是我的罪过。

6. 这就是我献出生命的时机。

7. 这就是管仲的仁德。（如：相当于"乃""就是"，依王引之说。）

8. 项梁的父亲就是楚国将领项燕。

9. 我的老父就是你的老父。

10. 谷城山下的黄石就是我。

11. 这就是我的罪过。

12. 这就是我孔距心的罪过。

13. 你是我同州里的人。

14. 这就是匡章的为人。

[说明]

1. "乃"（"如""则""即"）是副词，有加强肯定的作用，使用"乃"（"如""则""即"）表示带有辩白或申明的语气，说明不是其他的人或物，作状语。

2. 本句型的谓语中心是名词（如例1的"吕后"）、名词短语（如例11的"寡人之罪"）或代词（如例10的"我"）。

3. 本句型的主语是名词（如例3的"嬴"）、名词短语（如例1的"吕公女"）或代词（如例5的"此"）。其中有"即"字句子的主语一般是名词或名词短语；有"则"字句子的主语常常是代词。

4. "矣""已矣"是语气词，"矣"表示报道今后将要发生的情况，"已矣"表示一种恳切的语气。

5. 本句型多用于注释、说明某人是什么人或某物为何物（如"臣乃市井鼓刀屠者"）；也有的用来表示一种决心（如"此乃臣效命之秋也"）。
6. "乃""如""即""则"译作"就是"，偶尔也译作"只是"。

句型 2

[结构式] "此"（"是"）+ "乃" +NP（N/Pron〈+ "之"〉+ "所以" +V/VP〈+ "也"〉
　　　　 "此"（"是"）+ "乃" +名词短语（名/代〈+ "之"〉+ "所以" +动/动词短语）
　　　　〈+ "也"〉

[代表句] 是 / 乃 / 孟舒所以为长者也 /。

[例句]

序号	"此"	"乃"	NP				"也"	引书
			N/Pron	"之"	"所以"	V/VP		
1	是	乃	孟舒		所以	为长者	也	《史记·田叔列传》
2	此	乃	信		所以	去	也	《史记·淮阴侯列传》
3	此	乃	信	之	所以	（为陛下）禽	也	《史记·淮阴侯列传》
4	此	乃	吾		所以	居子之上	也	《史记·孙子吴起列传》

[译文]
1. 这就是孟舒是谨慎忠厚的人的缘故。
2. 这就是韩信要离去的原因。
3. 这就是我被陛下捉住的原因。
4. 这就是我的官职比您高的缘故。

[说明]
1. "所"字是特殊指示代词，"以"字是介词。"所以"和后面的动词（动词短语）组成一个名词短语，作谓语中心。
2. 在本句型中，"以"表示"因为"。"所"字具有指示和称代某一动作行为产生原因的作用。
3. "所以……"短语前面的名词（如例2的"信"）或代词（如例4的"吾"）作定语。
4. 指示代词"此"（"是"）作主语。
5. "乃"是副词，有加强肯定的作用。"乃"字带有辩白或申明的语气，说明不是其他的原因，作状语。
6. "乃"译作"就是"，"所以"译作"……的缘故""……的原因"。

[附] 相关句型：

　　"此"（"是"）+ "乃" +NP（N/Pron〈+ "之"〉+ "所以" +V/VP+ "者"）〈+ "也"〉
　　"此"（"是"）+ "乃" +名词短语（名/代〈+ "之"〉+ "所以" +动/动词短语+ "者"）
〈+ "也"〉
　　此乃将军所以不得侯者也。（《史记·李将军列传》）
　　这就是您不能讨侯的原因。

这里"所以……"短语后面有代词"者"字，"所以……"短语就作"者"字的定语。

句型 3

[结构式] S+"诚"（"真"）+N（NP）〈+"也"（"矣"）〉

　　　　　主语+"诚"（"真"）+名词（名词短语）〈+"也"（"矣"）〉

[代表句] 子 / 诚 / 齐人也 /。

[例句]

序号	S	"诚"	N	"也"	引书
1	子	诚	齐人	也	《孟子·公孙丑上》
2	士	诚	小人	也	《孟子·公孙丑下》
3	若	真	鄙儒	也	《史记·刘敬叔孙通列传》
4	吕后	真	而主	矣	《史记·留侯世家》
5	淳于先生	诚	圣人	也	《史记·孟子荀卿列传》
6	此	诚	危急存亡之秋	也	《三国志·诸葛亮传》
7	我	诚	邦士	也	《新序·刺奢》

[译文]

1. 你真是一个齐国人。

2. 我尹士确实是个小人。（士：尹士，齐国人。）

3. 你们真是庸俗浅陋的儒生。（鄙：庸俗，浅陋。）

4. 吕后真是你的主人了。

5. 淳于先生确实是圣人。

6. 这确实是国家危急存亡的关键时刻。

7. 我确实是国家的人才。

[说明]

1. "诚"（"真"）是表示肯定的情态副词，用来表示判断的确实性和真实性，作状语。

2. "矣"是语气词，表示报道一种将要出现的新情况。

3. "诚""真"译作"确实""实在"或"真正"。

4. 本句型副词的替换词有："诚""真""实"等。

句型 4

[结构式] S+"皆"（"尽""悉""以"）+N（NP）〈+"也"（"耳"）〉

　　　　　主语+"皆"（"尽""悉""以"）+名词（名词短语）〈+"也"（"耳"）〉

[代表句] 所推举 / 皆 / 廉士 /。

[例句]

序号	S	"皆"	N	"也"	引书
1	所推举	皆	廉士		《史记·韩长孺列传》
2	在于王所者长幼卑尊	皆	薛居州	也	《孟子·滕文公下》

序号	S	"皆"	N	"也"	引书
3	其子之贤不肖	皆	天	也	《孟子·万章上》
4	而先	皆	季氏之良	也	《左传·定公八年》
5	车旗	皆	帝所赐	也	《史记·韩长儒列传》
6	（今）欲以先王之政治当世之民	皆	守株之类	也	《韩非子·五蠹》
7	（今）天下	尽	桀	也	《新序·刺奢》
8	（侍中尚书长史参军）此	悉	真良死节之臣		《三国志·诸葛亮传》
9	君家所寡有者	以	义	耳	《战国策·齐策》

[译文]

1. 引荐的都是廉洁之士。

2. 住在王宫中的人，无论年龄大的小的，地位低的高的，都是像薛居州一样的好人。（薛居州：宋国的贤良士人。）

3. 他们的儿子好还是不好，都是天意。（其子：指舜、禹、益的儿子。）

4. 你的祖先都是季氏家里的忠良之臣。（良：良臣。）

5. 车子、旗帜都是皇帝所赏赐的。

6. 今天谁要用古代先王的政策来统治当今的人民，都是跟守株待兔者一类的人。

7. 现在天下君主都是夏桀之类。

8. 侍中郭攸之、费祎，尚书陈震，长史张裔，参军蒋琬，这些人都是忠贞贤良、为节义而死的臣子。

9. 您所缺少的东西只是义啊。（以：仅，只。依裴学海说。另王力主编《古代汉语》中，认为"以"是衍文。）

[说明]

1. "皆""尽""悉"都是范围副词，作状语。

2. 本句型的主语是名词、名词短语（如例 1 的"所推举"）、代词（如例 8 的"此"）或主谓短语（如例 3 的"其子之贤不肖"，这里的"之"是助词，用于取消句子独立性）。

3. 本句型多数用来解释或注释（如"所推举皆廉士"）；也有的用来表示比喻（如"今天下尽桀也"）；而主谓短语作主语的句子，常用来表示原因（如"其子之贤不肖，皆天也"）。

4. "皆""尽""悉"译作"都""全"。

5. 本句型副词的替换词有："皆""尽""悉""举"（以上表示全部），"唯""惟""独""特""直""以"等（以上表示局部）。

句型 5

[结构式] S+"皆"+NP〈+"也"〉

主语+"皆"+名词短语〈+"也"〉

[代表句] 军大捷 / ，皆 / 诸校尉力战之功也 / 。

[例句]

序号	S	"皆"	NP	"也"	引书
1	军大捷	皆	诸校尉力战之功	也	《史记·卫将军骠骑列传》
2	计划所以全者	皆	陆生平原君之力	也	《史记·郦生陆贾列传》
3	秋毫	皆	高祖力	也	《史记·张耳陈馀列传》

[译文]

1. 军队取得很大胜利，都是众校尉奋力作战的结果。
2. 为他策划一个保全性命的办法，都是陆生、平原君的力量。
3. 一丝一毫都是高祖的功绩。

[说明]

1. "皆"是范围副词，作状语。
2. 本句型的谓语中心常是"功""力"一类名词，定语是名词或代词。
3. 本句型的主语是名词、名词短语（如例 3 的"秋毫"）或主谓短语（如例 1 的"军大捷"）。
4. 本句型一般用来解释、说明事情的原因，并表示某人的功绩。
5. "皆"译作"都""全"。
6. 本句型副词的替换词有："皆""尽""举"等。

句型 6

[结构式] S+"必"+N〈+"也"〉
　　　　主语+"必"+名词〈+"也"〉
[代表句] 夺项王天下者 /，必 / 沛公也 /。

[例句]

序号	S	"必"	N	"也"	引书
1	夺项王天下者	必	沛公	也	《史记·项羽本纪》
2	破赵军者	必	括	也	《史记·廉颇蔺相如列传》
3	安刘氏者	必	勃	也	《史记·高祖本纪》
4	亡吾爵者	必	显	也	《汉书·丙吉传》
5	得我道以亡身者	必	京生	也	《汉书·京房传》

[译文]

1. 夺取项王天下的，必定是沛公。
2. 使赵国军队惨败的，一定是赵括了。
3. 能安定我刘氏天下的人，必定是周勃。
4. 失掉我的爵位的，必定是显。
5. 得到我传授的道术却丧失了性命的人，一定是京生。

[说明]

1. "必"是表示肯定的情态副词，用来表示判断的必然性，即说话人对这个判断有很大的把握。

2. "必"字放在名词前面，作状语。

3. 本句型的主语经常是"者"字短语，谓语中心则是专有名词。

4. 本句型一般用来判断做某件事情的一定是某人。

5. "必"译作"必定""一定"。

6. 本句型副词的替换词有："必""定""当"等。

[附] 相关句型有两个：

1. S+"无"+PO+NP〈+"也"〉

    主语+"无"+介词宾语+名词短语〈+"也"〉

    人无幼长贵贱，（皆）天之臣也。（《墨子·法仪》）

    人无论年幼年长、高贵卑贱，都是上天的臣民。

    这个句型是把"无"字介词短语放在充当谓语中心的名词短语前面，作状语。"无"译作"无论"。

2. "以"+PO+S+N（NP）〈+"也"〉

    "以"+介词宾语+主语+名词（名词短语）〈+"也"〉

    以位，则子，君也；我，臣也。（《孟子·万章下》）

    论地位，那么您是君主，我是臣子。

    这里的介词"以"字，表示论事标准，译作"以……论"。"以"字介词短语放在主语"子""我"的前面，作状语。

第二部分　叙述句

　　叙述句是用来叙述人或事物的行为、活动或变化过程的，以动词或动词短语作谓语。

　　叙述句常见的句中语气词有"者""也"等。

　　1."者"表示顿宕。例如：

　　明君者，必将先治其国。（《荀子·王霸》）

　　2."也"表示顿宕，相当于现代汉语的语气词"啊"。例如：

　　今由与求也，相夫子。（《论语·季氏》）

　　常见的句尾语气词有"矣""也"等。

　　1."矣"表示报道事物发展到一定阶段的状况（现在的、过去的、将来的），相当于现代汉语的语气词"了"。例如：

　　俎豆之事，则尝闻之矣。（《论语·卫灵公》）

　　2."也"表示强调事情的真实性，即说话人对此深信不疑。例如：

　　吾见师之出，而不见其入也。（《左传·僖公三十二年》）

第一类　S‖Vt+O

主‖动（及物）+宾

　　这类句型的谓语中心是及物动词，及物动词是指能带受事宾语的动词。受事宾语是动作行为支配的对象。

句型 1

［结构式］S（N）+Vt+O（N）

　　　　主语（名）+及物动词+宾语（名）

［代表句］晋 / 灭 / 虢 /。

［例句］

序号	S	Vt	O	引书
1	晋	灭	虢	《左传·僖公五年》
2	范蠡	事	越王勾践	《史记·越王勾践世家》
3	叔	喜	剑	《史记·田叔列传》
4	徐庶	见	先主	《三国志·诸葛亮传》
5	犬戎	杀	周幽王	《史记·卫康叔世家》
6	齐人	杀	无亏	《左传·僖公十八年》
7	幽王	嬖爱	褒姒	《史记·周本纪》

［译文］

1. 晋国灭亡了虢国。
2. 范蠡侍奉越王勾践。
3. 田叔喜好剑术。
4. 徐庶拜见先主刘备。
5. 犬戎杀死周幽王。
6. 齐国人杀死了无亏。
7. 周幽王宠爱褒姒。（嬖：宠爱。褒：诸侯国名。褒姒是褒国进献的女子，姓姒。）

［说明］

1. 句型 1—10 是一组以名词、名词短语或代词作主语的句型，名词、名词短语或代词作主语是最常见的。
2. 本句型的主语是名词。
3. 本句型的宾语是名词。

句型 2

［结构式］S（N+N）+Vt+O

　　　　主语（名+名）+及物动词+宾语

[代表句] 齐人 / 伐 / 燕 /。

[例句]

序号	S		Vt	O	引书
	N	N			
1	齐	人	伐	燕	《孟子·梁惠王下》
2	宋	师	侵	郑	《左传·哀公七年》
3	齐	人	杀	无亏	《左传·僖公十八年》
4	晋	人	围	朝歌	《左传·定公十四年》
5	燕	将	见	鲁连书	《史记·鲁仲连邹阳列传》

[译文]

1. 齐国人攻打燕国。
2. 宋军侵袭郑国。
3. 齐国人杀了无亏。
4. 晋国人包围朝歌。
5. 燕将看了鲁仲连的信。

[说明]

　　本句型的主语是个偏正短语，中心语是名词，定语是名词，定语和中心语之间有领属关系。

句型 3

[结构式] I. S（A+N）+Vt+O

　　　　　主语（形+名）+及物动词+宾语

[代表句] 明君（者）/，（必将先）治 / 其国 /。

[例句]（表一）

序号	S		Vt	O	引书
	A	N			
1	明	君（者）	（必将先）治	其国	《荀子·王霸》
2	暗	君（者）	（必将急）逐	乐	《荀子·王霸》
			（而缓）治	国	
3	（凡）奸	声	感	人	《荀子·乐论》
	（而）逆	气	应	之	
4	正	声	感	人	《荀子·乐论》
	（而）顺	气	应	之	

[译文]

1. 圣明的君主一定要先治理他的国家。
2. 昏庸的君主一定急迫地追求快乐，而缓慢地治理国家。

52

3. 凡是邪恶的声音感染人，不顺的气就会去应和它。
4. 雅正的声音感染人，顺畅的气就会去应和它。

[结构式] II. S（A+"之"+N）+Vt+O
　　　　主语（形+"之"+名）+及物动词+宾语
[代表句] 枯槁之士 / 宿 / 名 /。
[例句]（表二）

序号	S			Vt	O	引书
	A	"之"	N			
1	枯槁	之	士	宿	名	《庄子·徐无鬼》
2	仁义	之	士	贵	际	《庄子·徐无鬼》
3	豪俊	之	士	（皆得）竭	其智	《汉书·贾山传》
4	区区	之	心	（窃）慕	此（耳）	《答苏武书》

[译文]
1. 容貌憔悴的隐士谋取名声。
2. 崇尚仁义的士人贵在交际。
3. 英雄豪杰都能够完全发挥他们的才智。
4. 我的心只是暗暗地羡慕这两人罢了。（此：这两人，指范蠡和曹沫。）
[说明]
1. 本句型的主语是个偏正短语，中心语是名词，定语是形容词，形容词是用来修饰名词的。
2. 在表二例句中，"之"是助词，放在定语和中心语之间作标志，并起调谐音节的作用。

句型 4
[结构式] S（NPos+〔N〕）+Vt+O
　　　　主语（方位名+〔名〕）+及物动词+宾语
[代表句] 左右 / 象 / 之 /。
[例句]

序号	S		Vt	O	引书
	NPos	〔N〕			
1	左右	〔　〕	象	之	《墨子·辞过》
2	四海之内	〔　〕	（皆）曰		《孟子·滕文公下》
3	境内	〔　〕	（皆）言	兵	《韩非子·五蠹》
4	中外	〔　〕	服从		《后汉书·宦者列传》
5	上下	〔　〕	屏	气	《后汉书·宦者列传》

[译文]

1. 君王左右的人都效法他。（象：榜样，这里名词用作动词，效法。）
2. 天下的人都说。
3. 国内的人都在谈论军事。
4. 朝廷内外的臣子服帖顺从。
5. 上上下下的官员小心翼翼。（屏气：抑止呼吸。）

[说明]

1. 本句型的主语是一个偏正短语，中心语是名词，定语是方位名词（这个方位名词前面，往往还有普通名词充当的定语，如例3的"境"）。在一定的上下文中，这个中心语可以省略，而用修饰中心语的定语来代替这个偏正短语（如例3省略了中心语"人"，这个偏正短语就是"境内之人"）。
2. 在古代汉语中，表示某种性质或特征的词可以代表具有那种性质或特征的人与事物。
3. 本句型在译成现代汉语时，要根据上下文把省略的中心语补出来，如"左右"译为"左右之人"，"境内"译为"境内之人"。
4. 本句型用作定语的方位名词和形容词常见的有："内""外""上""下""中""左""右""大""小""智""愚""壮""弱""勇""怯""众""寡""长""短""贤""不肖""老""幼""清""浊""疾""徐""哀""乐""坚""锐""孝""悌""仁""义""富""贵""穷""贫""殆""衰"等。

句型 5

[结构式] S（N/NP+V/VP+"者"）+Vt+O

　　　　 主语（名/名词短语+动/动词短语+"者"）+及物动词+宾语

[代表句] 群臣吏民能面刺寡人之过者 /，受 / 上赏 /。

[例句]

序号	S			Vt	O	引书
	N/NP	V/VP	"者"			
1	群臣吏民	能面刺寡人之过	者	受	上赏	《战国策·齐策》
2	群臣	侍殿上	者	（不得）持	尺兵	《战国策·燕策》
3	士卒	亡	者	过	半（矣）	《史记·孙子吴起列传》
4	（太子及）宾客	知其事	者	（皆白衣冠以）送	之	《史记·刺客列传》

[译文]

1. 能够当面指责我的过错的所有大臣、官吏和老百姓，得头等奖赏。
2. 在殿上侍奉国君的群臣，连极小的兵器也不准携带。
3. 逃亡的士兵已经超过半数了。
4. 太子和知道这件事的宾客们，都穿着白衣、戴着白帽为他送行。（之：代词，他，指代荆轲。）

[说明]

1. 本句型的主语是个偏正短语，中心语是名词或名词短语，定语是动词或动词短语。定语的位置是在中心语的后面，这样不仅使中心语突出，而且定语字数虽多却不显得累赘。

2. 这种定语后置的情况，必须用代词"者"字煞尾。

3. 本句型有些句子，在中心语和后置定语之间加了助词"之"字，使中心语和定语具有全体和部分的关系。

S（N/NP+"之"+V/VP+"者"）+Vt+O

主语（名/名词短语+"之"+动/动词短语+"者"）+及物动词+宾语

人之救火死者，比死敌之赏。（《韩非子·内储说上》）

有在救火中死了的人，比照与敌人战斗而死的给予奖赏。

4. 在古代汉语中，表示限制性的定语可以移到中心语后面，而表示同一性和领属性的定语不能移到中心语后面。

5. 例4的"太子"也是主语。这里"知其事"只是用作"宾客"的定语。

6. 本句型在译成现代汉语时，通常要把定语放到中心语前面，如"士卒亡者"译为"逃亡的士兵"。

句型 6

[结构式] S（V/VP/A+"者"）+Vt+O

主语（动/动词短语/形+"者"）+及物动词+宾语

[代表句] 有礼者 / 敬 / 人 /。

[例句]

序号	S		Vt	O	引书
	V/VP/A	"者"			
1	有礼	者	敬	人	《孟子·离娄下》
2	乐天	者	保	天下	《孟子·梁惠王下》
3	畏天	者	保	其国	《孟子·梁惠王下》
4	窃国	者	为	诸侯	《庄子·胠箧》
5	恭	者	（不）侮	人	《孟子·离娄上》
6	俭	者	（不）夺	人	《孟子·离娄上》
7	仁	者	爱	人	《孟子·离娄下》
8	知	者	乐	水	《论语·雍也》
9	仁	者	乐	山	《论语·雍也》

[译文]

1. 有礼的人尊敬别人。

2. 安于天命而快乐的人，可以安定天下。

3. 畏惧天命而谨慎的人，可以保全自己的国家。

4. 盗窃国家的人成为诸侯。

5. 恭敬别人的人不会侮辱别人。

6. 生活节俭的人不会掠夺别人。

7. 仁爱的人慈爱别人。

8. 聪明的人喜好水。

9. 仁爱的人喜好山。

[说明]

1. "者"字是特殊指示代词，用在代词、动词短语或形容词后面，组成一个名词短语，表示某种人或某种事物。

2. "者"字短语作主语。

3. "者"字译作"……的人""……的事物"，或省略后面的"人""事物"，直接译成"……的"。

[附] 相关句型有下列三个：

1. S（"所"+V）+Vt+O

主语（"所"+动）+及物动词+宾语

所刺讥（皆）中诸侯之疾。（《史记·孔子世家》）

他所指责讽刺的都能切中诸侯的弊病。

这里特殊指示代词"所"字放在及物动词前面，组成一个名词短语，作主语。此句型罕见。

2. S（"所"+V+"者"）+Vt+O

主语（"所"+动+"者"）+及物动词+宾语

所子者为王。（《史记·吕不韦列传》）

使承认是自己儿子的人继位做王。（子：名词的意动用法，即以之为子，认为他是儿子。）

这里"所子"后面有代词"者"字，"所"字短语就作"者"字的定语。

3. S（N/Pron+"所"+V+N）+Vt+O

主语（名/代+"所"+动+名）+及物动词+宾语

其所置遣侯王将相竟亡秦。（《史记·陈涉世家》）

他所封立派遣的王侯将相终于灭亡了秦朝。

这里"所置遣"后面有名词短语"侯王将相"，"所"字短语就作名词短语的定语。

句型 7

[结构式] I. S（Pron）+Vt+O（N/NP）

　　　　主语（代）+及物动词+宾语（名/名词短语）

[代表句] 吾／与／点（也）／。

[例句]（表一）

序号	S	Vt	O	引书
1	吾	与	点（也）	《论语·先进》
2	吾	执	御（矣）	《论语·子罕》
3	吾	（未）见	刚者	《论语·公冶长》

［译文］
1. 我同意曾点的主张。
2. 我掌握赶马车的技艺。（执：掌握，指掌握一项专门技艺。御：驾驶马车。）
3. 我没有见过刚毅不屈的人。

［结构式］II. S（Pron）+Vt+O（Pron+N）
　　　　　　主语（代）+及物动词+宾语（代+名）
［代表句］尔 / 爱 / 其羊 /。
［例句］（表二）

序号	S	Vt	O		引书
			Pron	N	
1	尔	爱	其	羊	《论语·八佾》
2	我	爱	其	礼	《论语·八佾》
3	吾	受	其	赐	《史记·晋世家》
4	余	嘉	乃	勋	《左传·僖公十二年》
5	〔余〕	应	乃	懿德	《左传·僖公十二年》
6	予	嘉	乃	德	《尚书·微子之命》
7	我	（不）盗	而	璧	《史记·张仪列传》

［译文］
1. 你怜惜那只羊。（爱：怜惜，爱惜。下句同此。）
2. 我爱惜那个礼。
3. 我接受了您的赐予。
4. 我赞扬你的功勋。
5. 我接受你的美德。（应：接受。）
6. 我赞扬你的美德。
7. 我没有偷你的璧。

［说明］
1. 本句型是以人称代词作主语。
2. 在表一例句中，宾语是名词或名词短语。
3. 在表二例句中，宾语是偏正短语，中心语是名词，定语是代词。在上古汉语里，第二人称代词"而"和"乃"只能用作定语。第三人称代词"其"和"之"不用作主语。
4. 本句型人称代词的替换词有："吾""我""余""予""朕""台"（以上第一人称），"臣""走""仆"（以上是谦称，可以代替第一人称代词），"若""女""而""尔""乃""戎"（以上第二人称），"子""吾子""公""君""夫子""卿""先生"（以上是尊称，可以代替第二人称代词）。

句型 8

[结构式] I. "或"（"莫"）+Vt+O

"或"（"莫"）+及物动词+宾语

[代表句] 或 / 知 / 尔 /。

[例句]（表一）

序号	"或"	Vt	O	引书
1	或	知	尔	《论语·先进》
2	或	问	之	《孟子·告子下》
3	莫	知	其始	《庄子·大宗师》
4	莫	知	其门	《荀子·赋》
5	莫	（敢不）听		《韩非子·难一》
6	莫	（敢不）从（也）		《韩非子·难一》

[译文]

1. 有人了解你们。

2. 有人问他。

3. 没有人能知道它什么年代开始。

4. 没有人知道它的进出之门。（其：代词，它的，指"云"，意思是云从什么地方形成和出入的。）

5. 没有人敢不听从。

6. 没有人敢不听从。

[结构式] II. Ant（N/NP）+ "或"（"莫"）+Vt+O

先行词（名/名词短语）+ "或"（"莫"）+及物动词+宾语

[代表句] 宋人或 / 得 / 玉 /。

[例句]（表二）

序号	Ant	"或"	Vt	O	引书
1	宋人	或	得	玉	《左传·襄公十五年》
2	人	或	益	之	《吕氏春秋·察今》
3	人	莫	救	之	《韩非子·内储说上》
4	天下	莫	（敢不）服		《史记·吴王濞列传》
5	众	莫	（不）知		《史记·屈原贾生列传》
6	世	莫	（能）知		《史记·魏公子列传》
7	天下	莫	（不）闻		《史记·魏公子列传》
8	宋	莫	（能）守		《墨子·公输》
9	百姓	莫	（不）敦	恶	《荀子·议兵》
10	人	莫	（敢）娶		《史记·陈丞相世家》

[译文]

1. 宋国有人得到玉。
2. 有人增补它。
3. 没有人去救它。（之：代词，它，这里指宫室火灾。）
4. 天下没有谁敢不服从。
5. 众人中没有人不知道的。
6. 世间没有人能了解他。
7. 天下没有人不知道。
8. 宋国没有人能防守。
9. 百姓中没有人不怨恨坏人的。（敦：通"憝"，憎恨。）
10. 没有人敢娶她。

[说明]

1. "或"是肯定性无定代词，"莫"是否定性无定代词，通常用来指人，也可以指物。
2. "或""莫"在句中作主语（这两个字只用作主语）。
3. 在表二例句中，"或"（"莫"）字前面有先行词。先行词是名词或名词短语，来表示范围；"或""莫"指代其中的某个人（物）或某些人（物）。
4. "或"译作"有人"，"莫"译作"没有谁""没有什么"。

句型 9

[结构式] S（N/Pron〈+"与"〉+N/Pron）+Vt+O

　　　　主语（名/代〈+"与"〉+名/代）+及物动词+宾语

[代表句]（今）由与求（也）/，相 / 夫子 /。

[例句]

序号	S			Vt	O	引书
	N/Pron	"与"	N/Pron			
1	（今）由	与	求（也）	相	夫子	《论语·季氏》
2	我	与	若	知	之	《庄子·知北游》
3	工尹商阳	与	陈弃疾	追	吴师	《礼记·檀弓下》
4	吾	与	汝	共	之	《庄子·大宗师》
5	晋侯		秦伯	围	郑	《左传·僖公三十年》

[译文]

1. 现在仲由和冉求辅佐季孙。
2. 我和你知道这些道理。
3. 工尹商阳和陈弃疾追赶吴国的军队。
4. 我和你共同追求方外之道。（之：代词，指代"方外"，即方域之外，意思是超脱礼教之外，不受礼教的约束。）
5. 晋侯秦伯包围郑国。

[说明]

1. 本句型中，主语是由两个名词（如例1的"由""求"）或代词（如例2的"我""若"）组成的联合短语。
2. 连词"与"放在两个实词之间，起连接作用。有些句子也可以不用连词。
3. "与"译作"和"。
4. 本句型连词的替换词有："与""及""爰""以""为""之""暨""如"等。

句型 10

[结构式] S（N/NP/A+"之"+"于"+PO）〈+"也"〉+Vt+O〈+"焉"（"焉耳矣"）〉

　　　　主语（名/名词短语/形+"之"+"于"+介词宾语）〈+"也"〉+及物动词+宾语〈+"焉"（"焉耳矣"）〉

[代表句] 寡人之于国也 /，尽 / 心焉耳矣 /。

[例句]

序号	S				"也"	Vt	O	"焉"	引书
	N/NP/A	"之"	"于"	PO					
1	寡人	之	于	国	也	尽	心	焉耳矣	《孟子·梁惠王上》
2	君子	之	于	物	也	爰	之（而弗仁）		《孟子·尽心上》
3	〔君子〕	之	于	民	也	仁	之（而弗亲）		《孟子·尽心上》
4	仁人	之	于	弟	也	（不）藏	怒	焉	《孟子·万章上》
						（不）宿	怨	焉	
5	君子	之	于	禽兽	也	见	其生		《孟子·梁惠王上》
						（不忍）见	其死		
6	（夫）寒	之	于	衣		（不）待	轻暖		《汉书·食货志》
7	饥	之	于	食		不（待）	甘旨		《汉书·食货志》
8	口	之	于	味	也	有	同耆	焉	《孟子·告子上》
9	耳	之	于	声	也	有	同听	焉	《孟子·告子上》
10	目	之	于	色	也	有	同美	焉	《孟子·告子上》

[译文]

1. 我对于国家，真是费尽心力了啊。
2. 君子对于草木禽兽等万物，爱惜它们却不施予仁德。
3. 君子对于百姓，施予仁德却不亲爱他。
4. 一个仁爱的人，对自己的弟弟，不把愤怒藏在胸中，不把怨恨埋在心底。
5. 一个有仁德之心的人，对于家禽家畜，看到它们活得很美好，就不忍心看着它们死去。
6. 人在寒冷的时候，不一定要等轻暖的衣服才穿。
7. 人在饥饿的时候，不一定要等美味的食物才吃。（甘：甜。旨：美味。）

8. 口对于味道，有相同的嗜好。（耆：通"嗜"，嗜好。）

9. 耳朵对于声音，有相同的听觉。

10. 眼睛对于容色，有相同的美感。

[说明]

1. 本句型的主语是偏正短语，定语是名词（如例 8 的"口"）、名词短语（如例 4 的"仁人"）或形容词（如例 6、例 7 的"寒""饥"），中心语是"于"字介词短语。

2. "于"字是介词，用来引进行动的对象。"于"的宾语是名词（如例 1 的"国"）、名词短语（如例 5 的"禽兽"）。

3. "之"是助词，放在定语和中心语之间作标志，同时舒缓语气，让读者等待下文。

4. 本句型的谓语中心是及物动词，带的宾语是名词（如例 1 的"心"）、代词（如例 2 的"之"）、动词（如例 4 的"怒""怨"）、形容词（如例 6 的"轻""暖"）或主谓短语（如例 5 的"其生"）。

5. "焉"是语气词，放在句末表示陈述的重点所在。"焉耳矣"连用，起加强肯定的作用，并表示一种恳切的语气。

6. "于"译作"对于"。

7. 本句型介词的替换词有："于""那"等。

[附] 相关句型：

S（N/NP＋"之"＋"于"＋PO）〈＋"也"〉＋A

主语（名/名词短语＋"之"＋"于"＋介词宾语）〈＋"也"〉＋形容词

目之于明也殆。（《庄子·徐无鬼》）

眼睛过于求其明，就危险了。

这个句型的谓语是形容词。

[句型转换]

S＋"于"＋PO〈＋"也"〉＋Vt＋O ⇒ S（N/NP/A＋"之"＋"于"＋PO）〈＋"也"〉＋Vt＋O

主语＋"于"＋介词宾语〈＋"也"〉＋及物动词＋宾语

⇒ 主语（名/名词短语/形＋"之"＋"于"＋介词短语）〈＋"也"〉＋及物动词＋宾语

寡人于国也，尽心焉耳矣。⇒ 寡人之于国也，尽心焉耳矣。（本句型例 1）

"（始）吾于人也，听其言……"（第一编、II、二十、句型 7 例 2）是个带"于"字介词短语的句型，"于"字介词短语作状语。前句型"寡人于国也，尽心焉耳矣"和"（始）吾于人也，听其言"结构相同。如果在"寡人"和"于"字介词短语之间加上助词"之"，那么"寡人之于国"就成了偏正短语，这个短语在句中作主语，而"于"字介词短语在这个偏正短语中作中心语。这样就转换成后句型："寡人之于国也，尽心焉耳矣。"这是用添加的方法，转换成另一句型的。本式是两个句型中的状语与主语的转换。

句型 11

[结构式] S（S〈＋"之"〉＋Pr）〈＋"也"〉＋"以"＋O

主语（主〈＋"之"〉＋谓）〈＋"也"〉＋"以"＋宾语

[代表句] 三代之得天下也 / 以仁。

[例句]

序号	S			"也"	"以"	O	引书
	S	"之"	Pr				
1	三代	之	得天下	也	以	仁	《孟子·离娄上》
2	其		失天下	也	以	不仁	《孟子·离娄上》
3	君子	之	爱人	也	以	德	《礼记·檀弓上》
4	细人	之	爱人	也	以	姑息	《礼记·檀弓上》

[译文]

1. 夏、商、周三代取得天下是由于仁。
2. 他们失去天下是由于不仁。
3. 有才德的人爱别人是由于道德。
4. 小人爱别人是由于苟且取安。（姑息：苟且取安。）

[说明]

1. 句型 11、12 是一组以主谓短语作主语的句型。
2. "以"是及物动词，表示"凭借""使用""由于"等义，作谓语中心。
3. "以"字的宾语是名词（如例 3 的"德"）或动词（如例 4 的"姑息"）。
4. "之"是助词，放在主谓短语的主语和谓语之间，取消句子独立性。
5. 例 2 的"其"是第三人称代词，等于"名词+'之'"，"其失天下"就是"三代之失天下"。
6. "以"译作"用""凭""由于"。
7. 本句型的动词的替换词有："以""将"等。

[句型转换]

S+"以"+PO+Vt+O ⇒ S（S-PrP）〈+"也"〉+"以"+PO

主语+"以"+介词宾语+及物动词+宾语 ⇒ 主语（主谓短语）〈+"也"〉+"以"+宾语

三代以仁得天下。⇒ 三代之得天下也以仁。（本句型 1）

"文吏以法绳之"（第一编、II、二十、句型 1、表一例 4）是个带有"以"字介词短语的叙述句型。"以"字介词短语放在谓语中心"绳"的前面，作状语。前句型"三代以仁得天下"和"文吏以法绳之"结构相同。如果把"以"字介词短语移到句尾，"以"字就转换成动词，去充当谓语中心；而"得天下"和"三代"组成了主谓短语，充当主语，并在主谓短语中加"之"字，在主语后面加"也"字，这样就转换成后句型："三代之得天下也以仁。"这是用移位与添加的方法转换成另一句型的。本式是两个句型中的状语和谓语的转换。

句型 12

[结构式] S（"其"/"是其"+"为"+N）〈+"也"〉+Vt+O

主语（"其"/"是其"+"为"+名）〈+"也"〉+及物动词+宾语

[代表句] 其为人也 / 好 / 善 / 。

[例句]

序号	S			"也"	Vt	O	引书
	"其"	"为"	N				
1	其	为	人	也	好	善	《孟子·告子下》
2	其	为	人	也	（小）有	才	《孟子·尽心下》
3	其	为	人	也	发	愤	《论语·述而》
					忘	食	
4	是其	为	人		哀	鳏寡	《战国策·齐策》
					恤	孤独	
					振	困穷	
					补	不足	
5	阳	为	人		有	智略	《汉书·邹阳传》

[译文]

1. 他这个人啊，喜欢听取善言。
2. 他这个人有点小聪明。
3. 他这个人很用功，以致忘记了吃饭。
4. 这个人为人怜悯鳏夫寡妇，同情照顾孤儿老人，救济穷困的人，救助缺衣少食的人。
5. 邹阳这个人很有智慧和谋略。

[说明]

1. 本句型是以主谓短语作主语。这个主谓短语中的主语是人称代词"其"；谓语中心是动词"为"，表示"作为"；宾语是名词。
2. "其"等于"名词+'之'"，如例2的"其为人"，就是"盆成括之为人"。有些典籍极偶尔用了"是其"，"是其"的语法作用、意义与"其"相同。
3. 主谓短语中的主语和宾语之间存在着部分和全体的关系：前者是部分，后者是全体。
4. 本句型的谓语中心是及物动词，带的宾语是名词（如例2的"才"）、形容词（如例1的"善"）或动词（如例3的"愤""食"）。

句型 13

[结构式] I. S+Vt+O（N+N）

　　　　主语+及物动词+宾语（名+名）

[代表句] 晋 / 焚 / 楚军 /。

[例句]（表一）

序号	S	Vt	O		引书
			N	N	
1	晋	焚	楚	军	《史记·晋世家》
2	〔越王勾践〕	破	吴	兵	《史记·伍子胥列传》
3	〔楚得臣〕	击	晋	师	《史记·晋世家》
4	晋侯	逆	秦	师	《左传·僖公十五年》
5	〔息〕	行	君	事	《史记·鲁周公世家》

[译文]

1. 晋军焚烧楚军。
2. 越王勾践打败吴国军队。
3. 楚军将领得臣攻打晋军。
4. 晋侯迎战秦军。（逆：迎。）
5. 息行使国君职权。

[结构式] II. S+Vt+O（N+"之"+N）
　　　　　　主语+及物动词+宾语（名+"之"+名）

[代表句] 太后 / 好 / 黄老之言 /。

[例句]（表二）

序号	S	Vt	O			引书
			N	"之"	N	
1	太后	好	黄老	之	言	《史记·魏其武安侯列传》
2	赵简子	上	羊肠	之	坂	《新序·杂事》
3	偃	言	万世	之	功	《史记·晋世家》
4	〔吴兵〕	辱	平王	之	墓	《史记·楚世家》
5	〔甘茂〕	学	百家	之	术	《史记·甘茂列传》
6	伯夷叔齐	辞	孤竹	之	君	《庄子·盗跖》

[译文]

1. 窦太后爱好黄老学说。（黄老：皇帝、老聃。他们二人是道家的始祖。黄老指代道家。）
2. 赵简子要上一条狭窄曲折的山坡路。
3. 狐偃讲的是千秋万世的功业。
4. 吴军侮辱楚平王的陵墓。
5. 甘茂学习百家的学说。
6. 伯夷、叔齐辞却和谦让了孤竹国的君位。

[结构式] III. S+Vt+O（"其"+N）
　　　　　　主语+及物动词+宾语（"其"+名）

[代表句] 天 / 有 / 其时 /。

[例句]（表三）

序号	S	Vt	O		引书
			"其"	N	
1	天	有	其	时	《荀子·天论》
2	地	有	其	财	《荀子·天论》
3	天	有	其	治	《荀子·天论》
4	君子	有	其	道（者）	《庄子·田子方》
5	〔君子〕	（未必）为	其	服（也）	《庄子·田子方》

[译文]

1. 天有四时的变化。
2. 地有蕴藏的财富。
3. 人有掌握天时、使用地利的办法。（治：用作名词，指管理事物的办法。）
4. 有道德的人有儒士的道术。
5. 有道德的人未必穿儒士的服装。

[说明]

1. 句型 13—27 是一组以名词、名词短语或代词作宾语的句型，名词、名词短语或代词作宾语是最常见的。
2. 名词作宾语可参见本类句型 1。
3. 在本句型中，宾语是个偏正短语，中心语是名词，表一、表二例句中的定语是名词。
4. 在表二例句中，定语和中心语之间加助词"之"字作标志，并起调谐音节的作用。
5. 在表三例句中，中心语是名词，定语是代词"其"字。
6. 在偏正短语中，定语和中心语有的是领属关系（如表二例 1 的"黄老之言"），有的是同一关系（如表二例 2 的"羊肠之坂"），有的是修饰关系（如表二例 3 的"万世之功"）。

[附] 相关句型：

    S（N〈＋"之"〉＋N）＋Vt＋O（N〈＋"之"〉＋N）

    主语（名〈＋"之"〉＋名）＋及物动词＋宾语（名〈＋"之"〉＋名）

    楚骑追汉王。（《史记·项羽本纪》）

    楚国骑兵追赶汉王刘邦。

    在这个句型中，主语和宾语都是偏正短语，中心语和定语都是名词。又如：

    墨子之说传先王之道。（《韩非子·外储说左上》）

    墨子的学说传扬先王的理论。

    这里在中心语和定语之间加助词"之"字作标志。

句型 14

[结构式] I. S＋Vt＋O（A＋N）

           主语＋及物动词＋宾语（形＋名）

[代表句] 人主 / 有 / 大失 /。

[例句]（表一）

序号	S	Vt	O		引书
			A	N	
1	人主	有	大	失	《韩非子·孤愤》
2	人臣	有	大	罪	《韩非子·孤愤》
3	卫	有	恶	人（焉）	《庄子·德充符》
4	吾	有	大	树	《庄子·逍遥游》
5	荆王	（新）得	美	女	《韩非子·内储说下》
6	（今）陛下	创	大	业	《史记·秦始皇本纪》

[译文]

1. 君主有很大的过错。

2. 臣子有很大的罪过。

3. 卫国有一个相貌丑陋的人。（恶：丑。）

4. 我有一棵大树。

5. 楚王刚得到一个美丽的姑娘。

6. 现在陛下开创了宏伟的基业。

[结构式] Ⅱ. S+Vt+O（A+"之"+N）

主语+及物动词+宾语（形+"之"+名）

[代表句]（今）君 / 有 / 区区之薛 /。

[例句]（表二）

序号	S	Vt	O			引书
			A	"之"	N	
1	（今）君	有	区区	之	薛	《战国策·齐策》
2	（今）将军	（欲）举	倦罢	之	兵	《史记·淮阴侯列传》
3	〔陈涉〕	率	罢散	之	卒	《史记·秦始皇本纪》
4	秦王	怀	贪鄙	之	心	《史记·秦始皇本纪》
5	〔人〕	（亲）处	穷苦	之	实	《史记·秦始皇本纪》

[译文]

1. 现在您占有了小小薛城。

2. 现在将军想要发动疲惫劳乏的士兵。

3. 陈涉率领疲劳涣散的士卒。

4. 秦始皇怀着贪婪卑鄙的心意。

5. 人人亲身处在穷苦的境地。

[说明]

1. 在本句型中，动词后面的宾语是个偏正短语，中心语是名词，定语是形容词，用以修饰名词。

2. 在表二例句中，"之"是助词，放在定语和中心语之间作标志，并起调谐音节的作用。

[附] 相关句型：

S+Vt+O（N/Pron〈+"之"〉+A+N）

主语+及物动词+宾语（名/代〈+"之"〉+形+名）

太子豫求天下之利匕首。（《史记·刺客列传》）

太子预先寻求天下最锋利的匕首。

这个句型是在偏正短语"利匕首"的前面，又加上一个名词"天下"作定语，用来表示领属。

句型 15

[结构式] S+Vt+O（A+〔N〕）

主语+及物动词+宾语（形+〔名〕）

[代表句]〔舜〕／诛／（不）仁（也）／。

[例句]

序号	S	Vt	O		引书
			A	〔N〕	
1	〔舜〕	诛	（不）仁	〔 〕（也）	《孟子·万章上》
2	晋	有	（三不）殆	〔 〕	《左传·昭公四年》
3	将军	（身）披	坚	〔 〕	《史记·陈涉世家》
		执	锐	〔 〕	
4	〔公叔段〕	（多）行	（不）义	〔 〕	《左传·隐公元年》
5	〔大王〕	（不）听	（不）义	〔 〕	《史记·项羽本纪》
6	君子	嘉	善	〔 〕	《论语·子张》
		（而）矜	（不）能	〔 〕	
7	豪右	（共）为	不轨	〔 〕	《后汉书·张衡传》

[译文]

1. 舜讨伐不仁的人。
2. 晋国有三条免除危险的条件。
3. 将军亲自穿上坚韧的盔甲，手执锐利的武器。
4. 公叔段多次做不义的事。
5. 大王不听从项羽不正义的命令。
6. 君子赞美好人，同情无能的人。（矜：怜悯。）
7. 豪门大族共同干着违法乱纪的事。（"不轨"后面省略了中心语"事"。"不轨之事"即违法乱纪的事。）

[说明]

1. 本句型动词的宾语是一个偏正短语，中心语是名词，定语是形容词。在一定的上下文中，这个中心语被省略，而用修饰中心语的定语来代替这个偏正短语（如：例 4 省略了中心语"事"，这个偏正短语就是"不义之事"）。
2. 古代汉语常用表示某种性质或特征的词来代表具有那种性质或特征的人与事物。
3. 本句型在译成现代汉语时，要根据上下文，把省略的中心语补出来。如："诛不仁"译为"讨伐不仁的人"，这里补出了中心语"人"。
4. 本句型形容词的替换词有："大""小""智""愚""壮""弱""勇""怯""众""寡""长""短""贤""不肖""老""幼""清""浊""疾""徐""哀""乐""坚""锐""孝""悌""仁""义""富""贵""贫""穷""殆""衰"等。

句型 16

[结构式] S（A+〔N〕）+Vt+O（A+〔N〕）

主语（形+〔名〕）+及物动词+宾语（形+〔名〕）

[代表句] 少 / 事 / 长 /。

[例句]

序号	S		Vt	O		引书
	A	〔N〕		A	〔N〕	
1	少	（ ）	事	长	〔 〕	《荀子·仲尼》
2	贱	（ ）	事	贵	〔 〕	《荀子·仲尼》
3	（不）肖	（ ）	事	贤	〔 〕	《荀子·仲尼》
4	众	（ ）	掩	寡	〔 〕	《汉书·贾谊传》
5	智	（ ）	欺	愚	〔 〕	《汉书·贾谊传》
6	勇	（ ）	威	怯	〔 〕	《汉书·贾谊传》
7	壮	（ ）	陵	衰	〔 〕	《汉书·贾谊传》
8	大	（ ）	（毋）侵	小	〔 〕	《左传·襄公十九年》

[译文]

1. 年少的人侍奉年长的人。
2. 卑贱的人侍奉尊贵的人。
3. 没有才德的人侍奉有才德的人。（不肖：不贤。）
4. 人数多的欺压人数少的。（掩：凌驾其上。）
5. 聪明的人欺骗愚蠢的人。
6. 勇敢的人威胁胆小的人。
7. 健壮的人欺负衰弱的人。
8. 大国不要进攻小国。

[说明]

本句型的主语和宾语都是偏正短语，中心语是名词，定语是形容词。在一定的上下文中，这个中心语被省略，而用修饰中心语的定语来代替这个偏正短语（如：例 1 主语和宾语中，分别省略了中心语"者"而用定语"少""长"来代替整个偏正短语"少者""长者"）。

句型 17

[结构式] S+Vt+O（V/VP+"之"+N）

主语+及物动词+宾语（动/动词短语+"之"+名）

[代表句] 忠臣 / 有 / 死名之义 /。

[例句]

序号	S	Vt	O			引书
			V/VP	"之"	N	
1	忠臣	有	死名	之	义	《史记·刺客列传》
2	项王	有	倍约	之	名	《史记·郦生陆贾列传》
			杀义帝	之	负	

序号	S	Vt	O			引书
			V/VP	"之"	N	
3	（今）秦	有	贪利	之	心	《史记·刺客列传》
4	〔明主〕	掩	驰说	之	口	《史记·李斯列传》
5	（夫）民	有	好恶	之	情	《荀子·乐论》
		（而）无	喜怒	之	应	
6	〔子〕	适	受与	之	度	《庄子·渔父》
7	〔子〕	理	好恶	之	情	《庄子·渔父》
8	〔子〕	和	喜怒	之	节	《庄子·渔父》

［译文］

1. 忠实的臣子，有为求名节而牺牲的道理。
2. 项王有违背盟约的名声和杀害楚怀王的背弃行为。
3. 现在秦国有贪图利益的心。
4. 贤明的君主堵住信口胡言的非议。
5. 人们有喜爱和憎恶的感情，却没有表达欢乐和愤怒的东西和它相应。
6. 先生摆平接受和赠予的尺度。（适：平衡。受：接受。与：给予。度：分寸。）
7. 先生调理喜好和憎恶的感情。（理：整理，疏导，调理。）
8. 先生调和高兴和生气的分寸。（和：调和。节：度，分寸。）

［说明］

1. 本句型的谓语中心多数是表示领有的"有"（或"无"）字。
2. 宾语是个偏正短语，中心语是名词或动词（如例 5 的"应"），定语是动词或动词短语（如例 2 的"倍约"）。
3. "之"是助词，放在定语和中心语之间作标志，并起调谐音节的作用。

［附］相关句型：

Vt+O（V/VP+"之"+N）

及物动词+宾语（动/动词短语+"之"+名）

有不虞之誉。（《孟子·离娄上》）

有意料不到的赞扬。

此句型无主语，属于非主谓句。

句型 18

［结构式］S+Vt+O（N/NP+V/VP/A+"者"）

　　　　　主语+及物动词+宾语（名/名词短语+动/动词短语/形+"者"）

［代表句］〔赵王〕/ 求 / 人可使报秦者 /。

69

[例句]

序号	S	Vt	O			引书
			N/NP	V/VP/A	"者"	
1	〔赵王〕	求	人	可使报秦	者	《史记·廉颇蔺相如列传》
2	〔单于〕	见	畜	布野而无人牧	者	《史记·匈奴列传》
3	〔臣〕	（请）益	其车骑壮士	可为足下辅翼	者	《史记·刺客列传》
4	〔呼韩邪单于〕	收	其兄呼屠吾斯	在民间	者	《汉书·匈奴传》
5	杞国	有	人	忧天地崩坠 身亡所寄废寝食	者	《列子·天瑞》
6	〔严仲子〕	游求	人	可以报侠累	者	《史记·刺客列传》
7	巫	行视	小家女	好	者	《史记·滑稽列传附录》

[译文]

1. 赵王想找一个可以出使回复秦国的人。
2. 单于看见了遍布四野却没有人放牧的牲畜。
3. 请允许我增加可以帮助您的车马人员。（益：增加。辅翼：帮助。）
4. 呼韩邪单于寻求流亡在民间的哥哥呼屠吾斯。
5. 杞国有个人担心会天塌地陷，自己没有安身的地方，愁得吃不下饭，睡不着觉。
6. 严仲子到处寻求能替他向侠累复仇的人。
7. 巫婆四处查看小户人家中长得漂亮的姑娘。

[说明]

1. 本句型的宾语是个偏正短语，中心语是名词或名词短语，定语是动词、动词短语或形容词。定语的位置是在中心语的后面，这样不仅使中心语突出，而且定语字数虽多，却不显得累赘。
2. 定语放到中心语后面，必须用代词"者"字煞尾。
3. 定语后置的偏正短语充当宾语的情况较常见，充当主语的情况较少见。
4. 本句型在译成现代汉语时，通常要把定语移到中心语前面。如"人可使报秦者"可译为"可使报秦之人"。

[附] 相关句型有下列两个：

1. S+Vt+O（N/NP+"之"+V/VP/A+"者"）
主语+及物动词+宾语（名/名词短语+"之"+动/动词短语/形+"者"）
且鞮侯单于尽归汉使之不降者。（《史记·匈奴传》）
且鞮侯单于把汉朝被扣留又不肯投降的使者，全部送回汉朝。
此句型的宾语，在中心语和后置定语之间加助词"之"字，使中心语和定语具有全体和部分的关系。动词"归"本为不及物动词，这里用如使动，即"使汉使之不降者归"。

2. Vt+O（N/NP+"之"+V/VP/A+"者"）
及物动词+宾语（名/名词短语+"之"+动/动词短语/形+"者"）
事其大夫之贤者。（《论语·卫灵公》）

侍奉那些大夫中有才德的人。

此句型无主语，属于非主谓句。

句型 19

［结构式］S+Vt+O（Num+N）

主语+及物动词+宾语（数+名）

［代表句］沛公 / 将 / 数千人 /。

［例句］

序号	S	Vt	O		引书
			Num	N	
1	沛公	将	数千	人	《史记·留侯世家》
2	〔文王〕	获	三	矢（焉）	《左传·宣公四年》
3		（凡）投	三	弟子	《史记·滑稽列传附录》
4	子	杀	二	君	《左传·僖公十年》
			（与）一	大夫	
5	殽	有	二	陵（焉）	《左传·僖公三十二年》
6		有	三	罪（焉）	《左传·成公十六年》

［译文］

1. 沛公刘邦率领几千人。
2. 文王在那里得到三支箭。
3. 总共扔进三个徒弟。（凡：总共。）
4. 您杀了两个国君和一个大夫。
5. 殽山有两座山陵。
6. 有三件罪名。

［说明］

1. 本句型的宾语是个偏正短语，中心语是名词，定语是数词。在古代汉语中，数词可以直接放在名词前面而不用量词。
2. 例 2、例 5 的"焉"是兼词，表示"于是（在那里）"；例 6 中的"焉"是语气词，表示停顿。
3. 本句型较常见。
4. 本句型在译成现代汉语时，要在数词后面加上适当的量词，例如 2 中在"三"的后面加上量词"支"字。

［附］相关句型：

S+Vt+O（Num+N）

主语+及物动词+宾语（数+名）

〔齐〕丧车五百。（《左传·哀公十五年》）

齐国失掉了五百辆战车。

这里数词放在名词后面，而不用量词。这个句型较少见。

句型 20

[结构式] I. S+Vt+O（Num+MW+N）

        主语+及物动词+宾语（数+量+名）

[代表句] 大王 /（诚能）出捐 / 数万斤金 /。

[例句]（表一）

序号	S	Vt	O			引书
			Num	MW	N	
1	大王	（诚能）出捐	数万	斤	金	《史记·陈丞相世家》
2	吾	（以布衣）提	三	尺	剑（取天下）	《史记·高祖本纪》
3	〔秦〕	（不）用	一	领	甲	《战国策·秦策》

[译文]

1. 大王如果能拿出几万斤黄金。
2. 我凭一个平民的身份，提着三尺宝剑取得天下。
3. 秦国不用一件铠甲。

[结构式] II. S+Vt+O（Num+MW+"之"+N）

        主语+及物动词+宾语（数+量+"之"+名）

[代表句]〔君〕/ 凿 / 八尺之牖 /。

[例句]（表二）

序号	S	Vt	O				引书
			Num	MW	"之"	N	
1	〔君〕	凿	八	尺	之	牖	《韩非子·外储说左上》
2	〔为车辊者〕	用		咫尺	之	木	《韩非子·外储说左上》
3	圣人	（不）贵		尺	之	璧	《淮南子·原道训》
		（而）重		寸	之	阴	
4	醉者	越	百	步	之	沟	《荀子·解蔽》

[译文]

1. 您凿一个八尺的窗户。（君：对周君的敬称。牖：窗。）
2. 制造车轮的人用一块短小的木头。（咫：古代长度计量单位，八寸为咫。咫尺：比喻距离很近。）
3. 圣人不认为一尺的璧是宝贵的，却珍重一寸的光阴。（贵：形容词的意动用法。"贵尺之璧"即以尺之璧为贵。"尺之璧"和"寸之阴"的前面都省略了数词"一"。）
4. 喝醉酒的人越过一百步宽的水沟。

[说明]

1.   本句型的宾语是个偏正短语，中心语是名词，定语是数量词。
2.   在表二例句中，在数量词与名词之间，加助词"之"字作标志，并起调谐音节的作用。

[附] 相关句型：

Vt+O（Num+MW+"之"+N）

及物动词+宾语（数+量+"之"+名）

道千乘之国。（《论语·学而》）

治理拥有一千辆兵车的国家。（道：动词，治理。）

这是非主谓句，谓语及宾语的情况与句型 20 相同。

句型 21

[结构式] S+Vt+O（N+Num+MW）

     主语+及物动词+宾语（名+数+量）

[代表句] 我 / 持 / 白璧一双 /。

[例句]

序号	S	Vt	O			引书
			N	Num	MW	
1	我	持	白璧	一	双	《史记·项羽本纪》
2	〔我〕	〔持〕	玉斗	一	双	《史记·项羽本纪》
3	〔赵王〕	赐	白璧	一	双	《史记·范雎蔡泽列传》
			黄金	百	镒	
4	齐威王	（乃）益赍	黄金	千	镒	《史记·滑稽列传》
			白璧	十	双	
			车马	百	驷	
5	〔周天子〕	（皆）赐	玉	五	珏	《左传·庄公十八年》
6	汉	发	车	二万	乘	《史记·汲郑列传》

[译文]

1.   我带来一对白璧。
2.   我带来一对玉斗。
3.   赵王赐给他一对白璧、一百镒黄金。（"赐"后省略代词"之"字。之：指代虞卿。）
4.   齐威王就把礼物增加到一千镒黄金、十对白璧、一百辆四匹马驾的车子。（赍：以物赠人。）
5.   周天子赐给他们每人五对玉。（珏：一对白玉。）
6.   汉朝朝廷征发两万辆车辆（去接运）。

[说明]

1.   本句型的宾语是个偏正短语，中心语是名词，定语是数量词，而数量词放在名词后面。
2.   本句型在译成现代汉语时，要把数量词移到名词前面。如"白璧一双"译为"一对白璧"，"黄金百镒"译为"百镒黄金"。

句型 22

[结构式] S+Vt+O（V/VP/A＋"者"）

　　　　主语+及物动词+宾语（动/动词短语/形＋"者"）

[代表句] 臣 / 追 / 亡者 /。

[例句]

序号	S	Vt	O		引书
			V/VP/A	"者"	
1	臣	追	亡	者	《史记·淮阴侯列传》
2	〔女〕	杀	不能鸣	者	《庄子·山木》
3	仲尼之徒	无	道桓文之事	者	《孟子·梁惠王上》
4	人卒	（未）有	不兴名就利	者	《庄子·盗跖》
5	君子	（务）知	大	者	《左传·襄公三十一年》
			远	者	
6	小人	（务）知	小	者	《左传·襄公三十一年》
			近	者	

[译文]

1. 我去追赶逃跑的人。
2. 你杀那只不会叫的（鹅）。
3. 孔子的学生们没有讲述齐桓公和晋文公的霸业的。
4. 人们没有不希望树立名声和求取利益的。（人卒：人众，人们。）
5. 君子致力于了解大的远的事物。
6. 小人致力于了解小的近的事物。

[说明]

1. "者"字是特殊指示代词，用在动词、动词短语或形容词后面，组成一个名词短语，表示某种人或某种事物。
2. 在本句型中，"者"字短语作宾语。
3. "者"字译作"……的人""……的事物"，或省略后面的"人""事物"，直接译成"……的"。

句型 23

[结构式] S+Vt+O（N/NP/Pron〈＋"之"〉＋"所"＋V）

　　　　主语+及物动词+宾语（名/名词短语/代〈＋"之"〉＋"所"＋动）

[代表句] 吾 /（将）瞷 / 良人之所之（也）/。

[例句]

序号	S	Vt	O				引书
			N/NP/Pron	"之"	"所"	V	
1	吾	（将）瞯	良人	之	所	之（也）	《孟子·离娄下》
2	吾	（不）知			所	之	《列子·说符》
3	庸主	赏			所	爱	《史记·范雎蔡泽列传》
		（而）罚			所	恶	
4	〔彼〕	将夺	其		所	憎	《战国策·赵策》
		（而）与	其		所	爱	
5	〔南荣趎〕	召	其		所	好	《庄子·庚桑楚》
		去	其		所	恶	

[译文]

1. 我将要偷看丈夫所去的地方。
2. 我不知道（羊）到哪去了。（之：往。所之：所往，去的地方。）
3. 平庸的君主奖赏他宠爱的人，惩罚他憎恶的人。
4. 他要把职权从他憎恶的人手中夺回来，然后给他喜欢的人。
5. 南荣趎求取所爱好的道德，摒弃所厌恶的仁义。

[说明]

1. "所"字是特殊指示代词，通常放在及物动词前面，组成一个名词短语。"所"字具有指示和称代动作行为对象的作用。
2. "所"字短语的前面可以有定语，这个定语是名词、名词短语（如例 1 的"良人"）或代词（如例 4 的"其"）。在名词充当的定语和中心语之间，可以加助词"之"字作标志。
3. 在本句型中，"所"字短语作宾语。
4. 在本句型中，"所"字也可以用在形容词前面，起指示和称代形容词描述对象的作用。这个"所"字短语作宾语。

   S+Vt+O（"所"+A）

   主语+及物动词+宾语（"所"+形）

   杀所不足（而争所有余，不可谓智。）（《墨子·公输》）

   牺牲自己所不足的人民，而去争夺自己多余的土地，不能叫作聪明。
5. "所"字译作"（所）……的人""（所）……的事物"，或省略后面的"人""事物"，直接译成"（所）……的"。

[附] 相关句型有下列两个：

1. S+Vt+O（N/Pron+"所"+V+N）

   主语+及物动词+宾语（名/代+"所"+动+名）

   取舞阳所持地图。（《史记·刺客列传》）

   把秦舞阳拿的地图递上来。

75

这里"所持"后面有名词"地图","所"字短语就作这个名词的定语。

2. S+Vt+O（N/Pron+"所"+V+"者"）
   主语+及物动词+宾语（名/代+"所"+动+"者"）
   视吾家所寡有者。（《战国策·齐策》）
   看我家缺少什么东西。
   这里"所寡有"后面有代词"者"字，"所"字短语就作"者"字的定语。

句型 24

［结构式］S+Vt+O（"所以"+V/VP/A）

　　　　　　主语+及物动词+宾语（"所以"+动/动词短语/形）

［代表句］吾 / 知 / 所以距子（矣）/。

［例句］

序号	S	Vt	O		引书
			"所以"	V/VP/A	
1	吾	知	所以	距子（矣）	《墨子·公输》
2	吾	知	（子之）所以	距我	《墨子·公输》
3	臣	（昔者不）知	所以	治邺	《韩非子·外储说左下》
4	吾	（乃今）知	所以	亡	《左传·哀公二十七年》
5	〔彼〕	（不）知	（颦之）所以	美	《庄子·天运》
6	〔今世之主〕	法	（其）所以	为法	《吕氏春秋·察今》

［译文］

1. 我知道用来抵御您的办法了。
2. 我知道您用来抵御我的办法。（子：尊称，代替第二人称代词，您。）
3. 我过去不知道治理邺地的方法。
4. 我到今天才知道自己为什么逃亡。
5. 她不知道皱眉头为什么美。（颦：动词，皱眉。）
6. 现在的君主效法他们制定法度所凭借的根据。（其：代词，用作"所以……"短语的定语，他们的。）

［说明］

1. "所"字是特殊指示代词，"以"字是介词。"所"字放在"以"字前面，再接上动词、动词短语或形容词，组成一个名词短语，表示动作行为的方式、方法或原因（或产生某种性质、状态的原因）。
2. 本句型的谓语中心多数是表示心理活动的动词（如："知"）。"所以……"短语作宾语。
3. 例2的"子"、例5的"颦"和例6的"其"，都用作"所以……"短语的定语。
4. "所以……"译作"用来……的办法"或"……的原因"。

［附］相关句型：

S+Vt+O（"所以"+V/VP+"者"）

主语+及物动词+宾语（"所以"+动/动词短语+"者"）

〔人〕皆知所以养之者。（《孟子·告子上》）

人们都知道怎样去培养它。

此句型中，动词的宾语是"所以……者"短语，其中代词"者"是中心语，"所以……"是定语。

句型 25

［结构式］ S+Vt+O（Pron）

主语+及物动词+宾语（代）

［代表句］ 无且 / 爱 / 我 /。

［例句］

序号	S	Vt	O	引书
1	无且	爱	我	《史记·刺客列传》
2	天	赞	我（也）	《左传·僖公二十二年》
3	如意	类	我	《史记·吕太后本纪》
4	（今）儿	（乃）毁	我	《汉书·爰盎晁错传》
5	子墨子	闻	之	《墨子·公输》
6	先主	器	之	《三国志·诸葛亮传》
7	豹	视	之	《史记·滑稽列传附录》
8	公子	（亲数）存	之	《史记·魏公子列传》
9	（窃闵公之将死）	（故）吊	之	《汉书·蒯伍江息夫传》

［译文］

1. 夏无且热爱我。

2. 上天在帮助我。

3. 如意很像我。（类：相似，指如意的性格与刘邦相似。）

4. 现在你竟然诽谤我。

5. 墨子听到这件事。

6. 刘备很器重他。

7. 西门豹看了看她。

8. 您屡次亲自问候我。

9. 我私下怜悯您将要死了，所以慰问您。（吊：哀悼，慰问有丧事的人。）

［说明］

1. 本句型是以代词作宾语。

2. 在上古汉语里，第一人称代词"吾"一般不用作宾语（只有在否定句里，代词宾语前置时，可以用"吾"。参见本编第二部分第十三类句型）。

3. 第三人称代词"之"和"其"可以灵活运用于指代第一人称和第二人称。如例8"公子亲数存之"等于说"公子亲数存我",这里"之"字活用于指代第一人称。例9"故吊之"意思是"所以慰问您",这里"之"字活用于指代第二人称。

4. 本句型人称代词的替换词有:"我""余""予""朕""台"(以上第一人称),"臣""走""仆"(以上是谦称,可代替第一人称代词),"若""女""尔""戎"(以上第二人称),"子""吾子""公""君""夫子""卿""先生"(以上是尊称,可代替第二人称代词),"之"(以上第三人称)等。

句型 26

[结构式] S(Pron)+Vt+O(Pron)

主语(代)+及物动词+宾语(代)

[代表句] 若 / 笞 / 我 /。

[例句]

序号	S	Vt	O	引书
1	若	笞	我	《史记·张仪列传》
2	(今者)吾	丧	我	《庄子·齐物论》
3	我	(又)立	若	《史记·越王勾践世家》
4	(今)若	(反以谗)诛	我	《史记·越王勾践世家》
5	吾	(并)斩	若属(矣)	《史记·魏其武安侯列传》
6	吾	舍	之(矣)	《左传·僖公三十三年》

[译文]

1. 你抽打我。
2. 今天我摒弃了(偏执的)我。
3. 我又立了你做国君。
4. 现在你反而因为谗言要杀我。
5. 我将一并杀掉你们这班人了。
6. 我放了他们了。

[说明]

1. 本句型是以代词作主语和宾语。
2. 在古代汉语中,"吾"一般不用作宾语,"其"和"之"不用作主语。

句型 27

[结构式] S+Vt+O(N+"与"/"及"+N)

主语+及物动词+宾语(名+"与"/"及"+名)

[代表句] 平原君 / 相 / 赵惠文王及孝成王 /。

[例句]

序号	S	Vt	O			引书
			N	"与"	N	
1	平原君	相	赵惠文王	及	孝成王	《史记·平原君虞卿列传》
2	子	（罕）言	利	与	命	《论语·子罕》
				与	仁	
3	〔齐姜〕	生	秦穆夫人	及	大子申生	《左传·庄公二十八年》
4	〔武姜〕	生	庄公	及	共叔段	《左传·隐公元年》
5	〔汤〕	得	盗鼠	及	余肉	《史记·酷吏列传》

[译文]

1. 平原君辅佐赵惠文王和孝成王。
2. 孔子很少谈起有关利益、命运和仁德的事情。
3. 齐姜生了秦穆夫人和太子申生。
4. 武姜生了庄公和共叔段。
5. 张汤得到那只偷吃的老鼠和吃剩下来的肉。

[说明]

1. 本句型中，是由两个以上的名词（或名词短语）组成的联合短语作宾语，名词与名词之间用连词"与""及"等连接。
2. "与（及）"译作"和"。
3. 本句型连词的替换词有："与""及""爰""以""为""之""暨""如"等。

句型 28

[结构式] S+Vt+O（V/VP）

主语+及物动词+宾语（动/词短语）

[代表句] 荆卿 / 好 / 读书击剑 /。

[例句]

序号	S	Vt	O	引书
1	荆卿	好	读书击剑	《史记·刺客列传》
2	鲁人	（身）善	织屦	《韩非子·说林上》
3	妻	善	织缟	《韩非子·说林上》
4	管仲	善	制割	《新序·杂事》
5	隰朋	善	削缝	《新序·杂事》
6	宾胥无	善	纯缘	《新序·杂事》
7	〔霍去病〕	善	骑射	《史记·卫将军骠骑列传》
8	陈平	惧	诛	《史记·陈丞相世家》
9	君子	病	无能（焉）	《论语·卫灵公》

[译文]

1. 荆轲喜好读书和击剑。
2. 有个鲁国人自己擅长编草鞋。（身：自己。屦：草鞋。）
3. 妻子擅长织生绢。（缟：生绢。）
4. 管仲擅长设计裁剪。
5. 隰朋擅长修剪缝纫。（削：削减，对裁剪不合适的地方，做进一步修剪加工。）
6. 宾胥无擅长镶衣边。（纯：缘，也就是镶。缘：衣边。）
7. 霍去病擅长骑马射箭。
8. 陈平害怕被杀。
9. 君子忧虑自己没有能力。（病：动词，担心，忧虑。）

[说明]

1. 句型 28—32 是一组以动词、数词或主谓短语作宾语的句型。
2. 本句型的谓语中心，通常是表示心理活动或具有某种特长的动词。
3. 本句型的宾语是动词（如例 8 的"诛"）、动词短语（如例 1 的"读书击剑"）。
4. 本句型动词的替换词有："好""善""喜""恶""学""习""惧""思""闻""见""乘""病""求""任"等。

句型 29

[结构式] S+"问"+O（N/VP/S-PrP）

　　　　　主语+"问"+宾语（名/动词短语/主谓短语）

[代表句] 司马牛 / 问 / 君子 /。

[例句]

序号	S	"问"	O	引书
1	司马牛	问	君子	《论语·颜渊》
2	叶公	问	政	《论语·子路》
3	齐宣王	问	卿	《孟子·万章下》
4	滕文公	问	为国	《孟子·滕文公上》
5	子贡	问	为人	《论语·卫灵公》
6	季路	问	事鬼神	《论语·先进》
7	子张	问	崇德辨惑	《论语·颜渊》
8	由	问	鲁大夫练而床（礼邪）	《荀子·子道》

[译文]

1. 司马牛问怎样去做一个君子。
2. 叶公问政治。
3. 齐宣王问关于公卿的事情。
4. 滕文公问治理国家的事情。
5. 子贡问怎样去培养仁德。

6. 子路问事奉鬼神的方法。

7. 子张问怎样提高道德修养，辨别迷惑。

8. 我问鲁国大夫在服练期却睡在床上，合乎礼吗？（由：子路自称其名。练：柔软洁白的布。服练期：古代父母死后二十七个月为服练期，身上要披一条白布，在此期间不能睡在床上。）

[说明]

1. "问"是及物动词，作谓语中心。"问"可带双宾语或其中之一。在本句型中，"问"的后面只带了直接宾语，而没有间接宾语，即只有询问的内容，而没有询问的对象。

2. "问"的直接宾语是名词（例1—3）、动词短语（例4—7）或主谓短语（例8）。

3. 本句型的主语是名词，代表人。

4. 本句型在译成现代汉语时，要把"问"的宾语按询问的内容来理解。如"问君子"就是"问怎样去做一个君子"。

句型 30

[结构式] S+Vt+O（Num）

主语+及物动词+宾语（数）

[代表句] 不孝 / 有 / 三 /。

[例句]

序号	S	Vt	O	引书
1	不孝	有	三	《孟子·离娄上》
2	安术	有	七	《韩非子·安危》
3	危道	有	六	《韩非子·安危》
4	汝罪	有	三（耳）	《史记·范雎蔡泽列传》
5	晋公子	有	三（焉）	《左传·僖公二十三年》
6	我	无	一（焉）	《左传·宣公十二年》
7	是	知	二五	《史记·越王勾践世家》
		（而不）知	十（也）	

[译文]

1. 不孝顺的事情有三种。

2. 使国家安定的方法有七种。

3. 使国家危乱的途径有六条。

4. 你的罪过有三桩。

5. 晋公子具有三条。（这里指三条好运。）

6. 我一种也没有。（这里指武功的七种德行。）

7. 这就是只知道两个五，却不知道十了。

[说明]

1. 在本句型中，数词作宾语。

81

2. 本句型作谓语中心的动词一般有两类：一类是表示存在的，如："有""无"等；一类是表示心理或感官活动的，如："闻""知"等。

3. 本句型的主语是名词（如例5的"晋公子"）、名词短语（如例4的"汝罪"）、代词（如例7的"是"）或形容词（如例1的"孝"）。

4. 语气词"耳"放在句尾，表示肯定的语气。

5. 本句型在译成现代汉语时，在数词后面要加上适当的量词。如："三"译为"三种"。

6. 本句型动词的替换词有："有""无""闻""见""观""知""思""恐""惧""忧""患"等。

［附］相关句型：

S（Num）+Vt+O（Num）

主语（数）+及物动词+宾语（数）

万取千焉。（《孟子·梁惠王上》）

在拥有一万辆兵车的国家中，有的大夫获取了一千辆兵车。

这是以数词作主语和宾语的句型。

句型 31

［结构式］I. S+Vt+O（S+N）〈+"也"〉

主语+及物动词+宾语（主+名）〈+"也"〉

［代表句］吾 / 闻 / 二世少子也 /。

［例句］（表一）

序号	S	Vt	O		"也"	引书
			S	N		
1	吾	闻	二世	少子	也	《史记·陈涉世家》
2	吾	闻	穰侯	智士	也	《史记·范雎蔡泽列传》
3	吾	闻	鲁连先生	齐国之高士	也	《战国策·赵策》
4	臣	观	晋公子	（非）常人	也	《韩非子·十过》
5	吾	观	晋公子	万乘之主	也	《韩非子·十过》
6	吾	知	公	长者		《史记·项羽本纪》
7	长桑君	（亦）知	扁鹊	（非）常人	也	《史记·扁鹊仓公列传》
8	吾	（乃今然后）知	君	（非）天下之贤公子	也	《战国策·赵策》
9	〔富人公乘氏〕	（亦）知	陈馀	（非）庸人	也	《史记·张耳陈馀列传》
10	上	以为	绾	长者		《史记·万石张叔列传》
11	臣	（窃）以为	其人	勇士		《史记·廉颇蔺相如列传》

［译文］

1. 我听说秦二世是小儿子。

2. 我听说穰侯是个有智谋的士人。

3. 我听说鲁仲连先生是齐国高尚的士人。

4. 我看晋公子不是普通人。

5. 我看晋公子是拥有万辆兵车的大国国君。

6. 我知道您是一位忠厚的人。

7. 长桑君也知道扁鹊不是个普通人。

8. 我从今以后才知道您不是天下的贤明公子。

9. 有钱人公乘氏也知道陈馀不是一个平庸无为的人。

10. 皇上认为卫绾是个忠厚的人。

11. 我私自认为那人是个勇敢的士人。

[结构式] II. S+Vt+O（S〈+之"〉+V+O）〈+"也"（"矣"）〉

主语+及物动词+宾语（主〈+"之"〉+动+宾）〈+"也"（"矣"）〉

[代表句] 夫人 / 知 / 我爱新人也 /。

[例句]（表二）

序号	S	Vt	O				"也"	引书
			S	"之"	V	O		
1	夫人	知	我		爱	新人	也	《韩非子·内储说下》
2	余	欲	君	之	弃	其妻	也	《韩非子·奸劫弑臣》
3	荆文王	恐	其		害	己	也	《韩非子·五蠹》
4	上	恐	太后		诛	夫		《史记·魏其武安侯列传》
5	魏王	怒	公子	之	盗	其兵符		《史记·魏公子列传》
6	王	（甚）喜	人	之	掩	口	也	《韩非子·内储说下》
7	君子	谓	郑庄公		失	政刑	矣	《左传·隐公十一年》
8	吾	闻	宋君		无	道		《韩非子·外储说左上》
9	我	闻	吴王		筑	如皇之台		《韩非子·外储说左上》
10	嬴	闻	晋鄙之兵符		（常）在	王卧内		《史记·魏公子列传》
11	楚昭王	见	吴		有	内乱		《史记·伍子胥列传》
12	吾	见	师	之	出			《左传·僖公三十二年》
		（而不）见	其		入		也	
13	孔子	（亦）矑	其		亡		也	《孟子·滕文公下》

[译文]

1. 夫人郑袖知道我喜爱新来的美女。

2. 春申君的爱妾余想要春申君抛弃他的正妻。

3. 楚文王恐惧徐国会危害到自己。

4. 皇上恐怕太后杀灌夫。

5. 魏安厘王恼恨魏公子盗走他的兵符。

6. 楚王很喜欢看别人捂嘴这种动作。

7. 君子认为郑庄公失掉了政治和刑罚。

8. 我听说宋国国君没有道义。

9. 我听说吴王夫差筑成如皇台。

10. 我听说晋鄙的兵符经常放在魏王的卧室里。

11. 楚昭王看到吴国内部发生变乱。

12. 我看到军队出去，却看不到它回来了。

13. 孔子也探听到阳货不在家。（瞰：窥伺。）

[结构式] III. S+Vt+O（S〈+"之"〉+A）

　　　　　主语+及物动词+宾语（主〈+"之"〉+形）

[代表句] 楚威王 / 闻 / 庄周贤 /。

[例句]（表三）

序号	S	Vt	O			引书
			S	"之"	A	
1	楚威王	闻	庄周		贤	《史记·老子韩非列传》
2	楚悼王	（素）闻	起		贤	《史记·孙子吴起列传》
3	百姓	（多）闻	其		贤	《史记·陈涉世家》
4	臣	闻	戎王之居		僻陋（而道远）	《韩非子·十过》
5	吾	视	其辙		乱	《左传·庄公十年》
6	人	谓	子产		（不）仁	《左传·襄公三十一年》
7	诸侯	患	楚	之	强	《史记·孙子吴起列传》

[译文]

1. 楚威王听说庄周有才德。

2. 楚悼王平素就说吴起有才德。

3. 老百姓大多听说他很贤良。（其：代词，指代扶苏。）

4. 我听说戎王的住处荒僻简陋而又遥远。

5. 我看见他们的车轮印迹混乱。

6. 别人说子产不仁爱。

7. 诸侯忧虑楚国强盛。

[说明]

1. 本句型是以主谓短语作宾语。

2. 本句型的谓语中心，常是表示感官活动或心理活动的动词。

3. 表一例句的宾语是以名词作谓语的主谓短语，表二例句的宾语是以动词作谓语中心的主谓短语，表三例句的宾语是以形容词作谓语的主谓短语。

4. "之"是助词，放在主谓短语的主语和谓语之间，取消句子的独立性。表一例句中不用

“之”字。

5. 代词“其”等于“名+‘之’”，“其”的后面不用“之”字。
6. “谓”“以为”译作“认为”，“欲”译作“要”“想”。
7. 本句型动词的替换词有：“知”“欲”“恐”“谓”“以为”“患”“喜”“怒”“悲”“爱”“恶”“思”“度”“惮”“闻”“见”“观”“望”“视”“瞰”“眮”“窥”等。

句型 32

[结构式] I. S+“以”+O（S+“为”+N）〈+“也”（“焉”）〉

主语+“以”+宾语（主+“为”+名）〈+“也”（“焉”）〉

[代表句] 人 / 以 / 我为神君也 /。

[例句]（表一）

序号	S	“以”	O			“也”	引书
			S	“为”	N		
1	人	以	我	为	神君	也	《韩非子·说林上》
2	市人	（皆）以	赢	为	小人		《史记·魏公子列传》
		（而）以	公子	为	长者（能下士）	也	
3	（始）吾	以	君	为	天下之贤公子	也	《战国策·赵策》
4	吾	（必）以	仲子	为	巨擘	焉	《孟子·滕文公下》
5	楚（也）	以	夫人	为	天		《史记·吕不韦列传》
6	君人（者）	以	百姓	为	天		《说苑·建本》

[译文]

1. 人们就会把我看作神君。
2. 街市上的人都把我看作小人，却认为公子是个高尚的人，能谦恭地对待士人。
3. 起初，我把您当作天下的贤明公子。
4. 我一定认为仲子是大拇指（杰出的人）。
5. 我子楚把夫人当作天。
6. 国君应该把老百姓当作天。

[结构式] II. S+“以”+O（S+“为”+V/VP）

主语+“以”+宾语（主+“为”+动/动词短语）

[代表句] 天下 /（必）以 / 陛下为（不）忘功德 /。

[例句]（表二）

序号	S	“以”	O			引书
			S	“为”	V/VP	
1	天下	（必）以	陛下	为	（不）忘功德	《汉书·张敞传》
2	吾	以	夫子	为	无所不知	《荀子·子道》
3	臣	以	王之攻宋（也）	为	与此同类	《墨子·公输》
4	百姓	（皆）以	王	为	爱（也）	《孟子·梁惠王上》

[译文]

1. 天下的人一定认为您不会忘记功劳和恩德。
2. 我认为老师没有不知道的事情。
3. 我认为大王攻打宋国是跟这些同属一类。
4. 老百姓都认为王是吝啬。（爱：吝啬。）

[结构式] III. S+"以"+O（S+"为"+A）

　　　　　　主语+"以"+宾语（主+"为"+形）

[代表句] 匈奴 / 以 / 李牧为怯 /。

[例句]（表三）

序号	S	"以"	O			引书
			S	"为"	A	
1	匈奴	以	李牧	为	怯	《史记·廉颇蔺相如列传》
2	子	以	我	为	（不）信	《战国策·楚策》
3	人	（乃）以	妪	为	（不）诚	《汉书·高帝纪》
4	鲍叔	（不）以	我	为	贪	《史记·管晏列传》
5	鲍叔	（不）以	我	为	愚	《史记·管晏列传》
6	鲍叔	（不）以	我	为	怯	《史记·管晏列传》
7		（始）以	薛公	为	魁然（也）	《史记·孟尝君列传》
8	王	以	其言	为	然	《史记·张仪列传》

[译文]

1. 匈奴认为李牧胆子小。
2. 您认为我不诚实。
3. 人们就认为老妇人不诚实。
4. 鲍叔牙不认为我贪财。
5. 鲍叔牙不认为我愚蠢。
6. 鲍叔牙不认为我胆怯。
7. 原先以为孟尝君很魁梧。
8. 秦王认为他说的对。

[结构式] IV. S+"以"+O（〔S〕+"为"+O）

　　　　　　主语+"以"+宾语（〔主〕+"为"+宾）

[代表句] 天子 / 以 / 为老 /。

[例句]（表四）

序号	S	"以"	O			引书
			〔S〕	"为"	O	
1	天子	以	〔　〕	为	老	《史记·李将军列传》
2	天子	以	〔　〕	为	勇	《史记·李将军列传》
3	纣	以	〔　〕	为	恶	《战国策·赵策》

序号	S	"以"	O			引书
			〔S〕	"为"	O	
4	吴广	以	〔 〕	为	然	《史记·陈涉世家》
5	赵王	以	〔 〕	为	然	《史记·张耳陈馀列传》
6	或	以	〔 〕	为	死	《史记·陈涉世家》
7	或	以	〔 〕	为	亡	《史记·陈涉世家》

[译文]

1. 武帝认为他年龄太大。
2. 天子认为他很勇敢。
3. 纣王认为她丑陋。
4. 吴广认为陈胜说的对。
5. 赵王认为这话很对。
6. 有人认为他死了。
7. 有人认为他逃跑了。

[说明]

1. "以"是及物动词，表示在意念上对人或事物看作应当如此，而不是实际上如此，所以含有"意谓"的意思。
2. "以"的宾语是主谓短语。"为"是动词，在主谓短语中作谓语中心，表示判断（参看第一部分第四类句型 2）。"为"的宾语是名词（表一例句）、动词、动词短语（表二例句）或形容词（表三例句）。
3. 在表四例句中，"以"字后面省略了主谓短语中的主语，这个主语可以用代词"之"字代替。
4. "以……为……"译作"认为（觉得）……是……"。表四例句在译成现代汉语时，要把省略的部分补出来，如："以为老"译为"认为李广老"。
5. 本句型动词的替换词有："以……为……""谓……为……"等。

[句型转换]

S+"以为"+O（S+N）〈+"也"〉 ⇒ S+"以"+O（S+"为"+N）〈+"也"〉

主语+"以为"+宾语（主+名）〈+"也"〉

⇒ 主语+"以"+宾语（主+"为"+名）〈+"也"〉

人以为我神君也。 ⇒ 人以我为神君也。（本句型表一例 1）

"臣（窃）以为其人勇士"（第一编、Ⅱ、一、句型 31 表一例 11）是带有"以为"的叙述句型，前句型"人以为我神君也"和"臣（窃）以为其人勇士"结构相同。如果把"以为"拆开，将"为"移到"我"的后面，这样就转换成后句型："人以我为神君也。"这是用移位的方法转换成另一句型的。前后句型不同之处是：前句型是以"以为"在句中作谓语中心；后句型是以"以"在句中作谓语中心，宾语是个主谓短语，"为"在主谓短语中作谓语中心。本式是两个句型中不同动词谓语的转换。

句型 33

[结构式] S+Vt（N→V）+O

主语+及物动词（名用如动）+宾语

[代表句] 马童 / 面 / 之 /。

[例句]

序号	S	Vt	O	引书
1	马童	面	之	《史记·项羽本纪》
2	〔赤〕	衣	轻裘	《论语·雍也》
3	范增	（数）目	项王	《史记·项羽本纪》
4	左右	（欲）兵	之	《史记·伯夷列传》
5	左右	（欲）刃	相如	《史记·廉颇蔺相如列传》
6	韩厥	（皆）肘	之	《左传·成公二年》

[译文]

1. 吕马童面对着项羽。

2. 公西赤穿着轻暖的皮袍。

3. 范增多次对项羽使眼色。

4. 周武王的随从人员想用武器杀掉他们。

5. 秦王左右的侍卫要杀蔺相如。

6. 韩厥都用肘推他。（之：指代綦毋张。）

[说明]

1. 句型 33—42 是一组谓语中心词类活用的句型。

2. 本句型的谓语中心是名词用如动词。

3. 名词用如动词在译成现代汉语时，要根据原有的名词意义，再增加适当的动词意义。如："衣"译为"穿衣"，"肘"译为"用肘推"。

4. 常见的名词用如动词的替换词有："刑""法""席""兵""甲""鼓""人""妻""水""树""材""沼""刃""卒""德""衣""冠""履""带""袜""肘""手""口""脉""脯""目""蹄""火""物""网""囊""蚕""器""式""年""国"等。

[附] 相关句型有下列三个：

1. S+Vt（NPos→V）+O

主语+及物动词（方位名用如动）+宾语

我（不可以）后之。（《左传·隐公十一年》）

我不能落在他的后面。

这个句型的谓语中心是方位名词用如动词。"后之"的意思是"在他后面"。

2. S+Vt（Pron→V）+O

主语+及物动词（代用如动）+宾语

（见公卿不为礼，无贵贱，皆）汝之。（《隋书·杨伯丑传》）

见了公卿大官都不行礼，无论地位高贵卑贱，都用"你"叫他们。（汝：你。）

这个句型的谓语中心是人称代词用如动词，"汝之"的意思是"用'你'来称呼他"。

3.   S+Vt （Num→V） +O

主语+及物动词（数用如动）+宾语

（人一能之，）己百之。（《礼记·中庸》）

别人一次能做到的，我就用一百倍的功夫去做。

这个句型的谓语中心是数词用如动词。

句型 34

[结构式] S+Vt （A→V） +O

主语+及物动词（形用如动）+宾语

[代表句] 蒲 / 多 / 壮士 /。

[例句]

序号	S	Vt	O	引书
1	蒲	多	壮士	《史记·仲尼弟子列传》
2	客	多	以谏者	《韩非子·说林下》
3	士卒	多	为用者	《史记·陈涉世家》
4	天下	多	美妇人	《左传·成公二年》
5	郑国	多	盗	《左传·昭公二十年》
6	鲁	少	儒	《庄子·田子方》

[译文]

1.   蒲有很多壮士。

2.   门客中有很多拿这件事劝谏的。（以：介词，拿。"以"后面省略代词"之"字。）

3.   戍卒中有很多愿意为他效力的人。（为：介词，给。"为"后面省略代词"之"字。）

4.   天下有很多漂亮的女人。

5.   郑国盗贼很多。

6.   鲁国的儒士很少。

[说明]

1.   "多"（"少"）是形容词，在本句型中用如动词，表示存在，作谓语中心。

2.   本句型的主语是名词或名词短语，有的表示人（如例 2 的"客"），有的表示处所（如例 1 的"蒲"）。

3.   本句型形容词的替换词有："多""少""远""近""菲薄"等。

句型 35

[结构式] I. S+Vt （Vi→CV） +O

主语+及物动词（不及物动词的使动用法）+宾语

[代表句] 臣 / 活 / 之 /。

[例句]（表一）

序号	S	Vt	O	引书
1	臣	活	之	《史记·项羽本纪》
2	〔庄公〕	惊	姜氏	《左传·隐公元年》
3	〔成王〕	反	周公	《史记·鲁周公世家》
4	臣	（能）生	之	《史记·扁鹊仓公列传》
5	〔广〕	忿恚	尉	《史记·陈涉世家》
6	〔公子〕	走	蒙骜	《史记·魏公子列传》
7	〔王翦〕	降	越君	《史记·秦始皇本纪》

[译文]

1. 我救活他。
2. 郑庄公使姜氏很惊恐。
3. 成王请周公回朝。
4. 我能把他救活。
5. 吴广使将尉生气。
6. 魏公子把蒙骜赶走。（蒙骜：蒙恬的祖父，秦国的上卿，后为将。）
7. 王翦降服了越族的首领。

[结构式] II. S+Vt（Vt→CV）+O
　　　　 主语+及物动词（及物动词的使动用法）+宾语
[代表句]〔宣子〕/ 食 / 之 /。
[例句]（表二）

序号	S	Vt	O	引书
1	〔宣子〕	食	之	《左传·宣公二年》
2	〔吴王濞〕	（欲）从	闽越	《史记·东越列传》
3	〔膳〕	尝	人	《吕氏春秋·上德》
4	〔膳〕	食	狗	《吕氏春秋·上德》

[译文]

1. 赵盾让他吃。
2. 吴王刘濞想让闽越随从他。
3. 膳食让人尝尝。（尝：指尝一尝太子申生献给晋献公的膳食。此句是动词的使动用法，"尝人"就是"使人尝"，下句用法同此。）
4. 膳食让狗吃了。

[说明]

1. 本句型作谓语中心的动词是使动用法，就是使宾语所代表的人或物施行这个动词所表示的行为。

2. 表一例句中是不及物动词的使动用法，较常见；表二例句中是及物动词的使动用法，较少见。

3. 本句型要按照"使宾语怎么样"来翻译，"惊姜氏"就是"使姜氏惊"，"走蒙骜"就是"使蒙骜走"。

4. 常见的动词用作使动的替换词有："活""生""存""死""起""立""走""归""反""还""进""退""来""坐""入""仕""沉""浮""逃""亡""寝""醉""鸣""出""病""惊""笑""怒""忿恚""泣""愁"（以上不及物动词），"食""饮""见""朝""尝""降""负""禽""从""疑"（以上及物动词）等。

[句型转换]

S+"使"+Piv+V ⇒ S+Vt（V→CV）+O

主语+"使"+兼语+动词 ⇒ 主语+及物动词（动词的使动用法）+宾语

〔公子〕使蒙骜走。⇒〔公子〕走蒙骜。（本句型例6）

"信（乃）使万人（先）行"（第一编、II、七、句型1表二例2）是使令类兼语句型，前句型"〔公子〕使蒙骜走"和"信（乃）使万人（先）行"结构相同。如果去掉"使"字，将兼语"蒙骜"后面的动词移到兼语前面，来充当谓语中心，这样就转换成后句型："〔公子〕走蒙骜。"后句型的谓语动词用如使动。这是用删除与移位的方法，转换成另一句型的。本式是两个句型中不同动词谓语的转换。这里的后句型一般可以转换为前句型，但前句型并不是全部都能转换为后句型的。能够转换的条件有两个：①兼语后面一般是不及物动词，或者是"食""饮"等少数及物动词，而未带宾语。②转换的新句型在词语之间的搭配上，必须符合古代人们的语言习惯。

句型36

[结构式] S+Vt（A→CV）+O

　　　　主语+及物动词（形用如使动）+宾语

[代表句] 君子 / 正 / 其衣冠 /。

[例句]

序号	S	Vt	O	引书
1	君子	正	其衣冠	《论语·尧曰》
2	君子	远	庖厨（也）	《孟子·梁惠王上》
3	工	（欲）善	其事	《论语·卫灵公》
		（必先）利	其器	
4	欲富国者	（务）广	其地	《史记·张仪列传》
5	欲强兵者	（务）富	其民	《史记·张仪列传》
6	欲王者	（务）博	其德	《史记·张仪列传》
7	（今）媪	尊	长安君之位	《战国策·赵策》
8	〔敝邑〕	高	其闬闳	《左传·襄公三十一年》
9	〔敝邑〕	厚	其墙垣	《左传·襄公三十一年》
10	（于是）梁王	虚	上位	《战国策·齐策》

[译文]

1. 君子使他的衣冠整齐。
2. 君子要把厨房设置在远离自己的地方。
3. 工匠想要做好他的工作，一定首先让他的工具锋利。
4. 想要让国家富足的人，务必开拓他的领土。
5. 想要让军队强大的人，务必使百姓富裕。
6. 想要统一天下的人，务必推广他的德政。
7. 如今，您使长安君的地位尊贵起来。
8. 我的封地把宾客住的馆舍的大门建造得很高。（闳闬：门。）
9. 我的封地把宾客住的馆舍的围墙修建得很厚。
10. 于是梁王就把相位空出来。（上位：指相位。虚：空虚，空出位置。）

[说明]

1. 本句型的谓语中心是形容词用如使动，就是使宾语所代表的人或物具有这个形容词所表示的性质或状态。
2. 本句型要按照"使宾语怎么样"来翻译。"远庖厨"就是"使庖厨远"，"广其地"就是"使其地广"。
3. 本句型常见的形容词用如使动的替换词有："固""正""博""广""厚""薄""实""虚""远""近""大""小""老""幼""强""弱""长""短""黑""白""多""少""疾""迟""美""齐""直""善""诚""活""智""愚""安""危""高""低""轻""重""尊""足""众""寡""孤""独""温""甘""苦""明""富""贵""贫""弊""劳""顿""痛""平""便""和""笃""睦"等。

[句型转换]

S+"使"+Piv+A ⇒ S+Vt（A→CV）+O

主语+"使"+兼语+形 ⇒ 主语+及物动词（形用如使动）+宾语

君子使其衣冠正。⇒ 君子正其衣冠。（本句型例1）

"天（不能）使之富"（第一编、II、七、句型1附4）是使令类兼语式句型。兼语后面跟的是形容词。前句型"君子使其衣冠正"和"天（不能）使之富"结构相同。如果去掉"使"字，将兼语"其衣冠"后面的形容词移到兼语前面，来充当全句的谓语中心，这样就转换成后句型："君子正其衣冠。"这是用删除与移位的方法，转换成另一句型的。本式是两个句型中不同动词谓语的转换。

句型 37

[结构式] S+Vt（N→CV）+O

主语+及物动词（名用如使动）+宾语

[代表句] 齐威王 /（欲）将 / 孙膑 /。

[例句]

序号	S	Vt	O	引书
1	齐威王	（欲）将	孙膑	《史记·孙子吴起列传》
2	江东父兄	（怜而）王	我	《史记·项羽本纪》

序号	S	Vt	O	引书
3	〔桓公〕	（解管仲之束缚而）相	之	《韩非子·难一》
4	齐桓公	（合诸侯而）国	异姓	《史记·晋世家》
5	〔人〕	（皆）鱼肉	之（矣）	《史记·魏其武安侯列传》
6	孟尝君	客	我	《战国策·齐策》

〔译文〕

1. 齐威王打算任用孙膑做将领。
2. 江东父老兄弟同情我，让我做王。（怜：怜悯，同情。）
3. 齐桓公解开了管仲的捆绑，任他做相。
4. 齐桓公会合诸侯，封异姓，使他们建立了国。
5. 人们都会像宰割鱼肉那样宰割他了。（"鱼肉"是名词使动用法，"鱼肉之"即"使之为鱼肉"。）
6. 孟尝君让我做门客。

〔说明〕

1. 本句型的谓语中心是名词用如使动，就是使宾语所代表的人或物成为这个名词所表示的人或物。
2. 本句型要按照"使宾语怎么样"来翻译。"王我"就是"使我为王"，"相之"就是"使之为相"，"国异姓"就是"使异姓立国"。
3. 本句型常见的名词用如使动的替换词有："帝""王""×（国名）王""侯""将""相""臣""臣妾""客""××（人名）""国""肉""鱼肉""鄙"等。

〔附〕相关句型：

S+Vt（Pos→CV）+O

主语+及物动词（方位名用如使动）+宾语

（遂）东太子光。（《左传·襄公十九年》）

齐侯就把太子光迁移到东部。

此句型的谓语中心是方位名词用如使动，就是使宾语所代表的人或物向着这个方位名词所表示的方位行动。"东……"就是"使……向东去"。此句型罕见。

句型 **38**

〔结构式〕S+Vt（A→SV）+O

主语+及物动词（形用如意动）+宾语

〔代表句〕项梁 / 然 / 其言 /。

〔例句〕

序号	S	Vt	O	引书
1	项梁	然	其言	《史记·项羽本纪》
2	陈馀	然	之	《史记·张耳陈馀列传》

序号	S	Vt	O	引书
3	滕公	奇	其言	《史记·淮阴侯列传》
		壮	其貌	
4	〔诸公〕	贤	王生	《史记·张释之冯唐列传》
		（而）重	张廷尉	
5	主爵都尉汲黯	是	魏其	《史记·魏其武安侯列传》
6	上	（自魏其时不）直	武安	《史记·魏其武安侯列传》
7	将军	壮义	之	《史记·魏其武安侯列传》
8	孔子	贤	之	《孟子·离娄下》
9	吾	大	天地	《庄子·秋水》
		（而）小	毫末	
10	上	老	之	《汉书·赵充国辛庆忌传》
11	明君	贵	五谷	《汉书·食货志》
		（而）贱	金玉	
12	其家	甚智	其子	《韩非子·说难》

[译文]

1. 项梁认为他的话是对的。
2. 陈馀认为他的话很对。
3. 滕公认为他的言语高超，他的相貌威武。
4. 众公卿都称赞王生的贤能，而且敬重张廷尉。
5. 主爵都尉汲黯认为魏其侯说的正确。
6. 皇上从魏其侯事件发生时起，就不认为武安侯是正确的。（直：正确。"不直武安"即"不以武安为直"。）
7. 将军认为他强壮，又有义气。
8. 孔子认为他们才德好。
9. 我认为天地是大的，认为毫毛的末端是小的。
10. 皇上认为他太老了。
11. 英明的君主重视粮食，却轻视金钱。
12. 全家人都认为他的儿子聪明。

[说明]

1. 本句型的谓语中心是形容词用如意动，就是主观上认为宾语所代表的人或物具有这个形容词所表示的性质或状态。
2. 本句型要按照"认为宾语怎么样"来翻译，"奇其言"就是"以其言为奇"，"壮其貌"就是"以其貌为壮"，"然其言"就是"以其言为然"。
3. 形容词用如意动的常见替换词有："固""奇""异""美""甘""苦""安""乐""圣""贤""愚""拙""大""小""轻""重""难""易""贵""贱""壮""老""弱""幼""多""少""强""智""巧""善""劣""狂""勇""卑""怪""远""近""危""黑""白""然""是""非"等。

94

[句型转换]

S+"以"+O（S+"为"+A）⇒ S+Vt（A→SV）+O

主语+"以"+宾语（主+"为"+形）⇒ 主语+及物动词（形用如意动）+宾语

项梁以其言为然。⇒ 项梁然其言。（本句型例1）

"王以其言为然"（第一编、II、一、句型32表三例8）是带有"以"和"为"的叙述句型，前句型"项梁以其言为然"和"王以其言为然"结构相同。如果去掉动词"以"和"为"两个字，将"为"的宾语形容词"然"字移到"以"的宾语"其言"的前面，来充当全句的谓语中心，这样就转换成后句型："项梁然其言。"后句型充当谓语中心的形容词用如意动。这是用删除与移位的方法，转换成另一句型的。本式是两个句型中不同动词谓语的转换。

句型 39

[结构式] S+Vt（N→SV）+O

　　　　 主语+及物动词（名用如意动）+宾语

[代表句]（今也）小国 / 师 / 大国 /。

[例句]

序号	S	Vt	O	引书
1	（今也）小国	师	大国	《孟子·离娄上》
2	〔云〕	友	风	《荀子·赋》
		（而）子	雨	
3	人	（不独）亲	其亲	《礼记·礼运》
		（不独）子	其子	
4	〔君〕	夫人	之	《谷梁传·僖公八年》
5	公子	（乃自骄而）功	之	《史记·魏公子列传》

[译文]

1. 现在一些弱小国家以强大国家为师。

2. 云把风看成自己的朋友，把雨看成自己的子女。

3. 人们不仅孝敬他们的父母，不仅爱护他们的儿女。（亲：这里指父母。子：这里泛指儿女。）

4. 国君把她看作夫人。

5. 您竟然骄傲起来，认为自己对此有功。

[说明]

1. 本句型的谓语中心是名词用如意动，就是主观上把宾语所代表的人或物看成这个名词所表示的人或物。

2. 本句型在译成现代汉语时，要按照"把宾语看作什么"来翻译。"夫人之"就是"以之为夫人"，"功之"就是"以之为功"，"友风而子雨"就是"以风为友，以雨为子"。

3. 本句型名词用如意动的常见替换词有："友""子""夫人""师""客""宾客""功""药"

"夷""中国"等。

句型 40

[结构式] S+Vt（给 O 施动）+O

主语+及物动词（给宾语施动）+宾语

[代表句] 邴夏 / 御 / 齐侯 /。

[例句]

序号	S	Vt	O	引书
1	邴夏	御	齐侯	《左传·成公二年》
2	文嬴	请	三帅	《左传·僖公三十三年》
3	伯氏	（不出而）图	吾君	《礼记·檀弓上》
4	夫人	（将）启	之	《左传·隐公元年》

[译文]

1. 邴夏给齐侯驾车。
2. 晋襄公的母亲文嬴替秦国孟明等三位主将请求（释放他们返回秦国）。
3. 伯氏不肯出来替我君筹划。
4. 夫人姜氏打算给共叔段打开城门。（之：代词，他，这里指代姜氏的幼子共叔段。）

[说明]

1. 本句型的谓语中心是动词的为动用法，其特点是：表示给（替）宾语施行某一行动。
2. 本句型的谓语中心一般是及物动词。
3. 宾语是名词、名词短语（如例 2 的"三帅"）或代词（如例 4 的"之"），一般指人。
4. 本句型在译成现代汉语时，可以在宾语前面加"给（替）"。如：例 1 中的"齐侯"前面加"给"，译为"给齐侯"；例 4 中的"启之"译为"给他启"。

句型 41

[结构式] S+Vt（为了 O 施动）+O

主语+及物动词（为了宾语施动）+宾语

[代表句] 提弥明 / 死 / 之 /。

[例句]

序号	S	Vt	O	引书
1	提弥明	死	之	《左传·宣公二年》
2	〔民〕	死	其长（矣）	《孟子·梁惠王下》
3	伯夷	死	名（于首阳之下）	《庄子·骈拇》
4	盗跖	死	利（于东陵之上）	《庄子·骈拇》
5	〔灌夫〕	争	杯酒	《史记·魏其武安侯列传》
6	二人	争	之	《韩非子·内储说上》

［译文］

  1. 提弥明为赵宣子而死。
  2. 老百姓就会为他们的长官去死。
  3. 伯夷为了名死在首阳山下。
  4. 盗跖为了利死在东陵山上。
  5. 灌夫因为喝了几杯酒引起了争斗。
  6. 二人为自己的主张争辩。（二人：指张仪和惠施。张仪主张利用秦韩和魏友好的形势讨伐齐楚，惠施主张与齐楚罢兵不战。）

［说明］

  1. 本句型的谓语中心是动词的为动用法，其特点是：表示宾语是施行某一行动的目的或原因。
  2. 本句型的谓语中心一般是不及物动词，如"死""殉"等；但也有的是及物动词，如"争"。
  3. 宾语是名词、名词短语（如例2的"其长"）或代词（如例1的"之"），大都指物，也有的指人。
  4. 本句型在译成现代汉语时，可以在宾语前面加"为"或"为了"。如：例1中的"死之"译为"为他而死"，例6中的"争之"译为"为了他而争"。

句型 42

［结构式］S+Vt（对 O 施动）+O

　　　　　主语+及物动词（对宾语施动）+宾语

［代表句］〔武安侯〕／ 卑下 ／ 宾客 ／。

［例句］

序号	S	Vt	O	引书
1	〔武安侯〕	卑下	宾客	《史记·魏其武安侯列传》
2	君	（三）泣	臣（矣）	《左传·襄公二十二年》
3	公子为人	（仁而）下	士	《史记·魏公子列传》
4	〔公子〕	〔不敢以其富贵〕骄	士	《史记·魏公子列传》
5	〔齐人〕	骄	其妻妾	《孟子·离娄下》

［译文］

  1. 武安侯谦恭卑下地接待宾客。
  2. 君王三次向臣哭泣。
  3. 公子这个人仁爱宽厚，而且对士人谦恭。
  4. 信陵君不敢依恃自己富贵，骄横地对待士人。
  5. 齐人对他的妻和妾逞起骄傲。

［说明］

  1. 本句型的谓语中心是动词的为动用法，其特点是：表示对（向）宾语施行某一行动。
  2. 本句型的谓语中心是不及物动词，如"泣"；或形容词用如动词，如"骄"。

97

3. 宾语是名词（如例 2 的"臣"）或名词短语（如例 5 的"其妻妾"），都指人。

4. 本句型在译成现代汉语时，可以在宾语前面加"对（向）"。如：例 1 中的"卑下宾客"译为"对宾客卑下"，例 2 中的"泣臣"译为"向臣泣"。

句型 43

[结构式] S+"有"（"无"）+O

主语+"有"（"无"）+宾语

[代表句] 寡人 / 有 / 疾 /。

[例句]

序号	S	"有"	O	引书
1	寡人	有	疾	《孟子·梁惠王下》
2	〔成公姊〕	有	遗腹	《史记·赵世家》
3	克	有	罪	《孟子·离娄上》
4	〔昔〕沈犹	有	负刍之祸	《孟子·离娄下》
5	（今）君	有	区区之薛	《战国策·齐策》
6	君子	有	终身之忧	《孟子·离娄下》
		无	一朝之患（也）	
7	邻人京城氏之孀妻	有	遗男	《列子·汤问》
8	人	无	远虑	《论语·卫灵公》
9	蚓	无	爪牙之利筋骨之强	《荀·劝学》
10	君	无	养	《墨子·七患》
11	民	无	食	《墨子·七患》

[译文]

1. 我有病。

2. 成公的姐姐怀有赵朔留下的身孕。

3. 我有过错。（乐正子，名克，鲁国人，孟子弟子。）

4. 从前沈犹氏家里遭到了叫负刍的人制造的祸乱。

5. 现在您有小小的薛地。

6. 君子有终生的忧虑，却没有突然而来的祸乱。

7. 邻居姓京城的寡妇有个遗腹子。（孀妻：寡妇。遗男：遗腹子，丈夫死后出生的孩子。）

8. 一个人没有长远的打算。

9. 蚯蚓没有锋利的爪牙、强壮的筋骨。

10. 国君没有供养。

11. 人民没有粮食。

[说明]

1. 句型 43—47 是一组"有（无）"字句。

2. "有"是及物动词，表示领有、具有，即宾语所代表的人或物为主语所代表的人或物所领有。动词"无"是"有"的否定形式。"有""无"在句中作谓语中心。

3. 本句型的主语是名词（如例 3 的"克"）、名词短语（如例 7 的"邻人京城氏之孀妻"）或代词（如例 1 的"寡人"是代替第一人称代词的谦称），通常代表人，有时也可以代表物。

4. "有""无"的宾语是名词（如例 3 的"罪"）、名词短语（如例 5 的"区区之薛"）、动词短语（如例 6 的"终身之忧"）或形容词短语（如例 9 的"爪牙之利""筋骨之强"），可以代表人，也可以代表物。

5. 本句型动词的替换词有："有""无""毋""亡""罔""靡""末""莫""曼"等。

句型 44

[结构式] S（NPl/NP/VP）+ "有"（"无"）+O

　　　　　主语（处所名/名词短语/动词短语）+ "有"（"无"）+宾语

[代表句] 庖 / 有 / 肥肉 /。

[例句]

序号	S	"有"	O	引书
1	庖	有	肥肉	《孟子·梁惠王上》
2	野	有	饿莩	《孟子·梁惠王上》
3	田中	有	株	《韩非子·五蠹》
4	（当是时）魏	有	信陵君	《史记·吕不韦列传》
5	楚	有	春申君	《史记·吕不韦列传》
6	赵	有	平原君	《史记·吕不韦列传》
7	齐	有	孟尝君	《史记·吕不韦列传》
8	国	有	七患	《墨子·七患》
9	冀之南汉之阴	无	陇断（焉）	《列子·汤问》
10	（今）中国	无	狗吠之惊	《史记·平津侯主父列传》
11	邦	无	道	《论语·公冶长》

[译文]

1. 厨房里有膘肥的肉。
2. 野外有饿死的尸体。
3. 田里有个树桩子。
4. 魏国有信陵君。
5. 楚国有春申君。
6. 赵国有平原君。
7. 齐国有孟尝君。
8. 国家有七种祸患。
9. 冀州的南部，直到汉水的南岸，没有山冈高地阻隔了。
10. 现在中原没有狗叫声的惊扰。

11. 国家政治混乱。

[说明]

1. "有"是及物动词，表示存在，即某个处所存在着什么人或物。动词"无"是"有"的否定形式。

2. "有""无"在句中作谓中心。

3. 本句型的主语是名词（如例1的"庖"）或名词短语（如例3的"田中"），表示处所。

4. "有"的宾语是名词（如例3的"株"）、名词短语（如例1的"肥肉"），可以代表人，也可以代表物。

5. 语气词"焉"表示一种夸张的语气，是把事情往大处说，以便令人重视。

6. 本句型动词的替换词有："有""无""毋""亡""罔""靡""末""莫""曼"等。

句型 45

[结构式] S+"有"+O（VP+"者"）

　　　　　主语+"有"+宾语（动词短语＋"者"）

[代表句] 楚人 / 有 / 涉江者 /。

[例句]

序号	S	"有"	O		引书
			VP	"者"	
1	楚人	有	涉江	者	《吕氏春秋·察今》
2	军人	有	病疽	者	《韩非子·外储说左上》
3	客	有	教燕王为不死之道	者	《韩非子·外储说左上》
4	王之臣	有	托其妻子于其友而之楚游	者	《孟子·梁惠王下》
5	郑人	有	相与争年	者	《韩非子·外储说左上》
6	宋人	有	耕	者	《韩非子·五蠹》

[译文]

1. 楚国人当中有个过江的人。

2. 军人之中有患了毒疮的人。

3. 宾客之中有把不死的道术教给燕王的人。

4. 您的臣子之中有一个把妻室儿女托付给朋友，自己到楚国旅游的人。

5. 郑国人当中有争论年龄大小的人。

6. 有一个宋国人在耕地。

[说明]

1. "有"是动词，作谓语中心。

2. "有"的宾语是由动词短语和代词"者"字组成的名词短语，用来表示人。

3. 本句型的主语是名词（如例3的"客"）或名词短语（如例1的"楚人"），都表示人。

4. 本句型的主语和宾语之间有着全体和部分的关系：前者是全体，后者是部分。所以应在"有"字前面加"之中"来理解。

5. "……有……者"译作"……当中有个……的人"。

句型 46

[结构式] S+"有"（"无"）+O（"所"+V/VP）

　　　　　主语+"有"（"无"）+宾语（"所"+动/动词短语）

[代表句] 荆轲 / 有 / 所待 /。

[例句]

序号	S	"有"	O		引书
			"所"	V/VP	
1	荆轲	有	所	待	《史记·刺客列传》
2	（日月星辰）	（亦不能）有	所	中伤	《列子·天瑞》
3	患	有	所	（不）避（也）	《孟子·告子上》
4	狷者	有	所	（不）为（也）	《论语·子路》
5	人	（皆）有	所	（不）忍	《孟子·尽心下》
6	人	（皆）有	所	（不）为	《孟子·尽心下》
7	秋毫	（不敢）有	所	近	《史记·项羽本纪》
8	盗贼	有	所	劝	《汉书·食货志》
9	公	无	所	追	《史记·淮阴侯列传》
10	夫	无	所	发怒	《史记·魏其武安侯列传》
11	秋毫	无	所	害	《史记·淮阴侯列传》
12	财物	无	所	取	《史记·项羽本纪》
13	妇女	无	所	幸	《史记·项羽本纪》
14	君子	无	所	争	《论语·八佾》

[译文]

1. 荆轲在等待一个人。

2. 日月星辰也不能伤害什么。

3. 有的灾祸不能逃避。

4. 耿直、洁身自好的人不做坏事。（狷：狷介，性情正直，不肯同流合污。）

5. 每个人都有不忍心做的事。

6. 每个人都有不愿做的事。

7. 一点点财务都不敢占有。

8. 盗贼有什么可以引诱他们的。（劝：鼓励，引诱，助长。）

9. 你没有追谁。

10. 灌夫没有地方发泄愤怒。

11. 细小的东西丝毫都没有侵犯。

12. 财物没有掠取过一点儿。

13. 妇女没有亲近过一个。

14. 君子没有什么可以争夺（或竞争）的事情。

[说明]

1. "有""无"是动词，在句中作谓语中心。

2. "所"字是特殊的指示代词，放在及物动词前面，组成一个名词短语，以表示行为的对象或者表示行为赖以实现的工具、凭借、方式、原因、处所等。

3. "所"字短语作"有"（"无"）的宾语。

4. 本句型在译成现代汉语时，应根据"所"字所指代的动作行为的对象是什么，作适当翻译。当"所"字指代的是和行为有关的某一不必明言或不可明言的人或事物时，可按表示虚指的"谁"或"什么"灵活翻译。

5. 本句型固定结构的替换词语有："有所……""无所……""靡所……""亡所……""多所……""少所……"（"多""少"是动词）。此外，在《易经》《尚书》《诗经》中，还可以见到"有攸（迫）……""无攸（迫）……""罔攸（迫）……"等。

句型 47

[结构式] S+"有"（"无""毋"）+O（"以"+V/VP）

　　　　　主语+"有"（"无""毋"）+宾语（"以"+动/动词短语）

[代表句] 吾／（必）有／以（重）报母／。

[例句]

序号	S	"有"	O		引书
			"以"	V/VP	
1	吾	（必）有	以	（重）报母	《史记·淮阴侯列传》
2	臣	（必）有	以	报王	《史记·吴王濞列传》
3	臣	有	以	知陛下之不能（也）	《汉书·贾谊传》
4	项王	（未）有	以	应	《史记·项羽本纪》
5	〔平原君〕	（未）有	以	发丧	《史记·郦生陆贾列传》
6	河曲智叟	无	以	应	《列子·汤问》
7	〔汉军〕	无	以	渡	《史记·项羽本纪》
8	〔吾〕	无	以	供牺牲（也）	《孟子·滕文公下》
9	〔吾〕	无	以	供粢盛（也）	《孟子·滕文公下》
10	〔朕〕	无	以	谢天下	《史记·韩长孺列传》
11	〔上〕	毋	以	填之	《史记·秦始皇本纪》
12	〔朕〕	毋	以	臣畜天下	《史记·秦始皇本纪》
13	〔始皇庙〕	毋	以	加	《史记·秦始皇本纪》

[译文]

1. 我一定有财物拿出来厚厚地报答您老人家。

2. 我一定能够报答大王。

3. 臣有理由知道陛下不能安泰。

4. 项王没有话来回答。

5. 平原君连给母亲举办丧事的钱都没有。

6. 河曲智叟没有话回答。

7. 汉军没有办法渡江。

8. 我没有力量备办供祭祀用的牛羊。（牺牲：古代祭祀时所杀的牛羊猪。）

9. 我没有力量备办供祭祀用的粮米。（粢盛：古代盛在祭器内供祭祀用的谷物，如：黍、稷、稻、粱、麦等。）

10. 我没有办法向天下人谢罪。

11. 皇上无法镇抚那里。（填：同"镇"，镇压。）

12. 我无法统治天下。（臣畜：奴役，统治。）

13. 始皇庙不能让人超过（它）。

[说明]

1. "有以……""无（毋）以……"是"有所以……"和"无（毋）所以……"的习惯性的省略。"有以……""无以……"已成为固定结构。

2. "有""无"是动词，作谓语中心。

3. 被省略的"所"和介词"以"字，再接上动词或宾语短语，组成名词短语，作"有"（"无"）的宾语。

4. "有以……"的意思是"有什么可以拿来"，"无以……"的意思是"没有什么可以拿来"。

[附] 相关句型：

"有"（"无""毋"）+O（"以" +V/VP）

"有"（"无""毋"）+宾语（"以" +动/动词短语）

无以至千里。（《荀子·劝学》）

没有办法达到千里远。

这种带"有以……""无（毋）以……"固定结构的句子，无主语，属于非主谓句。

第二类　S‖O+Vt

主‖宾+动（及物）

这类句型的谓语中心是及物动词。为了强调宾语，把宾语提到动词前面，用"是"字或"之"字复指。

句型 1

[结构式] S+O+ "之"（"是"）+Vt

　　　　 主语+宾语+ "之"（"是"）+及物动词

[代表句] 寡君 / 其罪 / 之 / 恐 /。

[例句]

序号	S	O	"之"	Vt	引书
1	寡君	其罪	之	恐	《左传·昭公三十一年》
2	〔子〕	（曾）由与求	之	问	《论语·先进》
3	〔吾〕	先君之好	是	继	《左传·僖公四年》
4	〔晋〕	（将）虢	是	灭	《左传·僖公五年》
5	〔君〕	群臣	是	忧	《左传·僖公十五年》
6	〔鲁僖公〕	戎狄	是	膺	《孟子·滕文公上》
7	〔鲁僖公〕	荆舒	是	惩	《孟子·滕文公上》
8	子	是	之	学	《孟子·滕文公上》
9	君	亡	之	（不）恤	《左传·僖公十五年》
10	〔汝〕	身	之	（不能）治	《庄子·天地》

[译文]

1. 我们的君王担忧他自己的罪过。（寡君：古代臣子对别国自称其君的谦称。）
2. 你竟然是问仲由和冉求呀。
3. 我们应该继承先君建立的友好关系。
4. 晋国将要灭掉虢国。
5. 君王担忧群臣子。
6. 鲁僖公攻击戎狄。（戎狄：当时北方的外族。膺：攻打，击退。）
7. 鲁僖公痛惩荆舒。（荆舒：当时南方的外族。惩：制止，抵御。6、7 两句出自《诗经·鲁颂》，此篇系歌颂鲁僖公的功绩。）
8. 你们学习这样的人。
9. 君王不忧虑自己流亡在外。（恤：担忧，忧虑。）
10. 您不能够治理自身。

[说明]

1. 在本句型中，宾语是名词（如例 4 的"虢"）、名词短语（如例 1 的"其罪"）、代词（如例 8 的"是"）或动词（如例 9 的"亡"）。
2. "之"（"是"）是代词，放在前置宾语的后面，表示复指。
3. 有些例句在动词前面有否定副词"不""未"等。"不"表示否定动作行为，"未"表示否定某种事实的历程。"不""未"作状语。
4. 宾语前置的句型在译成现代汉语时，要把前置宾语移到动词后面。"之""是"不必翻译。"其罪之恐"译为"恐其罪"，"先君之好是继"译为"继先君之好"。
5. 本句型表示复指代词的替换词有："之""是""焉""斯""实"等。

[附] 相关句型：

O+"之"（"是"）+Vt

宾语+"之"（"是"）+及物动词

德之不修。（《论语·述而》）

不修养道德品质。

本句型是宾语前置句，无主语，属于非主谓句。

句型 2

［结构式］S+O+"之"+"谓"+"也"（"矣"）

主语+宾语+"之"+"谓"+"也"（"矣"）

［代表句］传曰："君者，舟也；庶人者，水也。水则载舟，水则覆舟。" / 此 / 之 / 谓也 / 。

［例句］

序号	S	O	"之"	"谓"	"也"	引书
1	传曰君者舟也庶人者水也 水则载舟水则覆舟	此	之	谓	也	《荀子·王制》
2	诗曰匪交匪舒天子所予	此	之	谓	也	《荀子·劝学》
3	传曰君子两进小人两废	此	之	谓	也	《荀子·不苟》
4	野语有之曰闻道百以为莫己若者	我	之	谓	也	《庄子·秋水》
5	谚所谓室于怒市于色者	楚	之	谓	矣	《左传·昭公十九年》

［译文］

1. 有句人们流传的话说："君主是船，百姓是水。水能载船，水也能翻船。"说的就是这个。
2. 《诗经》说："不急躁，不怠慢，就会受到天子的赏赐。"说的就是这样的人。
3. 古书说："君子在两方面都是前进的，小人在两方面都是停止的。"说的就是这个。
4. 俗话说："听了许多道理，总认为没有人比得上自己。"说的就是我呀。
5. 俗话说："在家里生气，到大街上给人看脸色。"说的就是楚国。

［说明］

1. "谓"是及物动词，表示"说"，作谓语中心。
2. "谓"的宾语是代词（如例 1 的"此"）或名词（如例 5 的"楚"）。
3. "之"是代词，放在前置宾语的后面，表示复指。
4. 本句型的主语是名词短语（如例 5 的"谚所谓室于怒市于色者"）、主谓短语或复句形式（如例 1 的"传曰：'君者，舟也；庶人者，水也。水则载舟，水则覆舟。'"），一般都是援引古代经传中的格言或民间谚语。
5. 本句型在译成现代汉语时，要把前置宾语移到动词后面。如："此之谓""楚之谓"均按"谓此""谓楚"的语序来译。
6. 本句型充当前置宾语的代词替换词有："此""我""女""若"等。

第三类　S‖Vi

主‖动（不及物）

这类句型的谓语是不及物动词，不及物动词指不能带宾语和不能带受事宾语的动词。很多不及物动词可以带非受事宾语。

同一个动词，由于词汇意义不同，可以既是及物动词，又是不及物动词。如："口言善，身行恶，国妖也"（《韩非子·外储说左上》）中的"行"是"做""执行"的意思，是及物动词；而"三人行，必有我师焉"（《论语·述而》）中的"行"是"走"的意思，是不及物动词。

句型1
[结构式] S（N/NP）+ViPr
　　　　主语（名/名词短语）+不及物动谓
[代表句] 项王 / 怒 /。
[例句]

序号	S	ViPr	引书
1	项王	怒	《史记·项羽本纪》
2	魏王豹	惊	《史记·淮阴侯列传》
3	信	喜	《史记·淮阴侯列传》
4	文帝	悦	《史记·张释之冯唐列传》
5	上	病	《史记·留侯世家》
6	周舍	死	《史记·赵世家》
7	武王	薨	《韩非子·和氏》
8	其妻	归	《孟子·离娄下》
9	简子	出	《史记·赵世家》

[译文]

1. 项羽（很）愤怒。
2. 魏王豹（很）惊慌。
3. 韩信（很）高兴。
4. 文帝（很）高兴。
5. 皇上病倒了。
6. 周舍死了。
7. 武王死。（薨：古代诸侯死叫作薨。）
8. 他的妻子回来。

9. 简子外出。

[说明]

1. 本句型的主语是名词（如例1的"项王"）或名词短语（如例8的"其妻"）。
2. 本句型常见动词的替换词有："怒""惊""恐""忧""惧""忿恚""喜""笑""说""泣""哭""憾""叹惋""愁""惭""愧""病""伤""死""薨""崩""出""来""归""行""卧""反""走""起""入""进""退""还""遁""居""处""活""生""存""仕""始""兴""逃""亡""寝""醉""沉""浮""飞""鸣""啼""啸""立""寐"等。

句型 2

[结构式] S（V/VP/A+"者"）+ViPr

主语（动/动词短语/形+"者"）+不及物动谓

[代表句] 从者 / 病 /。

[例句]

序号	S		ViPr	引书
	V/VP/A	"者"		
1	从	者	病	《史记·孔子世家》
2	从之	者	存	《荀子·礼论》
3	不从	者	亡	《荀子·礼论》
4	聚敛	者	亡	《荀子·王制》
5	友诸侯	者	霸	《荀子·王制》
6	言归	者	死	《韩非子·十过》
7	后至	者	败	《史记·廉颇蔺相如列传》
8	大	者	伤	《史记·张仪列传》
9	小	者	死	《史记·张仪列传》
10	大	者	王	《汉书·高帝纪》
11	小	者	侯	《汉书·高帝纪》

[译文]

1. 随从的人病了。
2. 顺从它的就能够生存。
3. 不顺从它的就会灭亡。
4. 搜刮人民的人就会灭亡。
5. 和诸侯友好的就能成为霸王。（友诸侯：同诸侯为友。）
6. 谈论回去的人就处死。
7. 后到的人失败。
8. 大的虎受了伤。
9. 小的虎死了。
10. 统率的人封王。（大者：统率的人，指田横。王：名词用作动词，封王。）

11. 下属的人封侯。（小者：下属的人。侯：名词用作动词，封侯。）

[说明]

1. "者"字是特殊指示代词，用在动词、动词短语或形容词后面，组成一个名词短语，表示某种人或某种事物。

2. 在本句型中，"者"字短语作主语。

3. "者"字译作"……的人""……的事物"，或省略后面的"人""事物"，直接译成"……的"。

句型 3

[结构式] S（"所"+V）+ViPr

　　　　　　主语（"所"+动）+不及物动谓

[代表句] 所触 /（尽）死伤 /。

[例句]

序号	S		ViPr	引书
	"所"	V		
1	所	触	（尽）死伤	《史记·田单列传》
2	所	欲	（必）成	《左传·哀公元年》
3	所	乐	（不）存（焉）	《孟子·尽心上》
4	所	性	（不）存焉	《孟子·尽心上》
5	所	憎	（屡）至	《墨子·尚贤中》

[译文]

1. 所撞击的都死了，或受了伤。

2. 想要的东西一定要到手。

3. 乐趣不在这里。

4. 本性不在这里。

5. 所厌恶的经常来到。

[说明]

1. "所"字是特殊指示代词，放在及物动词前面，组成一个名词短语。"所"字具有指示和称代动作行为的对象的作用。

2. 在本句型中，"所"字短语作主语。

3. "所"字译作"（所）……的人""（所）……的事物"，或省略后面的"人""事物"，直接译成"（所）……的"。

[附] 相关句型有下列两个：

1. S（Pron）+ViPr

　　主语（代）+不及物动谓

　　我死。（《左传·哀公七年》）

　　我死了。

这个句型是以代词作主语。

2. Ant+"或"("莫")+ViPr

   先行词+"或"("莫")+不及物动词

   群臣莫对。(《战国策·楚策》)

   众位大臣没有谁回答。

   这个句型是以无定代词作主语。

句型4

[结构式] S+ViPr（NPos→V）

 主语+不及物动谓（方位名用如动）

[代表句] 秦师 /（遂）东 /。

[例句]

序号	S	ViPr	引书
1	秦师	（遂）东	《左传·僖公三十二年》
2	吾	（亦欲）东（耳）	《汉书·韩信传》
3	楚兵	（不能）西	《汉书·韩信传》
4	善者	左	《韩非子·外储说左下》
5	不善者	右	《韩非子·外储说左下》
6	南之人	（不得）北	《墨子·贵义》
7	北之人	（不得）南	《墨子·贵义》
8	孟尝君	（不）西（则已）	《史记·孟尝君列传》

[译文]

1. 秦国的军队就向东进军。
2. 我也想要向东发展啊。
3. 楚国军队不能西进。
4. 赞成的人往左边走。
5. 不赞成的人往右边走。
6. 有些南方人不能到北方去。
7. 有些北方人不能到南方去。
8. 孟尝君不往西去就罢了。

[说明]

1. 本句型的谓语是方位名词用如动词。
2. 本句型可以根据方位名词的原有意义，再增加以适当的动词意义来翻译。如："东"译为"向东进军"。
3. 本句型方位名词的替换词有："东""西""南""北""左""右""上""下""前""后""中"等。

[附] 相关句型：

S+ViPr（N→V）

主语+不及物动谓（名用如动）

秦人（闻之，悉）甲（而至）。（《史记·廉颇蔺相如列传》）

秦军听到这一情况，全军赶来。（甲：穿上铠甲。悉甲：全副武装，表示全军。）

这个句型的谓语是名词用如不及物动词。

第四类　S‖Vi+O（非受事）

主‖动（不及物）+宾（非受事）

句型 1

[结构式] S+Vi+O（非受事）

　　　　主语+不及物动词+宾语（非受事）

[代表句] 孔子 / 如 / 蔡 /。

[例句]

序号	S	Vi	O	引书
1	孔子	如	蔡	《史记·管蔡世家》
2	晋师	入	曹	《史记·晋世家》
3	（初）陈王	至	陈	《史记·陈涉世家》
4	子墨子	（北）之	齐	《墨子·贵义》
5	一	厝	朔东	《列子·汤问》
6	一	厝	雍南	《列子·汤问》
7	余	至	江南	《史记·龟策列传》

[译文]

1. 孔子到了蔡国。
2. 晋国军队进入曹国。
3. 当初涉到了陈县。
4. 墨子往北到了齐国去。
5. 一座放在朔方的东部。（厝：放置。）
6. 一座放在雍州的南部。
7. 我到长江以南的地方。

[说明]

1. 有些不及物动词可以带非受事宾语，非受事宾语一般用来表示行为的处所。
2. 本句型的主语是名词（如例 4 的"子墨子"）、名词短语（如例 2 的"晋师"）或数词（如例 5 的"一"）。

3. "之""如"译作"到……去"。
4. 本句型不及物动词的替换词有："之""如""适""至""入""走""亡""归""厝"等。

句型 2

[结构式] S+"在"+O（非受事）

主语+"在"+宾语（非受事）

[代表句] 晋师 / 在 / 敖、鄗之间 /。

[例句]

序号	S	"在"	O	引书
1	晋师	在	敖鄗之间	《左传·宣公十二年》
2	参之肉	（将）在	晋军	《左传·宣公十二年》
3	项王军	在	鸿门下	《史记·项羽本纪》
4	沛公军	在	霸上	《史记·项羽本纪》
5	息壤	在	彼	《战国策·秦策》
6	张鲁	在	北	《三国志·诸葛亮传》
7	白黑	在	前	《荀子·解蔽》

[译文]

1. 晋国军队驻在敖、鄗两山之间。
2. 参的肉将会在晋军那里。
3. 项羽的军队驻扎在鸿门一带。
4. 刘邦的军队驻扎在霸上。
5. 秦邑息境在那里。
6. 张鲁占据益升州北面的地方。
7. 白黑分明的东西在面前。

[说明]

1. "在"是不及物动词，表示人或物存在于某处所，作谓语中心。
2. "在"可以带非受事宾语，这个宾语是名词（如例 4 的"霸上"）、名词短语（如例 1 的"敖、鄗之间"）或代词（如例 5 的"彼"），都表示处所。
3. 本句型的主语是名词（如例 6 的"张鲁"）、名词短语（如例 1 的"晋师"）或形容词短语（如例 7 的"白黑"）。
4. 本句型动词的替换词有："在""坐""立"等。

句型 3

[结构式] S+Vi（N→V）+O（非受事）

主语+不及物动词（名用如动）+宾语（非受事）

[代表句] 晋 / 军 / 函陵 /。

111

[例句]

序号	S	Vi	O	引书
1	晋	军	函陵	《左传·僖公三十年》
2	秦	军	氾南	《左传·僖公三十年》
3	沛公	（欲）王	关中	《史记·项羽本纪》
4	（方今唯）秦	雄	天下	《战国策·赵策》

[译文]

1. 晋国军队驻扎在函陵。
2. 秦军驻扎在氾水之南。
3. 沛公想在关中称王。
4. 当今只有秦王在天下称雄。

[说明]

1. 本句型的谓语中心是名词用如不及物动词，后面带非受事宾语。非受事宾语一般用来表示行为的处所。
2. 名词用如不及物动词在译成现代汉语时，要根据原有的名词意义再增加以适当的动词意义。如例 1、例 2 的"军"译为"驻扎"，例 3 的"王"译为"称王"，例 4 的"雄"译为"称雄"。
3. 常见的名词用如动词的替换词有："王""雄""军""洞""巢""馆""墓""舍""室""壁"等。

第五类　　S‖Vt+IO+DO

主‖动（及物）+宾（间）+宾（直）

这类是双宾语句型，有些动词可以带两个宾语，指人的是间接宾语（近宾语），指物的是直接宾语（远宾语）。

一般是间接宾语在前，直接宾语在后。

句型 1

[结构式] S+"与"（"赐""贻""馈""遗"）+IO+DO

　　　　　主语+"与"（"赐""贻""馈""遗"）+间接宾语+直接宾语

[代表句] 君／与／之／食／。

[例句]

序号	S	"与"	IO	DO	引书
1	君	与	之	食	《韩非子·说林上》
2	赵	（亦终不）予	秦	璧	《史记·廉颇蔺相如列传》

序号	S	"与"	IO	DO	引书
3	文公	与	之	处	《孟子·滕文公上》
4	吾	赐	之	田	《史记·赵世家》
5	〔上〕	赐	魏其	食	《史记·魏其武安侯列传》
6	〔女〕	赐	之	卮酒	《史记·项羽本纪》
7	魏王	贻	我	大瓠之种	《庄子·逍遥游》
8	〔阳货〕	馈	孔子	蒸豚	《孟子·滕文公下》
9	魏王	遗	荆王	美人	《韩非子·内储说下》
10	〔魏绛〕	授	仆人	书	《左传·襄公三年》

[译文]

1. 中山君赏给他食物。

2. 赵国到底也没有给秦国宝璧。

3. 滕文公给了他住所。

4. 我赐给他们田地。

5. 皇上赏赐魏其侯进餐。

6. 你们赏给他一杯酒。（卮：古代盛酒的器皿。）

7. 魏惠王送给我一粒大葫芦的种子。（瓠：葫芦。）

8. 阳货送给孔子一头蒸小猪。

9. 魏王送给楚王一个美女。（遗：赠送。）

10. 魏绛交给仆人一封信。

[说明]

1. 本句型的谓语中心是表示"授予"意义的动词。

2. 间接宾语是名词、名词短语（如例 9 的"荆王"）或代词（如例 1 的"之"）；直接宾语是名词（如例 4 的"田"）或名词短语（如例 8 的"蒸豚"）。

3. "与"译作"给予"，"赐"译作"赏赐"。

4. 本句型动词的替换词有："与""予""赐""锡""遗""贻""馈""授""供""奉""献""偿""封""付""借""赠""分""丏""赍""厘""投""送""反""归""输""属""受"等。

[附] 相关句型：

S+Vt+DO+IO

主语+及物动词+直接宾语+间接宾语

范痤献书魏王（曰）。（《战国策·赵策》）

范痤把书信呈献给魏王。

这个句型的语序和本句型的相反，直接宾语在前，间接宾语在后。又如：

〔大王〕传之美人（以戏弄臣）。（《史记·廉颇蔺相如列传》）

大王把它传给周围的姬妾，来戏弄我。（之：代和氏璧。）

如果双宾语中的直接宾语是代词"之"字，则这个直接宾语必须放在间接宾语前面。以上是特殊语序的双宾语句，较少见。

句型 2

[结构式] S+"赐"（"与"）+IO+DO（N+Num+MW）

　　　　主语+"赐"（"与"）+间接宾语+直接宾语（名+数+量）

[代表句] 简子 / 赐 / 扁鹊 / 田四万亩 /。

[例句]

序号	S	"赐"	IO	DO			引书
				N	Num	MW	
1	简子	赐	扁鹊	田	四万	亩	《史记·扁鹊仓公列传》
2	慎夫人	赐	盎	金	五十	斤	《史记·袁盎晁错列传》
3	汉王	赐	良	金	百	镒	《史记·留侯世家》
				珠	二	斗	
4		与	之			釜	《论语·雍也》
5		与	之			庾	《论语·雍也》
6	冉子	与	之	粟	五	秉	《论语·雍也》

[译文]

1. 赵简子赏赐扁鹊四万亩田地。
2. 慎夫人赐予袁盎黄金五十斤。
3. 汉王赏赐张良金百镒、珍珠二斗。
4. 你给她六斗四升。（釜：古代计量单位，每釜六斗四升。）
5. 你给他二斗四升。（庾：古代计量单位，每庾二斗四升。）
6. 冉有给她八十石小米。（秉：古代计量单位，每秉十六斛。五秉合八十斛，相当于八十石。）

[说明]

1. 本句型的直接宾语是个偏正短语，中心语是名词，定语是数量词，而数量词放在名词后面。
2. 例 4、例 5 承上文省略了名词"粟"，并省略了数词"一"。
3. 本句型在译成现代汉语时，要把数量词移到名词前面。如："田四万亩"译为"四万亩田"，"金百镒"译为"百镒金"。

[附] 相关句型：

　　S+"赐"（"与"）+IO+DO（N+Num）

　　主语+"赐"（"与"）+间接宾语+直接宾语（名+数）

　　〔孔子〕与之粟九百。（《论语·雍也》）

　　孔子给他九百斗谷子。（九百：九百斗，一说九百斛。）

　　这里把数词放在名词后面，而不用量词，这种情况较少见。

句型 3

[结构式] S+"告"("示""语""问")+IO+DO

主语+"告"("示""语""问")+间接宾语+直接宾语

[代表句] 〔西门豹〕/ 问 / 之 / 民所疾苦 /。

[例句]

序号	S	"告"	IO	DO	引书
1	〔西门豹〕	问	之	民所疾苦	《史记·滑稽列传附录》
2	公	语	之	故	《左传·隐公元年》
		（且）告	之	悔	
3	文侯	示	之	谤书（一箧）	《战国策·秦策》
4	武王	示	之	病	《战国策·秦策》
5	〔费〕	（袒而）示	之	背	《左传·庄公八年》
6	〔吾〕	示	之	弱（也）	《左传·僖公八年》
7	〔卢蒲癸王何〕	示	子之	兆	《左传·襄公二十八年》
8	〔庆季〕	示	之	兆	《左传·襄公二十八年》

[译文]

1. 西门豹向他们询问老百姓感到痛苦的事情。
2. 郑庄公把缘故告诉他，而且把心里后悔的事也告诉他。（语：告诉。）
3. 魏文侯把一厘子攻击他的书函交给他看。
4. 秦武王告诉他自己的病情。
5. 费解开衣服给他们看自己的后背。（之：他们，指代叛贼。）
6. 我们向他们显露出软弱。（之：他们，指代狄人。）
7. 卢蒲癸王何把卦象给子之看。
8. 庆季把卦象给他看。

[说明]

1. 本句型的谓语中心是表示"告示"意义的动词。
2. 间接宾语通常是代词"之"字，也可以是名词；直接宾语是名词（如例 2 的"故"）、名词短语（如例 1 的"民所疾苦"）、动词（如例 2 的"悔"）或形容词（如例 6 的"弱"）。
3. 本句型动词的替换词有："告""语""问""言""报""示""教""诲""襃""贬""讼"等。

[附] 相关句型：

S+"谓"+IO+DO

主语+"谓"+间接宾语+直接宾语

楚人谓乳谷。（《左传·宣公四年》）

楚国人把奶叫作"谷"。

这是表示"称谓"意义的双宾语句，"乳"是间接宾语，"谷"是直接宾语。此句型可译成"把……（间接宾语代表的名称）叫作……（直接宾语代表的名称）"。

句型 4

[结构式] S+Vt（V 的为动用法）+IO+DO

主语+及物动词（动词的为动用法）+间接宾语+直接宾语

[代表句] 吾 / （不忍）为 / 之 / 民（也）/。

[例句]

序号	S	Vt	IO	DO	引书
1	吾	（不忍）为	之	民（也）	《战国策·赵策》
2	〔平原君〕	（以千金）为	鲁连	寿	《战国策·赵策》
3	〔圣人〕	（因）为	之	备	《韩非子·五蠹》
4	〔君〕	（不如早）为	之	所	《左传·隐公元年》
5	〔宣子〕	为	之	箪食与肉	《左传·宣公二年》
6	君	（尝）为	晋君	赐（矣）	《左传·僖公三十年》
7	叔孙	为	孟	钟	《左传·昭公四年》
8	天	（生民而）立	之	君	《左传·襄公十四年》
9	〔臣〕	（愿）避	贤者	路	《汉书·万石君传》
10	〔天〕	作	之	君	《尚书·泰誓》
11	〔天〕	作	之	师	《尚书·泰誓》

[译文]

1. 我不忍给他当老百姓。

2. 平原君拿出千金厚礼为鲁仲连祝寿。

3. 圣人于是为社会实际情况制定了措施。（之：它，指代上文"世之事"，即社会实际情况。）

4. 您不如及早给他安排个地方。

5. 赵盾给他准备了一箪饭和肉。（之：他，代灵辄。箪：盛饭用的筐。食：饭。）

6. 君王曾经赐给过晋国国君恩惠。

7. 叔孙给孟丙铸造了一口钟。

8. 上天生了百姓，又给他们立了国君。

9. 我愿意给贤德的人让路。（避路：离开路表示谦让。）

10. 上天给人民建立了君主。

11. 上天给人民建立了师长。

[说明]

1. 本句型是为动双宾语句。谓语中心是动词的为动用法，即对直接宾语来说，是受动词支配的一般用法；对间接宾语来说，是"为动"用法。

2. 在为动双宾语句中，最常使用的动词是"为"字。"为"在不同的上下文中，有不同的具体含义，如表示"作""做""造""治""处理""安排"等。

3. 间接宾语是名词（如例 2 的"鲁连"）或代词（如例 1 的"之"），直接宾语是名词（如例 1 的"民"）或名词短语（如例 5 的"箪食与肉"）。

4. 本句型可以按照"给（替）某人做（作、当、造、安排）……"来译。如："为之民"译为"给他当老百姓"，"为孟钟"译为"给孟丙铸造了一口钟"。

5. 本句型动词的替换词有："为""闭""夺""立""生""责""罚""作""避"等。

[附] 相关句型：

S+Vt（V→CV）+IO+DO

主语+及物动词（动词的使动用法）+间接宾语+直接宾语

晋侯饮赵盾酒。（《左传·宣公二年》）

晋侯让赵盾喝酒。

这是使动双宾语句型，即谓语动词是使动用法。间接宾语"赵盾"不是"饮"的受事宾语，而是施事宾语。

第六类　　IO+S‖Vt+DO

宾（间）+主‖动（及物）+宾（直）

句型 1

[结构式] Pre-IO+"之"+"谓"+DO

前置间接宾语+"之"+"谓"+直接宾语

[代表句] 此 / 之 / 谓 / 大丈夫 /。

[例句]

序号	Pre-IO	"之"	"谓"	DO	引书
1	此	之	谓	大丈夫	《孟子·滕文公下》
2	此	之	谓	用民	《墨子·亲士》
3	此	之	谓	不知类（也）	《孟子·告子上》
4	此	之	谓	自谦	《礼记·大学》
5	此	之	谓	八德	《庄子·齐物论》
6	此	之	谓	圣治	《庄子·天地》
7	（夫）是	之	谓	道德之极	《荀子·劝学》
8	是	之	谓	政令行风俗美	《荀子·王霸》
9	（夫）是	之	谓	德操	《荀子·劝学》
10	（夫）是	之	谓	成人	《荀子·劝学》
11	反听	之	谓	聪	《史记·商君列传》
12	内视	之	谓	明	《史记·商君列传》
13	自胜	之	谓	强	《史记·商君列传》
14	可欲	之	谓	善	《孟子·尽心下》
15	有诸己	之	谓	信	《孟子·尽心下》
16	充实	之	谓	美	《孟子·尽心下》
17	生	之	谓	性	《孟子·告子上》
18	礼义	之	谓	治	《荀子·不苟》
19	非礼义	之	谓	乱（也）	《荀子·不苟》

［译文］

1. 把这样做叫作大丈夫。

2. 这叫作善于用民。

3. 这叫作不知道哪个轻、哪个重啊。

4. 这才称得起自己内心快活。（谦：满足，快活。）

5. 这叫作道的各派进行争论的八种界限表现。（八德：八种界限表现，有左面的、右面的、伦序的、等差的、分析的、辩论的、竞赛的、争斗的。）

6. 这叫作圣人之治。（圣：指道家的圣人。）

7. 这叫作道德的顶峰。

8. 这叫作政令能施行，风俗很美好。

9. 这叫作品德操守。

10. 这叫作完美的人。

11. 能够反躬自问的叫作聪。

12. 能够检查自己的叫作明。

13. 能够克制自己的叫作强。

14. 一个人让人觉得他可爱的叫作善。（善：好。）

15. 那些值得人爱的优点确实存在于他的身上，叫作信。（信：实在，确实。）

16. 那些优点充满于一身叫作美。

17. 天生的素质、禀赋叫作性。

18. 符合礼义叫作安定。

19. 不符合礼义叫作紊乱。

［说明］

1. 本句型无主语，属于非主谓句。

2. 本句型的谓语中心是表示"称谓"的动词"谓"字，"谓"带双宾语。为了使间接宾语突出，再因间接宾语字数较多，需要避免累赘、拗口，就把间接宾语提到"谓"的前面，并用代词"之"字复指前置间接宾语，如"此之谓大丈夫"就是"谓此大丈夫"。

3. 本句型中，前置间接宾语多为指示代词"此"或"是"。例1—10"此（是）之谓"有复指上文和概括、总结上文的作用。其余前置间接宾语是名词、名词短语（如例18的"礼义"）、动词、动词短语（如例11的"反听"）或形容词（如例16的"充实"）。

4. "谓"后面的直接宾语是名词、名词短语（如例1的"大丈夫"）、动词短语（如例2的"用民"）、形容词（如例13的"强"）或主谓短语、复句形式（如例8的"政令行，风俗美"）。

5. "谓"译作"称作""叫作"。"此（是）之谓"译作"把这个叫作"，其余均采用"前置间接宾语词语叫作直接宾语词语"的译法。

6. 本句型动词的替换词有："谓""为"等。

［句型转换］

"谓"+IO+DO ⇒ Pre-IO+"之"+"谓"+DO

"谓"+间接宾语+直接宾语 ⇒ 前置间接宾语+"之"+"谓"+直接宾语

谓自胜强。 ⇒ 自胜之谓强。（本句型例13）

"楚人谓乳谷"（第一编、II、五、句型3附）是双宾语句，"乳"是间接宾语，"谷"是直接宾语。前句型"谓自胜强"和"楚人谓乳谷"结构相同（只是前者省略了主语），其中"自胜"是间接宾语，"强"是直接宾语。如果把"自胜"提到"谓"的前面，并加代词"之"复指，这样就转换成后句型："自胜之谓强。"这是用移位与添加的方法，转换成另一句型的。本式属于常式句与变式句的转换。

前句型都可以转换为后句型，而如果后句型的前置间接宾语字数多，则不能转换为前句型。

句型 2

[结构式] App+"谓"+"之"+DO

　　　　 同位语+"谓"+"之"+直接宾语

[代表句] 贼仁者 / 谓 / 之 / 贼 /。

[例句]

序号	App	"谓"	"之"	DO	引书
1	贼仁者	谓	之	贼	《孟子·梁惠王下》
2	贼义者	谓	之	残	《孟子·梁惠王下》
3	残贼之人	谓	之	一夫	《孟子·梁惠王下》
4	未可与言而言	谓	之	傲	《荀子·劝学》
5	可与言而不言	谓	之	隐	《荀子·劝学》
6	不观气色而言	谓	之	瞽	《荀子·劝学》
7	是是非非	谓	之	知	《荀子·修身》
8	非是是非	谓	之	愚	《荀子·修身》
9	若是者	谓	之	嬴属	《周礼·冬官考工记》
10	若是者	谓	之	羽属	《周礼·冬官考工记》
11	若是者	谓	之	鳞属	《周礼·冬官考工记》
12	既毕献斯扬觯	谓	之	杜举	《礼记·檀弓下》

[译文]

1. 损害仁爱的人叫作贼。
2. 损害正义的人叫作残。
3. 残贼兼有的人叫作独夫。（一夫：失掉人民对他同情的独夫。）
4. 不可以跟他交谈，却跟他谈话，叫作浮躁。
5. 可以跟他交谈，却不跟他谈话，叫作隐瞒。
6. 不看对方的表情就去谈话，叫作瞎了眼。（瞽：盲人。）
7. 把正确看作正确，把错误看作错误，叫作明智。（是是非非：前一个"是"和"非"都是形容词意动用法，即以之为是、以之为非。）
8. 把正确看作错误，把错误看作正确，叫作愚蠢。
9. 像这样形状的叫作嬴类。（嬴属：短毛的兽，虎豹类。）

10. 像这样形状的叫作羽类。（羽属：鸟类。）
11. 像这样形状的叫作鳞类。（鳞属：龙蛇。）
12. 献酒以后，就高举酒杯，叫作杜举。（扬：高举。觯：酒器名。杜举：厨师杜蒉向晋平公讽谏，曾高举酒杯让平公饮酒，所以叫杜举。）

[说明]

1. 本句型无主语，属于非主谓句。
2. 本句型谓语中心是表示"称谓"意义的动词"谓"字。"谓"带双宾语，间接宾语是代词"之"字，直接宾语是名词、名词短语（如例 10 的"羽属"）或形容词（如例 8 的"愚"）。
3. "之"字和"谓"字前面的词语即句首词语是同位关系。前者是本位语，即被解释的词语；后者是同位语，即解释的词语。二者语法作用完全相同，用于解释某词或词语的含义。
4. "谓"译作"称作""叫作"；"之"译作"它"，也可以不译。
5. 本句型动词的替换词有："谓""为""与"等。

第七类　S‖V+Piv+V〈+O〉
主‖动+兼语+动〈+宾〉

　　这类是兼语句型。所谓兼语就是"宾语兼主语"。这类句型的谓语中心包含不止一个动词，兼语既作前一个动词的宾语，同时又兼作后一个动词的主语。
　　前一个动词与全句主语存在主谓关系，后一个动词与全句主语不存在主谓关系，即兼语句谓语的两个动词不共享一个主语。

句型 1

[结构式] I. S+"使"（"命""令""遣""发"）+Piv+Vt+O

　　　　　主语+"使"（"命""令""遣""发"）+兼语+及物动词+宾语

[代表句] 吴子 / 使 / 舒鸠氏 / 诱 / 楚人 /。

[例句]（表一）

序号	S	"使"	Piv	Vt	O	引书
1	吴子	使	舒鸠氏	诱	楚人	《左传·定公二年》
2	公	使	展喜	犒	师	《左传·僖公二十六年》
3	厉王	使	玉人	相	之	《韩非子·和氏》
4	〔冯谖〕	使	人	属	孟尝君	《战国策·齐策》
5	汉王	使	郦生	说	豹	《史记·淮阴侯列传》
6	王	使	屈平	为	令	《史记·屈原贾生列传》
7	孝王	使	安国及张羽	为	将	《史记·韩长儒列传》
8	王	命	虢公	讨	樊皮	《左传·庄公三十年》

120

序号	S	"使"	Piv	Vt	O	引书
9	〔帝〕	命	夸娥氏二子	负	二山	《列子·汤问》
10	勃	令	章	监	军门	《汉书·高后纪》
11	〔秦王〕	令	赵王	鼓	瑟	《史记·廉颇蔺相如列传》
12	公孙述	遣	兵	救	隗嚣	《后汉书·光武帝纪》
13	刘秀	发	兵	捕	不道	《后汉书·光武帝纪》
14	西门豹	（即）发	民	凿	十二渠	《史记·滑稽列传附录》

［译文］

1. 吴子派遣舒鸠氏诱骗楚国人。
2. 僖公派展喜犒劳军队。
3. 厉王派玉匠鉴定它。
4. 冯谖让人把自己托付给孟尝君。
5. 汉王派郦食其劝说魏王豹。（郦食其：辩士。）
6. 大王派屈平制定法令。
7. 梁孝王派韩安国和张羽任将军。
8. 周天子命令虢公攻打樊皮。
9. 天帝命令夸娥氏的两个儿子把两座山背走。（夸娥氏二子：神话中的两个力气很大的神。）
10. 周勃命令刘章监守军门。
11. 秦王命令赵王弹瑟。（鼓：动词，弹。）
12. 公孙述派兵援救隗嚣。
13. 刘秀起兵捉拿无道的人。
14. 西门豹立即征发老百姓开凿了十二条水渠。

［结构式］II. S+"使"（"遣"）+Piv+Vi
　　　　　主语+"使"（"遣"）+兼语+不及物动词
［代表句］子展／使／印段／往／。
［例句］（表二）

序号	S	"使"	Piv	Vi	引书
1	子展	使	印段	往	《左传·襄公二十九年》
2	信	（乃）使	万人	（先）行	《史记·淮阴侯列传》
3	〔沛公〕	遣	郦生	行	《史记·郦生陆贾列传》

［译文］

1. 子展派印段前去。
2. 韩信就派遣一万人先出发。

3. 沛公派遣郦生前去。

[结构式] III. S+"使"("令") +〔Piv〕+Vt+O
　　　　　主语+"使"("令") +〔兼语〕+及物动词+宾语
[代表句] 上 / 使 /（外）将 / 兵 /。
[例句]（表三）

序号	S	"使"	〔Piv〕	Vt	O	引书
1	上	使	〔　〕	（外）将	兵	《史记·陈涉世家》
2	〔广〕	令	〔　〕	辱	之	《史记·陈涉世家》
3	〔民〕	使	〔　〕	王	天下	《韩非子·五蠹》

[译文]
1. 皇上派他到外地领兵。
2. 吴广让将尉侮辱他。（之：代词，指代吴广自己。）
3. 人民让他统治天下。

[结构式] IV. S+"使"("呼") +〔Piv〕+Vi
　　　　　主语+"使"("令") +〔兼语〕+不及物动词
[代表句] 君 /（为我）呼 / 入 /。
[例句]（表四）

序号	S	"使"	〔Piv〕	Vi	引书
1	君	（为我）呼	〔　〕	入	《史记·项羽本纪》
2	〔君〕	（无）使	〔　〕	滋蔓	《左传·隐公元年》
3	〔女〕	使	〔　〕	来前	《庄子·盗跖》
4	〔寿子〕	使	〔　〕	行	《左传·桓公十六年》
5	〔庆封〕	（乃）使	〔　〕	归	《左传·襄公二十八年》
6	〔魏子〕	使	〔　〕	坐	《左传·昭公二十八年》

[译文]
1. 你替我把他叫进来。
2. 您不要让他扩展。
3. 你叫他到前面来。
4. 寿子让他逃走。
5. 庆封就让他回去了。
6. 魏献子让他们坐下。

[说明]
1. 这是使令类兼语句型，谓语中心是含有"使令"意义的动词，即表示派遣和命令某人
去做某件事情。

2. 兼语是名词、名词短语，都指人。

3. 表一例句兼语后面是及物动词，表二例句兼语后面是不及物动词。表三、表四例句"使""令"等词后面承上省略了兼语，省略的兼语可用代词"之"来代替。

4. "使""遣""发"译作"派遣"，"命""令"译作"命令"。

5. 本句型动词的替换词有："使""命""令""遣""发""举""俾""送""护""延""劝""助""呼""待""教""责""要（邀）""挑""引""留""召""请""招""勉""勖""辅""佐""佑""扶""将""资""促""趣""督""催""求"等。另外本句型也包括表示否定意义的动词，其替换词有："禁""止""诫""阻"等。

[附] 相关句型有下列六个：

1. S+"使"+Piv1+"命"（"令"）+Piv2+V〈+O〉

主语+"使"+兼语 1+"命"（"令"）+兼语 2+动词〈+宾语〉

魏王使客将军辛垣衍令赵帝秦。（《战国策·赵策》）

魏王派客将军辛垣衍让赵国称秦王为帝。

这是兼语句连套的句型，即在第一个兼语后面，又使用了"命""令"一类动词，因此又出现了第二个兼语。按照这样的结构形式，可以继续连套下去。

2. S+"使"（"命""令"）+Piv+V〈+O〉+V〈+O〉

主语+"使"（"命""令"）+兼语+动词〈+宾语〉+动词〈+宾语〉

宋人使门尹般如晋师告急。（《左传·僖公二十八年》）

宋国人派门尹般到晋军中报告情况紧急。

这是兼语句和连动句套在一起的句型，即兼语后面是两个或两个以上的动词构成的连动句。

3. S+"使"（"命""令"）+Piv+"无"（"毋""勿"）+V〈+O〉

主语+"使"（"命""令"）+兼语+"无"（"毋""勿"）+动词〈+宾语〉

吾子使天下无失其朴。（《庄子·天运》）

你让天下人不丢掉质朴。

这是兼语句和祈使句套用的句型，即在兼语后面使用了"无""毋""勿"等否定副词，表示禁止兼语所代表的人做某种事情。

4. S+"使"+Piv+A

主语+"使"+兼语+形容词

天（不能）使之富。（《荀子·天论》）

天不能使他富裕。

这个句型在兼语后面接的是形容词。有时，"使"字后面的兼语"之"字可以省略。如：

孟尝君（使人给其食用，无）使乏。（《战国策·齐策》）

孟尝君派人供给她衣食费用，不要让她缺少什么。（"使乏"即"使之乏"。）

5. S+"使"+Piv+"然"

主语+"使"+兼语+"然"

其居使之然也。（《孟子·尽心上》）

他所居住的环境让他这样。

这个句型是在兼语后面跟代词"然"字，有时，"使"字后面的兼语"之"字可以省略。

如：

　　服使然也。（《荀子·哀公》）

　　穿的服装使他们这样的。（"使然"即"使之然"。）

6. S+"使"+Piv+S-PrP

　　主语+"使"+兼语+主谓短语

　　黄帝之治天下，使民心一。（《庄子·天运》）

　　黄帝治理天下让人民思想纯朴一致。

　　这个句型是在兼语后面跟主谓短语，兼语与主谓短语中的主语有着领属关系，例中的"心"是属于"民"的。

句型 2

［结构式］S+"使"（"令"）+Piv+Vt+IO+DO

　　　　　　主语+"使"（"令"）+兼语+及物动词+间接宾语+直接宾语

［代表句］李斯 / 使 / 人 / 遗 / 非 / 药 /。

［例句］

序号	S	"使"	Piv	Vt	IO	DO	引书
1	李斯	使	人	遗	非	药	《史记·老子韩非列传》
2	〔秦昭王〕	使	人	遗	赵王	书	《史记·廉颇蔺相如列传》
3	〔齐襄王〕	（乃）使	人	赐	雎	金十斤及牛酒	《史记·范雎蔡泽列传》
4	嗣公	（还）令	人	遗	之	席	《韩非子·内储说下》

［译文］

1. 李斯派人把毒药送给韩非。

2. 秦昭王派人送给赵王一封信。

3. 齐襄王就派人赏赐给范雎十斤黄金和牛肉、酒一类东西。

4. 嗣公立即派人赠送席子给他。

［说明］

1. 这是兼语句与双宾语句套用的句型。

2. 本句型谓语中心是含有"使令"意义的动词，即表示派遣或命令某人去做某事。

3. 兼语是名词或名词短语，都指人。

4. 兼语后面是表示"赐予"意义的动词，可带双宾语，其中指人的是间接宾语，指物的是直接宾语。

5. 本句型表示"使令"意义的动词替换词有："使""命""令""遣""发""俾""劝""责""教""要（邀）""引"等。表示"赐予"意义动词的替换词有："与""予""赐""遗""贻""馈""授""献""偿""付""赠""锡""供""奉""归"等。

句型 3

［结构式］S+"拜"（"封""任""立""取"）+Piv（NPers）+"为"+O（NOff）

　　　　　　主语+"拜"（"封""任""立""取"）+兼语（表人名）+"为"+宾语（表官职名）

[代表句] 秦王 / 拜 / 斯 / 为 / 客卿 /。

[例句]

序号	S	"拜"	Piv	"为"	O	引书
1	秦王	拜	斯	为	客卿	《史记·李斯列传》
2	〔上〕	（乃）拜	婴	为	大将军	《史记·魏其武安侯列传》
3	上	拜	释之	为	公车令	《史记·张释之冯唐列传》
4	平王	封	襄公	为	诸侯	《史记·秦本纪》
5	〔太后〕	封	齐悼惠王子章	为	朱虚侯	《史记·吕太后本纪》
6	汉王	封	参	为	建成侯	《史记·曹相国世家》
7	公孙述	立	隗嚣	为	朔宁王	《后汉书·光武帝纪》
8	〔上〕	任	光	为	郎	《汉书·霍光传》
9	丞相	取	燕王女	为	夫人	《史记·魏其武安侯列传》
10	〔魏其武安〕	推毂	赵绾	为	御史大夫	《史记·魏其武安侯列传》

[译文]

1. 秦王任命李斯做客卿。
2. 汉景帝于是任命窦婴做大将军。（大将军：武官名，掌管征伐。）
3. 汉文帝任命张释之做公车令。
4. 周平王封秦襄公为诸侯。
5. 吕太后封齐悼惠王的儿子刘章做朱虚侯。
6. 汉王封曹参做建成侯。
7. 公孙述立隗嚣当朔宁王。（立：登上帝王或诸侯的位置。）
8. 汉武帝任命霍光做郎。（郎：皇帝侍从官侍郎、中郎、郎中等的统称。）
9. 丞相田蚡娶燕康王刘喜的女儿做妻。（取：通"娶"。）
10. 魏其侯、武安侯推荐赵绾做御史大夫。（毂：车轮中心的圆木。推毂：屈身推动车轮前进，比喻引荐、推荐人才。赵绾：当时著名的儒者。御史大夫：官名，在秦汉时相当于副丞相。）

[说明]

1. 这是拜封类兼语句型，谓语中心是含有"拜封"意义的动词，即表示拜封某人任某官职。
2. 兼语是名词（如例2的"婴"）或名词短语（如例9的"燕王女"），都指人。
3. 兼语后面是及物动词"为"字，表示"担当""担任"。"为"的宾语是表示官职或身份的名词。
4. 本句型在"拜"的后面的兼语，可以承上省略。

   S+"拜"+〔Piv〕+Vt+O

   主语+"拜"+〔兼语〕+及物动词+宾语

   拜〔　〕为上卿。（《史记·廉颇蔺相如列传》）

   任命蔺相如为上卿。

125

5. "拜"译作"封""任","推毂"译作"推荐"。
6. 本句型动词的替换词有："拜""封""任""立""除""推""举""迁""调""征""召"
   "推毂""取（娶)""尊""拔""奉""转"等。

句型4
[结构式] S+"以"+Piv+"为"+O
　　　　 主语+"以"+兼语+"为"+宾语
[代表句] 禹 / 以 / 四海 / 为 / 壑 /。
[例句]

序号	S	"以"	Piv	"为"	O	引书
1	禹	以	四海	为	壑	《孟子·告子下》
2	（今）吾子	以	邻国	为	壑	《孟子·告子下》
3	臣	（请）以	雕玉	为	棺	《史记·滑稽列传》
4	〔民商〕	以	银	为	钱	《史记·大宛列传》
5	〔子墨子〕	以	牒	为	械	《墨子·公输》
6	王	以	三王之子	为	质（焉）	《左传·宣公四年》
7	〔赵〕	（必）以	长安君	为	质	《战国策·赵策》
8	〔赵简子〕	以	虎会	为	上客	《新序·杂事》
9	上	以	光	为	大司马大将军	《汉书·霍光传》

[译文]
1. 禹拿四海作为可以储纳水的地方。（壑：沟壑，受水处。）
2. 现在你把邻国作为可以储纳水的地方。
3. 我请求用雕刻花纹的美玉作棺材。
4. 百姓商人用银作钱币。
5. 老师墨子用木片作器械。
6. 楚王把三代国王的子孙作为人质。（三王：指楚文王、成王、穆王三代国王。）
7. 赵国一定要用长安君做人质。
8. 赵简子把虎会当作上等宾客。
9. 汉武帝任命霍光做大司马大将军。

[说明]
1. 这是"以……为……"类兼语句型，谓语中心是含有"致使"意义的动词"以"字，表示"以此为彼"。
2. 在"以"字的后面是兼语。这类兼语是名词或名词短语，可以表物，也可以表人。
3. 兼语后面是及物动词"为"字，表示"作""作为"或"担任"。
4. "为"的宾语是名词，可以表物，也可以表官职或身份。
5. "以……为……"译作"拿……作……"或"任……当……"。

句型 5

[结构式] I. "有" +Piv+Vt+O

　　　　　　"有" +兼语+及物动词+宾语

[代表句] 有 / 颜回（者） / 好 / 学 /。

[例句]（表一）

序号	"有"	Piv	Vt	O	引书
1	有	颜回（者）	好	学	《论语·雍也》
2	有	人	荷	畚	《公羊传·宣公六年》
3	有	一老父	衣	粗衣	《说苑·敬慎》
			冠	白冠	

[译文]

1. 有一个名叫颜回的人爱好学习。

2. 有一个人挑着畚箕。（畚：用竹木制成的盛土器具。）

3. 有一位老人穿着粗布衣服，戴着白色帽子。

[结构式] II. "有" +Piv+Vi

　　　　　　"有" +兼语+不及物动词

[代表句] 有 / 父兄 / 在 /。

[例句]（表二）

序号	"有"	Piv	Vi	引书
1	有	父兄	在	《论语·先进》
2	有	王者	起	《孟子·滕文公上》
3	有	朋	（自远方）来	《论语·学而》
4	有	澹台灭明（者）	行（不由径）	《论语·雍也》

[译文]

1. 有父亲和兄长在世。

2. 有愿意实行王道的人兴起。

3. 有同一门派的朋友，从很远的地方来。（朋：古代同门为朋，同志为友。朋，指属于同一门派的人。）

4. 有一个叫澹台灭明的人，走路不抄小道。（澹台灭明：姓澹台名灭明，字子羽，为人公正，后来成为孔子的学生。径：小路。）

[说明]

1. 句型 5—7 是"有"字类兼语句型，谓语中心是动词"有"字。

2. 本句型是非主谓句，多用于叙事的开始，是用"有"字来介绍上文没有出现过的人物，以便突出叙述对象。

3. 兼语是名词（如表二例 1 的"朋"）或名词短语（如表一例 3 的"一老父"），都指人。

有些例句的兼语是表示人名的专有名词（如表一例 1 的"颜回"），在这类兼语后面都要用语气词"者"字，表示停顿。

4. 表一例句兼语后面是及物动词，带的宾语是名词（如表一例 2 的"畚"）、名词短语（如表一例 3 的"粗衣"）或动词（如表一例 1 的"学"）。表二例句兼语后面是不及物动词。

[附] 相关句型：

"有"+Piv+A/NP（A+N）

"有"+兼语+形容词/名词短语（形+名）

有君子白皙鬒须眉。（《左传·昭公二十六年》）。

有一位君子皮肤白，胡子眉毛黑又稠密。

这个句型在兼语后面接形容词（"白皙"）或名词短语（"鬒须眉"）来描绘人物的相貌或情态。

[句型转换]

S+Vt+O ⟹ "有"+Piv+Vt+O

主语+及物动词+宾语 ⟹ "有"+兼语+及物动词+宾语

颜回好学。⟹ 有颜回者好学。（本句型表一例 1）

"荆卿好读书、击剑"（第一编、II、一、句型 28 例 1）是主动宾句型，前句型"颜回好学"与"荆卿好读书、击剑"结构相同。如果在"颜回"的前面加上动词"有"字，"颜回"就由主语转换成兼语。这样就转换成后句型："有颜回者好学。"后句型是兼语句。这是用在主语前面添加"有"字（如果兼语是专有名词，还要在后面加上"者"字）的方法，使主动宾句型转换成兼语句型的。本式是两个句型中主语与兼语的转换。

这两个句型在作用上的区别是：前句型用于一般叙事，后句型则强调介绍人物。

句型 6

[结构式] S+"有"+Piv+Vt+O

主语+"有"+兼语+及物动词+宾语

[代表句] 楚人 / 有 / 卖其珠于郑者 /，为 / 木兰之柜 /。

[例句]

序号	S	"有"	Piv	Vt	O	引书
1	楚人	有	卖其珠于郑者	为	木兰之柜	《韩非子·外储说左上》
2	人	有	亡铁者	意	其邻之子	《吕氏春秋·去尤》
3	淮阴屠中少年	有	侮信者	曰		《史记·淮阴侯列传》
4	郑	有	叔詹、堵叔、师叔三良	为	政	《左传·僖公七年》
5	郢人	有	遗燕相国书者	（夜）书		《韩非子·外储说左上》
6	宋	有	澄子（者）	亡	缁衣	《吕氏春秋·淫辞》
7	嬖人	有	臧仓（者）	沮	君	《孟子·梁惠王下》

128

[译文]

1. 楚国有个到郑国卖宝珠的人，做了一个木兰的匣子。
2. 有个丢了一把斧子的人，怀疑是他邻居的孩子偷的。（铁：斧。意：怀疑，猜测。）
3. 淮阴屠户中有个侮辱韩信的年轻人说。（屠：屠夫，宰牲畜的人。）
4. 郑国有叔詹、堵叔、师叔三个贤明的人执政。
5. 郢城中有个给燕国宰相写信的人，在夜里写信。（郢：楚国的都城。遗：送给。）
6. 宋国有个叫澄子的人，丢了一件黑色的衣服。
7. 宠臣中有个叫臧仓的阻止鲁君。

[说明]

1. 本句型的兼语是名词，一般是专有名词（如例 6 的"澄子"）或名词短语（如例 1 的"卖其珠于郑者"），都指人。在专有名词后面常用语气词"者"字，表示停顿。这里的"者"和"卖其珠于郑者"的"者"不同，后者是代词，表示"……的人"。
2. 在主语和兼语之间有着全体和部分的关系：主语是全体，兼语是部分。因此，可以在主语后面加"之中"来理解。
3. 比较：

   A. 楚人有涉江者。（第一编、II、一、句型 45 例 1）

   B. 楚人有卖其珠于郑者，为木兰之柜。（本句型例 1）

   A 句型是主动宾句，"有"字作谓语中心，表示存在；B 句型是兼语句。二者的区别在于：A 句型的后面是一个句子，如"楚人有涉江者"的后面是"其剑自舟中坠于水"，"其剑"作主语，"坠"作谓语中心；B 句型在"……有……者"后面是个动词，如"楚人有卖其珠于郑者"后面是动词"为"字，"卖其珠于郑者"作"有"的宾语，又兼作"为"的主语。

[附] 相关句型：

S+"有"+Piv+NP（Num+N）

主语+"有"+兼语+名词短语（数+名）

予有乱臣十人。（《论语·泰伯》）

我有十位治理国家的大臣。（乱臣：治国之臣。"乱"解作"治"。）

这个句型在兼语后面接上一个名词短语。在这个名词短语中，名词作中心语，数词作定语。名词短语作兼语的谓语，用来描绘人的数目、年龄等。

句型 7

[结构式] I. S（NPers）+"有"+Piv+"曰"（"名"）+O

　　　　　主语（人名）+"有"+兼语+"曰"（"名"）+宾语

[代表句] 卫灵公 / 有 / 宠姬 / 曰 / 南子 /。

[例句]（表一）

序号	S	"有"	Piv	"曰"	O	引书
1	卫灵公	有	宠姬	曰	南子	《史记·仲尼弟子列传》
2	赵简子	有	臣	曰	周舍	《史记·赵世家》

129

序号	S	"有"	Piv	"曰"	O	引书
3	（昔）金天氏	有	裔子	曰	昧	《史记·郑世家》
4	楚庄子之弟春申君	有	爱妾	曰	余	《韩非子·奸劫弑臣》
5	皇太后	有	爱女	曰	修成君	《史记·齐悼惠王世家》
6	修成君	有	女	名	娥	《史记·齐悼惠王世家》

［译文］

1. 卫灵公有一个宠幸的姬妾，名叫南子。
2. 赵简子有个家臣叫周舍。
3. 从前金天氏有个后代子孙叫昧。（裔子：后代子孙。）
4. 楚庄王的弟弟春申君有个宠爱的妾叫余。
5. 皇太后有个宠爱的女儿叫修成君。
6. 修成君有个女儿名叫娥。

［结构式］II. S（NPl）+ "有" +Piv+ "曰"（"名曰"）+O

主语（处所名）+ "有" +兼语+ "曰"（"名曰"）+宾语

［代表句］魏 / 有 / 隐士 / 曰 / 侯嬴 /。

［例句］（表二）

序号	S	"有"	Piv	"曰"	O	引书
1	魏	有	隐士	曰	侯嬴	《史记·魏公子列传》
2	南方	有	鸟（焉）	名曰	蒙鸠	《荀子·劝学》
3	西方	有	木（焉）	名曰	射干	《荀子·劝学》
4	齐	有	处士	曰	钟离子	《战国策·齐策》

［译文］

1. 魏国有个隐士叫侯嬴。
2. 南方有一种鸟名叫蒙鸠。
3. 西方有一种草名叫射干。
4. 齐国有个隐士叫钟离子。（处士：隐士，有才能而隐居不做官的人。钟离：复姓。）

［说明］

1. 本句型谓语中心是动词 "有" 字。表一例句的 "有" 表示 "领有" "具有"，表二例句的 "有" 表示 "存在"。
2. 表一例句的主语是指人的名词，表二例句的主语是处所名词（国名、地名等）。
3. 兼语是名词或名词短语，可以指人，也可以指物。
4. 兼语后面是及物动词 "曰" "名" 等，表示 "叫作" "取名"。"曰" "名" 的宾语是专有名词。
5. "曰" 译作 "叫作"，"名" 译作 "取名" 或 "名字叫作"。

6. 本句型兼语后面的动词的替换词有："曰""名""名曰""字""号"等。

句型 8

[结构式] S+"谓"（"名""字""号""命"）+Piv+"曰"（"为"）+O
　　　　 主语+"谓"（"名""字""号""命"）+兼语+"曰"（"为"）+宾语
[代表句] 妇人 / 谓 / 嫁 / 曰 / 归 /。
[例句]

序号	S	"谓"	Piv	"曰"	O	引书
1	妇人	谓	嫁	曰	归	《公羊传·隐公二年》
2	楚人	谓	姊	为	媭	《说文解字》
3	〔民〕	谓	其台	曰	灵台	《孟子·梁惠王上》
4	〔民〕	谓	其沼	曰	灵沼	《孟子·梁惠王上》
5	〔左右〕	号	其书	曰	新语	《史记·郦生陆贾列传》
6	〔民〕	号	之	曰	有巢氏	《韩非子·五蠹》
7	沛公	号	郦食其	为	广野君	《史记·郦生陆贾列传》
8	〔朕皇考〕	名	余	曰	正则（矣）	《楚辞·离骚》
9	〔朕皇考〕	字	余	曰	灵均	《楚辞·离骚》
10	〔晋穆侯之夫人姜氏〕	命	之	曰	仇	《左传·桓公二年》
11	君	命	大子	曰	仇	《左传·桓公二年》
			弟	曰	成师	

[译文]

1. 妇人把出嫁叫作归。
2. 楚国人把姐叫作媭。
3. 百姓把他的台叫作灵台。（其：他的，指周文王的。下句同此。）
4. 百姓把他的池沼叫作灵沼。
5. 高祖左右的人，把他的书称作《新语》。
6. 百姓称他为有巢氏。
7. 沛公赐给郦食其的称号叫广野君。
8. 我已故的父亲，给我取过名叫作正则。
9. 我已故的父亲，给我取过字叫作灵均。
10. 晋穆侯的夫人姜氏给他取名叫仇。（命：取名。之：他，指姜氏的儿子。）
11. 国君给太子取名叫仇，给他的弟弟取名叫成师。

[说明]

1. 这是命名类兼语句型，谓语中心是表示"称谓""命名"的动词。
2. 兼语是名词（如例 2 的"姊"）、名词短语（如例 3 的"其台"）、代词（如例 8 的"余"）或动词（如例 1 的"嫁"）。
3. 兼语后面是及物动词"曰"（"为"），表示"叫作"。"曰"的宾语是名词（如例 3 的"灵台"，多数是专有名词）或动词（如例 1 的"归"）。

4. "谓"译作"称谓"，"名""字""号"译作"取名""取字""取号"。本句型在译成现代汉语时，有的用"把……"式，如"谓嫁曰"译为"把出嫁叫作"；有的用"给……"式，如"名余曰"译为"给我取名叫作"。

第八类　　S‖V〈+O〉+V〈+O〉
主‖动〈+宾语〉+动〈+宾语〉

这类是连动句型，谓语由两个或两个以上连用的动词或动词短语构成。连动句的两个动词或动词短语共用一个主语。

连动句中动词或动词短语之间的次序是固定的，不能颠倒。这类句型在动词中间没有语音停顿（在书面上不用逗号）。

句型 1
[结构式] I. S+Vt+O+Vt+O
　　　　主语+及物动词+宾语+及物动词+宾语
[代表句] 汉王 / 辍 / 食 / 吐 / 哺 /。
[例句]（表一）

序号	S	Vt	O	Vt	O	引书
1	汉王	辍	食	吐	哺	《史记·留侯世家》
2	卒	买	鱼	烹食		《史记·陈涉世家》

[译文]
1. 汉王停止进食，吐出了口中的食物。（辍食：停止进食。哺：口中所含的食物。）
2. 士卒买了鱼煮着吃。

[结构式] II. S+Vt+O+Vi
　　　　主语+及物动词+宾语+不及物动词
[代表句] 周显王 / 闻 / 之 / 恐惧 /。
[例句]（表二）

序号	S	Vt	O	Vi	引书
1	周显王	闻	之	恐惧	《史记·苏秦列传》
2	苏秦	见	齐王	（再）拜	《史记·苏秦列传》
3	门人	治	任	（将）归	《孟子·滕文公上》
4	楼缓	闻	之	亡去	《史记·平原君虞卿列传》
5	〔陈涉〕	辍	耕	之（垄上）	《史记·陈涉世家》

［译文］

1. 周显王听到这种情况很害怕。
2. 苏秦谒见齐王，拜了两次。
3. 弟子们整理好行装将要回去。（任：挑在肩上或装在车上的东西，即行李。）
4. 楼缓听到这事后，就逃离了。
5. 陈涉停止了耕作，走到田垄上。（辍：停止。之：去，往。垄：田埂。）

［结构式］III. S+Vi+Vt+O
主语+不及物动词+及物动词+宾语

［代表句］〔涓蜀梁〕/ 俯 / 见 / 其影 /。

［例句］（表三）

序号	S	Vi	Vt	O	引书
1	〔涓蜀梁〕	俯	见	其影	《荀子·解蔽》
2	秦王	坐（章台）	见	相如	《史记·廉颇蔺相如列传》
3	谭	怒	杀	逢纪	《后汉书·袁绍列传》

［译文］

1. 涓蜀梁低头看见了自己的影子。
2. 秦王坐在章台上接见蔺相如。
3. 袁谭很愤怒，杀了逢纪。（谭：袁绍的长子袁谭。）

［结构式］IV. S+Vi+Vi
主语+不及物动词+不及物动词

［代表句］嫂 / 委蛇 / 蒲服 /。

［例句］（表四）

序号	S	Vi	Vi	引书
1	嫂	委蛇	蒲服	《史记·苏秦列传》
2	坐者	（皆）起	（再）拜	《史记·孟尝君列传》
3	燕军	大骇	败走	《史记·田单列传》

［译文］

1. 嫂子弯曲着身子，跪在地上斜着走。（委蛇：同"逶迤"，斜行，曲折前进。蒲服：同"匍匐"，伏地膝行。）
2. 在座的人都站立起来，行跪拜礼两次。
3. 燕国军队非常害怕，大败逃跑。

［说明］

1. 在表一例句中，连用的两个动词都是及物动词；在表二例句中，前一个动词是及物动词，后一个动词是不及物动词；在表三例句中，前一个动词是不及物动词，后一个动词是及物动词；在表四例句中，连用的两个动词都是不及物动词。

2. 连动句型的主语是名词、名词短语或代词，大都指人。

句型 2

［结构式］I. S+Vt+O+"而"+Vt+O

主语+及物动词+宾语+"而"+及物动词+宾语

［代表句］御者 /（因）揄 / 刀 / 而 / 劓 / 美人 /。

［例句］（表一）

序号	S	Vt	O	"而"	Vt	O	引书
1	御者	（因）揄	刀	而	劓	美人	《韩非子·内储说下》
2	〔广〕	夺		而	杀	尉	《史记·陈涉世家》
3	〔伯夷叔齐〕	采	薇	而	食	之	《史记·伯夷列传》
4	〔宋人有耕田者〕	（因）释	其耒	而	守	株	《韩非子·五蠹》

［译文］

1. 随从的人于是拔出刀来割掉美女的鼻子。（揄刀：抽刀。劓：古代割掉鼻子的刑罚。）
2. 吴广夺过剑就杀了那个军官。
3. 伯夷、叔齐采摘薇菜，吃了它（来充饥）。
4. 宋国人中有一个耕地的，于是放下手里的农具，守在树桩旁边。（耒：古代翻土的农具。）

［结构式］II. S+Vt+"而"+Vt+"之"

主语+及物动词+"而"+及物动词+"之"

［代表句］公 / 求 / 而 / 得之 /。

［例句］（表二）

序号	S	Vt	"而"	Vt	"之"	引书
1	公	求	而	得	之	《史记·樗里子甘茂列传》
2	平公	呼	而	进	之	《礼记·檀弓下》
3	予	（既）烹	而	食	之	《孟子·万章上》
4	公孙支	书	而	藏	之	《史记·扁鹊仓公列传》
5	〔中射之士〕	（因）夺	而	食	之	《韩非子·说林上》
6	我	诈	而	（尽）坑	之	《史记·白起王翦列传》

［译文］

1. 您索取并且得到它。
2. 晋平公喊他，让他进来。
3. 我已经煮过吃掉它了。（之：代词，它，指代鱼。）
4. 公孙支写下这些话，收藏起来。（之：代词，它，指代秦穆公的话。）
5. 侍卫官就抢过来把它吃了。（中射之士：宫中的侍卫官。）
6. 我用了欺诈的方法，把他们全部活埋了。

[结构式] III. S+Vt+O+"而"+Vi

主语+及物动词+宾语+"而"+不及物动词

[代表句] 扁鹊 / 望 / 桓侯 / 而 / 还走 /。

[例句] (表三)

序号	S	Vt	O	"而"	Vi	引书
1	扁鹊	望	桓侯	而	还走	《韩非子·喻老》
2	〔子路〕	(遂) 结	缨	而	死	《史记·仲尼弟子列传》
3	苏秦	闻	之	而	惭	《史记·苏秦列传》
4	苴	发	疾	而	死	《史记·司马穰苴列传》
5	〔丈人〕	植	其杖	而	芸	《论语·微子》

[译文]

1. 扁鹊看见桓侯转身就跑。(还:通"旋",旋转,回转。)
2. 子路于是系好帽带就死了。
3. 苏秦听了这些话,感到惭愧。
4. 田穰苴得病死了。
5. 老人把拐杖插在一旁就去除草。(植:竖立。芸:通"耘",除草。)

[结构式] IV. S+Vi+"而"+Vt+O

主语+不及物动词+"而"+及物动词+宾语

[代表句] 绍绩昧 / 醉寐 / 而 / 亡 / 其裘 /。

[例句] (表四)

序号	S	Vi	"而"	Vt	O	引书
1	绍绩昧	醉寐	而	亡	其裘	《韩非子·说林上》
2	乐羊	坐 (于幕下)	而	啜	之	《韩非子·说林上》
3	晏子	怪	而	问	之	《史记·管晏列传》
4	子贡	逡巡	而	有	愧色	《庄子·让王》

[译文]

1. 绍绩昧醉后睡觉,就丢失了他的皮衣。
2. 乐羊坐在帐篷下面,吃了它。(啜:饮,吃。之:代词,它,这里指代中山君烹了乐羊的儿子做成的羹。)
3. 晏子感到奇怪,就问他。
4. 子贡进退不安,面带惭愧表情。(逡巡:有顾虑而退却。)

[说明]

1. "而"是连词,放在两个动词或动词短语之间,表示在时间上有先后的两种行为的关系。连动句如果是连用了两个以上的动词,"而"字则放在最后一个动词的前面。
2. 在表一例句中,连用的前后都是及物动词;在表二例句中,连用的前后都是及物动词,但其特点是，这两个动词共同支配一个宾语，宾语是代词"之"字；在表三例句中，前一个动词是及物动词，后一个动词是不及物动词；在表四例句中，前一个动词是不及物动词，后一个动词是及物动词。

3. "而"字可以不译。

句型 3

[结构式] S+Vt+O+"以"（表目的）+Vt+O

　　　　主语+及物动词+宾语+"以"（表目的）+及物动词+宾语

[代表句] 起 / 杀 / 妻 / 以 / 求 / 将 /。

[例句]

序号	S	Vt	O	"以"	Vt	O	引书
1	起	杀	妻	以	求	将	《史记·孙子吴起列传》
2	〔起〕	学	兵法	以	事	鲁君	《史记·孙子吴起列传》
3	〔诸郡县苦秦吏者〕	杀	之	以	应	陈涉	《史记·陈涉世家》
4	〔将军〕	率	士卒	以	诛	暴秦	《史记·张耳陈馀列传》
5	楚人	伐	宋	以	救	郑	《左传·僖公二十二年》
6	百工	居	肆	以	成	其事	《论语·子张》
7	君子	学		以	致	其道	《论语·子张》

[译文]

1. 吴起杀了妻子来谋求将军的职位。
2. 吴起学习兵法来为鲁君做事。
3. 各郡县深受秦官吏统治而感到痛苦的人们，都杀死他们来响应陈涉。（之：代词，指代秦吏。）
4. 将军率领着士兵，来讨伐暴虐的秦国。
5. 楚国人攻打宋国，来援救郑国。
6. 各行各业的工匠居住在作坊里，来完成他们的工作。（肆：古代制造物品的场所，即作坊。）
7. 君子学习以便获得道理、规律。

[说明]

1. "以"是连词，放在两个动词（或动词短语）之间，表示后面的动作行为是前面动作行为的目的。
2. "以"译作"来"或"以便"。
3. 本句型连词的替换词有："以""而"等。

句型 4

[结构式] S+Vt+O+"以"（表结果）+Vt+O

　　　　主语+及物动词+宾语+"以"（表结果）+及物动词+宾语

[代表句] 圣人 / 见 / 微 / 以 / 知 / 萌 。

[例句]

序号	S	Vt	O	"以"	Vt	O	引书
1	圣人	见	微	以	知	萌	《韩非子·说林上》
2	〔圣人〕	见	端	以	知	末	《韩非子·说林上》
3	回（也）	闻	一	以	知	十	《论语·公冶长》
4	赐（也）	闻	一	以	知	二	《论语·公冶长》
5	太公	相	文武	以	王	天下	《盐铁论·刺复》
6	〔大王〕	为	叛逆	以	忧	太后	《史记·吴王濞列传》
7	（昔）秦缪公	（不）从	百里奚蹇叔之言	以	败	其师	《汉书·息夫躬传》

[译文]

1. 圣人看见微小的现象，就预先知道了事情的苗头。
2. 圣人看见事情的开端，就预先知道了事情的结果。
3. 颜回听到一个道理，就可以推知十个道理。
4. 我听到一个道理，只能推知两个道理。（赐：子贡自称其名。子贡姓端木，名赐。）
5. 姜太公辅佐周文王、周武王，终于统一了天下。（王：名词用作动词，统治天下。）
6. 王背叛君王，就会使太后担忧。（忧：动词的使动用法，使……忧。）
7. 以前秦穆公不听百里奚、蹇叔的话，致使军队溃败。（秦缪公：秦穆公。缪：通"穆"。）

[说明]

1. "以"是连词，放在两个动词（或动词短语）之间，表示后面的动作行为是前面的动作行为的结果。
2. 这里连用的都是及物动词，后面带的宾语是名词（如例 2 的"端"和"末"）、名词短语（如例 7 的"百里奚、蹇叔之言"和"其师"）或数词（如例 3 的"一"和"十"）。
3. "以"译作"才""就""以致""终于"。
4. 本句型连词的替换词有："以""而"等。

第九类　S‖Pr（V 作谓语中心的 S-PrP）

主‖谓（动作谓语中心的主谓短语）

由主谓短语充当谓语的句子叫主谓谓语句。本类句型中的全句主语与谓语中某一词语在意义上有被复指与复指关系。

句型 1

[结构式] I. S+Pr（S+V+"之"）

　　　　　主语+谓语（主+动+"之"）

[代表句] 百亩之田 / ，匹夫耕之 / 。

[例句]（表一）

序号	S	Pr			引书
		S	V	"之"	
1	百亩之田	匹夫	耕	之	《孟子·尽心上》
2	身已贵而骄人者	民	去	之	《说苑·敬慎》
3	位已高而擅权者	君	恶	之	《说苑·敬慎》
4	禄已厚而不知足者	患	处	之	《说苑·敬慎》
5	爱人者	人	（恒）爱	之	《孟子·离娄下》
6	敬人者	人	（恒）敬	之	《孟子·离娄下》
7	其所善者	吾	（则）行	之	《左传·襄公三十一年》
8	其所恶者	吾	（则）改	之	《左传·襄公三十一年》
9	险阻艰难		（备）尝	之（矣）	《左传·僖公二十八年》
10	民之情伪		（尽）知	之（矣）	《左传·僖公二十八年》
11	俎豆之事		（则尝）闻	之（矣）	《论语·卫灵公》
12	贤士大夫有肯从我游者	吾	（能）尊显	之	《汉书·高帝纪》
13	赵孟之所贵	赵孟	（能）贱	之	《孟子·告子上》

[译文]

1. 百亩的土地，男子去耕种。（匹夫：指庶人中的男子。）
2. 身份已经尊贵，却对人傲慢的，百姓会离开他。
3. 官职已经很高，却独揽大权的，国君会讨厌他。
4. 俸禄已经优厚，却不知满足的，祸患会降临到他身上。
5. 慈爱别人的人，人们常常慈爱他。
6. 尊敬别人的人，人们常常尊敬他。
7. 他们认为好的，我就推行它。
8. 他们觉得讨厌的，我就改掉它。
9. 地势险峻阻塞，生活艰难困苦，全尝过了。
10. 民情的真伪，都知道了。
11. 礼仪的事情，（我）曾经听说过。（俎豆之事：祭祀等礼仪之事。"俎"和"豆"是古代祭祀时，用来盛牛羊等肉食的器皿。）
12. 贤明的士大夫有愿意跟我交游的，我能使他地位尊贵，而且扬名。（尊显：形容词的使动用法，使……尊贵、扬名。）
13. 赵孟认为尊贵的，赵孟也能使他的地位低贱。（贱：形容词的使动用法，使……贱。赵孟：春秋时晋国正卿赵盾，字孟。所贵："贵"是形容词的意动用法，以之为贵。）

[结构式] II. S+Pr（S+ "不" +V）〈+ "也"〉

　　　　　　主语+谓语（主+ "不" +动）〈+ "也"〉

[代表句] 君子之所为 /，众人（固）不识也 /。

[例句]（表二）

序号	S	Pr			"也"	引书
		S	"不"	V		
1	君子之所为	众人	（固）不	识	也	《孟子·告子下》
2	（夫）心之精微	口	不	（能）言	也	《汉书·张敞传》
3	言之微眇	书	不	（能）文	也	《汉书·张敞传》

[译文]

1. 君子所做的事情，一般人本来是不了解的。
2. 心灵中的细微之处，是口不能说出来的。
3. 言语中的微妙之处，是书写不出来的。

[说明]

1. 本句型在充当谓语的主谓短语中，有个代词"之"字。"之"在主谓短语中作宾语，而且用来复指全句的主语。如表一例1"百亩之田，匹夫耕之"中的后一"之"，是"耕"的宾语，而且复指"百亩之田"。

2. 表二例句是表一例句的否定形式。否定副词"不"放在主谓短语中的谓语前面。这类句子，在主谓短语中一般不用"之"字。

3. "之"表示"他（她、它）"，也可不翻译。

[句型转换]

S+Vt+O ⇒ S+Pr（S+V+"之"）

主语+及物动词+宾语 ⇒ 主语+谓语（主+动+"之"）

匹夫耕百亩之田。⇒ 百亩之田，匹夫耕之。（本句型表一例1）

"偃言万世之功"（第一编、II、一、句型13表二例3）是主动宾句型，前句型"匹夫耕百亩之田"和"偃言万世之功"结构相同。如果把"耕"的宾语"百亩之田"提到句首，在原来的位置上补上代词"之"字，这样就转换成后句型："百亩之田，匹夫耕之。"后句型是主谓谓语句。这是用移位与添加的方法转换成另一句型的。本式是两个句型中的宾语与主语的转换。

这里的前句型，一般可以转换为后句型；但后句型并不是全部都能转换为前句型的。转换的条件是：后句型的主语的字数要少些，否则转换成前句型中动词的宾语，就会显得累赘、拗口。

句型2

[结构式] S+Pr（S+V+O（"其"+V/A〈+O〉））

主语+谓语（主+动+宾（"其"+动/形〈+宾〉））

[代表句] 鸟 /，吾知其（能）飞 /。

[例句]

序号	S	Pr			引书
		S	V	O	
1	鸟	吾	知	其（能）飞	《史记·老子列传》
2	鱼	吾	知	其（能）游	《史记·老子列传》
3	兽	吾	知	其（能）走	《史记·老子列传》
4	匡章	通国	（皆）称	（不）孝（焉）	《孟子·离娄下》
5	夫三旌之位	吾	知	其贵于屠羊之肆（也）	《庄子·让王》
6	万钟之禄	吾	知	其富于屠羊之利（也）	《庄子·让王》

[译文]

1. 鸟，我知道他会飞翔。

2. 鱼，我知道它会游泳。

3. 兽，我知道它会奔跑。（走：跑。）

4. 匡章，全国人都说他不孝顺。

5. 三卿的官职，我知道他比屠羊的职业尊贵。（三旌：诸侯的三卿。因其车服各自有旌来区别，所以称作三旌。肆：店铺，作坊。）

6. 万钟的俸禄，我知道它比屠羊的利益丰厚。

[说明]

1. 本句型是以主谓短语作谓语。这个主谓短语中的谓语中心常是表示心理活动或称谓的动词，如"知""称"等。它的宾语又是一个主谓短语，代词"其"字在这个主谓短语中作主语，并且用来复指全句的主语。如：例 1"鸟，吾知其能飞"中的"吾知其能飞"是个主谓短语，而"知"的宾语"其能飞"又是主谓短语，"其"在主谓词组中作主语，而且复指全句主语"鸟"。"其"等于"名词+'之'"。

2. 例 4"称"字后面省略了"其"字。

3. "其"译作"他（她、它）"等。

4. 本句型中的"其"字后面，也可以是名词，则"其"作名词的定语。

   S+Pr（S+V+O（"其"+N））

   主语+谓语（主+动+宾（"其"+名））

   如：三军，可夺帅也。（《论语·子罕》）

   一国的军队可以夺取他的主帅。（三军：周制，诸侯中大国可以拥有三军，每军一万二千五百人。这里指全军。）

   这里主谓短语中的主语因泛指省略，宾语中心"帅"前面又省略了"其"字，等于说"夺〔其〕帅"。

[附] 相关句型：

S+Pr（S（"其"+N）+V+O）

主语+谓语（主（"其"+名）+动+宾）

回也，其心（三月不）违仁。（《论语·雍也》）

颜回呀，他的心能够长久地不离开仁德。（三月：指较长的时间。）

这也是以主谓短语作谓语的句型。"其"的后面是名词，"其"作名词的定语。"其"和名词组成名词短语，在主谓短语中作主语。

[句型转换]

S+Vt+O（S+V+O）⇒ S+Pr（S+V+O（"其"+V〈+O〉））

主语+及物动词+宾语（主+动+宾）⇒ 主语+谓语（主+动+宾（"其"+动〈+宾〉））

吾知鸟能飞。⇒ 鸟，吾知其能飞。（本句型例1）

"夫人知我爱新人也"（第一编、II、一、句型31、表二例1）是主动宾句型，"知"的宾语是主谓短语"我爱新人"。前句型"吾知鸟能飞"和"夫人知我爱新人"结构相同。如果把主谓短语中的主语（小主语）"鸟"提到句首，在原来的位置上补上代词"其"字，这样就转换成后句型："鸟，吾知其能飞。"后句型是主谓谓语句。这是用移位与添加的方法转换成另一句型的。本式是两个句型中的小主语与主语的转换。

句型 3

[结构式] S+Pr（S+"是"）+"也"

　　　　　主语+谓语（主+"是"）+"也"

[代表句] 古之人有行之者 /，武王 / 是也 /。

[例句]

序号	S	Pr		"也"	引书
		S	"是"		
1	古之人有行之者	武王	是	也	《孟子·梁惠王下》
2	古之人有行之者	文王	是	也	《孟子·梁惠王下》
3	仁之实	事亲	是	也	《孟子·离娄上》
4	义之实	从兄	是	也	《孟子·离娄上》
5	智之实	知斯二者弗去	是	也	《孟子·离娄上》
6	礼之实	节文斯二者	是	也	《孟子·离娄上》
7	（臣闻）七十里为政于天下者	汤	是	也	《孟子·梁惠王下》

[译文]

1. 古代人有做过的，周武王就是这样。
2. 古代人有做过的，周文王就是这样。
3. 仁的实质，是侍奉父母。
4. 义的实质，是顺从兄长。
5. 智的实质，是懂得这两点，并且坚持下去，不违背它。
6. 礼的实质，是对这两点能够适当地加以调节和修饰。
7. 我听说，有凭借着纵横各七十里的国土来统一天下的，商汤就是这样。（"七十里为政于天下者，汤是也"是个主谓短语，作"闻"的宾语，这里把它作为单句来分析。）

［说明］

1. 本句型是主谓谓语句，谓语是由主谓短语构成的。
2. 这个主谓短语中的谓语（小谓语）是指示代词"是"字。"是"用于复指全句的主语（大主语）。
3. 本句型中大主语和小主语之间有着领属关系，小主语表示的事物，属于大主语中一部分。
4. 这个主谓短语中的主语（小主语）是名词（如例1的"武王"）或动词短语（如例3的"事亲"）。
5. 本句型的主语（大主语）是名词短语（如例3的"仁之实"）。
6. 本句型一般用于对上文提到的人或事，做举例说明，或进一步解释含义。
7. "是"译作"这样"。

第十类　S‖V（ov）

主‖动（能愿动）

句型

［结构式］S（S-PrP）+ "可"〈+ "也"（"矣"）〉

　　　　　主语（主谓短语）+ "可"〈+ "也"（"矣"）〉

［代表句］小子鸣鼓而攻之 /，可也 /。

［例句］

序号	S	"可"	"也"	引书
1	小子鸣鼓而攻之	可	也	《孟子·离娄上》
2	帝令废之	可	也	《汉书·贾谊传》
3	退之	可	也	《汉书·贾谊传》
4	赐之死	可	也	《汉书·贾谊传》
5	灭之	可	也	《汉书·贾谊传》
6	士无事而食	（不）可	也	《孟子·滕文公下》
7	朝闻道夕死	可	矣	《论语·里仁》

［译文］

1. 你们敲着鼓去声讨他，是可以的。（小子：古代长辈称晚辈，或老师称学生"小子"。之：代词，他，指代孔子的学生冉求。）
2. 皇帝下命令罢他的官是可以的。
3. 撤销他的官职，永不任用，是可以的。
4. 赐他自己去死，是可以的。
5. 消灭他及其全族，是可以的。

6. 士人不效力，却食俸禄，是不可以的。
7. 早晨听到真理，要我当晚死去，也是可以的。

[说明]

1. "可"是能愿动词，表示客观情况容许，作谓语。
2. 本句型的主语是主谓短语，用来表示某件事情。
3. "可"译作"可以"。

第十一类　S‖Adv(OV)+V+O

主‖状(能愿动)+动+宾

句型 1

[结构式] I. S+"可"（"可以""足以""能"）+Vt+O

主语+"可"（"可以""足以""能"）+及物动词+宾语

[代表句] 晋楚之从，不闻达者 /，可 / 谓 / 无人 /。

[例句]（表一）

序号	S	"可"	Vt	O	引书
1	晋楚之从不闻达者	可	谓	无人	《左传·昭公十三年》
2	族尽亲叛	可	谓	无主	《左传·昭公十三年》
3	无衅而动	可	谓	无谋	《左传·昭公十三年》
4	为羁终世	可	谓	无民	《左传·昭公十三年》
5	亡无爱征	可	谓	无德	《左传·昭公十三年》
6	若仓公者	可	谓	近之（矣）	《史记·扁鹊仓公列传》
7	杀所不足而争所有余	（不）可	谓	智	《墨子·公输》
8	五十者	可以	衣	帛（矣）	《墨子·梁惠王上》
9	七十者	可以	食	肉（矣）	《墨子·梁惠王上》
10	吾力	足以	举	百钧	《孟子·梁惠王上》
		（而不）足以	举	一羽	
11	死	（不）足以	为	臣患	《史记·范雎蔡泽列传》
12	亡	（不）足以	为	臣忧	《史记·范雎蔡泽列传》
13	力	（不）足以	适	二主	《韩非子·奸劫弑臣》
14	君	能	补	过	《左传·宣公二年》

[译文]

1. 晋国、楚国跟从他的人，没听说有通达世理的，可以说没有贤人。（达者：通达世理的人。）

2. 族人全被消灭，亲人背叛，可以说没有主人作为内应。

3. 没有间隙就轻举妄动，可以说没有谋略。

4. 终生在外边做客，可以说没有百姓。（羁：客居在外的人。）

5. 流亡在外，没有被怀念的迹象，可以说没有德行。

6. 像太仓公这样的人，可以说和这句话所说的意思是很接近的了。（之：代词，指代老子说的"美好者不祥之器"，意思是美好的东西都是不吉祥之物。近之：指领会了老子的思想，近于"通达世情，明哲保身"。）

7. 葬送自己所不足的人民，却要争夺自己有余的土地，不能叫作聪明。

8. 五十岁的人可以穿丝绵衣服了。

9. 七十岁的人可以吃到肉了。

10. 我的力气能够举起三千斤重的东西，却拿不动一根羽毛。（钧：古代重量单位，三十斤为一钧。）

11. 处死不值得我忧虑。（患：忧虑，担心。）

12. 流亡不值得我忧虑。（亡：流亡，放逐。）

13. 我的力量不能够侍奉好两位主人。

14. 君王能够弥补过失。

[结构式] II. S+"可以"+Vi

　　　　主语+"可以"+不及物动词

[代表句] 学 / （不）可以 / 已 /。

[例句]（表二）

序号	S	"可以"	Vi	引书
1	学	（不）可以	已	《荀子·劝学》
2	秦	可以	霸	《左传·僖公十五年》
3	夫子	可以	行（矣）	《史记·孔子世家》
4	毛羽不丰满者	（不）可以	（高）飞	《战国策·秦策》

[译文]

1. 学习不可以停止不前。

2. 秦国可以统领诸侯。（霸：名词用作动词，做诸侯的盟主。）

3. 老师，我们可以走吧。

4. 羽毛长得不丰满的，是不能够飞得高的。

[说明]

1. "可""可以""足以""能"等是能愿动词，表示动作行为的可能，作状语。

2. 本句型的主语和宾语通常是名词、名词短语或代词。在"可"和"谓"连在一起的句子中，主语也可以是动词（如表一例 11 的"死"）、动词短语（如表一例 6 的"若仓公者"）、主谓短语（如表一例 1 的"晋楚之从，不闻达者"）或复句形式（如表一例 2 的"族尽亲叛"）；宾语也可以是动词短语（如表一例 1 的"无人"）或形容词（如表一例

7 的 "智")。

3. "可"译作"可以","足以"译作"能够"或"足够"。

4. 本句型能愿动词的替换词有："可""可以""足""足以""能""而""耐""能以""得""克""任"等。

[附] 相关句型：

S+ "可"（"足""能"）+ "以" + 〔"之"〕+Vt+O

主语+ "可"（"足""能"）+ "以" + 〔"之"〕+及物动词+宾语

梁丽可以冲城。（《庄子·秋水》）

梁丽可以用来撞毁城墙。（梁丽：梁楣，屋栋，是一种大木。）

这里的"可"和"以"是两个词。"以"是介词，用来引进动作行为的工具；在"以"的后面省略了代词"之"。"可"译作"可以"，"以"译作"用"。本句型能愿动词的替换词有："足以""能以"等。

句型 2

[结构式] S+ "欲"（"愿""敢""忍""肯"）+Vt+O

　　　　主语+ "欲"（"愿""敢""忍""肯"）+及物动词+宾语

[代表句] 吾 / 欲 / 伐 / 吴 /。

[例句]

序号	S	"欲"	Vt	O	引书
1	吾	欲	伐	吴	《韩非子·内储说上》
2	君	欲	知	之	《韩非子·内储说上》
3	吾	欲	造	千乘之驾	《史记·秦始皇本纪》
4	王	欲	行	王政	《孟子·梁惠王下》
5	公输子之意	（不过）欲	杀	臣	《墨子·公输》
6	寡君	愿	事	卫君	《左传·哀公十二年》
7		愿	请	先王之祭器	《战国策·齐策》
8	臣	（乃）敢	上	璧	《史记·廉颇蔺相如列传》
9	余	（不）敢	言	之（也）	《史记·大宛列传》
10	余	（不）忍	益（也）		《左传·成公十七年》
11	我	（不）忍	杀		《史记·司马相如列传》
12	两人	（自匿不）肯	见	公子	《史记·魏公子列传》

[译文]

1. 我要攻打吴国。

2. 您想要了解它。

3. 我想要建造千辆的兵车。

4. 大王想要实行王政。

5. 公输子的意图不过是要杀掉我。

6. 我国国君愿意侍奉卫国国君。（寡君：臣子对别国自称其君主的谦称。）

7. 希望你向齐王请求先王传下来的祭器。

8. 我才敢献上璧。

9. 我不敢述说它了。

10. 我不忍心增加了。（益：增加。）

11. 我不忍心杀死她。

12. 这两个人主动躲藏起来，不肯会见魏公子。（两人：指赵国的处士毛公和薛公。）

[说明]

1. "欲""愿""敢""忍""肯"是能愿动词。"欲""愿""肯""忍"表示愿望和意志，"敢"表示有胆量做某事，作状语。

2. "欲"译作"要""想要"，"忍"译作"忍心"。

3. 本句型能愿动词的替换词有："愿""欲""敢""肯""忍""屑"等。

句型 3

[结构式] I. S+"宜"（"当""须"）+Vt+O

主语+"宜"（"当""须"）+及物动词+宾语

[代表句] 是 / 宜 / 为 / 君 /。

[例句]（表一）

序号	S	"宜"	Vt	O	引书
1	是	宜	为	君	《左传·庄公十一年》
2	孤	当	（续）发	人众	《三国志·周瑜传注》
3	〔足下〕	（不）宜	（倨）见	长者	《史记·郦生陆贾列传》
4	宗庙之祀	（未）当	绝（也）		《史记·秦始皇本纪》
5	臣	宜	从		《史记·留侯世家》
6	〔公〕	宜	知	之	《史记·田叔列传》
7	〔臣〕	（不）须	（复）烦	大将	《汉书·冯奉世传》
8	王	当	歃	血	《史记·平原君虞卿列传》
			（而）定	从	
9	将军	宜	枉	驾	《三国志·诸葛亮传》
			顾	之	

[译文]

1. 这个人应当做国君。

2. 我会继续派出人马。

3. 您不应该用傲慢无礼的态度接见年长的人。

4. 宗庙的祭祀不会断绝。

5. 我本应该随从。

6. 您应当知道这件事。

7. 我不需要再麻烦大将（前来帮助）。
8. 大王应当歃血来定下合纵盟约。（歃血：指古代订盟时，饮牲畜的血。）
9. 将军应该屈驾去拜访他。

[结构式] II. S＋"宜"＋Vi

　　　　　主语＋"宜"＋不及物动词

[代表句]〔将军〕／（不）宜／入（闾巷）／。

[例句]（表二）

序号	S	"宜"	Vi	引书
1	〔将军〕	（不）宜	入（闾巷）	《汉书·游侠传》
2	（今）大王	（亦）宜	斋戒（五日）	《史记·廉颇蔺相如列传》

[译文]

1. 将军不应该进入巷里。
2. 现在大王也应该斋戒五天。

[说明]

1. "宜""当""须"是能愿动词，表示动作行为的必要或必然，作状语。
2. 表二例1的"闾巷"是不及物动词"入"的非受事宾语。
3. "宜""当""须"译作"应该""应当"。
4. 本句型能愿动词的替换词有："宜""当""应""须""如""合"等。

第十二类　S‖Adv（NA）＋V＋O

主‖状（否定副）＋动＋宾

句型 1

[结构式] I. S＋"不"（"未""弗"）＋Vt＋O

　　　　　主语＋"不"（"未""弗"）＋及物动词＋宾语

[代表句] 周／不／纳／客／。

[例句]（表一）

序号	S	"不"	Vt	O	引书
1	周	不	纳	客	《韩非子·说林上》
2	远水	不	救	近火（也）	《韩非子·说林上》
3	吾	不	知	其美（也）	《庄子·山木》
4	吾	不	知	其恶（也）	《庄子·山木》
5	夫	不	喜	文学	《史记·魏其武安侯列传》

序号	S	"不"	Vt	O	引书
6	孤	不	度	德	《三国志·诸葛亮传》
			量	力	
7	贾	不	（敢复）读	天下之书	《史记·范雎蔡泽列传》
8	〔贾〕	不	（敢复）与	天下之事	《史记·范雎蔡泽列传》
9	眸子	不	（能）掩	其恶	《孟子·离娄上》
10	网	不	（能）止		《韩非子·说林下》
11	（肉食者）	未	（能远）谋		《左传·庄公十年》
12	〔一人〕	弗	若	之（矣）	《孟子·告子上》
13	长安中诸公莫	弗	称	之	《史记·魏其武安侯列传》

[译文]

1. 洛邑不接纳外来的人。（周：这里指东周国的都城洛邑，位于现在河南省洛阳市白马寺之东。纳：接纳。客：客人，这里指外来的人。）
2. 远方的水救不了近处发生的火灾。
3. 我不觉得她漂亮。
4. 我不觉得她丑陋。
5. 灌夫不喜欢文章经学。
6. 我不估计自己的德行，衡量自己的力量。（孤：王侯对自己的谦称。度：推测，估计。）
7. 我不敢再读天下的书。
8. 我不敢再参与天下的政事。
9. 眼睛不能遮掩人们内心的丑恶。（眸子：眼珠，这里泛指眼睛。）
10. 网不能捕捉住。（止：留住，扣留，这里指捕捉。）
11. 有权势的人不能深谋远虑。
12. 这后一个人赶不上前一个人。（之：代词，他，指前一个人。若：动词，比得上，赶得上。）
13. 长安城里的许多贵族官僚，没有人不称赞他的。

[结构式] II. S+"不"+Vi
主语+"不"+不及物动词

[代表句] 知者 / 不 / 惑 /。

[例句]（表二）

序号	S	"不"	Vi	引书
1	知者	不	惑	《论语·子罕》
2	仁者	不	忧	《论语·子罕》
3	勇者	不	惧	《论语·子罕》
4	孟尝君	不	悦	《战国策·齐策》
5	桓侯	不	应	《韩非子·喻老》

［译文］

1. 聪明人不疑惑。（知：通"智"，聪明。）
2. 仁慈的人不忧愁。
3. 勇敢的人不惧怕。
4. 孟尝君不高兴。
5. 桓侯不答应。

［说明］

1. "不"是否定副词，起否定动词所表示的动作行为的作用，作状语。
2. 本句型中的否定副词"弗""未"的语法作用、意义都与"不"相同，但这不是它们的常见用法。"弗"后面动词带宾语的情况，在先秦极为少见，两汉以后逐渐增多。
3. 本句型否定副词的替换词有："不""弗""未""蔑""靡""无""罔""匪"等。

［句型转换］

S+Vt+O ⇒ S+"不"+Vt+O

主语+及物动词+宾语 ⇒ 主语+"不"+及物动词+宾语

周纳客。 ⇒ 周不纳客。（本句型表一例1）

"范蠡事越王勾践"（第一编、II、一、句型1例2）是主动宾句型，前句型"周纳客"和"范蠡事越王勾践"结构相同。如果在"纳"的前面，加上一个否定副词"不"字，这样就转换成后句型："周不纳客。"这是用添加的方法，使肯定句转换成否定句的。本式属于肯定句与否定句的转换。

句型 2

［结构式］S+"不"（"弗"）+V (N→V)

主语+"不"（"弗"）+动词（名用如动）

［代表句］晋灵公 / 不 / 君 /。

［例句］

序号	S	"不"	V	引书
1	晋灵公	不	君	《左传·宣公二年》
2	君子	不	器	《论语·为政》
3	齐人	不（能）	师	《左传·哀公十一年》
4	神	弗	福（也）	《左传·庄公十年》

［译文］

1. 晋灵公不行君道。（君：行君道。不君：违反了为君之道。）
2. 君子不能像器皿一样。（器：像器皿一样。器皿只有一种用途，不能通用。）
3. 齐国人不能整顿军队。（师：古代一千五百人为一师，泛指军队，这里指整顿军队。）
4. 神灵不会降福。（福：降福，保佑。）

［说明］

1. "不"（"弗"）是否定副词，起否定动词所表示的动作行为的作用，作状语。

2. 在本句型中，"不"后面的名词用如动词，作谓语。

3. 本句型在译成现代汉语时，可以在用作动词的名词前面，补出适当的动词。如："不君"，译为"不行君道"。

句型 3

[**结构式**] S+"弗"+Vt

主语+"弗"+及物动词

[**代表句**] 行道之人 / 弗 / 受 /。

[**例句**]

序号	S	"弗"	Vt	引书
1	行道之人	弗	受	《孟子·告子上》
2	太宰	（因）弗	（复）见（也）	《韩非子·说林上》
3	桓公	（乃）弗	救	《韩非子·说林上》
4	魏宣子	弗	予	《韩非子·说林上》
5	民	弗	从（也）	《左传·宣公十年》
6	公	弗	许	《左传·隐公元年》
7	项王	弗	听	《史记·项羽本纪》
8	陛下	弗	（能）用（也）	《史记·张释之冯唐列传》

[**译文**]

1. 过路的饿人都不会接受一筐饭、一碗羹。（弗受：不受之。"之"指代上文"一箪食，一豆羹"。）

2. 太宰于是不再领孔子去见君主了。（弗复见：不复见之。见：引见。这里是使动用法，"见之"等于"使之见"。"之"代孔子。）

3. 齐桓公就不援救邢国了。（弗救：不救之。"之"代邢国。）

4. 魏宣子不给智伯。（弗予：不予之。"之"代智伯。）

5. 人民不跟从您。（弗从：不从之。"之"代庄公。）

6. 武公不答应她的请求。（弗许：不许之。"之"代姜氏。）

7. 项羽不听陆贾的游说。（弗听：不听之。"之"代陆贾。）

8. 陛下不能任用他们。（弗能用：不能用之。"之"代廉颇、李牧等人。）

[**说明**]

1. "弗"是否定副词，起否定动词所表示的动作行为的作用，作状语。

2. 在先秦时，"弗"与"不"在用法上是有区别的。"弗"字后面一般是及物动词，而这个及物动词后面常不带宾语。"弗"等于"不……之"，"之"是语义上的宾语，指代上文的人或物。"不"既能否定动词，又能否定形容词；"不"字后面既可以是及物动词，又可以是不及物动词；既可以带宾语，又可以不带宾语（详见"不"字句型）。

3. "弗"译作"不"。译时大多要补出"之"所指代的语义上的宾语，有时也可以不补。如："弗受"译为"不接受〔一筐饭、一碗羹〕"。

句型 4

[结构式] S+"不"+"如"("若")+O

　　　　 主语+"不"+"如"("若")+宾语

[代表句] 吾 / 不 / 如 / 老农 。

[例句]

序号	S	"不"	"如"	O	引书
1	吾	不	如	老农	《论语·子路》
2	吾	不	如	老圃	《论语·子路》
3	千羊之皮	不	如	一狐之腋	《史记·赵世家》
4	知之者	不	如	好之者	《论语·雍也》
5	好之者	不	如	乐之者	《论语·雍也》
6	徐公	不	若	君之美（也）	《战国策·赵策》
7	吾尝终日而思矣	不	如	须臾之所学（也）	《荀子·劝学》
8	吾尝跂而望（矣）	不	如	登高之博见（也）	《荀子·劝学》
9	夷狄之有君	不	如	诸夏之亡（也）	《论语·八佾》
10	猛虎之犹豫	不	若	蜂虿之致螫	《史记·淮阴侯列传》
11	骐骥之跼躅	不	如	驽马之安步	《史记·淮阴侯列传》
12	孟贲之狐疑	不	如	庸夫之必至（也）	《史记·淮阴侯列传》
13	虽有舜禹之智吟而不言	不	如	瘖聋之指麾（也）	《史记·淮阴侯列传》

[译文]

1. 我赶不上老农民。

2. 我赶不上老园农。（圃：指种植蔬菜瓜果的园地，也指种植经营蔬菜瓜果的人。）

3. 一千张羊皮比不上一只狐的腋下的皮毛。

4. 懂得某种学问的人比不上爱好这种学问的人。

5. 爱好这种学问的人比不上钻研这种学问而感到快乐的人。

6. 徐公比不上您漂亮。

7. 我曾经整天地思索，比不上片刻学到的知识多。（须臾：片刻。所学：学到的知识。）

8. 我曾经踮起脚观望，比不上登到高处看得远。（跂：抬起脚跟站着。）

9. 边远地区的落后民族有君主，比不上中原华夏族各诸侯国没有君主。（夷：指住在东方的少数民族。狄：指住在北方的少数民族。诸夏：华夏族居住在中原一带的各诸侯国。亡：同"无"。）

10. 凶猛的老虎犹豫不定，赶不上蜂、蝎用毒刺蜇伤人（厉害）。（虿：蝎子一类的毒虫。致螫：用毒刺刺人。）

11. 骏马徘徊不前，赶不上劣马稳步前行（走得远）。

12. 勇士孟贲迟疑不决，赶不上平庸的凡人实干，一定能够达到目的。（孟贲：战国时著名的勇士。狐疑：怀疑，多疑。必至：一定达到目的。）

13. 即使有虞舜夏禹的智慧，闭口默不作声，赶不上聋哑人用手势比画（效果好）。（吟：

通"噤"，不开口。瘖：哑人。指麾：用手势来表达心意，"麾"通"挥"。)

[说明]

1. "不"是否定副词，作状语。"如"（"若"）是动词，用于两个人、物或两件事情之间相比较，作谓语中心。本句型是比较句，表示前者赶不上后者。
2. 本句型的主语是名词（如例 6 的"徐公"）、名词短语（如例 3 的"千羊之皮"）、代词（如例 1 的"吾"）或主谓短语（如例 9 的"夷狄之有君"）。
3. 本句型的宾语是名词短语（如例 1 的"老农"）、动词短语（如例 8 的"登高之博见"）或主谓短语（如例 9 的"诸夏之亡"）。
4. "之"是助词，放在主谓短语的主语和谓语之间，取消句子独立性。
5. "不如（若）"译作"赶不上""比不上"。
6. 本句型否定副词的替换词有："不""未"等，动词的替换词有："如""若""及"等。

[附] 相关句型：

"无"（"莫"）+"如"+O

"无"（"莫"）+"如"+宾语

（相人多矣）无如季相。（《汉书·高帝纪》）

我相过很多人的面，没有人赶得上你的相貌。

"无""莫"等是否定性无定代词，当"没有人"讲，作主语。

句型 5

[结构式] Adv（NP/VP/S-PrP）+S+"不"+"如"（"及"）+O

　　　　状语（名词短语/动词短语/主谓短语）+主语+"不"+"如"（"及"）+宾语

[代表句]（夫）被坚执锐 /，义 / 不 / 如 / 公 /。

[例句]

序号	Adv	S	"不"	"如"	O	引书
1	（夫）被坚执锐	义	不	如	公	《史记·项羽本纪》
2	坐而运策	公	不	如	义	《史记·项羽本纪》
3	（夫）用贫求富	农	不	如	工	《史记·货殖列传》
		工	不	如	商	
		刺绣文	不	如	倚市门	
4	（夫）运筹策帷帐之中决胜千里外	吾	不	如	子房	《史记·留侯世家》
5	兵甲之事	种	不	如	蠡	《史记·越王勾践世家》
6	填抚国家亲附百姓	蠡	不	如	种	《史记·越王勾践世家》
7	辩察于辞清洁于货习人情	夷吾	不	如	弦商	《韩非子·外储说左下》
8	登降肃让以明礼待宾	臣	不	如	隰朋	《韩非子·外储说左下》
9	垦草仞邑辟地生粟	臣	不	如	宁戚	《韩非子·外储说左下》
10	三军既成陈使士视死如归	臣	不	如	公子成父	《韩非子·外储说左下》
11	犯颜极谏	臣	不	如	东郭牙	《韩非子·外储说左下》

序号	Adv	S	"不"	"如"	O	引书
12	提枹鼓立军门使士大夫乐死战斗	仁	不	及	任安	《史记·田叔列传》
13	（夫）决嫌疑定是非辨治官使百姓无怨心	安	不	及	仁（也）	《史记·田叔列传》

［译文］

1. 披上坚固的铠甲，拿着锐利的武器，我赶不上您。（义：姓宋名义，这里是自称其名。例2同此。）

2. 坐着筹划策略，您赶不上我。

3. 从贫穷追求富裕，务农赶不上做工，做工赶不上经商，刺绣织锦赶不上倚门卖笑。（用：介词，相当于"以"，这里有"从"的意思。文：花纹。刺绣文：刺绣文采，指从事手工业生产。倚市门；倚门卖笑，即从事妓女勾当。）

4. 出谋划策在营帐中，决定取胜在千里外，我赶不上子房。

5. 战争的事情，文种赶不上我。（兵甲：武装，军事，战争。种：文种，越国大夫。蠡：范蠡，越国大夫。"种"和"蠡"都是用人名表示自称和尊称，相当于"我"和"你"。例6同此。）

6. 安定国家，让老百姓亲近归附，我赶不上文种。（填托：镇定安托。亲附：亲近归附。）

7. 辨别考察诉讼双方的言辞，对于财物很廉洁，熟悉人情，我赶不上弦商。（辩：通"辨"。辞：狱辞，指诉讼双方的言辞。习：熟悉。夷吾：管仲自称。）

8. 遵守主人迎送宾客时登阶降阶和上堂下堂的礼仪，严肃谦让，有礼貌地接待宾客，我赶不上隰朋。

9. 开垦荒地，使城邑富足，开辟耕地，多产粮食，我赶不上宁戚。（仞：通"牣"，充满。）

10. 上中下三军排列成阵，让士兵不畏牺牲，我赶不上公子成父。（陈：通"阵"，列阵。）

11. 敢于冒犯君主的威严，不顾生命危险大力规劝，我赶不上东郭牙。

12. 手拿鼓槌，站立在军门，让部下甘心情愿为战斗而死，我比不上任安。（枹：通"桴"，鼓槌。士大夫：将帅的部下。仁：田仁，这里是自称其名。）

13. 决断嫌疑，评定是非，辨别属下的官员，让老百姓没有怨恨之心，我比不上田仁。（辩：通"辨"，辨别。治官：治事的官员。安：任安，这里是自称其名。）

［说明］

1. "不"是否定副词，作状语。"如"（"及"）是动词，用于两个人（也可以是物）之间相比较，作谓语中心。本句型是比较句，表示前者赶不上后者。

2. 本句型的状语是表示比较范围的词语，因为字数多，放在主语前面。充当状语的是名词短语（如例5的"兵甲之事"）、动词短语（如例1的"被坚执锐"）。

3. "不如（及）"译为"赶不上""比不上"。

［附］相关句型有下列两个：

1. S+"不"+"如"+O+C（A）

   主语+"不"+"如"+宾语+补语（形）

吾不如为车轭者巧也。（《韩非子·外储说左上》）

我赶不上制造车轭的人手艺巧。（轭：连接车辕和车衡的一个部件。）

这里表示比较范围的词语是形容词，放在动词后面，作补语。

2. Ant+"无"+"如"+O+C（A）

先行词+"无"+"如"+宾语+补语（形）

余庶子无如兰贤。（《史记·郑世家》）

其余妾生的儿子里，没有人赶得上公子兰贤明。

这里的主语是无定代词"无"字。"无"的前面是它可以代替的名词或名词短语，即先行词。在动词与宾语后面是形容词，表示比较范围，作补语。

句型 6

[结构式] Ⅰ. S+"未"（"未尝"）+Vt+O〈+"也"〉

　　　　　主语+"未"（"未尝"）+及物动词+宾语〈+"也"〉

[代表句] 枉己者 /，未 / 有 / 能直人者也 /。

[例句]（表一）

序号	S	"未"	Vt	O	"也"	引书
1	枉己者	未	有	能直人者	也	《孟子·滕文公下》
2	（今夫）天下之人牧	未	有	不嗜杀人者	也	《孟子·梁惠王上》
3	〔沛公〕	未	有	封侯之赏		《史记·项羽本纪》
4	吾	未	知	所税驾	也	《史记·李斯列传》
5	〔百姓〕	未	知	其死	也	《史记·陈涉世家》
6	吾	未	见	好德如好色者	也	《论语·子罕》
7	〔盆成括〕	未	闻	君子之大道	也	《孟子·尽心下》
8	〔吾〕	未	闻	弑君	也	《孟子·梁惠王下》
9	秦自缪公以来二十余君	未尝	有	坚明约束者	也	《史记·廉颇蔺相如列传》
10	〔吾〕	未尝	见		也	《战国策·齐策》
11	〔臣〕	未尝	见	全牛	也	《庄子·养生主》
12	臣	未尝	闻		也	《战国策·魏策》
13	吾	（他日）未尝	学问			《孟子·滕文公上》
14	告子	未尝	知	义		《孟子·公孙丑上》

[译文]

1. 自己不正直的人，没有能够使别人正直的。

2. 现在各国的国君，没有不喜欢杀人的。（牧：动词，本义是放养牲畜；当涉及"人"时，解作统治、治理。人牧：治理人民的人，指国君。）

3. 沛公没有得到封侯的奖赏。

4. 我不知道归宿在何处。（税驾：解驾，停车，驻足休息，这里指归宿。所税驾：归宿的地方。）

5. 老百姓不知道他已经死了。

6. 我没有见过爱好道德像喜好女色一样的人。

7. 盆成括没有懂得君子的大道。

8. 我没有听说他杀过君主。

9. 秦国从穆公以来二十几个国君，从来没有坚守盟约的。（缪公：秦穆公。缪：通"穆"。坚明：动词，坚守。约束：名词，盟约。）

10. 我从来没有接见过他。

11. 我从来没有看见过整个的牛。

12. 我从来没有听说过。

13. 我以前从来没有研究过学问。（学问：名词用作动词，研究学问。）

14. 告子从来没有懂得"义"。

［结构式］ II. S+"未"（"未尝"）+Vi
　　　　　　主语+"未"（"未尝"）+不及物动词
［代表句］大父 / 未 / 死 /。
［例句］（表二）

序号	S	"未"	Vi	引书
1	大父	未	死	《韩非子·五蠹》
2	国利	未	立	《韩非子·五蠹》
3	事	未	成	《韩非子·五蠹》
4	〔知悼子〕	未	葬	《礼记·檀弓下》
5	食其	未	行	《史记·留侯世家》
6	先君	未尝	适（楚）	《左传·昭公七年》

［译文］

1. 祖父没有死。（大父：祖父。）

2. 国家没有得到利益。

3. 事情没有成功。

4. 知悼子的尸体没有葬埋。（葬：人死后，掩埋尸体。）

5. 郦食其没有前往。

6. 先君从来没有去过楚国。（先君：已经死去的上代国君。）

［结构式］ III. S+"未尝"+"不"+Vt+O
　　　　　　主语+"未尝"+"不"+及物动词+宾语
［代表句］高帝 / 未尝不 / 称 / 善 /。

[例句]（表三）

序号	S	"未尝"	"不"	Vt	O	引书
1	高帝	未尝	不	称	善	《史记·郦生陆贾列传》
2	〔余〕	未尝	不	垂	涕	《史记·屈原贾生列传》
3	工商	未尝	不	为	患	《左传·定公八年》

[译文]
1. 高帝从来没有不夸奖的。
2. 我从来没有不掉下眼泪的。
3. 工商匠人从来没有不是祸患的。

[说明]
1. "未"是否定副词，用来否定动作行为已经发生；"未尝"是由"未"和副词"尝"组成的短语，表示对"曾经"的否定。"未""未尝"作状语。
2. 表一例句的谓语中心是及物动词，后面带的宾语是名词、名词短语（如表一例 7 的"君子之大道"）、动词短语（如表一例 8 的"弑君"）或主谓短语（如表一例 5 的"其死"）；表二例句的谓语中心是不及物动词。
3. 在表三例句中，"未尝"和"不"连用，构成双重否定，实际上表达肯定。
4. 表二例 6 中不及物动词"适"后面的"楚"是非受事宾语。
5. "未"译作"没有"或"不曾"，"未尝"译作"从来没有"或"从来不曾"。
6. 本句型否定副词或短语的替换词语有："未""未尝""未曾"等。

句型 7
[结构式] I. S+"非"+Vt+O
　　　　　主语+"非"+及物动词+宾语
[代表句] 是叶公 / 非 / 好 / 龙（也）/。
[例句]（表一）

序号	S	"非"	Vt	O	引书
1	是叶公	非	好	龙（也）	《新序·杂事》
2	我	非	忘	诸校尉功（也）	《史记·卫将军骠骑列传》
3	吾	非	爱	死（也）	《左传·襄公二十三年》
4	臣	非	（敢）哭	君师	《公羊传·僖公三十三年》
5	臣	非	（能）动	地	《晏子·外篇》
6	〔吾〕	非	曰	能之	《论语·先进》

[译文]
1. 这个叶公不是喜欢龙啊。
2. 我不是忘记各位校尉的功劳。
3. 我不是爱惜死。
4. 我不敢哭您的军队。

5. 我不能够使地震动。

6. 我不是说能够做什么。（能：动词，能做到，擅长。之：代词，泛指擅长的对象。）

[结构式] II. S+"非"+Vi

主语+"非"+不及物动词

[代表句] 假舟檝者 /，非 / （能）水（也） /。

[例句]（表二）

序号	S	"非"	Vi	引书
1	假舟檝者	非	（能）水（也）	《荀子·劝学》
2	〔吾〕	非	（敢）后（也）	《论语·雍也》
3	〔宪〕	非	病（也）	《庄子·让王》

[译文]

1. 利用舟船的人并不是会游泳。（假：利用，凭借。舟檝：这里指船。檝：同"楫"，船桨。水：名词用作动词，泅水，游泳。）

2. 我不是敢于殿后。（后：方位名词，这里是名词用作动词，"殿后"即留在最后掩护全军撤退。另外根据上下文推断，本句省略了主语"吾"字。）

3. 我不是生病。（宪：原宪，字子思，孔子的弟子。这里是原宪自称其名。）

[说明]

1. "非"是否定副词，表示对动作行为的否定，亦即否认某一事实，具有排除或撇开的作用，作状语。

2. "非"译作"不是"。

[附] 相关句型有下列两个：

1. S+"非"+"不"+Vt+O

主语+"非"+"不"+及物动词+宾语

彼非不爱其弟。（《史记·越王勾践世家》）

他不是不爱他的弟弟。

这里用"非"和"不"构成双重否定，实际上表示肯定，能起到申辩的作用。

2. S+"非"+"不"+Vi

主语+"非"+"不"+不及物动词

我非不能死。（《史记·赵世家》）

我不是不能够死。

这里的谓语是不及物动词。

句型 8

[结构式] S+"无"+"有"+O

主语+"无"+"有"+宾语

[代表句] 人 / 无 / 有 / 不善 /。

[例句]

序号	S	"无"	"有"	O	引书
1	人	无	有	不善	《孟子·告子上》
2	水	无	有	不下	《孟子·告子上》
3	〔臣〕	无	有	二心	《左传·成公三年》
4	〔其民〕	（世世）无	有	所与	《史记·高祖本纪》
5	我	（独）无	有		《左传·昭公十二年》
6	此	（独）无	有		《庄子·应帝王》
7	〔其士大夫〕	无	有	私事	《荀子·强国》

[译文]

1. 人没有不善良的。
2. 水没有不往下流的。（下：方位名词用作动词，往下流。）
3. 我没有第二个想法。
4. 沛县人民世世代代不必纳税服役。（与：参与。无有所与：与徭役没有关系，即不必纳税服役。）
5. 唯独我国没有。
6. 只有这个人没有。
7. 它的士大夫没有私人的事务。

[说明]

1. "无"是否定副词，作状语。
2. "有"是动词，表示领有、具有，作谓语中心。
3. "有"的宾语是名词短语（如例3的"二心"）、形容词（如例1的"善"）或动词（如例2的"下"，是方位名词用如动词）。"有"的宾语常承上文省略（如例5、6）。
4. 本句型较罕见。
5. "无有"译作"没有"。

句型 9

[结构式] I. Ant+"无"（"莫"）+"不"+Vt+O
　　　　　先行词+"无"（"莫"）+"不"+及物动词+宾语

[代表句] 孩提之童无 / 不 / 知 / 爱其亲（者）/。

[例句]（表一）

序号	Ant	"无"	"不"	Vt	O	引书
1	孩提之童	无	不	知	爱其亲（者）	《孟子·尽心上》
2	（及其长也）	无	不	知	敬其兄（也）	《孟子·尽心上》
3	楚战士	无	不	（一以）当	十	《史记·项羽本纪》
4	〔诸将〕	无	不	（一）当	百	《后汉书·光武帝纪》
5	袖所言	无	不	从（者）		《史记·楚世家》
6	天下	莫	不	称	君之贤	《史记·刺客列传》
7	人迹所至舟檝所通	莫	不	为	郡县	《淮南子·兵略训》

[译文]

1. 两三岁的小孩儿没有不知道爱他父母的。（孩：小儿笑。提：抱。孩提之童：指会笑，又要人抱的两三岁的小孩。）
2. 等到他长大了，没有不知道尊敬他的兄长的。
3. 楚军战士没有不以一当十。（当：抵御，抵挡。）
4. 起义军众将没有不以一当百的。（一当百："一"后省略介词"以"字，即"一以当百"。）
5. 郑袖说的话，楚王没有不听从的。
6. 天下人中，没有谁不称赞您的贤明。
7. 人足迹到达的地方，舟船通航的地方，没有不建立郡县的。

[结构式] II. Ant+"无"（"莫"）+"不"+Vi
　　　　　先行词+"无"（"莫"）+"不"+不及物动词
[代表句] 秦 / 莫 / 不 / 愠 /。
[例句]（表二）

序号	Ant	"无"	"不"	Vi	引书
1	秦	莫	不	愠	《国语·晋语》
2	方二千里	莫	不	响应	《汉书·张耳陈馀传》
3	天下	莫	不	（延颈欲为太子）死（者）	《史记·留侯世家》
4	诸侯军	无	不	（人人）惴恐	《史记·项羽本纪》

[译文]

1. 秦国没有人不生气的。（愠：生气，怨恨。指心里暗暗生气。）
2. 在方圆两千里中，没有人不响应。
3. 天下人中，没有谁不伸长脖子，想要为太子拼死效力的。
4. 诸侯的军队中个个没有不害怕的。

[说明]

1. "无"（"莫"）是否定性无定代词，作主语。"无"（"莫"）的前面是先行词，即它所代替的名词或名词短语。
2. "不"是否定副词，起否定动词所表示的动作行为的作用，作状语。
3. "无"（"莫"）和"不"构成双重否定，实际上表达肯定，并兼表范围，有"没有例外"的意思。
4. 表一例句的谓语中心是及物动词，带的宾语是名词、名词短语（如表一例7的"郡县"）、数词（如表一例3的"十"）、动词短语（如表一例1的"爱其亲"）或主谓短语（如表一例6的"君之贤"）；表二例句的谓语中心是不及物动词。
5. "无""莫"译作"没有谁""没有什么"，也可以译作"没有"。
6. 本句型否定词连用表示双重否定的替换词语有："无不""莫不""靡不""蔑不""罔不"等。

第十三类　S‖Adv（NA）+O（Pron）+V

主‖状（否定副）+宾（代）+动

本类和第十四类都是否定句，动词的宾语是代词，这种代词宾语一般要放在动词的前面。

句型 1

[结构式] S+"不"（"未"）+O（Pron）+Vt〈+"也"〉

　　　　主语+"不"（"未"）+宾语（代）+及物动词〈+"也"〉

[代表句] 岁／不／我／与／。

[例句]

序号	S	"不"	O	Vt	"也"	引书
1	岁	不	我	与		《论语·阳货》
2	上	不	我	用		《史记·淮阴侯列传》
3	我	不	若	胜		《庄子·齐物论》
4	若	不	吾	胜		《庄子·齐物论》
5	（今也）父母百官	不	我	足	也	《孟子·滕文公上》
6	丘	未	之	逮	也	《礼记·礼运》
7	我	未	之	（能）易	也	《礼记·檀弓上》
8	楚	未	之	重	也	《史记·张仪列传》
9	我	未	之	见	也	《论语·里仁》
10	臣	未	之	闻	也	《孟子·梁惠王上》
11	王	未	之	见		《庄子·则阳》

[译文]

1.　时间不等待我们。（与：动词，等待。）
2.　汉王不任用我。
3.　我没有战胜你。（若：代词，你。）
4.　你没有战胜我。
5.　现在父老和官吏们都不满足我。（足：满足。这里是形容词的使动用法，即使我足。）
6.　我都没赶上看到。（丘：孔子名丘。逮：及，赶上。）
7.　我没能更换它。
8.　楚王没有重用他。（之：代词，他，指代陈轸。）
9.　我没有见过这样的人。
10.　我没有听说过。（之：代词，它，指代齐桓晋文之事。）

160

11. 楚王没有接见他。

[说明]

1. "不""未"是否定副词。"不"用来否定动词所表示的动作行为，"未"用来否定某种事实的历程。"不""未"作状语。

2. 本句型在译成现代汉语时，要把提前的宾语移到动词后面。如："不我与"就是"不等待我们"。

3. 本句型否定副词的替换词有："不""未""无""末"等。

[附] 相关句型：

S+"不"+Vt+O（Pron）

主语+"不"+及物动词+宾语（代）

〔吾之吏〕（三日）不得之。（《韩非子·内储说上》）

我手下的官吏，三天没有找到它。（之：代词，它，这里指代丢失的玉簪。）

这是代词宾语放在动词后面的句型，这个句型在古代汉语中罕见。

句型 2

[结构式] App+"未"（"无"）+"之"+Vt+"也"

　　　　　同位语+"未"（"无"）+"之"+及物动词+"也"

[代表句] 不仁而得天下者 /，未之有也 /。

[例句]

序号	App	"未"	"之"	Vt	"也"	引书
1	不仁而得天下者	未	之	有	也	《孟子·尽心下》
2	老者衣帛食肉黎民不饥不寒然而不王（者）	未	之	有	也	《孟子·梁惠王上》
3	使医除疾而曰必遗类焉（者）	未	之	有	也	《左传·哀公十一年》
4	甲兵之事	未	之	闻	也	《左传·哀公十一年》
5	志轻理而不外重物者	无	之	有	也	《荀子·正名》
6	外重物而不内忧者	无	之	有	也	《荀子·正名》
7	行离理而不外危者	无	之	有	也	《荀子·正名》
8	外危而不内恐者	无	之	有	也	《荀子·正名》

[译文]

1. 不仁爱却能得到天下的，不曾有过这样的事。

2. 年老的人穿绸缎，吃肉食，普通老百姓不挨饿受冻，这样还不能称王统治天下，不会有这样的事。

3. 让医生治病，却说："一定要留下病根"，不曾有过这样的事。（类：指所患的疾病。）

4. 战争的事情，我没有听说过。

5. 内心轻视道理，却又不对外看重物质欲望的，是没有这样的人的。（志：意志，这里指内心。理：道理。）

6. 对外看重物质欲望，内心却不感到忧虑的，是没有这样的人的。

7. 行动离开道理，却不受到外来的危害，是没有这样的人的。

8. 受到外来的危害，内心却不感到恐惧的，是没有这样的人的。

［说明］

1. 本句型无主语，属于非主谓句。

2. 本句型是否定句，动词"有""闻"等字的宾语是代词"之"，这个代词要放在动词的前面，如"未之有也"中的"之"放在"有"的前面。"未之有也"就是"未有之也"。

3. "未""无"等是否定副词，用来否定某种事实的历程，作状语。

4. "之"字和"未"字前面的词语，即句首词语是同位关系。前者是本位语，后者是同位语，二者语法作用完全相同。

5. "未""无"译作"没""不曾"。本句型在译成现代汉语时，要把提前的宾语移到动词后面。如"未之有也"可译为"不曾有过这样的事"。

6. 本句型否定副词的替换词有："未""末""无"等。

第十四类　S（NIP）‖O（Pron）+V

主（否定性无定代）‖宾（代）+动

句型

［结构式］ I. "莫"+O（Pron）+Vt〈+"也"（"也夫"）〉

　　　　　　"莫"+宾语（代）+及物动词〈+"也"（"也夫"）〉

［代表句］ 莫 / 之 / 养也 /。

［例句］（表一）

序号	"莫"	O	Vt	"也"	引书
1	莫	之	养	也	《韩非子·五蠹》
2	莫	之	怨	也	《淮南子·说林训》
3	莫	之	疾	也	《淮南子·说林训》
4	莫	我	知	也夫	《论语·宪问》
5	莫	己	知	也	《论语·宪问》
6	莫	之	（能）一		《史记·秦始皇本纪》
7	莫	之	继	也	《左传·宣公二年》
8	莫	之	（能）御	也	《孟子·梁惠王上》
9	莫	之	（或）欺		《孟子·滕文公上》

［译文］

1. 没有人赡养他了。

2. 没有人埋怨他。

3.　没有人憎恨他。

4.　没有人了解我呀！

5.　没有人了解自己。

6.　没有谁能够统一天下。（一：数词用作动词，统一。之：代词，指代上文"天下"。）

7.　没有人接着劝谏了。（继：延续，接着。之：代词，他，指代上文"赵盾"。）

8.　没有谁能够阻挡住的。（御：阻挡，阻止。）

9.　没有人欺骗他。（之：代词，他，指代上文"五尺之童"。或：句中语气词，不译。）

［结构式］II. Ant+"莫"+O（Pron）+Vt〈+"也"〉

　　　　　先行词+"莫"+宾语（代）+及物动词〈+"也"〉

［代表句］时人莫 / 之 / 许也 /。

［例句］（表二）

序号	Ant	"莫"	O	Vt	"也"	引书
1	时人	莫	之	许	也	《三国志·诸葛亮传》
2	天下	莫	之	（能）害	也	《史记·范雎蔡泽列传》
3	二三子	莫	之	如	也	《左传·昭公十五年》

［译文］

1.　当时的人没有谁赞同他。

2.　天下的人没有谁能够损害它。（之：代词，它，指代赵国。）

3.　您几位没有人比得上他。（之：代词，他，指代上文"朝吴"。）

［说明］

1.　"莫"是否定性无定代词，表示排除一切对象，作主语。

2.　在表二例句中，在"莫"的前面有先行词，即它所代替的名词或名词短语。

3.　"莫"译作"没有谁""没有什么"。

第十五类　S‖Adv（Ad）+V+O

主‖状（副）+动+宾

句型 1

［结构式］I. S+"甚"（"极""颇""殊""大""略""愈""益"）+Vt+O

　　　　　主语+"甚"（"极""颇""殊""大""略""愈""益"）+及物动词+宾语

［代表句］余 / 甚 / 恨 / 之 /。

［例句］（表一）

序号	S	"甚"	Vt	O	引书
1	余	甚	恨	之	《史记·游侠列传》
2	秦王	甚	爱	张仪	《史记·楚世家》

序号	S	"甚"	Vt	O	引书
3	〔西门豹〕	甚	简	左右	《韩非子·外储说左下》
4	〔高祖〕	甚	慢易	之	《史记·张耳陈馀列传》
5	孤	极	知	燕小力少	《史记·燕召公世家》
6	臣	（愿）颇	采	古礼（与秦仪杂就之）	《史记·刘敬叔孙通列传》
7	盎	颇	有	力	《史记·袁盎晁错列传》
8	老臣	（今者）殊	（不欲）食		《战国策·赵策》
9	武安	（由此）大	怨	灌夫魏其	《史记·魏其武安侯列传》
10	襄子	大	义	之	《史记·刺客列传》
11	〔籍〕	略	知	其意	《史记·项羽本纪》
12	〔大将军〕	愈	贤	黯	《史记·汲郑列传》
13	赵盾	益	专	国政	《史记·赵世家》
14	〔少年〕	愈益	慕	解之行	《史记·游侠列传》
15	天下士郡诸侯	愈益	附	武安	《史记·魏其武安侯列传》

[译文]

1. 我很为此感到遗憾。（恨：遗憾。之：代词，它，指平民侠客的事迹被埋没。）

2. 秦王很宠爱张仪。

3. 西门豹对君主左右的近侍很轻慢。（简：轻慢。左右：左右的侍卫。这里是定语代替以名词作中心语的偏正短语。）

4. 高祖对他非常傲慢。（慢易：傲慢不敬。之：代词，他，指代赵王。）

5. 我深知燕国国家小，力量薄弱。

6. 我愿意稍微采用古代礼节，和秦朝的礼仪杂糅在一起，制定新的礼节。

7. 袁盎很卖力气。

8. 我近来很不想吃东西。（老臣：触龙的自称。）

9. 武安侯从此十分怨恨灌夫和魏其侯。

10. 襄子非常赞赏他的侠义。（义：形容词的意动用法，以之为义。）

11. 项籍略微知道一点兵法书中的意思。（其意：其，指代兵法；意，意思，意义。）

12. 大将军更加认为汲黯贤能。（贤：形容词的意动用法，以之为贤。）

13. 赵盾更加专擅晋国的政事。

14. 年轻人更加敬慕郭解的行为。

15. 天下的士人、郡守和诸侯，更加靠近武安侯。

[结构式] II. S+"甚"（"大""愈""益"）+Vi

主语+"甚"（"大""愈""益"）+不及物动词

[代表句] 帝 / 甚 / 喜 /。

[例句]（表二）

序号	S	"甚"	Vi	引书
1	帝	甚	喜	《史记·赵世家》
2	余	甚	惑（焉）	《史记·伯夷列传》
3	汉王	大	惊	《史记·项羽本纪》
4	项羽	大	怒	《史记·项羽本纪》
5	夫	愈	怒	《史记·魏其武安侯列传》
6	栗姬	愈	恚恨	《史记·外戚世家》
7	民	（又）益	喜	《汉书·高帝纪》

[译文]

1. 上帝很高兴。

2. 我深感迷惑。

3. 汉王非常吃惊。

4. 项羽十分愤怒。

5. 灌夫越发愤怒。

6. 栗姬更加愤恨。

7. 老百姓更加高兴起来。

[说明]

1. "甚""极"等是程度副词。"甚""极""殊""大"等表示动作行为程度高；"略"表示程度低；"颇"可以表示程度高（如表一例 7 的"盎颇有力"），也可以表示程度低（如表一例 6 的"臣愿颇采古礼（与秦仪杂就之）"；"愈""益""愈益"表示程度上的进一步发展。

2. "甚""极"等放在动词的前面，作状语。

3. 本句型的谓语中心多数是表示心理活动的动词。

4. "甚""极""殊""大"译作"很""非常"，"略""颇"译作"稍微"，"颇"在表示程度高时译作"很""特别"，"愈""益""愈益"译作"更加""越发""越来越……"。

5. 本句型表示程度高的副词的替换词有："甚""至""极""尤""最""殊""绝""孔""太""泰""良""颇"等。表示程度低的副词的替换词有："少""略""颇"等。表示在程度上进一步发展的副词的替换词有："愈""益""愈益""弥""差""兹""滋""稍""加""渐""浸""寝"等。

句型 2

[结构式] I. S+"皆"（"悉""咸""尽""徒""独""但""取"）+Vt+O

主语+"皆"（"悉""咸""尽""徒""独""但""取"）+及物动词+宾语

[代表句] 诸男 / 皆 / 尚 / 秦公主 /。

[例句]（表一）

序号	S	"皆"	Vt	O	引书
1	诸男	皆	尚	秦公主	《史记·李斯列传》
2	女	悉	嫁	秦诸公子	《史记·李斯列传》
3	群臣	皆	推	车	《新序·杂事》
4	举齐国	皆	慕	其家行	《史记·万石君列传》
5	关中民	咸	知	之	《史记·淮阴侯列传》
6	〔范蠡〕	尽	散	其财	《史记·越王勾践世家》
7	故楚之贵戚	尽	（欲）害	吴起	《史记·孙子吴起列传》
8	王	徒	好	其言	《史记·孙子吴起列传》
9	女	独	（不）庆	寡人	《左传·宣公十一年》
10	〔匈奴〕	但	见	老弱及羸畜	《史记·刘敬叔孙通列传》
11	丞相	取	充	位	《史记·酷吏列传》

[译文]

1. 儿子们都娶了秦国的公主。（诸：众，各。诸男：指李斯长子李由的众子。尚：匹配，后专指与皇家女儿匹配。）
2. 女儿们都嫁给秦国的皇族子弟。（女：指李斯长子李由的众女。）
3. 臣子们都推车子。
4. 全齐国的人都仰慕他家的德行。
5. 关中的老百姓都知道这件事。
6. 范蠡散发他的全部家财。
7. 楚国的原来的贵族，都想要谋害吴起。
8. 大王只是喜爱我的理论。（其：代词，这里指代第一人称，我的。）
9. 只有你不庆贺寡人。
10. 匈奴只显露出年老体弱的士兵和瘦弱的牲畜。（见：通"现"，显露，出示。羸：瘦弱。）
11. 丞相只是空占名位。

[结构式] II. S+"皆"（"尽"）+Vi

　　　　主语+"皆"（"尽"）+不及物动词

[代表句] 诸侯 / 皆 / 至 /。

[例句]（表二）

序号	S	"皆"	Vi	引书
1	诸侯	皆	至	《史记·留侯世家》
2	诸灌氏	皆	亡匿	《史记·魏其武安侯列传》
3	长老吏傍观者	皆	惊恐	《史记·滑稽列传附录》
4	坐者	皆	喜	《韩非子·十过》
5	〔熊与罴〕	皆	死	《史记·赵世家》
6	人（其）	尽	死	《庄子·在宥》

［译文］

1. 诸侯都来到了。
2. 所有灌家的人都逃跑，躲藏起来了。
3. 长者、官吏和旁观的人都很惊慌、害怕。
4. 坐着的人都很欢喜。
5. 熊和罴都死了。
6. 人们都将会死的。

［说明］

1. "皆""悉"等是范围副词。"皆""悉""尽""咸""具"表示全部，"徒""独""但""取"表示限定（限制在一定的范围之内）。
2. "皆""悉"等放在动词的前面，作状语。
3. "皆""悉""尽""咸""具"译作"都""全都"，"徒""独""但""取"译作"仅""只"。
4. 本句型表示全部的副词的替换词有："皆""尽""悉""举""俱（具）""咸""毕""备""凡""率""一""佥""索""齐""通""胥""遍""都""併""并""比"等。表示限定的副词的替换词有："仅""廑""堇""止""直""特""第""但""亶""徒""唯""惟""独""裁""财""才""在""乃""取""顾"等。表示共同的副词的替换词有："共""同"等。表示各自的副词的替换词有："每""各""别"等。

句型 3

［结构式］ I. S+"相"（表互相、递相）+Vt

　　　　主语+"相"（表互相、递相）+及物动词

［代表句］ 季辛与爰骞 / 相 / 怨 /。

［例句］（表一）

序号	S	"相"	Vt	引书
1	季辛与爰骞	相	怨	《韩非子·内储说下》
2	父子	相	夷	《孟子·离娄上》
3	四人	相	视（而笑）	《庄子·大宗师》
4	秦王与群臣	相	视（而嘻）	《史记·廉颇蔺相如列传》
5	公私	（之）相	背（也）	《韩非子·五蠹》
6	邻国	相	望	《老子·八十章》
7	鸡犬之声	相	闻	《老子·八十章》
8	教学	相	长（也）	《礼记·学记》
9	父子	相	传	《史记·魏其武安侯列传》
10	前后	相	随	《老子·二章》
11	五帝	（不）相	复	《史记·秦始皇本纪》
12	三代	（不）相	袭	《史记·秦始皇本纪》
13	大小	相	含	《列子·汤问》
14	亡国破家	相	随属	《史记·屈原贾生列传》

［译文］

1. 季辛和爱謇互相怨恨。

2. 父和子互相伤了感情。（夷：伤，指伤和气。）

3. 四个人互相看着就笑起来了。

4. 秦王和大臣们互相看着，发出了苦笑声。（嘻：叹词，这里用作动词，发出苦笑或强笑之声。）

5. 公字和私字形体构造互相违背。

6. 邻国之间可以互相望见。

7. 鸡鸣狗吠的声音互相听到。

8. 教和学可以互相推进。（长：这里有"推进"的意思。）

9. 父传子，子传孙，帝位递相传下去。

10. 前和后递相跟随。

11. 五位帝王的制度，不是递相重复。

12. 夏、商、周三个朝代的法规，不是递相因袭。

13. 大和小的事物递相包含。

14. 国家灭亡、家庭毁坏的现象接连出现。（属：连续。）

［结构式］Ⅱ. S+"相"（"见"）（表称代受事者）+Vt

　　　　　主语+"相"（"见"）（表称代受事者）+及物动词

［代表句］〔公〕/（不肯）相 / 救 /。

［例句］（表二）

序号	S	"相"	Vt	引书
1	〔公〕	（不肯）相	救	《史记·张耳陈馀列传》
2	〔人〕	（以此）相	贺	《三国志·诸葛亮传注》
3	孤	（持鞍下马）相	迎	《三国志·鲁肃传》
4	〔帝〕	（今一切）相	赦	《后汉书·冯鲂传》
5		（杂然）相	许	《列子·汤问》
6	生物	（之以息）相	吹（也）	《庄子·逍遥游》
7		（不）相	得	《汉书·高帝纪》
8	慈父	见	背	《文选·卷三十七》
9	（恐）帝	（长大后）见	怨	《汉书·云敞传》

［译文］

1. 您不肯援救我。

2. 人们用这个祝贺我。

3. 我拿着马鞍子下马迎接你。

4. 皇上现在一切都赦免你们。

5. 全家人纷纷赞同他的看法。

6.　活动的生物，是凭借风吹动它飘动的。（息：风。）

7.　汉王派来的人不能找到他们。（相得：找到他们，"他们"指刘邦家里的人。）

8.　慈爱的父亲离开我去世了。（背：离开，引申为去世。）

9.　（恐怕）皇上长大以后怨恨他。（见：这里指代第三人称，"见怨"就是"怨他"。他指代莽。"帝长大后见怨"是主谓短语作动词"恐"的宾语。这里把它作为句子来分析。）

[说明]

1.　"相"是指代性副词，在表一例1—8中，表示互相，即某一动作行为的施事者，同时又是这一动作行为的受事者。如"秦王与群臣相视"的意思就是"秦王视群臣，群臣亦视秦王"。"相"在表一例9—14中，表示递相，即作主语的两者或数者，前者为施事，后者为受事，接着后者又成为施事，使动作行为接连传递下去。如"父子相传"的意思是"父传子，子传孙"。

2.　表二例句中，"相"指代动作行为受事者。表二例1、2指代的是第一人称，如"相救"就是"救我"；表二例3、4指代的是第二人称，如"相迎"就是"迎你"；表二例5—7指代的是第三人称，如"相许"就是"赞同他"。"见"也是指代性副词，多数指代第一人称。如表二例8的"见背"就是"离开自己"。

3.　"相"（"见"）放在动词前面，作状语。

4.　本句型的谓语中心一般是及物动词，少数也有是不及物动词的，表示"共同"。

S+"相"+Vi

主语+"相"+不及物动词

〔其妻与其妾〕相泣于中庭。（《孟子・离娄下》）

他的妻和他的妾在院子里一块儿哭泣。

5.　本句型的主语是名词短语（如表一例2的"父子"）或动词短语（如表一例14的"亡国破家"）。

6.　在表一例句中，"相"根据具体的上下文可译作"互相"或"递相"（"递相"可灵活翻译）。表二例句中，"相"可以按照所指代的人称，译成"我（我们）""你（你们）"或"他（他们）"。如例2中的"相贺"译为"祝贺我"。例4中的"相赦"译为"赦免你们"。例7中的"相得"译为"找到他们"。

句型4

[结构式] I. S+"既"（"已""尝""方""将""且"）+Vt+O

　　　　　主语+"既"（"已""尝""方""将""且"）+及物动词+宾语

[代表句] 吴王 / 既 / 诛 / 伍子胥 /。

[例句]（表一）

序号	S	"既"	Vt	O	引书
1	吴王	既	诛	伍子胥	《史记・伍子胥列传》
2	齐王	既	闻	此计	《史记・齐悼惠王世家》
3	田生	已	得	金	《史记・荆燕世家》
4	孔子	尝	为	委吏（矣）	《孟子・万章下》

序号	S	"既"	Vt	O	引书
5	〔孔子〕	尝	为	乘田（矣）	《孟子·万章下》
6	〔犀首〕	尝	佩	五国之相印	《史记·张仪列传》
7	羌	尝	反		《史记·李将军列传》
8	汉王	方	食		《史记·留侯世家》
9	（是时）上	方	乡	文学	《史记·酷吏列传》
10	赵	方	（西）忧	秦	《史记·陈涉世家》
11	齐桓公	将	救	之	《韩非子·说林上》
12	〔桓公〕	将	伐	蔡	《韩非子·外储说左上》
13	楚国君臣	且	苦	兵（矣）	《史记·伍子胥列传》
14	吾	方	图	子之功	《史记·黥布列传》

[译文]

1. 吴王已经杀了伍子胥。
2. 齐王已经听到这个计策。
3. 田生已经得到这笔钱。
4. 孔子曾经做过管理仓库的小官吏。（委吏：古代负责仓库保管、会计的小吏。）
5. 孔子曾经做过管理牲畜的小官吏。（乘田：古代负责管理牧场和饲养牲畜的小吏。）
6. 犀首曾经佩戴过五个国家的相印。
7. 羌人曾经反叛过。（羌：西汉时期散居在陇西一带的少数民族。）
8. 汉王正在吃饭。
9. 这时，汉武帝正在向往儒家学说。（乡：通"向"，向往。）
10. 赵国正在担忧西边秦国（的侵略）。
11. 齐桓公将要援救它。（之：代词，它，指代邢国。）
12. 齐桓公将要讨伐蔡国。
13. 楚国的君臣将要为战争而苦恼了。
14. 我正在考虑评定你的功劳。

[结构式] II. S+"既"（"尝""方""将"）+Vi
主语+"既"（"尝""方""将"）+不及物动词

[代表句] 悼王 / 既 / 葬 /。

[例句]（表二）

序号	S	"既"	Vi	引书
1	悼王	既	葬	《史记·孙子吴起列传》
2	〔吾〕	尝	（与鲍叔）贾	《史记·管晏列传》
3	蚌	方	出曝	《战国策·燕策》
4	公	将	战	《左传·庄公十年》

序号	S	"既"	Vi	引书
5	吾	将	仕（矣）	《论语·阳货》
6	仇液	将	行	《史记·穰侯列传》
7	鲁平公	将	出	《孟子·梁惠王下》
8	子	将	隐（矣）	《史记·老子列传》
9	靖郭君	将	城（薛）	《韩非子·说林下》

［译文］

1.　悼王安葬停当以后。

2.　我曾经和鲍叔一起做买卖。

3.　河蚌从水中出来，正在晒太阳。（曝：晒太阳。）

4.　庄公将要迎战。

5.　我打算做官了。

6.　仇液将要出发。

7.　鲁平公将要外出。

8.　您将要隐居了。

9.　靖郭君将在薛地筑城。（城：名词用作动词，筑城。）

［说明］

1.　"既""已"等是时间副词。"既""已""尝"表示动作行为过去发生，"方"表示动作行为正在发生（有时表示将要发生），"将""且"表示动作行为将要发生。

2.　"既""已"等放在动词前面，作状语。

3.　"既""已"译作"已经"，"尝"译作"曾经"，"方"译作"正在"（有时译作"将要"），"将""且"译作"将要"。

4.　本句型表示过去的时间副词的替换词有："既""已""以""既已""业""业已""尝""曾"等，表示正在的时间副词的替换词有："方""正""适""见""鼎""属"等，表示未来的时间副词的替换词有："将""且""为""欲""垂""行""行将""其""方"等。

句型 5

［结构式］I. S+"素"（"雅""亟""稍"）+Vt+O

　　　　　主语+"素"（"雅""亟""稍"）+及物动词+宾语

［代表句］吴广 / 素 / 爱 / 人 /。

［例句］（表一）

序号	S	"素"	Vt	O	引书
1	吴广	素	爱	人	《史记·陈涉世家》
2	〔项伯〕	素	善	留侯张良	《史记·项羽本纪》
3	〔单于〕	素	闻	其家声	《史记·李将军列传》

171

序号	S	"素"	Vt	O	引书
4	天下士	素	归	之	《史记·魏其武安侯列传》
5	父客	素	知	张耳	《史记·张耳陈馀列传》
6	太伯同母弟王游公	素	嫉	涉	《汉书·游侠传》
7	太后	雅	爱信	之	《汉书·元后传》
8	安帝	雅	闻	衡善术学	《后汉书·张衡传》
9	君	亟	定	变法之虑	《商君书·更法》
10	（其后）秦	稍	（蚕）食	魏	《史记·魏公子列传》

[译文]

1. 吴广向来爱护别人。
2. 项伯一向和留侯张良友好。
3. 单于平素听说过李陵家的名声。
4. 天下有才能的人一向归附他。（之：代词，他，指代魏其侯。）
5. 她父亲的宾客向来了解张耳。（父客：外黄有一个富豪人家的女儿，这里指她的父亲旧时的宾客。）
6. 祈太伯的同母弟弟王游公一向嫉恨原涉。
7. 太后向来喜爱信任他。（之：代词，他，指代安阳侯舜。）
8. 汉安帝素来听说张衡擅长天文、数学等学问。
9. 君王赶快确定变法的打算。
10. 从此以后，秦国逐渐像蚕食桑叶一样地侵占魏国领土。

[结构式] II. S+"素"（"雅""亟"）+Vi
　　　　　　主语+"素"（"雅""亟"）+不及物动词
[代表句] 居鄛人范增 / 素 / 居（家） /。
[例句]（表二）

序号	S	"素"	Vi	引书
1	居鄛人范增	素	居（家）	《史记·项羽本纪》
2	张耳	雅	游	《史记·张耳陈馀列传》
3	子	亟	去	《史记·老子韩非列传》

[译文]

1. 居鄛人范增一向住在家里。
2. 张耳善于交往。（游：交游，交往。）
3. 您赶快离开。

[说明]

1. "素""雅"等是表示时间频率的副词。"素""雅"表示动作的时间恒常，"亟"表示动作的时间急促，"稍"表示动作时间的变化。

2. "素""雅"等放在动词的前面，作状语。

3. 表一例句的谓语中心是及物动词，带的宾语是名词（如表一例1的"人"）、代词（如表一例4的"之"）或主谓短语（如表一例8的"衡善术学"）。表二例句的谓语中心是不及物动词。表二例1的"居"后面带非受事宾语"家"。

4. "素""雅"译作"平素""向来"，"亟"译作"迅速""赶快"，"稍"译作"渐渐地"。

5. 本句型副词的替换词有："素""雅""宿""常""恒"（以上表示恒常）；"旋""还""俄""俄而""寻""随""急""亟""速""遽""遄""趣""猥""暴""递""立""顿""卒""欻""忽"（以上表示急速）；"傥""姑""且""暂""少""聊"（以上表示暂且）；"渐""稍""寝""浸"（以上表示时间变化）；"终""竟""卒""迄""遂""归"（以上表示终了）；"先""早""夙""前""豫""晚""后""末"（以上表示先后）等。

句型 6

[结构式] I. S+"复"（"数""亟""骤""辄""累""比""再"）+Vt+O

主语+"复"（"数""亟""骤""辄""累""比""再"）+及物动词+宾语

[代表句] 广 / 复 / 为 / 后将军 /。

[例句]（表一）

序号	S	"复"	Vt	O	引书
1	广	复	为	后将军	《史记·李将军列传》
2	〔忌〕	复	问	其妻（曰）	《战国策·齐策》
3	扁鹊	复	见		《韩非子·喻老》
4	烈侯	复	问		《史记·赵世家》
5	公子	（亲）数	存	之	《史记·魏公子列传》
6	吾	（不忍）数	闻（也）		《庄子·让王》
7	〔武姜〕	亟	请（于武公）		《左传·隐公元年》
8	越人	（因此若势）亟	败	楚人	《墨子·鲁问》
9	宣子	骤	谏		《左传·宣公二年》
10	〔郤至〕	骤	称	其伐	《左传·成公十六年》
11	沛公	辄	解	其冠	《史记·郦生陆贾列传》
12	〔大将军邓骘〕	累	召		《后汉书·张衡传》
13	〔高后〕	（又）比	杀	三赵王	《史记·吕后本纪》
14	〔孤〕	再	辱	楚国之师	《史记·楚世家》
15	项梁	再	破	秦军	《史记·高祖本纪》
16	公子	再	拜		《史记·魏公子列传》
17	田忌	（一不胜而）再	胜		《史记·孙子吴起列传》
18	〔赵〕	（再战而）再	胜	秦	《战国策·齐策》
19	襄子	（迎孟谈而）再	拜	之	《韩非子·十过》

[译文]

1. 李广又当了后将军。

2. 邹忌又问他的姜说……

3. 扁鹊又拜见（桓侯）。

4. 烈侯又询问（那件事）。

5. 您屡次亲自问候我。（存：问候，慰问。之：代词，这里活用，指代第一人称，我。）

6. 我不忍心多次听到这些事情。

7. 姜氏屡次向郑武公请求。

8. 越国人凭借这种优势，屡次打败楚国人。（此若："若"同"此"。"此若"是复音词，译作"这种"。）

9. 赵盾屡次直言规劝。

10. 郤至屡次夸耀自己的功劳。（伐：功劳。）

11. 沛公刘邦往往摘下他的帽子。

12. 大将军邓骘屡次召请他。（召：指征召张衡。）

13. 高后又接连杀了三位赵王。

14. 我两次使楚国军队蒙受屈辱。

15. 项梁两次击败秦国军队。

16. 魏公子拜了两次。

17. 田忌失败一次，获胜两次。

18. 赵国两次作战，两次战胜秦国。

19. 襄子迎接张孟谈，向他拜了两次。

[结构式] II. S+"复"（"骤""数""辄""荐""再"）+Vi

　　　　主语+"复"（"骤""数""辄""荐""再"）+不及物动词

[代表句] 项伯 / 复 /（夜）去 /。

[例句]（表二）

序号	S	"复"	Vi	引书
1	项伯	复	（夜）去	《史记·项羽本纪》
2	华貙	（乃）复	入	《左传·昭公二十一年》
3	〔晋与楚〕	（明日）复	战	《左传·成公十六年》
4	信	数	（与萧何）语	《史记·淮阴侯列传》
5	晋	（能）骤	来	《左传·襄公十一年》
6	〔吴〕	骤	战（而骤胜）	《吕氏春秋·适威》
7	所居之官	辄	（积年不）徙	《后汉书·张衡传》
8	晋	荐	饥	《左传·僖公十三年》
9	不虞	荐	至	《左传·襄公二十二年》
10	曾子	再	仕	《庄子·寓言》
	（而）心	再	化	

序号	S	"复"	Vi	引书
11	智者	（不）再	计	《史记·鲁仲连邹阳列传》
12	此时	（不）再	至	《史记·鲁仲连邹阳列传》
13	〔白起〕	再	战（而烧夷陵）	《史记·平原君虞卿列传》

[译文]

1. 项伯又连夜离开。
2. 华貙就又二次进去。
3. 晋国和楚国明天又进行战斗。
4. 韩信多次跟萧何谈话。
5. 晋国能够屡次前来。
6. 吴国屡次作战却能屡次获胜。
7. 他所任的官职常常不能提升。
8. 晋国接连发生饥荒。
9. 意外的事情屡屡来到。（虞：意料，预料。不虞：意外之事。）
10. 曾子做官两次，心情发生变化两次。
11. 聪明人不会犹豫不定。（再：两次。计：盘算，考虑。）
12. 这样的时机不会来到两次。
13. 白起第二次作战，就烧毁了夷陵。（夷陵：楚先王墓地。）

[说明]

1. "复""数"等是时间副词。"复""数""亟""骤""辄""荐"表示动作行为的频数和重复，"再"表示动量，指同一动作行为进行了两次或同一动作行为的第二次。
2. "复""数"等副词放在动词前面，作状语。
3. "复"译作"又""再"，"数""亟""骤""辄""荐"译作"屡次""多次"，"再"译作"两次"或"第二次"（在古代汉语中，"再"不可以译成"再次"）。
4. 本句型副词的替换词有："复""重""再""数""亟""屡""娄""累""骤""频""历""比""薦""荐""比比""仍""辄""动""每""连"等。

句型 7

[结构式] I. S+"必"（"固"）+Vt+O
主语+"必"（"固"）+及物动词+宾语

[代表句] 我 / 必 / 覆 / 楚 /。

[例句]（表一）

序号	S	"必"	Vt	O	引书
1	我	必	覆	楚	《史记·伍子胥列传》
2	我	必	存	之	《史记·伍子胥列传》
3	其主	必	杀	之	《吕氏春秋·贵因》

序号	S	"必"	Vt	O	引书
4	新沐者	必	弹	冠	《史记·屈原贾生列传》
5	新浴者	必	振	衣	《史记·屈原贾生列传》
6	有德者	必	有	言	《论语·宪问》
7	仁者	必	有	勇	《论语·宪问》
8	臣	固	知	王之不忍（也）	《孟子·梁惠王上》
9	小	固	（不可以）敌	大	《孟子·梁惠王上》
10	寡	固	（不可以）敌	众	《孟子·梁惠王上》
11	弱	固	（不可以）敌	强	《孟子·梁惠王上》

［译文］

1. 我必定倾覆楚国。
2. 我必定保存楚国。
3. 他的君主一定会杀死他。
4. 刚洗过头的人一定要弹掉帽子上的灰尘。
5. 刚洗过澡的人一定要抖掉衣服上的灰尘。
6. 有道德的人一定有好的言论。
7. 仁爱的人一定勇敢。
8. 我本来知道您是不忍心的。
9. 小国本来不可以抵挡大国。
10. 人口少的国家本来不可以抵挡人口多的国家。
11. 弱国本来不可以抵挡强国。

［结构式］ II. S+"必"（"固"）+Vi〈+"矣"〉

　　　　　　主语+"必"（"固"）+不及物动词〈+"矣"〉

［代表句］齐 / 必 / 惧矣 /。

［例句］（表二）

序号	S	"必"	Vi	矣	引书
1	齐	必	惧	矣	《史记·范雎蔡泽列传》
2	子	必	（不）生	矣	《韩非子·说林上》
3	太后	必	喜		《史记·吕太后本纪》
4	北军	必	败	矣	《后汉书·彭宠传》
5	〔楚〕	固	（将）退	矣	《左传·成公二年》

［译文］

1. 齐国一定恐惧。
2. 孩子一定不能活了。

176

3. 太后一定高兴。
4. 北方的军队必定失败了。
5. 楚国本来将要退兵了。

[说明]

1. "必""固"等是表示肯定的情态副词。"必"表示动作行为的必然性，或主观愿望及决心，"固"表示本来如此或理应如此。"必""固"等作状语。

2. 表一例句的谓语中心是及物动词，带的宾语是名词（如表一例1的"楚"）、代词（如表一例3的"之"）、形容词（如表一例7的"勇"）或主谓短语（如表一例8的"王之不忍"）。

3. 本句型的主语是名词（如表二例1的"齐"）、名词短语（如表一例3的"其主"）、代词（如表一例1的"我"）或形容词（如表一例9的"小"）。

4. "必"译作"必定""一定"或"必须"，"固"译作"本来"或"固然"。

5. 本句型副词的替换词有："必""固""故""顾""乃"等。

句型 8

[结构式] I. S+"请"（"敬""幸""辱""敢""窃""伏"）+Vt+O
主语+"请"（"敬""幸""辱""敢""窃""伏"）+及物动词+宾语

[代表句] 臣 / 请 / 事 / 之 /。

[例句]（表一）

序号	S	"请"	Vt	O	引书
1	臣	请	事	之	《左传·隐公元年》
2		请	问	其目	《论语·颜渊》
3		请	轻	之	《孟子·滕文公下》
4		请	损	之	《孟子·滕文公下》
5		敬	受	命	《史记·陈涉世家》
6		敬	闻	命（矣）	《史记·郦生陆贾列传》
7	大王	（亦）幸	赦	臣	《史记·廉颇蔺相如列传》
8		辱	收	寡君	《左传·僖公四年》
9		敢	问	天籁	《庄子·齐物论》
10		敢	问	死	《论语·先进》
11		敢	问	何谓浩然之气	《孟子·公孙丑上》
12		敢	布	腹心	《左传·宣公十二年》
13	臣	窃	矫	君命	《战国策·齐策》
14	臣	窃	以为	殆（矣）	《汉书·蒯伍江息夫传》
15	臣	伏	计	之	《汉书·文帝纪》
16	臣青翟臣汤博士臣将行等	伏	闻	康叔亲属有十	《史记·三王世家》

[译文]

1. 请允许我去侍奉他。
2. 请允许我问实行仁德的条目。
3. 请让我先减轻一些税收。（轻：这里是形容词的使动用法，"轻之"即"使之轻"。）
4. 请让我先减少一点。
5. （我们）恭敬地接受命令。
6. （我们）恭敬地聆听您的指教。
7. 大王也赦免了我。
8. 承蒙君王受辱收纳了我国国君。
9. 请问天籁是什么？（天籁：天空中自然的音响。）
10. 请问死是怎么一回事。
11. （我）冒昧地问问什么叫作浩然之气？
12. （我）斗胆陈述心里的话。
13. 我私下假托您的命令。
14. 我认为很危险。
15. 我恭敬地考虑这件事。
16. 臣庄青翟、臣张汤、博士臣将行等恭敬地听说过康叔兄弟有十人。（将行：人名。）

[结构式] II. S+"请"（"窃"）+Vi
　　　　　　主语+"请"（"窃"）+不及物动词
[代表句] 臣 / 请 / 入 /。
[例句]（表二）

序号	S	"请"	Vi	引书
1	臣	请	入	《史记·项羽本纪》
2		请	（以战）喻	《孟子·梁惠王上》
3	臣	窃	惧（矣）	《吴子·图国》

[译文]

1. 请让我进去。
2. 请允许我用战争打比方。
3. 我很害怕。

[说明]

1. "请""敬"等是谦敬副词，作状语。"请""敬""幸""辱""敢"等用于表示对人的尊敬、客气。其中"幸"用于表示对方这样做，使说话人感到幸运；"辱"用于表示这样做使对方蒙受了耻辱。"窃""伏"等用于表示自谦。
2. 本句型的主语多数是第一人称代词，少数是第二人称代词（常出现在有"幸""辱"等字的句子），而这些主语常省略。
3. 表一例句的谓语中心是及物动词,带的宾语是名词、名词短语（如表一例2的"其目"）、代词（如表一例 3 的"之"）、动词（如表一例 10 的"死"）、形容词（如表一例 14 的"殆"）或主谓短语（如表一例 16 的"康叔亲属有十"）；表二例句的谓语中心是不及物动词。

4. "请"译作"请允许我"，"敬"译作"恭敬地"，"敢"译作"冒昧地"，"窃"译作"私下"，但"请"这类字一般可以不译。

5. 本句型副词的替换词有："请""敬""谨""幸""惠""辱""敢""窃""伏""猥""愚""忝"等。

第十六类　S‖Adv(A)+V+O
主‖状(形)+动+宾

句型 1

[结构式] I. S+Adv(A)+Vt+O

　　　　主语+状语（形）+及物动词+宾语

[代表句] 百姓 / 多 / 闻 / 其贤 /。

[例句]（表一）

序号	S	Adv	Vt	O	引书
1	百姓	多	闻	其贤	《史记·陈涉世家》
2	今世学者	多	似	此类	《韩非子·外储说左上》
3	门人	厚	葬	之	《论语·先进》
4	反国之王	难	（与）守	城	《史记·高祖本纪》
5	饥者	易	为	食	《孟子·公孙丑上》
6	渴者	易	为	饮	《孟子·公孙丑上》

[译文]

1. 老百姓大都听说他很贤良。

2. 现在治学的人大多很像这一类。

3. 学生们厚葬了他。

4. 一个反叛过的侯国的王，难以和他一起守城。（反国之王：反叛过的侯国的王，指魏豹。他先依附项羽，后归顺刘邦，不久又叛变，十分反复无常。）

5. 一个饥饿的人，会急切地不加挑剔地吃东西。

6. 一个口渴的人，会急切地不加选择地喝东西。

[结构式] II. S+Adv(A)+Vi

　　　　主语+状语（形）+不及物动词

[代表句] 吾 / 徐 / 死（耳）/。

[例句]（表二）

序号	S	Adv	Vi	引书
1	吾	徐	死（耳）	《史记·赵世家》
2	汝	（可）疾	去（矣）	《史记·商君列传》
3	牛羊	苗壮	长（而已矣）	《孟子·万章下》
4	〔老臣〕	（曾不能）疾	走	《战国策·赵策》

[译文]

1. 我将从容不迫地度过天年。（徐：慢。这里译成"从容"。全句均用意译。）
2. 你得赶快离开吧。
3. 园子里的牛羊腰肥体壮地成长起来罢了。
4. 老臣竟然不能够快跑。

[说明]

1. 在本句型中，形容词放在动词的前面，作状语。
2. 表一例句的谓语中心是及物动词，带的宾语是名词、名词短语（如表一例2的"此类"）、代词（如表一例3的"之"）、动词（如表一例5的"食"）或主谓短语（如表一例1的"其贤"）；表二例句的谓语中心是不及物动词。
3. "徐"译作"慢"，"疾"译作"快"，"厚"译作"丰厚"。
4. "耳""矣"是语气词，"而已矣"是语气词连用。"耳"表示决定或肯定，"矣"表示祈使，"而已矣"表示限止。
5. 本句型常见形容词的替换词有："多""寡""少""难""易""善""恶""高""下""低""厚""薄""远""近""疾""徐""壮""弱""新""故""直""邪""轻""重""实""虚""空""明""暗""纯""杂"等。

句型 2

[结构式] I. S+Adv（A+"然"/"焉"）+Vt+O

主语+状语（形+"然"/"焉"）+及物动词+宾语

[代表句] 天 / 油然 / 作 / 云 /。

[例句]（表一）

序号	S	Adv		Vt	O	引书
		A	"然"			
1	天	油	然	作	云	《孟子·梁惠王上》
2	〔天〕	沛	然	下	雨	《孟子·梁惠王上》
3	〔吾党之小子〕	斐	然	成	章	《论语·公冶长》
4	夫子	循循	然	（善）诱	人	《论语·子罕》

[译文]

1. 天上黑压压地出现了乌云。（油然：云彩兴起的样子。作：出现。）

2. 天上哗啦哗啦地落下大雨来。（沛然：雨盛大的样子。）
3. 我的家乡中的那些学生们，文学有了可观的成就。（党：古代五族为党。吾党：我的故乡，指鲁国。斐然：有文采的样子。）
4. 老师善于有次序地诱导我。

［结构式］II. S+Adv（A+"然"/"尔"）+Vi
　　　　　主语+状语（形+"然"/"尔"）+不及物动词
［代表句］苗／浡然／兴（之矣）/。
［例句］（表二）

序号	S	Adv		Vi	引书
		A	"然"		
1	苗	浡	然	兴（之矣）	《孟子·梁惠王上》
2	曾西	艴	然	（不）悦	《孟子·公孙丑上》
3	生鱼	攸	然	（而）逝	《孟子·万章上》
4	〔柳下惠〕	由由	然	（不忍）去（也）	《孟子·万章下》

［译文］
1. 禾苗蓬蓬勃勃地生长起来了。（浡然：旺盛的样子。）
2. 曾西突然恼怒，很不高兴。（艴然：恼怒的样子。）
3. 活鱼很快地游往水深处，不见踪影了。（攸然：疾走的样子。）
4. 柳下惠高高兴兴地舍不得离开。

［说明］
1. "然""焉""尔"等黏附在形容词后面，作形容词的词尾，用来加强描绘动作行为的形象性。
2. 带词尾的形容词放在动词的前面，作状语。
3. "然"（"焉""尔"）译作"地"。
4. 本句型形容词带词尾的替换词语有："填然""喟然""悖然""歖然""块然""萧然""屑然""呒然""蹶然""愀然""欣然""泫然""汪然""猝然""卒然""怅然""驰然""悄然""肃然""勃然""艴然""斐然""攸然""哗然""杂然""浡然""油然""沛然""傀然""芒芒然""喟喟然""由由然""汹汹然""欣欣然""循循然""欢然""愁焉""忽焉""纷纷焉""徐徐焉""谆谆焉""潜然""率尔""呼尔""蹴尔""俶尔""卓尔""铿尔""莞尔""从从尔""扈扈尔""纵纵尔""折折尔""确乎""焕乎""伊乎""茫乎""凛乎""荡荡乎""巍巍乎""默默乎""沛若""欢若""超若""沃若""勿勿诸""言言斯"等。

［附］相关句型：
Adv（A+"乎"）+S+Vt+O
状语（形+"乎"）+主语+及物动词+宾语
恢恢乎，其（于游刃必）有余地矣。（《庄子·养生主》）

181

宽宽绰绰地有空间的关节对于使刀刃游动，一定有回旋的充裕空间。（其：代词，它。这里指代上文的"有间"，即"有空间的关节"。）

这里的"乎"作叠字形容词的词尾，"恢恢乎"放在句首作状语。

第十七类　S‖Adv（N）+V+O

主‖状（名）+动+宾

句型1

[结构式] I. S+Adv（N-表比喻）+Vt+O

　　　　主语+状语（名-表比喻）+及物动词+宾语

[代表句]（其后）秦／（稍）蚕／食／魏／。

[例句]（表一）

序号	S	Adv	Vt	O	引书
1	（其后）秦	（稍）蚕	食	魏	《史记·魏公子列传》
2	（令两黥徒夹而）〔须贾〕	马	食	之	《史记·范雎蔡泽列传》
3	〔苻坚〕（既已）	狼	噬	梁岐	《世说新语·识鉴》
4	〔苻坚〕（又）	虎	视	淮阴（矣）	《世说新语·识鉴》

[译文]

1. 从此以后秦国逐渐地像蚕吃桑叶一样侵占了魏国领土。
2. （范雎让两个受过刺面刑罚的犯人夹着）须贾像马似的吃莝豆。（之：指代上文"莝豆"。莝豆：切碎的草料。）
3. 苻坚已经像狼似的侵占了梁山、岐山。
4. 苻坚又像虎似的盯着淮阴。

[结构式] II. S+Adv（N-表比喻）+Vi

　　　　主语+状语（名-表比喻）+不及物动词

[代表句] 老人／儿／啼／。

[例句]（表二）

序号	S	Adv	Vi	引书
1	老人	儿	啼	《史记·循吏列传》
2	天下之士	云	合	《史记·淮阴侯列传》
		雾	集	
3	〔天下之士〕	鱼鳞（杂）	沓	《史记·淮阴侯列传》
4	〔天下之士〕	熛	至	《史记·淮阴侯列传》
		风	起	

序号	S	Adv	Vi	引书
5	豕	人	立	《左传·庄公八年》
			（而）啼	
6	嫂	蛇	行（匍伏）	《战国策·秦策》
7	三辅盗贼	麻	起	《汉书·王莽传》

［译文］

1. 老人像小孩似的啼哭。
2. 天下的士人像云雾一样地汇合在一起。（"云"和"雾"作状语，表示人才众多。）
3. 天下的士人像鱼鳞一样地密集在一起。（沓：多而重复。杂沓：众多而杂乱的样子。）
4. 天下的士人像火花迸飞一样地来到，像狂风一样地刮起。（熛：迸飞的火焰。"熛"和"风"作状语，表示响应起义的人行动非常迅猛。）
5. 野猪像人一样地站立起来啼叫。
6. 嫂子像蛇似的伏在地上爬行，跪着走。
7. 三辅的盗贼像乱麻似的兴起。

［说明］

1. 本句型是名词用作状语来表示比喻，即用名词所表示的人或事物行动的特征，来形象地描绘动词所表示的动作行为的状态。
2. 本句型的谓语中心多数为不及物动词。
3. 充当状语的名词，译作"像……一样地"或"像……似的"。"儿啼"译作"像小孩一样地啼哭"。
4. 本句型名词用作状语与动词搭配的替换词语有："人立""儿啼""子来""匹夫行"（以上的名词是表人的），"龟息""蛇盘""犬坐""蛇行""狐凭""鼠窃""翼蔽""鼠伏""猱进""鸷击""兽聚""鸟散""狗偷""虎争""蜂起""蚕食""豕突""狼奔""马食""鱼鳞杂沓"（以上的名词是表动物的），"云合""风扬""电激""云集""响应""景从""土崩""瓦解""席卷""麻起""云布""雾散""风生""飙逝""雷同""霆击""熛至"（以上的名词是表天然事物的），等等。

句型 2

［结构式］S+Adv（N−表对人的态度）+Vt+O

　　　　 主语+状语（名−表对人的态度）+及物动词+宾语

［代表句］吾／（得）兄／事／之／。

［例句］

序号	S	Adv	Vt	O	引书
1	吾	（得）兄	事	之	《史记·项羽本纪》
2	〔楚田仲〕	父	事	朱家	《史记·游侠列传》
3	〔晋公子〕	父	事	狐偃	《国语·晋语》
4	〔晋公子〕	师	事	赵衰	《国语·晋语》

序号	S	Adv	Vt	O	引书
5	〔晋公子〕	长	事	贾佗	《国语·晋语》
6	民母之子	（皆）奴	畜	之	《汉书·卫青传》
7	〔彼秦〕	虏	使	其民	《战国策·赵策》
8	齐将田忌	（善而）客	待	之	《史记·孙子吴起列传》
9	范中行氏	（皆）众人	遇	我	《史记·刺客列传》
10	智伯	国士	遇	我	《史记·刺客列传》

[译文]

1. 我可以像对待哥哥一样地侍奉他。
2. 楚地的田仲像对待父亲一样地侍奉朱家。
3. 晋公子重耳像对待父亲一样侍奉狐偃。（狐偃：晋国的卿，字子犯，公子重耳的舅父，亦称"舅犯"，一作"咎犯"，他和赵衰、贾佗曾随从重耳流亡。）
4. 晋公子重耳像对待老师一样地侍奉赵衰。（赵衰：指晋国卿公明的小儿子成子衰。）
5. 晋公子重耳像对待哥哥一样地侍奉贾佗。（贾佗：指狐偃的儿子射姑，字季佗，食邑在贾。）
6. 平民母亲的孩子们都把他当作奴隶畜养。（之：代词，他，指代卫青。）
7. 那个秦国把它的老百姓当作奴隶一样地来役使。
8. 齐国的将领田忌友好地把他当作客人一样地来接待。
9. 范氏和中行氏，都把我当作一般人看待。
10. 智伯把我当作国士看待。

[说明]

1. 本句型是名词用作状语来表示对人的态度，即把动词的宾语所代表的人，当成用作状语名词所表示的人或事物来对待。
2. 用作状语的名词可以表示各种不同的身份：有的表示尊贵的身份，如"国士""客"等；有的表示卑贱的身份，如"犬马""奴虏"等；有的表示亲近的身份，如"父""兄""儿子"等。
3. 本句型的谓语中心一般是及物动词。
4. 充当状语的名词译作"像对待……一样地"或"把……当作……"。如："兄事"译为"像对待哥哥一样地侍奉"。
5. 本句型名词用作状语与动词搭配的替换词语有："客待""奴畜""犬马畜""民畜""儿子畜""兄事""长事""父事""虏使""奴虏使""庸臣遇""众人遇""国士遇""众人报""国士报"等。

句型3

[结构式] S+Adv（N-表工具或方式）+Vt+O

　　　　主语+状语（名-表工具或方式）+及物动词+宾语

[代表句]〔朱亥〕/ 椎 / 杀 / 晋鄙 /。

[例句]

序号	S	Adv	Vt	O	引书
1	〔朱亥〕	椎	杀	晋鄙	《史记·魏公子列传》
2	秦惠王	车	裂	商君（以徇）	《史记·商君列传》
3	臣	（请）剑	斩	之	《汉书·霍光传》
4	上	目	送	之	《汉书·周勃传》
5	十九人	（相与）目	笑	之	《史记·平原君虞卿列传》
6	万石君	（必）朝服	见	之	《汉书·万石君传》
7	〔彼秦者〕	权	使	其士	《战国策·赵策》
8	吴王	面	结	之	《史记·吴王濞列传》
9	弘	（不肯）面	折（庭争）		《史记·平津侯主父列传》
10	〔都〕	面	折	大臣（于朝）	《史记·酷吏列传》
11	〔哙〕	面	欺		《史记·季布栾布列传》
12	哙	（又）面	谀		《史记·季布栾布列传》
13	〔失期者〕	法	（皆）斩		《史记·陈涉世家》

[译文]

1. 朱亥用铁锤打死了晋鄙。
2. 秦惠王用五马驾车分驰撕裂了商君肢体示众。
3. 我请求用剑斩杀他们。
4. 皇上用眼注视着他走出去。
5. 那十九人互相用眼神示意讥笑毛遂。
6. 万石君一定穿着朝服接见他们。
7. 那个秦国用权诈的手段使用它的士人。
8. 吴王当面和胶西王订立了盟约。
9. 公孙弘不肯当面反驳和在朝廷上辩论。
10. 郅都在朝廷上当面训斥大臣。（面折：当面驳斥，使对方屈服。）
11. 樊哙当面欺骗。
12. 樊哙又当面阿谀谄媚。
13. 误了期限的人，按照法律规定都应该杀头。

[说明]

1. 本句型是名词用作状语，主要来表示动作行为的工具（如"朱亥椎杀晋鄙"），也有的用来表示动作行为的方式（如"吕太后闻之，私喜。面质吕须于平前"。"面"，当面）或依据（如"法皆斩"。"法"，按照法律）。

2. 本句型在译成现代汉语时，可以在名词前面加上"用""拿"或"按照"。"椎杀"译为"用铁锤击杀"，"法"译为"按照法令"。

3. 本句型名词用作状语与动词搭配的替换词语有："锥杀""朝服见""丹书""船载""箕

畚运""布囊""笼养""车裂""剑斩""鞭笞""木格贮""杖杀""目送""目挑""目论""目摄""目见""目笑""耳语""耳闻""面刺""面问""面折""面结""面谀""面欺""面质""心招""心害""心谤""心非""手执""手抚""腹诽""户说""权使""法斩"等。

句型 4

[结构式] I. S+Adv（NPos）+Vt+O
　　　　主语+状语（方位名）+及物动词+宾语

[代表句]（夫）蚓 / 上 / 食 / 槁壤 /。

[例句]（表一）

序号	S	Adv	Vt	O	引书
1	（夫）蚓	上	食	槁壤	《孟子·滕文公下》
2	〔蚓〕	下	饮	黄泉	《孟子·滕文公下》
3	〔公〕	上	（不能）褒	先帝之功业	《史记·汲郑列传》
4	〔公〕	下	（不能）抑	天下之邪心	《史记·汲郑列传》
5	（是时）汉	（方）南	诛	两越	《史记·万石君列传》
6	〔汉〕	东	击	朝鲜	《史记·万石君列传》
7	〔汉〕	北	逐	匈奴	《史记·万石君列传》
8	〔汉〕	西	伐	大宛	《史记·万石君列传》
9	〔将军〕	西	和	诸戎	《三国志·诸葛亮传》
10	〔将军〕	南	抚	夷越	《三国志·诸葛亮传》
11	〔将军〕	外	结好	孙权	《三国志·诸葛亮传》
12	〔将军〕	内	修	政理	《三国志·诸葛亮传》
13	尉	左右	视		《史记·张释之冯唐列传》

[译文]

1. 蚯蚓在平地上面吃干枯的尘土。
2. 蚯蚓在地层下面喝泉水。（黄泉：地下泉水。）
3. 您对上不能弘扬先帝的功绩事业。
4. 您对下不能遏制天下人的邪恶欲望。
5. 这时汉朝正在南方讨伐南越、东越。
6. 汉朝在东方攻打朝鲜。
7. 汉朝在北方追逐匈奴。
8. 汉朝在西方征讨大宛。
9. 将军西面与西南的各少数民族和睦相处。
10. 将军南面对南面的少数民族进行安抚。
11. 将军对外和孙权结成友好联盟。
12. 将军对内整顿政治。
13. 上林尉东瞧西看。（左右视：东瞧西看，表示回答不出来的窘态。）

［结构式］II. S+Adv（NPos）+Vi

主语+状语（方位名）+不及物动词

［代表句］（昔）平王 / 东 / 迁 /。

［例句］（表二）

序号	S	Adv	Vi	引书
1	（昔）平王	东	迁	《左传·襄公十年》
2	〔履〕	东	至（于海）	《左传·僖公四年》
3	〔履〕	西	至（于河）	《左传·僖公四年》
4	〔履〕	南	至（于穆陵）	《左传·僖公四年》
5	〔履〕	北	至（于无棣）	《左传·僖公四年》
6	魏子	南	面	《左传·昭公三十二年》

［译文］

1. 从前平王往东迁移。
2. 征伐的范围东边到大海。
3. 征伐的范围西边到黄河。
4. 征伐的范围南边到穆陵。
5. 征伐的范围北边到无棣。
6. 魏舒面朝南。（南面：面朝南，指居君主位。）

［说明］

1. 在本句型中，方位名词放在动词前面，表示动作行为活动的空间或趋向，作状语。
2. 本句型在译成现代汉语时，一般可在方位名词前面加上"向"或"往"等。"上食""下饮"译为"向上吃""向下喝"。
3. 本句型方位名词的替换词有："东""西""南""北""上""下""左""右""内""外""前""后""中"等。

句型 5

［结构式］I. S+Adv（NPl）+Vt+O

主语+状语（处所名）+及物动词+宾语

［代表句］相如 / 廷 / 叱 / 之 /。

［例句］（表一）

序号	S	Adv	Vt	O	引书
1	相如	廷	叱	之	《史记·廉颇蔺相如列传》
2	〔秦王〕	廷	见	相如	《史记·廉颇蔺相如列传》
3	〔是属〕	廷	辩	之	《史记·魏其武安侯列传》
4	（今）先生	（俨然不远千里而）庭	教	之	《战国策·秦策》
5	围	道	闻	王疾（而还）	《史记·楚世家》
6	君王	（宜）郊	迎		《史记·郦生陆贾列传》
7	〔越〕	（又）郊	败	之	《国语·越语》

187

[译文]

1. 蔺相如在朝廷上斥责他。
2. 秦王终于在朝廷殿堂上接见蔺相如。
3. 这些人在朝廷上辩论他们的事。
4. 现在先生不远千里而来，在朝廷上庄重地指教我。（不远千里：不以千里为远，这是形容词意动用法。俨然：庄重的样子。之：代词，指代第一人称"我"。庭：朝廷，通"廷"。）
5. 公子围在途中听说国王患病，就返回楚国。
6. 您应该在郊外迎接（我）。
7. 越国又在郊外打败吴国。

[结构式] II. S+Adv（NPl）+Vi

　　　　主语+状语（处所名）+不及物动词

[代表句] 徒 /（多）道 / 亡 /。

[例句]（表二）

序号	S	Adv	Vi	引书
1	徒	（多）道	亡	《汉书·高帝纪》
2	童子	隅	坐（而执烛）	《礼记·檀弓上》
3	舜	（勤民事而）野	死	《国语·鲁语》
4	冥	（勤其官而）水	死	《国语·鲁语》
5	稷	（勤百谷而）山	死	《国语·鲁语》
6	〔陆生〕	（乃病免）家	居	《史记·郦生陆贾列传》
7	力不足者	中道	（而）废	《论语·雍也》

[译文]

1. 很多服劳役的犯人，在中途逃亡。
2. 一个小孩儿坐在角落里，拿着蜡烛。（隅：角落。）
3. 舜辛勤地给人们做事，死在郊外。
4. 冥辛勤地恪守官职，死在水中。
5. 稷辛勤地播种百谷，死在山上。
6. 陆生就称病辞职，在家里闲居。
7. 力量不够的人走到中途（走不动了），才会停止。

[说明]

1. 在本句型中，处所名词放在动词前面，表示动作行为发生的处所，作状语。
2. 表一例句的谓语中心是及物动词，带的宾语是代词（如表一例 1 的"之"）或主谓短语（如表一例 5 的"王疾"）。
3. 本句型在译成现代汉语时，可在处所名词前面加上"在……""在……上"或"在……里"。"廷叱"译为"在朝廷上斥责"。

4. 本句型处所名词的替换词有："野""郊""山""水""谷""地""穴""道""庙""廷""庭""隅""家""窗"等。

句型 6

[结构式] I. S+Adv（NT）+Vt+O
　　　　主语+状语（时间名）+及物动词+宾语

[代表句] 吕泽 /（立）夜 / 见 / 吕后 /。

[例句]（表一）

序号	S	Adv	Vt	O	引书
1	吕泽	（立）夜	见	吕后	《史记·留侯世家》
2	沈犹氏	（不敢）朝	饮	其羊	《荀子·儒效》
3	〔邴叔纥臧畴臧贾〕	宵	犯	齐师	《左传·襄公十七年》
4	〔曲沃武公〕	夜	获	之	《左传·桓公三年》
5	〔吾〕	日夜	望	将军至	《史记·项羽本纪》

[译文]

1. 吕泽立刻在夜里进见吕后。
2. 沈犹氏不敢在早晨给他的羊灌水。（朝饮其羊：在早晨让羊饮足水后上市去卖，来欺骗买主。）
3. 邴叔纥、臧畴、臧贾在夜里袭击齐国军队。
4. 曲沃武公在夜里俘获了他。（之：代词，他，指代上文"晋哀侯"。）
5. 我白天黑夜都盼望着项将军到来。

[结构式] II. S+Adv（NT）+Vi
　　　　主语+状语（时间名）+不及物动词

[代表句] 宰予 / 昼 / 寝 /。

[例句]（表二）

序号	S	Adv	Vi	引书
1	宰予	昼	寝	《论语·公冶长》
2	咎犯	（闻之而）夜	哭	《韩非子·外储说左上》
3	蚁	冬	居（山之阳）	《韩非子·说林上》
4	〔蚁〕	夏	居（山之阴）	《韩非子·说林上》

[译文]

1. 宰予在白天睡觉。
2. 咎犯听到这件事，在夜里痛哭。
3. 蚂蚁在冬天住在山的南坡。
4. 蚂蚁在夏天住在山的北坡。

[说明]

1. 本句型中，时间名词放在动词前面，表示动作行为发生的时间，作状语。

2. 表一例句的谓语中心是及物动词，带的宾语是名词（如表一例1的"吕后"）、名词短语（如表一例3的"齐师"）或主谓短语（如表一例5的"将军至"）。

3. 本句型在译成现代汉语时，可在时间名词前面加上"在……"或"在……时候"，也可以不加。如"宵犯"译为"在夜间袭击"。

4. 本句型时间名词的替换词有："春""夏""秋""冬""昼""夜""宵""朝""夕""旦""暮"等。

句型 7

[结构式] I. S+"日"（"月""岁"）+Vt（表行动）+O

主语+"日"（"月""岁"）+及物动词（表行动）+宾语

[代表句] 吾 / 日 /（三）省 / 吾身 /。

[例句]（表一）

序号	S	"日"	Vt	O	引书
1	吾	日	（三）省	吾身	《论语·学而》
2	上	日	闻	所不闻	《史记·袁盎晁错列传》
			明	所不知	
3	君	（能）日	饮		《史记·袁盎晁错列传》
4	〔陈平〕	日	饮	醇酒	《史记·陈丞相世家》
			戏	妇女	
5	魏其	日	（默默不）得	志	《史记·魏其武安侯列传》
6	良庖	岁	更	刀	《庄子·养生主》
7	族庖	月	更	刀	《庄子·养生主》
8	邺三老廷掾	常岁	赋敛	百姓	《史记·滑稽列传附录》

[译文]

1. 我每天多次反省自己。（三：泛指多次。省：反省。）

2. 皇上每天听到不曾听到的事情，明晓原先不曾明白的道理。

3. 您能够每天喝酒。

4. 陈平每天喝美酒，玩弄妇女。（醇酒：浓厚的美酒。）

5. 魏其侯每天沉闷不乐，心情不舒畅。（不得志：不得意。）

6. 好的厨子每年换一把刀。

7. 一般的厨子每月换一把刀。（族：众，普通的。）

8. 邺地的三老、廷掾常年向老百姓征收赋税。（三老：古代掌管教化的乡官。廷掾：古代辅佐县令的官，掌管钱粮赋税。）

[结构式] II. S+"日"+Vi（表行动）

主语+"日"+不及物动词（表行动）

[代表句] 毁 / 日 / 至（窦太后）/。

[例句]（表二）

序号	S	"日"	Vi	引书
1	毁	日	至（窦太后）	《史记·魏其武安侯列传》
2	太子	日	造（门下）	《史记·刺客列传》
3	夫鹄	（不）日	浴（而白）	《庄子·天运》
4	乌	（不）日	黔（而黑）	《庄子·天运》

[译文]

1. 毁谤的话每天都传到窦太后的耳中。
2. 太子每天到荆轲的住所问候。
3. 白鹤不必每天沐浴，羽毛却是白的。
4. 乌鸦不必每天染黑，羽毛却是黑的。（黔：染黑。）

[说明]

1. "日""月""岁"等是时间名词，表示行动的频数或经常，作状语。
2. 本句型的谓语中心是具有行动性的动词。
3. 表二例 1 中的"窦太后"和例 2 中的"门下"都是非受事宾语。
4. "日"译作"日日"（"每天"），"月"译作"月月"（"每月"），"岁"译作"岁岁"（"每年"）。
5. 本句型时间名词的替换词有："日""月""岁""时""世"等。

句型 8

[结构式] S+"日"（"世"）+Vi（表发展）

主语+"日"（"世"）+不及物动词（表发展）

[代表句] 燕 / 日 / 败亡 /。

[例句]

序号	S	"日"	Vi	引书
1	燕	日	败亡	《史记·田单列传》
2	秦俗	日	败	《汉书·贾谊传》
3	大将军青	日	退	《史记·卫将军骠骑列传》
4	晋国	（且）世	衰	《史记·赵世家》

[译文]

1. 燕国军队一天一天地战败逃跑。
2. 秦国的风俗一天一天地败坏。
3. 大将军卫青的权势一天一天地衰退。
4. 晋国将要一代一代地衰落下去。（世：代。古代"世"与"代"的意义是有区别的；父子相继为一世，代指朝代。唐代以后"世"开始解作"代"。）

[说明]

1. "日"（"世"）等是时间名词，表示情况在逐渐发展，作状语。
2. 本句型的谓语中心是表示发展变化的动词，多数为不及物动词，有少数是及物动词并带有宾语。

    S+"日"+Vt（表发展）+O

    主语+"日"+及物动词（表发展）+宾语

    如：诸从者日益畏之。（《史记·高祖本纪》）

    许多跟随他的人，一天天地对他更加敬重起来了。

3. "益"是程度副词，表示"更加""越发"，作状语。
4. "日"译作"一天一天地"或"一天天地"。"月""岁""世"等译法与此相同。
5. 本句型时间名词的替换词有："日""月""岁""世"等。本句型常见动词的替换词有："进""退""衰""败""亡""削"等。

[附] 相关句型：

    S+"日"+"以"+V（表发展）

    主语+"日"+"以"+动词（表发展）

    （其后）楚日以削。（《史记·屈原贾生列传》）

    以后楚国一天天削弱。

    这里在充当状语的时间名词和动词之间，加连词"以"字。

句型 9

[结构式] I. S+Adv（Num+NT）+Vt+O

   　　　 主语+状语（数+时间名）+及物动词+宾语

[代表句] 适千里者 / 三月 / 聚 / 粮 /。

[例句]（表一）

序号	S	Adv		Vt	O	引书
		Num	NT			
1	适千里者	三	月	聚	粮	《庄子·逍遥游》
2	〔井水〕	一	日	浸	百畦	《庄子·天地》
3	〔曾子〕	三	日	（不）举	火	《庄子·让王》
4	〔曾子〕	十	年	（不）制	衣	《庄子·让王》
5	〔女〕	七	日	（不）克		《左传·襄公十年》
6	〔王〕	数	日	（不能自）克		《左传·昭公十二年》
7	〔齐侯〕	七	年	（不）饮	酒	《公羊传·成公八年》
				（不）食	肉	
8	越	十	年	生聚		《左传·哀公元年》
		（而）十	年	教训		
9	〔妻〕	三	年	（不）言		《左传·昭公二十八年》
				（不）笑		

[译文]

1. 去千里之遥的地方，要储存三个月的粮食。
2. 井水一天灌溉一百个畦。（畦：田园中用沟隔开的小块地。）
3. 曾子三天没有开火做饭。
4. 曾子十年没有做新衣服。
5. 你们七天攻打不下来。
6. 楚王几天不能够克制自己。
7. 齐顷公七年不喝酒，不吃肉。
8. 越国用了十年时间繁衍聚积，用了十年时间教育训练。
9. 贾大夫的妻子在三年之中，不说话又不笑。

[结构式] II. S+Adv（Num+NT）+Vi

　　　　主语+状语（数+时间名）+不及物动词

[代表句] 晋师 / 三日 / 谷 /。

[例句]（表二）

序号	S	Adv		Vi	引书
		Num	NT		
1	晋师	三	日	谷	《左传·宣公十二年》
2	吴子	三	日	哭（于军门之外）	《左传·哀公十年》

[译文]

1. 晋军在三天里吃着楚军留下来的粮食。（谷：名词用作动词，这里解作"吃粮食"。）
2. 吴王在军门的外边痛哭了三天。

[说明]

1. 在本句型中，数词和时间名词合在一起表示时段（动作经历的时间长短），作状语。
2. 本句型时间名词的替换词有："日""月""年""岁""载""世"等。

句型 10

[结构式] I. S+Adv（Num+NT）+"而"+Vt+O

　　　　主语+状语（数+时间名）+"而"+及物动词+宾语

[代表句] 君子之泽 /，五世 / 而 / 斩 /。

[例句]（表一）

序号	S	Adv		"而"	Vt	O	引书
		Num	NT				
1	君子之泽	五	世	而	斩		《孟子·离娄下》
2	小人之泽	五	世	而	斩		《孟子·离娄下》
3	子之持戟之士	一	日	而	（三）失	伍	《孟子·公孙丑下》
4	〔郑伯〕	三	年	而	复	之	《左传·庄公十六年》
5	〔君〕	三	年	而	治	兵	《左传·隐公五年》

[译文]

1. 在朝圣贤的流风余韵过了五个朝代就断绝了。（君子：指在位的圣贤。泽：流风余韵。）

2. 在野圣贤的流风余韵过了五个朝代就断绝了。（小人：指不在位的圣贤。）

3. 您手下的战士，一天内三次擅离职守。（戟：古代的一种兵器，长杆头上附有月牙形的锋刃。持戟之士：手执武器的人，即战士。伍：行列，班次。失伍：不在班次，即擅自离开队伍。）

4. 过了三年，郑伯让他回国。（之：代词，他，指共叔段之孙公父定叔。）

5. 国君治理军队每三年大演习一次。

[结构式] II. S+Adv（Num+NT）+"而"+Vi
　　　　　主语+状语（数+时间名）+"而"+不及物动词

[代表句]〔公〕/ 三日 / 而 / 死 /。

[例句]（表二）

| 序号 | S | Adv | | "而" | Vi | 引书 |
		Num	NT			
1	〔公〕	三	日	而	死	《韩非子·外储说左上》
2	〔秦谍〕	六	日	而	苏	《左传·宣公八年》
3	〔宋公陈侯蔡人卫人〕	五	日	而	还	《左传·隐公四年》
4	〔南宫万〕	一	日	而	至	《左传·庄公十二年》
5	客有为周君画策者	三	年	而	成	《韩非子·外储说左上》
6	〔卫〕	半	岁	而	亡	《韩非子·五蠹》

[译文]

1. 宋襄公过了三天就死了。

2. 秦国间谍过了六天又复活了。

3. 宋公、陈侯、蔡人、卫人五天以后才回去。

4. 南宫万一天就到了。

5. 客之中有一个替周王画竹简的人，三年才画完。

6. 卫国半年就灭亡了。

[说明]

1. 在本句型中，数词和时间名词合在一起表示时段，作状语。本句型常表示经历了若干时间以后，出现了某种动作行为的结果。

2. "而"是连词，连接状语和谓语中心。

3. "而"译作"就"，也可不译。

第十八类　S‖Adv（Num）+V+O

主‖状（数）+动+宾

句型

［结构式］I. S+Adv（Num）+Vt+O

主语+状语（数）+及物动词+宾语

［代表句］〔齐王〕／四／欺／寡人／。

［例句］（表一）

序号	S	Adv	Vt	O	引书
1	〔齐王〕	四	欺	寡人	《史记·苏秦列传》
2	公输盘	九	设	攻城之机变	《墨子·公输》
3	子墨子	九	距	之	《墨子·公输》
4	〔禹〕	三	过	其门（而不入）	《孟子·滕文公上》
5	〔鲁哀公〕	三	问		《荀子·子道》
6	〔君〕	三	问	其疾	《荀子·大略》
7	〔君〕	三	临	其丧	《荀子·大略》
8	孟子	三	见	宣王	《荀子·大略》
9	鲁丹	三	说	中山之君	《韩非子·说林上》

［译文］

1.　齐王欺骗我四次。

2.　公输盘多次设计了随机应变的攻城方法。

3.　老师墨子多次抵挡他。

4.　禹三次经过自己的家门，都不进去。

5.　鲁哀公问了三次。

6.　君王探视他疾病三次。

7.　君王亲临他的丧礼三次。

8.　孟子谒见齐宣王三次。

9.　鲁丹劝说中山国国君三次。

［结构式］II. S+Adv（Num）+Vi

主语+状语（数）+不及物动词

［代表句］骐骥／一／跃／。

[例句]（表二）

序号	S	Adv	Vi	引书
1	骐骥	一	跃	《荀子·劝学》
2	范蠡	三	徙	《史记·越王勾践世家》
3	齐人	三	鼓	《左传·庄公十年》
4	令尹子文	三	仕	《论语·公冶长》
5	季文子	三	思（而后行）	《论语·公冶长》
6	〔项羽〕	（与秦军过）九	战	《史记·项羽本纪》
7	〔主人〕	三	揖	《荀子·乐论》
8	〔愚公及其子孙〕	（始）一	反（焉）	《列子·汤问》
9	梁使	三	反	《战国策·齐策》
10	〔先主〕	（凡）三	往	《三国志·诸葛亮传》

[译文]

1. 骏马跳跃一次。

2. 范蠡迁徙三次。

3. 齐国军队擂过了三次鼓。（鼓：名词用作动词，击鼓。）

4. 楚国的令尹子文做官三次。

5. 季文子考虑多次才行动。（三：这里表示多数。）

6. 项羽和秦国军队交战多次。（九：这里表示多数。）

7. 主人揖拜三次。

8. 愚公和他的子孙才往返一次。（此句主语省略了，现根据上下文补出。）

9. 魏国的使者往返三次。

10. 刘备总共去了三次。

[说明]

1. 本句型是用数词来表示动量（动作行为的数量），作状语。

2. 古代汉语在表示动作行为的数量时，一般是把数词直接放在动词的前面，而不用表示动量的量词。

3. 有些句子常用"三""九""百""千"等数词，来表示多数的虚数，不是实指。对于这些表示虚数的数词，要根据上下文来确定，如表一例 2"公输盘九设攻城之机变"中的"九"，就是表示多次，而不是"九次"。

4. 本句型在译成现代汉语时，常把数词移到动词后面（也可以不移），并且加上适当的动量词。如："四欺"译为"欺骗四次"。

5. 本句型常见的数词的替换词有："一""三""九""十""百""千"等。

第十九类　S‖Adv（V/VP）+V+O

主‖状（动/动词短语）+动+宾

句型 1

［结构式］ S+Adv（V）+Vt+O

主语+状语（动）+及物动词+宾语

［代表句］〔广〕/ 生 / 得 / 一人 /。

［例句］

序号	S	Adv	Vt	O	引书
1	〔广〕	生	得	一人	《史记·李将军列传》
2	〔匈奴〕	生	得	广	《汉书·李广传》
3	〔诸侯〕	争	割	地（而赂秦）	《新书·过秦论》
4	（是时）富豪	（皆）争	匿	财	《汉书·卜式传》

［译文］

1. 李广活捉了一人。
2. 匈奴活捉了李广。
3. 九国的诸侯争着割让土地，去贿赂秦国。
4. 这时候富贵人家都争着藏匿钱财。

［说明］

1. 在本句型中，动词（大多是不及物动词）表示动作行为的方式或状态，作状语。这种句型很罕见。
2. 本句型的谓语中心也有是不及物动词的。

   S+Adv（V）+Vi

   主语+状语（动）+不及物动词

   （邻人京城氏之孀妻有遗男，始龀，）跳往（助之）。（《列子·汤问》）

   邻居姓京城的寡妇有个孤儿，刚刚换牙，跑跑跳跳地来帮助他们。

   这里的"跳"是状语，用来修饰不及物动词"往"。

3. 本句型在译成现代汉语时，可以在用作状语的动词后面加上"着"或"地"，也可以不加。
4. 本句型动词的替换词有："生""死""争""立""坐""跳""折""动""试"等。

句型 2

［结构式］ I. S+Adv（V/VP）+ "而"（"以"）+Vt+O

主语+状语（动/动词短语）+"而"（"以"）+及物动词+宾语

[**代表句**]〔哙〕 / 立 / 而 / 饮 / 之 /。

[**例句**]（表一）

序号	S	Adv	"而"	Vt	O	引书
1	〔哙〕	立	而	饮	之	《史记·项羽本纪》
2	〔蹇叔〕	哭	而	送	之	《左传·僖公三十二年》
3	吾	（尝）跂	而	望	（矣）	《荀子·劝学》
4	〔鸱〕	仰	而	视	之	《庄子·秋水》
5	〔刿〕	登轼	而	望	之	《左传·庄公十年》
6		尽心力	而	为	之	《孟子·梁惠王上》
7	〔轲〕	箕踞	以	骂		《战国策·燕策》
8		挟太山	以	超	北海	《孟子·梁惠王上》
9	樊哙	侧其盾	以	撞		《史记·项羽本纪》

[**译文**]

1. 樊哙站着把酒喝了。
2. 蹇叔哭着送他。
3. 我曾经踮起脚跟往远处观看。（跂：抬起脚跟。）
4. 鸱鹰仰起头来看着它。（之：代词，它，指代上文"鹓鹐"。）
5. 曹刿登上车前横木，瞭望齐军的情况。
6. 尽心竭力地去做。
7. 荆轲像簸箕一样地叉开两腿，坐着大骂。（箕踞：古人坐时两脚伸直叉开，形似簸箕，表示轻慢对方。）
8. 把泰山夹在腋下跳过渤海。（挟：夹在腋下。太：通"泰"。）
9. 樊哙侧举他的盾牌撞击。

[**结构式**] II. S+Adv（V/VP）+"而"（"以"）+Vi

主语+状语（动/动词短语）+"而"（"以"）+不及物动词

[**代表句**] 老妇 / 恃辇 / 而 / 行 /。

[**例句**]（表二）

序号	S	Adv	"而"	Vi	引书
1	老妇	恃辇	而	行	《战国策·赵策》
2	子路	拱	而	立	《论语·微子》
3	〔宣子〕	坐	而	假寐	《左传·宣公二年》
4	〔冠者五六人童子六七人〕	咏	而	归	《论语·先进》
5	〔鉏麑〕	触槐	而	死	《左传·宣公二年》
6	项王	按剑	而	跽	《史记·项羽本纪》
7	谒者	操	以	入	《战国策·楚策》

[译文]

1. 我靠车子行动。

2. 子路拱着手站着。

3. 赵盾坐着打瞌睡。（假寝：不解衣冠而睡，指打盹。）

4. 五六个成年人、六七个少年唱着歌回家。

5. 鉏麑撞在槐树上死去。

6. 项羽握着剑把，挺直了身子跪着。（跽：古人席地而坐，两膝着地，臀部放在脚后跟上，遇有紧急情况，臀部离开脚后跟，挺直了身子，处于一种警戒的姿势，叫作"跽"。）

7. 传达官拿着（药）进入（王宫）。（谒者：掌管传达通报的小官。操：拿着。其后省略了"之"，"之"代"不死之药"，即让人长生不死的药。）

[说明]

1. 在本句型中，动词或动词短语放在动词前面，表示动作行为的方式或状态，作状语。

2. "而""以"是连词，起连接状语和谓语中心的作用。

3. "而""以"译作"着"或"地"，也可以不译。

4. 比较：

A. 广夺而杀尉。（第一编、Ⅱ、八、句型 2 表一例 2）

B.〔哙〕立而饮之。（本句型表一例 1）

A 句型是连动句，连用的两个动词（或动词短语）表示一先一后的动作行为。这两个动词都用作谓语（或谓语中心），二者不分主次。

B 句型中的两个动词（或动词短语）有主次之分，前面的动词（或动词短语）表示动作行为的方式，用作状语来修饰后面的动词；后面的动词（或动词短语）为主，是全句的谓语（或谓语中心）。

第二十类　S ‖ Adv（PP）+V+O

主 ‖ 状（介词短语）+动+宾

句型 1

[结构式] Ⅰ. S+"以"（引进工具或凭借）+PO+Vt+O

主语+"以"（引进工具或凭借）+介词宾语+及物动词+宾语

[代表句]〔子〕/ 以杖 / 叩 / 其胫 /。

[例句]（表一）

序号	S	"以"	PO	Vt	O	引书
1	〔子〕	以	杖	叩	其胫	《论语·宪问》
2	〔丈人〕	以	杖	荷	蓧	《论语·微子》
3		以	君之力	（曾不能）损	魁父之丘	《列子·汤问》
4	文吏	以	法	绳	之	《史记·张释之冯唐列传》

199

序号	S	"以"	PO	Vt	O	引书
5	〔重耳〕	以	戈	逐	子犯	《左传·僖公二十三年》
6	〔项伯〕	（常）以	身	（翼）蔽	沛公	《史记·项羽本纪》
7	儒	以	文	乱	法	《韩非子·五蠹》
8	侠	以	武	犯	禁	《韩非子·五蠹》
9		以	身	殉	道	《孟子·尽心上》
10	臣	以	神	遇		《庄子·养生主》
		（而不）以	目	视		
11	寡人	以	五百里之地	易	安陵	《战国策·魏策》
12	〔里克邳郑〕	以	三公子之徒	作	乱	《史记·晋世家》

[译文]

1. 孔子用拐杖敲他的小腿。（叩：敲，击。）

2. 老人用拐杖挑着除草用的工具。（荷：担，扛。）

3. 凭您的力气，还不能够铲平魁父这样的小山丘。（损：减少，这里解作"铲平"。）

4. 办案的官吏用法律制裁他们。（绳：纠正，制裁。）

5. 重耳拿着戈追逐子犯。

6. 项伯常常用身体掩护沛公。（翼：翅膀。这里是名词用作状语，表示像鸟展开翅膀一样。翼蔽：像鸟展开翅膀一样遮蔽掩护。）

7. 儒家拿古代的文献典籍扰乱法制。（文：文学，指古代文献经典，包括诗书、礼乐之类。）

8. 侠士们用武力触犯禁令。（侠：游侠，指行凶逞勇的刺客。）

9. 君子可以用生命为了道而牺牲。

10. 我用心神体会用刀，却不用眼睛去观看。（神：精神活动。遇：指接触牛体。）

11. 我想用方圆五百里的土地换取安陵。

12. 里克、邳郑利用三位公子的党徒作乱。（三公子：指申生、重耳、夷吾。）

[结构式] Ⅱ. S+"以"（引进工具）+PO+"与"（"遗""授""告"）+O

主语+"以"（引进工具）+介词宾语+"与"（"遗""授""告"）+宾语

[代表句] 安国 / 以五百金物 / 遗 / 蚡 / 。

[例句]（表二）

序号	S	"以"	PO	"与"	O	引书
1	安国	以	五百金物	遗	蚡	《史记·韩长孺列传》
2	吕不韦	（乃）以	五百金	与	子楚	《史记·吕不韦列传》
3	秦	（亦不）以	城	予	赵	《史记·廉颇蔺相如列传》
4	天子	（不能）以	天下	与	人	《孟子·万章上》
5	齐侯	以	许	让	公	《左传·隐公十一年》
6	子犯	以	璧	授	公子	《左传·僖公二十四年》

序号	S	"以"	PO	"与"	O	引书
7	陈子	以	时子之言	告	孟子	《孟子·公孙丑下》
8	〔董安于〕	以	扁鹊言	告	简子	《史记·扁鹊仓公列传》
9	〔中庶子〕	（乃）以	扁鹊言	入报	虢君	《史记·扁鹊仓公列传》

［译文］

1. 韩安国拿了价值五百金的物品送给田蚡。
2. 吕不韦就拿出五百金送给子楚。
3. 秦国也没有拿城给赵国。
4. 天子不能拿天下授予人。
5. 齐侯把许国让给隐公。
6. 子犯把玉璧还给公子。
7. 陈子把时子的话告诉孟子。
8. 董安于把扁鹊说的话告诉赵简子。
9. 中庶子就把扁鹊的话向虢君报告。

［结构式］ III. S＋"以"（引进凭借）＋PO＋Vi

主语＋"以"（引进凭借）＋介词宾语＋不及物动词

［代表句］ 公山弗扰 / 以费 / 畔 /。

［例句］（表三）

序号	S	"以"	PO	Vi	引书
1	公山弗扰	以	费	畔	《论语·阳货》
2	佛肸	以	中牟	畔	《论语·阳货》
3	桀纣	以	天下	亡	《战国策·楚策》

［译文］

1. 公山弗扰占据费邑发动叛乱。（公山弗扰：鲁国大夫季氏的家臣。费：季氏的私邑。畔：同"叛"，叛乱，指公山费扰与阳货共谋反叛季氏。）
2. 佛肸占据中牟发动叛乱。（佛肸：晋国大夫范中行的家臣，赵简子以晋侯的名义攻打范中行，佛肸占据中牟发动叛乱对抗赵简子。）
3. 夏桀、商纣凭借着天下，却灭亡了。

［结构式］ IV. S＋"以"＋〔"之"〕＋Vt＋O

主语＋"以"＋〔"之"〕＋及物动词＋宾语

［代表句］ 子服景伯 / 以〔　〕/ 告 / 子贡 /。

［例句］（表四）

序号	S	"以"	（"之"）	Vt	O	引书
1	子服景伯	以	〔　〕	告	子贡	《论语・子张》
2	〔公输盘〕	（将）以	〔　〕	攻	宋	《墨子・公输》
3	〔有牵牛而过堂下者〕	（将）以	〔　〕	衅	钟	《孟子・梁惠王上》
4	〔壮者〕	（入）以	〔　〕	事	其父兄	《孟子・梁惠王上》
5	〔壮者〕	（出）以	〔　〕	事	其长上	《孟子・梁惠王上》
6	〔墨子之说〕	以	〔　〕	宣告	人	《韩非子・外储说左上》
7	夫人	以	〔　〕	告	公子	《史记・魏公子列传》

［译文］

1. 子服景伯把这话告诉子贡。
2. 公输盘将要用它攻打宋国。
3. 有牵着牛从殿下走过的人，将要把它杀了去祭钟。（衅钟：当新钟铸成时，杀牲畜取血涂抹钟的缝隙，用来祭祀，叫作"衅钟"。）
4. 壮年人在家里，用它来侍奉他们的父兄。（介词以后省略的"之"指代正文"孝悌忠信"等道德修养。例5同此。）
5. 壮年人外出，用它来侍奉长辈和国君官长。
6. 墨子的学说，用先王的道、圣人的话，传播告示给人们。
7. 平原君的夫人，把平原君的话，告诉魏公子。

［说明］

1. "以"字是介词，用来引进动作行为的工具或凭借。
2. "以"的宾语是名词（如表一例4的"法"）或名词短语（如表一例11的"五百里之地"），多数表示具体的事物，也有的表示抽象的事物（如表一例7的"文"和例8的"武"等）。
3. "以"字介词短语放在动词前面，作状语。
4. 表二例句的谓语中心是表示"赐予"或"告示"意义的动词，后面带的宾语是名词或代词，都代表人。
5. 在表四例句中，介词"以"的宾语是代词"之"字，承上省略。
6. "以"字译作"拿""用"或"凭""凭借"。
7. 本句型介词的替换词有："以""用"等。适合表二例句的动词有："与""予""遗""贻""馈""赐""赠""授""偿""供""奉""献""封""付""借""分""投""送""反""归""输""属""让""告""报""语""问""言""示""教""诲"等。

［句型转换］有下列两个：

1. S+Adv（N）+Vt+O ⇒ S+"以"+PO+Vt+O
   主语+状语（名）+及物动词+宾语 ⇒ 主语+"以"+介词宾语+及物动词+宾语
   文吏法绳之。 ⇒ 文吏以法绳之。（本句型表一例4）
   "上目送之"（第一编、II、十七、句型3例4）是以名词作状语的叙述句型，前句型"文吏法绳之"和"上目送之"结构相同。如果用介词短语"以法"去替换名词"法"，这样就转换成后句型："文吏以法绳之。"后句型是以"以"字介词短语作状语。这是用替换的方法转换成另一句型的。本式是两个句型中的状语的转换。

2. S+"与"（"赐""遗"）+IO+DO ⇒ S+"以"+PO+"与"（"赐""遗"）+O

　　主语+"与"（"赐""遗"）+间接宾语+直接宾语

　　⇒ 主语+"以"+介词宾语+"与"（"赐""遗"）+宾语

　　安国遗蚡五百金物。⇒ 安国以五百金物遗蚡。（本句型表二例1）

"简子赐扁鹊田四万亩"（第一编、II、五、句型2例1）是双宾语句型，前句型"安国遗蚡五百金物"和"简子赐扁鹊田四万亩"结构相同。其中"蚡"是动词"遗"的间接宾语，"五百金物"是直接宾语。如果把"五百金物"前面加上介词"以"字，并提到"遗"的前面作状语，而"遗"的后面，就只有"蚡"作宾语。这样就转换成后句型："安国以五百金物遗蚡。"在后句型中"以"字介词短语作状语。这是用把直接宾语移位，并添加介词的方法，使双宾语句转换成单宾语句的。本式是两个句型中宾语与状语的转换。注意：后句型仅限于本句型的表二例句。

句型 2

[结构式] I. S+"以"（"为"）（表原因或目的）+PO+Vt+O

　　　　　主语+"以"（"为"）（表原因或目的）+介词宾语+及物动词+宾语

[代表句] 桀 / 以醉 / 亡 / 天下 /。

[例句]（表一）

序号	S	"以"	PO	Vt	O	引书
1	桀	以	醉	亡	天下	《韩非子·说林上》
2	〔仲子〕	以	母	（则不）食		《孟子·滕文公下》
3	〔仲子〕	以	妻	（则）食	之	《孟子·滕文公下》
4	〔此竖子〕	（乃欲）以	一笑之故	杀	吾美人	《史记·平原君虞卿列传》
5	〔王〕	（今）以	小怨	弃	之	《史记·周本纪》
6	吾	（不）以	一眚	掩	大德	《左传·僖公三十三年》
7	（今）主君	以	白雁之故	（而欲）杀	人	《新序·杂事》
8	项羽	以	故	疑	范增	《汉书·陈胜项籍传》
9	君子	（不）以	言	举	人	《论语·卫灵公》
10	〔君子〕	（不）以	人	废	言	《论语·卫灵公》
11	梁王	以	此	怨	盎	《史记·袁盎晁错列传》
12	〔直不疑〕	以	此	称为	长者	《史记·万石君列传》
13	天	（不）为	人之恶寒（也）	辍	冬	《荀子·天论》
14	地	（不）为	人之恶辽远（也）	辍	广	《荀子·天论》
15	天	（非）为	君	生	民（也）	《史记·三王世家》
16	伺者	因	此	觉知		《后汉书·张衡传》

［译文］

1. 桀因为喝醉酒使天下灭亡。

2. 陈仲子因为是母亲的食物就不吃。

3. 陈仲子因为是妻子的食物就吃。

4. 这小子竟因为一次讥笑的缘故，要杀死我的美人。

5. 现在您却因为小小的怨恨就抛弃他。

6. 我不会因为一次过失，抹杀你们的功绩。

7. 现在主君因为白雁的缘故，要杀死人。

8. 项羽因为某种缘故，怀疑起范增。

9. 君子不因为某人的几句话，就提拔他。

10. 君子不因为这个人不好，就废弃了他可取的言论。

11. 梁王因此怨恨袁盎。

12. 直不疑因此被称作"忠厚的人"。

13. 天不因为人们讨厌寒冷，就停止了冬季。

14. 地不因为人们讨厌遥远，就停止了宽广。

15. 上天不是为了君主，才生人民的。（生：动词使动用法，"生民"即"使民生"。）

16. 看守仪器的人，会因为振动的声音，察觉知道（发生了地震）。（此：代词，指代上文"振声"。）

［结构式］II. S+"以"（"为"）（表原因或目的）+PO+Vi

主语+"以"（"为"）（表原因或目的）+介词宾语+不及物动词

［代表句］子胥 / 以谏 / 死 /。

［例句］（表二）

序号	S	"以"	PO	Vi	引书
1	子胥	以	谏	死	《史记·仲尼弟子列传》
2	〔君侯〕	（今）以	毁	去（矣）	《史记·魏其武安侯列传》
3	子	以	之	死	《韩非子·奸劫弑臣》
4	〔天行有常〕	（不）为	尧	存	《荀子·天论》
5	〔天行有常〕	（不）为	桀	亡	《荀子·天论》
6	人主	为	之	（夙夜不）宁	《盐铁论·忧边》
7	睢水	为	之	（不）流	《史记·项羽本纪》
8	〔吾〕	为	之	顾	《庄子·养生主》
9	〔天下〕	（皆）为	利	来	《史记·货殖列传》
10	〔天下〕	（皆）为	利	往	《史记·货殖列传》

［译文］

1. 伍子胥因为谏诤被杀死。

2. 您马上会因为毁谤离开官位了。

3. 儿子因为妾余的欺诈被杀死。（之：代词，它指代上文"妾余之诈"。）

4. 自然界运行的一定规律，不因为帝尧才存在。

5. 自然界运行的一定规律，不因为夏桀就消失。

6. 君主为了他们早晚都不安宁。

7. 睢水因为被堵塞都不流动了。（之：代词，它，指代上文"汉卒十余万人皆入睢水"而造成堵塞的情况。）

8. 我为了这成功向四周环顾。（之：代词，它，指代"解牛成功"这件事。）

9. 天下人都为了利益前来。

10. 天下人都为了利益走去。

[说明]

1. "以""为"是介词。"以"表示动作行为的原因，"为"表示动作行为的原因或目的。

2. "以"字的宾语是名词（如表一例3的"妻"）、名词短语（如表一例4的"一笑之故"）、代词（如表一例12的"此"）、动词（如表一例1的"醉"）或主谓短语（如表一例13的"人之恶寒"）。

3. "以"字介词短语放在动词前面，作状语。

4. "以""为"后面的宾语代词"之"字，可以承上省略。

   S+"以"（"为"）+〔"之"〕+Vt+O

   主语+"以"（"为"）+〔"之"〕+及物动词+宾语

   君因信妾余之诈，为〔　〕弃正妻。（《韩非子·奸劫弑臣》）

   春申君因此相信了一个叫余的妾的欺骗，为了她抛弃了结发妻子。

5. "以"译作"因为"，"为"译作"因为"或"为了"。

6. 本句型介词的替换词有："以""用""为"等。

句型3

[结构式] I. S+"以"（引进时间）+PO+Vt+O

　　　　　　主语+"以"（引进时间）+介词宾语+及物动词+宾语

[代表句]〔韩说〕/ 以太初三年 / 为 / 游击将军 /。

[例句]（表一）

序号	S	"以"	PO	Vt	O	引书
1	〔韩说〕	以	太初三年	为	游击将军	《史记·卫将军骠骑列传》
2	帝	以	今日	杀	黑龙（于北方）	《墨子·贵义》

[译文]

1. 韩说在太初三年任游击将军。

2. 天帝今天在北方杀死了黑龙。

[结构式] II. S+"以"（"于"）（引进时间）+PO+Vi

　　　　　　主语+"以"（"于"）（引进时间）+介词宾语+不及物动词

[**代表句**] 文 / 以五月五日 / 生 /。

[**例句**]（表二）

序号	S	"以"	PO	Vi	引书
1	文	以	五月五日	生	《史记·孟尝君列传》
2	其弟	以	千亩之战	生	《左传·桓公二年》
3	武	以	始元六年春	至（京师）	《汉书·苏武传》
4	安国	以	元朔二年中	卒	《史记·韩长孺列传》
5	〔悼惠王〕	以	惠帝六年	卒	《史记·齐悼惠王世家》
6	斧斤	以	时	入（山林）	《孟子·梁惠王上》
7	礼法	以	时	（而）定	《商君书·更法》
8	子	于	是日	哭	《论语·述而》

[**译文**]

1. 田文在五月五日出生。
2. 他的弟弟在千亩战役时出生。
3. 苏武在始元六年春天到达京城。
4. 韩安国在元朔二年中逝世。
5. 悼惠王在惠帝六年逝世。
6. 进山林砍伐树木，在一定的时间中进行。（斤：斧中的一种。）
7. 礼法要根据当时具体情况来制定。
8. 孔子在这一天哭泣过。

[**说明**]

1. "以""于"是介词，用来表示时间。
2. "以"字的宾语是表示日期的名词或名词短语。
3. "以""于"字介词短语放在动词前面，作状语。
4. 表二例 3 不及物动词"至"后面的"京师"是非受事宾语。
5. "以""于"译作"在"。"以"的宾语是名词"时"字，"以"译作"按照""根据"。

句型 4

[**结构式**] I. S+"以"（引进率领的对象）+PO+Vt+O

主语+"以"（引进率领的对象）+介词宾语+及物动词+宾语

[**代表句**] 栾书、中行偃 / 以其党 / 袭捕 / 厉公 /。

[**例句**]（表一）

序号	S	"以"	PO	Vt	O	引书
1	栾书中行偃	以	其党	袭捕	厉公	《史记·晋世家》
2	〔吴公子烛庸盖余〕	（乃）以	其兵	降	楚	《史记·吴太伯世家》
3	〔楚怀王〕	（乃）以	兵	围	韩雍氏	《史记·樗里子甘茂列传》
4	华登	以	吴师	救	华氏	《左传·昭公二十一年》

［译文］

1. 栾书、中行偃率领他们的徒众袭击捕获厉公。
2. 吴国公子烛庸、盖余就率领他们的军队投降楚国。
3. 楚怀王就率领军队围攻韩国雍氏。
4. 华登率领吴军救援华氏。

［结构式］II. S+"以"（引进率领的对象）+PO+Vi

　　　　　　主语+"以"（引进率领的对象）+介词宾语+不及物动词

［代表句］宫之奇 / 以其族 / 去（虞）/。

［例句］（表二）

序号	S	"以"	PO	Vi	引书
1	宫之奇	以	其族	去（虞）	《史记·晋世家》
2	宫之奇	以	其族	行	《左传·僖公五年》
3	〔公子〕	（欲）以	客	往赴（秦军）	《史记·魏公子列传》

［译文］

1. 宫之奇带领着他的家族离开了虞国。
2. 宫之奇带领着他的族人出发。
3. 魏公子打算率领门客们去跟秦军拼命。

［说明］

1. "以"是介词，用来引进率领的对象。
2. "以"字的宾语是表示人的名词或名词短语。
3. "以"字介词短语放在动词前面，作状语。
4. 表一例句中的谓语中心常是表示讨伐、攻杀一类的及物动词；表二例句中的谓语中心常是表示往赴或离开的不及物动词，后面可以带非受事宾语（如表二例1 的"虞"）。
5. "以"译作"率领"或"带领"。

［附］相关句型：

　　　　S+"使"（"令"）+Piv+"以"（引进率领的对象）+PO+Vt+O

　　　　主语+"使"（"令"）+兼语+"以"（引进率领的对象）+介词宾语+及物动词+宾语

　　　　晋使赵穿以兵伐郑。（《史记·郑世家》）

　　　　晋国派赵穿率领军队攻打郑国。

　　　　这是使令类兼语句型。在第二个动词前面有一个"以"字介词短语，作状语。"以"用于引进率领的对象。

句型 5

［结构式］I. S+"以"（表用……的名义）+PO+Vt+O

　　　　　　主语+"以"（表用……的名义）+介词宾语+及物动词+宾语

［代表句］将军曹襄 / 以平阳侯 / 为 / 后将军 /。

[例句]（表一）

序号	S	"以"	PO	Vt	O	引书
1	将军曹襄	以	平阳侯	为	后将军	《史记·卫将军骠骑列传》
2	〔韩说〕	以	校尉	从	大将军（有功）	《史记·卫将军骠骑列传》
3	〔赵食其〕	以	主爵	为	右将军	《史记·卫将军骠骑列传》
4	〔韩说〕	以	待诏	为	横海将军	《史记·卫将军骠骑列传》
5	孙膑	以	刑徒	（阴）见		《史记·孙子吴起列传》

[译文]

1. 将军曹襄以平阳侯的身份任后将军。
2. 韩说以校尉的身份跟从大将军立过战功。
3. 赵食其以主爵都尉身份任右将军。
4. 韩说以待诏的身份任横海将军。
5. 孙膑以受过刑罚的罪犯的身份暗中会见（齐使）。

[结构式] II. S+"以"（表用……的名义）+PO+Vi

主语+"以"（表用……的名义）+介词宾语+不及物动词

[代表句] 高祖 / 以吏 / 繇（咸阳）/。

[例句]（表二）

序号	S	"以"	PO	Vi	引书
1	高祖	以	吏	繇（咸阳）	《史记·萧相国世家》
2	魏其武安	（由此）以	侯	（家）居	《史记·魏其武安侯列传》

[译文]

1. 刘邦以官吏的身份到咸阳服劳役。（繇：服劳役。）
2. 魏其侯、武安侯从此以列侯的身份在家里闲居。

[说明]

1. "以"是介词，表示所用的名义或资格。
2. "以"的宾语是名词或名词短语，一般表示官职或某种身份。
3. "以"字介词短语放在动词前面，作状语。
4. "以"译作"用（凭）……名义"或"用（凭）……资格（身份）"。
5. 本句型介词的替换词有："以""用"等。

句型 6

[结构式] I. S+PO+"以"+Vt+O

主语+介词宾语+"以"+及物动词+宾语

[代表句] 〔令尹子文〕旧令尹之政（必）以 / 告 / 新令尹 /。

［例句］（表一）

序号	S	PO	"以"	Vt	O	引书
1	〔令尹子文〕	旧令尹之政	（必）以	告	新令尹	《论语·公冶长》
2	〔䥽〕	（晚）食	以	当	肉	《战国策·齐策》
3	〔䥽〕	（安）步	以	当	车	《战国策·齐策》
4	〔䥽〕	无罪	以	当	贵	《战国策·齐策》
5	〔䥽〕	清净贞正	以	自虞		《战国策·齐策》
6	楚战士无	（不）一	以	当	十	《史记·项羽本纪》
7	〔周公〕	夜	以	继	日	《孟子·离娄下》
8	〔古之立国家者〕	市朝	以	一	其求	《盐铁论·本议》
9	〔仲尼〕	孝悌	以	化	之（也）	《荀子·儒效》

［译文］

1. 楚国的令尹子文，一定把自己原来任令尹的政令告诉新上任的令尹。
2. 我把推迟时间吃饭就当作在吃肉。（䥽：颜䥽，这里是自称其名。例3—5同此。）
3. 我把从容不迫地步行就当作在坐车。
4. 我把不犯罪就当作在享受富贵。
5. 我用保持清净和纯真正直使自己愉快。（虞：通"娱"，快乐。自虞：使自己愉快。）
6. 楚军战士没有不用一个人抵挡十个人的。（当：抵御，抵挡。）
7. 周公晚上接着白天（一直在想着）。
8. 古代创立国家的人，用市场统一满足人们的需求。
9. 孔子用孝悌之道感化他们。

［结构式］ II. S+PO+"以"+Vi
　　　　　　主语+介词宾语+"以"+不及物动词
［代表句］ 晋君 / 朝以 / 入 /。
［例句］（表二）

序号	S	PO	"以"	Vi	引书
1	晋君	朝	以	入	《左传·僖公十五年》
2	婢子	夕	以	死	《左传·僖公十五年》

［译文］

1. 晋国国君在早晨的时候，进入（国都）。
2. 我在晚上就死。（婢：旧社会被统治阶级役使的女子。婢子：这里是穆姬的谦称。）

［说明］

1. "以"字是介词，用来引进动作行为的工具或凭借。
2. 在古代汉语中，有时为了强调"以"字的宾语，可以无条件地把它提到"以"的前面。
3. "以"字的宾语是名词（如表一例7的"夜"）、名词短语（如表一例1的"旧令尹之政”）、动词（如表一例 2 的"食"）、动词短语（如表一例 4 的"无罪"）或数词（如表一例 6 的"一"）。

4. "以"字介词短语放在动词前面，作状语。

5. 本句型的谓语中心是及物动词，带的宾语是名词（如表一例 2 的"肉"）、名词短语（如表一例 1 的"新令尹"）、代词（如表一例 9 的"之"）、形容词（如表一例 4 的"贵"）或数词（如表一例 6 的"十"）。

6. 表一例 6 中的"无"是无定代词，作主语。"楚战士"是"无"的先行词。

7. "以"译作"拿""用"或"把"。表二例句中的"以"用来引进动作行为的时间，译作"在"。本句型在译成现代汉语时，要把提前的介词宾语移到"以"字后面。

[句型转换]

S+"以"+PO+V〈+O〉 ⟹ S+PO+"以"+ V〈+O〉

主语+"以"+介词宾语+动词〈+宾语〉 ⟹ 主语+介词宾语+"以"+ 动词〈+宾语〉

〔周公〕以夜继日。⟹〔周公〕夜以继日。（本句型表一例 7）

"〔子〕以杖叩其胫。"（第一编、II、二十、句型 1 表一例 1）是带有"以"字介词短语的句型，前句型"〔周公〕以夜继日"和"〔子〕以杖叩其胫"结构相同。如果把"以"的宾语"夜"提到"以"的前面，这样就转换成后句型："〔周公〕夜以继日。"在前句型中，介词"以"的宾语放在"以"的后面；在后句型中，介词的宾语位于介词之前，这是用移位的方法转换成另一句型的。本式属于常式句与变式句的转换。

句型 7

[结构式] S+"于"+PO+Vt+O〈+"矣"（"也""而已矣""焉"）〉

主语+"于"+介词宾语+及物动词+宾语〈+"矣"（"也""而已矣""焉"）〉

[代表句] 吾 / 于武成 / 取 / 二三策而已矣 /。

[例句]

序号	S	"于"	PO	Vt	O	"矣"	引书
1	吾	于	武成	取	二三策	而已矣	《孟子·尽心下》
2	（始）吾	于	人（也）	听	其言		《论语·公冶长》
				（而）信	其行		
3	吾	于	子思	（则）师	之	矣	《孟子·万章下》
4	吾	于	颜般	（则）友	之	矣	《孟子·万章下》
5	吾矛之利	于	物	（无）不陷		也	《韩非子·难一》
6	〔胜〕	（今乃）于	毛先生	（而）失	之	也	《史记·平原君虞卿列传》
7	不义而富且贵	于	我	如	浮云		《论语·述而》
8	〔公子〕	于	赵	（则）有	功	矣	《史记·魏公子列传》
9	〔公子〕	于	魏	（则未）为	忠臣	也	《史记·魏公子列传》

[译文]

1. 我对于《武成》篇，只不过采用其中两三片竹简罢了。（策：成编的竹简。）

2. 起初我对于别人，听到他的话，就相信他的行动。

3. 我对于子思，把他看作老师。（师：这里是名词的意动用法。"师之"译为"以之为师"。例 4 中"友"的用法同此。）

4. 我对于颜般，把他看作朋友。

5. 我的矛非常锋利，对于物品没有不刺穿的。（陷：刺穿。）

6. 我现在竟然把毛先生给漏掉了。

7. 做不正当的事，却得来富贵，在我看来好像浮云一样。

8. 您对赵国来说就算有功德了。

9. 您对魏国来说就不算是忠臣了。

[说明]

1. "于"是介词，用来引进行动的对象。

2. "于"字的宾语是名词（如例 3 的"子思"）或代词（如例 7 的"我"）。

3. "于"字介词短语放在动词前面，作状语。

4. 在古代汉语中，为了要强调表示"对于"的"于"字介词短语，常把这个介词短语放在动词前面，以便和主语的关系更紧密。

5. 本句型的主语是名词（如例 6 的"胜"）、代词（如例 1 的"吾"）、形容词短语（如例 5 的"吾矛之利"）或复句形式（如例 7 的"不义而富且贵"）。

6. 主语是主谓短语或复句形式，用来表示事情；而"于"字的宾语则是意旨的主动者，表示从某人的角度来看待这件事。

7. "而已矣""焉"是语气词。"而已矣"表示限止，"焉"表示说话的重点所在。

8. "于"译作"对于"；"于"字引进意旨的主动者的，译作"对于……来说""依……看来"。

9. 本句型介词的替换词有："于""为""之"等。

[附] 相关句型：

S+"于"+PO+Vi

主语+"于"+介词宾语+不及物动词

〔燕〕于姬姓独后亡。（《史记·燕召公世家》）

燕国在姬姓的封国中独自最后灭亡。

这里"于"字，引进动作行为的范围，可译为"在……之中"。

句型 8

[结构式] I. S+"为"（引进效劳的对象）+PO+Vt+O

　　　　　主语+"为"（引进效劳的对象）+介词宾语+及物动词+宾语

[代表句] 冉子 / 为其母 / 请 / 粟 /。

[例句]（表一）

序号	S	"为"	PO	Vt	O	引书
1	冉子	为	其母	请	粟	《论语·雍也》
2	余	为	天子	伐	楚	《韩非子·外储说左上》

序号	S	"为"	PO	Vt	O	引书
3	吾	为	公	取	彼一将	《史记·项羽本纪》
4	吾	（将）为	女	问	之	《荀子·子道》
5	公输盘	为	楚	造	云梯之械	《墨子·公输》
6	臣	为	韩王	送	沛公	《史记·项羽本纪》
7	庖丁	为	文惠君	解	牛	《庄子·养生主》
8	（往年）臣	为	君	治	邺	《韩非子·外储说左下》

[译文]

1. 冉有替他母亲请求小米。
2. 我替皇上讨伐楚国。
3. 我给你们去斩那一员汉将。
4. 我将要给你问这件事。
5. 公输盘替楚国制造云梯这种器械。
6. 我替韩王护送沛公刘邦。
7. 厨师丁替文惠君分解牛。
8. 从前我给您治理邺地。

[结构式] II. S+"为"（引进效劳的对象）+〔"之"〕+Vt+O

主语+"为"（引进效劳的对象）+〔"之"〕+及物动词+宾语

[代表句] 〔巫〕/ 为〔 〕/ 治 / 新缯绮縠衣 /。

[例句]（表二）

序号	S	"为"	〔 〕	Vt	O	引书
1	〔巫〕	为	〔 〕	治	新缯绮縠衣	《史记·滑稽列传附录》
2	〔巫〕	为	〔 〕	治	齐宫（河上）	《史记·滑稽列传附录》
3	〔巫〕	为	〔 〕	具	牛酒饭食	《史记·滑稽列传附录》
4	我	（必）为	〔 〕	报	仇（而死）	《史记·刺客列传》
5	智者	（不）为	〔 〕	谋		《新序·杂事》
6	〔士卒〕	为	〔 〕	击破	沛公军	《史记·项羽本纪》

[译文]

1. 巫婆给她制作新的丝绸衣服。
2. 巫婆给她在河边盖起斋戒的房屋。（齐：通"斋"，斋戒。）
3. 巫婆给她准备了牛肉、白酒、饭菜。
4. 我一定替他报仇并且献出生命。
5. 聪明人不替他策划大事。
6. 士兵给我击败沛公的军队。

[结构式] III. S+"为"（引进效劳的对象）+〔"之"〕+Vi

主语+"为"（引进效劳的对象）+〔"之"〕+不及物动词

[代表句] 辩者 /（不）为〔　〕/ 使 /。

[例句]（表三）

序号	S	"为"	〔　〕	Vi	引书
1	辩者	（不）为	〔　〕	使	《新序·杂事》
2	勇者	（不）为	〔　〕	斗	《新序·杂事》

[译文]

1. 能说善辩的人不替他出使。

2. 勇敢的人不替他作战。

[说明]

1. "为"是介词，用来引进主语所代表的人效劳的对象。

2. "为"的宾语是名词（如表一例5的"楚"）、名词短语（如表一例1的"其母"）或代词（如表一例4的"女"），都代表人。

3. 在表二、三例句中"为"的宾语是代词"之"字，承上省略。其中表三例2省略的"之"，是第一人称代词，称代"我"。

4. "为"字介词短语放在动词前面，作状语。

5. "为"译作"替""给"。

6. 本句型介词的替换词有："为""与"等。

句型 9

[结构式] I. S+"为"（引进行为的对象）+PO+Vt+O

主语+"为"（引进行为的对象）+介词宾语+及物动词+宾语

[代表句] 臣 /（请）为王 / 言 / 乐 /。

[例句]（表一）

序号	S	"为"	PO	Vt	O	引书
1	臣	（请）为	王	言	乐	《孟子·梁惠王下》
2	〔骞〕	（具）为	天子	言	之	《史记·大宛列传》
3	〔吾〕	（将）为	汝	言	其崖略	《庄子·知北游》
4	寡人	（独）为	仲父	言		《韩诗外传》
5	淮阴人	为	余	言		《史记·淮阴侯列传》

[译文]

1. 请让我为了您陈述欣赏音乐的乐趣。

2. 张骞一一向汉天子禀告了全部情况。

3. 我将要对您说个概略。

4. 我只是同仲父谈话。

5. 淮阴人对我说。

[结构式] II. S+"为"（引进行为的对象）+PO+Vi
　　　　　主语+"为"（引进行为的对象）+介词宾语+不及物动词

[代表句] 如姬 / 为公子 / 泣 /。

[例句]（表二）

序号	S	"为"	PO	Vi	引书
1	如姬	为	公子	泣	《史记·魏公子列传》
2	〔媪〕	（持其踵）为	之	泣	《战国策·赵策》
3	〔吾众〕	为	天下	倡	《史记·陈涉世家》

[译文]

1. 如姬对魏公子哭泣。
2. 您老人家握住她的脚后跟，向她哭泣。
3. 我们这些人给天下人带头。（倡：倡导，带头。）

[说明]

1. "为"是介词，用来引进动作行为的对象。
2. "为"字的宾语是名词（如表一例1的"王"）、名词短语或代词（如表一例5的"余"），都表示人。
3. "为"字介词短语放在动词前面，作状语。
4. "为"译作"对""向"。

句型 10

[结构式] I. S+"与"+PO+Vt+O
　　　　　主语+"与"+介词宾语+及物动词+宾语

[代表句] 赵王 / 与大将军廉颇诸大臣 / 谋 /。

[例句]（表一）

序号	S	"与"	PO	Vt	O	引书
1	赵王	与	大将军廉颇诸大臣	谋		《史记·廉颇蔺相如列传》
2	子楚	与	吕不韦	谋		《史记·吕不韦列传》
3	吾	与	汝	（毕力）平	险	《列子·汤问》
4	公	与	之	乘		《左传·庄公十年》
5	诸君子	（皆）与	骥	言		《孟子·离娄下》
6	予	与	尔	言		《论语·阳货》
7	〔括〕	（尝）与	其父奢	言	兵事	《史记·廉颇蔺相如列传》
8	孙膑	（尝）与	庞涓	（俱）学	兵法	《史记·孙子吴起列传》

[译文]

1. 赵王同大将军廉颇及大臣们商量。
2. 子楚和吕不韦商量。

3. 我和你们一道竭尽全力削平险阻。

4. 庄公和他同乘一辆兵车。

5. 诸位大夫都跟我说话。（骒：王骒，这里是自称其名。）

6. 我跟你说话。

7. 赵括曾经跟他的父亲赵奢谈论用兵的事情。

8. 孙膑曾经跟庞涓一同学习兵法。

[结构式] II. S+"与"+PO+Vi
　　　　　主语+"与"+介词宾语+不及物动词
[代表句] 田仁 / （故）与任安 / （相）善 /。
[例句]（表二）

序号	S	"与"	PO	Vi	引书
1	田仁	（故）与	任安	（相）善	《史记·田叔列传》
2	王稽	（遂）与	范雎	入（咸阳）	《史记·范雎蔡泽列传》
3	临汝侯	（方）与	程不识	（耳）语	《史记·魏其武安侯列传》
4	〔吾〕	（尝）与	鲍叔	贾	《史记·管晏列传》
5	〔王〕	（遂）与	秦王	会（渑池）	《史记·廉颇蔺相如列传》

[译文]

1. 田仁先前跟任安友好。

2. 王稽于是和范雎进入咸阳。

3. 临汝侯正在跟程不识贴近耳边谈话。

4. 我曾经和鲍叔一同经商。

5. 赵王就跟秦王在渑池相会。

[结构式] III. S+"与"+〔"之"〕+Vt+O
　　　　　主语+"与"+〔"之"〕+及物动词+宾语
[代表句] 余 / 与 〔　〕/ 争 / 之 /。
[例句]（表三）

序号	S	"与"	〔"之"〕	Vt	O	引书
1	余	与	〔　〕	争	之	《韩非子·奸劫弑臣》
2	〔吾〕	（始可）与	〔　〕	言	诗（已矣）	《论语·学而》
3	竖子	（不足）与	〔　〕	谋		《史记·项羽本纪》
4	此	（诚不可）与	〔　〕	争	锋	《三国志·诸葛亮传》

[译文]

1. 我跟他争斗。

2. 我现在才可以跟你讨论《诗经》。

3. 这小子不可以跟他们一同商量大事。（竖子：小子。与：介词，跟，后省略宾语"之"。之：指代项庄，这里暗指项羽。）
4. 这确实不能够跟他争高低。

[结构式] IV. S+"与"+〔"之"〕+Vi

主语+"与"+〔"之"〕+不及物动词

[代表句] 君 / 与 〔 〕/（俱）来 /。

[例句]（表四）

序号	S	"与"	〔"之"〕	Vi	引书
1	君	与	〔 〕	（俱）来	《三国志·诸葛亮传》
2	高祖	与	〔 〕	语	《史记·万石君列传》
3	〔邹忌〕	与	〔 〕	（坐）谈	《战国策·齐策》

[译文]

1. 您跟他一起来。
2. 高祖跟他谈话。
3. 邹忌和他坐着谈话。

[说明]

1. "与"字是介词，用来引进和主语所代表的人共同从事某项活动的人。
2. "与"字的宾语是名词（如表一例2的"吕不韦"）、名词短语（如表二例5的"秦王"）或代词（如表一例3的"汝"），都表示人。
3. "与"字介词短语放在动词前面，作状语。
4. 在表三、四例句中，"与"的宾语是代词"之"字，承上省略。
5. "与"译作"和""跟"或"同"。
6. 本句型介词的替换词有："与""以"等。

句型 11

[结构式] I. S+"自"（"从"）+PO+Vt+O

主语+"自"（"从"）+介词宾语+及物动词+宾语

[代表句] 吾 / 从北方 / 闻 / 子为梯 /。

[例句]（表一）

序号	S	"自"	PO	Vt	O	引书
1	吾	从	北方	闻	子为梯	《墨子·公输》
2	道逆者	自	车	揖	之	《左传·襄公二十六年》
3	郑厉公	自	栎	侵	郑	《左传·庄公十四年》
4	无忌	自	在大梁时	（常）闻	此两人贤	《史记·魏公子列传》
5	侯	自	我	得	之	《史记·魏其武安侯列传》
		自	我	捐	之	

1. 我从北方听说您制造云梯。

2. 在大路上迎接的大夫从车上向他们作揖。（逆：迎接。）

3. 郑厉公从栎地侵袭郑国。

4. 我从在大梁的时候，就常常听说这两个人很贤良。（无忌：魏国公子，名无忌，被封为信陵君，这里是自称其名。）

5. 列侯的爵位由我获得它，如今又由我丢掉它。

［结构式］II. S+"自"（"由"）+PO+Vi

　　　　　主语+"自"（"由"）+介词宾语+不及物动词

［代表句］吾 / 自卫 / 反（鲁） /。

［例句］（表二）

序号	S	"自"	PO	Vi	引书
1	吾	自	卫	反（鲁）	《论语·子罕》
2	有为神农之言者许行	自	楚	之（滕）	《孟子·滕文公上》
3	祸	自	此	始（矣）	《史记·萧相国世家》
4	其剑	自	舟中	坠（于水）	《吕氏春秋·察今》
5	其夫	（早）自	外	（而）来	《韩非子·内储说下》
6	夫仁政	（必）自	经界	始	《孟子·滕文公上》
7	政	由	羽	出	《史记·项羽本纪》

［译文］

1. 我从卫国回到鲁国。

2. 有一位研究神农学说叫许行的人，从楚国到了滕国。

3. 祸患从此开始了。

4. 他的剑从船上掉到水里。

5. 她的丈夫清晨从外面进来。

6. 实行仁政，必须从划分和理清田界着手。（经：丈量。界：井田的界线。这里孟子向毕战讲述井田制。）

7. 政令由项羽发布。

［说明］

1. "自"（"由""从"）是介词，用来引进动作行为的时间、处所的起点。

2. "自"（"由""从"）的宾语是名词（如表一例1的"北方"）或代词（如表二例3的"此"）。

3. "自"（"由""从"）介词短语放在动词前面，作状语。

4. 表一例句中的谓语中心是及物动词，带的宾语是名词短语（如表一例3的"郑"）、代词（如表一例5的"之"）或主谓短语（如表一例1的"子为梯"）；表二例句谓语中心是不及物动词。

5. "自""由"译作"从"。

6. 本句型介词的替换词有："自""由""繇""歔""从"等。

句型 12

[结构式] I. S+"无"+PO+"皆"+Vt+O
 主语+"无"+介词宾语+"皆"+及物动词+宾语

[代表句] 天下 / 无贤与不肖 /，知与不知 /，皆 / 慕 / 其声 /。

[例句]（表一）

序号	S	"无"	PO	"皆"	Vt	O	引书
1	天下	无	贤与不肖 知与不知	皆	慕	其声	《史记·游侠列传》
2	士	无	贤不肖	皆	（谦而礼）交	之	《史记·魏公子列传》
3	天之亡秦	无	愚智	皆	知	之	《汉书·陈胜项籍传》
4		无	少长	皆	斩	之	《汉书·高后纪》
5	〔百姓〕（知与不知）	无	老壮	皆	（为）垂	涕	《史记·李将军列传》
6	〔君子〕	无	长少贵贱	必	起	之	《墨子·贵义》

[译文]

1. 天下的人无论贤能的，还是低劣的，了解他的，还是不了解他的，都仰慕他的名声。
2. 士人无论才能高的还是低的，都谦虚地用礼节结交他们。
3. 上天灭掉秦国，无论愚蠢的还是聪明的，都知道。
4. 对于众吕姓男女，无论年少的还是年老的，都杀掉。
5. 百姓不论认识的还是不认识的，也不论年老的还是体壮的，都为了他落泪。（为：介词，为了。其后面省略了"之"字。之：代词，他，指代李广。）
6. 君子对于背着粮食难以立起的人，不论年长、年少、高贵、贫贱的，都一定帮他起来。

[结构式] II. S+"无"+PO+"一"（"并"）+Vi
 主语+"无"+介词宾语+"一"（"并"）+不及物动词

[代表句] 食客数千人 /，无贵贱 / 一 / （与文）等 /。

[例句]（表二）

序号	S	"无"	PO	"一"	Vi	引书
1	食客数千人	无	贵贱	一	（与文）等	《史记·孟尝君列传》
2	诸外家昆弟	无	贤不肖	并	侍（帷幄）	《汉书·杜邺传》

[译文]

1. 门客数千人，不论高贵的还是卑贱的，都和田文相同。（文：田文，即孟尝君。）
2. 众母族兄弟们，不论贤良的还是低劣的，都陪从在军帐中任职。（侍：陪从尊长身旁。帷幄：军帐。）

[说明]

1. "无"是介词，用来表示任何的情况或条件，极言范围之广。
2. "无"的宾语是形容词，经常是并列两个反义词。
3. "无"字介词短语在句中作状语。
4. 本句型常在动词前面用"皆""一""悉""辄"等副词，表示范围或同一行为的多次重复，当"都""总是""常常"讲，作状语。
5. "无"译作"无论"或"不论"。
6. 本句型与"无"字介词短语相搭配的副词的替换词有："皆""尽""悉""咸""俱（具）""一""辄"等。

[附]相关句型有下列两个：

1. S+"无"+PO+Vt

    主语+"无"+介词宾语+及物动词

    女无美恶，（居宫）见妒；士无贤不肖，（入朝）见疑。（《史记·扁鹊仓公列传》）

    女人无论美与丑，住进宫里，就遭嫉妒；士人无论贤与不贤，进入朝廷，就受猜疑。

    这个句型在"无"字介词短语后面就接动词（大多表被动），并没有用"皆""一"等副词，这个句型较少见。

2. S+"无"+PO+"莫"+"不"+Vt+O

    主语+"无"+介词宾语+"莫"+"不"+及物动词+宾语

    人君无愚智贤不肖，莫不欲求忠（以自为）。（《史记·屈原贾生列传》）

    国君无论愚蠢还是聪明，贤能还是无能，没有谁不想寻求忠臣来辅佐自己。

    在这个句型中，是否定性无定代词"莫"和否定副词"不"连用，以双重否定的形式表示肯定。"莫不"的作用相当于"皆""悉"一类词。

第二十一类　S‖Adv+O+Vt

主‖状+宾+动（及物）

本类是动词的宾语前置，用"是"字或"之"字复指的句型（可参见第二部分第二类句型）。

句型 1

[结构式] S+"唯"（"惟"）+O+"之"（"是"）+Vt

　　　　主语+"唯"（"惟"）+宾语+"之"（"是"）+及物动词

[代表句] 父母 / 唯 / 其疾 / 之 / 忧 /。

[例句]

序号	S	"唯"	O	"之"	Vt	引书
1	父母	唯	其疾	之	忧	《论语·为政》
2	〔上〕	唯	利	之	求	《荀子·王霸》

序号	S	"唯"	O	"之"	Vt	引书
3	〔人〕	唯	利	之	见（耳）	《荀子·荣辱》
4	〔臣〕	唯	鱼	之	念	《列子·汤问》
5	〔寡人〕	唯	好	是	求	《左传·成公十三年》
6	〔我〕	唯	敌	是	求	《左传·宣公十二年》
7	〔女〕	唯	余马首	是	瞻	《左传·襄公十四年》
8	〔二三子〕	唯	才	是	举	《三国志·武帝纪》
9	孤臣	唯	命	是	听	《史记·越王勾践世家》
10	〔鬼神〕	惟	德	是	依	《左传·僖公五年》
11	〔皇天〕	惟	德	是	辅	《左传·僖公五年》
12	余	唯	利	是	视	《左传·成公十三年》

[译文]

1. 父母只担忧他的病。（其：他的，"他"指能孝顺父母的孝子。另一说：儿女只担忧父母生病，补上该句的省略成分，应为"父母，〔子〕唯其疾之忧"。这种结构应为主谓谓语句。）

2. 君主只是寻求利益。

3. 人们只看到财利罢了。

4. 我只想着鱼。

5. 我只是为了求取友好。

6. 我们只是为了寻求敌人。

7. 你们只看着我的马头行动。

8. 诸位只要有才能的人就推荐。（举：推荐，选拔。）

9. 我只听从您的命令。（孤臣：孤立无助的臣子，这里是吴王夫差对自己的谦称。）

10. 鬼神只依从有德行的人。

11. 上天只辅助有道德的人。

12. 我只是贪图利益。

[说明]

1. 在本句型中，前置宾语是名词（如例6的"敌"）、名词短语（如例1的"其疾"）或形容词（如例5的"好"）。

2. "之"（"是"）是代词，放在前置宾语的后面，表示复指。

3. "唯"（"惟"）是范围副词，放在前置宾语前面，表示宾语的单一性、排他性，作状语。

4. "唯"（"惟"）译作"只是""只有"。

句型 2

[结构式] S+"惟"（"唯"）+O+"之"+"为"+Vt

主语+"惟"（"唯"）+宾语+"之"+"为"+及物动词

[代表句]〔其一人〕/ 惟 / 弈秋 / 之 / 为听 /。

[例句]

序号	S	"惟"	O	"之"	"为"	Vt	引书
1	〔其一人〕	惟	弈秋	之	为	听	《孟子·告子上》
2	〔人〕	惟	菽藿糟糠	之	为	睹	《荀子·荣辱》
3	〔君子〕	唯	仁	之	为	守	《荀子·不苟》
4	〔君子〕	唯	义	之	为	行	《荀子·不苟》
5	〔君子〕	唯	其当	之	为	贵	《荀子·不苟》

[译文]

1. 其中一个人只听弈秋（的教导）。
2. 人们只见过粗饭野菜和糟糠。（菽：大豆。藿：豆叶。菽藿：以大豆和豆叶为食，指粗食。）
3. 君子只奉行仁爱这种道德。（守：奉行，遵守。）
4. 君子只做正义的事情。（行：实行，施行。）
5. 君子只把合乎礼义的言行认为是可贵的。（当：符合。贵：形容词的意动用法，以……为贵。）

[说明]

1. "之"是代词，放在前置宾语的后面，表示复指。
2. "为"是能愿动词，放在动词前面，用来加强动词的语意。
3. "惟"（"唯"）是范围副词，放在前置宾语的前面，表示宾语的单一性、排他性，作状语。
4. "惟"（"唯"）译作"只是""只有"。

第二十二类　Adv（Ad）+S‖V+O

状（副）+主‖动+宾

句型 1

[结构式] I."唯"（"惟""唯独"）+S+Vt+O

　　　　　"唯"（"惟""唯独"）+主语+及物动词+宾语

[代表句] 唯 / 袁盎 / 明 / 绛侯无罪 /。

[例句]（表一）

序号	"唯"	S	Vt	O	引书
1	唯	袁盎	明	绛侯无罪	《史记·袁盎晁错列传》
2	唯	明主	（为能）行	之	《史记·李斯列传》
3	唯独	参	擅	其名	《史记·曹相国世家》
4	（方今）唯	秦	雄	天下	《史记·鲁仲连邹阳列传》

序号	"唯"	S	Vt	O	引书
5	惟	仁者	（能）好	人	《论语·里仁》
			（能）恶	人	
6	惟	明主	爱	权	《商君书·修权》
			重	信	

[译文]

1. 只有袁盎说明绛侯没有罪过。

2. 只有贤明的君主才能实行它。

3. 只有曹参专有其名。（擅：专有。）

4. 当今只有秦国称雄天下。（雄：这里是名词用作动词，称雄。）

5. 只有仁德的人，才能够喜爱某种人，才能够憎恨某种人。（好：喜爱。恶：讨厌，憎恨。）

6. 只有贤明的君主喜爱权柄，重视信用。

[结构式] II. "唯" +S+Vi

　　　　　　"唯" +主语+不及物动词

[代表句] 唯 / 主人主妇 / 哭 /。

[例句]（表二）

序号	"唯"	S	Vi	引书
1	唯	主人主妇	哭	《仪礼·既夕礼》
2	唯	二姬之子	在（绛）	《左传·庄公二十八年》

[译文]

1. 只有主人和主妇哭泣。

2. 只有骊姬和她的妹妹的儿子在绛城。

[说明]

1. "唯""惟""唯独"是范围副词，放在句首，表示主语的单一性和排他性，作状语。

2. "唯""惟""唯独"译作"只""只有"。

3. 本句型副词的替换词有："唯""惟""维""唯独"等。

[附] 相关句型：

　　"唯" +S+ "独" +V

　　"唯" +主语+ "独" +动词

　　唯朱公独笑。（《史记·越王勾践世家》）

　　只有朱公独自笑着。

　　这个句型是在主语的前面有"唯"字，在谓语中心前面有"独"字，"唯"和"独"相呼应。

句型 2

[结构式] "最" +S ⟨+ "凡"⟩ +Vt+O

"最" +主语 ⟨+ "凡"⟩ +及物动词+宾语

[代表句] 最 / 骠骑将军去病 / 凡 / （六出）击 / 匈奴 /。

[例句]

序号	"最"	S	"凡"	Vt	O	引书
1	最	骠骑将军去病	凡	（六出）击	匈奴	《史记·卫将军骠骑列传》
2	最	大将军青	凡	（七出）击	匈奴	《史记·卫将军骠骑列传》
3	最	〔勃〕		（从高帝）得	相国一人 丞相二人 将军二千石 各三人	《史记·绛侯周勃世家》

[译文]

1. 总计骠骑将军霍去病出兵攻打匈奴六次。
2. 总计大将军卫青出兵攻打匈奴七次。
3. 总计周勃随从高祖出征，共俘获相国一名，丞相两名，将军和年俸二千石的官各三名。

[说明]

1. "最"是副词，表示"合计""总计"，放在句首作状语。
2. 本句型常在动词前面用副词"凡"字，和句首"最"相呼应，表示"总共"，作状语。
3. 有的句子常在动词前面用数词，表示动量，作状语。
4. "最"译作"总计"，"凡"译作"共"。

第二十三类　Adv（N）+S ‖ V+O

状（名）+主 ‖ 动+宾

句型 1

[结构式] I. Adv（NT ⟨+ "者" / "也"⟩）+S+Vt+O

状语（时间名 ⟨+ "者" / "也"⟩）+主语+及物动词+宾语

[代表句] 初 / 公 / 筑 / 台 /。

[例句]（表一）

序号	Adv	S	Vt	O	引书
1	初	公	筑	台	《左传·庄公三十二年》
2	始	怀王	遣	我	《史记·高祖本纪》
3	顷	〔新人〕	（尝）言	恶闻王臭	《韩非子·内储说下》

序号	Adv	S	Vt	O	引书
4	日	起	请	夫环	《左传·昭公十六年》
5	曩	〔子〕	（将）罪	之	《韩非子·说林上》
6	今	赵	（且）伐	燕	《战国策·燕策》
7	昔者	周公旦	制	天下之政	《说苑·尊贤》
8	昔者	公刘	好	货	《孟子·梁惠王下》
9	昔者	管子	有	言	《庄子·至乐》
10	曩者	叔牙	（欲）立	庆父	《史记·鲁周公世家》
11	古者	棺椁	无	度	《孟子·公孙丑下》
12	古者	民	（不）知	衣服	《庄子·盗跖》
13	今者	我	亡	缁衣	《吕氏春秋·淫乱》
14	今也	滕	有	仓廪府库	《孟子·滕文公上》

[译文]

1. 起初庄公建造高台。
2. 当初楚怀王派遣我。
3. 刚才新人曾说过讨厌嗅到王的气味。
4. 前些时候，我请求得到这只玉环。（起：韩起对自己的谦称。）
5. 从前您将要对他治罪。
6. 如今赵国将要攻打燕国。
7. 从前周公旦裁决天下的政事。（制：裁决，裁断。）
8. 从前公刘喜爱财货。（公刘：后稷的曾孙，周朝创业的始祖。）
9. 从前管子有句话。
10. 刚才叔牙想要立庆父为君。
11. 上古时代，内棺和外椁没有固定的规格。（度：规格，即椁的规定的厚薄尺寸。）
12. 古时候，人民不知道穿衣服。（衣服：名词用作动词，穿衣服。）
13. 现在我丢失了黑色的衣服。
14. 现在滕国有粮谷仓和财物库。

[结构式] II. Adv（N〈+"者"/"也"〉）+S+Vi

状语（时间名〈+"者"/"也"〉）+主语+不及物动词

[代表句] 今者／臣／来／。

[例句]（表二）

序号	Adv	S	Vi	引书
1	今者	臣	来	《战国策·燕策》
2	昔	齐景公	田	《孟子·滕文公下》
3	前	陈王项梁	（皆）败	《汉书·高帝纪》

序号	Adv	S	Vi	引书
4	时	秦昭王	（与楚）婚	《史记·屈原贾生列传》
5	昔者	〔吾〕	疾	《孟子·公孙丑下》
6	昔者	海鸟	止（于鲁郊）	《庄子·至乐》

［译文］

1. 今天我来这里。
2. 从前齐景公打猎。
3. 从前陈涉项梁都失败了。
4. 当时秦昭王跟楚国结成姻亲。
5. 昨天我有病。
6. 从前有一只海鸟飞落在鲁国的都城以外的地方。（郊：古代国都城外叫作郊。）

［说明］

1. 在本句型中，时间名词放在主语前面，表示动作行为发生的时间，作状语。有的句子，在时间名词后面加上语气词"者"或"也"，表示顿宕。

2. 表一例句的谓语中心是及物动词，后面带的宾语是名词（如表一例 1 的"台"）、名词短语（如表一例 7 的"天下之政"）、代词（如表一例 2 的"我"）或主谓短语（如表一例 3 的"恶闻王臭"）。

3. "昔""曩""前"译作"从前"，"初""始"译作"当初"，"日"译作"往日"，"时"译作"当时"，"顷"译作"刚才"。时间名词后的"者""也"可以不译。

4. 本句型时间名词的替换词有："初""始""前""昔""乡""向""曩""日""是年""是时""时""昔者""古者""曩者""向者""乡也""古也"（以上表示过去），"顷""须臾""俄""俄而""顷之""少焉"（以上表示短暂过去），"今""今者""今也"（以上表示现在）等。

［附］相关句型：

S+Adv（NT〈＋"者"〉）+Vt+O

主语+状语（时间名〈＋"者"〉）+及物动词+宾语

老臣今者殊不欲食。（《战国策·赵策》）

老臣近来很不想吃东西。

这里时间名词"今者"放在主语后面，这个句型较少见。

句型 2

［结构式］I. Adv（date）+S+Vt+O

状语（日期）+主语+及物动词+宾语

［代表句］赵惠文王十六年 /，廉颇 / 为 / 赵将 /。

[例句]（表一）

序号	Adv	S	Vt	O	引书
1	赵惠文王十六年	廉颇	为	赵将	《史记·廉颇蔺相如列传》
2	汉六年正月	〔高帝〕	封	功臣	《史记·留侯世家》
3	十一月甲午	国人	逐	瘈狗	《左传·襄公十七年》
4	八月	沛公	攻	武关	《汉书·高帝纪》

[译文]

1. 赵惠文王十六年，廉颇担任赵国的将军。

2. 汉高帝六年正月，高帝封赏有功的臣。

3. 十一月二十二日，国内的人们追赶疯狗。（瘈狗：狂犬，疯狗。）

4. 八月，沛公刘邦攻破武关。

[结构式] II. Adv（date）+S+Vi

状语（日期）+主语+不及物动词

[代表句] 八月乙亥 /，晋襄公 / 卒 /。

[例句]（表二）

序号	Adv	S	Vi	引书
1	八月乙亥	晋襄公	卒	《左传·文公六年》
2	二年春三月庚午	大司马大将军光	薨	《汉书·宣帝纪》

[译文]

1. 八月十四日，晋襄公死。

2. 二年春三月庚午日，大司马大将军霍光死。

[说明]

本句型的时间状语是特指性的日期。

第二十四类　S‖V+O+C（PP）

主‖动+宾+补（介词短语）

句型 1

[结构式] I. S+Vt+O+"以"+PO

主语+及物动词+宾语+"以"+介词宾语

[代表句] 绕朝 / 赠 / 之 / 以策 /。

[例句]（表一）

序号	S	Vt	O	"以"	PO	引书
1	绕朝	赠	之	以	策	《左传·文公十三年》
2	胥臣	蒙	马	以	虎皮	《左传·僖公二十八年》
3	〔大王〕	事	之	以	皮币	《孟子·梁惠王下》
4	〔君〕	为	政	以	德	《论语·为政》
5	〔君〕	道	之	以	德	《论语·为政》
6	〔君〕	齐	之	以	礼	《论语·为政》
7	〔子〕	事	之	以	礼	《论语·为政》
8	君子	（深）造	之	以	道	《孟子·离娄下》
9	〔大王〕	申	之	以	孝悌之义	《孟子·梁惠王上》
10	夫子	教	我	以	正	《孟子·离娄上》
11	〔吾〕	援	之	以	道	《孟子·离娄上》
12	〔弟〕	援	之	以	手	《孟子·离娄上》

[译文]

1. 绕朝把马鞭送给他。

2. 胥臣用老虎皮把马蒙上。

3. 大王拿皮袄和丝绸去侍奉他们。（之：代词，他们，指代狄人。皮：用狐貉的毛皮制成的裘。币：缯帛一类丝织品。）

4. 国君用道德治国理政。（主语省略了"君"字，现据上下文义补出。）

5. 国君用道德引导百姓。（道："导"。之：代词，他们，这里指百姓。）

6. 国君用礼节约束百姓。（齐：制约。）

7. 儿子按照礼节侍奉父母。（主语省略了"子"字，现据上下文义补出。之：代词，这里指父母。）

8. 君子按照正确的方法得到高深的造诣。

9. 大王反复地用孝顺父母、尊敬兄长的大道理开导他们。

10. 您用正礼正道教导我。

11. 我要用道援救他们。

12. 弟弟用手拉她（上岸）。（之：代词，她，指代自己的嫂嫂。）

[结构式] II. S+Vi+"以"+PO

主语+不及物动词+"以"+介词宾语

[代表句] 孔子 / 进 / 以礼 /。

[例句]（表二）

序号	S	Vi	"以"	PO	引书
1	孔子	进	以	礼	《孟子·万章上》
2	〔孔子〕	退	以	义	《孟子·万章上》
3		（死则）赴	以	名	《左传·僖公二十三年》

[译文]

1. 孔子按照礼法出仕。

2. 孔子按照道义辞官。

3. 死后就报丧写上名字。（赴：动词，报丧，通"讣"。凡是同盟的诸侯，死后就在讣告上写名字，才合于礼。讣告上写名字，《春秋》方能记载。）

[结构式] III. S+Vt+〔"之"〕+"以"+PO

主语+及物动词+〔"之"〕+"以"+介词宾语

[代表句] 〔陈胜吴广〕/ 祭〔　〕/ 以尉首 /。

[例句]（表三）

序号	S	Vt	〔"之"〕	"以"	PO	引书
1	〔陈胜吴广〕	祭	〔　〕	以	尉首	《史记·陈涉世家》
2	〔项伯〕	（具）告	〔　〕	以	事	《史记·项羽本纪》
3	〔公〕	佩	〔　〕	以	金玦	《左传·闵公二年》

[译文]

1. 陈胜、吴广用尉官的头祭祀天地。

2. 项伯把事情全部告诉了张良。（动词"告"后面省略了"之"字。之：代词，他，这里指代张良。）

3. 晋侯用金玦给太子佩戴上。

[说明]

1. "以"是介词，引进动作行为的工具或凭借。

2. "以"字的宾语是名词（如表一例4的"德"）、名词短语（如表三例1的"尉首"）或形容词（如表一例10的"正"）。

3. "以"字介词短语放在动词后面，作补语。

4. 本句型的谓语中心多数是及物动词，带的宾语是名词或代词，其中多为第三人称代词"之"字。表三例句中的宾语是代词"之"字，承上文省略。

5. "以"译作"用""拿""凭"或"依照"。本句型在译成现代汉语时，要把"以"字介词短语提到动词前面。

6. 本句型介词的替换词有："以""于"等。

[句型转换]

S+"以"+PO+Vt+O ⇒ S+Vt+O+"以"+PO

主语+"以"+介词宾语+及物动词+宾语 ⇒ 主语+及物动词+宾语+"以"+介词宾语

夫子以正教我。⇒ 夫子教我以正。

"文吏以法绳之"（第一编、II、二十、句型1表一例4）是"以"字介词短语作状语的叙述句型，前句型"夫子以正教我"和"文吏以法绳之"结构相同。如果把"以"字介词短语移到动词后面作补语，这样就转换成后句型："夫子教我以正。"这是用移位的方法，转换成另一句型的。本式是两个句型中状语与补语的转换。

前句型转换为后句型是有条件的，"以"字只有表示工具、凭借的对象或原因时，这个"以"字介词短语才能放在动词后面。

在后句型中，如果"以"的宾语字数较多，或动词的宾语是省略的"之"字，"以"字介词短语一般就放到动词后面。动词的宾语是代词时，"以"字介词短语也以放到动词后面为常见。

句型 2

[结构式] I. S+Vt+O+"于"（引进处所）+PO
　　　　　主语+及物动词+宾语+"于"（引进处所）+介词宾语

[代表句] 子 / 击 / 磬 / 于卫 。

[例句]（表一）

序号	S	Vt	O	"于"	PO	引书
1	子	击	磬	于	卫	《论语·宪问》
2	庄子	钓		于	濮水	《庄子·秋水》
3	〔叔〕	学	黄老术	于	乐巨公所	《史记·田叔列传》
4	〔韩安国〕	（尝）受	韩子杂家说	于	驺田生所	《史记·韩长孺列传》
5	〔缪公〕	（西）取	由余	于	戎	《史记·李斯列传》
6	〔缪公〕	（东）得	百里奚	于	宛	《史记·李斯列传》
7	〔缪公〕	迎	蹇叔	于	宋	《史记·李斯列传》
8	〔缪公〕	来	丕豹公孙支	于	晋	《史记·李斯列传》
9	〔寡人〕	移	其民	于	河东	《孟子·梁惠王上》
10		移	其粟	于	河内	《孟子·梁惠王上》
11	孟尝君	就	国	于	薛	《战国策·齐策》
12	荆国	有	余	于	地	《墨子·公输》
13	〔沛公〕	贪		于	财货	《史记·项羽本纪》

[译文]

1. 孔子在卫国敲着磬。（磬：古代用玉或石制成的打击乐器。）

2. 庄子在濮水上钓鱼。

3. 田叔在乐巨公的住处学习黄老的学说。

4. 韩安国曾经在邹县田先生的住处学习《韩非子》和杂家的学说。

5. 秦穆公从西戎找到由余。（缪公：秦穆公。缪：通"穆"。）

6. 秦穆公从东方楚国的宛地得到百里奚。

7. 秦穆公从宋国迎接来蹇叔。

8. 秦穆公从晋国招请来丕豹、公孙支。

9. 我把河内的灾民迁移到河东。

10. 我把河东的粮食运送到河内。

11. 孟尝君回到自己的封地薛邑。（就国：回到自己的领地去。）

12. 楚国在土地方面有余。

13. 刘邦贪图钱财货物。

[结构式] II. S+Vi+ "于"（"乎"）（引进处所）+PO

　　　　　　主语+不及物动词+ "于"（"乎"）（引进处所）+介词宾语

[代表句] 子路 / 宿 / 于石门 /。

[例句]（表二）

序号	S	Vi	"于"	PO	引书
1	子路	宿	于	石门	《论语·宪问》
2	盆成括	仕	于	齐	《孟子·尽心下》
3	八佾	舞	于	庭	《论语·八佾》
4	〔伯夷叔齐〕	隐	于	首阳山	《史记·伯夷列传》
5	〔伯夷叔齐〕	（遂）饿死	于	首阳山	《史记·伯夷列传》
6	〔我与齐〕	战	于	长勺	《左传·庄公十年》
7	〔冠者〕〔童子〕	浴	乎	沂	《论语·先进》
8	〔君子之学也〕	入	乎	耳	《荀子·劝学》
9	〔君子之学也〕	箸	乎	心	《荀子·劝学》
10	〔君子之学也〕	布	乎	四体	《荀子·劝学》
11	〔君子之学也〕	形	乎	动静	《荀子·劝学》
12	虎兕	出	于	柙	《论语·季氏》
13	〔子墨子〕	起	于	鲁	《墨子·公输》
14	宰相	（必）起	于	州部	《韩非子·显学》
15	猛将	（必）发	于	卒伍	《韩非子·显学》
16	子华	使	于	齐	《论语·雍也》
17	臣	（始）至	于	境	《孟子·梁惠王下》
18	夫子	至	于	是邦（也）	《论语·学而》
19	晋赵武	至	于	宋	《左传·襄公二十七年》
20	鹏	（之）徙	于	南冥（也）	《庄子·逍遥游》
21	〔鲁人〕	（欲）徙	于	越	《韩非子·说林上》
22	上古	竞	于	道德	《韩非子·五蠹》
23	中世	逐	于	智谋	《韩非子·五蠹》
24	当今	争	于	气力	《韩非子·五蠹》

[译文]

1. 子路在石门住了一夜。

2. 盆成括在齐国做官。

3. 六十四个人在庭院中舞蹈。（八佾：佾，古代奏乐舞蹈的行列。八人为一行，即一佾，
　　八佾共六十四人。据周礼规定，只有天子能用八佾。）

4. 伯夷、叔齐在首阳山隐居。

5. 伯夷、叔齐终于在首阳山饿死。

6. 我国和齐国在长勺交战。

7. 五六个成年人、六七个少年在沂水里洗个澡。（冠者：成年人。古代男子二十岁行冠礼，表示已经成人。）

8. 君子学习知识，从耳朵里进入。

9. 君子学习知识，铭记在心里。（箸：通"贮"，积存，这里指记住。）

10. 君子学习知识，表现在仪表举止上。（布：分布，这里指表现。四体：四肢，这里指仪表举止。）

11. 君子学习知识，体现在行动上。（形：体现。动静：日常行动。）

12. 老虎犀牛从笼槛里逃出来。（兕：犀牛。柙：槛，关猛兽的笼子。）

13. 老师墨子从鲁国动身。

14. 宰相一定是从下层官吏中选拔上来的。（州部：古代一种基层行政单位。）

15. 勇猛的将领一定是从士兵队伍中提升上来的。

16. 子华出使到齐国。

17. 我刚到达（齐国的）边境。

18. 我们的老师到达这个国家。

19. 晋国的赵武到达宋国。

20. 大鹏迁徙到南海。

21. 有一位鲁国人想要迁移到越国去。

22. 上古的人们在道德上争强好胜。

23. 中世的人们在智谋上比赛高低。

24. 现在的人们在力量上竞争强弱。

[结构式] III. S+Vi+〔"于"〕+PO

　　　　　　主语+不及物动词+〔"于"〕+介词宾语

[代表句] 孔子 / 生 / 〔　〕鲁昌平乡陬邑 /。

[例句]（表三）

序号	S	Vi	（"于"）	PO	引书
1	孔子	生	〔　〕	鲁昌平乡陬邑	《史记·孔子世家》
2	将军	战	〔　〕	河北	《史记·项羽本纪》
3	臣	战	〔　〕	河南	《史记·项羽本纪》
4	（时）先主	屯	〔　〕	新野	《三国志·诸葛亮传》

[译文]

1. 孔子在鲁国昌平乡的陬邑出生。

2. 将军在黄河以北作战。（将军：刘邦对项羽的敬称，等于说"您"。）

3. 我在黄河以南作战。（臣：刘邦对自己的谦称。）

231

4. 当时刘备驻扎在新野。（屯：驻扎。）

[说明]

1. "于""乎"是介词，引进动作行为的处所（包括发生、起自或归趋的处所），也可以引申为引进范围和方面（如表一例 12、13 和表二例 21—23）。
2. "于""乎"的宾语是名词（如表二例 1 的"石门"）或名词短语（如表一例 3 的"乐巨公所"）。
3. "于""乎"字介词短语放在动词后面，作补语。
4. 在表三例句中，在动词后面省略了"于"字。
5. "于""乎"引进行为发生的处所，译作"在"；引进行为起自的处所，译作"从"；引进行为归趋的处所，译作"到"；引进范围和方面，译作"在……中""在……上""在……方面"。
6. 本句型介词的替换词有："于""乎""爰""焉""都""之""在""自""及"等。表示起自的动词的替换词有："起""出""发""取""得""迎""来""拯"等。表示归趋的动词的替换词有："迁""移""徙""至""使""达""追"等。

[附] 相关句型：

S+Vi+"于"（引进时间）+PO

主语+不及物动词+"于"（引进时间）+介词宾语

繁启蕃长于春夏，畜积收藏于秋冬。（《荀子·天论》）

万物在春季夏季蓬勃地滋生，茂盛地成长；在秋季冬季收获、蓄积、贮藏。

这里"于"字，引进动作行为发生的时间。

[句型转换] 有下列两个：

1. S+Adv（NPl）+V〈+O〉⇒ S+V〈+O〉+"于"（"乎"）+PO（NPl）

主语+状语（处所名）+动词〈+宾语〉

⇒ 主语+动词〈+宾语〉+"于"（"乎"）+介词宾语（处所名）

八佾庭舞。⇒ 八佾舞于庭。（本句型表二例 3）

"童子隅坐（而执烛）"（第一编、II、十七、句型 5 表二例 2）是以名词作状语的叙述句型，前句型"八佾庭舞"和"童子隅坐"结构相同。如果在"庭"的前面，加上介词"于"字，并把"于庭"移到动词"舞"的后面，作补语。这样就转换成后句型："八佾舞于庭。"这是用添加与移位的方法，转换成另一句型的。本式是两个句型中状语与补语的转换。

前类句型一般可以转换为后类句型，但后类句型（第一编、II、二十四、句型 2 等）能转换为前类句型的并不多。转换的条件是：后类句型中，介词宾语是"庭""廷""道""山""水"等表示处所的名词时，可以转换；如果是"石门""首阳山"等专有名词时，则不可以转换。

2. S+Vi+O ⇒ S+Vi+"于"（"乎"）（引进处所）+PO

主语+不及物动词+宾语 ⇒ 主语+不及物动词+"于"（"乎"）（引进处所）+介词宾语

臣（始）至境。⇒ 臣（始）至于境。（本句型表二例 17）

"陈王至陈"（第一编、II、四、句型 1 例 4）是以不及物动词"至"作谓语中心的叙述句型，"陈"是非受事宾语。前句型"臣（始）至境"和"陈王至陈"结构相同，如果在"境"

的前面，添加介词"于"字，介词短语"于境"就成为补语。这样就转换成后句型："臣（始）至于境。"这是用添加的方法，转换成另一句型的。本式是两个句型中宾语与补语的转换。这种句型转换常见动词的替换词是："至""使"一类的字。

句型 3

[结构式] "有"+O+"于"+"此"（"斯"）

　　　　 "有"+宾语+"于"+"此"（"斯"）

[代表句] 有 / 楚大夫 / 于此 /。

[例句]

序号	"有"	O	"于"	"此"	引书
1	有	楚大夫	于	此	《孟子·滕文公下》
2	有	美玉	于	斯	《论语·子罕》
3	有	人	于	此	《孟子·离娄下》
4	有	物	于	此	《荀子·赋》
5	有	蛇	于	此	《战国策·魏策》
6	（今）有	人	于	此	《墨子·公输》
7	（今）有	璞玉	于	此	《孟子·梁惠王下》

[译文]

1. 有一位楚国的大夫在这里。
2. 有一块美玉在这里。
3. 有一个人在这里。
4. 有一种东西在这里。
5. 有一条蛇在这里。
6. 现在有一个人在这里。
7. 现在这里有一块没有经过雕琢的玉石。

[说明]

1. "有"是动词，表示存在，作谓语中心。
2. 有些句子常在句首加时间名词"今"字，表示"如果现在"，作状语。
3. "于"是介词，引进某人或某物存在的处所，"于"的宾语是指示代词"此"或"斯"。
4. 本句型是非主谓句，用于表示假设，是作为比喻来说明某个问题。
5. "于"译作"在"。

句型 4

[结构式] S+"在"+"于"+PO

　　　　 主语+"在"+"于"+介词宾语

[代表句] 安边境立功名 / 在 / 于良将 /。

[例句]

序号	S	"在"	"于"	PO	引书
1	安边境立功名	在	于	良将	《汉书·晁错传》
2	贵贱	在	于	骨法	《史记·淮阴侯列传》
3	忧喜	在	于	容色	《史记·淮阴侯列传》
4	成败	在	于	决断	《史记·淮阴侯列传》
5	俗吏之所务	在	于	刀笔筐箧	《汉书·贾谊传》

[译文]

1. 保卫边疆建立功勋靠的是优秀的将领。
2. 人的高贵卑贱关键在骨相。（骨法：骨相。）
3. 人的忧愁喜悦关键在面色。
4. 成功失败决定于坚决果断。
5. 平庸的官吏做事情靠的是刀、笔、筐子和小箱子。（箧：小箱子。箱箧，都是盛物品的容器。大的叫"箱"，小的叫"箧"。）

[说明]

1. "于"是介词，用来引进事物的关键所在，或事物的决定因素。
2. "于"字的宾语是名词、名词短语（如例1的"良将"）或动词（如例4的"决断"）。
3. "于"字介词短语放在动词的后面，作补语。
4. "在"是不及物动词，作谓语中心。
5. 本句型的主语是名词短语（如例5的"俗吏之所务"）、动词短语（如例1的"安边境""立功名"）或形容词短语（如例2的"贵贱"）。
6. "于"也是"在"的意思，现在仍有"在于"的说法，"在于"可译为"靠的是""关键在"或"决定于"，也可以仍作"在于"。
7. 本句型介词的替换词有："于""乎"等。

句型 5

[结构式] S+V+"于"（引进原因）+PO
　　　　　主语+动词+"于"（引进原因）+介词宾语

[代表句] 喜 / 生 / 于好 /。

[例句]

序号	S	V	"于"	PO	引书
1	喜	生	于	好	《左传·昭公二十五年》
2	怒	生	于	恶	《左传·昭公二十五年》
3	（知）〔人〕	生	于	忧患	《孟子·告子下》
		（而）死	于	安乐（也）	
4	利爱	生	于	虑	《墨子·大取》
5	爱获之爱人也	生	于	虑获之利	《墨子·大取》

234

[译文]

1. 爱好能够产生喜悦。
2. 厌恶能够产生愤怒。
3. 人在忧虑患难中能够得到生存，在安逸享乐中却会导致灭亡。（"生于忧患，而死于安乐也"是省略主语的主谓短语，作动词"知"的宾语，这里作为单句来分析。）
4. 爱私立，产生于考虑有所求取。（虑：思考，考虑。）
5. 爱婢这种爱人的做法，产生于考虑得到婢发生的利益。（获：婢，古代对婢女的贱称。）

[说明]

1. "于"是介词，引进动作行为的原因。
2. "于"字的宾语是名词、名词短语（如例5的"虑获之利"）、动词（如例1的"好"）或形容词短语（如例3的"安乐"）。
3. 本句型的主语是动词（如例1的"喜"）或主谓短语（如例5的"爱获之爱人也"）。
4. 本句型大多以不及物动词充当谓语。
5. "于"译作"因""因为"或"由于"。

句型 6

[结构式] S+Vt+O+"于"（引进行为的对象）+PO

　　　　 主语+及物动词+宾语+"于"（引进行为的对象）+介词宾语

[代表句] 逢蒙 / 学 / 射 / 于羿 /。

[例句]

序号	S	Vt	O	"于"	PO	引书
1	逢蒙	学	射	于	羿	《孟子·离娄下》
2	庾公之斯	学	射	于	尹公之他	《孟子·离娄下》
3	尹公之他	学	射	于	我	《孟子·离娄下》
4	〔张仪〕	设	诡辩	于	怀王之宠姬郑袖	《史记·屈原贾生列传》
5	赵氏	求	救	于	齐	《战国策·赵策》
6	臣	受	命	于	丞相	《史记·秦始皇本纪》
7	季康子	问	政	于	孔子	《论语·颜渊》
8	卫灵公	问	陈	于	孔子	《论语·卫灵公》
9	悼公	问	治国	于	师旷	《史记·晋世家》
10	子	问	公叔文子	于	公明贾	《论语·宪问》
11	〔操蛇之神〕	告	之	于	帝	《列子·汤问》
12	公伯寮	愬	子路	于	季孙	《论语·宪问》
13	始皇	下	其议	于	群臣	《史记·秦始皇本纪》
14	忌	进	孙子	于	威王	《史记·孙子吴起列传》
15	（昔）秦伯	嫁	其女	于	晋公子	《韩非子·外储说左上》
16	〔从者〕	归	璧	于	赵	《史记·廉颇蔺相如列传》
17	天	（将）降	大任	于	是人（也）	《孟子·告子下》
18	东方朔	割	炙	于	细君	《汉书·扬雄传》

1. 逢蒙向后羿学习射箭。（逢蒙：后羿的学生和家人。羿：夏代诸侯有穷国的君主。）

2. 庾公之斯向尹公之他学习射箭。

3. 尹公之他向我学习射箭。

4. 张仪用花言巧语来欺骗怀王的爱妾郑袖。（郑袖：又名南后，楚怀王的爱妃。）

5. 赵国向齐国请求援救。

6. 我接受丞相的命令。

7. 季康子向孔子询问如何治理政事。

8. 卫灵公向孔子询问行军布阵的方法。（陈：通"阵"。）

9. 悼公向师旷询问治理国家的道理。（师旷：晋国著名乐师。）

10. 孔子向公明贾询问公叔文子的情况。

11. 拿着蛇的山神，向上帝报告了这件事。

12. 公伯寮向季孙说子路的坏话。（公伯寮：字子周，鲁国人，孔子学生。愬：通"诉"，诬蔑诽谤。）

13. 秦始皇把他们的建议下交给众臣。

14. 田忌把孙膑推荐给齐威王。（进：推荐。）

15. 从前秦国国君把女儿嫁给晋国公子。（秦伯：秦国君主，秦国国君最初被封的爵位是伯，所以称为秦伯。）

16. 随从人员送宝璧回到赵国。

17. 上天将要把治国的重任放到这个人的肩上。

18. 东方朔割一块肉给他的妻。（炙：烧烤的肉。细君：古代诸侯的妻，后为妻的通称。细：小。汉代东方朔自比诸侯，称其妻为小君。小君又叫细君。另一说细君是东方朔妻的名字。）

［说明］

1. "于"是介词，引进动作行为或询问、谈话的对象。

2. "于"的宾语是名词（如例 1 的"羿"）或代词（如例 3 的"我"），常表示人。

3. "于"字介词短语放在动词的后面，作补语。

4. 本句型的谓语中心是及物动词，带的宾语是名词（如例 7 的"政"）、动词（如例 1 的"射"）或动词短语（如例 9 的"治国"）。

5. 在例 7—12 中，"问""告""愬"的宾语是所询问或谈话的内容，而介词"于"的宾语是询问或谈话的对象。

6. 本句型中的介词"于"可以省略。

   S+Vt+O+〔"于"〕+PO

   主语+及物动词+宾语+〔"于"〕+介词宾语

   如：孔子学鼓琴〔　〕师襄子。（《史记·孔子世家》）

   孔子向师襄子学习弹琴。

7. "于"译作"向""对""给"。

8. 本句型介词的替换词有："于""乎""爱""为""都"等。

句型7

[结构式] S+"异"("同""比")+"于"("乎")+PO

主语+"异"("同""比")+"于"("乎")+介词宾语

[代表句] 吾觉之直者 / 异 / 于是 /。

[例句]

序号	S	"异"	"于"	PO	引书
1	吾党之直者	异	于	是	《论语·子路》
2	我	（则）异	于	是	《论语·微子》
3	〔是〕	异	乎	吾所闻	《论语·子张》
4	〔同乎我者〕	（既）同	乎	我（矣）	《庄子·齐物论》
5	〔异乎我与若者〕	（既）异	乎	我与若（矣）	《庄子·齐物论》
6	曹操	比	于	袁绍	《三国志·诸葛亮传》
7	（袭谓）主君	（无）异	于	虎狼	《新序·杂事》
8	地水	（不）异	于	盘中之水	《论衡·论死》

[译文]

1. 我们那里正直的人跟这个不同。

2. 我却和这些人不同。

3. 这和我听到的不同。

4. 同意我的人既然和我的意见相同了。

5. 不同意我和你的人，既然跟我和你的意见不同了。

6. 曹操和袁绍相比。

7. 我认为主君跟虎狼比起来没有不同。（袭：公孙袭的自称。公孙袭：梁国国君的车夫。谓：认为。"主君无异于虎狼"是主谓短语，作动词"谓"的宾语。这里把它作为句子来分析。）

8. 流在地上的水和盛在盘里的水没有不同。（盘：盛物的瓦器，腹大而口小。）

[说明]

1. "于""乎"是介词，放在"异""同"后面，引进比较异同的对象；放在"比"字后面，引进比较的对象。

2. "于"（"乎"）的宾语是名词（如例6的"袁绍"）、名词短语（如例3的"吾所闻"）或代词（如例1的"是"）。

3. "于""乎"等字介词短语放在动词后面，作补语。

4. "异""同""比"等动词作谓语中心。

5. "无""不"是否定副词，放在动词前面，作状语。

6. "于""乎"译作"跟""跟……比"。

7. 本句型动词的替换词有："异""同""似""比"等。

句型 **8**

[结构式] S+Vt+ "诸" +PO
主语+及物动词+ "诸" +介词宾语

[代表句] 子张 / 书 / 诸绅 /。

[例句]

序号	S	Vt	"诸"	PO	引书
1	子张	书	诸	绅	《论语·卫灵公》
2	君子	求	诸	己	《论语·卫灵公》
3	小人	求	诸	人	《论语·卫灵公》
4	〔孔子〕	遇	诸	涂	《论语·阳货》
5		投	诸	渤海之尾隐土之北	《列子·汤问》
6	公	伐	诸	鄢	《左传·隐公元年》
7	〔宋芮司徒〕	弃	诸	堤下	《左传·襄公二十六年》
8	吾	哭	诸	庙	《礼记·檀弓上》
9	吾	哭	诸	庙门之外	《礼记·檀弓上》
10	吾	哭	诸	寝	《礼记·檀弓上》
11	吾	哭	诸	寝门之外	《礼记·檀弓上》
12	吾	哭	诸	野	《礼记·檀弓上》
13	穆公	访	诸	蹇叔	《左传·僖公三十二年》

[译文]

1. 子张把这些话写在自己腰间的大带上。（书：写。绅：士大夫束在腰间的大带子。）

2. 君子（严格）要求自己。

3. 小人（苛刻）要求别人。

4. 孔子在中途遇见了阳货。（涂：通 "途"。）

5. 我们把土块、石头抛到渤海的后边，隐土的北面。

6. 庄公在鄢地攻打他。

7. 宋国的芮司徒把她丢弃在堤的下面。（诸：兼词，其中的 "之"，她，指代芮司徒刚生下来的女儿。）

8. 我在家庙里哭他。（诸：兼词，之于。之：他，这里指兄弟。于：在。）

9. 我在庙门外哭他。（诸：兼词，之于。之：他，这里指父亲的朋友。于：在。）

10. 我在寝室里哭他。（诸：兼词，之于。之：他，这里指老师。于：在。）

11. 我在寝室门的外面哭他。（诸：兼词，之于。之：他，这里指朋友。于：在。）

12. 我在郊野哭他。（ "诸" 中包含的 "之"，指相识的人。）

13. 秦穆公向蹇叔咨询这件事。（访：咨询。诸：兼词，之于。之：它，这里指代这件事。于：向。）

[说明]

1. "诸" 是 "之" "于" 两字的合音，是代词兼介词。其中的 "之"，是第三人称代词，指代人、物或事，作动词的宾语； "于" 是介词，后面带的宾语是名词（如例 1 的 "绅"）或名词短语（如例 9 的 "庙门之外"），多数表示动作行为的处所，也有的用来表示人

（如例 13 的"塞叔"）。"于"字介词短语放在动词后面，作补语。

2. 本句型的谓语中心是及物动词。

3. "诸"字包含的"于"译作"在""到"或"向"。

句型 9

[结构式] I. S+Vt+O+"焉"

主语+及物动词+宾语+"焉"

[代表句] 或 / 乞 / 醯 / 焉 /。

[例句]（表一）

序号	S	Vt	O	"焉"	引书
1	或	乞	醯	焉	《论语·公冶长》
2	孔子	问		焉	《礼记·檀弓上》
3	〔三人〕	（必）有	我师	焉	《论语·述而》
4	我	无	能	焉	《论语·宪问》
5	〔吾〕	得	养生	焉	《庄子·养生主》

[译文]

1. 有人向他家要一点醋。（醯：醋。焉：兼词，于之，向他。）

2. 孔子问他们。（焉：兼词，于之，问他们。）

3. 在三个人之中，一定有可以做我的老师的人。

4. 我都没有能力（做到）。

5. 我从这里头得到养生的道理。

[结构式] II. S+Vi+"焉"

主语+不及物动词+"焉"

[代表句] 蛟龙 / 生 / 焉 /。

[例句]（表二）

序号	S	Vi	"焉"	引书
1	蛟龙	生	焉	《荀子·劝学》
2	风雨	兴	焉	《荀子·劝学》
3	长子	死	焉	《孟子·梁惠王上》
4	虢叔	死	焉	《左传·隐公元年》
5	吴起	仕	焉	《韩非子·说林上》
6	吾夫	（又）死	焉	《礼记·檀弓下》
7	〔赤〕	（愿）学	焉	《论语·先进》

[译文]

1. 蛟龙在这里生长。（焉：兼词，于是，在这里。）

2. 风雨从那里兴起。

3. 我大儿子死在那里。

4. 虢叔死在那里。

5. 吴起在那里做官。

6. 我丈夫死在虎口中。（焉：兼词，于之。之：它，指代上文的"虎"。）

7. 我愿意在这方面学习。（赤：公西赤，即公西华，孔子的学生，这里的"赤"是自称。焉：兼词，于是，在这方面。）

[说明]

1. "焉"是介词兼代词，相当于"于是"或"于之"。其中的"是""之"用来指代处所（如表二例1"蛟龙生焉"）、人（如表一例1"或乞醯焉"）或事物的范围、方面（如表一例4"我无能焉"）。

2. 表一例句的谓语中心是及物动词，表二例句的谓语中心是不及物动词。

3. "焉"放在动词后面，作补语。"焉"放在不及物动词后面的句子居多数。

4. "焉"字可根据"是""之"所指代的处所、人或事物，译成"在（从、到）这（那）里""在这方面""在……之中"或"向他（他们）"。

第二十五类　S‖V+O+C（Ad）

主‖动+宾+补（副）

句型

[结构式] S+Vi+"甚"

　　　　　主语+不及物动词+"甚"

[代表句] 婴／疾／甚／。

[例句]

序号	S	Vi	"甚"	引书
1	婴	疾	甚	《韩非子·外储说左上》
2	〔始皇帝〕	病	甚	《史记·李斯列传》
3	〔上〕	欢	甚	《史记·外戚世家》
4	〔君〕	恐惧	（殊）甚	《史记·廉颇蔺相如列传》

[译文]

1. 晏婴病得有点厉害。（疾：轻病。）

2. 秦始皇病得很厉害。（病：重病。）

3. 武帝非常高兴。

4. 您怕得太过分了。（殊：副词，很，极，太。甚：副词，过分。）

1. "甚"是程度副词，表示动作行为具有相当深度，作补语。
2. "甚"译作"厉害""很"。
3. 本句型副词的替换词有："甚""愈""极""绝""滋甚""愈甚""益甚""弥甚"等。

第二十六类　S‖V+O+C（A）

主‖动+宾+补（形）

句型 1

[结构式] S+Vt+O+C（A）

　　　　主语+及物动词+宾语+补语（形）

[代表句] 秦王 / 饮 / 酒 / 酣 /。

[例句]

序号	S	Vt	O	C	引书
1	秦王	饮	酒	酣	《史记·廉颇蔺相如列传》
2	王	饮	酒	乐	《史记·赵世家》
3	〔莫敖〕	举	趾	高	《左传·桓公十三年》
4	邾子	执	玉	高	《左传·定公十五年》
5	是	食	言	多（矣）	《左传·哀公二十五年》
6	〔公良孺与蒲人〕	斗		（甚）疾	《史记·孔子世家》
7	〔秦皇帝〕	求	贼	（甚）急	《史记·留侯世家》
8	吏	侵	之	（益）急	《史记·绛侯周勃世家》

[译文]

1. 秦王酒喝得很畅快。
2. 武灵王酒喝得很高兴。
3. 莫敖走路把脚抬得很高。
4. 邾子把玉举得很高。
5. 这个人说话不算数的次数太多了。
6. 公良孺和蒲人搏斗得很激烈。（公良孺：孔子的学生。）
7. 秦始皇搜索刺客很紧急。
8. 狱吏欺凌他越来越重。（之：代词，他，指条侯周亚夫。）

[说明]

1. 本句型动词后面是形容词，表示动作行为的程度（如例3的"高"）；或表示动作行为的结果（如例2的"乐"），作补语。
2. 在古代汉语中，本句型较少见。

3. 有些句子常在形容词前面加副词"甚"字，表示程度。
4. 本句型的谓语中心也可以是不及物动词。

　　S+Vi+C（A）

　　主语+不及物动词+补语（形）

　　〔平〕哭甚哀。(《史记·陈丞相世家》)

　　陈平哭得很悲哀。

句型 2

[结构式] S+V+"之"+C（A）

　　　　主语+动词+"之"+补语（形）

[代表句] 子 / 哭 / 之 / 恸 。

[例句]

序号	S	V	"之"	C	引书
1	子	哭	之	恸	《论语·先进》
2	〔世子〕	哭泣	之	哀	《孟子·滕文公上》
3	鄂侯	争	之	急	《战国策·赵策》
4		辨	之	疾	《战国策·赵策》

[译文]

1. 孔子哭得十分悲痛。（恸：非常悲哀。）
2. 太子哭泣得很伤心。
3. 鄂侯为这件事争辩得急切。
4. 鄂侯为这件事辩护得激烈。（辨：通"辩"。）

[说明]

1. 本句型，动词后面是形容词，用来表示动作行为的程度，作补语。
2. "之"是助词，放在谓语中心和补语之间，作标志。
3. 本句型形容词的替换词有："悲""恸""哀""疾""急""徐""迟"等。

第二十七类　S‖V+O+C（Num+NT/MW）

主‖动+宾+补（数+时间名/量）

句型 1

[结构式] I. S+Vt+O+C（Num+NT）

　　　　主语+及物动词+宾语+补语（数+时间名）

[代表句] 如姬 / 资 / 之 / 三年 。

[例句]（表一）

序号	S	Vt	O	C		引书
				Num	NT	
1	如姬	资	之	三	年	《史记·魏公子列传》
2	臣	修	身			《史记·魏公子列传》
		洁	行	数十	年	
3	晋侯	在	外	十九	年（矣）	《左传·僖公二十八年》
4	张廷尉	事	景帝		岁余	《史记·张释之冯唐列传》
5	〔范蠡〕	（与勾践深）谋		二十余	年	《史记·越王勾践世家》

[译文]

1. 如姬怀恨三年。（资：积蓄，蕴藏。这里解作"含""怀"。之：指杀父的仇恨。）
2. 我修养品德，纯洁操行几十年。
3. 晋侯在外边十九年了。
4. 张廷尉侍奉景帝一年多了。
5. 范蠡和勾践一起周密地谋划了二十多年。

[结构式] II. S+Vi+C（Num+NT）
　　　　　主语+不及物动词+补语（数+时间名）
[代表句] 赵王 /（乃）斋戒 / 五日 /。
[例句]（表二）

序号	S	Vi	C		引书
			Num	NT	
1	赵王	（乃）斋戒	五	日	《史记·廉颇蔺相如列传》
2	〔文公〕	生	十七	年	《左传·昭公十三年》
3	〔文公〕	亡	十九	年	《左传·昭公十三年》
4	兵	行	三十余	年	《汉书·萧望之传》

[译文]

1. 赵王就斋戒五天。（斋戒：古人在祭祀或行大礼之前，必须沐浴、更衣、独宿、戒酒、戒荤等，表示清心洁身和虔敬。）
2. 晋文公出生十七年。
3. 晋文公逃亡在外十九年。
4. 军事行动已三十多年。

[说明]

1. 句型1、2在动词后面，有个由数词和时间名词组成的时间词语来表示时段（动作经历的时间长短），作补语。
2. 本句型时间名词的替换词有："日""月""年""岁""载""世"等；表示短暂时间词

语的替换词有："须臾""片刻"等。

句型 2

[结构式] I. S+Vt+O+C1（"于"／"至"／"至于"+PO）+C2（Num+NT）

主语+及物动词+宾语+补语 1（"于"／"至"／"至于"+介词宾语）

+补语 2（数+时间名）

[代表句] 主／相／晋国／于今八年／。

[例句]（表一）

序号	S	Vt	O	C1		C2		引书
				"于"	PO	Num	NT	
1	主	相	晋国	于	今	八	年	《左传·昭公元年》
2	（今）公仲	相	赵	于	今	四	年	《史记·赵世家》
3	吾	起	兵	至	今	八	岁（矣）	《史记·项羽本纪》
4	不谷	即	位	于	今	五	年	《左传·襄公十八年》

[译文]

1. 您辅佐晋国，到现在有八年。

2. 您当赵的相国，到现在有四年。（公仲：公仲连，姓公仲，名连，赵国的政治改革家。）

3. 我起兵到现在有八年了。

4. 我即位到现在有五年。（不谷：不善，诸侯对自己的谦称。）

[结构式] II. S+Vi+C1（"于"／"至"+PO）+C2（Num+NT）

主语+不及物动词+补语 1（"于"／"至"+介词宾语）+补语 2（数+时间名）

[代表句] 寡君／寝疾／于今三月（矣）／。

[例句]（表二）

序号	S	Vi	C1		C2		引书
			"于"	PO	Num	NT	
1	寡君	寝疾	于	今	三	月（矣）	《左传·昭公七年》
2	汉	兴	至	孝文	四十有余	载	《史记·孝文本纪》

[译文]

1. 我国国君卧病，到现在三个月了。

2. 汉朝建立了，到孝文皇帝有四十多年。

[说明]

1. 本句型在动词后面有两个表示时间的补语。

2. 补语 1 是"于""至""至于"等字介词短语。"于"的宾语是时间名词或专有名词（如表二例 2 的"孝文"）。"于"类字介词短语表示动作行为到某时间。

3. 补语 2 由数词和时间名词组成，表示时段（动作持续的时间）。

4. "于""至""至于"译作"到"。

[附] 相关句型：

S+V〈+O〉+C1（Num+NT）+C2（"于"+PO）

主语+动词〈+宾语〉+补语1（数+时间名）+补语2（"于"+介词宾语）

今先生处胜之门下三年于此矣。(《史记·平原君虞卿列传》)

现在先生住在我的门下已经三年了。（处：居住，停留。胜：平原君姓赵名胜，这里是自称其名。）

这个句型和本句型意义相同，但两个补语位置更换。

句型 3

[结构式] I. S+Vt+O+C（Num+MW）

主语+及物动词+宾语+补语（数+量）

[代表句]〔陈成子〕/ 违 / 谷 / 七里 /。

[例句]（表一）

序号	S	Vt	O	C		引书
				Num	MW	
1	〔陈成子〕	违	谷	七	里	《左传·哀公二十七年》
2	〔楚师〕	去	我	三十	里	《左传·宣公十五年》
3	〔秦将〕	（为）却	军	五十	里	《战国策·赵策》
4	〔晋〕	（其）辟	君	三	舍	《左传·僖公二十三年》
5	〔阖庐〕	去	檇李	七	里	《左传·定公十四年》

[译文]

1. 陈成子离开谷地七里。

2. 楚国军队离开我军后退三十里。

3. 秦国将领为了鲁仲连退兵五十里。（为：介词，为了，后面省略"之"字。之：代鲁仲连。）

4. 晋国军队就后退九十里。（辟：通"避"。舍：古代军队行军在一处停留，一宿为一舍。军队行军每日三十里，所以三十里为一舍。）

5. 阖庐离开檇李七里地。

[结构式] II. S+Vi+C（Num+MW）

主语+不及物动词+补语（数+量）

[代表句]〔楚师〕/ 退 / 三十里 /。

[例句]（表二）

序号	S	Vi	C		引书
			Num	MW	
1	〔楚师〕	退	三十	里	《左传·宣公十五年》
2	〔孟尝君〕	（未）至	百	里	《战国策·齐策》
3	〔晋师〕	退	三	舍	《左传·僖公二十八年》

[译文]

1. 楚国军队后退三十里。

2. 孟尝君差一百里还没有到（薛地）。

3. 晋国军队后退九十里。

[说明]

本句型中，数词和表长度的量词合在一起表示距离，作补语。

[附] 相关句型：

S+Vt+O+C（Num+VMW）

主语+及物动词+宾语+补语（数+动量）

宋人围之数匝。（《庄子·秋水》）

宋国人把孔子围了几圈。（之：代词，他，这里指代孔子。匝：周。）

这里是由数词和动量词组成了动量补语，这个句型很罕见。

第二十八类　S‖V +C (v) +O

主‖动+补 (动) +宾

句型

[结构式] S+Vt+C (V) +O

主语+及物动词+补语（动）+宾语

[代表句] 齐 / 伐 / 取 / 我隆 /。

[例句]

序号	S	Vt	C	O	引书
1	齐	伐	取	我隆	《史记·鲁周公世家》
2	秦	虏	灭	韩王安	《史记·燕召公世家》
3	秦	攻	拔	我蓟	《史记·燕召公世家》
4	〔孙文子〕	（遂）攻	出	献公	《史记·卫康叔世家》
5	魏	囚	杀	怀君	《史记·卫康叔世家》
6	越王勾践	射	伤	吴王	《史记·楚世家》
7	〔苏秦〕	（乃）激	怒	张仪	《史记·苏秦列传》
8	〔婴〕	击	降	殷王	《汉书·灌婴传》
9	〔司马错〕	伐	败	赵将泥	《史记·秦本纪》
10	项梁	（已）击	杀	之	《史记·李斯列传》
11	〔汉王〕	烧	绝	栈道	《史记·留侯世家》
12	〔良〕	击	破	杨熊军	《史记·留侯世家》

[译文]

1. 齐国攻打夺取了我鲁国的隆邑。
2. 秦军俘虏了韩王安并灭掉韩国。
3. 秦军攻占了我燕国首都蓟城。
4. 孙文子就攻打赶出了献公。
5. 魏国拘禁杀死了怀君。
6. 越王勾践射伤了吴王阖闾。
7. 苏秦就刺激张仪使他发怒。
8. 灌婴攻打降服了殷王。
9. 司马错打败了赵国的泥将军。
10. 项梁已经攻打杀死了他。（之：代词，他，指代李由。）
11. 汉王把所有经过的栈道都烧断了。
12. 张良击溃杨熊的军队。

[说明]

1. 本句型的谓语中心是及物动词，后面接上一个动词（多数是不及物动词，其中有的是使动用法），表示前一动词动作行为的结果或趋向，作补语。
2. 本句型后一动词的替换词有："杀""死""灭""丧""为""破""绝""断""败""伤""夺""堕""取""袭""怒""降""动""定""见""醉"（以上作结果补语），"出""入""去""走""来""起""过""进""下""至"（以上作趋向补语）等。

第二十九类　S‖V+C(A)+O

主‖动+补(形)+宾

句型

[结构式] S+Vt+C(A)+O

　　　　主语+及物动词+补语(形)+宾语

[代表句]〔穰苴〕/ 申 / 明 / 约束 /。

[例句]

序号	S	Vt	C	O	引书
1	〔穰苴〕	申	明	约束	《史记·司马穰苴列传》
2	项王	（遂）烧	夷	齐城郭	《史记·田儋列传》
3	〔张苍〕	绪	正	律历	《史记·张丞相列传》
4	今诸侯王	（皆）推	高	寡人	《汉书·高帝纪》
5	汉氏	减	轻	田租	《汉书·王莽传》
6	〔仲舒〕	推	明	孔氏	《汉书·董仲舒传》
7	〔陛下〕	（欲）矫	正	之（也）	《汉书·李寻传》

[译文]

1. 司马穰苴宣布明确了纪律。

2. 项羽就烧毁荡平齐国都城的城郭。（夷：平。）

3. 张苍订正、整理了音律和历法。（绪正：指订正、整理、调整等工作，使安排有序。）

4. 现在诸侯王都推崇我。（推：尊崇，举荐。）

5. 汉朝减少了土地赋税。

6. 董仲舒推崇宣扬了孔子。

7. 您将要矫正这种歪风邪气。（之：代词，它，指代当时宫内、外戚和官吏等人的歪风邪气。）

[说明]

1. 本句型的谓语中心是及物动词，后面接的形容词表示动作行为的结果，作补语。

2. 在古代汉语中，本句型罕见。

3. 本句型形容词的替换词有："高""明""大""远""显""正""满""平""轻""弱""罢""空""夷""敝""窘"等。

第三十类　Adv（PP）+S‖V+O

状（介词短语）＋主‖动+宾

句型

[结构式] I. "及"（"比""作""及至""比及"）+PO〈+"也"〉+S+Vt+O

　　　　 "及"（"比""作""及至""比及"）+介词宾语〈+"也"〉+主语+及物动词+宾语

[代表句] 及父卒 /，叔齐 / 让 / 伯夷 /。

[例句]（表一）

序号	"及"	PO	"也"	S	Vt	O	引书
1	及	父卒		叔齐	让	伯夷	《史记·伯夷列传》
2	及	悼王死		宗室大臣	作	乱	《史记·孙子吴起列传》
					（而）攻	吴起	
3	比	其反	也		（则）冻馁	其妻子	《孟子·梁惠王下》
4	作	其即位			（爰）知	小人之依	《尚书·无逸》
5	及	庄公即位		〔姜氏〕	（为之）请	制	《左传·隐公元年》
6	及	而子之长			（以）赐	之	《史记·赵世家》
7	及至	秦之季世		〔秦〕	焚	诗书	《史记·儒林列传》
					坑	术士	
8	比及	葬		〔昭公〕	（三）易	衰	《史记·鲁周公世家》
9	及	其得贤	也		（曾不）出	闾巷	《三国志·武帝纪》

248

[译文]

1. 等到父亲死了的时候，叔齐让位给伯夷。

2. 等到悼王死了的时候，楚国的王室大臣发动叛乱，攻击吴起。（宗室：同一祖宗的贵族，这里指皇帝或国君的宗族。）

3. 等到他回来的时候，他的妻子、儿女却在受冻挨饿。（比：及，到。反：通"返"。这里的"冻馁"是动词的使动用法，"冻馁其妻"就是使其妻子冻馁。）

4. 等到祖甲即位的时候，他（原）就知道老百姓的疾苦。（本句动词"知"前省略的主语是"祖甲"。）

5. 等到庄公即位的时候，姜氏为共叔段请求制地作为封邑。

6. 等到你的儿子长大以后，你把（翟犬）送给他。

7. 等到秦朝的末世，秦国焚烧《诗经》《尚书》，活埋方士、儒生。

8. 等到安葬襄公的时候，昭公三次更换丧服。（三易衰：易，更换。衰，丧服。这里指昭公嬉戏无度，竟至几次换丧服。）

9. 等到君主得到贤才以后，竟然不再走出街巷。

[结构式] II. "及"（"于""迟"）+PO〈+"也"〉+S+Vi

"及"（"于""迟"）+介词宾语〈+"也"〉+主语+不及物动词

[代表句] 及小白立为桓公 /，公子纠 / 死 /。

[例句]（表二）

序号	"及"	PO	"也"	S	Vi	引书
1	及	小白立为桓公		公子纠	死	《史记·管晏列传》
2	迟	其至	也	宿瘤	骇	《列女传·齐宿瘤女传》
3	于	其反	也	其长子	死	《礼记·檀弓下》

[译文]

1. 等到小白登位称齐桓公的时候，公子纠死了。

2. 等到他来到的时候，宿瘤女很惊骇。

3. 在他回来的时候，他的长子死了。

[说明]

1. "及"（"于""比""迟""作""比及""及至"）是介词，用来表示动作行为发生的时间。"及"类介词的宾语多数为主谓短语（如表一例 2 的"悼王死"），也有的是名词短语（如表一例 7 的"秦之季世"）或动词（如表一例 8 的"葬"）。"及"类介词短语放在主语前面，作状语。

2. "及""比""迟""比及""及至"译作"等到……时候""当……时候"，"于"译作"在……时候"。

3. 本句型介词的替换词有："及""于""比""比及""作""迟""至""及至""方""迨""逮""投""当""綦""期""有"等。

第三十一类 S‖V（Pas）

主‖动（被动）

第三十一至第三十四类是被动句型。被动句的谓语（或谓语中心）是及物动词，主语是动词所表示的行为的被动者。

句型 1

[结构式] S+VtPr（Pas）

主语+及物动谓（被动）

[代表句] 彼窃钩者 / 诛 /。

[例句]

序号	S	VtPr	引书
1	彼窃钩者	诛	《庄子·胠箧》
2	广武君策	（不）用	《史记·淮阴侯列传》
3	衮	（不）废（矣）	《左传·宣公二年》
4	（昔者）龙逢	斩	《庄子·胠箧》
5	比干	剖	《庄子·胠箧》
6	苌弘	胣	《庄子·胠箧》
7	国	分	《韩非子·说林上》
8	简公	杀	《韩非子·说林上》
9	妻	（以妾余之诈）弃	《韩非子·奸劫弑臣》
10	谏	行	《孟子·离娄下》
11	言	听	《孟子·离娄下》

[译文]

1. 那些偷窃衣带钩的人被处死。
2. 广武君的计策没有被采用。
3. 您的衮袍可以不被废掉了。
4. 从前关龙逢被斩首。
5. 比干被剖心。
6. 苌弘被裂腹。（胣：裂，裂腹。）
7. 国家被分裂。（国分：指晋国被分成韩、赵、魏三家。）
8. 简公被杀死。（简公：齐简公，春秋末期齐国的君主。）
9. 他的妻因为受一个叫余的妾的陷害，被丈夫抛弃。
10. 谏诤的话能够被采纳。

11. 好的建议能够被听取。

[说明]

1. 本句型是用主动句的形式，来表示被动的内容，即表示意念上的被动，但在句型结构上没有表示被动的词，所以不算真正的被动句。

2. 本句型在译成现代汉语时，可在动词前面加上"被"字。

句型 2

[结构式] S+"见"（"被""为"）+VtPr

　　　　主语+"见"（"被""为"）+及物动谓

[代表句] 盆括成 / 见杀 /。

[例句]

序号	S	"见"	VtPr	引书
1	盆成括	见	杀	《孟子·尽心下》
2	琅邪王刘泽	（既）见	欺	《史记·齐悼惠王世家》
3	（汝）	（且）见	禽	《史记·商君列传》
4	百姓	（之不）见	保	《孟子·梁惠王上》
5	比干	见	刳	《荀子·赋》
6	错	（卒以）被	戮	《史记·酷吏列传》
7	国	（一日）被	攻	《战国策·齐策》
8	敞	（身）被	（重）劾	《汉书·张敞传》
9	扬干	为	戮	《左传·襄公三年》
10	妻子	为	戮	《国语·越语》
11	牛马	为	用	《荀子·王制》
12	父母宗族	（皆）为	戮没	《史记·刺客列传》
13	若信者	（亦已）为	禽（矣）	《史记·淮阴侯列传》

[译文]

1. 盆成括被杀。

2. 琅邪王刘泽已经被欺骗。

3. 你将要被逮捕。（禽：通"擒"，捕捉。）

4. 老百姓不被安抚。（保：安抚。）

5. 比干被剖腹。（刳：剖开，挖空。）

6. 晁错终于因此被杀。（以：介词，因，因为。"以"后面省略代词"之"。以之：因此。戮：杀死。）

7. 齐国一旦被攻破。

8. 张敞亲自受到严厉的指责。

9. 扬干被侮辱。（戮：侮辱，羞辱。）

10. 妻子儿女被杀害。

11. 牛马被使用。

12. 父母家族都被杀死或没收做官奴。（没：没收入官府做奴婢。）

13. 像我韩信这样的人也早已被捉住了。

[说明]

1. "见"（"为""被"）是助词，表示被动。

2. 本句型不常见。

3. "见""为"译作"被"。

4. 本句型助词的替换词有："见""为""被""受"等。

[句型转换]

〔S〕+Vt+O ⇒ S+"见"（"被""为"）+VtPr

〔主语〕+及物动词+宾语 ⇒ 主语+"见"（"被""为"）+及物动谓

杀盆成括。 ⇒ 盆成括见杀。（本句型例1）

"齐人杀无亏"（第一编、II、一、句型2例3）是主动宾句型。前句型"杀盆成括"和"杀无亏"结构相同。如果把"盆成括"移到"杀"的前面，使之成为全句的主语，又在"杀"的前面加上助词"见"字，这样就转换成后句型："盆成括见杀。"这是用移位与添加的方法，转换成另一句型的。本式属于主动句与被动句的转换。

前、后句型的转换是有一定条件的，即前句型必须是省略了主语的句子。

第三十二类　　S‖Adv（OV/A）+V（Pas）

主‖状（能愿动/形）+动（被动）

句型

[结构式] S+"可"（"足""难""易""多""寡"）+Vt〈+"也"〉

主语+"可"（"足""难""易""多""寡"）+及物动词〈+"也"〉

[代表句] 国 / 可 / 得也 /。

[例句]

序号	S	"可"	Vt	"也"	引书
1	国	可	得	也	《左传·僖公三十二年》
2	长	可	妻	也	《史记·仲尼弟子列传》
3	天下	可	图	也	《史记·淮阴侯列传》
4	王僚	可	杀	也	《史记·刺客列传》
5	朽木	（不）可	雕	也	《论语·公冶长》
6	粪土之墙	（不）可	杇	也	《论语·公冶长》
7	〔剑〕	（不）足	学		《史记·项羽本纪》
8	是四国（者）	（专）足	畏	也	《左传·昭公十二年》
9	楚相	（不）足	为	也	《史记·滑稽列传》

序号	S	"可"	Vt	"也"	引书
10	高者	难	攀		《汉书·贾谊传》
11	卑者	易	陵		《汉书·贾谊传》
12	其实	易	行		《史记·太史公自序》
13	其辞	难	知		《史记·太史公自序》
14	得道者	多	助		《孟子·公孙丑下》
15	失道者	寡	助		《孟子·公孙丑下》

[译文]

1. 国都是可以得到的。
2. 公冶长，可以把女儿嫁给他。（妻：名词用作动词，指把女子嫁给某人。）
3. 天下可以图谋了。
4. 吴王僚可以杀掉。
5. 腐朽的木头不能够雕刻。
6. 粪土一样的墙壁不能够粉刷。（杇：通"污"，泥瓦工抹墙的瓦刀，这里指涂饰、粉刷。）
7. 剑术不值得学习。
8. 仅仅这四个城邑，就足够让人害怕了。（专：独，单，仅仅。）
9. 楚国的宰相不值得担任。
10. 高的殿堂难以攀登。
11. 低的殿堂容易登临。（陵：登，升）
12. 它的实际主张容易施行。（其：代词，它的，这里指道家的。例13同此。）
13. 它的文辞难以理解通晓。
14. 实行仁政的人，帮助他的就多。（得道："道"指治国之道，"得道"即实行仁政。）
15. 不实行仁政的人，帮助他的就少。

[说明]

1. 古代汉语及物动词前面加能愿动词"可""足"等，常含有被动意义。有时，加形容词"难""易""多""寡"等，也含有被动意义。"可""足"等作状语。
2. "可"译作"可以"，"足"译作"值得""能够""足够"。
3. 本句型能愿动词的替换词有："可""足""得""当"等。

第三十三类　S ‖ Adv (PP) +V (Pas)

主 ‖ 状 (介词短语) +动 (被动)

句型 1

[结构式] S+"为"+PO+Vt (Pas)

主语+"为"+介词宾语+及物动词（被动）

[代表句] 身 / 为宋国 / 笑 /。

[例句]

序号	S	"为"	PO	Vt	引书
1	身	为	宋国	笑	《韩非子·五蠹》
2	〔怀王〕	为	天下	笑	《史记·屈原贾生列传》
3	道术	（将）为	天下	裂	《庄子·天下》
4	〔吾子〕	（今）为	赤帝子	斩（之）	《史记·高祖本纪》
5	〔蜻蛉〕	（下）为	蝼蚁	食（也）	《战国策·楚策》
6	〔仆〕	（重）为	乡党	戮笑	《汉书·司马迁传》
7	君	为	妇人之笑	辱（也）	《左传·成公三年》

[译文]

1. 他自己被宋国耻笑。
2. 怀王被天下人耻笑。
3. 道术将要被天下所割裂。
4. 我的儿子如今被赤帝的儿子杀了。
5. 蜻蜓向下会被蝼蛄、蚂蚁吃掉。
6. 我被乡里人极力羞辱耻笑。
7. 君王被女人的嬉笑所羞辱。

[说明]

1. "为"是介词，表示被动，引进行为的主动者。"为"字的宾语是名词或名词短语。"为"字介词短语放在动词前面，作状语。
2. 本句型不常见。
3. "为"译作"被"。
4. 本句型介词的替换词有："为""与"等。

句型 2

[结构式] S+"为"+PO+"所"+Vt

主语+"为"+介词宾语+"所"+及物动词

[代表句] 将军李广 / 为匈奴 / 所得 /。

[例句]

序号	S	"为"	PO	"所"	Vt	引书
1	将军李广	为	匈奴	所	得	《史记·韩长孺列传》
2	〔吾〕	（几）为	汉	所	卖	《史记·韩长孺列传》
3	如姬父	为	人	所	杀	《史记·魏公子列传》
4	〔杨仆〕	为	苟彘	所	缚	《史记·酷吏列传》
5	卫太子	为	江充	所	败	《汉书·霍光传》

序号	S	"为"	PO	"所"	Vt	引书
6	〔汉军〕	为	楚	所	挤	《史记·项羽本纪》
7	〔吾〕	（乃）为	儿女子	所	诈	《史记·淮阴侯列传》
8	章	（虽）为	凤	所	举	《汉书·王章传》
9	〔章〕	（遂）为	凤	所	陷	《汉书·王章传》
10	〔足下〕	（终）为	之	所	禽（矣）	《史记·淮阴侯列传》
11	〔妾〕	（毋）为	秦	所	鱼肉（也）	《史记·张仪列传》

[译文]

1. 将军李广被匈奴俘虏。
2. 我差点被汉朝人欺骗。
3. 如姬的父亲被人杀害。
4. 杨仆被荀彘捆绑。
5. 卫太子刘据被江充谗害而失败。
6. 汉军被楚军挤压。
7. 我竟被妇人小孩子欺骗。（儿女子：儿，小孩子，指太子盈；女子，妇人，指吕后。都含有轻蔑之意。）
8. 王章虽然被王凤推荐。
9. 王章终于被王凤陷害。
10. 您终会被他擒获的。
11. 我不要被秦国当作鱼肉欺凌、杀害。（鱼肉：这里是名词用作动词，当作鱼肉欺凌。）

[说明]

1. "为"是介词，引进行为的主动者。"为"的宾语是名词或名词短语。"为"字介词短语放在动词前面，作状语。
2. "所"是助词，放在动词前面，表示被动。
3. 本句型"为"的宾语（行为的主动者）也可以承上文省略。

   S+"为"+〔PO〕+"所"+Vt

   主语+"为"+〔介词宾语〕+"所"+及物动词

   如：若属皆且为〔 〕所虏。（《史记·项羽本纪》）

   你们这些人都将被（沛公）所俘虏。（介词"为"后面省略了"沛公"。）
4. 例3中"如姬父为人所杀"是个主谓短语，作"闻"的宾语，这里把它作为单句来分析。
5. 本句型在汉代以后最常见。
6. "为"译作"被"；"所"仍作"所"，也可去掉。

[句型转换]

   S+Vt+O ⟹ S+"为"+PO+"所"+Vt

   主语+及物动词+宾语 ⟹ 主语+"为"+介词宾语+"所"+及物动词

人杀如姬父。⇒ 如姬父为人所杀。

"齐人杀无亏"（第一编、II、一、句型 2 例 3）是主动宾句型。前句型"人杀如姬父"和"齐人杀无亏"结构相同。如果把"如姬父"移到"杀"的前面，使之成为全句的主语，并在"杀"的前面加上助词"所"字，同时，在"所杀"的前面加上介词"为"字，把原来的主语"人"移到"为"字后面，成为介词的宾语，这样就转换成后句型："如姬父为人所杀。"这是用移位、添加的方法，转换成另一句型的。本式属于主动句与被动句的转换。

第三十四类　S‖V（Pas）+C（PP）

主‖动（被动）+补（介词短语）

句型 1

[结构式] S+Vt（Pas）+"于"+PO

　　　　主语+及物动词（被动）+"于"+介词宾语

[代表句] 君 / 幸 / 于赵王 /。

[例句]

序号	S	Vt	"于"	PO	引书
1	君	幸	于	赵王	《史记·廉颇蔺相如列传》
2	敢男禹	有宠	于	太子	《史记·李将军列传》
3	〔怀王〕	（故内）惑	于	郑袖	《史记·屈原贾生列传》
4	〔怀王〕	（外）欺	于	张仪	《史记·屈原贾生列传》
5	郤克	伤	于	矢	《左传·成公二年》
6	〔寡人〕	（东）败	于	齐	《孟子·梁惠王上》
7	〔寡人〕	（南）辱	于	楚	《孟子·梁惠王上》
8	穷者	（常）制	于	人	《荀子·荣辱》
9	殃民者	不容	于	尧舜之世	《孟子·告子下》
10	桀	蔽	于	末喜斯观	《荀子·解蔽》
11	纣	蔽	于	妲己飞廉	《荀子·解蔽》
12	唐殃	蔽	于	欲权	《荀子·解蔽》
13	奚齐	蔽	于	欲国	《荀子·解蔽》
14	墨子	蔽	于	用	《荀子·解蔽》
15	宋子	蔽	于	欲	《荀子·解蔽》
16	辰嬴	嬖	于	二君	《左传·文公六年》

[译文]

1. 您受赵王宠爱。

2. 李敢的儿子李禹受到太子宠爱。

3. 楚怀王在内被郑袖迷惑。

4. 楚怀王在外被张仪欺骗。

5. 郤克被箭射伤。

6. 我在东方被齐国打败。

7. 我在南方被楚国羞辱。

8. 处境困难的人经常被人统治。（穷：古代的"穷"一般指不得志，没有出路；而"贫"指缺乏衣食钱财。）

9. 坑害老百姓的人，不会被尧舜的时代所容纳。

10. 桀王被妹喜、斯观蒙蔽。（末喜：妹喜，夏桀的妃子。斯观：夏桀的臣子。）

11. 纣王被妲己、飞廉蒙蔽。（妲己：殷纣王的妃子。飞廉：殷纣王的大臣。）

12. 唐鞅被贪图权位蒙蔽。（欲权：贪图权位。）

13. 奚齐被贪图夺取国家权力蒙蔽。（欲国：贪图夺取国家权力。）

14. 墨子被实用蒙蔽。

15. 宋子被欲望蒙蔽。

16. 辰嬴受到两位国君的宠爱。（嬖：宠爱。）

[说明]

1. "于"是介词，引进行为的主动者。"于"的宾语是名词或名词短语。"于"字介词短语放在动词后面，作补语。本句型较常见。

2. "于"译作"被""受"。本句型在译成现代汉语时，要把引进主动者的"于"字介词短语移到动词前面。如："幸于赵王"译为"受赵王宠爱"。

[附] 相关句型：

S+Vt（Pas）+O+"于"+PO

主语+及物动词（被动）+宾语+"于"+介词宾语

夫子固有惑志于公伯寮。（《论语·宪问》）

季孙子被公伯寮迷惑。（夫子：指季孙氏。公伯寮：字子周，孔子的学生。）

这个句型是在动词（"有惑"）后面，带有宾语（"志"）。这种情况很罕见。

[句型转换]

S+Vt+O ⇒ S+Vt+"于"+PO

主语+及物动词+宾语 ⇒ 主语+及物动词+"于"+介词宾语

矢伤郤克。⇒ 郤克伤于矢。（本句型例5）

"齐人杀无亏"（第一编、Ⅱ、一、句型2例3）是主动宾句型。前句型"矢伤郤克"和"齐人杀无亏"结构相同。如果把"郤克"移到"伤"的前面，使之成为全句的主语，而动词"伤"就表示被动意义；同时，在"伤"字的后面加上介词"于"字，把原来的主语"矢"移到"于"字后面，成为介词的宾语，这样就转换成后句型："郤克伤于矢。"这是用移位、添加的方法，转换成另一句型的。本式属于主动句与被动句的转换。

句型 2

[结构式] S+"见"（"被"）+Vt+"于"+PO

　　　　　主语+"见"（"被"）+及物动词+"于"+介词宾语

[代表句] 蔡泽 / 见逐 / 于赵 /。

[例句]

序号	S	"见"	Vt	"于"	PO	引书
1	蔡泽	见	逐	于	赵	《战国策·秦策》
2	（昔者）弥子瑕	见	爱	于	卫君	《史记·老子韩非列传》
3	吾	（长）见	笑	于	大方之家	《庄子·秋水》
4	有高人之行者	（固）见	非	于	世	《史记·商君列传》
5	有独知之虑者	（必）见	敖	于	民	《史记·商君列传》
6	循法守正者	见	侮	于	世	《史记·礼书》
7	〔王〕	见	欺	于	张仪	《史记·楚世家》
8	万乘之国	被	围	于	赵	《战国策·齐策》

[译文]

1. 蔡泽被赵国驱逐出境。
2. 从前，弥子瑕受卫君宠爱。
3. 我将永远被学识渊博的人耻笑。（大方之家：指学识渊博、懂得大道的人。大方：大道。）
4. 有超过常人行为的人，本来会被世俗非难。
5. 有独到见解的人，必定会被一般人所诋毁。（敖：通"謷"，诋毁。）
6. 遵守法度和正道的人，会被世俗欺侮。
7. 大王会被张仪欺骗。
8. 一个拥有万辆兵车的国家，被赵国围困。

[说明]

1. "见"是助词，放在动词前面，表示被动。
2. "于"是介词，引进行为的主动者。"于"的宾语是名词或名词短语。"于"字介词短语放在动词后面，作补语。
3. "见"译作"被"。
4. 本句型助词的替换词有："见""被""受"等。

第三部分　描写句

　　描写句是用来描写人或事物的性质、状态的，是以形容词或形容词短语作谓语的。数词谓语句、副词谓语也划归此部分。

　　描写句常见的句中语气词是"也"字，表示顿宕，相当于现代汉语的语气词"啊""呀"等。例如：

　　由也果。（《论语·雍也》）

　　常见的句尾语气词有"矣""也"等。

1. "矣"表示报道人或事物出现的一种新情况，相当于现代汉语的语气词"了"。例如：

王将军老矣。（《史记·白起王翦列传》）

2. “也”表示强调事情的真实性，即说话人对此深信不疑。例如：

魏其言是也。（《史记·魏其武安侯列传》）

第一类　S‖A
主‖形

句型 1

［结构式］S（N）+APr

　　　　主语（名）+形谓

［代表句］晋／强／。

［例句］

序号	S	APr	引书
1	晋	强	《韩非子·说林下》
2	启	贤	《孟子·万章上》
3	主	贤明	《韩非子·外储说左下》
4	王将军	老（矣）	《史记·白起王翦列传》
5	由（也）	果	《论语·雍也》
6	赐（也）	达	《论语·雍也》
7	求（也）	艺	《论语·雍也》
8	成王	幼	《荀子·儒效》

［译文］

1. 晋国强盛。

2. 启很贤明。

3. 君主贤能、圣明。

4. 王将军老了。

5. 仲由很果断。

6. 端木赐通晓人情事理。（达：通达，明白。）

7. 冉求多才多艺。（艺：才能，技艺。）

8. 成王年纪幼小。

［说明］

1. 句型 1—7 是一组以名词、名词短语或代词作主语的描写句。

2. 本句型是以名词作主语。

3. 本句型的谓语多数是单音节形容词，但也有一小部分是由两个意义相同或相近的字构
　　成的双音节形容词（如例 3 的“贤明”）。

句型 2

［结构式］ I. S（N+N）+APr

主语（名+名）+形谓

［代表句］ 秦王 / 老（矣）/。

［例句］（表一）

序号	S		APr	引书
	N	N		
1	秦	王	老（矣）	《史记·吕不韦列传》
2	晋	君	少	《左传·文公九年》
3	夏	道	衰	《史记·匈奴列传》
4	（夫）秦	国	辟远	《史记·范雎蔡泽列传》

［译文］

1. 秦王老了。
2. 晋国国君年少。
3. 夏朝国运衰落。
4. 秦国很偏僻遥远。（辟：通"僻"，偏僻。）

［结构式］ II. S（N+"之"+N）+APr

主语（名+"之"+名）+形谓

［代表句］ 禹之功 / 大（矣）/。

［例句］（表二）

序号	S			APr	引书
	N	"之"	N		
1	禹	之	功	大（矣）	《史记·越王勾践世家》
2	君	之	仓廪	实	《孟子·梁惠王下》
3	上下	之	义	明	《史记·李斯列传》

［译文］

1. 夏禹的功劳很大呀。
2. 您的粮仓丰满。（仓廪：储藏粮食的库房。）
3. 上下级的职责界限分明。

［结构式］ III. S（"其"+N）+APr

主语（"其"+名）+形谓

［代表句］ 其文 / 约 /。

[例句]（表三）

序号	S		APr	引书
	"其"	N		
1	其	文	约	《史记·屈原贾生列传》
2	其	辞	微	《史记·屈原贾生列传》
3	其	志	洁	《史记·屈原贾生列传》
4	其	行	廉	《史记·屈原贾生列传》
5	其	身	正	《论语·子路》
6	其	罪	小	《孟子·告子下》
7	其	罪	大	《孟子·告子下》

[译文]

1. 他的文笔简练。（约：简要。）

2. 他的文词含蓄。（微：幽深，精妙。）

3. 他的志向高尚。

4. 他的品行清廉。（廉：品行方正。）

5. 他的行为正派。

6. 他的罪行小。

7. 他的罪行大。

[说明]

1. 本句型的主语是个偏正短语，中心语是名词，定语是名词（表一、二例句）或代词"其"字（表三例句）。

2. 在表二例句中，在定语和中心语之间加助词"之"字作标志，并起调谐音节的作用。

句型 3

[结构式] S（A+N）+APr

　　　　主语（形+名）+形谓

[代表句] 顽夫 / 廉 /。

[例句]

序号	S		APr	引书
	A	N		
1	顽	夫	廉	《孟子·尽心下》
2	薄	夫	敦	《孟子·尽心下》
3	鄙	夫	宽	《孟子·尽心下》
4	纯	德	（孔）明	《礼记·孔子闲居》
5	贤	人	众多（也）	《诗经·国风》

[译文]

1. 贪得无厌的人廉洁起来了。

2. 刻薄的人忠厚起来了。

3. 胸襟狭隘的人宽宏起来了。

4. 美好的道德发扬光大。

5. 才能、德行好的人非常多。

[说明]

1. 本句型的主语是个偏正短语，中心语是名词，定语是形容词。在定语和中心语之间不加助词"之"字。

2. 有些例句常表示一种状态在变化，而这种变化已经完成（如例1—3）。

3. 本句型很罕见。

[附] 相关句型：

S（VP〈+"之"〉+N）+APr

主语（动词短语〈+"之"〉+名）+形谓

奉祀之日新。（《史记·张仪列传》）

登上王位的时间很短。（奉祀：主持祭祀，即登上王位。）

这个句型的主语是个偏正短语，中心语是名词（如例中的"日"），定语是动词短语（如例中的"奉祀"）。在定语和中心语之间，加助词"之"字作标志。

句型 4

[结构式] S（V/VP+"者"）+APr〈+"矣"〉

主语（动/动词短语+"者"）+形谓〈+"矣"〉

[代表句] 知德者 / 鲜矣 /。

[例句]

序号	S		APr	"矣"	引书
	V/VP	"者"			
1	知德	者	鲜	矣	《论语·卫灵公》
2	见	者	远		《荀子·劝学》
3	闻	者	彰		《荀子·劝学》
4	好士	者	强		《荀子·议兵》
5	不好士	者	弱		《荀子·议兵》
6	肉食	者	鄙		《左传·庄公十年》
7	天下之不助苗长	者	寡	矣	《孟子·公孙丑上》
8	天下之刖	者	多	矣	《韩非子·和氏》

[译文]

1. 懂得德的人太少啦。

2. 能够看见的人很遥远。（上文译文是"登到高处抬手"，以致远处的人也能看得见。）

3. 听见的人听得很清楚。（彰：明显，清楚。上文译文是"顺着风呼喊"，以致听见的人听得格外清楚。）

4. 喜爱贤士的，（国家）强盛。

5. 不喜爱贤士的，（国家）衰弱。

6. 当权的人见识浅陋。（肉食者：吃肉的人，即当权的人。）

7. 天下中不帮助禾苗生长的人很少。

8. 天下中受砍掉脚酷刑的人很多。

[说明]

1. "者"字是特殊指示代词，用在动词或动词短语后面，组成一个名词短语，表示某种人或某种事物。

2. 在本句中，"者"字短语作主语。

3. "者"字译作"……的人""……的事物"，或省略后面的"人""事物"，直接译成"……的"。

句型 5

[结构式] S（"所"+V）+APr〈+"矣"〉

主语（"所"+动）+形谓〈+"矣"〉

[代表句] 所盖 / 多矣 /。

[例句]

序号	S		APr	"矣"	引书
	"所"	V			
1	所	盖	多	矣	《左传·成公二年》
2	所	获	多	矣	《左传·庄公二十二年》
3	所	丧	多	矣	《左传·僖公五年》
4	所	冯	厚	矣	《左传·昭公七年》

[译文]

1. 所能保护的东西多了。（盖：覆，护卫。）

2. 得到的东西很多了。

3. 失掉的东西很多了。

4. 凭借的势力很雄厚。

[说明]

1. "所"字是特殊指示代词，放在及物动词前面，组成一个名词短语，"所"字具有指示和称代动作行为的对象的作用。"所"字短语作主语。

2. "所"字译作"（所）……的人""（所）……的事物"，或省略后面的"人""事物"，直接译成"（所）……的"。

[附] 相关句型：

S（"所"+V+"者"）+APr

主语（"所"+动+"者"）+形谓

所听视者近，而所闻见者远。（《荀子·不苟》）

听的和看的东西很近，而能听见和能看见的东西却很远。（视：看。见：看见。听：听。

闻：听见。古代汉语"听""视"指听和看的动作，"闻""见"指听和看动作的结果，二者词义有所不同。这很像英语中，look 表示看，指动作；see 表示看见，指动作的结果。）

这里"所听视""所闻见"后面，有代词"者"字，"所"字短语就作"者"字的定语。

句型 6

[结构式] S（Pron）+APr〈+"矣"〉

主语（代）+形谓〈+"矣"〉

[代表句] 吾 / 老矣 /。

[例句]

序号	S	APr	"矣"	引书
1	吾	老	矣	《论语·微子》
2	吾子	过	矣	《孟子·告子下》
3	子	恸	矣	《论语·先进》
4	〔吾〕	（则）殆	矣	《庄子·秋水》
5	君	过	矣	《韩非子·说林上》
6	仆	不肖		《史记·商君列传》
7	小子	（不）敏		《史记·太史公自序》

[译文]

1. 我老了。
2. 您错了。
3. 您太悲哀了。
4. 我就危险了。
5. 您错了。
6. 我不贤明。（仆：谦称，我。肖：相像，类似，即不贤、不才。不肖：指儿子不像先辈。）
7. 我不聪明。（小子：名词，儿子。这里是谦称。）

[说明]

1. 本句型的主语是代词。
2. 本句型人称代词的替换词有："吾""我""余""予""朕""台"（以上是第一人称代词），"臣""走""仆""小子"（以上是谦称，可以代替第一人称代词），"若""女""而""尔""戎"（以上是第二人称代词），"子""吾子""公""君""夫子""卿""先生"（以上是尊称，可以代替第二人称代词）等。

句型 7

[结构式] "或"（"莫"）+APr

"或"（"莫"）+形谓

[代表句] 或 / 安 /。

[例句]

序号	"或"	APr	引书
1	或	安	《史记·日者列传》
2	或	危	《史记·日者列传》
3	或	迟	《荀子·修身》
4	或	速	《荀子·修身》
5	或	先	《荀子·修身》
6	或	后	《荀子·修身》
7	或	黄	《诗经·小雅》
8	或	白	《诗经·小雅》
9	莫	（不）仁	《孟子·离娄上》
10	莫	（不）义	《孟子·离娄上》
11	莫	（不）正	《孟子·离娄上》

[译文]

1. 有的安稳。
2. 有的危险。
3. 有的马慢。
4. 有的马快。
5. 有的马早到。
6. 有的马晚到。
7. 有的花黄色。
8. 有的花白色。
9. 没有人不仁爱。
10. 没有人（做事）不合宜。
11. 没有人不正大光明。

[说明]

1. "或"是肯定性无定代词；"莫"是否定性无定代词，表示排除一切对象。"或""莫"通常用来指人，也可以指物。
2. "或""莫"作主语（这两个字只用作主语）。
3. "或"译作"有人""有的"，"莫"译作"没有谁""没有什么"。

句型 8

[结构式] S（V/VP）+APr

　　　　　主语（动/动词短语）+形谓

[代表句] 灭燕 / 易（矣）/。

265

序号	S	APr	引书
1	灭燕	易（矣）	《史记·张耳陈馀列传》
2	为君	难	《论语·子路》
3	为臣	（不）易	《论语·子路》
4	为之（也）	难	《论语·宪问》
5	去王业	远（矣）	《史记·张仪列传》
6	失亡	多	《史记·廉颇蔺相如列传》

[译文]

1. 灭亡燕国就容易了。
2. 做国君很难。
3. 做臣子不容易。
4. 做起来就难了。
5. 距离帝王事业太远了。
6. 伤亡损失很多。

[说明]

1. 句型 8—10 是一组以动词、动词短语或主谓短语作主语的描写句。
2. 本句型是以动词（如例 6 的"失亡"）或动词短语（如例 1 的"灭燕"）作主语。

句型 9

[结构式] S（S-PrP）〈+"也"〉+APr〈+"矣"〉

　　　　　主语（主谓短语）〈+"也"〉+形谓〈+"矣"〉

[代表句] 周公旦欲为乱 / 久矣 /。

[例句]

序号	S	"也"	APr	"矣"	引书
1	周公旦欲为乱		久	矣	《史记·蒙恬列传》
2	魏其贵		久	矣	《史记·魏其武安侯列传》
3	天下归殷		久	矣	《孟子·公孙丑上》
4	斯其为子卯	也	大	矣	《礼记·檀弓下》
5	风之积	也	（不）厚		《庄子·逍遥游》
6	夫子过孟贲		远	矣	《孟子·公孙丑上》
7	其鸣	也	哀		《论语·泰伯》
8	独孤臣孽子其操心	也	危		《孟子·尽心上》
9	其虑患	也	深		《孟子·尽心上》
10	其兴	也	悖	焉	《左传·庄公十一年》
11	其亡	也	忽	焉	《左传·庄公十一年》

[译文]

1. 周公旦想要叛乱已经很久了。

2. 魏其侯显贵已经很久了。

3. 天下人归服殷商已经很久了。

4. 这比遇上甲子、乙卯两天忌日要严重多了。（斯：这，指上文"知悼子在堂"这件事，即晋国大夫知悼子死后已经殡殓，还没有下葬，晋平公却饮酒作乐。为：比。子、卯：纣王死于甲子日，夏桀死于乙卯日，这两个日子是古代君王的忌日，必须停止作乐。）

5. 风积蓄的力量不雄厚。

6. 您远远地超过孟贲了。（孟贲：古代有名的勇士。）

7. 鸟的叫声很悲哀。（其：代词，它的，"它"指代上文的"鸟"。）

8. 只有被疏远的臣子和受人歧视的庶子，他们担心的是危险。

9. 他们忧虑祸患很深刻。

10. 他们勃然兴起。（悖：同"勃"，兴起的样子。）

11. 他们忽然灭亡。

[说明]

1. 本句型是以主谓短语作主语。

2. 有的句子在主谓短语的主语和谓语之间，加助词"之"字，来取消句子独立性。

3. "其"是第三人称代词，等于"名词+'之'"。如例7"其鸣也哀"等于"鸟之鸣也哀"。

[附] 相关句型：

　　S+"如"（"若"）+"彼"（"是""此"）〈+"之"（"其"）〉+A

　　主语+"如"（"若"）+"彼"（"是""此"）〈+"之"（"其"）〉+形容词

　　管仲得君，如彼其专也。（《孟子·公孙丑上》）

　　管仲得到齐桓公的信任是那样的专一。

　　"如"是动词，译作"像"。指示代词"彼"作"如"的宾语。这个动词短语放在形容词"专"的前面，作状语。"如"可用"若"替换，"彼"可用"是""此"替换。本句型在状语和谓语中心之间，可以加助词"之"或"其"，也可以不加。

[句型转换]

　　S+Adv（A）+Vt+O ⇒ S（S-PrP）+APr

　　主语+状语（形）+及物动词+宾语 ⇒ 主语（主谓短语）+形谓

　　天下久归殷。⇒ 天下归殷久矣。（本句型例3）

　　"门人厚葬之"（第一编、II、十六、句型1表一例3）是带有形容词作状语的叙述句型。前句型"天下久归殷"和"门人厚葬之"结构相同。如果把形容词"久"移到"归殷"后面，并加"矣"字煞尾，这个"久"字就成为全句的谓语；而"天下归殷"就成了主谓短语，作全句的主语，这样就转换成后句型："天下归殷久矣。"这是用移位与添加的方法，使叙述句转换成描述句的。本式是两个句型中状语与谓语的转换。

句型 10

[结构式] S（N/Pron+"为"+N）〈+"也"〉+APr

　　　　　主语（名/代+"为"+名）〈+"也"〉+形谓

267

[**代表句**] 尚为人 / 仁 /。

[**例句**]

序号	S			"也"	APr	引书
	N/Pron	"为"	N			
1	尚	为	人		仁	《史记·伍子胥列传》
2	淮南王	为	人		刚	《史记·袁盎晁错列传》
3	其	为	人	也	真	《庄子·田子方》
4	吴王	为	人		猛暴	《史记·仲尼弟子列传》
5	嘉	为	人		廉直	《史记·张丞相列传》
6	其	为	人		长贤	《史记·孔子世家》
7	其	为	事		（甚）完	《史记·田敬仲完世家》
8	战	（之）为	事	也	危	《韩非子·五蠹》
9	其	为	事		危（矣）	《史记·楚世家》
10	其	为	人上	也	广大（矣）	《荀子·儒效》

[**译文**]

1. 伍尚这个人仁慈。
2. 淮南王这个人刚愎。
3. 他这个人真诚。
4. 吴王这个人凶猛残暴。
5. 中屠嘉这个人廉洁正直。
6. 他这个人个子高大，品德好。
7. 这件事很圆满。（完：完整，完好，圆满。）
8. 作战这种事很危险。
9. （做）这些事情是很危险的。（其：代词，指代上文"夫怨结于西周以塞驺鲁之心，交绝于齐，声失天下"。您跟西周东周两国结下仇怨，伤害了邹鲁人民的心，跟齐国绝交，在天下失去了声誉。）
10. 儒者处在人们的上位，作用就伟大了。（其：代词，代儒者。为：这里灵活译成"处在"。）

[**说明**]

1. 本句型是以主谓短语作主语。这个主谓短语中的主语是名词或代词；谓语中心是动词"为"，表示"作为"；宾语是名词。
2. 主谓短语中的主语和宾语之间存在着部分和全体的关系：前者是部分，后者是全体。
3. 例8的"之"是助词，放在主谓短语的主语和谓语之间，取消句子的独立性。
4. "……为人（事）……"可灵活译作"……这个人（事）……"。

[**附**] 相关句型：

S（N+"之"+"于"+PO）+APr〈+"矣"〉

主语（名+"之"+"于"+介词宾语）+形谓〈+"矣"〉

天之于民厚矣。（《列子·说符》）

上天对于老百姓太宽厚了。

这个句型的主语是偏正短语，中心语是"于"字介词短语，定语是名词。"于"表示"对于"。

句型 11

[结构式] S+APr（RA）

主语+形谓（叠字形）

[代表句] 公等 / 录录 /。

[例句]

序号	S	APr	引书
1	公等	录录	《史记·平原君虞卿列传》
2	天	（之）苍苍	《庄子·逍遥游》
3	桃	（之）夭夭	《诗经·国风》
4	秋风（兮）	萧萧	《楚辞·九怀蓄英》
5	王道	荡荡	《尚书·洪范》
6	其乐（也）	融融	《左传·隐公元年》
7	其乐（也）	泄泄	《左传·隐公元年》
8	万物	云云	《庄子·在宥》
9	〔日〕	沧沧凉凉	《列子·汤问》
10	至道之精	窈窈冥冥	《庄子·在宥》
11	至道之极	昏昏默默	《庄子·在宥》
12	〔万物〕	浑浑沌沌	《庄子·在宥》

[译文]

1. 你们平庸无能。（公：尊称，用于代替第二人称。等：这一班人。）

2. 天空一片深蓝。

3. 桃树茂盛而又艳丽。

4. 秋风飕飕地吹着。（萧萧：风声。）

5. 王道宽广坦荡。

6. 我们欢乐啊，和睦而又融洽。

7. 我们欢乐啊，愉快而又轻松。

8. 世界上的万物繁多昌盛。（云云：纷纷芸芸。）

9. 太阳刚升起时，还凉飕飕的。

10. 至道的精粹深远昏暗。

11. 至道的顶峰暗淡幽静。（昏昏默默：无光无声，使人看不见又听不到，说明至道高深莫测。）

12. 世上万物纯真朴素而又自然。（浑浑沌沌：古人想象世界清浊不分的样子。）

1. 本句型的谓语是叠字的形容词（叠音的形容词），其中多数都是由原来单音节叠成双音节，少数则是由原来双音节叠成四个音节（如例 9 的"沧沧凉凉"）。这种叠字形容词，能使音节铿锵有力，而且增强了描绘的生动性。
2. 本句型的主语是名词（如例 3 的"桃"）、名词短语（如例 5 的"王道"）或主谓短语（如例 6 的"其乐"）。
3. 在叠字形容词中，有一部分是象声词（如例 4 的"萧萧"），用来模仿自然界的声音。
4. 本句型常见叠字形容词的替换词有："扬扬""録録""苍苍""汪汪""赫赫""融融""泄泄""匈匈""郁郁""荡荡""皎皎""辚辚""鳞鳞""萧萧""区区""萋萋""凄凄""啾啾""悄悄""坎坎""泛泛""夭夭""云云""沧沧凉凉""窈窈冥冥""昏昏默默""浑浑沌沌"等。

句型 12

[结构式] I. S+APr（A+"如"/"然"/"若"）〈+"也"〉

　　　　　主语+形谓（形+"如"/"然"/"若"）〈+"也"〉

[代表句] 海内 / 晏如 /。

[例句]（表一）

序号	S	APr		"也"	引书
		A	"如"		
1	海内	晏	如		《汉书·诸侯王表》
2	文辞	粲	如	也	《史记·太史公自序》
3	意	豁	如	也	《汉书·高帝纪》
4	君子引而不发	跃	如	也	《孟子·尽心上》
5	其色	燋	然		《庄子·天地》
6	而容	崖	然		《庄子·天道》
7	而目	冲	然		《庄子·天道》
8	而颡	頯	然		《庄子·天道》
9	而口	阚	然		《庄子·天道》
10	而状	义	然		《庄子·天道》
11	夫子	怃	然		《论语·微子》
12	其百吏	肃	然		《荀子·强国》
13	其叶	沃	若		《诗经·国风》

[译文]

1. 国家安定。
2. 文章辞藻华丽（已蔚然成风），灿烂辉煌。
3. 神态豁达开朗的样子。
4. 君子拉满了弓，不把箭射出去，一副十分活跃地要射箭的样子。

5. 他的脸色憔悴。

6. 你的容貌十分高傲。（崖然：崖，岸。"而容崖然"相当于"而容岸然"，高傲而又庄重的样子。）

7. 你的眼睛凝神专注。

8. 你的前额宽广高亢。

9. 你的嘴张得很大，显得能言善辩。

10. 你的体态十分高大。

11. 孔子惆怅失意的样子。

12. 官府成百的官吏都是庄严恭敬的样子。

13. 桑叶光艳夺目的样子。

[结构式] II. S+APr（RA+"如"/"焉"）〈+"也"〉
主语+形谓（叠字形+"如"/"焉"）〈+"也"〉

[代表句] 〔闵子〕/ 訚訚如也 /。

[例句]（表二）

序号	S	APr		"也"	引书
		RA	"如"		
1	〔闵子〕	訚訚	如	也	《论语·先进》
2	子路	行行	如	也	《论语·先进》
3	冉有子贡	侃侃	如	也	《论语·先进》
4	〔子〕	申申	如	也	《论语·述而》
5	〔子〕	夭夭	如	也	《论语·述而》
6	〔孔子〕	皇皇	如	也	《孟子·滕文公下》
7	童仆	訢訢	如	也	《史记·万石君列传》
8	〔鱼〕	圉圉	焉		《孟子·万章上》
9	〔鱼〕	（少则）洋洋	焉		《孟子·万章上》

[译文]

1. 闵子謇恭敬而正直的样子。

2. 子路刚强的样子。

3. 冉有、子贡温和而快乐的样子。

4. 孔子穿戴整齐的样子。

5. 孔子平和舒展的样子。

6. 孔子心神不安的样子。

7. 奴仆恭敬而又和颜悦色的样子。

8. 鱼死气沉沉的样子。

9. 鱼不一会儿就精神抖擞地活跃起来。（少：稍，一会儿。）

1. "如""然""若""焉"等黏附在形容词后面，作形容词词尾，用来加强描绘性质、状态的形象性，同时也使音节和谐。表一例句中的形容词是单音节的，表二例句中的形容词是由叠字构成的。

2. 本句型的主语是名词（如表二例 2 的"子路"）、名词短语（如表二例 7 的"童仆"）或主谓短语（如表一例 4 的"君子引而不发"）。

3. "如"（"然""若""焉"）译作"……的样子"。

4. 本句型常见带词尾的形容词的替换词有："翕如""纯如""皦如""晏如""跃如""勃如""蹵如""突如""荣如""辱如""婉如""洒如""皇皇如""侃侃如""行行如""申申如""夭夭如""訚訚如""扬扬如""闿闿如""恂恂如""踧踖如""与与如""沛若""沃若""纷若""诚若""惕若""燋然""崖然""冲然""頯然""阒然""义然""肃然""俨然""寂然""隆然""骚然""怃然""茫然""悖然""忽然""块然""涒焉""忽焉""圉圉焉""洋洋焉""谆谆焉""从从尔""扈扈尔""折折尔""鼎鼎尔""犹犹尔""纵纵尔""骚骚尔""言言斯"等。

句型 13

[结构式] S+"是"（"非"）〈+"也"〉

　　　　　主语+"是"（"非"）〈+"也"〉

[代表句] 魏其言 / 是也 /。

[例句]

序号	S	"是"	"也"	引书
1	魏其言	是	也	《史记·魏其武安侯列传》
2	畏之	非	也	《荀子·天论》
3	女问	非	也	《荀子·子道》
4	前日之不受	是	也	《孟子·公孙丑下》
5	今日之受	非	也	《孟子·公孙丑下》

[译文]

1. 魏其侯的话是对的。

2. 惧怕它是不对的。（之：代词，代上文"星坠木鸣"，即流星坠落、树木被风吹发出声音等自然现象。）

3. 你问的不对。

4. 前些日子不接受是正确的。

5. 今天接受是不对的。

[说明]

1. "是""非"是形容词，表示评价人或事，作谓语。

2. 本句型的主语是名词、名词短语（如例 1 的"魏其言"）或主谓短语（如例 3 的"女问"）。

3. "是"译作"对""正确","非"译作"不对""错误"。
4. 本句型形容词的替换词有："是""善""非""过""谬"等。

第二类　S‖A+A
主‖形+形

句型

[**结构式**] I. S+A+"而"（"以""且"）+A

　　　　　主语+形容词+"而"（"以""且"）+形容词

[**代表句**] 吴／强／而／富／。

[**例句**]（表一）

序号	S	A	"而"	A	引书
1	吴	强	而	富	《韩非子·说林上》
2	卫	弱	而	贫	《韩非子·说林上》
3	赏	厚	而	信	《韩非子·定法》
4	〔孔父之妻〕	美	而	艳	《左传·桓公元年》
5	能法之士	（必）强毅	而	劲直	《韩非子·孤愤》
6	楚	远	而	久	《左传·成公二年》
7	子	温	而	厉	《论语·述而》
8	〔佐〕	恶	而	婉	《左传·襄公二十六年》
9	太子痤	美	而	狠	《左传·襄公二十六年》
10	主	明	以	严	《史记·张仪列传》
11	将	智	以	武	《史记·张仪列传》
12	周	贫	且	微	《战国策·赵策》
13	吾	老	且	贱	《史记·张释之冯唐列传》
14	敌	众	且	武	《孙膑兵法·威王问》

[**译文**]

1. 吴国强大而且殷富。
2. 卫国衰弱而且贫困。
3. 奖赏丰厚而又讲信用。
4. 孔父的妻子漂亮而又艳丽。（美：面貌姣好。艳：光彩动人。）
5. 能推行法治的人，一定坚强果断而且刚劲正直。
6. 楚军离开本国很远，而且时间很久。
7. 孔子温和而又严肃。
8. 佐长得难看，但性情温顺。

273

9. 太子痤长相漂亮，但心地狠毒。

10. 君主英明而又威严。

11. 将帅聪明而又英勇。

12. 周王室贫穷而且衰弱。

13. 我年老而又地位卑贱。

14. 敌兵人多而又勇猛。

[结构式] II. S+A+"而"+"不"+A

　　　　主语+形容词+"而"+"不"+形容词

[代表句] 关雎 / 乐 / 而 / 不淫 /。

[例句]（表二）

序号	S	A	"而"	"不"	A	引书
1	关雎	乐	而	不	淫	《论语·八佾》
2	〔关雎〕	哀	而	不	伤	《论语·八佾》
3	子	威	而	不	猛	《论语·述而》
4	君子	周	而	不	比	《论语·为政》
5	小人	比	而	不	周	《论语·为政》
6	晋文公	谲	而	不	正	《论语·宪问》
7	齐桓公	正	而	不	谲	《论语·宪问》

[译文]

1. 关雎快乐却不放荡。

2. 关雎忧愁却不悲伤。

3. 孔子威严却不凶猛。

4. 君子讲团结却不互相勾结。

5. 小人互相勾结却不讲团结。

6. 晋文公诡诈而不公正。

7. 齐桓公公正而不诡诈。

[说明]

1. "而"（"以""且"）是连词，用于连接两个形容词。这两个形容词构成了形容词短语，作谓语。

2. 在表一例1—6和例10—14中，两个形容词意义相近或相对称，"而""以""且"表示顺接；在表一例7—9中，两个形容词意义相反或不相协调，"而"表示转接。"而"表示顺接的情况居多；"以""且"只用于表示顺接，不表示转接。

3. 在表二例句中，在第二个形容词前面加否定副词"不"字，作状语。有些句子两个形容词意义相近，由于否定了后者，就具有辨别的作用，"而"表示转接（如表二例1的"乐而不淫"）；有些句子两个形容词意义相反，由于否定了后者，变成先后一意相因，就具有加强的作用（如表二例6的"谲而不正"），"而"表示顺接。

4. "以""且"和表示顺接的"而"译作"而且""又"或"又……又……"，也可以不译；表示转接的"而"译作"却""可是"。

[附] 相关句型有下列两个：

1. S+A+A+A…

   主语+形容词+形容词+形容词……

   天地之道博也，厚也，高也，明也，悠也，久也。(《礼记·中庸》)

   天地的规律广博啊，深厚啊，高大啊，光明啊，悠远啊，长久啊！

   这个句型的谓语是由两个以上的形容词组成的，在这些形容词当中不用连词。

2. S+"既"("终")+A+"且"+A

   主语+"既"("终")+形容词+"且"+形容词

   既明且哲。(《诗经·大雅》)

   既高明又聪明。

   这个句型是副词"既"("终")和连词"且"并用，来连接两个形容词的。

第三类　S‖Ad
　　　主‖副

句型1

[结构式] S（S-PrP）+"甚"〈+"矣"〉

　　　　　主语（主谓短语）+"甚"〈+"矣"〉

[代表句] 王之好乐 / 甚 /。

[例句]

序号	S	"甚"	"矣"	引书
1	王之好乐	甚		《孟子·梁惠王下》
2	王之蔽	甚	矣	《战国策·齐策》
3	王之不说婴（也）	甚		《吕氏春秋·知士》
4	大国侵鲁	（亦以）甚	矣	《史记·刺客列传》
5	天之爱民	甚	矣	《左传·襄公十四年》

[译文]

1. 齐王爱好音乐很深。

2. 大王受蒙蔽太厉害了！

3. 大王不喜欢我太严重了！（婴：田婴，号靖郭君，这里是自称其名。）

4. 大国侵略鲁国也太过分了！

5. 上天爱护老百姓太深厚了！

[说明]

1. "甚"是程度副词，表示动作行为达到相当深度，作谓语。

2. 本句型的主语是主谓短语。

3. "之"是助词，放在主谓短语的主语和谓语之间，取消句子的独立性。

4. "甚"译作"很""非常"，也可译作"厉害""过分"。译成前者时，要改变词序，如："王之好乐甚"可译为"王非常爱好音乐"；译成后者时，词序不变，如："大国侵鲁亦以甚矣"可译为"大国（指齐国）侵占鲁国土地，也太过分了"。

句型 2

[结构式] S（VP/S-PrP）+"必"〈+"矣"（"也"）〉

　　　　 主语（动词短语/主谓短语）+"必"〈+"矣"（"也"）〉

[代表句] 破秦军 / 必矣 /。

[例句]

序号	S	"必"	"矣"	引书
1	破秦军	必	矣	《史记·项羽本纪》
2	亡秦	必	矣	《史记·项羽本纪》
3	灭郑	必	矣	《史记·伍子胥列传》
4	其伐齐	必	也	《史记·仲尼弟子列传》
5	此灭吴	必	矣	《史记·仲尼弟子列传》
6	臣下之饰奸物以愚其君	必	也	《韩非子·难三》

[译文]

1. 击败秦军是必定的了。

2. 灭亡秦朝是必定的了。

3. 灭掉郑国是必定的了。

4. 他一定会攻打齐国。

5. 灭亡吴国是必定的了。

6. 臣子掩饰自己的奸邪行为来愚弄他的君主，是必定的了。（愚：愚笨，这里是形容词的使动用法。"愚其君"即"使其君愚"。）

[说明]

1. "必"是表示肯定的情态副词，表示动作行为的必然性，或表示主观的一种愿望和决心，作谓语。

2. 本句型的主语是动词短语（如例 1 的"破秦军"）或主谓短语（如例 4 的"其伐齐"），都用于表示某件事或某种情况。

3. 在古代汉语中，以副词作谓语的情况罕见。

4. "必"译作"必定"。

[句型转换]

　　S+Adv（Ad）+Vt+O ⇒ S（S-PrP）+AdPr

主语+状语（副）+及物动词+宾语 ⇒ 主语（主谓短语）+副谓

此必灭吴。 ⇒ 此灭吴必矣。（本句型例5）

"我必覆楚"（第一编、II、十五、句型7表一例1）是带有"必"字作状语的叙述句型。前句型"此必灭吴"和"我必覆楚"结构相同，如果把副词"必"移到句末，并加上"矣"字煞尾，这个"必"字就成为全句的谓语；而"此灭吴"就成为主谓短语，作全句的主语。这样就转换成后句型："此灭吴必矣。"这是用移位与添加的方法，使动词谓语句转换成副词谓语句的。本式是两个句型中状语与谓语的转换。

第四类　S‖Num
主‖数

句型1

[结构式] I. S (N/NP) +NumPr（CN）

　　　　　主语（名/名词短语）+数谓（基数）

[代表句] 诸侯之宝 / 三 /。

[例句]（表一）

序号	S	NumPr	引书
1	诸侯之宝	三	《孟子·尽心下》
2	世俗所谓之不孝者	五	《孟子·离娄下》
3	国之不服者	十三	《韩非子·十过》
4	礼仪	三百	《礼记·中庸》
5	威仪	三千	《礼记·中庸》
6	天下之达道	五	《礼记·中庸》
7	所以行之者	三	《礼记·中庸》
8	带甲	百万	《战国策·楚策》
9	君子道者	三	《论语·宪问》
10	名川	三百	《庄子·天下》
11	支川	三千	《庄子·天下》
12	君子所贵乎道者	三	《论语·泰伯》
13	众者	数百	《墨子·节葬》
14	寡者	数十	《墨子·节葬》
15	齐侯之夫人	三	《左传·僖公十七年》
16	沛公兵	十万	《史记·高祖本纪》

[译文]

1. 诸侯的宝贝有三件。

277

2. 社会上通常所说的不孝的事情有五种。

3. 不服从的诸侯国有十三个。

4. 古时礼节的主要规则有三百条。

5. 古时典礼中的动作规范和待人接物的礼节有三千条。

6. 天下通行的伦常道理有五项。（达：解作"通"。达道：天下共同遵循的道理。）

7. 实行这些伦常道理的方法有三条。

8. 披甲的士兵有百万人。

9. 君子所遵循的道有三条。

10. 著名的大河有三百条。

11. 支流有三千条。

12. 君子所重视的道理有三点。

13. 多的有几百人。（这里指天子死了，要杀人去陪葬。例14同。）

14. 少的有几十人。

15. 齐侯的夫人有三位。

16. 刘邦军队有十万人。

[结构式] II. S（S-PrP）+"者"+NumPr（CN）

　　　　　主语（主谓短语）+"者"+数谓（基数）

[代表句] 鲁仲连辞让者 / 三 /。

[例句]（表二）

序号	S	"者"	NumPr	引书
1	鲁仲连辞让	者	三	《战国策·赵策》
2	韩子卢逐东郭逡环山	者	三	《战国策·齐策》
3	韩子卢逐东郭逡腾山	者	五	《战国策·齐策》
4	右还其封且号	者	三	《礼记·檀弓下》
5	殿欲坏	者	三	《史记·李斯列传》
6	将闾乃仰天大呼天	者	三	《史记·秦始皇本纪》
7	〔范增〕举所佩玉玦以示之	者	三	《史记·项羽本纪》

[译文]

1. 鲁仲连推让了多次。

2. 韩子卢追捉东郭山的兔子，绕着山跑了三圈。（韩子卢：韩国的一条黑犬，名卢，它是跑得最快的犬。东郭逡：东郭山的兔子，是最敏捷的兔子。）

3. 韩子卢追捉东郭山的兔子，跳跃过山头五次。

4. 〔延陵季子〕向右边环绕着土堆走，还哭喊了三遍。（还：环绕，通"环"。封：土堆。）

5. 殿堂要倒塌似的，有几次。

6. 将闾就仰天大声呼喊天，有三次。

7. 范增举起他所佩戴的玉玦暗示项王，有多次。

［说明］

1. 本句型的谓语是基数词，在古代汉语中，数词可以单独用作谓语，不用量词。
2. 表一例句的数词表示物量，表二例句的数词表示动量（动作行为的数量）。
3. 表一例句的主语是名词、名词短语，指人或物；表二例句的主语是主谓短语，指事。
4. 在表二例句中，主语后面加语气词"者"字，表示停顿。
5. 古代汉语中，"三""九""百""千"等有时是表示多数的虚数，即表示"多次"，而不是表示实数。
6. 本句型在译成现代汉语时，要加上适当的量词；表一例句在译成现代汉语时，还要加上"有"或"是"。如例1中，在数词"三"的后面加量词"件"，在数词前加动词"有"，译为"有三件"。

［句型转换］有下列两个：

1. S+Adv（Num）+Vt+O ⟹ S（S-PrP）+"者"+NumPr

   主语+状语（数）+及物动词+宾语 ⟹ 主语（主谓短语）+"者"+数谓

   鲁仲连三辞让。⟹ 鲁仲连辞让者三。（本句型表二例1）

   "范蠡三徙"（第一编、II、十八、句型表二例2）是带有数词作状语的叙述句型，前句型"鲁仲连三辞让"和"范蠡三徙"结构相同。如果把数词"三"移到句尾，这个数词就成为全句的谓语；而"鲁仲连辞让"就成为主谓短语，作全句的主语；同时在主语后面加上"者"字，和数词谓语隔开，这样就转换成后句型："鲁仲连辞让者三。"这是用移位与添加的方法，使动词谓语句转换成数词谓语句的。本式是两个句型中状语与谓语的转换。

2. S+"有"+O（Num）⟹ S+NumPr

   主语+"有"+宾语（数）⟹ 主语+数谓

   诸侯之宝有三。⟹ 诸侯之宝三。（本句型表一例1）

   "安术有七"（第一编、II、一、句型30例2）是以数词作宾语的叙述句型，前句型"诸侯之宝有三"和"安术有七"结构相同。如果去掉动词"有"字，数词就成为全句的谓语。这样就转换成后句型："诸侯之宝三。"这是用删除的方法，使动词谓语句转换成数词谓语句的。本式是两个句型中宾语与谓语的转换。

句型 2

［结构式］S+NumPr（ON）〈+"也"〉

　　　　主语+数谓（序数）〈+"也"〉

［代表句］不祀 /，一也 /。

［例句］

序号	S	NumPr	"也"	引书
1	不祀	一	也	《左传·宣公十五年》
2	嗜酒	二	也	《左传·宣公十五年》
3	弃仲章而夺黎氏地	三	也	《左传·宣公十五年》
4	虐我伯姬	四	也	《左传·宣公十五年》
5	伤其君目	五	也	《左传·宣公十五年》

序号	S	NumPr	"也"	引书
6	萧何	第一		《史记·萧相国世家》
7	位次	第一		《史记·陈丞相世家》
8	位次	第二		《史记·陈丞相世家》

[译文]

1. 不祭祀祖先，是第一条罪状。（一：指第一条罪状，见上文"狄有五罪"，狄人有五条罪状。例2、3、4、5同此。）

2. 商纣喜好喝酒，是第二条罪状。

3. 废弃仲章去夺占黎氏的土地，是第三条罪状。

4. 杀掉我们的伯姬，是第四条罪状。（虐：杀害，残害。）

5. 伤了他们国君的眼睛，是第五条罪状。

6. 萧何排在第一位。

7. 位次排列为第一。

8. 位次排列为第二。

[说明]

1. 在上古汉语中，序数词和基数词在形式上是没有区别的。本句型的谓语是序数词，如例1中的"一"就是"第一"，例2中的"二"就是"第二"。这里也只用数词，而不用量词。

2. 汉代以后，"第"字开始用作序数词的词头（见例6—8）。

3. 本句型在译成现代汉语时，要把数词译成序数词，并加适当的量词。如例1中，把数词"一"译成"第一"，并加量词"条"，则译为"第一条"。

第五类　S‖Pr（A/Num 作谓语的 S-PrP）

主‖谓（形/数作谓语的主谓短语）

这类是主谓谓语句。这类句型的全句主语（大主语）和主谓短语中的主语（小主语）有领属关系。

句型 1

[结构式] S+Pr（S+A）

主语+谓语（主+形）

[代表句] 平原君 / 家贫 /。

[例句]

| 序号 | S | Pr | | 引书 |
		S	A	
1	平原君	家	贫	《史记·郦生陆贾列传》
2	（今）吾君	德	薄	《韩非子·十过》
3	（夫）越	（虽）国	富	《韩非子·孤愤》
		兵	强	
4	（臣闻）地广者	粟	多	《史记·李斯列传》
5	国大者	人	众	《史记·李斯列传》
6	使者	目	动	《左传·文公十二年》
		（而）言	肆	
7	（今）天下	地	丑	《孟子·公孙丑下》
		德	齐	
8	汉	兵	盛	《史记·项羽本纪》
		食	多	

[译文]

1. 平原君家境贫寒。
2. 现在您道德修养很差。
3. 越国虽然国家富足，兵力强大。
4. 我听说土地广阔的，粮食就富足。（"地广者粟多"是一个主谓短语，作"闻"的宾语。这里作为单句来分析。例5同此。）
5. 国土广大的，人口就多。
6. 使者眼珠子转动，声音失去常态。
7. 现在天下各诸侯国的土地，大小相同，道德风貌也一样。（丑：类似。）
8. 汉王兵力强，粮食多。

[说明]

　　本句型的谓语是主谓短语，主谓短语中的谓语（小谓语）是形容词，用来描写人或物的性质、状态。

句型 2

[结构式] S+Pr（S+Num）
　　　　　主语+谓语（主+数）
[代表句] 寡人 / 年六十二 /。
[例句]

| 序号 | S | Pr | | 引书 |
		S	Num	
1	寡人	年	六十二	《史记·吴王濞列传》
2	少子	年	十四	《史记·吴王濞列传》
3	吾	年	七十	《说苑·建本》

序号	S	Pr		引书
		S	Num	
4	北山愚公（者）	年	（且）九十	《列子·汤问》
5	伯鱼	年	五十	《史记·孔子世家》
6	〔侯赢〕	年	七十	《史记·魏公子列传》
7	〔贾生〕	年	十八	《史记·屈原贾生列传》

［译文］

1.　我现年六十二岁。
2.　小儿子年龄十四岁。
3.　我现年七十岁。
4.　北山愚公年龄将近九十岁。
5.　伯鱼现年五十岁。
6.　侯赢现年七十岁。
7.　贾生现年十八岁。

［说明］

　　本句型的谓语是主谓短语，主谓短语中的谓语（小谓语）是数词。主谓短语中的主语（小主语）是全句主语（大主语）特性的某一侧面，这里是说明人的年龄的。

第六类　S‖Adv（NA）+A

主‖状（否定副）+形

句型 1

［结构式］S+"不"（"弗"）+A
　　　　主语+"不"（"弗"）+形容词
［代表句］回（也）/ 不 / 愚 /。
［例句］

序号	S	"不"	A	引书
1	回（也）	不	愚	《论语·为政》
2	天子	不	仁	《孟子·离娄上》
3	柳下惠	不	恭	《孟子·公孙丑上》
4	是女子	不	好	《史记·滑稽列传附录》
5	贼民之主	不	忠	《左传·宣公二年》
6	弃君之命	不	信	《左传·宣公二年》
7	商工	不	卑（也矣）	《韩非子·五蠹》

序号	S	"不"	A	引书
8	商人	不	少（矣）	《韩非子·五蠹》
9	大臣	弗	平	《史记·吕太后本纪》
10	〔王〕	弗	豫	《尚书·金縢》

[译文]

1. 颜回啊，不愚蠢。

2. 天子不仁慈。

3. 柳下惠的态度太不恭敬。

4. 这个女子不漂亮。

5. 刺杀百姓的主人，就是不忠。

6. 放弃国君的使命，就是不信。

7. 商人工匠的地位不会低下了。

8. 商人不会少了。

9. 大臣们心中不平。

10. 武王的身体不好。（豫：安，安适，悦乐。）

[说明]

1. "不"（"弗"）是否定副词，表示否定某种性质、状态。"弗"一般只否定动词，否定形容词的情况很罕见。"不"（"弗"）放在形容词前面，作状语。

2. "也矣"是语气词连用，表示在某种条件下产生的某种后果。

[句型转换]

　　　S+APr ⇒ S+"不"+A

　　　主语+形谓 ⇒ 主语+"不"+形容词

　　　回也愚。⇒ 回也不愚。（本句型例1）

　　　"由也果"（第一编、III、一、句型1例5）是以形容词作谓语的描写句型，前句型"回也愚"和"由也果"结构相同。如果在"愚"的前面，加上否定副词"不"字，作状语，这样就转换成后句型："回也不愚。"这是用添加的方法，转换成另一句型的。本式属于肯定句与否定句的转换。

句型 2

[结构式] S+"非"+"不"+A〈+"也"〉

　　　　　主语+"非"+"不"+形容词〈+"也"〉

[代表句] 城 / 非不 / 高也 /。

[例句]

序号	S	"非"	"不"	A	"也"	引书
1	城	非	不	高	也	《孟子·公孙丑下》
2	池	非	不	深	也	《孟子·公孙丑下》

序号	S	"非"	"不"	A	"也"	引书
3	兵革	非	不	坚利	也	《孟子·公孙丑下》
4	米粟	非	不	多	也	《孟子·公孙丑下》
5	其质	非	不	美	也	《荀子·劝学》
6	巢	非	不	完	也	《荀子·劝学》
7	子言	非	不	辩	也	《韩非子·五蠹》

[译文]

1. 城墙筑得不是不高。
2. 护城壕挖得不是不深。
3. 士卒们的兵器和盔甲不是不坚固锐利。
4. 粮食不是不多。
5. 它的素质并不是不好。（其质：它的素质。这里指兰槐的根的素质。）
6. 鸟的窝造得并不是不完善。
7. 你的话不是不动听。

[说明]

1. "非"和"不"都是否定副词。"非"和"不"连用，构成双重否定，实际表示肯定，具有申辩或撇开某种情况的作用。
2. "非不"放在形容词前面，作状语。
3. "非"译作"不是"。

第七类　S‖Adv（Ad）+A

主‖状（副）+形

句型 1

[结构式] S+"甚"（"最""极""绝""至""益""滋"）+A

　　　　主语+"甚"（"最""极""绝""至""益""滋"）+形容词

[代表句] 外黄富人女 / 甚 / 美 /。

[例句]

序号	S	"甚"	A	引书
1	外黄富人女	甚	美	《史记·张耳陈馀列传》
2	此梦	甚	恶	《史记·赵世家》
3	臣之罪	甚	多（矣）	《左传·僖公二十四年》
4	毋邮	最	贤	《史记·赵世家》
5	婴	最	（不）肖	《晏子春秋·内篇杂下》

序号	S	"甚"	A	引书
6	吾所为者	极	难（耳）	《史记·刺客列传》
7	李广军	极	简易	《史记·李将军列传》
8	秦女	绝	美	《史记·伍子胥列传》
9	其事	至	微浅	《史记·儒林列传》
10	统业	至	重	《汉书·佞幸传》
11	高祖	至	暴抗（也）	《史记·佞幸传》
12	丞相条侯	至	贵倨（也）	《史记·酷吏列传》
13	孝谨	益	衰（矣）	《史记·万石君列传》
14	罪	益	厚	《墨子·非攻上》
15	武	益	愈	《汉书·苏武传》
16	单于	益	骄	《汉书·苏武传》
17	所亡	滋	多	《左传·僖公二十五年》

[译文]

1. 外黄有个富豪人家的女儿很美丽。

2. 这个梦很凶恶。

3. 下臣的罪过很多了。

4. 毋邮最贤能。

5. 我最没有贤能。（婴：晏婴自称其名。不肖：指儿子不像先辈，引申为不贤。）

6. 我所做的事情是十分艰难的。

7. 李广的军队十分随便。

8. 这个秦国姑娘最漂亮。

9. 他的事业非常微小。（微浅：微小浅薄，指事情的规模最小。）

10. 统一天下的事业最重要。（至：最，极。）

11. 汉高祖最暴猛刚直。

12. 丞相条侯最高贵傲慢。

13. 孝顺谨慎的家风更加衰落了。

14. 罪过更重。

15. 苏武（的伤）渐渐好了。

16. 单于更加骄横。

17. 丢掉的东西更多。

[说明]

1. "甚""最"等是程度副词，"甚""最""极""绝""至"表示性质、状态的程度高，"益""滋"表示在程度上进一步发展。

2. "甚""最"等放在形容词前面，作状语。

3. "甚"译作"很""非常"，"极""绝""至"译作"最""非常"，"益""滋"一般译作"更""更加""越来越……"，"益"有时可译作"渐渐"（如例15的"武益愈"）。

4. 本句型表示程度高的副词的替换词有："甚""最""极""绝""至""殊""孔""太"

"泰""良""颇"等。表示在程度上进一步发展的副词的替换词有："愈""俞""益"
"弥""滋""兹""差""稍""加""渐""寝""浸""尤"等。

句型2

[结构式] S+"皆"（"咸""尽""毕"）+A
　　　　主语+"皆"（"咸""尽""毕"）+形容词

[代表句] 大夫 / 皆 / 富 /。

[例句]

序号	S	"皆"	A	引书
1	大夫	皆	富	《左传·襄公二十九年》
2	诸子孙	咸	孝	《史记·万石君列传》
3	殷受命	咸	宜	《左传·隐公三年》
4	其物禽兽	尽	白	《史记·封禅书》
5	寝庙	毕	备	《礼记·月令》

[译文]

1. 大夫都富裕。
2. 众子孙都孝顺。
3. 殷王接受上天的命令，都合于道义。
4. 山上的东西鸟兽，都是白色的。
5. 宗庙（的门窗）都准备齐全。（寝庙：古代宗庙分两部分，前面叫庙，后面叫寝。寝是藏先人衣冠的地方。上文"乃修阖扇"是说农民们修理好门窗户扇。）

[说明]

1. "皆""咸""尽""毕"都是范围副词，表示全部，作状语。
2. 本句型的主语是名词（如例1的"大夫"）、名词短语（如例2的"诸子孙"）或主谓短语（如例3的"殷受命"）。
3. "皆""咸""尽""毕"译作"都""全部"。
4. 本句型副词的替换词有："皆""咸""尽""悉""举""俱（具）""毕"等。

句型3

[结构式] S+"必"（"固"）+A〈+"矣"（"也"）〉
　　　　主语+"必"（"固"）+形容词〈+"矣"（"也"）〉

[代表句] 事 / 必 / 危矣 /。

[例句]

序号	S	"必"	A	"矣"	引书
1	事	必	危	矣	《史记·魏公子列传》
2	我	必	危	矣	《韩非子·说林上》
3	子	必	穷	矣	《韩非子·说林上》

序号	S	"必"	A	"矣"	引书
4	郢都	必	危	矣	《战国策·楚策》
5	我	必	（不）仁	也	《孟子·离娄下》
6	我	必	（不）忠		《孟子·离娄下》
7	所味	（不）必	美		《韩非子·难四》
8	所贤	（不）必	贤	也	《韩非子·难四》
9	狄	固	贪婪		《左传·僖公二十四年》

[译文]

1. 事情一定危险了。

2. 我必定危险了。

3. 您一定穷困了。（穷：在古代解作"不得志""没有出路"，与"通"相对，引申也有生活困难之意。古代缺乏衣食钱财叫"贫"。）

4. 郢都一定危险了。

5. 我一定不仁爱。

6. 我一定不忠诚。

7. 人们喜欢的味道不一定很美。（所味：指喜欢的味道。这里的"味"是名词的意动用法，以之为味，认为它是美味。）

8. 君主认为贤良的人不一定贤良。（所贤：认为贤良的人。这里的"贤"是形容词意动用法，以之为贤，认为他贤良。）

9. 狄人本来贪得无厌。

[说明]

1. "必""固"等是表示肯定的情态副词。"必"表示人或物具有某种性质、状态的必然性，"固"表示本来如此或理应如此。

2. "必""固"等放在形容词前面，作状语。

3. "必"译作"必定"或"一定"，"固"译作"本来"。

4. 本句型副词的替换词有："必""定""当""固"等。

[附] 相关句型：

S+"凡"+Num

主语+"凡"+数词

赵前后所亡，凡四十五万。（《史记·廉颇蔺相如列传》）

赵军前后损失的官兵，共四十五万人。

这个句型是在数词前面，加副词"凡"字，表示"总共"，作状语。

第八类　S‖Adv（N）+A

主‖状（名）+形

句型

[**结构式**] S+"日"+A

　　　　　主语+"日"+形容词

[**代表句**] 游学者 / 日 / 众 /。

[**例句**]

序号	S	"日"	A	引书
1	游学者	日	众	《韩非子·五蠹》
2	家	日	益	《墨子·所染》
3	身	日	安	《墨子·所染》
4	名	日	荣	《墨子·所染》
5	家	日	损	《墨子·所染》
6	身	日	危	《墨子·所染》
7	尊宠	日	隆	《史记·外戚世家》
8	事	日	急	《史记·魏其武安侯列传》
9	田单兵	日（益）	多	《史记·田单列传》
10	法令诛罚	日（益）	刻深	《史记·李斯列传》
11	骠骑	日（益）	贵	《史记·卫将军骠骑列传》

[**译文**]

1. 游侠和文士一天一天地多起来。

2. 家道一天天地富裕。

3. 身体一天天地安康。

4. 名声一天天地荣耀。

5. 家道一天天地衰落。

6. 身体一天天地危急。

7. 尊敬、宠爱一天一天地多起来。（隆：高，突出，多。）

8. 事态一天一天地紧急。

9. 田单兵力一天天地多起来。

10. 法令刑罚一天一天地更加严厉苛刻。

11. 骠骑将军一天一天地更加显贵。

[**说明**]

1. "日"是时间名词，放在形容词前面，表示情况、状态在逐渐发展，作状语。

2. 本句型的主语是名词（如例 2 的"家"）、名词短语（如例 1 的"游学者"）或动词（如例 7 的"尊宠"）。
3. 有些句子在形容词前面又加上程度副词"益"字，作状语。
4. "日"译作"一天一天地"或"一天天地"。"益"译作"更加"。

[附] 相关句型：

S+"日"+"以"+A

主语+"日"+"以"+形容词

秦果日以强。（《战国策·魏策》）

秦国果然一天一天地强盛。

这里在"日"和形容词之间，加连词"以"字。

第九类　Adv（PP）+S‖A

状（介词短语）+主‖形

句型

[结构式]"以"+PO+"则"+S+A

　　　　"以"+介词宾语+"则"+主语+形容词

[代表句] 以贤 / 则 / 去疾 /（不）足 /。

[例句]

序号	"以"	PO	"则"	S	A	引书
1	以	贤	则	去疾	（不）足	《左传·宣公四年》
2	以	顺	则	公子坚	长	《左传·宣公四年》
3	以	年	则	北兄	长	《三国志·武帝纪注》
4	以	位	则	北兄	重	《三国志·武帝纪注》

[译文]

1. 按贤明来论，那么我去疾还不够。
2. 按顺序来论，那么公子坚年长。
3. 按年龄来论，那么北兄比我大。
4. 按地位来论，那么北兄比我高。

[说明]

1. "以"是介词，表示论事标准。
2. "以"字的宾语是名词（如例 3 的"年"）或形容词（如例 1 的"贤"）。
3. "以"字介词短语放在主语前面，作状语。
4. "则"是连词，用在并列复句中每一分句的状语后面，表示对待关系。"则"译作"那"或"那么"。（例 1 和例 2、例 3 和例 4 分别构成两组。）

5. "以"译作"以……论"或"按照"。

[附] 相关句型：

S+"于"+PO+A 〈+"也"（"矣"）〉

主语+"于"+介词宾语+形容词 〈+"也"（"矣"）〉

君子于其所不知，盖阙如也。（《论语·子路》）

君子对于自己不懂的事情，大概不随便发表议论。（阙：缺。阙如：缺而不言。）

这里的介词"于"字，表示"对于"。"于"字介词短语放在形容词前面，作状语。

第十类　S‖A+C（PP）

主‖形+补（介词短语）

句型 1

[结构式] S+A+"于"（"以"）（引进范围）+PO

主语+形容词+"于"（"以"）（引进范围）+介词宾语

[代表句] 夫子 /（固）拙 / 于用大（矣）/。

[例句]

序号	S	A	"于"	PO	引书
1	夫子	（固）拙	于	用大（矣）	《庄子·逍遥游》
2	〔屈原〕	明	于	治乱	《史记·屈原贾生列传》
		娴	于	辞令	
3	此	义	于	名	《韩非子·外储说左上》
		（而）利	于	实	
4	〔君子〕	敏	于	事	《论语·学而》
		（而）慎	于	言	
5	民	勇	于	公战	《史记·商君列传》
6	〔民〕	怯	于	私斗	《史记·商君列传》
7	〔越〕	利	以	避难	《韩非子·说林上》
8	〔州吁〕	难	以	济（矣）	《左传·隐公四年》
9	〔荆国〕	（不）足	于	民	《墨子·公输》

[译文]

1. 您原来在使用大的器物方面太笨拙了。

2. 屈原通晓国家兴盛衰败的道理，熟练地运用交际的言辞。（娴：熟练。）

3. 这在名义上是正义的，在实际上是有利的。

4. 君子做事敏捷，说话却很谨慎。

5. 老百姓为国家作战很勇敢。

6. 老百姓为个人私利争斗很怯懦。

7. 越国在避难上很有利。

8. 州吁这个人取得成功很难。（济：成功。）

9. 楚国人民较少。

［说明］

1. "于"（"以"）是介词，引进人或事物具有某种性质、状态的范围。

2. "于"（"以"）的宾语是名词（如例 9 的"民"）、名词短语（如例 2 的"辞令"）、动词短语（如例 1 的"用大"）或形容词短语（如例 2 的"治乱"）。

3. "于"（"以"）字介词短语放在形容词后面，作补语。

4. "于"（"以"）译作"在……方面"。

［附］相关句型：

S+A+"于"（引进原因）+PO

主语+形容词+"于"（引进原因）+介词宾语

文倦于事，愦于忧。（《战国策·齐策》）

我因为琐事弄得很疲倦，因为忧虑弄得心烦意乱。（文：孟尝君姓田名文，这里是自称其名。愦：心乱，糊涂。）

在这个句型中，介词"于"引进具有某种性质、状态的原因。

句型 2

［结构式］S+A+"于"（引进比较范围对象）+PO

主语+形容词+"于"（引进比较范围对象）+介词宾语

［代表句］季氏 / 富 / 于周公 / 。

［例句］

序号	S	A	"于"	PO	引书
1	季氏	富	于	周公	《论语·先进》
2	子贡	贤	于	仲尼	《论语·子张》
3	丹之治水（也）	愈	于	禹	《孟子·告子下》
4	〔青〕	青	于	蓝	《荀子·劝学》
5	〔冰〕	寒	于	水	《荀子·劝学》
6	苛政	猛	于	虎（也）	《礼记·檀弓下》
7	秦王之国	危	于	累卵	《史记·范雎蔡泽列传》
8	〔丈夫〕	甚	于	妇人	《战国策·赵策》
9	〔庆封〕	富	于	其旧	《左传·襄公二十八年》
10	亡	愈	于	死	《左传·昭公二十年》
11	（死）或	重	于	泰山	《汉书·司马迁传》
12	或	轻	于	鸿毛	《汉书·司马迁传》

[译文]

1. 季氏比周公还富有。

2. 子贡比他的老师仲尼还要强一些。

3. 我对洪水的治理超过大禹。（丹：白圭，名丹，这里是自称其名。）

4. 靛青比兰草青得多。（第一个"青"是名词，靛青，"兰"是名词，兰草。）

5. 冰比水寒冷得多。

6. 苛虐的赋税和徭役比老虎还凶猛。（政："征"的假借字，这里指赋税和徭役。）

7. 秦王的国家比摞起来的鸡蛋还危险。

8. 男人比妇人疼爱得还厉害。

9. 庆封比他过去还富有。

10. 逃亡比死要好。

11. 有人（死得）比泰山重。

12. 有人（死得）比鸿毛轻。

[说明]

1. "于"是介词，引进比较的对象。本句型是以主语所代表的人或物，与介词宾语所代表的人或物相比较，在其具有性质、状态的程度上，前者要胜过后者。

2. "于"字的宾语是名词（如例1的"周公"）、名词短语（如例9的"其旧"）或动词（如例10的"死"）。

3. "于"字介词短语放在形容词后面，作补语。

4. 本句型的主语是名词（如例1的"季氏"）、名词短语（如例6的"苛政"）、动词（如例10的"亡"）或主谓短语（如例3的"丹之治水"）。

5. 例3的"之"是助词，放在主谓短语的主语和谓语之间，取消句子独立性。

6. "于"译作"比"。本句型在译成现代汉语时，要把表示比较的介词短语移到形容词前面。如例1中，把"于周公"移到形容词"富"的前面，译作"比周公富有"。

7. 本句型多数为表示积极意义的形容词。替换词有："大""多""强""美""重""猛""富""愈""贤""速""贵""高""治""疾""暖""深""红""青""善""良""远"等；少数为表示消极意义的形容词。替换词有："少""轻""嫩""软""寒""弱""近""危""酷"等。本句型介词的替换词有："于""乎"等。

[附] 相关句型：

　　S+A+"若"（"如"）+O

　　主语+形容词+"若"（"如"）+宾语

　　君子之交淡若水。（《庄子·山木》）

　　君子之间的交情淡薄得像水一样。

　　"若"是动词，表示比喻，译作"像"。"若"字动词短语放在形容词后面，作补语。"若"可以用"如"替换。

句型 3

[结构式] Ant+"莫"+A+"于"（"乎"）+PO

　　　　　先行词+"莫"+形容词+"于"（"乎"）+介词宾语

[代表句] 盗莫 / 大 / 于子 /。

[例句]

序号	Ant	"莫"	A	"于"	PO	引书
1	盗	莫	大	于	子	《庄子·盗跖》
2	天下	莫	大	于	秋毫之末	《庄子·齐物论》
3	存乎人者	莫	良	于	眸子	《孟子·离娄上》
4	人之情性	莫	先	于	父母	《韩非子·五蠹》
5	不敬	莫	大	乎	是	《孟子·公孙丑下》
6	子之不孝	莫	大	于	此（矣）	《韩非子·奸劫弑臣》
7	天下之水	莫	大	于	海	《庄子·秋水》
8	神	莫	大	于	化道	《荀子·劝学》
9	福	莫	长	于	无祸	《荀子·劝学》
10	祸	莫	大	于	杀已降	《史记·李将军列传》
11	养心	莫	善	于	寡欲	《孟子·尽心下》
12	君子	莫	大	乎	与人为善	《孟子·公孙丑上》
13	孝子之至	莫	大	乎	尊亲	《孟子·万章上》
14	诟	莫	大	于	卑贱	《史记·李斯列传》
15	悲	莫	甚	于	穷困	《史记·李斯列传》

[译文]

1. 强盗里没有谁比您更大的。
2. 天下没有什么东西比秋天毫毛的末端更大的。
3. 观察人的方法，没有什么比观察人的眼睛更好的。（存：观察。眸子：泛指眼睛。）
4. 人们的感情没有什么能超过父母对子女的慈爱的。（先：超过。）
5. 不恭敬没有什么行为比这种更严重。
6. 儿子不孝顺，没有什么比这更大的。
7. 天下的水，没有什么比海更大的。
8. 精神修养，没有什么比受圣贤之道的教化更重要的。
9. 幸福，没有什么比没有灾祸更长久的。
10. 祸害，没有什么比杀死已经投降的人更大的。
11. 修养性情的方法，没有什么比减少欲望更好的了。
12. 君子的所作所为，没有什么比偕同别人一道行善更伟大的。（与：偕同。）
13. 孝子的孝顺到了极点，没有什么比尊敬父母亲更大的了。
14. 耻辱，没有什么比地位卑贱更大的。（诟：耻辱。）
15. 悲哀，没有什么比没有出路更严重的了。（穷：古代的"穷"，是指不得志，没有出路，"贫"指缺乏衣食钱财。）

[说明]

1. "莫"是否定性无定代词，表示排除一切对象，可以指人，也可以指物，作主语。

2. "莫"的前面有个表示范围的先行词，主要是名词（如例1的"盗"）、名词短语（如例4的"人之情性"），也可以是动词短语（如例11的"养心"）、形容词（如例14的"诟"）或主谓短语（如例6的"子之不孝"），但这些用作先行词时，说话人是把它们作为一个事物来看待的，因而都相当于名词。

3. "于"（"乎"）是介词，引进比较的对象。本句型用于否认有某种人或物能胜过介词宾语所代表的人或物。这种从反面说的方法更为有力。

4. "于"（"乎"）的宾语是名词（如例3的"眸子"）、名词短语（如例2的"秋毫之末"）、代词（如例6的"此"）、动词短语（如例13的"尊亲"）或形容词（如例14的"卑贱"）。

5. "于"（"乎"）字介词短语放在形容词后面，作补语。

6. "莫"译作"没有谁""没有什么"，"于""乎"译作"比"。

7. 本句型介词的替换词有："于""乎""焉"等。

句型 4

[结构式] Ant+"莫"+A+"焉"

　　　　先行词+"莫"+形容词+"焉"

[代表句] 善莫 / 大 / 焉 /。

[例句]

序号	Ant	"莫"	A	"焉"	引书
1	善	莫	大	焉	《左传·宣公二年》
2	乐	莫	大	焉	《孟子·尽心上》
3	求仁	莫	近	焉	《孟子·尽心上》
4	德	莫	厚	焉	《左传·僖公十五年》
5	刑	莫	威	焉	《左传·僖公十五年》
6	功	莫	大	焉	《史记·楚世家》
7	怨	莫	大	焉	《史记·楚世家》
8	罪	莫	大	焉	《国语·晋语》

[译文]

1. 善事，没有什么比这个更大的了。
2. 快乐，没有什么比这个更大的了。
3. 追求仁爱的道路，没有什么比这个更近的了。
4. 道德，没有什么比这个更敦厚的了。
5. 刑罚，没有什么比这个更威严的了。
6. 功劳，没有什么比这个更大的了。
7. 怨恨，没有什么比这个更大的了。
8. 罪过，没有什么比这个更大的了。

1. "莫"是否定性无定代词，表示排除一切对象，可以指人，也可以指物，作主语。
2. "莫"的前面有个表示范围的先行词，多数是名词（如例5的"刑"），也可以是动词短语（如例3的"求仁"）或形容词（如例1的"善"）。这些用作先行词，说话人是把它们作为一个事物来看待的，因而都相当于名词。
3. "焉"是介词兼代词，相当于"于是"或"于之"。"于"是介词，用来引进比较的对象；"是"是指示代词；"之"是第三人称代词。
4. "莫"译作"没有谁""没有什么"。"焉"中隐含的"于"译作"比"，隐含的"是"译作"这个"，隐含的"之"译作"他（他们）""它（它们）"。

[附] 相关句型：

S+Pr（Ant+"莫"+A+"焉"）

主语+谓语（先行词+"莫"+形+"焉"）

晋国，天下莫强焉。（《孟子·梁惠王上》）

魏国，天下没有哪一个国家比它更强盛。（晋国：这里指魏国，即梁惠王自称其国。）

这是个主谓谓语句，主语是"晋国"，谓语是主谓短语"天下莫强焉"。"焉"相当于"于之"，"之"表示复指全句主语"晋国"。

第十一类　S‖A+C（Ad）

主‖形+补（副）

句型

[结构式] S+A+"甚"

　　　　　主语+形容词+"甚"

[代表句] 君／美／甚／。

[例句]

序号	S	A	"甚"	引书
1	君	美	甚	《战国策·齐策》
2	〔彼〕	愚	（亦）甚（矣）	《庄子·渔父》
3	〔是〕	戆愚	甚（矣）	《墨子·非儒》
4	其	（不）仁	（兹）甚（矣）	《墨子·非攻》
5	〔非〕	骄奢	甚	《史记·五宗世家》
6	生不服死追锡之	（不）正	甚（矣）	《谷梁传·庄公元年》
7	君	恶	甚（矣）	《谷梁传·成公十八年》

[译文]

1. 您美得很。
2. 那个人太愚蠢了！（彼：第三人称代词，那个人指代上文"人有畏影恶迹而去之走者"。

有这样一个人，他惧怕自己的影子，厌恶自己的足迹，决心离开自己的影子和足迹跑掉。）

3. 这实在太愚蠢了。（戆：愚蠢。）
4. 他的不仁慈更严重了。（兹：通"滋"，更。）
5. 刘非骄横奢侈得很。
6. 生前不服侍天子，死后却追认他，就很不合礼节了。
7. 君王很坏啊。

［说明］

1. "甚"是程度副词，表示性质、状态具有相当程度，作补语。
2. "甚"译作"很"。

［附］相关句型：

    A+"甚"

    形容词+"甚"

    旱甚也。（《左传·昭公二十五年》）

    旱得很厉害。

    这个句型无主语，属于非主谓句。

第十二类　S ‖ A+C（Num+MW）

主 ‖ 形+补（数+量）

句型

［结构式］ S+A+C（Num+MW）

    主语+形容词+补语（数+量）

［代表句］ 荆之地 / 方 / 五千里 /。

［例句］

序号	S	A	C		引书
			Num	MW	
1	荆之地	方	五千	里	《墨子·公输》
2	宋之地	方	五百	里	《墨子·公输》
3	太行王屋二山	方	七百	里	《列子·汤问》
		高	万	仞	
4	〔人迹〕	广	三	尺	《韩非子·外储说左上》
		长	五	尺	
5	箭	长	八	尺	《韩非子·外储说左上》
6	棋	长	八	寸	《韩非子·外储说左上》
7	邹忌	修	八	尺（有余）	《战国策·齐策》
8	身	长	八	尺	《三国志·诸葛亮传》

[译文]

1. 楚国的土地，方圆五千里。（方：方圆，即见方，指周围的长度。）

2. 宋国的土地，方圆五百里。

3. 太行、王屋两座山，方圆有七百里，高有万仞。（仞：古代长度单位，以七尺或八尺为一仞。）

4. 人的脚印，宽三尺，长五尺。

5. 骰子长八尺。（箭：骰子，又名"箸"。）

6. 棋子长八寸。

7. 邹忌身高八尺多。

8. 身高八尺。（身：身体。这里指诸葛亮的身高。）

[说明]

1. 在本句型中，数词与表示长度的量词结合成数量词，放在形容词后面，表示人或物的长、宽、高、面积等，作补语。

2. "修"译作"长"，"广"译作"宽"，"方"译作"纵横"或"方圆"。

第二编　单句（下）

句子根据不同的语气，可以分为陈述句、疑问句、祈使句和感叹句四种。第一编中的句子，就表达的语气来说，都属于陈述句，即用于说明一件事情，说话语气平顺。这一编只包括疑问、祈使和感叹三种语气的句子。

第一部分　疑问句

疑问句是用于提出某个问题的，其中包括是非问句、特指问句、选择问句和反复问句四种。和疑问句并列的是反问句和测度问句，也划归此部分，附在上述四种疑问句后面，分别列为第五、六类。

第一类　是非问句

是非问句的疑问点是句子的整个内容，要求对方对所提的问题做肯定或否定的回答。例如：用"然"或"否"来回答。

这类句型句子结构中的主体部分是陈述句，但必须加上疑问语气词结尾。

常见的疑问语气词有："乎""与""邪"等，译作"吗"。

1. "乎"表示纯粹的疑问。例如：

冯公有亲乎？（《战国策·齐策》）

2. "与""邪"表示对某事的猜测，要求对方加以证实。例如：

是鲁孔丘与？（《论语·微子》）

鲁大夫练而床，礼邪？（《荀子·子道》）

句型 1

[结构式] S+NPr+"与"（"邪""乎"）
　　　　　主语+名谓+"与"（"邪""乎"）

[代表句] 是 / 鲁孔丘与 /？

[例句]

序号	S	NPr	"与"	引书
1	是	鲁孔丘	与	《论语·微子》
2	是	鲁孔丘之徒	与	《论语·微子》
3	夫子	圣者	与	《论语·子罕》
4	男女授受不亲	礼	与	《孟子·离娄上》
5	是	王者	与	《公羊传·文公九年》
6	是	齐侯	与	《谷梁传·僖公元年》
7	治乱	天	邪	《荀子·天论》
8	鲁大夫练而床	礼	邪	《荀子·子道》
9	子从父命	孝	乎	《荀子·子道》
10	臣从君命	贞	乎	《荀子·子道》

[译文]

1. 这是鲁国的孔丘吗？
2. 这是鲁国孔丘的弟子吗？
3. 孔夫子是一位圣人吗？
4. 男女之间不亲手传递、接受东西，是礼制规定的吗？
5. 这是贤明的圣王吗？
6. 这是齐侯吗？
7. 天下的治乱，是由于上天主宰吗？
8. 鲁国大夫在服练期内，却睡觉，有床，合乎礼仪吗？（练：柔软洁白的布。古代父母死后二十七个月，是服练期，身上披一条白布，不能够睡在床上。）
9. 儿子听从父命，是孝顺吗？
10. 臣子听从君命，是忠贞吗？

[说明]

1. 本句型是疑问语气的判断句，是以名词或名词短语作谓语，加上疑问语气词"与""邪""乎"等字结尾。
2. 这类判断句在译成现代汉语时，要在主语、谓语之间加上"是"字。
3. 本句型疑问语气词的替换词有："乎""与""钦""邪""耶"等。

[附] 相关句型：

NPr+"邪"+S

名谓+"邪"+主语

子邪，言伐莒者？（《吕氏春秋·重言》）

传播进攻莒国消息的人，是你吧？

这是主谓倒置的是非问句，即谓语在前，主语在后。这里"子"作谓语，"言伐莒者"作主语。

299

[句型转换]

    S+NPr〈+"也"〉 ⟹ S+NPr+"与"（"邪""乎"）

    主语+名谓〈+"也"〉 ⟹ 主语+名谓+"与"（"邪""乎"）

    是鲁孔丘也。 ⟹ 是鲁孔丘与？（本句型例1）

    "是胜之舍人也"（第一编、I、一、句型16例5）是陈述语气的判断句，前句型"是鲁孔丘也"与"是胜之舍人也"结构相同。如果把句尾表示帮助判断的语气词"也"替换为疑问语气词"与"，这样就转换成后句型："是鲁孔丘与？"如果前句型中没有用"也"字结尾，在转换成是非问句时，句尾加上疑问语气词就可以了。这是用替换或添加的方法，使陈述句转换成是非问句的。本式属于陈述句与疑问句的转换。

句型 2

[结构式] I. S+Vt+O+"乎"（"与""邪"）

          主语+及物动词+宾语+"乎"（"与""邪"）

[代表句] 冯公 / 有 / 亲乎 /？

[例句]（表一）

序号	S	Vt	O	"乎"	引书
1	冯公	有	亲	乎	《战国策·齐策》
2	汝	知	之	乎	《庄子·齐物》
3	公	知	天下长者	乎	《史记·田叔列传》
4	子	见	夫子	乎	《论语·微子》
5	君	闻	大鱼	乎	《韩非子·说林下》
6	子	好	游	乎	《孟子·尽心上》
7	〔汝〕	获	羊	乎	《列子·说符》
8	〔王〕	废	衅钟	与	《孟子·梁惠王上》
9	圣人	（且）有	过	与	《孟子·公孙丑下》
10	〔许子〕	（自）织	之	与	《孟子·滕文公上》
11	若与彭越	反		邪	《史记·季布栾布列传》
12	天	忘	朕	邪	《庄子·在宥》

[译文]

1. 冯公有父母吗？

2. 你知道这情况吗？

3. 您知道天下里有谁是忠厚的长者吗？

4. 您看见我的老师了吗？

5. 您听说过大鱼吗？

6. 您喜欢各处游说吗？

7. 您找到羊了吗？

8. 王要废除祭钟这一仪式吗？

9. 圣人还会有过失吗？

10. 许行自己织帽子吗？（之：代词，它，这里指"冠"。）

11. 你与彭越一同反叛吗？

12. 您忘记了我吗？（天：这里用来尊称鸿蒙。）

[结构式] II. S+ViPr+"乎"

　　　　　　主语+不及物动谓+"乎"

[代表句]〔子〕/ 死乎 /?

[例句]（表二）

序号	S	ViPr	"乎"	引书
1	〔子〕	死	乎	《左传·襄公二十五年》
2	〔子〕	行	乎	《左传·襄公二十五年》
3	〔子〕	归	乎	《左传·襄公二十五年》
4	古之君子	仕	乎	《孟子·滕文公下》

[译文]

1. 您死吗？（例 1—3 三句都是晏子的随从人员对晏子说的。）

2. 您走吗？

3. 您回去吗？

4. 古代的君子做官吗？

[说明]

1. 句型 2—6 是疑问语气的叙述句。

2. 本句型是以动词作谓语或谓语中心，加上疑问语气词"乎""与""邪"等字结尾。表一例句的谓语中心是及物动词，表二例句的谓语是不及物动词。

句型 3

[结构式] S+"可"（"可得""能""敢""足""足以""肯""当"）+Vt+O+"乎"（"与""邪"）

　　　　主语+"可"（"可得""能""敢""足""足以""肯""当"）+及物动词+宾语+"乎"（"与""邪"）

[代表句] 此 / 可 / 谓 / 知义与不义之别乎 /?

[例句]

序号	S	"可"	Vt	O	"乎"	引书
1	此	可	谓	知义与不义之别	乎	《墨子·非攻上》
2	子路	可	谓	大臣	与	《史记·仲尼弟子列传》
3	怀其宝而迷其邦	可	谓	仁	乎	《论语·阳货》

序号	S	"可"	Vt	O	"乎"	引书
4	好从事而亟失时	可	谓	知	乎	《论语·阳货》
5	父死不葬 爱及干戈	可	谓	孝	乎	《史记·伯夷列传》
6	以臣弑君	可	谓	仁	乎	《史记·伯夷列传》
7	鲁	可	取		乎	《左传·闵公元年》
8	人	可	杀		与	《孟子·公孙丑下》
9	燕	可	伐		与	《孟子·公孙丑下》
10	〔吾〕	可得	见		乎	《史记·春申君列传》
11	王之所大欲	可得	闻		与	《孟子·梁惠王上》
12	〔女〕	能	事	之	乎	《韩非子·内储说下》
13	〔女〕	能	举	大事	乎	《韩非子·内储说下》
14	〔女〕	能	行	大事	乎	《史记·楚世家》
15	〔吾〕	敢	失	守	乎	《左传·成公十五年》
16	〔臣〕	敢	（不）识		乎	《左传·昭公三年》
17	群臣	敢	忘	君	乎	《左传·哀公六年》
18	参之肉	（其）足	食		乎	《左传·宣公十二年》
19	醉	足以	亡	裘	乎	《韩非子·说林上》
20	汉	肯	听	我	乎	《史记·大宛列传》
21	吏	（不）当	若	是	邪	《史记·张释之冯唐列传》

[译文]

1. 这能叫作道义和不义的区别吗？

2. 子路可以叫作大臣吗？

3. 藏起自己的本领，却听任国家混乱，可以叫作仁吗？

4. 喜欢参与政事，却屡次错过机会，可以叫作聪明吗？

5. 父亲死了还没有安葬，就发动战争，可以叫作孝顺吗？

6. 作为臣子去杀害君主，可以叫作仁吗？

7. 鲁国可以取得吗？

8. 这个杀人犯可以杀掉吗？

9. 燕国可以讨伐吗？

10. 我能看看（她）吗？

11. 王十分想要得到的东西，可以说给我听听吗？

12. 你能够侍奉他吗？

13. 您能够发动政变吗？（大事：指发动政变，杀君夺位的事。）

14. 您能够发动政变吗？

15. 我哪里敢放弃保守节操呢？

16. 我哪里敢不知道呢？

17. 臣下们哪里敢忘记君王呢？

18. 伍参的肉足够吃的吗？

19. 喝醉了酒就能够丢失他的皮衣吗？

20. 汉朝会允许我们吗？

21. 官吏不应该像这样吗？

[说明]

1. "可"（"可得""能""敢""足""足以""肯""当"）是能愿动词，放在动词前面，作状语。"可"表示许可或可能做某事；"能"表示有能力或有条件做某事；"敢"表示有胆量做某事；"足""足以"表示动作行为达到了某种程度，或动作行为已具备进行的条件；"当"表示应当做某事；"肯"表示愿意、乐意做某事。

2. 本句型的主语是名词（如例 2 的"子路"）、代词（如例 1 的"此"）、动词（如例 19 的"醉"）、动词短语（如例 6 的"以臣弑君"）、主谓短语或复句形式（如例 5 的"父死不葬爰及干戈"）。

3. "谓"是及物动词，表示"叫作""认为"。"谓"的宾语是名词（如例 2 的"大臣"）、动词、动词短语（如例 1 的"知义与不义之别"）或形容词（如例 4 的"知"）。

4. 在做肯定或否定的回答时，可以只就能愿动词做简略的回答，如：
   "能事之乎？"曰："不能。""能举大事乎？"曰："能。"（《韩非子·内储说下》）
   能够侍奉他吗？回答说：不能。能够发动政变吗？回答说：能够。（之：他，代词，指代上文"公子职"。）

5. 本句型的谓语中心也可以是不及物动词。
   S+"可"（"能""敢""足""肯""当"）+Vi+"乎"
   主语+"可"（"能""敢""足""肯""当"）+不及物动词+"乎"
   能亡去乎？（《史记·楚世家》）
   能够逃亡离开本国吗？（亡：逃亡。去：离开。）

6. "可""可得"译作"可以"，"足""足以"译作"足够""能够""值得"，"当"译作"应该"。

7. 本句型能愿动词的替换词有："可""可以""可得""能""得""而""耐""敢""足""足以""肯""当"等。

句型 4

[结构式] S+"可"+"乎"
         主语+"可"+"乎"

[代表句] 臣弑其君 /，可乎 /？

[例句]

序号	S	"可"	"乎"	引书
1	臣弑其君	可	乎	《孟子·梁惠王下》
2	我将得邑金将贷子三百金	可	乎	《庄子·外物》

序号	S	"可"	"乎"	引书
3	射者非前期而中谓之善射天下皆羿也	可	乎	《庄子·徐无鬼》
4	吾欲伐吴	可	乎	《韩非子·内储说上》
5	我欲贱而贵愚而智贫而富	可	乎	《荀子·儒效》
6	吾与汝毕力平险指通豫南达于汉阴	可	乎	《列子·汤问》
7	与大国盟口血未干而背之	可	乎	《左传·襄公九年》
8	〔颜斶〕亦曰王前	可	乎	《战国策·齐策》
9	寡人欲相甘茂	可	乎	《史记·甘茂列传》
10	死国	可	乎	《史记·陈涉世家》

[译文]

1. 做臣子的杀掉他的君王，可以吗？
2. 等我收到封地的税金，就借给你三百金，可以吗？
3. 射箭的人在射箭以前并没有瞄准目标，却射中了，就把他叫作善射的人。这样天下的人都可以看作和羿一样的好射手，行吗？
4. 我想要攻打吴国，行吗？
5. 我想要由卑贱变成尊贵，由愚蠢变成智慧，由贫穷变成富有，可以吗？
6. 我和你们一同用全部力量削平险阻，使道路一直通到豫州南部，抵达汉水之南，好吗？
7. 跟大国结盟，嘴里的血没有干，就背弃它，行吗？
8. 颜斶也说：大王到我跟前来，这么做可以吗？
9. 我想要让甘茂做丞相，可以吗？（相：这里是名词的使动用法，"相甘茂"即"使甘茂为相"。）
10. 为了国家大事而死，好吗？（死：这里是动词的为动用法。死国：为国事而死。）

[说明]

1. "可"是能愿动词，表示许可或可能做某事，作谓语。
2. 本句型的主语是主谓短语（如例1的"臣弑其君"）或复句形式（如例6的"吾与汝毕力平险，指通豫南，达于汉阴"）。
3. "可"译作"可以"。

句型 5

[结构式] S+Vt+"诸"

　　　　　主语+及物动词+"诸"

[代表句] 子 / 闻 / 诸 /？

[例句]

序号	S	Vt	"诸"	引书
1	子	闻	诸	《左传·昭公八年》
2	〔我〕	盟	诸	《左传·襄公十一年》

序号	S	Vt	"诸"	引书
3	〔我〕	先伐	诸	《左传·昭公十年》
4	吾	（得而）食	诸	《论语·颜渊》
5	山川	（其）舍	诸	《论语·雍也》
6	〔我〕	毁	诸	《孟子·梁惠王下》
7	〔吾〕	（闻斯）行	诸	《论语·先进》
8	〔子〕	（韫椟而）藏	诸	《论语·子罕》
9	〔子〕	（求善贾而）沽	诸	《论语·子罕》

[译文]

1. 您听到这件事了吗？
2. 我们为了这个盟誓吧？
3. 我们抢先来攻打他们吗？
4. 我能够吃上粮食吗？（诸：其中隐含的"之"，指代上文的"粟"，即粮食。）
5. 山川之神难道会舍弃它们吗？（其：与"岂"相当，可译为"难道"。诸：其中隐含的"之"，指代上文的"犁牛之子"，即耕牛的小牛犊。）
6. 我拆毁它吗？（诸：其中隐含的"之"，指代上文的"明堂"，即"泰山明堂"。）
7. 我听到了，就做起来吗？
8. 您把它放在柜子里收藏起来呢？（韫：收藏。椟：柜子。诸：此句与下句"诸"字隐含的"之"字，指代上文的美玉。现根据对话上下文补出"子"字，译作"您"。）
9. 您找一个识货的商人，卖掉它呢？（贾：商人，另一说"贾"通"价"，价钱。沽：卖。此句和上句"诸"字隐含的"乎"字都表示选择，译作"呢"。）

[说明]

1. "诸"是"之""乎"两字的合音，用在句末，是代词兼语气词。其中的"之"是代词，作动词的宾语；"乎"是疑问语气词。
2. "诸"字隐含的"之"，一般译作"他（们）""它（们）"；隐含的"乎"译作"吗"。

句型6

[结构式] App+"有"+"诸"
　　　　　同位语+"有"+"诸"

[代表句] 一言而可以兴邦 /，有 / 诸 /？

[例句]

序号	App	"有"	"诸"	引书
1	一言而可以兴邦	有	诸	《论语·子路》
2	一言而丧邦	有	诸	《论语·子路》
3	文王之囿方七十里	有	诸	《孟子·梁惠王下》
4	汤放桀武王伐纣	有	诸	《孟子·梁惠王下》

序号	App	"有"	"诸"	引书
5	王尝语庄子以好乐	有	诸	《孟子·梁惠王下》
6	劝齐伐燕	有	诸	《孟子·公孙丑下》
7	使管叔监殷管叔以殷畔也	有	诸	《孟子·公孙丑下》
8	尧以天下与舜	有	诸	《孟子·万章上》
9	伊尹以割烹要汤	有	诸	《孟子·万章上》

[译文]

1. 一句话就可以使国家兴旺，有这样的话吗？
2. 一句话就可以使国家衰亡，有这样的话吗？
3. 周文王有一个七十里见方的饲养禽兽、种植草木的园子，有这回事吗？
4. 商汤流放夏桀，周武王讨伐商纣，有这些事吗？
5. 王曾经告诉过庄暴，说您喜欢音乐，有这回事吗？（庄子：齐国的臣子庄暴。）
6. 您曾劝说齐国讨伐燕国，有这回事吗？
7. 周公派遣管叔监督殷民，管叔却率领殷人反叛周朝，有这回事吗？
8. 尧把天下送给舜，有这件事吗？
9. 伊尹（亲自做厨师）用切肉烹调向汤求取，有这回事吗？

[说明]

1. 本句型无主语，属于非主谓句。谓语中心是及物动词"有"字，宾语是"诸"字。
2. "诸"是"之""乎"两字的合音，用在句末，是代词兼语气词。如"文王之囿方七十里，有诸？"等于"文王之囿方七十里有之乎？"
3. "之"字和"有"字前面的词语即句首词语是同位关系。前者是本位语，后者是同位语，二者语法作用完全相同。
4. 句首同位语是主谓短语（如例3的"文王之囿方七十里"）或复句形式（如例4的"汤放桀，武王伐纣"）。
5. "诸"字隐含的"之"译作"它"，隐含的"乎"译作"吗"。

句型 7

[结构式] S+Apr+"乎"（"与""邪""矣乎""乎哉"）

主语+形谓+"乎"（"与""邪""矣乎""乎哉"）

[代表句] 管仲 / 俭乎 /?

[例句]

序号	S	APr	"乎"	引书
1	管仲	俭	乎	《论语·八佾》
2	冉求	仁	乎	《史记·仲尼弟子列传》
3	仲由	仁	乎	《史记·仲尼弟子列传》
4	子路	仁	乎	《史记·仲尼弟子列传》

序号	S	APr	"乎"	引书
5	乐正子	强	乎	《孟子·告子下》
6	孔子	非	与	《孟子·万章下》
7	寝	不安	与	《公羊传·僖公二年》
8	汝狗	猛	邪	《韩非子·外储说右上》
9	夫子	圣	矣乎	《孟子·公孙丑上》
10	君子	多	乎哉	《论语·子罕》
11	仁	远	乎哉	《论语·述而》

[译文]

1. 管仲节俭吗？

2. 冉求仁爱吗？

3. 子路仁爱吗？（仲由：孔子的学生，姓仲名由，字子路。）

4. 子路仁爱吗？

5. 乐正子坚强吗？

6. 孔子做得不对吗？

7. 睡得不踏实吗？

8. 你的狗凶猛吗？

9. 老师已经是圣人了吗？

10. 君子会干这么多技艺吗？

11. 仁离开我们很远吗？

[说明]

1. 本句型是疑问语气的描写句，是以形容词作谓语，加上疑问语气词"乎""与""邪"等字结尾。

2. "矣乎""乎哉"是语气词连用，表达疑问语气的重点是在后一个语气词上。

3. "乎""与""邪""矣乎""乎哉"都译作"吗"。

4. 本句型疑问语气词的替换词有："乎""与""欤""邪""耶""矣乎""乎哉"等。

第二类　特指问句

特指问句是用疑问代词（或短语）提问的疑问句。在这类句子中必须有一个疑问代词（或短语）来指明疑点，而这个疑问代词（或短语）在句中充当某个句子成分（主、谓、宾、定、状、补）。

特指问句要求对方对疑问代词（或短语）所询问的内容做答复。

有些句子句尾可以使用疑问语气词，和句子中的疑问代词（或短语）前后呼应。

常见的疑问代词有："乎""与""欤""邪""哉""焉"等，译作"呢"。例如：

1. 谁为此计者乎？（《史记·范雎蔡泽列传》）
2. 谁与，哭者？（《礼记·檀弓上》）
3. 是谁之过欤？（《论语·季氏》）
4. 子之师谁邪？（《庄子·田子方》）
5. （今）谁责寡人哉？（《晏子春秋·内篇谏上》）
6. 君何患焉？（《左传·隐公元年》）

此外，在特指问句的末尾也有用"也""矣"的。例如：

此谁也？（《战国策·齐策》）

事将奈何矣？（《战国策·赵策》）

"也""矣"本身并不是疑问语气词，这些句子表示疑问语气，是因为句中有了表示疑问的词语。

句型 1

[结构式]"谁"+NPr（VP+"者"）

　　　　　"谁"+名谓（动词短语+"者"）

[代表句] 谁 / 习计会能为文收责于薛者（乎）/？

[例句]

序号	"谁"	NPr		引书
		VP	"者"	
1	谁	习计会能为文收责于薛	者（乎）	《战国策·齐策》
2	谁	为此计	者（乎）	《史记·范雎蔡泽列传》
3	谁	为大王为此计	者	《史记·项羽本纪》
4	谁	为陛下画此计	者	《史记·留侯世家》
5	谁	可代君	者	《史记·萧相国世家》
6	谁	可使	者	《史记·廉颇蔺相如列传》
7	谁	可伐	者	《史记·老子韩非列传》
8	谁	逾仲卿	者	《汉书·王章传》
9	夫谁	肯为之	者（邪）	《后汉书·仲长统传》

[译文]

1. 谁是熟悉会计能够替我到薛地去收债的人呢？（文：孟尝君姓田名文，这里是自称其名。责：通"债"。）
2. 谁是出这个主意的人呢？
3. 谁是给大王出这个主意的人呢？
4. 谁是替您筹划这个计策的人呢？
5. 谁是可以替代您的人？
6. 谁是可以派出去当使者的人呢？
7. 谁是可以讨伐的人呢？

8. 谁能超过你？（仲卿：王章的字，其妻用以称呼他。）

9. 谁肯做这些事呢？

[说明]

1. 句型 1—4 是一组疑问代词作主语的句型。

2. 本句型是疑问语气的判断句，谓语通常是"者"字短语。

3. "谁"是疑问代词，用于询问人，作主语。

4. "者"译作"……的人"，或译作"……的"。古汉语肯定判断句在译成现代汉语时，要在主语和谓语之间加上表示判断的动词"是"字。

5. 本句型疑问代词的替换词有："谁""畴"等。

[句型转换]

S（N）+NPr⇒"谁"+NPr

主语（名）+名谓⇒"谁"+名谓

文子为此计者也。（据《史记·范雎蔡泽列传》文意补出此句）

⇒ 谁为此计者乎？（本句型例 1）

"曾从子善相剑者也"（第一编、I、一、句型 7 例 1）是以名词短语作谓语的判断句，前句型"文子为此计者也"和"曾从子善相剑者也"结构相同。如果就这个判断句的主语提问，将名词替换为疑问代词"谁"，将句尾语气词"也"替换为"乎"，这样就转换成后句型："谁为此计者乎？"这是用替换的方法，使陈述句转换成特指问句的。本式属于陈述句与疑问句的转换。

句型 2

[结构式]"孰"（"谁"）+Vt+O

　　　　　"孰"（"谁"）+及物动词+宾语

[代表句] 谁 / 谓 / 鄹人之子知礼（乎）/？

[例句]

序号	"孰"	Vt	O	引书
1	孰	谓	鄹人之子知礼（乎）	《论语·八佾》
2	孰	谓	微生高直	《论语·公冶长》
3	孰	谓	子产智	《孟子·万章上》
4	孰	谓	周公俭（哉）	《荀子·儒效》
5	孰	谓	周公旦欲为乱（乎）	《史记·蒙恬列传》
6	谁	谓	雀无角	《诗经·国风》
7	谁	谓	河广	《诗经·国风》
8	谁	谓	乃公勇者	《史记·淮南衡山列传》
9	孰	知	其极	《老子·五十八章》
10	孰	灭	之	《公羊传·庄公四年》
11	孰	狩	之	《公羊传·哀公十四年》

309

序号	"孰"	Vt	O	引书
12	孰	杀	子产	《左传·襄公三十年》
13	孰	知	不言之辩不道之道	《庄子·齐物论》
14	谁	杀	不辜	《墨子·天志》
15	谁	生	厉阶	《诗经·大雅》
16	（今）谁	责	寡人（哉）	《晏子春秋·内篇谏上》

[译文]

1. 谁说叔梁纥这个儿子懂得礼呢？
2. 谁说微生高直爽？（微生高：姓微生名高，鲁国人，为人直爽。）
3. 谁说子产聪明？
4. 谁说周公节俭呢？
5. 谁说周公（姬旦）想要作乱呢？
6. 谁说雀没有嘴？（角：鸟嘴。）
7. 谁说黄河宽广？（河：黄河。）
8. 谁说你老子勇猛呢？（乃：代词，你的。"乃公"在这里是淮南王自称，也可译成"我"。）
9. 谁能知道它的终点？（极：极点，尽头。）
10. 谁把他消灭了？
11. 谁打猎得到它呢？（之：它，这里指代麒麟。）
12. 谁杀死了子产？
13. 谁能了解不用说话的辩论？不说话的大道？
14. 谁杀死了无罪的人？
15. 谁制造了灾祸？（厉：恶。厉阶：祸乱的开始。）
16. 现在谁责备我呢？

[说明]

1. 句型 2—4 是疑问语气的叙述句，以动词作谓语或谓语中心。
2. "孰"（"谁"）是疑问代词，用于询问人，作主语。
3. 本句型的谓语也可以不是及物动词。

   "孰"（"谁"）+ViPr

   "孰"（"谁"）+不及物动谓

   （夫）谁（与王）敌？（《孟子·梁惠王上》）

   那谁跟您抵抗呢？
4. "孰"译作"谁"。
5. 本句型疑问代词的替换词有："谁""孰""畴"等。

句型 3

[结构式] "孰"（"谁"）+"能"（"可以""敢"）+Vt+O

"孰"（"谁"）+"能"（"可以""敢"）+及物动词+宾语

[代表句] 孰 / 能 / 一 / 之 /？

[例句]

序号	"孰"	"能"	Vt	O	引书
1	孰	能	一	之	《孟子·梁惠王上》
2	孰	能	与	之	《孟子·梁惠王上》
3	孰	能	（为我）使	淮南	《史记·黥布列传》
4	孰	能	穷	之	《孙子兵法·势》
5	谁	能	执	热	《诗经·大雅》
6	谁	能	御	之	《左传·僖公四年》
7	谁	能	间	之	《左传·隐公三年》
8	谁	能	惧	之	《国语·晋语》
9	谁	能	废	之	《国语·晋语》
10	孰	可以	伐	之	《孟子·公孙丑下》
11	孰	可以	杀	之	《孟子·公孙丑下》
12	孰	可以	代	之	《左传·襄公三年》
13	谁	敢	兴	之	《国语·晋语》
14	谁	敢	侮	之	《孟子·公孙丑上》

[译文]

1. 谁能统一天下呢？

2. 谁会归附他呢？（与：归附，服从，跟随。）

3. 谁能替我出使淮南国？

4. 谁能够使其穷尽呢？（穷：这里是形容词的使动用法。穷之：使之穷。）

5. 谁能够医治热病？（执：治，治愈。热：这里指热病。）

6. 谁能够抵御他们？

7. 谁能够离间他们？

8. 谁能够使楚国害怕呢？（惧：动词，这里是使动用法。惧之，即使之惧。"之"代楚国。）

9. 谁能够废除他呢？（之：他，这里指代晋公子。）

10. 谁能讨伐它？（之：它，指燕国。）

11. 谁可以杀他呢？

12. 谁可以接替他？

13. 谁敢使灾难产生呢？（之：代词，它，指上文的"难"，即灾难。）

14. 谁敢欺辱他呢？

[说明]

1. "孰"（"谁"）是疑问代词，用于询问人，作主语。

2. "能"（"可以""敢"）是能愿动词，作状语。

3. 本句型的谓语中心也可以是不及物动词。

"孰"（"谁"）+"能"（"敢"）+Vi

"孰"（"谁"）+"能"（"敢"）+不及物动词

谁能出（不由户）？（《论语·雍也》）

谁能够走出屋外却不经过屋门呢？

4. "孰"译作"谁"。

句型 4

[结构式]"何"（"曷""奚""孰"）+Vt+O

　　　　　"何"（"曷""奚""孰"）+及物动词+宾语

[代表句] 何 / 谓 / 善 /？

[例句]

序号	"何"	Vt	O	引书
1	何	谓	善	《孟子·尽心下》
2	何	谓	信	《孟子·尽心下》
3	何	谓	朝三	《庄子·齐物论》
4	何	谓	三法	《墨子·非命》
5	何	谓	不臣	《史记·秦始皇本纪》
6	何	谓	毋望之福	《史记·春申君列传》
7	何	谓	毋望之祸	《史记·春申君列传》
8	何	谓	毋望之人	《史记·春申君列传》
9	何	谓	死而又死	《新序·杂事》
10	曷	谓	中	《荀子·儒效》
11	曷	谓	一	《荀子·儒效》
12	曷	谓	神	《荀子·儒效》
13	曷	谓	广大乎舜禹（也）	《荀子·强国》
14	曷	谓	别	《荀子·礼论》
15	曷	谓	至足	《荀子·解蔽》
16	曷	谓	罢	《荀子·成相》
17	曷	谓	贤	《荀子·成相》
18	奚	谓	小忠	《韩非子·十过》
19	奚	谓	顾小利	《韩非子·十过》
20	孰	为	贵	《墨子·天志》
21	孰	为	知	《墨子·天志》
22	孰	应	六律	《庄子·马蹄》
23	孰	败	之	《谷梁传·成公元年》
24	孰	次	之	《吕氏春秋·先识》

1. 什么叫作好的？
2. 什么叫作诚实、实在？
3. 什么叫作"早晨三个"？
4. 什么叫作"三法"？
5. 什么叫作不尽臣职？
6. 什么叫不期望却来到的幸福？
7. 什么叫不期望却来到的灾祸？
8. 什么叫不期望却来到的帮手？
9. 什么叫作杀死而又杀死？
10. 什么叫作适中？
11. 什么叫作专一？
12. 什么叫作神明？
13. 什么叫作"土地广大，超过了大舜、大禹"呢？
14. 什么叫作差别？
15. 什么叫作最大的满足？
16. 什么叫作无能？
17. 什么叫作贤能？
18. 什么是个人与个人之间的忠？
19. 什么贪图小的利益？
20. 谁是尊贵的？
21. 谁是聪明的？
22. 什么能适合六律？
23. 谁打败周王的军队？（之：代词，指代周王的军队。）
24. 哪一国接着要灭亡？

［说明］

1. "何"（"曷""奚""孰"）是疑问代词，用于询问事物，作主语。"何""曷""奚"一般不用作主语，用作主语只在"谓""为"作谓语中心或形容词作谓语的句中。"孰"用于询问事物充当主语的情况很罕见。

2. 本句型动词的宾语是名词（如例 22 的"六律"）、名词短语（如例 6 的"毋望之福"）、代词（如例 23 的"之"）、形容词（如例 20 的"贵"）、动词短语（如例 19 的"顾小利"）或主语短语（如例 13 的"广大乎舜禹"）。

3. 在"孰"指代事物作主语的句子中，谓语也可以是不及物动词。

   "孰"+ViPr

   "孰"+不及物动谓

   孰（不可）忍（也）。（《论语•八佾》）

   什么事不可以容忍呢？

4. "何""曷""奚""孰"译作"什么"。

[附] 相关句型：

　　"何"（"曷""奚"）+APr

　　"何"（"曷""奚"）+形谓

　　何贵？何贱？（《左传·昭公三年》）

　　什么（物品）贵？什么（物品）贱？

　　这个句型的谓语是形容词，"何""曷""奚"作主语。

句型 5

[结构式] S+"谁"（"孰谁""谁何""何"）〈+"也"（"邪""乎"）〉

　　　　主语+"谁"（"孰谁""谁何""何"）〈+"也"（"邪""乎"）〉

[代表句] 追我者 / 谁也 /？

[例句]

序号	S	"谁"	"也"	引书
1	追我者	谁	也	《孟子·离娄下》
2	夫爱人利人顺天之意得天之赏者	谁	也	《墨子·天志》
3	夫憎人贼人反天之意得天之罪者	谁	也	《墨子·天志》
4	南冠而絷者	谁	也	《左传·成公九年》
5	其逆者	谁	也	《谷梁传·文公四年》
6	此	谁	也	《战国策·齐策》
7	所高者	谁	也	《史记·日者列传》
8	子之师	谁	邪	《庄子·田子方》
9	夫今之歌者	（其）谁	乎	《庄子·山木》
10	子	孰谁	也	《战国策·楚策》
11	若所追者	谁何		《史记·淮阴侯列传》
12	文姜（者）	何		《公羊传·庄公二十二年》
13	伯姬（者）	何		《公羊传·隐公二年》

[译文]

1. 追赶我的人是谁？
2. 爱护人民，有利于人民，顺从上天的意志，因而得到上天赏赐的，是谁呢？
3. 憎恨人民，残害人民，违反上天的意志，因而受到上天惩罚的，是谁呢？
4. 戴着南方的帽子而被囚禁的人，是谁呀？
5. 他迎接的人是谁呀？
6. 这是谁呀？
7. 你们认为高尚的人是什么人呀？
8. 您的老师是谁呢？
9. 现在唱歌的是谁呢？
10. 您是谁呀？

11. 你追赶的人是谁？

12. 文姜是什么人？

13. 伯姬是什么人？

[说明]

1. 句型 5—12 是一组疑问代词作谓语的句型。

2. 句型 5—8 是疑问语气的判断句。

3. "谁"（"孰谁""谁何""何"）是疑问代词，用于询问人，作谓语。"何"用于询问人很罕见。

4. "孰谁""谁何"和这里的"何"都译作"谁"。

[句型转换]

"谁"+NPr⇒S+"谁"

"谁"+名谓⇒主语+"谁"

谁追我者乎？ ⇒ 追我者谁也？（本句型例 1）

"谁为此计者乎？"（第二编、I、二、句型 1 例 2）是以"谁"作主语的疑问句型，前句型"谁追我者乎？"和"谁为此计者乎？"结构相同。如果把"谁"移到"追我者"后面，"谁"就作全句的谓语，而"追我者"就作全句的主语；同时用句尾语气词"也"替换"乎"，这样就转换成后句型："追我者谁也？"这是用移位与替换的方法，转换成另一句型的。本式是两个句型中的主语与谓语的转换。前句型转换成后句型后，表达的疑问语气要更重一些。

句型 6

[结构式] S+"何"〈+"也"（"邪"）〉

　　　　主语+"何"〈+"也"（"邪"）〉

[代表句] 吾所以有天下者 / 何 /？

[例句]

序号	S	"何"	"也"	引书
1	吾所以有天下者	何		《史记·高祖本纪》
2	项氏之所以失天下者	何		《史记·高祖本纪》
3	吾所以得之者	何		《史记·郦生陆贾列传》
4	吴之所以亡者	何	也	《吕氏春秋·适威》
5	所以然者	何		《晏子春秋·内篇杂下》
6	此心之所以合于王者	何	也	《孟子·梁惠王上》
7	此	何	也	《韩非子·内储说下》
8	是	何	也	《荀子·天论》
9	君侯欲反	何		《汉书·周亚夫传》
10	尔饮旷	何	也	《礼记·檀弓下》
11	尔饮调	何	也	《礼记·檀弓下》
12	今子有忧色	何	也	《韩非子·说林上》

序号	S	"何"	"也"	引书
13	新人见寡人常掩鼻	何	也	《韩非子·内储说下》
14	若亡	何	也	《史记·淮阴侯列传》
15	夫子之不援	何	也	《孟子·离娄上》
16	寡人以五百里之地易安陵安陵君不听寡人	何	也	《战国策·魏策》
17	夫子有忧色	何	邪	《庄子·至乐》

[译文]

1. 我之所以能得到天下，为什么？
2. 项羽之所以失去天下，为什么？
3. 我之所以能够取得天下，为什么？
4. 吴国灭亡的原因是什么呢？
5. 造成这种现象的原因是什么？
6. 这种心情能够符合王道仁政，为什么？
7. 这是什么东西？
8. 这是怎么一回事呢？
9. 您打算反叛的原因是什么？
10. 你让旷饮酒，是什么原因呢？（饮：动词的使动用法。饮旷：使旷饮，让旷饮酒，例 11 同此。）
11. 你让调饮酒，是什么原因呢？
12. 现在您脸上显出忧愁的样子，是什么原因呢？
13. 美女看见我常常捂着鼻子，是什么原因呢？
14. 你逃跑，为什么？
15. 先生却不去援救，为什么呢？
16. 我用五百里的土地换取安陵，安陵君不听从我，为什么呢？
17. 先生面带忧愁，为什么呢？

[说明]

1. "何"是疑问代词，用于询问事情的原因，作谓语。
2. 本句型的主语是名词短语，大都是"所以……者"短语（如例 1 的"吾所以有天下者"）、代词（如例 7 的"此"）、主谓短语（如例 10 的"尔饮旷"）或复句形式（如例 16 的"寡人以五百里之地易安陵，安陵君不听寡人"）。
3. "何"译作"为什么"或"什么原因（缘故）"。
4. 本句型疑问语气词的替换词有："也""哉""与""欤""居""其"等。

[句型转换]

S+"何"+Vt+O ⟹ S（S-PrP）+"何"

主语+"何"+及物动词+宾语 ⟹ 主语（主谓短语）+"何"

尔何饮旷也？⟹ 尔饮旷何也？（本句型例 10）

"夫子何哂由也？"（第二编、I、二、句型 25 表一例 1）是以疑问代词"何"作状语的疑问句型。前句型"尔何饮旷也？"和"夫子何哂由也？"结构相同。如果把"何"移到句尾，"何"就作全句的谓语；"尔饮旷"就成为主谓短语，作全句的主语。这样就转换成后句型："尔饮旷何也？"这是用移位的方法，转换成另一句型的。本式是两个句型中状语与谓语的转换。

句型 7

[结构式] S〈+"者"〉+"何"（"谁"）〈+"也"〉
　　　　主语〈+"者"〉+"何"（"谁"）〈+"也"〉
[代表句] 元年者 / 何 /？
[例句]

序号	S	"者"	"何"	"也"	引书
1	元年	者	何		《公羊传·隐公元年》
2	春	者	何		《公羊传·隐公元年》
3	地震	者	何		《公羊传·文公九年》
4	斩	者	何		《仪礼·丧服》
5	道	者	何	也	《荀子·君道》
6	君	者	何	也	《荀子·君道》
7	人之所恶		何	也	《荀子·强国》
8	人之所好者		何	也	《荀子·强国》
9	先王之所以为法者		何	也	《吕氏春秋·察今》
10	予之不祥者		谁	也	《墨子·天志》

[译文]

1. 元年是什么？
2. 春是什么？
3. 地震是什么？
4. 斩是什么？（斩：古代丧服不缝衣旁和下边叫作"斩"。）
5. 道是什么呢？
6. 君主是什么呢？
7. 人民憎恶的是什么呢？
8. 人民喜好的是什么呢？
9. 古代帝王制定法令制度的依据，是什么呢？
10. 给他带来灾祸的，是谁呢？

[说明]

1. "何"（"谁"）是疑问代词，用于询问事物，作谓语。"谁"表询问事物罕见。
2. 本句型的主语是名词（如例 2 的"春"）、名词短语（如例 10 的"予之不祥者"）、动词（如例 4 的"斩"）或主谓短语（如例 3 的"地震"）。

3. 本句型通常要在主语后面加语气词"者"字，表示顿宕。
4. 本句型多数为设问，具有引起注意、启发思考的作用。
5. "何"（"谁"）译作"什么"。
6. 本句型疑问代词的替换词有："何""谁""舍""何等"等。

句型 8

[结构式] "何"+"哉"+S

　　　　　 "何"+"哉"+主语

[代表句] 何哉 /，尔所谓达者 /？

[例句]

序号	"何"	"哉"	S	引书
1	何	哉	尔所谓达者	《论语·颜渊》
2	何	哉	君所谓踰者	《孟子·梁惠王下》
3	何	哉	君所为轻身以先于匹夫者	《孟子·梁惠王下》

[译文]
1. 你所说的"达"，是什么意思？
2. 您所说的"后来的丧事超过先前办的丧事"，指的是什么呢？（踰：超过。孟子之后丧踰前丧，意思是孟子后来办的母亲的丧事，超过了先前办的父亲的丧事。）
3. 您要降低身份，先去拜访一个普通人，为什么呢？

[说明]
1. 本句型的语序是主谓倒置，即谓语在前，主语在后。这样能使询问的内容更为强调、突出。
2. "何"是疑问代词，用于询问某种事物、某种情况的含义，或询问某件事情的原因，作谓语。
3. 本句型的主语是名词短语，通常是"者"字短语。
4. "何"译作"什么"或"为什么"。

[附] 相关句型：

　　 "谁"+"与"+S

　　 "谁"+"与"+主语

　　 谁与，哭者？（《礼记·檀弓上》）

　　 啼哭的人是谁呀？

　　 这是主谓倒置的疑问句，谓语是疑问代词"谁"，用于询问人。

句型 9

[结构式] S+"奈何"（"如何""若何""何如""何若""奚若"）

　　　　　 主语+"奈何"（"如何""若何""何如""何若""奚若"）

[代表句] 秦称帝之害 /（将）奈何 /？

［例句］

序号	S	"奈何"	引书
1	秦称帝之害	（将）奈何	《战国策·赵策》
2	事	（将）奈何（矣）	《战国策·赵策》
3	吾	（将）奈何	《韩非子·十过》
4	市义	奈何	《战国策·齐策》
5	亲之	奈何	《韩非子·十过》
6	救饿	奈何	《韩非子·外储说左上》
7	治天下	（将）奈何（乎）	《韩非子·外储说左上》
8	亲魏	奈何	《史记·范雎蔡泽列传》
9	仲尼之圣尧	奈何	《韩非子·难一》
10	先生助之	奈何	《战国策·赵策》
11	易牙	如何	《史记·齐太公世家》
12	忧之	如何	《孟子·离娄下》
13	伐柯	如何	《诗经·国风》
14	其乐	如何	《诗经·小雅》
15	与不谷同好	如何	《左传·僖公四年》
16	其数	若何	《庄子·知北游》
17	修身	若何	《庄子·天道》
18	知者	若何	《荀子·子道》
19	吾子取其麋鹿以间敝邑	若何	《左传·僖公三十三年》
20	使归就戮于秦以逞寡君之志	若何	《左传·僖公三十三年》
21	鲍叔牙	何如	《韩非子·十过》
22	求（也）	何如	《论语·公冶长》
23	赤（也）	何如	《论语·公冶长》
24	今日之事	何如	《史记·项羽本纪》
25	毁乡校	何如	《左传·襄公三十一年》
26	吾于南之江上	何如	《史记·郑世家》
27	其小大	何如	《国语·楚语》
28	今单车来代之	何如（哉）	《史记·魏公子列传》
29	其罪	何若	《新序·杂事》
30	事之	何若	《庄子·外物》
31	吾欲暴巫	（而）奚若	《礼记·檀弓下》

［译文］

1. 秦国称帝的危害将会怎么样？
2. 事情将要怎么样？
3. 我将要怎么办？

4. 买义怎样买法？

5. 亲近他怎么样？

6. 救济饥荒怎么办？

7. 治理天下将会怎么样呢？

8. 亲近魏国该怎么办？

9. 为什么仲尼认为尧是圣人？（圣：这里是名词的意动用法。圣尧：以尧为圣，即把尧看作圣人。）

10. 先生怎样帮助他？

11. 易牙怎么样？

12. 忧虑该怎么办？

13. 怎样砍伐树枝制作斧柄？（柯：斧柄。）

14. 内心的欢乐怎么样？

15. （贵国）跟我国共同友好怎么样？

16. 它的数是什么？

17. 怎样修身？

18. 明智的人是怎样的？

19. 你们自己猎取那里的麋鹿，让我国能够有一点间空，怎么样？

20. 让他们回去接受秦国的诛杀，来满足我国国君的心愿，怎么样？

21. 鲍叔牙怎么样？

22. 冉求怎么样？

23. 公西赤怎么样呢？

24. 今日的事情怎么样？

25. 毁掉乡校怎么样？

26. 我想往南到长江边上去，怎么样？（之：动词，到……去。）

27. 祭祀牲畜的大小怎么样？

28. 现在你只身来接替我，是怎么回事呢？

29. 他的罪行怎么样？

30. 事情怎么样了？（之：助词，无义。）

31. 我要把巫婆晒太阳，怎么样？

［说明］

1. "奈何"（"如何""若何""何如""何若""奚若"）是短语，其中"奈"（"如""若"）是动词，"何"是疑问代词。"奈何""如何"等作谓语，用于询问事情的办法、具体做法，事情的原因、情况，或商量事情的可否。

2. 本句型的主语是名词（如例2的"事"）、名词短语（如例1的"秦称帝之害"）、动词短语（如例4的"市义"）或主谓短语（如例9的"仲尼之圣尧"）。

3. "奈何""如何"等用于询问事情的办法，译作"怎么办"，如："吾将奈何？"可译为"我将要怎么办？"用于询问事情的具体做法，译作"怎样"，如："先生助之奈何？"可译为"先生怎样帮助赵国？"用于询问事情的情况或商量事情的可否，译作"怎么样"，如："秦称帝之害将奈何？"可译为"秦国称帝的危害将会怎么样？"用于询问事情的原因，译作"怎么""为什么"，如："仲尼之圣尧奈何？"可译为"为什么仲尼认为尧是圣人？"

4. 本句型的短语和疑问代词的替换词语有："奈何""如何""若何""谓何""何如""何若""奚如""奚若""胡如""如台""那""难"（"那""难"是"奈何"的合音字）、"奚"等。

[附] 相关句型：

〔S〕+"为"+"之"+"奈何"

〔主语〕+"为"+"之"+"奈何"

为之奈何？（《史记·项羽本纪》）

我对这件事怎么办？

这里的"为之"是介词短语。"为"是介词，表示"对"；"之"是代词，用于指代上文中的事。"为之"作状语。这种句子通常省略主语。

句型 10

[结构式] S+"如"（"若""奈""谓"）+O+"何"
　　　　主语+"如"（"若""奈""谓"）+宾语+"何"

[代表句] 一薛居州 /（独）如宋王何 /？

[例句]

序号	S	"如"	O	"何"	引书
1	一薛居州	（独）如	宋王	何	《孟子·滕文公下》
2	公伯寮	（其）如	命	何	《论语·宪问》
3	〔汝〕	（其）如	土石	何	《列子·汤问》
4	〔君〕	如	太行王屋	何	《列子·汤问》
5	君	如	彼	何（哉）	《孟子·梁惠王下》
6	子	若	国	何	《左传·僖公二十三年》
7	〔我〕	若	楚惠	何	《左传·僖公二十八年》
8	〔大夫〕	（其）若	申息之老	何	《左传·僖公二十八年》
9	子	若	我	何	《左传·昭公二十五年》
10	〔墨子〕	奈	天下	何	《庄子·天下》
11	〔吾〕	奈	若	何	《史记·项羽本纪》
12	吾	奈	之	何	《庄子·人间世》
13	吾	奈	无箭	何	《韩非子·十过》
14	〔吾〕	奈	无金	何	《韩非子·十过》
15	〔我〕	谓	诸侯	何	《左传·僖公二十八年》
16	〔朕〕	谓	天下	何	《史记·孝文本纪》
17	吾	（独）谓	先王	何（乎）	《战国策·齐策》
18	〔吾〕	（将）谓	君	何	《左传·成公三年》

1. 一个薛居州，将要把宋王怎么样？
2. 公伯寮能把命运怎么样呢？
3. 你能把土石怎么样呢？
4. 您能把太行王屋山怎么样？
5. 您怎样对付他们呢？（彼：代词，他们，指代筑薛的齐人。）
6. 您把国家怎么办？
7. 我们对楚国的恩惠怎么办？
8. 大夫对申、息两地的父老怎么交代呢？
9. 您要我怎么办？
10. 墨子把天下人怎么办呢？
11. 我把你怎么样？
12. 我怎么对待他呢？
13. 我没有箭怎么办？
14. 我没有金怎么办？（金：古代用来制作兵器，金实指铜。）
15. 我们将对诸侯说什么？
16. 我对天下人说什么？
17. 我将要对先王说什么呢？
18. 我将要对国君说什么？

［说明］

1. "如（若、奈、谓）……何"是短语，作谓语。其中"如"（"若""奈""谓"）是动词，表示"办""处置""对付"，作谓语中心；"何"是疑问代词，表示"怎样""怎么"，作补语。"如"（"若""奈""谓"）的宾语是名词（如例 2 的"命"）、名词短语（如例 3 的"土石"）、代词（如例 12 的"之"）或动词短语（如例 13 的"无箭"）。
2. "如"（"若""奈"）的宾语常是代词"之"，就构成了"如之何""若之何""奈之何"等惯用短语，用于询问办法或事情的可否。
3. 有些句子在"如""若"等前面加上副词"独""其""将"等，作状语。"独""其"表示反问，"将"表示"将要"。
4. "如（若、奈、谓）……何"译作"把……怎样""对……怎么办"。"如（若、奈）之何"译作"怎么办"或"怎么样"。
5. 本句型短语的替换词语有："如……何""若……何""奈……何""谓……何""那……何"等。

句型 11

［结构式］"如"（"奈"）+O+"何"

　　　　　"如"（"奈"）+宾语+"何"

［代表句］（言人之不善当）如 / 后患 / 何 /？

[例句]

序号	"如"	O	"何"	引书
1	（言人之不善当）如	后患	何	《孟子·离娄下》
2	（士师不能治士则）如	之	何	《孟子·梁惠王下》
3	（四境之内不治则）如	之	何	《孟子·梁惠王下》
4	（不能正其身）如	正人	何	《论语·子路》
5	（公叔病有如不可讳将）奈	社稷	何	《史记·商君列传》

[译文]

1. 爱说别人的坏话，（引起了后患）该怎么办呢？

2. 掌管司法的长官，如果不能管好他的下级小吏，那怎么办呢？（士师：古代司法官的通称。）

3. 国家里面不太平，那怎么办呢？（治：太平，安定。）

4. 如果不能端正自己的品行，又怎么能端正别人呢？（正：端正。形容词的使动用法。"正其身"就是"使其身正"。）

5. 公叔的病如果有个意外，国家将怎么办呢？（讳：忌讳。不讳：不测，通常指代人死去。）

[说明]

1. 本句型属于非主谓句，无主语。

2. "如（奈）……何"是短语，作谓语。其中"如""奈"是动词，表示"办""处置""对付"，作谓语中心；"何"是疑问代词，表示"怎样""怎么"，作状语。"如""奈"的宾语是名词（如例5的"社稷"）、代词（如例2的"之"）或动词短语（如例4的"正人"）。

3. 有些句子在"如""奈"前面加上能愿动词"当""将"或副词"则"，作状语。

4. "如（奈）……何"译作"……怎么办"。

5. 本句型的短语的替换词语有："如……何""若……何""奈……何""谓……何""那……何"等。

句型 12

[结构式] S+"无"（"末"）+"奈"（"如""若"）+O+"何"

主语+"无"（"末"）+"奈"（"如""若"）+宾语+"何"

[代表句] 厉公 / 无 / 奈祭仲何 /？

[例句]

序号	S	"无"	"奈"	O	"何"	引书
1	厉公	无	奈	祭仲	何	《史记·郑世家》
2	是	无	奈	我	何	《史记·吴太伯世家》
3		无	奈	候望急	何	《汉书·匈奴传》
4	〔我〕	（独）无	奈	其善盗嫂	何（也）	《史记·万石君列传》

序号	S	"无"	"奈"	O	"何"	引书
5		无	若	诸侯	何	《管子·大匡》
6	〔我〕	无	若	诸侯之宾	何	《左传·昭公十二年》
7	〔敝邑〕	无	若	诸侯之属辱在寡君者	何	《左传·襄公三十一年》
8	〔人〕	末	如	命	何	《汉书·外戚传》
9	是	无	如	我	何	《史记·刺客列传》
10	吾	末	如	之	何（也已矣）	《论语·子罕》

[译文]

1. 厉公没有办法把祭仲怎么样。
2. 他没有办法对付我们。
3. 边防吏卒看守太严，没办法对付。
4. 我们没办法把他偏偏善于跟嫂子私通怎么办。（盗：私通。）
5. 没有办法把各国诸侯（要援救宋国）怎么样。
6. 我们没办法把各国的诸侯宾客怎么样。
7. 我们没有办法对待向寡君朝聘的诸侯的属官。
8. 人没有办法把天命怎么样。
9. 他没有办法把我们怎么办。
10. 我没有办法把这种人怎么样。

[说明]

1. "奈（如、若）……何"是短语，作谓语中心。其中"奈"（"如""若"）是动词，表示"办""处置""对付"。"奈"（"如""若"）的宾语是名词（如例1的"祭仲"）、代词（如例2的"我"）或主谓短语（如例4的"其善盗嫂"）。"何"是疑问代词，表示"怎样""怎么样"。本句型不属于疑问句，因含有"奈（如、若）……何"短语，所以附列于此。

2. "无"（"末"）是无定代词，放在"奈""如"等前面，作状语。

3. "也已矣"是语气词连用，表示感叹。"已"通"矣"。这里语气重点落在后两个字上。

4. "奈（如、若）……何"译作"把……怎样""对……怎么办"，"无"（"末"）译作"没有办法"。

5. 本句型无定代词的替换词有："无""亡""末""莫"等。本句型短语的替换词语有："奈……何""若……何""如……何""谓……何""那……何"等。

[附] 相关句型：

S+"无可"+"奈"〈+"也"〉

主语+"无可"+"奈"〈+"也"〉

唯无形者，无可奈也。（《淮南子·兵略训》）

只有无形的东西，才对它没有办法。

这里"无可"作状语，"奈"的后面不用"何"字。

句型 13

[结构式] S＋"几何"

　　　　　主语＋"几何"

[代表句] 年 / 几何（矣）/？

[例句]

序号	S	"几何"	引书
1	年	几何（矣）	《史记·赵世家》
2	曲逆户口	几何	《史记·陈丞相世家》
3	所获	几何	《左传·僖公二十七年》
4	人寿	几何	《左传·襄公八年》
5	人生	几何	《左传·襄公三十一年》
6	人长	几何	《史记·孔子世家》
7	相去	几何	《庄子·知北游》
8	天下一岁决狱	几何	《史记·陈丞相世家》
9	天下一岁钱谷出入	几何	《史记·陈丞相世家》

[译文]

1. 年纪多大了？
2. 曲逆的户口有多少？
3. 所得到的有多少？
4. 人的寿命能有多长？
5. 人的一生能有多久？
6. 人的身高有多少？
7. 相差有多少？
8. 天下在一年中审理判决的诉讼案件有多少？
9. 天下在一年中钱粮的收入和开支有多少？

[说明]

1. "几何"是疑问代词，用于询问事物的数量，作谓语。
2. 本句型主语是名词（如例 1 的"年"）、名词短语（如例 3 的"所获"）、动词短语（如例 7 的"相去"）或主谓短语（如例 8 的"天下一岁决狱"）。
3. "几何"译作"多少"。
4. 本句型疑问代词的替换词有："几何""几许""几所"等。

句型 14

[结构式] S＋"谁"（"孰"）＋Vt

　　　　　主语＋"谁"（"孰"）＋及物动词

[代表句] 吾 / 谁 / 欺 /？

序号	S	"谁"	Vt	引书
1	吾	谁	欺	《论语·子罕》
2	太师	谁	撞	《韩非子·难一》
3	〔朕〕	（当）谁	任（哉）	《史记·李斯列传》
4	诸君	（欲）谁	立	《史记·赵世家》
5	大王	（尚）谁	攀（乎）	《史记·韩长孺列传》
6	吾	谁	适从	《左传·僖公五年》
7	公子	谁	恃	《左传·僖公九年》
8	吾	谁	（敢）怨	《左传·昭公二十七年》
9	公	谁	（欲）与	《庄子·徐无鬼》
10	吾	孰	法（焉）	《荀子·非相》
11	王者	孰	谓	《公羊传·隐公元年》
12	婴齐	孰	后	《公羊传·成公十五年》
13	〔公齐侯等〕	孰	俟	《公羊传·僖公四年》

［译文］

1. 我欺骗谁？
2. 您敲打谁？（太师：乐师。这里是对师旷的尊称。撞：敲，击。）
3. 我应当任用谁呢？
4. 各位想要拥立谁继位？
5. 大王还能依靠谁呢？（攀：依附，依靠。）
6. 我该一心跟从谁？（适：专，一心。）
7. 公子依靠谁？
8. 我敢怨恨谁？
9. 您想要给谁？
10. 我们效法谁呢？
11. 王指的是谁？
12. 婴齐做谁的后代？（后：方位名词用作动词，做……的后代。）
13. 鲁僖公、齐侯等在等待谁？（俟：等待。这里指僖公四年春正月，鲁僖公会合齐侯、宋公、陈侯、卫侯、郑伯、许男、曹伯一同讨伐楚国，住在陉地，等待楚国大夫屈完到来。）

［说明］

1. 句型 13—19 是一组疑问代词作宾语的句型。在古代汉语中，疑问句动词的宾语是疑问代词时，这个疑问代词宾语一般放在动词的前面。
2. "谁"（"孰"）是疑问代词，用于询问人，作动词的宾语。"孰"作动词宾语的情况较少见。
3. "孰"译作"谁"。疑问代词宾语前置的句型在译成现代汉语时，要把疑问代词移到动词的后面。

[附] 相关句型：

S+"谁"（"孰"）+"使"（"令""遣"）+Vt+O

主语+"谁"（"孰"）+"使"（"令""遣"）+及物动词+宾语

吾谁使正之？（《庄子·齐物论》）

我让谁纠正呢？

"谁"是兼语（既作动词"使"的宾语，又作动词"正"的主语），要放在"使"的前面。这是疑问语气的兼语句型。

句型 15

[结构式] S+"何"（"曷""奚""谁"）+Vt

主语+"何"（"曷""奚""谁"）+及物动词

[代表句] 女 / 何 / 问哉 /?

[例句]

序号	S	"何"	Vt	引书
1	女	何	问（哉）	《荀子·子道》
2	若	何	有	《史记·万石君列传》
3	君	何	患（焉）	《左传·隐公元年》
4	夫子	何	为	《论语·宪问》
5	客	何	好	《战国策·齐策》
6	客	何	能	《战国策·齐策》
7		何	谓（也）	《论语·为政》
8	尔	曷	知	《公羊传·僖公三十三年》
9	〔是〕	奚	丧	《荀子·正名》
10	〔是〕	奚	得	《荀子·正名》
11	讼者	奚	说	《韩非子·说林下》
12	〔吾〕	（其又）奚	言	《左传·庄公十四年》
13	余	奚	（能）为	《左传·昭公三年》
14	子	（将）谁	驱	《墨子·耕柱》

[译文]

1. 你问什么呢？

2. 你家中有些什么人？

3. 君王有什么担忧的？

4. 他老人家在干什么？（夫子：尊称。孔子在这里是问卫国的大夫蘧伯玉，孔子在卫国曾住过他家。）

5. 客人爱好什么？

6. 客人能够胜任什么？

7. 这是什么意思呢？

8. 你们懂得什么？

9. 这损失了什么呢？

10. 这获得了什么呢？

11. 你们争吵什么？（讼：争论，争吵。讼者：互相争吵的昆虫，指上文的"三只虮子"。）

12. 我又能说什么？

13. 我能做什么？

14. 你将要驱赶哪一种呢？（驱：策马前进。谁：哪一个，指上文的"骥与羊"。）

[说明]

1. "何"（"曷""奚""谁"）是疑问代词，用于询问物，作动词的宾语。"谁"的这种用法罕见。

2. "何"（"曷""奚""谁"）译作"什么"。

3. 本句型疑问代词的替换词有："何""曷""奚""谁""焉""胡""庸何""舍"等。

[附] 相关句型：

S+"何"+"异"+"于"+PO

主语+"何"+"异"+"于"+介词宾语

是何异于刺人而杀之？（《孟子·梁惠王上》）

这跟拿着刀子把人杀死有什么不同？

这里在"异"的后面，带有"于"字介宾短语，用来引进比较的对象，作补语。

[句型转换]

S+Vt+O ⟹ S+"何"（"奚""谁"）+Vt

主语+及物动词+宾语 ⟹ 主语+"何"（"奚""谁"）+及物动词

由问鲁大夫练而床，礼邪？（第一编、II、一、句型 29 例 8）

⟹ 女何问哉？（本句型例 1）

前句型"由问鲁大夫练而床，礼邪？"是主动宾句型，宾语是主谓短语"鲁大夫练而床，礼邪"。如果就宾语提问，用疑问代词"何"字替换这个主谓短语，并将"何"移到动词前面，这样就转换成后句型："女何问哉？"这是用替换与移位的方法，转换成另一句型的。本式的转换条件是：前句型中作宾语的可以是词（名词、动词、形容词），也可以是短语（名词短语、动词短语、主谓短语）。后句型是疑问代词作宾语的特指问句，疑问代词必须置于动词之前。本式属于陈述句与疑问句的转换。

句型 16

[结构式] S+NPr（"何"/"曷"/"奚"+"为"+"者"）〈+"也"〉

　　　　　主语+名谓（"何"/"曷"/"奚"+"为"+"者"）〈+"也"〉

[代表句] 客 / 何为者 /?

[例句]

序号	S	NPr			"也"	引书
		"何"	"为"	"者"		
1	客	何	为	者		《史记·项羽本纪》
2	彼	何	为	者		《史记·留侯世家》

序号	S	NPr			"也"	引书
		"何"	"为"	"者"		
3	客	何	为	者	也	《史记·平原君虞卿列传》
4	汝	何	为	者	也	《史记·平原君虞卿列传》
5	主父偃	何	为	者		《史记·齐悼惠王世家》
6	（夫）易	何	为	者	也	《易·系辞上》
7	子	何	为	者	邪	《庄子·外物》
8	缚者	曷	为	者	也	《晏子春秋·内篇杂下》
9	辄者	曷	为	者	也	《公羊传·哀公三年》
10	子	奚	为	者	邪	《庄子·天地》
11	公阅休	奚	为	者	邪	《庄子·则阳》

[译文]

1. 客人是干什么的？
2. 他们是干什么的？
3. 客人是干什么的呢？
4. 你是干什么的呢？
5. 主父偃是干什么的？
6. 《易经》是做什么的呢？
7. 你是做什么的呢？
8. 绑着的是做什么的呢？
9. 辄是做什么的呢？（辄：蒯聩的儿子，即卫初公，其祖卫灵公。）
10. 你是做什么的呢？
11. 公阅休是做什么的呢？

[说明]

1. 本句型的谓语是由"动词短语+'者'"构成的"者"字短语。"者"是特殊的指示代词；动词短语中"为"是动词，宾语是疑问代词"何"（"曷""奚"）字，用于询问事物。在古代汉语中，动词的宾语是疑问代词时，这个疑问代词宾语一般要放在动词的前面。
2. 本句型常用于询问人的身份或事物的性质。
3. "何""曷""奚"译作"什么"，"为"译作"干""做"。
4. 本句型疑问代词的替换词有："何""曷""奚""胡"等。

句型 17

[结构式] S＋"安"（"恶""奚""何""焉"）＋Vi
　　　　主语＋"安"（"恶""奚""何""焉"）＋不及物动词

[代表句] 沛公 / 安 / 在 /？

[例句]

序号	S	"安"	Vi	引书
1	沛公	安	在	《史记·项羽本纪》
2	家	安	在	《史记·张释之冯唐列传》
3	其人	安	在（乎）	《新序·杂事》
4	〔卫人及齐人〕	安	战（也）	《谷梁传·庄公二十八年》
5	居	恶	在	《孟子·尽心上》
6	路	恶	在	《孟子·尽心上》
7	彼	（且）奚	适（也）	《庄子·逍遥游》
8	子	（将）奚	之	《庄子·天地》
9	牛	何	之	《孟子·梁惠王上》
10	西伯	（将）何	之	《吕氏春秋·贵因》
11	君	（将）何	之	《墨子·贵义》
12	其子	焉	往	《孟子·离娄上》
13	人	焉	廋（哉）	《论语·为政》

[译文]

1. 沛公在哪里？
2. 家住在哪里？
3. 那个人在哪里呢？
4. 卫国人跟齐国人在哪里作战呢？
5. 居住的地方在哪里呢？
6. 行走的路在哪里呢？
7. 它将要飞到哪里去呢？
8. 您将要到哪里去？
9. 牛往哪里去？
10. 您将要到哪里去？（西伯：本指周文王，文王是雍州的伯，因在西方，所以称"西伯"。这里的西伯指周武王。）
11. 君王将要往哪里去？
12. 他们的儿子要去哪里呢？
13. 这个人怎么能够隐藏得了呢？（焉：哪里，何处。廋：隐藏。此句的直译为"这个人隐藏到哪里去呢？"）

[说明]

1. 本句型的谓语中心通常是表示存在、奔赴或归趋意义的不及物动词。"安"（"恶""奚""何""焉"）是疑问代词，用于询问处所，作非受事宾语。
2. "安""恶""奚""何""焉"译作"哪里""哪儿"。
3. 本句型疑问代词的替换词有："安""焉""恶""奚""何""曷""庸何"等。

［附］相关句型：

　　"恶"（"安"）＋"在"＋S（S-PrP）〈＋"也"〉

　　"恶"（"安"）＋"在"＋主语（主谓短语）〈＋"也"〉

　　恶在其为民父母也？（《孟子·梁惠王上》）

　　他们作为老百姓的父母官的表现又在哪里呢？

　　这是主谓倒置句型。主语是谓语短语（"其为民父母"），放在句末；谓语中心是不及物动词"在"，非受事宾语是疑问代词"恶""安"等。

句型 18

［结构式］S＋"为"＋"谁"

　　　　　主语＋"为"＋"谁"

［代表句］夫执舆者 / 为 / 谁 /？

［例句］

序号	S	"为"	"谁"	引书
1	夫执舆者	为	谁	《论语·微子》
2	子	为	谁	《论语·微子》
3	彼来者	为	谁	《史记·范雎蔡泽列传》
4	仲子所欲报仇者	为	谁	《史记·刺客列传》
5	子名	为	谁	《公羊传·宣公六年》

［译文］

1. 那位驾车的是谁？
2. 您是谁？
3. 那边过来的人是谁？
4. 仲子要报复的仇人是谁？
5. 您的名字叫什么？

［说明］

1. "为"是动词，表示判断，作谓语中心，"谁"是疑问代词，多用于询问人，作"为"的宾语。
2. "为"译作"是"。

［附］相关句型：

　　S＋"为"＋"何"

　　主语＋"为"＋"何"

　　子之子为何？（《史记·孟尝君列传》）

　　儿子的儿子叫作什么？

　　这里动词宾语是疑问代词"何"，"何"用于询问事物。

［句型转换］

　　S＋"谁"⇒S＋"为"＋"谁"

主语+"谁" ⇒ 主语+"为"+"谁"

彼来者谁? ⇒ 彼来者为谁? （本句型例3）

"追我者谁也?"（第二编、II、二、句型5例1）是以"谁"作谓语的疑问句型，前句型"彼来者谁?"和"追我者谁也?"结构相同。如果在主语和谓语之间加上表示判断的动词"为"字，"谁"就作"为"的宾语。这样就转换成后句型："彼来者为谁?"这是用添加的方法转换成另一句型的。本式是两个句型中谓语与宾语的转换。

句型 19

[结构式] S+Vt+"何"

主语+及物动词+"何"

[代表句] 子夏 / 云 / 何 /?

[例句]

序号	S	Vt	"何"	引书
1	子夏	云	何	《论语·子张》
2	人言	云	何	《史记·外戚世家》
3	诸将	云	何	《汉书·陈平传》
4	〔女〕	言	何	《汉书·酷吏传》
5	其言	谓	何（哉）	《庄子·逍遥游》
6	妇言	谓	何	《史记·滑稽列传》

[译文]

1. 子夏说了些什么?
2. 人们说了些什么?
3. 众将领说了些什么?
4. 你说什么?
5. 他说的是什么呢?
6. 你妻子说什么?

[说明]

1. "何"是疑问代词，用于询问事物，作动词的宾语。本句型中，疑问代词宾语放在动词后面，古代汉语这种情况很少见。
2. 本句型作谓语中心的通常是及物动词"云""言""谓"等。
3. "云""言""谓"译作"说"，"何"译作"什么"。

句型 20

[结构式] S+Vt+"几"（"几何""几所"）

主语+及物动词+"几"（"几何""几所"）

[代表句] 汝罪 / 有 / 几 /?

[例句]

序号	S	Vt	"几"	引书
1	汝罪	有	几	《史记·范雎蔡泽列传》
2	种	有	几	《庄子·至乐》
3	身	（其）余	几	《左传·文公十七年》
4	如我	（能）将	几何	《史记·淮阴侯列传》
5	先生	（能）饮	几何（而醉）	《史记·滑稽列传》
6	其家金余	（尚）有	几所	《汉书·疏广传》

[译文]

1. 你的罪过有几桩？
2. 物种的变化种类有多少？（种：这里指物种的变化种类。）
3. 身子还能剩下多少（不怕）碰的呢？（身：指身子。上文"畏首畏尾"即既怕碰头又怕碰尾。）
4. 像我能统率多少兵？
5. 先生能喝多少酒才醉呢？
6. 家中金钱还剩下有多少？

[说明]

1. 本句型的谓语是及物动词，其中多数是"有"字。"几"（"几何""几所"）是疑问代词，用于询问数量，作宾语。
2. "几""几何""几所"译作"多少"。

句型 21

[结构式] S+NPr（"谁"〈+ "之"〉+N）〈+ "也"（"欤"）〉
　　　　　主语+名谓（"谁"〈+ "之"〉+名）〈+ "也"（"欤"）〉

[代表句] 是 / 谁 / 之 / 过欤 /？

[例句]

序号	S	NPr "谁"	NPr "之"	NPr N	"也"	引书
1	是	谁	之	过	欤	《论语·季氏》
2	师不用命	谁	之	罪	也	《左传·宣公十二年》
3	墙之隙坏	谁	之	咎	也	《左传·昭公元年》
4	臣杀其君	谁	之	过	也	《国语·鲁语》
5	戎有中国	谁	之	咎	也	《左传·昭公九年》
6	骖马	谁		马	也	《战国策·宋卫策》

[译文]

1. 这是谁的错误呢？

2. 军队不听命令，是谁的罪过呢？

3. 墙壁出现裂缝，是谁的错误呢？（咎：过失，罪过。）

4. 臣子杀死他的君主，是谁的罪过呢？

5. 戎人占有中原，是谁的罪过呢？

6. 两边的马，是哪家的马？

[说明]

1. 句型 21—24 是一组疑问代词或短语作定语的句型。

2. 句型 21—22 是疑问语气的判断句。

3. 本句型的谓语是偏正短语，中心语是名词，定语是疑问代词"谁"字。"谁"用于询问人。

4. "之"是助词，放在定语和中心语之间作标志。定语和中心语之间不加"之"字的情况较少见。

5. 本句型的主语是名词、名词短语（如例 6 的"骖马"）、代词（如例 1 的"是"）或主谓短语（如例 4 的"臣杀其君"）。

6. "谁"仍作"谁"，有时可译作"哪一个"，"之"译作"的"。

[附] 相关句型：

S+NPr（"谁"+N+"之"+N）〈+"也"〉

主语+名谓（谁"+名+"之"+名）〈+"也"〉

社稷五祀，谁氏之五官也？（《左传·昭公二十九年》）

土地神、五谷神庙里的五种祭祀，是哪一代帝王的五官呢？（五官：掌管木火金水土五行的官员。）

这个句型的谓语是偏正短语，中心语是名词，定语又是个偏正短语。后者中心语是名词，定语是疑问代词"谁"，"谁"相当于"何"。

句型 22

[结构式] S+NPr（"何"/"奚"/"谁"/"何如"+N）〈+"也"（"哉""邪""也哉"）〉

　　　　　主语+名谓（"何"/"奚"/"谁"/"何如"+名）〈+"也"（"哉""邪""也哉"）〉

[代表句] 是 / 何人也 /？

[例句]

序号	S	NPr		"也"	引书
		"何"	N		
1	是	何	人	也	《韩非子·内储说下》
2	此	何	故	也	《墨子·非攻》
3	是	何	故	也	《墨子·非攻》
4	此	何	术	也	《史记·淮阴侯列传》
5	周公	何	人	也	《孟子·公孙丑下》
6	此	何	木	也哉	《庄子·人间世》
7	叟	何	人	邪	《庄子·在宥》

序号	S	NPr		"也"	引书
		"何"	N		
8	此	奚	疾	哉	《列子·仲尼》
9	立者	谁	子		《汉书·武五子传》
10	虞卿	何如	人	也	《史记·范雎蔡泽列传》
11	东阳侯张相如	何如	人	也	《史记·张释之冯唐列传》
12	汲黯	何如	人	哉	《史记·汲郑列传》
13	我	何如	主	也	《汉书·周昌传》
14	（君知）张耳陈馀	何如	人	也	《史记·张耳陈馀列传》
15	（君视）季布	何如	人	也	《史记·季布栾布列传》
16	（陛下以）绛侯周勃	何如	人	也	《史记·张释之冯唐列传》
17	（公以为）大将军	何如	人	也	《史记·淮南王列传》
18	（人谓）鬼神	何如	状	哉	《论衡·解除》

[译文]

1. 这是什么样的人呢？
2. 这是什么缘故呢？
3. 这是什么缘故呢？
4. 这是什么战术呢？
5. 周公是怎样的人呢？
6. 这是什么树林呀？
7. 老先生是什么样的人呀？
8. 这是什么病呢？
9. 即帝位的是什么样的人？
10. 虞卿是怎样的人呢？
11. 东阳侯张相如是什么样的人呢？
12. 汲黯是什么样的人呀？
13. 我是什么样的君主呀？
14. 您知道张耳、陈馀是怎样的人吗？
15. 您看季布是怎样的人呀？
16. 您认为绛侯周勃是什么样的人呢？（陛下：古代臣子对皇帝的敬称。）
17. 您认为大将军是怎样的人呢？
18. 人们认为鬼神是什么形状呢？

[说明]

1. 本句型的谓语是偏正短语，中心语是名词，定语是疑问代词"何""奚""谁"或短语"何如"。"何如"中的"何"是疑问代词，"如"是动词。"何""奚"等用于询问人的品格、物的性状或事情的原因。"谁"字这种用法很罕见。

2. 例 14—18 中的谓语中心是"知""谓""视""以""以为"一类表示心理或感官活动的动词，宾语是主谓短语，这个主谓短语和本句型结构相同，所以按单句来进行分析。
3. "何""奚""谁"译作"什么""什么样"。"何如"译作"什么样""怎样"。
4. 本句型疑问代词和短语的替换词语有："何""曷""奚""胡""侯""谁""何如""何若""何等"等。

句型 23

[结构式] S+NPr（"几何"／"几"+N）
　　　　　主语+名谓（"几何"／"几"+名）
[代表句] 渔者／几何家／?
[例句]

序号	S	NPr		引书
		"几何"	N	
1	渔者	几何	家	《史记·龟策列传》
2	年	几	岁	《汉书·武五子传》
3	君所治夷灭者	几何	人（矣）	《史记·酷吏列传》
4	（问）少壮而未胜甲兵者	几何	人	《管子·问》

[译文]
1. 捕鱼为业的有多少家?
2. 年龄多少岁?
3. 你办理案件时，灭门绝族的有多少人呢?
4. 青壮年未服兵役的有多少人?（"少壮而未胜甲兵者，几何人"是主谓短语，作"问"的宾语，这里把它作为单句来分析。胜：承担，服役。）

[说明]
1. 本句型的谓语是个偏正短语，中心语是名词，定语是疑问代词"几何"（"几"）。"几何"（"几"）用于询问数量。
2. 本句型的主语是名词或名词短语，其中多数为"者"字短语。
3. "几何""几"译作"多少"。

句型 24

[结构式] S+O（"何"／"奚"／"胡"／"谁"+N/A/V/VP）+"之"+Vt
　　　　　主语+宾语（"何"／"奚"／"胡"／"谁"+名/形/动/动词短语）+"之"+及物动词
[代表句] 宋／何罪／之／有／?

［例句］

序号	S	NPr		"之"	Vt	引书
		"何"	N/A/V/VP			
1	宋	何	罪	之	有	《墨子·公输》
2	是	何	罪	之	有（哉）	《庄子·山木》
3	〔欲赴秦军〕	何	功	之	有（哉）	《史记·魏公子列传》
4	君	何	力	之	有	《韩非子·难二》
5	子	何	术	之	设	《庄子·山木》
6	〔主〕	奚	国	之	有	《韩非子·扬权》
7	子	（尚）奚	微	之	有（哉）	《庄子·列御寇》
8	〔君子所居〕	何	陋	之	有	《论语·子罕》
9	夫上见其原下通其流 至圣人明学	何	不吉	之	有（哉）	《战国策·齐策》
10	〔君子〕	何	不利	之	有	《易·系辞下》
11	〔吾〕	何	老	之	有	《新序·杂事》
12	姜氏	何	厌	之	有	《左传·隐公元年》
13	其子	何	震	之	有	《史记·晋世家》
14	〔女〕	何	惧	之	有	《庄子·天地》
15		何	亡国败家	之	有	《孟子·离娄上》
16	〔余〕	何	政令	之	为（也）	《国语·周语上》
17		何	国	之	为	《左传·昭公十三年》
18	〔范中行氏之臣〕	何	良	之	为	《国语·晋语下》
19	〔是〕	胡	美	之	为	《国语·楚语》
20		何	施	之	为	《左传·昭公三十三年》
21	〔是〕	何	卫	之	为	《左传·昭公元年》
22	〔是〕	何	免	之	为	《左传·昭公十三年》
23	〔是〕	何	臣	之	为	《左传·成公二年》
24	王	何	卿	之	问（也）	《孟子·万章下》
25	〔善择者〕	何	法	之	道	《荀子·王霸》
26	〔善择者〕	谁	子	之	与（也）	《荀子·王霸》
27	〔赵〕	何	秦	之	图（乎）	《史记·平原君虞卿列传》
28		何	敝	之	承	《史记·项羽本纪》
29		何	古	之	法	《商君书·更法》
30		何	礼	之	循	《商君书·更法》

［译文］

1. 宋国有什么罪？
2. 这些野兽有什么罪过呢？

3. 要赶到战场上同秦军拼命，有什么用呢？

4. 君主有什么力量？

5. 你用什么方法？

6. 做君主的有什么国家？

7. 你还能拥有什么微小的东西吗？（奚微之有：上文是"使骊龙而寤"，意指如果黑龙醒来，你就要被黑龙全部吃掉。）

8. 君子住的地方，有什么简陋的？

9. 上能找到事物的本原，下能通晓事物的流变，达到了圣人通达学问的高度，有什么不吉利的事情吗？

10. 君子有什么不利的？

11. 我哪里会老呢？

12. 姜氏有什么满足的？（厌：满足。）

13. 她的儿子有什么威望？（震：威望。）

14. 你还有什么恐惧的？

15. 有什么国家灭亡、家庭衰败的？

16. 我还发布什么政令啊？

17. 这还算得上什么国家？

18. 范氏和中行氏还算得上什么贤良？

19. 这还算得上什么美？

20. 还算得上什么施恩？

21. 这还算得上什么保卫？

22. 这还算得上什么赦免？

23. 这还算得上什么臣下？

24. 大王问的是哪一种卿呢？

25. 善于选择策略的人，要实行什么治国的方法？（道：行，实行，采取。）

26. 善于选择策略的人，要任用什么样的人呢？（与：结交，交好，这里引申为任用。谁子：谁人，什么样的人。）

27. 赵国还谈得上图谋什么秦国吗？

28. 我们还谈得上利用什么秦国的疲惫？（承：趁，利用。敝：疲惫。）

29. 还效法什么古代呢？

30. 还遵循什么礼仪呢？

[说明]

1. 句型 24、25 是疑问语气的叙述句。

2. 本句型的谓语中心是及物动词，为了强调宾语，把宾语提到动词前面，并加代词"之"复指。"何……之有"等于说"有何……"，"何……之为"等于说"为何……"。

3. 动词的宾语是个偏正短语，中心语是名词（如例 1 的"罪"）、形容词（如例 8 的"陋"）、动词（如例 12 的"厌"）或动词短语（如例 15 的"亡国败家"）；定语是疑问代词"何"（"奚""胡""谁"）。"何""奚"等可以询问人或事物，但多数用于表示反问，其中"何……之有"和"何……之为"是表示反问的固定结构。"谁"字这种用法很罕见。

4. 本句型多数省略了主语。

5. "何""奚""胡""谁"译作"什么""哪","为"译作"算得上""谈得上"。本句型在译成现代汉语时，要把前置宾语移到动词后面。

6. 本句型疑问代词的替换词有："何""曷""奚""胡""侯""谁"等。

[附] 相关句型有下列五个：

1　S+Vt+O（"谁"／"孰"／"何"+N）

　主语+及物动词+宾语（"谁"／"孰"／"何"+名）

　莫知谁子。（《战国策·韩策》）

　没有人知道（他）是什么人？

　这个句型的宾语（"谁子"）是个偏正短语，中心语是名词，定语是疑问代词"谁""孰""何"等（"谁""孰"相当于"何"）。

2.　S+Vt+O（"几"+N）

　主语+及物动词+宾语（"几"+名）

　当用几人？（《汉书·赵充国传》）

　将军应当率兵多少人？

　这个句型动词的宾语是偏正短语，中心语是名词，定语是疑问代词"几"。

3.　S+O（"谁"+N）+Vi

　主语+宾语（"谁"+名）+不及物动词

　吾谁乡（而）入？（《国语·晋语》）

　我进入哪一个诸侯国？（乡：处所，地方，这里指诸侯国。）

　这个句型的谓语是不及物动词，带的是非受事宾语，为了强调而提前。前置宾语是个偏正短语，中心语是名词，定语是疑问代词"谁"。

4.　S（"何"／"曷"／"胡"／"孰"／"谁"+N）+Vt+O

　主语（"何"／"曷"／"胡"／"孰"／"谁"+名）+及物动词+宾语

　孰君（而）无称？（《公羊传·昭公二十五年》）

　哪个君王没有称呼？

　这个句型的主语是偏正短语，中心语是名词，定语是疑问代词"何""曷""胡""孰""谁"等（"孰""谁"相当于"何"）。这个句型的谓语也可以是不及物动词。

　S（"何"／"曷"／"胡"／"孰"／"谁"+N）+ViPr

　主语（"何"／"曷"／"胡"／"孰"／"谁"+名）+不及物动谓

　曷令不行？（《汉书·王褒传》）

　什么命令不能执行？

5.　S（"何"+N）+APr

　主语（"何"+名）+形谓

　何草不黄？（《诗经·小雅》）

　什么草不枯黄？

　这个句型的主语是个偏正短语，中心语是名词，定语是疑问代词"何"；谓语是形容词。

句型 25

[结构式] S+〔"有"〕+O（"何"/"奚"+N）
　　　　主语+〔"有"〕+宾语（"何"/"奚"+名）

[代表句] 赵氏孤儿 / 何罪 /？

[例句]

序号	S	〔"有"〕	O		引书
			"何"	N	
1	赵氏孤儿	〔　〕	何	罪	《史记·赵世家》
2	齐师	〔　〕	何	罪	《左传·庄公八年》
3	周室	〔　〕	何	罪	《左传·定公四年》
4	（今）叔	〔　〕	何	事	《史记·范雎蔡泽列传》
5	太子	〔　〕	何	病	《史记·扁鹊仓公列传》
6	先生	〔　〕	何	病	《庄子·让王》
7	有庳之人	〔　〕	奚	罪（焉）	《孟子·万章上》

[译文]

1. 赵氏孤儿有什么罪过？
2. 齐军有什么罪过？
3. 周室有什么罪过？
4. 现在您做什么事？（叔：须贾对范雎的尊称。范雎字叔。）
5. 太子得了什么病？
6. 先生得了什么病？
7. 有庳国的百姓有什么罪过呢？

[说明]

1. 本句型省略了谓语中心"有"一类的动词。宾语是个偏正短语，中心语是名词，定语是疑问代词"何"（"奚"）。"何""奚"用于询问事物。

2. 古书中也有不省略"有"的句子，但较少见。

　　S+"有"+O（"何"+N）

　　主语+"有"+宾语（"何"+名）

　　关东有何变？（《史记·范雎蔡泽列传》）

　　函谷关以东的地方有什么事变吗？

3. "何"译作"什么"。本句型在译成现代汉语时，要补上所省略的动词。

句型 26

[结构式] I. S+"何"（"曷""奚""胡"）+Vt+O〈+"也"（"哉""矣哉"）〉
　　　　　主语+"何"（"曷""奚""胡"）+及物动词+宾语〈+"也"（"哉""矣哉"）〉

[代表句] 夫子 / 何 / 哂 / 由也 /？

[例句] (表一)

序号	S	"何"	Vt	O	"也"	引书
1	夫子	何	哂	由	也	《论语·先进》
2	公	何	好	饮	也	《史记·张仪列传》
3	吾	何	畏	彼	哉	《孟子·滕文公上》
4	吾	何	爱	一牛		《孟子·梁惠王上》
5	商女	何	无	罪	也	《礼记·檀弓上》
6	〔汝〕	曷	虐	朕民		《尚书·盘庚》
7	〔吾〕	曷	怨	人		《荀子·法行》
8	〔己过〕	奚	待	期年		《韩非子·难一》
9	晋	胡	受	之		《左传·昭公三年》
10	〔夫〕	胡	(可)比		也	《左传·桓公十五年》
11	〔天下〕	胡	(可得)亡	寒	也	《汉书·贾谊传》

[译文]

1. 您为什么讥笑子路呢？

2. 您为什么喜好喝酒啊？

3. 我为什么怕他呢？

4. 我为什么舍不得一头牛呢？

5. 商，你怎么没有罪过呢？（子夏姓卜，名商。这里的"商"作呼语。）

6. 你们为什么虐待我的百姓？

7. 我怎么能怨恨别人？

8. 纠正过错，为什么要等一年？

9. 晋国为什么接受子尾的欺骗呢？（之：代词，指代上文"子尾欺晋"。）

10. 丈夫怎么能够比得上呢？

11. 天下的人怎么能不挨冻呢？（此句上文是"欲天下亡寒"，今据上文文意补出主语、动词和宾语。本句原文"胡可得也"。）

[结构式] II. S+"何"（"曷"）+Vi 〈+"也"（"哉""焉"）〉

　　　　　　　主语+"何"（"曷"）+不及物动词 〈+"也"（"哉""焉"）〉

[代表句]〔公子〕/ 何 / 泣也 /？

[例句] (表二)

序号	S	"何"	Vi	"也"	引书
1	〔公子〕	何	泣	也	《史记·魏公子列传》
2	〔人问〕妪	何	哭		《汉书·高帝纪》
3	子	何	(不)仕		《荀子·大略》
4	〔子〕	(又)何	间	焉	《左传·庄公十年》
5	时日	曷	丧		《尚书·汤誓》
6	〔君子〕	曷	至	哉	《诗经·国风》
7	吾子	(其)曷	归		《左传·昭公元年》

［译文］

1. 您为什么哭呢？

2. （人们问）老大妈为什么啼哭？

3. 你为什么不做官？

4. 你又为什么不参与呢？（间：参与。）

5. 这个太阳什么时候消失？（时：通"是"，这个。）

6. 我丈夫什么时候回来呀？

7. 您大约什么时候回去？

［说明］

1. 句型26—29是一组疑问代词或短语作状语的句型。

2. "何"（"曷""奚""胡"）是疑问代词，作状语。"何""曷""奚""胡"用于询问原因、理由或表示反问，"曷"还可以询问时间。

3. 表一例句的谓语中心是及物动词，带的宾语是名词（如表一例7的"人"）、名词短语（如表一例6的"朕民"）、代词（如表一例3的"彼"）或动词（如表一例2的"饮"）。

4. "何""曷""奚""胡"译作"为什么""怎么""哪里"，"曷"还可以译作"什么时候"。

5. 本句型疑问代词和短语的替换词语有："何""曷""奚""胡""号""侯""揭""遐""瑕""何渠""何遽""奚而""奚其""奚遽""奚距""庸何""庸孰"等。

［附］相关句型有下列五个：

1. S+"何"（"曷""奚"）+A〈+"也"〉

   主语+"何"（"曷""奚"）+形容词〈+"也"〉

   嫂何（前）倨（而后）卑也？（《战国策·秦策》）

   嫂子为什么从前那么傲慢，现在却又这样低贱呢？

   这个句型的谓语中心是形容词。

2. S+"何"（"曷""奚"）+A+"之"+"甚"

   主语+"何"（"曷""奚"）+形容词+"之"+"甚"

   君侯何不快之甚也？（《史记·甘茂列传》）

   您为什么不高兴得这么厉害呀？

   这个句型的谓语中心是形容词，副词"甚"作补语，在形容词和补语之间加助词"之"字。

3. S+"何"（"曷""奚"）+V+"之"+C（A）

   主语+"何"（"曷""奚"）+动词+"之"+补语（形）

   子奚哭之悲也？《韩非子·和氏》

   您为什么哭得这样悲哀啊？

   这个句型的谓语中心是动词，后面有形容词作补语，在动词和补语之间加助词"之"。

4. S+Vi+C（"何"/"曷"/"奚"+A）〈+"也"〉

   主语+不及物动词+补语（"何"/"曷"/"奚"+形）〈+"也"〉

   尔来何迟也？（《礼记·檀弓上》）

   你们为什么来得这么晚啊？

   这个句型的谓语中心是不及物动词；后面的补语是个偏正短语，中心语是形容词，状语是疑问代词"何"。"何"用于询问原因。

5. "孰"+S+Vt+O〈+"也"〉

"孰"+主语+及物动词+宾语〈+"也"〉

孰是人斯（而）有是臭也？（《国语·晋语》）

为什么这位好人，却有这种的臭气味呢？

这里的"孰"是疑问代词，与"何"相当，用于询问原因，放在句首作状语。

句型 27

[结构式] I. S+"何以"（"曷以""奚以""胡以"）+Vt+O

主语+"何以"（"曷以""奚以""胡以"）+及物动词+宾语

[代表句]〔女〕/ 何以 / 知 / 之 /？

[例句]（表一）

序号	S	"何以"	Vt	O	引书
1	〔女〕	何以	知	之	《史记·廉颇蔺相如列传》
2	君	何以	知	燕王	《史记·廉颇蔺相如列传》
3	先生	何以	（幸）教	寡人	《史记·范睢蔡泽列传》
4	〔吾〕	何以	加	之	《史记·淮阴侯列传》
5	子	何以	教	之	《史记·张仪列传》
6	〔女〕	何以	〔谓〕	托仪	《史记·张仪列传》
7	公	何以	言	孟舒为长者（也）	《史记·田叔列传》
8	若	何以	（能）得	王	《史记·张耳陈馀列传》
9	尧	何以	资	汝	《庄子·大宗师》
10	子	（将）何以	戒	我（乎）	《庄子·天运》
11	子	何以	知	之	《庄子·达生》
12	〔子〕	何以	报	我	《左传·成公三年》
13	夫子	何以	知	其将见杀	《孟子·尽心下》
14	太师	奚以	教	寡人	《韩非子·外储说右上》
15	〔若〕	奚以	知	舜之能（也）	《吕氏春秋·有度》
16	国	胡以	（相）恤		《汉书·食货志》
17	国	胡以	馈	之	《汉书·食货志》

[译文]

1. 你凭什么知道他可以出使？（之：代词，指代蔺相如出使秦国之事。）

2. 您凭什么了解燕王的？

3. 先生拿什么指教我？（教：指教，指点。）

4. 我们怎么能战胜他们？（加：超过，胜过，压倒。）

5. 您拿什么指教我？（之：代词，这里活用指代第一人称，我。）

6. 您凭什么说让张仪有安身之处呢？（女：句首省略了主语"女"。女，第二人称代词。

谓：句中省略了动词"谓"字。谓，说。据上文补出。）

7. 您凭什么说孟舒是长者呢？（长者：这里指宽厚的人。）

8. 你用什么方法能够救出赵王？（若：代词，你，你们。得：这里指营救。）

9. 尧教诲你什么？（资：教导，教诲。）

10. 您将要拿什么开导我呢？（戒：同"诫"。这里是开导的意思。）

11. 你怎么知道的？

12. 您用什么报答我？

13. 老师怎么知道他将要被杀？

14. 您用什么教导我呢？（太师：古代对乐官的称呼语，这里指师旷。寡人：君主的谦称。）

15. 您凭什么知道舜有才能？

16. 国家拿什么救济百姓？（恤：救济，赈济。相：指代性副词，"相恤"等于"恤之"，"之"代百姓。）

17. 国家拿什么供给他们？（馈：赠送，供给。）

[结构式] Ⅱ. S+"何以"+Vi
主语+"何以"+不及物动词
[代表句]〔君〕/ 何以 / 战 /？
[例句]（表二）

序号	S	"何以"	Vi	引书
1	〔君〕	何以	战	《左传·庄公十年》
2	君	何以	兴	《史记·晋世家》
3	〔华定〕	（将）何以	在	《左传·昭公十二年》
4	〔施氏〕	（将）何以	终	《左传·成公十一年》
5	〔子家〕	何以	（不）亡	《左传·宣公十四年》
6	人	何以	（能）群	《荀子·王制》

[译文]

1. 您凭什么来作战？

2. 您凭什么兴起？

3. 华定将怎么终其位？（在：存在，这里指"终"。）

4. 施氏怎么会有好下场？

5. 公孙归父怎么会不逃亡？（子家：公孙归父字子家。）

6. 人凭什么能够组成群体？

[说明]

1. "何以""曷以""奚以""胡以"是短语。其中"以"是介词；"何"（"曷""奚""胡"）是疑问代词，作"以"的宾语。这里疑问代词作介词的宾语，要放在介词的前面，后面句型中的"何为""恶乎"等与此相同。在本句型中，"何以""曷以"等用于询问动作行为的工具或方式方法，作状语。

2. 表一例句的谓语中心是及物动词，带的宾语是名词（如例8的"王"）、名词短语（如例2的"燕王"）、代词（如例1的"之"）或主谓短语（如例13的"其将见杀"）。表二例句的谓语中心是不及物动词。

3. "何以""曷以""奚以""胡以"译作"用（拿）什么""凭什么"，有时也可译作"怎么"。

4. 本句型短语的替换词语有："何以""何用""曷以""胡以""奚以""奚用"等。

句型 28

[结构式] I. S+"何为"（"曷为""奚为""胡为""何以""何故"）+Vt+O

主语+"何为"（"曷为""奚为""胡为""何以""何故"）+及物动词+宾语

[代表句] 夫子 / 何为 /（不）执 / 弓 /？

[例句]（表一）

序号	S	"何为"	Vt	O	引书
1	夫子	何为	（不）执	弓	《孟子·离娄下》
2		何为	斩	壮士	《史记·淮阴侯列传》
3	夫子	何为	诛	之	《韩非子·外储说右上》
4	子	曷为	告	之	《公羊传·宣公十五年》
5	君子	曷为	为	春秋	《公羊传·哀公十四年》
6	尔	曷为	哭	吾师	《公羊传·僖公三十三年》
7	公	（则）曷为	（不）言	公	《公羊传·庄公九年》
8	〔吾〕	曷为	攻	之	《淮南子·修务训》
9	〔吾〕	曷为	（弗）取		《淮南子·修务训》
10	君	奚为	（弗）使		《淮南子·人间训》
11	君	胡为	有	忧色	《淮南子·人间训》
12	许子	奚为	（不自）织		《孟子·滕文公上》
13	君	奚为	（不）见	孟轲（也）	《孟子·梁惠王下》
14	君	奚为	（不）杀		《韩非子·说林上》
15	〔女〕	奚为	（以发）绕	炙	《韩非子·内储说下》
16	〔布〕	胡为	废	上计	《汉书·英布传》
			（而）出	下计	
17	〔若〕	何以	吊	之	《史记·张耳陈馀列传》
18	子	何以	谓	不同	《庄子·天运》
19	此属	何故	反（乎）		《史记·留侯世家》
20	〔子〕	何故	（不）予	〔之〕	《韩非子·说林上》

[译文]

1. 老师为什么不拿起弓？
2. 为什么要斩好汉？

3. 您为什么杀掉他？

4. 您为什么告诉他？

5. 君子为什么编写《春秋》？

6. 你为什么哭我的军队？

7. 庄公为什么不说庄公自己？

8. 我为什么要攻打它？

9. 我为什么不能夺取？

10. 您为什么不派他呢？（弗使：等于说"不之使"，"弗"隐含的"之"，代词，他。）

11. 国君为什么有忧虑的神色？

12. 许子为什么不自己织布？

13. 您为什么不去见孟轲呢？

14. 您为什么不杀掉他呢？（之：据上文补出"杀"字后面省略的"之"字，"之"指代上文的"瞽"，即盲人。）

15. 你为什么把头发缠绕在烤肉上？

16. 英布为什么不采用高明的策略，却采用低劣的策略呢？

17. 你为什么慰问我？（吊：慰问。之：代词，这里活用指代第一人称，我。）

18. 你为什么说不同？

19. 这伙人为什么要谋反呢？

20. 您为什么不给他？（这里据上文补出省略的"之"。之：代词，他。）

[结构式] II. S+"何为"（"曷为""胡为""何以""何故"）+Vi〈+"乎"（"哉""也"）〉
主语+"何为"（"曷为""胡为""何以""何故"）+不及物动词〈+"乎"（"哉""也"）〉

[代表句] 某子甲 / 何为 / （不）来乎 /？

[例句]（表二）

序号	S	"何为"	Vi	"乎"	引书
1	某子甲	何为	（不）来	乎	《史记·田叔列传》
2	〔胜〕	何为	（不）忧	乎	《史记·平原君虞卿列传》
3	（今）子	何为	（中门而）立		《韩非子·外储说左下》
4	〔吾〕	何为	止		《史记·淮阴侯列传》
5	先生	何为	叹	乎	《庄子·达生》
6	君	曷为	（不）入		《公羊传·文公二十一年》
7	周公	曷为	（不）之（鲁）		《公羊传·文公十三年》
8	鼎	曷为	出	哉	《史记·封禅书》
9	〔公〕	胡为	（不）去	也	《谷梁传·宣公十七年》
10	籍	何以	至（此）		《史记·项羽本纪》
11	〔后子〕	何以	（自）亡		《史记·秦本纪》
12	兄	何以	（不）立		《公羊传·昭公二十年》
13	〔子〕	何故	去		《史记·张仪列传》

[译文]

1. 某某的儿子名叫"甲"的，为什么不来呢？
2. 我为什么不担忧呢？（胜：平原君，姓赵名胜，这里是自称其名。）
3. 现在你为什么站在门的当中？（中门：在门当中。）
4. 我为什么要停止作战？（止：停止。）
5. 先生为什么叹息呢？
6. 您为什么不进入呢？
7. 周公为什么不到鲁国去呢？
8. 鼎为什么会出现呢？
9. 宣公为什么不离开呢？
10. 我怎么会这样？（籍：项羽自称其名。）
11. 您为什么自己逃跑？（后子：秦景公的同母弟，名叫后子。这里是晋平公直呼其名。）
12. 兄为什么不立为君？
13. 您为什么离开呢？

[说明]

1. "何为""曷为""奚为""胡为""何以"是短语。其中"为"（"以"）是介词；"何""曷""奚""胡"是疑问代词，作"为"（"以"）的宾语。"何故"也是短语，名词"故"作中心语，"何"作定语。"何为""曷为"等用于询问原因或目的，作状语。
2. 表一例句的谓语中心是及物动词，带的宾语是名词（如表一例1的"弓"）、名词短语（如表一例2的"壮士"）或代词（如表一例3的"之"）；表二例句的谓语中心是不及物动词。
3. "何为""曷为""奚为""胡为""何以"译作"为什么""因为什么""怎么"，"何故"译作"什么缘故"。
4. 本句型短语的替换词语有："何为""曷为""奚为""胡为""何以""曷以""奚以""胡以""何用""焉用""何故""奚故""焉故""何事"等。

句型 29

[结构式] I. S+"恶乎"（"恶许""何自"）+Vt+O

　　　　　主语+"恶乎"（"恶许""何自"）+及物动词+宾语

[代表句]〔君子〕/ 恶乎 / 成 / 名 /？

[例句]（表一）

序号	S	"恶乎"	Vt	O	引书
1	〔君子〕	恶乎	成	名	《论语·里仁》
2	吾	恶乎	用	吾情	《礼记·檀弓下》
3	彼	（且）恶乎	待（哉）		《庄子·逍遥游》
4	子	（独）恶乎	闻	之	《庄子·大宗师》
5	子	恶乎	求	之（哉）	《庄子·天运》
6	吾	恶乎	知	之	《庄子·齐物论》

序号	S	"恶乎"	Vt	O	引书
7	吾	（将）恶乎	用	夫偃兵（哉）	《庄子·徐无鬼》
8	〔学〕	恶乎	止	之	《荀子·解蔽》
9	〔邾娄人〕	恶乎	用	之	《公羊传·僖公十九年》
10	〔鲁〕	恶乎	取	之	《公羊传·僖公三十一年》
11	吾	（将）恶许	用	之	《墨子·非乐》
12	父老	何自	为	郎	《史记·张释之冯唐列传》

[译文]

1. 君子从哪里树立名声？
2. 我在哪里表达我的真情？
3. 他将怎么依赖呢？（待：凭借，依靠。）
4. 您又从哪里听到这些道理？（独：又，副词，表示反问。）
5. 您怎么寻求大道理呢？
6. 我哪里知道这些？
7. 您哪里用得着停止用兵呢？（偃：止。）
8. 学习哪里是止境呢？
9. 邾娄人怎样用鄫子呢？（之：代词，这里指代鄫子。）
10. 鲁国怎样取得济水西边的田地？（之：代词，这里指代上文的"济西田"。）
11. 我将在什么地方用它呢？
12. 老人家从什么时候做郎官呢？

[结构式] II. S+"恶乎"（"何自""何从""何由""奚自"）+Vi
　　　　　主语+"恶乎"（"何自""何从""何由""奚自"）+不及物动词

[代表句] 学 / 恶乎 / 始 /？

[例句]（表二）

序号	S	"恶乎"	Vi	引书
1	学	恶乎	始	《荀子·劝学》
2	〔学〕	恶乎	终	《荀子·劝学》
3	鲁侯之美	恶乎	至	《公羊传·庄公十二年》
4	古之所谓道术者	（果）恶乎	在	《庄子·天下》
5	病	何自	至（哉）	《墨子·鲁问》
6	盗	何从	入	《墨子·鲁问》
7	神	何由	降	《庄子·天下》
8	明	何由	出	《庄子·天下》
9	水	奚自	至	《吕氏春秋·贵直》
10	所欲	奚自	来	《吕氏春秋·贵直》
11	物	奚自	入（焉）	《庄子·达生》

［译文］

1. 学习从哪里开始？
2. 学习到哪里结束？
3. 鲁侯的美好怎么能到这种高度？
4. 古代所说的道术究竟在哪里？
5. 病从什么地方来到的呢？
6. 强盗从什么地方进入的？
7. 神圣从哪里降临？（神：神圣。）
8. 智慧从哪里出现？（明：智慧。）
9. 水从哪里来到？
10. 所要得到的从哪里来？
11. 外物干扰从哪里侵入呢？

［说明］

1. "恶乎"（"何自""何由""何从""奚自"）是短语，其中"恶"（"何""奚"）是疑问代词，"乎"（"自""从""由"）是介词，"恶"（"何""奚"）作"乎"（"自""从""由"）的宾语。"恶乎"相当于"于何"。"恶许"中的"许"是名词，作中心语；"恶"作定语。"恶许"相当于"何处"。"恶乎""何自"等用于询问动作行为的处所、时间或表示反问，作状语。

2. 本句型的谓语中心，可以是能愿动词"宜"。

   S+"恶乎"+宜〈+"乎"〉

   主语+"恶乎"+宜〈+"乎"〉

   恶乎宜乎？（《孟子·万章下》）

   居于什么地位适合呢？

3. "恶乎"译作"在哪里""从哪里"，"何自""何从""何由""奚自"译作"从哪里""从什么时候"，"恶许"译作"什么地方"。

4. 本句型疑问词语的替换词语有："恶乎""恶许""何自""何由""何从""奚自"等。

［附］ 相关句型有下列两个：

1. Adv（"何"／"曷"+NT）+S+V〈+O〉

   状语（"何"／"曷"+时间名）+主语+动词〈+宾语〉

   曷月予还归哉？（《诗经·国风》）

   哪一个月我回家呢？

   这个句型的状语是个偏正短语，中心语是时间名词，定语是疑问代词"曷"。状语放在主语前面，用于询问动作行为发生的时间。

2. S+V〈+O〉+C（"几"／"几何"+NT）

   主语+动词〈+宾语〉+补语（"几"／"几何"+时间名）

   受学几何岁？（《史记·扁鹊仓公列传》）

   你学了几年？

   动词后面的补语是偏正短语。中心语是时间名词；定语是疑问代词"几""几何"，用于询问时间的数量。

句型 30

[结构式] I. S+"谁"+"与"（"以"）+Vt+O

　　　　　主语+"谁"+"与"（"以"）+及物动词+宾语

[代表句] 王 / 谁与 / 为 / 善 /?

[例句]（表一）

序号	S	"谁"	"与"	Vt	O	引书
1	王	谁	与	为	善	《孟子·滕文公下》
2	王	谁	与	为	不善	《孟子·滕文公下》
3	君	谁	与	守		《孟子·离娄下》
4	吾	谁	与	为	亲	《庄子·齐物论》
5	吾	谁	与	为	邻	《庄子·山木》
6	而	谁	以	易	之	《论语·微子》

[译文]

1. 君王和谁做好事？
2. 君王和谁做坏事？
3. 君王跟谁一起共同守卫呢？
4. 我跟身体哪一部分最亲近呢？
5. 我和谁结为邻居呢？
6. 你们和谁改变它呢？（易：改变。）

[结构式] II. S+"谁"（"孰"）+"与"+Vi

　　　　　主语+"谁"（"孰"）+"与"+不及物动词

[代表句] 吾 / 谁与 / 归 /?

[例句]（表二）

序号	S	"谁"	"与"	Vi	引书
1	吾	谁	与	归	《礼记·檀弓下》
2	君	谁	与	处	《左传·定公十年》
3	而	谁	与	居	《庄子·寓言》
4	暴国之君	（将）谁	与	至（哉）	《荀子·议兵》
5	吾	孰	与	处（于此）	《公羊传·宣公十五年》

[译文]

1. 我要跟从谁呢？（归：归属，依从，跟从。）
2. 国君跟谁处在一起？
3. 你能跟谁相处呢？
4. 暴虐国家的君主将要跟什么人一起来呢？
5. 我跟谁住在这里呢？

［说明］

1. "谁（孰）与"是介词短语，放在动词前面，作状语。
2. "谁"（"孰"）是疑问代词，用于询问人或物。"与"是介词，引进动作行为的偕同者。"谁"（"孰"）作"与"的宾语。在古代汉语中，疑问代词作介词的宾语要放在介词前面。
3. 表一例 6 的"以"是介词，其语法作用与意义都与"与"相同。
4. "孰"译作"谁"，"与"译作"和""跟"。本句型在译成现代汉语时，要把"谁"（"孰"）移到"与"的后面。如"谁与为善"可译为"与谁做好事"。
5. 本句型介词的替换词有："与""以""从"等。

［附］相关句型有下列两个：

1. S+"与"+"谁"+Vt+O 〈+"乎"〉

   主语+"与"+"谁"+及物动词+宾语 〈+"乎"〉

   陛下与谁取天下乎？（《史记·留侯世家》）

   陛下跟谁一起夺取天下呢？

   这里介词"与"的宾语是疑问代词"谁"，但"谁"没有提到"与"的前面，这种结构出现较晚。

2. S+"孰"（"谁"）+"与"+A

   主语+"孰"（"谁"）+"与"+形容词

   （百姓足，）君孰与不足？（《论语·颜渊》）

   您怎么能不富足呢？（"孰与"这里与"何如"相当，译作"怎么"。）

   这个句型的谓语中心是形容词。

句型 31

［结构式］S+Pr（"何"/"安"+"所"+V）

　　　　　主语+谓语（"何"/"安"+"所"+动）

［代表句］客 / 何所为 /？

［例句］

序号	S	Pr			引书
		"何"	"所"	V	
1	客	何	所	为	《史记·孟尝君列传》
2	天下	何	所	归	《史记·郦生陆贾列传》
3	〔子〕	（将）何	所	入	《左传·定公四年》
4	〔我〕	（于人）何	所	（不）容	《论语·子张》
5	〔大王〕	何	所	（不）诛	《史记·淮阴侯列传》
6	〔大王〕	何	所	（不）服	《史记·淮阴侯列传》
7	〔大王〕	何	所	（不）散	《史记·淮阴侯列传》
8	〔矰缴〕	（尚）安	所	施	《史记·留侯列传》
9	民	安	所	措其手足	《史记·张释之冯唐列传》
10	〔女〕	（欲）安	所	置之	《史记·三王世家》

[译文]

1. 你能干什么？

2. 天下的民心归向哪里？

3. 您打算到哪里去？

4. 我对于别人有什么不能容纳的？

5. 您有什么人不能诛灭的？

6. 您有什么人不能征服的？

7. 您有什么人不能击溃的？

8. 弓箭还有什么用呢？（矰缴：系有丝绳用来射鸟的短箭。施：设置，安放。）

9. 老百姓往哪里搁放他们的手脚？（措：放置。）

10. 你想要把他封到什么地方？

[说明]

1. 本句型是主谓谓语句，谓语是主谓短语。

2. "何"（"安"）是疑问代词，用于询问事物或处所，在主谓短语中作谓语（小谓语）；"所"是特殊指示代词，和后面的及物动词组成一个名词短语，在主谓短语中作主语（小主语）。"何所……"是"所……（者）何"的倒置形式。

3. 例4—7 中，在动词前面加上否定副词"不"字，用来表示行为的周遍性，意即"毫无例外"。"何所不诛"就是"无所不诛"。这种句子用来表示反问，在字面上虽是否定，而所表达的意思却是肯定。

4. "何所"（"安所"）照字面直译为"什么是所……的"，但也可以根据意思灵活翻译，即不考虑"所"字，把"何"（"安"）当作后面动词的宾语来译。如："客何所为？"可译为"你能干什么？"（必须注意，这种译文的句型结构和原文是不同的。）

5. 本句型疑问代词的替换词有："何""安""奚""焉"等。

第三类　选择问句

说话人并列几个项目来提问，让对方选择其中一项来回答，这种问句就是选择问句。选择问句主要是指复句结构的（详见第三编第四类），但也有少数是单句结构的形式。在这类句子当中必须有疑问代词（或短语），有时疑问代词（或短语）的前面还有先行词；句子末尾一般不使用疑问语气词。表示比较的疑问句也划归此类。

句型 1

[结构式] Ant+"谁"（"孰"）+Vt+O
　　　　先行词+"谁"（"孰"）+及物动词+宾语

[代表句] 人 / 谁 / 无 / 过 /？

[例句]

序号	Ant	"谁"	Vt	O	引书
1	人	谁	无	过	《左传·宣公二年》
2	人	谁	获	安	《国语·晋语》
3	人	孰	偷	生	《国语·晋语》
4	人	孰	好	之	《国语·晋语》
5	人	孰	利	之	《国语·晋语》
6	人	孰	仁	我	《国语·晋语》
7	人	孰	信	我	《国语·晋语》
8	诸侯	谁	纳	我	《左传·文公十六年》
9	诸侯	（其）谁	望	之	《国语·鲁语》
10	四方诸侯	（其）谁	（不）解	体	《左传·成公八年》
11	国内之民	（其）谁	（不）为	臣	《左传·庄公十四年》

[译文]

1. 人，哪一个没有过错？
2. 人，哪一个能够得到自安？
3. 人，哪一个会苟且活着？
4. 人，哪一个喜欢它？
5. 人，哪一个让他有利？
6. 人，哪一个认为我仁爱？（仁：形容词意动用法。仁我：以我为仁。）
7. 人，哪一个认为我信义？（信：形容词意动用法。信我：以我为信。）
8. 诸侯谁肯容纳我？
9. 诸侯谁敢企望跟鲁国并列？（之：代词，指代鲁国。）
10. 四方的诸侯，谁能不涣散？
11. 国内的老百姓，谁不是他的臣子？

[说明]

1. "谁"（"孰"）是疑问代词，用于问人，表示选择。"谁"（"孰"）的前面有先行词，先行词是名词或名词短语，表示询问的范围。
2. 本句型的谓语中心是及物动词。
3. 有的句子在"谁"的前面加语气词"其"，表示加强反问。
4. "谁"（"孰"）译作"哪个""哪一个"，"谁"也可以不译。

[附] 相关句型有下列两个：

1. Ant+"谁"（"孰"）+NPr

   先行词+"谁"（"孰"）+名谓

   画，孰最难者？孰易者？（《韩非子·外储说左上》）

   绘画，哪样东西是最难画的？哪样东西是容易画的？

   这个句型是疑问语气的判断句。"孰"表示选择，与先行词"画"都作主语，谓语是名词短语（通常是"者"字短语）。

2. Ant+"孰"（"谁"）+APr

　　先行词+"孰"（"谁"）+形谓

　　两人孰是？（《史记·魏其武安侯列传》）

　　两人当中，谁是正确的？

　　这个句型是疑问语气的描写句，谓语是形容词。

句型 2

[结构式] Ant+"孰"+"为"+O

　　　　　先行词+"孰"+"为"+宾语

[代表句] 事／孰／为／大／?

[例句]

序号	Ant	"孰"	"为"	O	引书
1	事	孰	为	大	《孟子·离娄上》
2	守	孰	为	大	《孟子·离娄上》
3	国家之患	孰	为	大	《新序·杂事》
4	（当今之时）天下之害	孰	为	大	《墨子·兼爱》
5	弟子	孰	为	好学	《论语·雍也》

[译文]

1. 侍奉，哪一件最重要？

2. 操守，哪一件最重要？（守：操守，即保持节操。）

3. 国家的祸患，什么算得最大？

4. 现在天下的祸害，什么算得最大？

5. 你的学生里，哪一位喜好学习？

[说明]

1. "孰"是疑问代词，用于问事物，表示选择。"孰"的前面有先行词，表示选择的范围，先行词是名词或名词短语。

2. 本句型的谓语中心是及物动词"为"，带的宾语是形容词。

3. "孰"译作"哪件""哪个"。

4. 本句型疑问代词的替换词有："孰""谁"等。

句型 3

[结构式] Ant（N/Pron/V/VP+"与"+N/Pron/V/VP）+"孰"+APr

　　　　　先行词（名/代/动/动词短语+"与"+名/代/动/动词短语）+"孰"+形谓

[代表句] 吾与徐公／孰／美／?

[例句]

序号	Ant			"孰"	APr	引书
	N/Pron/V/VP	"与"	N/Pron/V/VP			
1	吾	与	徐公	孰	美	《战国策·齐策》
2	女	与	回（也）	孰	愈	《论语·公冶长》
3	师	与	商（也）	孰	贤	《论语·先进》
4	吾子	与	子路	孰	贤	《孟子·公孙丑上》
5	脍炙	与	羊枣	孰	美	《孟子·尽心下》
6	礼	与	食	孰	重	《孟子·告子下》
7	色	与	礼	孰	重	《孟子·告子下》
8	今时韩魏	与	始	孰	强	《史记·魏世家》
9	父	与	夫	孰	亲	《左传·桓公十五年》
10	晋大夫	与	楚	孰	贤	《左传·襄公二十六年》
11	立孤	与	死	孰	难	《史记·赵世家》
12	（汉议）击	与	和亲	孰	便	《史记·匈奴列传》

[译文]

1. 我和徐公哪一个更漂亮？
2. 你和颜回两人，哪一个强些？
3. 子张和子夏哪一个强些？（师：颛孙师，字子张。商：卜商，字子夏。）
4. 您跟子路相比，谁更贤能？（吾子：对朋友亲密的称呼，相当于现在的称呼"我兄""老兄"等。）
5. 烧肉和羊枣，哪一种更好吃？（脍：细切剁碎的肉。炙：烧肉。）
6. 礼节和饮食，哪一样重要？
7. 美色和礼节，哪一样重要？
8. 现在的韩国、魏国跟起初相比，哪个时期强大？
9. 父亲和丈夫哪一个更亲近？
10. 晋国的大夫和楚国的大夫，哪个更贤明？
11. 扶立孤儿成人和殉国，哪一件事更难？
12. 汉朝商议：作战跟和亲相比，哪种做法有利？（便：有利。"击与和亲孰便"是主谓短语，作动词"议"的宾语，这里把它作为单句来分析。）

[说明]

1. "孰"是疑问代词，用于表示选择，可以问人，也可以问物。"孰"的前面有先行词，表示询问范围。先行词是个并列成分，多数是用连词"与"来连接两个名词（如例 3 的"师与商"），也可以连接两个代词，偶尔连接两个动词或动词短语（如例 11 的"立孤与死"）。"孰"和先行词都作主语。
2. 本句型的谓语是形容词，表示比较的方面。
3. "也"是语气词，放在先行词的后面，表示顿宕。

4. "孰"译作"哪个""哪件""哪种做法"，有时也可译作"谁""什么"等。

句型 4

[结构式] S+"孰与"+C（N/NP/Pron+A）

主语+"孰与"+补语（名/名词短语/代+形）

[代表句] 吾 / 孰与 / 徐公美 /?

[例句]

序号	S	"孰与"	C		引书
			N/NP/Pron	A	
1	吾	孰与	徐公	美	《战国策·齐策》
2	我	孰与	城北徐公	美	《战国策·齐策》
3	早救之	孰与	晚救之	便	《战国策·齐策》
4	赵	孰与	秦	大	《战国策·秦策》
5	应侯之用秦（也）	孰与	文信侯	专	《战国策·秦策》
6	我	孰与	萧何曹参韩信	贤	《史记·郦生陆贾列传》
7	我	孰与	皇帝	贤	《史记·郦生陆贾列传》
8	汉	孰与	我	大	《史记·西南夷列传》
9	〔项伯〕	孰与	君	少长	《史记·项羽本纪》
10	鬼神	孰与	圣人	明智	《墨子·耕柱》

[译文]

1. 我跟徐公相比谁漂亮？
2. 我和城北徐公比谁漂亮？
3. 早援救韩国跟晚援救韩国相比哪种做法对我们有利？
4. 赵国跟秦国相比谁强大？
5. 应侯为秦国做事时，跟文信侯相比谁更专治独裁？（专：独断独行。）
6. 我跟萧何、曹参、韩信相比谁贤能？
7. 我跟皇帝相比谁贤能？
8. 汉朝跟我国相比谁大？（我：我国。这里是滇王问汉朝使者的话，"我"当指滇国。）
9. 项伯跟您相比（年龄）谁小谁大？
10. 鬼神跟圣人相比谁明智？

[说明]

1. "孰与"是个固定短语，其中"孰"是疑问代词，"与"是介词。"孰与"表示比较，作谓语中心。
2. "孰与"后面是个偏正短语，作补语。这个偏正短语的中心语是形容词，定语是名词（如例 1 的"徐公"）、名词短语（如例 6 的"萧何曹参韩信"）或代词（如例 9 的"君"是尊称，可以代替第二人称代词使用）。
3. "孰与"译作"与……比，谁（哪一个）……""……比……怎么样"。

4. 本句型固定短语的替换词语有："孰与""何与""奚与""孰知""何知""何若"等。

[句型转换]

Ant（N/Pron/V/VP+"与"+N/Pron/V/VP）+"孰"+APr ⇒ S+"孰与"+C（N/Pron/V/VP+A）

先行词（名/代/动/动词短语+"与"+名/代/动/动词短语）+"孰"+形谓

⇒ 主语+"孰与"+补语（名/代/动/动词短语+形）

吾与徐公孰美？⇒ 吾孰与徐公美？（本句型例1）

"师与商也孰贤"（第二编、I、三、句型3例3）是以"孰"作主语、"美"作谓语的选择疑问句型，前句型"吾与徐公孰美"和"师与商也孰贤"结构相同。如果把"孰"移到"与"的前面，"孰与"就成为固定短语，作谓语中心，"美"作补语中心。这样就转换成后句型："吾孰与徐公美？"这是用移位的方法，转换成另一句型的。本式是两个句型中谓语与补语的转换。

句型 5

[结构式] S（N/NP/VP/S-PrP）+"孰与"（"奚与""何如""何与"）+C（N/NP/VP/S-PrP）

主语（名/名词短语/动词短语/主谓短语）+"孰与"（"奚与""何如""何与"）+补语（名/名词短语/动词短语/主谓短语）

[代表句] 卿之功 / 孰与 / 武安君 /?

[例句]

序号	S	"孰与"	C	引书
1	卿之功	孰与	武安君	《战国策·秦策》
2	（公之视）廉将军	孰与	秦王	《史记·廉颇蔺相如列传》
3	救赵	孰与	勿救	《战国策·齐策》
4	王	（上者）孰与	周文王	《战国策·齐策》
5	〔王〕	（下者）孰与	齐桓公	《战国策·齐策》
6	早救	孰与	晚救	《史记·田敬仲完世家》
7	卫君之爱疑	奚与	媪	《韩非子·外储说右上》
8	卫君之贤疑	奚与	媪	《韩非子·外储说右上》
9	樊建	何如	宗预（也）	《三国志·诸葛亮传》
10	与秦城	何如	不与	《战国策·赵策》
11	楚王之猎	何与	寡人	《史记·司马相如列传》

[译文]

1. 您的功劳跟武安君相比谁大？
2. 你们看廉将军跟秦王相比谁厉害？（"廉将军孰与秦王"是个主谓短语，作"视"的宾语，这里把它作为单句来分析。）
3. 援救赵国跟不援救赵国相比哪种做法好？
4. 大王向上跟周文王相比谁有才能？
5. 大王向下跟齐桓公相比谁有才能？

6. 早去援救跟晚去援救相比哪种做法好？

7. 卫君对我的爱跟您对我的爱相比谁更深？（疑：薄疑，人名。曾在赵国、卫国做官，"疑"用于自称其名。媪：老太太，指薄疑的老母，这里用于尊称。）

8. 卫君认为我才德好跟您认为我才德好相比哪个更好一些？

9. 樊建跟宗预相比怎么样？

10. 给秦国城邑跟不给秦国城邑相比哪个做法好？

11. 楚王游猎跟我相比谁壮观？

[说明]

1. "孰与"（"奚与""何如""何与"）是个固定短语，其中"孰""奚""何"是疑问代词，"与"是介词，"如"是动词。"孰与""奚与"用于比较人的高下优劣或询问事情的利弊得失，作谓语中心。"孰与"后面是补语，表示比较的对象。

2. 本句型的主语是名词（如例 2 的"廉将军"）、名词短语（如例 1 的"卿之功"）、动词短语（如例 3 的"救赵"）或主谓短语（如例 7 的"卫君之爱疑"）；"孰与"后面的补语是名词（如例 9 的"宗预"）、名词短语（如例 2 的"秦王"）、动词短语（如例 3 的"勿救"，例 11 的"寡人"是"寡人之猎"的省略）或主谓短语（如例 7 的"媪"是"媪之爱疑"的省略）。

3. 当主语和补语都是名词、名词短语时，"孰与"用于询问对于两个人或物高低优劣的比较；当主语和补语都是动词短语、主谓短语时，"孰与"用于询问对于两个行动的评价或权衡利弊得失。

4. "孰与""奚与""何如""何与"译作"与……比，谁（哪一个）……""……比……怎么样"。本句型在译成现代汉语时，可根据上下文补出表示比较方面的词语，如"哪件事""哪种做法"等。

5. 本句型固定短语的替换词语有："孰与""何与""奚与""孰如""孰若""何如""何若"等。

句型 6

[结构式] I. Adv+S+"孰与"+C

　　　　状语+主语+"孰与"+补语

[代表句] 将三军，使士卒乐死，敌国不敢谋 /，子 / 孰与 / 起 /？

[例句]（表一）

序号	Adv	S	"孰与"	C	引书
1	将三军使士卒乐死敌国不敢谋	子	孰与	起	《史记·孙子吴起列传》
2	治百官亲万民实府库	子	孰与	起	《史记·孙子吴起列传》
3	守西河而秦兵不敢东乡韩赵宾从	子	孰与	起	《史记·孙子吴起列传》
4	主之威盖震海内功彰万里之外声名光辉传于千世	君	孰与	商君吴起大夫种	《史记·范雎蔡泽列传》

[译文]

1. 统率全国三军，让士兵心甘情愿为国牺牲，敌国不敢图谋我魏国，您跟我相比谁强？（子：第二人称，表示尊称，指田文。起：吴起，这里是自称其名。）

2. 管理好众长官，让百姓亲附，使仓库储存充实，您跟我相比谁强？（亲：动词的使动用法，"亲万民"即"使万民亲"。实：形容词的使动用法，"实府库"即"使府库实"。）

3. 镇守西河，秦国军队却不敢向东进犯，韩国和赵国都来归附，您和我相比谁强？（乡：通"向"。宾从：归附。）

4. 让主上的声威覆盖震动四海之内，功业彰显到万里以外，名声光辉流传万代，您跟商君、吴起、大夫种相比谁强？（盖：覆盖。震：震动。彰：明显，显著。）

[结构式] II. Adv+〔S〕+"孰与"+C
　　　　　状语+〔主语〕+"孰与"+补语

[代表句]（君侯自料）能 / 孰与 / 蒙恬 /?

[例句]（表二）

序号	Adv	〔S〕	"孰与"	C	引书
1	（君侯自料）能	〔　〕	孰与	蒙恬	《史记·李斯列传》
2	功高	〔　〕	孰与	蒙恬	《史记·李斯列传》
3	谋远不失	〔　〕	孰与	蒙恬	《史记·李斯列传》
4	无怨于天下	〔　〕	孰与	蒙恬	《史记·李斯列传》
5	长子旧而信之	〔　〕	孰与	蒙恬	《史记·李斯列传》
6	（大王自料）勇悍仁强	〔　〕	孰与	项王	《史记·淮阴侯列传》
7	（陛下自察）圣武	〔　〕	孰与	高帝	《史记·曹相国世家》

[译文]

1. 您自己估计一下：论才能，您跟蒙恬相比谁强？（"能孰与蒙恬"是主谓短语，作动词"料"的宾语，这里把它作为单句来分析，以下各句同此。）

2. 论功劳，您跟蒙恬相比谁高？

3. 谋略深远又不失误，您跟蒙恬相比谁强？

4. 跟天下人不结仇恨，您跟蒙恬相比谁好？

5. 跟长子有旧情谊，又得其信任，您跟蒙恬相比谁好？（旧：故旧，指以前的情谊。）

6. 大王自己估计：在勇敢、彪悍、仁爱、兵力强盛方面跟项羽相比谁强？

7. 陛下自己考虑：圣明英武，您跟高皇帝相比谁强？

[说明]

1. "孰与"是个固定短语，其中"孰"是疑问代词，"与"是介词。"孰与"表示比较，作谓语中心。

2. "孰与"后面的名词表示比较的对象，作补语。

3. 本句型把状语放在句首，这是为了突出表示比较的方面；或者由于表示比较方面的字数较多，这样可以避免累赘。作状语的是：名词（如表二例1的"能"）、形容词短语

（如表二例 6 的"勇悍仁强"）、动词短语（如表二例 4 的"无怨于天下"）、主谓短语（如表二例 2 的"功高"）或复句形式（如表一例 3 的"守西河而秦兵不敢东乡，韩赵宾从"）。

4. 表二例句的主语承上省略（如表二例 1—5 省略的主语是"君侯"）。

5. "孰与"译作"与……比，谁（哪一个）……""……比……怎么样"。

第四类　反复问句

　　说话人用肯定和否定相叠的方式提问，让对方选择其中一个作为答案，这种问句就是反复问句（正反问句）。

句型

[**结构式**] I. S+Vt+O+"未"（"不""否""非"）

　　　　　　主语+及物动词+宾语+"未"（"不""否""非"）

[**代表句**] 君 / 知 / 其解 / 未 /?

[**例句**]（表一）

序号	S	Vt	O	"未"	引书
1	君	知	其解	未	《汉书·外戚传》
2	〔子〕	（可以）言		未	《三国志·诸葛亮传》
3	〔子〕	（亦）思	寡人	不	《史记·张仪列传》
4	〔庄舄〕	亦思	越	不	《史记·张仪列传》
5	〔寡人〕	（可）予	〔之〕	不	《史记·廉颇蔺相如列传》
6	公卿	有	可以防其未然救其已然者	不	《汉书·于定国传》
7	丞相	（可得）见		否	《史记·秦始皇本纪》
8	〔夫子〕	动	心	否（乎）	《孟子·公孙丑上》
9	〔子〕	去	之	否（乎）	《孟子·公孙丑下》
10	若伯夷叔齐	（可）谓	善人者	非（邪）	《史记·伯夷列传》

[**译文**]

1. 您是不是知道这个现象的原因？

2. 您是不是可以说说？

3. 您想念我了没有？

4. 庄舄是不是也想念越国？

5. 我可不可以给他？

6. 公卿们有没有可以预防还没有产生的灾祸和挽救已经产生恶果的策略呢？

7. 丞相可不可以见到？

8. 您是不是会内心激动呢？

9. 您是不是开除他们？（去：这里是动词的使动用法。"去之"即"使之去"，把他们开除。）

10. 像伯夷、叔齐，可以说是好人，不是吗？

[结构式] II. S+Vi+"未"（"不""否"）

　　　　主语+不及物动词+"未"（"不""否"）

[代表句] 卿家痴叔 / 死 / 未 /？

[例句]（表二）

序号	S	Vi	"未"	引书
1	卿家痴叔	死	未	《世说新语·赏誉》
2	（视）吾舌	（尚）在	不	《史记·张仪列传》
3	（未知）母	（之）存	否	《左传·宣公二年》

[译文]

1. 你的傻叔叔死了没有？

2. 看我的舌头还有没有？（"吾舌尚在不"是主谓短语，作动词"视"的宾语，在这里把它作为单句来分析。例 3 同此。）

3. 不知道母亲是不是还活着？

[说明]

1. "未"（"不""否""非"）是否定副词，放在动词及其宾语后面，构成了先肯定后否定的形式来提问。

2. 本句型有少数句子在句尾使用疑问语气词"乎""邪"等。

3. "未""否"都译作"不""没有"。

4. 本句型否定副词的替换词有："未""不""否""非"以及动词"无"等。

[附] 相关句型有以下两个：

1. 　S+Vt+O+"与"＋"否"

　　主语+及物动词+宾语+"与"＋"否"

　　晋人（侵郑以）观其可攻与否。（《左传·僖公三十年》）

　　晋国人侵袭郑国来观察郑国是否可以攻打。

　　这里在动词及其宾语与"否"中间，使用了连词"与"。

2. 　S+Vt+O+"无"+Vt

　　主语+及物动词+宾语+"无"+及物动词

　　有其书无有？（《史记·扁鹊仓公列传》）

　　你有没有医书？

　　这里在"有其书"后面，使用了"无有"。"有"和"无有"相叠构成了正反问。

第五类 反问句

反问句用于表示说话人对一件事情无疑而问，并不要求对方回答。反问句是用问句形式来肯定或否定，并有加强语势的作用。在反问句中，字面上是否定的，意在表示肯定；字面上是肯定的，意在表示否定。

有些反问句和疑问句形式相同（可参见第二编、II、二、句型 23、25、28、30），这里不再列举；有些反问句有独特的形式，如在动词前面使用反诘副词、否定副词，或者使用表示反问的固定格式等，将按照不同句型分别加以阐述。

反问句常见的反问语气词有："哉""乎""邪""与""为"等。这些语气词可以和前面的反诘副词、否定副词或疑问代词等前后呼应。多数反问句中，句尾语气词是不可缺少的。

这些语气词一般译成"吗"，但和疑问代词相呼应时，译成"呢"。其中"哉"经常用于表示反问，译成"吗"或"呢"，"为"译成"呢"。例如：

1. 〔晋〕岂害我哉？（《左传·僖公五年》）

2. 若非吾故人乎？（《史记·项羽本纪》）

3. 帝宁能为石人邪？（《史记·魏其武安侯列传》）

4. 管仲非仁者与？（《论语·宪问》）

5. 何以文为？（《论语·颜渊》）

句型 1

[结构式] S+"非"+N（NP）+"乎"（"与""钦""邪"）

主语+"非"+名词（名词短语）+"乎"（"与""钦""邪"）

[代表句] 若 / 非 / 吾故人乎 /？

[例句]

序号	S	"非"	N	"乎"	引书
1	若	非	吾故人	乎	《史记·项羽本纪》
2	夫	非	而仇	乎	《左传·哀公五年》
3	管仲	非	仁者	与	《论语·宪问》
4	此	非	怒	与	《公羊传·庄公四年》
5	古今	非	水陆	与	《庄子·天运》
6	周鲁	非	舟车	与	《庄子·天运》
7	子	非	三闾大夫	钦	《史记·屈原贾生列传》
8	汝	非	豫让	邪	《史记·刺客列传》
9	王	非	若主	邪	《史记·田叔列传》
10	是	非	其梦	邪	《庄子·天运》
11	是	非	其眯	邪	《庄子·天运》
12	〔子〕	非	夫子之友	邪	《庄子·养生主》

[译文]

1. 你不是我的老友吗？

2. 那个人不是你的仇人吗？

3. 管仲不是仁人吧？

4. 这不是太过分吧？（怒：通"弩"，过分。）

5. 古代和今天的差别，不是像水里和陆地那样不同吗？

6. 周朝和鲁国的差别，不是像船和车那样不同吗？

7. 你不是三闾大夫吗？（三闾大夫：楚国官职名，负责管理楚国王族昭、屈、景三姓的事务。）

8. 你不是豫让吗？

9. 鲁王不是你们的君主吗？

10. 这不是那种噩梦吗？

11. 这不是那种令人恐惧而呻吟、惊叫的噩梦吗？（眯：梦魇。魇：梦中遇到可怕的事而呻吟、惊叫。）

12. 您不是我们老师的朋友吗？（子：您，是省略的主语。"子"在这里是老聃的弟子对老聃的朋友秦失的称呼。）

[说明]

1. 句型1—5是一组带有否定副词的反问句，所表达的意思都是肯定的。

2. 本句型是疑问语气的判断句，谓语中心是名词或名词短语。

3. "非"是否定副词，表示否定判断，作状语。

4. "非"译作"不是"。

[句型转换]

S+NPr⇒S+"非"+N（NP）+"乎"（"与""欤""邪"）

主语+名谓⇒主语+"非"+名词（名词短语）+"乎"（"与""欤""邪"）

若吾故人也。⇒若非吾故人乎？（本句型例1）

"是胜之舍人也"（第一编、Ⅱ、一、句型16例5）是以名词短语作谓语的判断句型，前句型"若吾故人也"和"是胜之舍人也"结构相同。如果在名词短语前面加上否定副词"非"字，再把句尾表示帮助判断的语气词"也"，替换成疑问语气词"乎"，这样就转换成后句型："若非吾故人乎？"这是用添加与替换的方法，转换成另一句型的。本式属于陈述句与反问句的转换。

句型2

[结构式] S+（"勿""未"）+Vt+O+"乎"（"与""邪"）

主语+"不"（"勿""未"）+及物动词+宾语+"乎"（"与""邪"）

[代表句] 君／不／闻／大鱼乎／？

[例句]

序号	S	"不"	Vt	O	"乎"	引书
1	君	不	闻	大鱼	乎	《战国策·齐策》
2	汝	不	知	夫螳螂	乎	《庄子·人间世》

序号	S	"不"	Vt	O	"乎"	引书
3	汝	不	知	夫养虎者	乎	《庄子·人间世》
4	子	不	见	夫唾者	乎	《庄子·秋水》
5	子	不	知	吾所谓	乎	《庄子·庚桑楚》
6	子	不	闻	夫越之流人	乎	《庄子·徐无鬼》
7	若	不	闻	令	乎	《史记·楚世家》
8	子	不	悦	吾治秦	与	《史记·商君列传》
9	先生	（卒）不	（幸）教	寡人	邪	《史记·范睢蔡泽列传》
10	子	未	学	礼	乎	《孟子·滕文公下》

[译文]

1. 您没有听说过大鱼吗？
2. 你不知道那个螳螂吗？
3. 你不知道那个饲养老虎的人吗？
4. 您没有见过那吐唾沫的人吗？
5. 你不知道我说的意思吗？
6. 你没有听说过那些在越国的被流放的人吗？（流人：被流放的人。）
7. 你没有听到我的诏令吗？
8. 您不高兴我对秦国的治理吗？
9. 先生终于不肯赐教我吗？
10. 你没有学过礼吗？

[说明]

1. "不"（"勿""未"）是否定副词，作状语。"不""勿"表示否定某种动作行为，"未"表示否定某种动作行为的历程。
2. 本句型的谓语中心通常是及物动词，带的宾语是名词（例7的"令"）、名词短语（如例3的"夫养虎者"）或主谓短语（如例8的"吾治秦"）。
3. "勿"译作"不"，"未"译作"没有"。
4. 本句型否定副词的替换词有："不""勿""未""无"等。

句型3

[结构式]"不"（"勿"）+Vt+O+"乎"

　　　　"不"（"勿"）+及物动词+宾语+"乎"

[代表句]（亦）不 /（足）吊〔之〕乎 /？

[例句]

序号	"不"	Vt	O	"乎"	引 书
1	（亦）不	（足）吊	〔之〕	乎	《孟子·滕文公下》
2	（能）勿	劳	〔之〕	乎	《论语·宪问》
3	（能）勿	诲	〔之〕	乎	《论语·宪问》

[译文]

1. （也）不应该慰问他吗？（足：能愿动词，值得，应该。吊：慰问。）
2. 能不让他劳苦吗？（劳：劳苦。这里是形容词的使动用法，"劳〔之〕"即"使〔之〕劳"。）
3. 能不教诲他吗？

[说明]

1. 本句型无主语，属于非主谓句。
2. 例句的宾语都省略了代词"之"字。

句型 4

[结构式] S＋"独"＋"不"（"未"）＋Vt＋O＋"乎"（"邪""与"）

   主语＋"独"＋"不"（"未"）＋及物动词＋宾语＋"乎"（"邪""与"）

[代表句] 王 / 独不 / 见 / 夫蜻蛉乎 /？

[例句]

序号	S	"独"	"不"	Vt	O	"乎"	引书
1	王	独	不	见	夫蜻蛉	乎	《战国策·楚策》
2	子	独	不	闻	涸泽之蛇	乎	《韩非子·说林上》
3	王	独	不	见	夫腾猿	乎	《庄子·山木》
4	子	独	不	闻	假人之亡	与	《庄子·山木》
5	子	独	不	闻	夫至人之自行	邪	《庄子·达生》
6	子	独	不	知	至德之世	乎	《庄子·胠箧》
7	吾	独	不	（自）知		邪	《庄子·盗跖》
8	子	独	不	闻	夫寿陵余子之学行于邯郸	与	《庄子·秋水》
9		独	不	怜	公子姊	邪	《史记·魏公子列传》
10	先生	独	未	见	夫仆	乎	《战国策·赵策》
11	女	独	未	闻	牧野之语	乎	《礼记·乐记》

[译文]

1. 您难道没有看见那只蜻蜓吗？
2. 您难道没有听说过干枯了的湖沼里的蛇吗？
3. 王难道没有看见那只跳跃的猿猴吗？
4. 您难道没有听说过假国人逃亡的故事吗？（假：国名。一说"假"应作"殷"。亡：逃亡。）
5. 您难道没有听说过那位圣人的作为吗？（至人：道德修养最高境界的人。）
6. 您难道不知道有着最高道德的时代吗？
7. 我难道不了解自己吗？
8. 您难道没有听说过那位寿陵少年到邯郸去学走路的故事吗？（寿陵：燕国地名。余子：少年人。）
9. 您难道不同情您的姐姐吗？

10. 您难道没有见过那些奴仆吗？

11. 你难道没有听过周武王在牧野伐纣的故事吗？（牧野：古代商纣都城的南郊，周武王在此大败纣的军队。牧野之语即周武王在此地伐纣的传说故事。）

[说明]

1. "不"（未）是否定副词。"不"表示否定某种动作行为，"未"表示否定某种动作行为的历程。

2. "独"是副词，表示反诘，"独不（未）"作状语。

3. 本句型的谓语中心大都是表示心理活动或感官活动的动词。

4. 本句型的谓语中心也可以是不及物动词。

     S+"独"+"不"（"未"）+Vi+"乎"（"邪""与"）

     主语+"独"+"不"（"未"）+不及物动词+"乎"（"邪""与"）

     死灰独不复燃乎？（《史记·韩长孺列传》）

     熄灭的火灰难道不再燃烧吗？

5. "独"译作"难道"，"未"译作"没有"。

6. 本句型副词的替换词有："独""岂""讵""钜""渠""距""巨""宁""几""庸"等。

句型5

[结构式] S+"不亦"+A+"乎"

          主语+"不亦"+形容词+"乎"

[代表句] 吾以玉贾罪 /，不亦 / 锐乎 /？

[例句]

序号	S	"不亦"	A	"乎"	引书
1	吾以玉贾罪	不亦	锐	乎	《左传·昭公十六年》
2	冢卿无路介卿以葬	不亦	左	乎	《左传·昭公四年》
3	今释此而远攻	不亦	谬	乎	《史记·范雎蔡泽列传》
4	何乃残身苦形欲以求报襄子	不亦	难	乎	《史记·刺客列传》
5	仁以为己任	不亦	重	乎	《论语·泰伯》
6	死而后已	不亦	远	乎	《论语·泰伯》
7	如其善而莫之违也	不亦	善	乎	《论语·子路》
8	其于光也	不亦	难	乎	《庄子·逍遥游》
9	其于泽也	不亦	劳	乎	《庄子·逍遥游》
10	必盛卒徒而后敢出焉	不亦	知	乎	《庄子·达生》
11	不哭亦足矣又鼓盆而歌	不亦	甚	乎	《庄子·至乐》
12	是直用管窥天用锥指地也	不亦	小	乎	《庄子·秋水》
13	内人之疏而外人之亲	不亦	反	乎	《荀子·法行》
14	身不善而怨人	不亦	远	乎	《荀子·法行》
15	刑已至而呼天	不亦	晚	乎	《荀子·法行》
16	今人不知以其愚心而师圣人之智	不亦	过	乎	《韩非子·说林上》
17	求剑若此	不亦	惑	乎	《吕氏春秋·察今》

[译文]

1. 我们因为玉环换来罪过，不是太不值得吗？

2. 正卿没有路车，次卿却要路车送葬，不是不合礼法吗？（冢：大，引申为居长的。冢卿：最长的卿，指季孙。路：车。介：次。左：邪，不正。）

3. 现在放弃邻近的国家，却到远方去进攻，不是太荒谬吗？（释：舍，放弃。）

4. 何苦残害自己的身躯，丑化自己的面容，想要用这种办法来达到报复襄子的心意，不是很困难吗？

5. 读书人把现实仁德作为自己的责任，不是很沉重吗？

6. 读书人奋斗终生到死才停止，路途不是很遥远吗？

7. 如果说的话正确，就没有人违抗，不是很好吗？

8. 小的火炬要显示光亮，不是很难吗？（其：指代上文"爝火"，即小的火炬。）

9. 灌溉对于润泽禾苗不是白费力吗？（其：指代上文"浸灌"，即灌溉。）

10. 一定要多结伙伴才敢出入在这条路上，不是很聪明吗？

11. 您不哭也就足够了，还要敲盆唱歌，不是太过分了吗？

12. 这简直好像用竹管窥探天、用锥子测量地一样，不是太渺小了吗？

13. 疏远自家人，亲近外人，不是违反常理了吗？（"内人之疏""外人之亲"都是动词的宾语前置，等于说"疏内人""亲外人"。）

14. 自身不好却怨恨别人，不是离事实太远了吗？

15. 遭受刑罚，却呼叫上天，不也太晚了吗？

16. 现在的人不知道用自己愚蠢的心，去学习圣人的智慧，不是错误吗？

17. 像这样来寻找宝剑，不是太糊涂吗？

[说明]

1. "不亦……乎"是个固定结构。"不"是否定副词，作状语；"亦"是助词，不表示实际意义，只起凑足音节的作用；"乎"是疑问语气词。使用"不亦……乎"，是用反问的形式，对某人某事予以评价。

2. 本句型在"不亦……乎"中嵌入的是形容词，作谓语中心。

3. 本句型和句型5的主语大多是主谓短语或复句形式，用于表示某件事或某种情况。

4. "不亦……乎"译作"不……吗""难道不……吗"。"亦"字不译。

5. 本句型否定副词的替换词有："不""无"等。助词的替换词有："亦""已"等。疑问语气词的替换词有："乎""哉""邪"等。

[附] 相关句型有两个：

1. S+"不亦"+N+"乎"

   主语+"不亦"+名词+"乎"

   （人不知而不愠，）不亦君子乎？（《论语·学而》）

   （人家不了解我，我却不恼恨，）这样人不也是君子吗？

   这个句型在"不亦……乎"当中嵌入的是名词，作谓语中心。这个句型较少见。

2. S+"几"（"岂"）+"不亦"+A+"哉"（"乎"）

   主语+"几"（"岂"）+"不亦"+形容词+"哉"（"乎"）

   〔智士〕几不亦难哉？（《韩非子·奸劫弑臣》）

（智谋之士）难道不也是很困难吗？

这个句型在"不亦"前面，加上反诘副词"几""岂"等，句尾用语气词"哉"，使反问语气更强烈。

句型 6

[结构式] S+"不亦"+V+"乎"

　　　　 主语+"不亦"+动词+"乎"

[代表句] 子以逐君成名，子孙不忘 /，不亦 / 伤乎 /？

[例句]

序号	S	"不亦"	V	"乎"	引书
1	子以逐君成名子孙不忘	不亦	伤	乎	《左传·昭公二十五年》
2	今令尹不寻诸仇而于未亡人之侧	不亦	异	乎	《左传·庄公二十八年》
3	我欲行礼子敖以我为简	不亦	异	乎	《孟子·离娄下》
4	彭祖乃今以久特闻众人匹之	不亦	悲	乎	《庄子·逍遥游》
5	学而时习之	不亦	悦	乎	《论语·学而》
6	有朋自远方来	不亦	乐	乎	《论语·学而》
7	天实置之而二三子以为己力	不亦	诬	乎	《左传·僖公二十四年》

[译文]

1. 您由于驱逐国君成名，子子孙孙不会忘记，不是可悲吗？

2. 现在令尹不把心用在仇敌上，却用在我这寡妇的旁边，不是很奇怪吗？（寻：用。未亡人：古代寡妇自称之词。）

3. 我想要按礼节行事，子敖却认为我怠慢失礼，不是很奇怪吗？（简：怠慢。）

4. 彭祖到现在还因为长寿传名于世，众人都和他攀比，不是很悲哀吗？（彭祖：古代传说中的长寿老人，有人说他活到七八百岁之久。）

5. 对学习过的知识按时温习它，不是很高兴吗？

6. 有朋友从远方来，不是很快乐吗？

7. 这实在是上天立他为君，他们几位却认为是他们自己的力量，不是欺骗吗？

[说明]

1. "不亦……乎"是个固定结构。"不"是否定副词，作状语；"亦"是助词，不表示实际意义，只起凑足音节的作用；"乎"是疑问语气词。

2. 本句型在"不亦……乎"当中嵌入的是动词，作谓语中心。这些动词大都是表示心理活动的不及物动词。

3. 本句型在"不亦……乎"当中也可以嵌入"宜""可"等能愿动词。

　　S+"不亦"+"宜"（"可"）+"乎"

　　主语+"不亦"+"宜"（"可"）+"乎"

　　此其兄弟遇诛，不亦宜呼？（《史记·蒙恬列传》）

　　他们兄弟遭受杀害，不也应该吗？

4. "不亦……乎"译作"不……吗""难道不……吗","亦"字不译。

[附] 相关句型：

S+"不亦"+V+"于"+PO+"乎"

主语+"不亦"+动词+"于"+介词宾语+"乎"

鲁侯不亦善于礼乎？（《左传·昭公五年》）

鲁侯不也擅长礼仪吗？

这个句型在充当谓语中心的动词后面带有介词短语，作补语。

句型 7

[结构式] S+"岂"（"讵"）+N（NP）+"哉"（"邪""也""也哉"）

　　　　主语+"岂"（"讵"）+名词（名词短语）+"哉"（"邪""也""也哉"）

[代表句] 吾 / 岂 / 匏瓜也哉 /？

[例句]

序号	S	"岂"	N	"哉"	引书
1	吾	岂	匏瓜	也哉	《论语·阳货》
2	今田先生以死明不言	岂	丹之心	哉	《史记·刺客列传》
3	（今东乡争权天下）〔敌〕	岂	（非）项王	邪	《史记·淮阴侯列传》
4	吾悔不用蒯通之计 乃为儿女子所诈	岂	（非）天	哉	《史记·淮阴侯列传》
5	〔此〕	岂	（非）命	也哉	《史记·外戚世家》
6	此	岂	（非）天	邪	《史记·外戚世家》

[译文]

5. 我难道是只匏瓜吗？（匏瓜：瓢葫芦，其果实扁圆巨大，对半剖开可作水瓢。古代有甘苦两种，这里指苦的那种。）

6. 现在田先生用死来表明不泄露，难道是我的本意吗？（田先生：指燕国的隐士田光。丹：太子丹自称其名。）

7. 现在向东方去争夺天下，敌手不就是项王吗？（东乡：向东去。乡：通"向"。敌：是据上文文意补出的主语，解作"敌手""敌人"。）

8. 我后悔没有采用蒯通的计策，竟被妇女小子所欺骗，难道不是天意吗？

9. 这难道不是天命吗？

10. 这难道不是天意吗？

[说明]

1. 句型 7—11 是一组带有反诘副词的反问句。

2. "岂"是副词，表示反诘，作状语。

3. 有些句子在名词或名词短语前面，有否定副词"非"字，表示否定判断，作状语。

4. 本句型的主语是代词（如例 1 的"吾"）或主谓短语（如例 2 的"今田先生以死明不言"）。

5. "岂"译作"难道"。

6. 本句型副词的替换词有："其""几""宁""庸""独""乃""讵""钜""渠""距""巨""庸讵""其庸""庸遽""岂钜""宁渠""岂其""岂渠""奚距""岂遽"等。

[附] 相关句型：

　　S+"岂"+"不"+"诚"+N（NP）+"哉"

　　主语+"岂"+"不"+"诚"+名词（名词短语）+"哉"

　　陈仲子岂不诚廉士哉？（《孟子·滕文公下》）

　　陈仲子难道不真是一个廉洁的人吗？

　　这里的否定副词是"不"字，在"不"和名词短语中间，加了副词"诚"。"诚"表示"真正"。

句型 8

[结构式] S+"岂"（"其""宁""独""庸"）+Vt+O+"哉"（"乎""邪"）

　　　　　主语+"岂"（"其""宁""独""庸"）+及物动词+宾语+"哉"（"乎""邪"）

[代表句]〔晋〕/ 岂 / 害 / 我哉 /?

[例句]

序号	S	"岂"	Vt	O	"哉"	引书
1	〔晋〕	岂	害	我	哉	《左传·僖公五年》
2	吾	岂	忧	匈奴	哉	《史记·张释之冯唐列传》
3	〔周公旦〕	岂	无	道	哉	《说苑·尊贤》
4	〔君〕	其	无	辞	乎	《左传·僖公十年》
5	王侯将相	宁	有	种	乎	《史记·陈涉世家》
6	子尝宣言欲代我相秦	宁	有	之	乎	《史记·范雎蔡泽列传》
7	大王	独	无	意	邪	《吕氏春秋·顺说》
8	〔相如〕	独	畏	廉将军	哉	《史记·廉颇蔺相如列传》
9	吾	庸	知	天之不授晋且以劝楚	乎	《国语·晋语》

[译文]

1. 晋国难道会害我们吗？

2. 我难道忧虑匈奴吗？

3. 周公旦难道没有修养吗？

4. 君王难道没有话说吗？

5. 王侯将相难道有天生的种吗？

6. 您曾扬言要替代我做秦相，可曾有这回事吗？（相秦："相"是名词用作动词，"相秦"即做秦国的相。）

7. 您难道不注意吗？（意：注意，关注。无意：不注意，不关注。这里指上文的"道"，即法术而言。）

8. 我难道会惧怕廉颇将军吗？

9. 我怎么知道上天不降福给晋国，而又劝楚国修养道德呢？

[说明]

1. "岂"（"其""宁""独""庸"）是副词，表示反诘，作状语。
2. 本句型的谓语中心是及物动词，带的宾语是名词（如例 3 的"道"）、代词（如例 6 的"之"）或主谓短语、复句形式（如例 9 的"天之不授晋且以劝楚"）。
3. "岂""其""宁""独""庸"译作"难道""怎么"。

句型 9

[结构式] "岂"（"庸钜"）+Vt+O+"哉"（"乎""邪"）

　　　　　"岂"（"庸钜"）+及物动词+宾语+"哉"（"乎""邪"）

[代表句] 岂 / 有 / 为人之臣而又为之客哉 /？

[例句]

序号	"岂"	Vt	O	"哉"	引书
1	岂	有	为人之臣而又为之客	哉	《韩非子·说林上》
2	岂	有	以忠信而得罪者	乎	《史记·苏秦列传》
3	庸钜	知	吾所谓天之非人	乎	《庄子·大宗师》
4	庸钜	知	吾所谓吾之非吾	乎	《庄子·大宗师》
5	庸钜	知	吾所谓知之非不知	邪	《庄子·齐物论》
6	庸钜	知	吾所谓不知之非知	邪	《庄子·齐物论》

[译文]

1. 难道有既是天子的臣子而又是他的客人的情况吗？
2. 难道有因为忠信却获得罪过的情况吗？
3. 怎么知道我所说的属于天然的，不是属于人为的呢？
4. 怎么知道我所说的我并不是我呢？
5. 怎么知道我所说的知道不是不知道呢？
6. 怎么知道我所说的不知道不是知道呢？

[说明]

1. 本句型无主语，属于非主谓句。
2. "岂""庸钜"是副词，表示反诘，作状语。
3. "岂""庸钜"译作"难道""怎么"。

句型 10

[结构式] I. S+"岂"（"宁""庸""其庸"）+"敢"（"可""足""能"）+Vt+O+"乎"（"哉""邪"）

　　　　　主语+"岂"（"宁""庸""其庸"）+"敢"（"可""足""能"）+及物动词+宾语+"乎"（"哉""邪"）

[代表句] 臣 / 岂敢 / 忘 / 君王之意乎 /？

[例句]（表一）

序号	S	"岂"	"敢"	Vt	O	"乎"	引书
1	臣	岂	敢	忘	君王之意	乎	《史记·楚世家》
2	〔吾〕	岂	敢	反		乎	《史记·项羽本纪》
3	万户侯	岂	足	道		哉	《史记·李将军列传》
4	帝	宁	能	为	石人	邪	《史记·魏其武安侯列传》
5	吾	庸	敢	鹜	霸王	乎	《吕氏春秋·下贤》
6	〔晋公子〕	庸	可	杀		乎	《史记·晋世家》
7	晋	庸	可	灭		乎	《史记·晋世家》
8	〔郑〕	庸	可	几		乎	《左传·宣公十二年》
9	晋	其庸	可	冀		乎	《左传·僖公十五年》

[译文]

1. 我难道敢忘记君王的心意吗？
2. 我难道敢谋反吗？
3. 封为万户侯，难道还值得说吗？（万户侯：封邑有万户的侯爵。足：值得。这里指封为万户侯是不成问题的。）
4. 皇帝难道能像石头人一样吗？
5. 我怎么敢轻视称霸称王的大业呢？
6. 晋国公子重耳难道可以杀掉吗？
7. 晋国难道可以灭亡吗？
8. 郑国恐怕还是有希望吧？
9. 晋国恐怕还是有希望吧？

[结构式] II. S+"岂"（"巨""宁"）+"敢"（"能"）+Vi+"乎"

主语+"岂"（"巨""宁"）+"敢"（"能"）+不及物动词+"乎"

[代表句] 公 / 岂敢 / 入乎 /？

[例句]（表二）

序号	S	"岂"	"敢"	Vi	"乎"	引书
1	公	岂	敢	入	乎	《史记·项羽本纪》
2	公	臣	能	入	乎	《汉书·高帝记》
3	诸生	宁	能	斗	乎	《史记·刘敬叔孙通列传》

[译文]

1. 您难道敢进关吗？
2. 您难道敢进关吗？
3. 你们难道能战斗吗？

[说明]

1. "岂"("巨""宁""庸""其庸")是副词，表示反诘，作状语。

2. "敢"("可""能""足")是能愿动词，作状语。"敢"表示有胆量做某事；"可"表示许可或可能做某事；"能"表示有能力或有条件做某事；"足"表示动作行为已具备进行的条件，或者是有价值的。

3. "岂""巨""宁""庸""其庸"译作"难道""怎么"，"可"译作"可以"，"足"译作"值得"。

[附] 相关句型：

"几"+Vt+O+"哉"

"几"+及物动词+宾语+"哉"

几可谓非贤大夫哉？（《史记·滑稽列传附录》）

难道能说他不是一位贤良的大夫吗？

此句型无主语，属于非主谓句。（几：通"岂"，译为"难道"。）

句型 11

[结构式] S+"岂"（"几"）+"不"+A+"哉"（"乎哉""矣哉"）

　　　　　主语+"岂"（"几"）+"不"+形容词+"哉"（"乎哉""矣哉"）

[代表句] 此三臣者 / 岂不 / 忠哉 /？

[例句]

序号	S	"岂"	"不"	A	"哉"	引书
1	此三臣者	岂	不	忠	哉	《史记·李斯列传》
2	二世之治	岂	不	乱	哉	《史记·李斯列传》
3	以此为治	岂	不	难	哉	《吕氏春秋·察今》
4	以此为治	岂	不	悲	哉	《吕氏春秋·察今》
5	语泄是韩举国与仲子为仇	岂	不	殆	哉	《史记·刺客列传》
6	孤特独立而欲常存	岂	不	哀	哉	《史记·项羽本纪》
7	乃引天亡我非用兵之罪也	岂	不	谬	哉	《史记·项羽本纪》
8	求其宁息	岂	不	难	哉	《史记·秦始皇本纪》
9	〔天道〕	岂	不	大	哉	《史记·滑稽列传》
10	失之己反之人	岂	不	迂	乎哉	《荀子·荣辱》
11	是于己长虑顾后	几	不	（甚）善	矣哉	《荀子·荣辱》

[译文]

1. 这三个大臣难道不忠吗？

2. 秦二世的治国难道不是很混乱吗？

3. 想用这种办法治理国家，难道不是很难吗？

4. 想用这种办法治理国家，难道不是可悲吗？

5. 走漏消息，那就等于整个韩国的人与您为仇，难道不是太危险了吗？

6. 独自一个人支撑着局面，却想维持长久，难道不可悲吗？（孤特独：三字同义，当"独自"讲。孤特独立：独立。）

7. 他竟然引用"上天要灭亡我，不是用兵的过错"，为自己开脱，难道不荒谬吗？

8. 想要求得安宁太平，难道不困难吗？

9. 自然界的规律难道不伟大吗？

10. 自己有过失，却归还到别人身上，难道不是迂腐吗？（迂：迂腐，拘泥守旧。）

11. 这对于自己从长远考虑，顾及后来，难道不是很好吗？

[说明]

1. "岂"（"几"）是副词，表示反诘。"不"是否定副词。"岂不"作状语。

2. "乎哉""矣哉"是语气词连用，表达反问语气的重点是在后一个语气词"哉"上。

3. 本句型的主语是名词短语（如例1的"此三臣者"）、动词短语（如例3的"以此为治"）或主谓短语（如例7的"乃引天亡我，非用兵之罪也"，这里承上文省略了主语）。

4. "岂""几"译作"难道""怎么"。

[附] 相关句型：

    S+"岂"（"宁"）+A+"邪"（"哉"）

    主语+"岂"（"宁"）+形容词+"邪"（"哉"）

    诸卿宁恡邪？（《后汉书·傅俊传注》）

    众卿难道疲惫了吗？

    "宁"是反诘副词，谓语中心是形容词。这里没有使用否定副词"不"，这种情况较少见。

句型 12

[结构式] I. S+"何"（"奚""恶""安"）+"以"（"用"）+O+"为"（"为哉""为乎"）

          主语+"何"（"奚""恶""安"）+"以"（"用"）+宾语+"为"（"为哉""为乎"）

[代表句]〔君子〕/ 何 / 以 / 文为 /？

[例句]（表一）

序号	S	"何"	"以"	O	"为"	引书
1	〔君子〕	何	以	文	为	《论语·颜渊》
2	〔李氏〕	何	以	伐	为	《论语·季氏》
3	子	何	以	其志	为哉	《孟子·滕文公下》
4	我	何	以	汤之聘币	为哉	《孟子·万章上》
5		何	以	兵	为	《荀子·议兵》
6	（今）我	何	以	子之千金剑	为乎	《吕氏春秋·异宝》
7	〔王〕	何	以	召其子	为	《史记·楚世家》
8	〔大丈夫〕	何	以	假	为	《史记·淮阴侯列传》
9	〔君〕	奚	以	薛	为	《韩非子·说林下》
10	〔女〕	奚	以	之九万里而南	为	《庄子·逍遥游》
11	〔女〕	奚	以	夫诡诡	为乎	《庄子·至乐》
12	〔予〕	恶	用	是鶂鶂者	为哉	《孟子·滕文公下》
13	〔吾〕	安	以	富	为	《三国志·温恢传》

374

[译文]

1. 君子何必要那些文采呢？
2. 季氏为什么要攻打它呢？
3. 你为什么要追查他们的目的呢？
4. 我要汤的聘金做什么？
5. 又何必用兵呢？
6. 如今我要你的价值千金的宝剑，做什么呢？
7. 平王叫他的儿子回去，干什么呢？（其子：指伍奢叫他的两个儿子伍尚和伍员回去。）
8. 大丈夫何必做个临时代理的王呢？（假王：王的暂时代理的人。）
9. 您还要筑薛城干什么？
10. 你为什么要飞九万里高的高空往南海去呢？
11. 你为什么要弄得那么吵吵嚷嚷呢？（詅詅：争辩。）
12. 我要这个睨睨叫唤的东西干什么？（睨睨：象声词，鹅叫声音。睨睨者：睨睨叫的东西，指鹅。）
13. 我还要富有干什么？

[结构式] II. S+"何"+〔"以"（"用"）〕+O+"为"
　　　　　主语+"何"+〔"以"（"用"）〕+宾语+"为"

[代表句]〔我〕/ 何辞为 /?

[例句]（表二）

序号	S	"何"	〔"以"〕	O	"为"	引书
1	〔我〕	何	〔　〕	辞	为	《史记·项羽本纪》
2	我	何	〔　〕	渡	为	《史记·项羽本纪》
3	〔我〕	（又）何	〔　〕	战	为	《史记·宋微子世家》
4	〔汝〕	何	〔　〕	哭	为	《史记·孙子吴起列传》
5	〔汝〕	何	〔　〕	厚葬	为	《汉书·张汤传》

[译文]

1. 我们还要告辞干什么？
2. 我们还要渡江干什么？
3. 我们还要作战干什么？
4. 你还要大哭干什么？
5. 你们还要丰盛地安葬张汤干什么？

[结构式] III. "何"（"奚"）+"以"+〔O〕+"为"
　　　　　　"何"（"奚"）+"以"+〔宾语〕+"为"

[代表句]（胜自砺剑人问曰）何 / 以 / 为 /?

序号	何	"以"	O	"为"	引书
1	（胜自砺剑人问曰）何	以	〔 〕	为	《史记·伍子胥列传》
2	（诵诗三百授之以政不达 使于四方不能专对虽多亦）奚	以	〔 〕	为	《论语·子路》
3	（不能以取尊荣虽多亦）奚	以	〔 〕	为	《史记·苏秦列传》

[译文]

1. （白公胜亲自磨剑，有人问他说：）你磨剑有什么用呢？（砺：磨刀石。这里名词用作动词，磨。）

2. （读书人能背诵《诗经》三百篇，让他去管理政务，却行不通；派他去出使外国，却不能独立应对，虽然背诵诗篇很多，）他背诵诗有什么用呢？（达：通达。专对：独立回答。）

3. （读书人不能用书谋取富贵荣华，读书虽然很多，）他读书有什么用呢？

[说明]

1. 句型 2—18 是一组带有疑问代词或短语的反问句。

2. "何（奚、恶、安）……为"是固定结构。其中"何"（"奚""恶""安"）是疑问代词，表示反诘，作状语；"以"（"用"）是及物动词，表示"用""用得着"，作谓语中心；"为"是疑问语气词，"为哉""为乎"是疑问语气词连用，后二者表达语气较强烈。

3. "以"（"用"）的宾语是名词（如表一例 1 的"文"）、名词短语（如表一例 3 的"其志"）、动词（如表一例 2 的"伐"）、动词短语（如表一例 6 的"召其子"）或形容词（如表一例 13 的"富"）。

4. 表二例句"何"字后面省略了动词"以"或"用"。省略的条件是："以"（"用"）的宾语必须是动词或动词短语。

5. 表三例句"以"字的宾语承上文省略（如表三例 1 的"何以为"就是"何以砺剑为"）。

6. "何（奚、恶、安）以（用）……为"译作"用（要）……干什么""为什么用……呢"或"哪儿用得着……呢"。表二、三例句在翻译时要把省略的成分补出来，如表二例 1 补出"告辞"，表三例 1 据上文补出"磨剑"。

7. 本句型疑问代词的替换词有："何""曷""奚""胡""安""恶""焉"等。

[附] 相关句型：

　　　"何"+"以"+O"为"

　　　"何"+"以"+宾语+"为"

　　　何以孝弟为？（《汉书·贡禹传》）

　　　要孝弟干什么？

　　　此句型无主语，是非主谓句。

句型 13

[结构式] I. S+"何"（"曷""盍""阖""胡"）+"不"+Vt+O

　　　　　　主语+"何"（"曷""盍""阖""胡"）+"不"+及物动词+宾语

[代表句]〔王〕／何不／杀／张仪／?
[例句]（表一）

序号	S	"何"	"不"	Vt	O	引书
1	〔王〕	何	不	杀	张仪	《史记·屈原贾生列传》
2	君	何	不	谏		《史记·李斯列传》
3	〔君〕	何	不	（试）焚	宫室	《韩非子·内储说上》
4	〔君〕	何	不	炳	烛（乎）	《说苑·建本》
5	天	曷	不	降	威	《尚书·西伯戡黎》
6	〔子〕	盍	不	为	行	《庄子·盗跖》
7	〔我〕	阖	不	（亦）问	是（己）	《庄子·徐无鬼》
8	上	胡	不	法	先王之法	《吕氏春秋·察今》
9	子	胡	不	（南）见	老子	《庄子·庚桑楚》
10	（今）君	胡	不	（多）买	田地	《史记·萧相国世家》
11	王	胡	不	听（乎）		《史记·张仪列传》

[译文]

1. 君主怎么不杀掉张仪？
2. 您为什么不劝谏？
3. 君王为什么不尝试一下去烧毁宫室？
4. 君王为什么不点燃蜡烛呢？
5. 上天为什么不发出威力给予惩罚呢？
6. 你为什么不修养道德？
7. 我们为什么不追问这些道理呢？
8. 君王为什么不效法古代君王的法令制度？
9. 你为什么不到南方会见老子？
10. 现在您为什么不多买一些土地？
11. 大王为什么不任凭他呢？

[结构式] II. S+"胡"（"奚"）+"不"+Vi
　　　　　主语+"胡"（"奚"）+"不"+不及物动词
[代表句]〔楚〕／胡／不／已（乎）／?
[例句]（表二）

序号	S	"胡"	"不"	Vi	引书
1	〔楚〕	胡	不	已（乎）	《墨子·公输》
2	〔汝〕	胡	不	下	《史记·平原君虞卿列传》
3	〔人〕	胡	不	（遄）死	《左传·昭公三年》
4	夫子	胡	不	入（乎）	《庄子·德充符》
5	〔回〕	胡	不	仕（乎）	《庄子·让王》
6	吾子	胡	不	立（乎）	《庄子·让王》
7	〔子〕	奚	不	之（晋）	《韩非子·说林上》

1. 楚国为什么不停止呢？（已：止。这里指停止对宋国的进攻。）
2. 你为什么不退下去？（下：退下。这里是方位名词用作动词。）
3. 这些人怎么不快点死？（人：此据《诗经》上文补，指无礼之人。）
4. 您为什么不进来呢？
5. 你为什么不去做官呢？（回：颜回。这里用于孔子称呼其名。）
6. 你为什么不即位呢？
7. 您为什么不到晋国去？

［说明］

1. "何"（"曷""盍""盇""胡"）是疑问代词，"不"是否定副词。"何（曷、盍、盇、胡）不"表示反问，多用于劝某人做某事，作状语。
2. 本句型与句型 12 的主语通常是第二人称代词或尊称。
3. 表一例 7 的"已"是语气词，放在句尾和"盇"想呼应，表达反问语气。
4. "何（曷、盍、盇、胡）不"译作"为什么不""怎么不"。
5. 本句型疑问代词的替换词有："何""曷""盍""盇""蓋""胡""害""遐""瑕""侯""奚""何遽""奚遽""奚而""奚其""何渠"等。

句型 14

［结构式］ I. S+"盍"（"蓋"）+Vt+O

　　　　　　主语+"盍"（"蓋"）+及物动词+宾语

［代表句］子 / 盍 / 诘 / 盗 /？

［例句］（表一）

序号	S	"盍"	Vt	O	引书
1	子	盍	诘	盗	《左传·襄公二十一年》
2	子	盍	图	之	《左传·襄公十八年》
3	子	盍	从	众	《左传·成公六年》
4	〔女〕	盍	（亦）求	之	《左传·僖公二十四年》
5		盍	（各）言	尔志	《论语·公冶长》
6	〔王〕	盍	（以免其父）召	之	《史记·楚世家》
7	子	蓋	言	子之志（于公乎）	《礼记·檀弓上》

［译文］

1. 您为什么不查办盗贼？（诘：责问，追究，引申为查办。）
2. 您为什么不想个办法？（图：筹划，策谋。）
3. 您为什么不听从群众的主意？
4. 你为什么不也去求赏？
5. 你们为什么不各自谈谈你们的志愿呢？
6. 您怎么不用免除他们的父亲的死罪的名义召回他们？

7. 您为什么不向父亲谈谈您的心意呢？

[结构式] II. S+"阖"（"盍"）+Vi〈+"邪"（"乎"）〉
　　　　　　主语+"阖"（"盍"）+不及物动词〈+"邪"（"乎"）〉
[代表句] 夫子 / 阖 / 行邪 /？
[例句]（表二）

序号	S	"阖"	Vi	"邪"	引书
1	夫子	阖	行	邪	《庄子・天地》
2	〔子〕	盍	行	乎	《礼记・檀弓上》

[译文]
1. 您怎么不走呢？
2. 先生为什么不走开呢？
[说明]
1. 疑问代词"盍"（"盍""阖"）是"何不"的合音字，是疑问代词兼否定副词，表示反问，多用于劝某人做某事，作状语。
2. "盍""盍""阖"译作"为什么不""怎么不"。
3. 本句型兼词的替换词有："盍""盍""阖""曷""害"等。

句型 15
[结构式] S+"焉"（"安""恶""乌"）+Vt+O
　　　　　主语+"焉"（"安""恶""乌"）+及物动词+宾语
[代表句] 焉 / 辟 / 害 /？
[例句]

序号	S	"焉"	Vt	O	引书
1		焉	辟	害	《左传・隐公元年》
2	君	焉	用	孔悝	《史记・仲尼弟子列传》
3		焉	置	土石	《列子・汤问》
4	燕雀	安	知	鸿鹄之志（哉）	《史记・陈涉世家》
5	〔吾〕	安	托	命（哉）	《史记・李斯列传》
6	〔物〕	安	得	常法（哉）	《史记・李斯列传》
7	〔公子〕	安	知	其非诈	《史记・李斯列传》
8	予	安	逃	死（乎）	《史记・郑世家》
9	〔若〕	安	得	此	《史记・大宛列传》
10	师庆	安	受	之	《史记・扁鹊仓公列传》
11	〔王〕	（将）恶	出	兵	《史记・春申君列传》
12	彼	恶	知	之	《孟子・梁惠王上》
13	〔人〕	乌	识	其时	《汉书・贾谊传》

379

[译文]

1. 怎么能避免祸害？
2. 大王为什么要任用孔悝？
3. 您把泥土石块放在哪里？
4. 燕子、麻雀哪里知道大雁、天鹅的志向啊？（鸿：大雁。鹄：天鹅。）
5. 我向哪里寄托我的命运呢？
6. 事物哪里有一成不变的呢？
7. 您怎么确定他不是假的？
8. 我怎么才能逃避死亡呢？
9. 你们从哪里得到这些东西的？（此：指示代词，这些。这里指代上文"邛竹杖"和"蜀布"。）
10. 你的老师阳庆从哪里学到医术的？
11. 大王将要怎么派出兵士呢？
12. 他们哪里知道王的心意呢？
13. 人们怎么知道时机？

[说明]

1. "焉"（"安""恶""乌"）是疑问代词，可以用于询问处所，但主要用于表示反问，作状语。
2. 本句型的谓语中心通常是及物动词，带的宾语是名词（如例2的"孔悝"）、名词短语（如例4的"鸿鹄之志"）、代词（如例10的"之"）、动词（如例8的"死"）或主谓短语（如例7的"其非诈"）。
3. "焉""安""恶""乌"译作"哪里""怎么"。

句型 16

[结构式] "焉"（"安""恶"）+Vt+O

"焉"（"安""恶"）+及物动词+宾语

[代表句] 焉 / 有 / 子死而弗哭者（乎）/？

[例句]

序号	"焉"	Vt	O	引书
1	焉	有	子死而弗哭者（乎）	《史记·平原君虞卿列传》
2	安	知	其不为虎	《史记·韩长孺列传》
3	安	知	其不为狼	《史记·韩长孺列传》
4	恶	有	不战者（乎）	《战国策·秦策》

[译文]

1. 哪里有儿子死了，他的母亲却不哭的呢？
2. 怎么知道他不会变成老虎？
3. 怎么知道他不会变成狼？

4. 哪里有不用战争的道理呢？

[说明]

1. 本句型无主语，属于非主谓句。
2. "焉"（"安""恶"）是疑问代词，用于表示反问，作状语。
3. 本句型的谓语中心通常是及物动词，带的宾语是名词短语（如例4的"不战者"）或主谓短语（如例2的"其不为虎"）。
4. "焉""安""恶"译作"哪里""怎么"。

句型 17

[结构式] S+"焉"（"恶"）+"得"（"能"）+A
　　　　　主语+"焉"（"恶"）+"得"（"能"）+形容词

[代表句]〔枨〕/ 焉得 / 刚 /？

[例句]

序号	S	"焉"	"得"	A	引书
1	〔枨〕	焉	得	刚	《论语·公冶长》
2	〔陈文子〕	焉	得	仁	《论语·公冶长》
3	〔管仲〕	焉	得	俭	《论语·八佾》
4	择不处仁	焉	得	知	《论语·里仁》
5	〔滕君〕	恶	得	贤	《孟子·滕文公上》
6	仲子	恶	能	廉	《孟子·滕文公下》

[译文]

1. 申枨怎么能算得上刚毅？（申枨：孔子的学生。）
2. 陈文子怎么能算得上仁爱？（陈文子：名须无，齐国的大夫。）
3. 管仲哪里算得上节俭？
4. 选择住处，不住在有仁德的地方，怎么能算得上聪明？（处：动词，居住。）
5. 滕国国君哪里算得上贤明？
6. 陈仲子怎么能算得上廉洁？

[说明]

1. "焉"（"恶"）是疑问代词，表示反诘。"得"（"能"）是能愿动词。"焉（恶）得（能）"作状语。
2. 本句型的主语是名词（如例6的"仲子"）或动词短语（如例4的"择不处仁"）。
3. "焉""恶"译作"怎么""哪里"，"得""能"译作"能够"。本句型在译成现代汉语时，要在"怎么能够"后面加上"算得上"或"叫作"。

句型 18

[结构式] I. S+"何"（"胡""安""恶""焉"）+"敢"（"能""得""可"）+Vt+O〈+"乎"（"哉""也"）〉

主语+"何"（"胡""安""恶""焉"）+"敢"（"能""得""可"）+及物动词+宾语〈+"乎"（"哉""也"）〉

[代表句] 赐（也）/ 何敢 / 望 / 回 /?

[例句]（表一）

序号	S	"何"	"敢"	Vt	O	"乎"	引书
1	赐（也）	何	敢	望	回		《论语·公冶长》
2	伉等三人	何	敢	受	封		《史记·卫将军骠骑列传》
3	胜（也）	何	敢	言	事		《战国策·赵策》
4	徐公	何	能	及	君	也	《战国策·齐策》
5	〔衅钟〕	何	可	废		也	《孟子·梁惠王上》
6		胡	可	恃		也	《左传·闵公二年》
7	朕	（乃）安	敢	望	先帝	乎	《史记·曹相国世家》
8	囚	安	得	上	书		《史记·李斯列传》
9	陛下	安	得	为	此乐	乎	《史记·李斯列传》
10		安	可	解	〔其桎梏〕		《庄子·德充符》
11	〔方士〕	恶	敢	言	方	哉	《史记·孝武本纪》
12		恶	能	治	国家		《孟子·滕文公上》
13		（将）恶	能	治	天下	哉	《史记·李斯列传》
14	吴人	焉	敢	攻	吾邑		《吕氏春秋·察微》
15		焉	能	事	鬼		《论语·先进》
16	吾	焉	得	死	之		《左传·襄公二十五年》
17	〔吾〕	焉	得	亡	之		《左传·襄公二十五年》

[译文]

1. 我怎么敢和颜回相比？（赐：孔子的学生，姓端木，名赐，字子贡。这里是自称其名。）
2. 卫伉等三人怎么敢接受封赏？（伉等三人：卫青的三个儿子，卫伉、卫不疑和卫登。）
3. 我怎么敢谈论这件事？（胜：平原君，姓赵名胜。这里是自称其名。）
4. 徐公哪能赶得上您呢？
5. 祭钟的仪式怎么能废除呢？（衅钟：新钟铸成的时候，宰杀牲畜取血涂抹钟的孔隙，这是一种祭钟的仪式。）
6. 怎么可以依靠呢？
7. 我怎么至于敢和先帝相比呢？
8. 囚犯哪里能够上书？
9. 您怎么能够行此乐事呢？
10. 怎么可以解除他的束缚？（桎梏：镣铐，在脚上的叫"桎"，在手上的叫"梏"，这里是"束缚"的意思。）
11. 方士们怎么敢谈方术的事呢？
12. 怎么能够治理好国家呢？
13. 怎么能够治理天下呢？
14. 吴国人哪里敢进攻我的城邑？

15. 怎么能够侍奉鬼呢？

16. 我哪里能够为了他去死？（死：这里是动词的为动用法，"死之"就是"为之而死"。下句同此。）

17. 我哪里能够为了他逃亡？

[结构式] II. S+"何"（"安""焉"）+"敢"（"能""得"）+Vi〈+"乎"〉
　　　　　主语+"何"（"安""焉"）+"敢"（"能""得"）+不及物动词〈+"乎"〉

[代表句] 回 / 何敢 / 死 /？

[例句]（表二）

序号	S	"何"	"敢"	Vi	"乎"	引书
1	回	何	敢	死		《论语·先进》
2	〔吾〕	安	能	（郁郁久）居（此）	乎	《史记·淮阴侯列传》
3	君	安	得	（高枕而）卧	乎	《史记·留侯世家》
4	余	焉	能	战		《左传·闵公二年》
5	〔桀纣〕	焉	能	（相）亡		《新序·刺奢》
6	主	焉	得	（无）壅		《韩非子·外储说右上》
7	国	焉	得	（无）亡	乎	《韩非子·外储说右上》

[译文]

1. 我怎么敢死？（回：颜回，孔子的学生。这里是自称其名。）

2. 我怎么能苦闷地长期留在这里呢？

3. 您哪能垫高枕头睡大觉呢？（高：这里是形容词的使动用法。"高枕"即是"枕高"。）

4. 我哪里能作战？

5. 夏桀商纣怎么能够互相灭亡？

6. 君主怎么能不被蒙蔽？（壅：堵塞，蒙蔽。）

7. 国家怎么能不灭亡呢？

[说明]

1. "何"（"安""恶""焉"）是疑问代词，表示反诘。"敢"（"能""得""可"）是能愿动词。"敢"表示有胆量做某事，"能"表示有能力或有条件做某事，"得"表示客观条件的可能，"可"表示许可或可能做某事。"何（安、恶、焉）敢（能、得、可）"作状语。

2. 疑问代词和能愿动词的搭配是有一定习惯的："何""曷""恶""奚"常与"能"搭配，而不与"得"搭配；"安""焉"则与"能""得"两个字都搭配。

3. "何（安、恶、焉）敢（能、得、可）"译作"怎么敢（能、可以）""哪敢（能、可以）"。

4. 本句型疑问短语的替换词语有："何敢""何能""何可""何足""曷能""曷可""盍可""胡能""胡可""奚能""奚可""安敢""安能""安得""安可以""恶敢""恶能""焉敢""焉能""焉得""焉足""乌能""乌足"等。

[句型转换]

　　S+"岂"（"几""宁""庸""其庸"）+"敢"（"可""能""足"）+Vt+O+"乎"（"哉"

"邪"）⇒S+"何"（"安""恶""焉"）+"敢"（"可""能""得""足"）+Vt+O 〈+"乎"（"哉"
"也"）〉

主语+"岂"（"几""宁""庸""其庸"）+"敢"（"可""能""足"）+及物动词+宾语+
"乎"（"哉""邪"）⇒ 主语+"何"（"安""恶""焉"）+"敢"（"可""能""得""足"）+及
物动词+宾语〈+"乎"（"哉""也"）〉

伉等三人岂敢受封乎？⇒ 伉等三人何敢受封？（本句型表一例2）

"臣岂敢忘君王之意乎"（第二篇、I、五、句型10 表一例1）是带有副词"岂"的反问
句型，前句型"伉等三人岂敢受封乎？"和"臣岂敢忘君王之意乎？"结构相同。如果以
疑问代词"何"替换副词"岂"，这样就转换成后句型："伉等三人何敢受封？"这是用替
换的方法，转换成另一句型的。前句型转换成后句型时，疑问语气词"乎"可以保留，也
可以删掉。本式是两个句型中的状语的转换。

句型 19

[结构式] S+"奈何"（"若何""如之何""若之何"）+Vt+O

主语+"奈何"（"若何""如之何""若之何"）+及物动词+宾语

[代表句] 公 / 奈何 /（众）辱 / 我 /？

[例句]

序号	S	"奈何"	Vt	O	引书
1	公	奈何	（众）辱	我	《史记·张释之冯唐列传》
2	〔先生〕	（独）奈何	（延）辱	张廷尉	《史记·张释之冯唐列传》
3	〔王〕	奈何	弃	之	《史记·项羽本纪》
4	〔王〕	奈何	绝	秦之欢心	《史记·楚世家》
5	〔我〕	奈何	绝	祀	《史记·晋世家》
6	〔我〕	奈何	（不）礼		《史记·晋世家》
7		奈何	（以死）惧	之	《老子·七十四章》
8	〔先生〕	奈何	察	之（也）	《韩非子·内储说下》
9	〔我〕	若何	从	之	《左传·襄公二十六年》
10	〔我〕	若何	效	辟	《左传·昭公六年》
11		如之何	（其）拒	人（也）	《论语·子张》
12		如之何	（其）废	之	《论语·微子》
13		如之何	（其）受	之	《孟子·万章下》
14		如之何	（其可）及	（也）	《论语·子张》
15	〔君〕	若之何	杀	之	《左传·宣公十二年》
16	〔吾〕	若之何	毁	之	《左传·襄公三十一年》
17	〔君子〕	若之何	（其以病）败	君之大事（也）	《左传·成公二年》
18	〔吾〕	若之何	（其）无	命（也）	《庄子·寓言》
19	〔吾〕	若之何	（其）有	命（也）	《庄子·寓言》
20	〔吾〕	若之何	（其）无	鬼（邪）	《庄子·寓言》
21	〔吾〕	若之何	（其）有	鬼（邪）	《庄子·寓言》

［译文］

1. 您为什么当着众人的面侮辱我？（众：名词作状语，当着众人的面。）
2. 您为什么偏偏在朝廷上侮辱张廷尉？（廷：名词作状语，在朝廷上。）
3. 大王为什么要抛弃他们呢？
4. 大王为什么要拒绝秦国的友好感情？
5. 我们怎么能断绝他们的祭祀？
6. 我国怎么能不用礼节相待？（礼：名词用作动词，以礼待之。）
7. 为什么用死亡来恐吓他们？（惧：恐惧，害怕，动词的使动用法，"惧之"即"使之惧"。）
8. 您怎样调查清楚这件事呢？
9. 我们怎么可以听从他们？（之：代词，他们，这里指代上文"楚子伐郑，郑人将御之"中的"郑人"。）
10. 我们为什么模仿不正派？（效：仿效，模仿，学习。辟：邪，不正派。）
11. 我们怎么能拒绝别人呢？
12. 我们怎么能够废弃呢？
13. 有道德的人怎么能接受这种馈赠呢？（之：代词，它，指代上文的馈赠之物。）
14. 我怎么能赶上他呢？
15. 您怎么能够杀他？
16. 我们为什么要毁掉它呢？（之：代词，它，这里指代"乡校"。）
17. 您怎么因为受重伤败坏国君的大事呢？（病：重病。这里指受伤很重。）
18. 我们怎么能够说没有命呢？
19. 我们怎么能够说有命呢？
20. 我们怎么能够说没有鬼呢？
21. 我们怎么能够说有鬼呢？

［说明］

1. "奈何""若何""如之何""若之何"是短语。其中"奈""若""如"是动词；"何"是疑问代词；这里的"之"已经虚化，是助词。"奈何""若何"等可以用于询问原因，但主要用于表示反问，作状语。
2. "其"是句中语气词，用于加强反问语气，可不译。
3. 本句型在有"如（若）之何（其）""如（若）何"的句中，谓语中心可以是能愿动词"可"。
   "如（若）之何（其）"／"如（若）何"＋"可"〈＋"也"〉
   "如之何其可也？"（《孟子·告子下》）
   那怎么可以呢？
4. "奈何""若何""如之何""若之何"译作"为什么""怎么"。
5. 本句型短语的替换词语有："奈何""若何""如何""如之何""若之何""如台""那""难"（"那""难"是"奈何"的合音字）等。

句型 20

[结构式] S+"于"+PO+"何有"

主语+"于"+介词宾语+"何有"

[代表句] 〔由〕/ 于从政（乎）/ 何有 /?

[例句]

序号	S	"于"	PO	"何有"	引书
1	〔由〕	于	从政（乎）	何有	《论语·雍也》
2	〔赐〕	于	从政（乎）	何有	《论语·雍也》
3	〔求〕	于	从政（乎）	何有	《论语·雍也》
4	远世之王	于	我	何有	《孔丛子·答问》
5	〔王〕	于	王	何有	《孟子·梁惠王下》
6	〔君〕	于	我	（则）何有（矣）	《韩非子·外储说右上》
7	〔女〕	于	人	何有	《左传·昭公六年》
8	人	（亦）于	女	何有	《左传·昭公六年》
9	〔女〕	于	答是（也）	何有	《孟子·告子下》

[译文]

1. 仲由对于管理政事有什么困难呢？（从政：指做大夫管理政事。）

2. 端木赐对于管理政事有什么困难呢？

3. 冉求对于管理政事有什么困难呢？

4. 远古君王对于我来说有什么关系呢？

5. 王对于实行王道统一天下有什么困难呢？（"于"后面的"王"是动词，指实行王道来统一天下。）

6. 君王对我有什么怜惜留情的呢？

7. 你对于别人有什么帮助呢？（何有：有什么帮助。这里实指没有帮助。）

8. 别人对于你有什么帮助呢？（何有：这里指无益，没有帮助，也就是说别人对于你会看不起。）

9. 你解答这个问题有什么困难呢？

[说明]

1. "何有"是"何……之有"的压缩形式（可参见第二篇、I、二、句型 24）。其中"有"是动词，作谓语中心；"何"是疑问代词，表示询问事物，这里成为"有"的宾语。

2. "于"是介词，表示"对于"。"于"的宾语是名词（如例 7 的"人"）、代词（如例 4 的"我"）或动词短语（如例 1 的"从政"）。"于"字介词短语作状语。

3. 有的句子在"于"字介词短语后面有语气词"乎"或"也"，表示停顿。

4. "何有"的意思是"何难之有"或"何爱之有"，所以可根据句子上下文译作"有什么困难"或"有什么爱惜的"。此外，也可以译作"有什么关系"，等等。

5. 本句型短语的替换词语有："何有""奚有"等。

S+"何有"〈+"焉"〉

主语+"何有"〈+"焉"〉

国何有焉？（《左传·昭公二十八年》）

祁氏私家的讨伐，跟国家有什么关系？

这个句型在"何有"的前后都没有"于"字介词短语，这种情况较少见。

句型 21

[结构式] S+"何（奚）有"+"于"+PO

　　　　　主语+"何（奚）有"+"于"+介词宾语

[代表句] 默而识之，学而不厌，诲人不倦 /，何有 / 于我（哉）/？

[例句]

序号	S	"何有"	"于"	PO	引书
1	默而识之学而不厌诲人不倦	何有	于	我（哉）	《论语·述而》
2	〔吾〕	何有	于	二毛	《左传·僖公二十二年》
3	〔子〕	何有	于	诸游	《左传·昭公元年》
4	〔子〕	何有	于	妻	《国语·晋语》
5		奚有	于	是	《孟子·告子下》

[译文]

1. 默默地记住所学的知识，努力学习而又不满足，教导别人却不疲倦，这三样事，我做到了哪一样呢？（何有：有什么。这里指能够做什么。）

2. 我们对于头发花白的敌人，有什么怜惜的呢？（二毛：指头发黑白相间的老年人。）

3. 您对于众位游姓人，有什么爱惜的呢？

4. 您对于娶妻有什么推辞的呢？

5. 这有什么关系呢？

[说明]

1. "何（奚）有"是"何……之有"的压缩形式。其中"有"是动词，作谓语中心；"何"（"奚"）是疑问代词，表示询问事物，这里成为"有"的宾语。

2. "于"是介词，表示"对于"。"于"字介词短语作补语。

3. "何有""奚有"的意思是"何难之有"或"何爱之有"，所以可根据句子上下文译作"有什么困难"或"有什么爱惜的"。此外，也可以译作"有什么关系"，等等。

句型 22

[结构式] 〔S〕+PO+"于"+"何有"

　　　　　〔主语〕+介词宾语+"于"+"何有"

[代表句] 土于 / 何有 /？

［例句］

序号	〔S〕	PO	"于"	"何有"	引书
1	〔 〕	土	于	何有	《左传·僖公九年》
2	〔 〕	报	于	何有	《左传·僖公二十八年》
3	〔 〕	君	于	何有	《左传·襄公二十三年》
4	〔 〕	（而）国	于	何有	《左传·哀公二十六年》
5	〔 〕	鳖	于	何有	《国语·鲁语》

［译文］

1. 得到土地有什么困难？
2. 还有什么报答的？
3. 还有什么国君？
4. 取得国家有什么困难？
5. 跟鳖有什么关系？

［说明］

1. "何有"是"何……之有"的压缩形式。其中"有"是动词，作谓语中心；"何"是疑问代词，表示询问事物，这里成为"有"的宾语。
2. "于"是介词，表示"对于"。在本句型中"于"字的宾语因强调而前置。如例1"土于何有"等于说："于土何有"。
3. 本句型的主语通常省略。
4. 本句型在译成现代汉语时，应该把"于"字的宾语移到"于"的后面。"何有"可根据句子的上下文意义，按照"有什么困难"（如例1、4）或"有什么关系"（如例2、3、5）的思路，再做具体翻译。

第六类　测度问句

　　测度问句用于表示说话人对一件事情将信将疑，并不要求对方予以证实。这里语气介乎陈述和疑问之间。

　　常见的测度语气词有："乎""与""邪"等，译成吧。测度语气词经常要和前面的副词或句首、句中语气词前后呼应。例如：

1. 先生得无诞之乎？（《史记·扁鹊仓公列传》）
2. 臧文仲其窃位者与？（《论语·卫灵公》）
3. 羽岂其苗裔邪？（《史记·项羽本纪》）

句型1

［结构式］S+"无乃"+NP+"也乎"（"欤"）

　　　　　主语+"无乃"+名词短语+"也乎"（"欤"）

［代表句］若以不孝令于诸侯 /，（其）无乃 /（非）德类也乎 /？

[例句]

序号	〔S〕	"无乃"	NP	"也乎"	引书
1	若以不孝令于诸侯	（其）无乃	（非）德类	也乎	《左传·成公二年》
2	唯吾子戎车是利无顾土宜	（其）无乃	（非）先王之命	也乎	《左传·成公二年》
3	先君鬼尸在堂见秦师利因击之	无乃	（非）为人子之道	欤	《吕氏春秋·悔过》
4	君将残之	无乃	（非）礼	乎	《国语·晋语》

[译文]

1. 如果用不孝号令诸侯，恐怕不是道德的准则吧？
2. 只管自己兵车的方便，不顾地势是否适宜，恐怕不是先王的政令吧？
3. 先王逝世，尸体还在堂上，看到秦军有利可图，就去袭击它，恐怕不是做儿子的所遵守的原则吧？
4. 您将要杀害他们，恐怕不符合礼法吧？

[说明]

1. 本句型和句型4是测度语气的判断句，以名词或名词短语作谓语中心。
2. "无乃"是副词，表示测度语气，作状语。
3. 本句型的主语是主谓短语或复句形式，用于表示某事。
4. 本句型常在名词短语前面加否定副词"非"，表示否定判断，作状语。
5. 例1、2中的"其"是语气词，和"无乃"共同表示测度语气。
6. "无乃"译作"恐怕""莫非"。
7. 本句型副词的替换词有："无乃""毋乃"等。

句型 2

[结构式] I. S+"得无"（"得毋""得微""无乃""殆"）+Vt+O+"乎"（"邪"）
主语+"得无"（"得毋""得微""无乃""殆"）+及物动词+宾语+"乎"（"邪"）

[代表句] 先生 / 得无 / 诞 / 之乎 /？

[例句]（表一）

序号	〔S〕	"得无"	Vt	O	"乎"	引书
1	先生	得无	诞	之	乎	《史记·扁鹊仓公列传》
2	卿	得无	为	刘备刺客	邪	《三国志·明帝纪注》
3	〔竖〕	得毋	有	病	乎	《史记·扁鹊仓公列传》
4	〔汉〕	得毋	有	伏兵	乎	《汉书·李陵传》
5	堂下	得微	有	疾臣者	乎	《韩非子·内储说下》
6	诸侯	得微	有	故	乎	《晏子春秋·内篇杂上》
7	国家	得微	有	事	乎	《晏子春秋·内篇杂上》
8	诸侯	得微	有	兵	乎	《晏子春秋·内篇杂上》
9	大臣	得微	有	叛者	乎	《晏子春秋·内篇杂上》
10	〔子〕	得微	（往）见	跖	邪	《庄子·盗跖》

序号	〔S〕	"得无"	Vt	O	"乎"	引书
11	〔丘〕	无乃	为	佞	乎	《论语·宪问》
12	君	无乃	为	不好士	乎	《列子·说符》
13	〔带甲万人〕	无乃	（即）伤	君王之所爱	乎	《国语·越语》
14	〔胜〕	殆	有	私	乎	《史记·伍子胥列传》
15	先君	无乃	有	罪	乎	《左传·成公十六年》
16	晋	无乃	讨		乎	《左传·昭公十八年》

[译文]

1. 先生莫非骗人吧？（诞：欺骗。）
2. 你莫非给刘备当刺客吧？
3. 竖莫非有病吧？（竖：一个侍女的名字。）
4. 汉军莫非有埋伏的兵吧？
5. 侍从人员中恐怕有嫉恨我的人吧？
6. 诸侯莫非有变故吧？
7. 国家该不会出了大事吧？
8. 诸侯莫非有军事行动吧？
9. 大臣该不会有叛乱的吧？
10. 你是不是到跖那里去了呢？
11. 你莫非为了施展辩才吧？（佞：辩才。）
12. 您恐怕是不喜爱人才吧？
13. 这一万士兵恐怕要伤害君王所喜爱的军队吧？
14. 我大概有私心吧？（胜：楚国太子的儿子名胜。）
15. 已故的君王恐怕有罪过吧？（先：已故的。先君：已故的君王。）
16. 晋国恐怕要来讨伐吧？

[结构式] II. S+"得无"（"殆"）+Vi+"乎"
　　　　主语+"得无"（"殆"）+不及物动词+"乎"

[代表句] 白公之乱 / 得无 / 遂乎 /？

[例句]（表二）

序号	〔S〕	"得无"	Vi	"乎"	引书
1	白公之乱	得无	遂	乎	《战国策·楚策》
2	日食饮	得无	衰	乎	《战国策·赵策》
3	太玄	殆	（将）终	乎	《后汉书·张衡传》

[译文]

1. 白公制造的祸乱恐怕会成功吧？

2. 每天的饮食该不会减少吧？

3. 《太玄经》的学问大概要终结吧？

[说明]

1. 本句型和句型 5 是测度语气的叙述句，以动词作谓语中心。

2. "得无"（"得毋""得微""无乃""殆"）是副词，表示对事实的怀疑或测度，放在动词前面，作状语。

3. 本句型的谓语中心也可以是能愿动词。

    S+"无乃"+"可"+"乎"

    主语+"无乃"+"可"+"乎"

    （劳师以袭远）无乃不可乎？（《左传·僖公三十二年》）

    （使军队疲劳去侵袭远地，）恐怕不可以吧？

4. "得无""得毋""得微""无乃""殆"译作"恐怕""莫非""能说不是"。

5. 本句型副词的替换词语有："得无""得毋""得微""得非""无乃""毋乃""非乃""无""无宁""将无""将不""殆""其殆""殆乎""殆于""庶""庶几""庶乎""或""或者""宜""宜若"等。

[附] 相关句型有两个：

1. S+"无乃"+O+"是"（"之"）+Vt+"与"（"乎""邪"）

    主语+"无乃"+宾语+"是"（"之"）+及物动词+"与"（"乎""邪"）

    无乃尔是过与？（《论语·季氏》）

    我恐怕要责备你吧？

    这里谓语中心是动词"过"，意思是"责备"。"尔"是"过"的宾语，为了强调而提到"过"的前面，并加代词"是"复指。

2. "得无"+S+"使"+Piv+V〈+O〉+"耶"（"乎""与"）

    "得无"+主语+"使"+兼语+动词〈+宾语〉+"耶"（"乎""与"）

    得无楚之水土使民善盗耶？（《晏子春秋·内篇杂下》）

    莫非楚国的水土使老百姓擅长偷盗吗？

    "得无"也可以放在主语前面，作状语，这种情况较少见。

句型 3

[结构式] S+"得毋"（"得无""无乃""毋乃"）+A+"乎"

　　　　　主语+"得毋"（"得无""无乃""毋乃"）+形容词+"乎"

[代表句] 公 / 得毋 / 误乎 /?

[例句]

序号	S	"得毋"	A	"乎"	引书
1	公	得毋	误	乎	《史记·梁孝王世家》
2		得无	难	乎	《史记·刘敬叔孙通列传》
3	以管仲之能乘公之势 以治齐国	得无	危	乎	《韩非子·外储说左下》

序号	S	"得毋"	A	"乎"	引书
4	居简而行简	无乃	（大）简	乎	《论语·雍也》
5	今君王既棲于会稽之上 然后乃求谋臣	无乃	后	乎	《国语·越语》
6	平原行货以免君	无乃	蚩	乎	《后汉书·史弼传》
7	天则不雨而望之愚妇人 于以求之	毋乃	（已）疏	乎	《礼记·檀弓下》

[译文]

1. 您莫不是错了吧？
2. 恐怕很难推行吧？
3. 凭借管仲的才能和您的权势去治理齐国，恐怕危险吧？（以、乘：都是介词，凭借。公：敬称，指齐桓公。）
4. 平时心里想的单纯，做起事来又潦草，这恐怕是太简单吧？
5. 现在您住在会稽山上，才去寻求有韬略的臣子，恐怕太晚了吧？
6. 平原的官吏贿赂，才使您免除罪，恐怕太傻了吧？（行货：贿赂。蚩：痴呆。）
7. 天不下雨，却把希望寄托在愚昧的妇女身上，用这种方法求雨，不是太疏忽吗？

[说明]

1. 本句型和句型 6 是测度语气的描写句，以形容词作谓语中心。
2. "得毋"（"得无""无乃""毋乃"）是副词，表示对事实的怀疑或测度，作状语。
3. 本句型的主语是代词（如例 1 的"公"是尊称，代替第二人称代词使用）、主谓短语（如例 6 的"平原行货以免君"）或复句形式（如例 5 的"今君王既棲于会稽之上，然后乃求谋臣"）。
4. "得毋""得无""无乃""毋乃"译作"恐怕""莫非""能说不是"。

句型 4

[结构式] S+"其"（"岂"）+NPr+"与"（"也与""乎""邪"）

　　　　　主语+"其"（"岂"）+名谓+"与"（"也与""乎""邪"）

[代表句] 藏文仲 / 其窃位者与 /?

[例句]

序号	S	"其"	NPr	"与"	引书
1	藏文仲	其	窃位者	与	《论语·卫灵公》
2	从我者	其	由	与	《论语·公冶长》
3	片言可以折狱者	其	由	也与	《论语·颜渊》
4	知我者	其	天	乎	《论语·宪问》
5	无忧者	其	（惟）文王	乎	《礼记·中庸》
6	大业之后在晋绝祀者	其	赵氏	乎	《史记·赵世家》
7	羽	岂	其苗裔	邪	《史记·项羽本纪》

［译文］

1. 藏文仲恐怕是一位占据官职不做事的人吧？
2. 跟从我的人，恐怕是仲由吧？
3. 根据一方的言辞就可以判决案件的，大概是仲由吧？
4. 了解我的大概是苍天吧？
5. 没有忧愁的人大概只有周文王吧？
6. 大业的后代子孙在晋国断绝香火的，恐怕是赵氏吧？
7. 项羽难道是虞舜的后代吗？

［说明］

1. "其"（"岂"）是语气词，表示委婉或测度语气。
2. "其""岂"译作"大概""恐怕""或许"。

句型 5

［结构式］I. S+"其"（"岂""蓋"）+Vt+O+"乎"（"邪"）

　　　　　主语+"其"（"岂""蓋"）+及物动词+宾语+"乎"（"邪"）

［代表句］子 / 其怨 / 我乎 /？

［例句］（表一）

序号	S	"其"	Vt	O	"乎"	引书
1	子	其	怨	我	乎	《左传·成公三年》
2	吴	其	为	沼	乎	《左传·哀公元年》
3	始作俑者	其	无	后	乎	《孟子·梁惠王上》
4	将军	岂	有	意	乎	《战国策·燕策》
5	毋亲夷狄以疏其属	蓋	谓	吴	邪	《史记·吴王濞列传》
6	大直若诎道固委蛇	蓋	谓	是	乎	《史记·刘敬叔孙通列传》

［译文］

1. 您恐怕怨恨我吧？
2. 吴国恐怕要成为池沼吧？（沼：污池。这里指吴国宫殿毁坏，变成一片污池。）
3. 第一个制作殉葬所用的木偶土偶的人，大概没有留下后代吧？（俑：古代用来陪葬的木偶或陶制的土偶人。）
4. 将军难道有这样的愿望吗？
5. 不亲近各地的少数民族，以致疏远了宗亲，大概说的就是吴王吧？（夷狄：古代对少数民族的轻蔑称谓。夷：指古代东方的少数民族，狄：指古代北方的少数民族。）
6. 最直的好像弯曲，客观规律本来就是曲折地向前发展的，大概说的就是这种情况吧？（诎：通"屈"，弯曲。委蛇：曲折前进。）

［结构式］II. S+"其"+ViPr+"乎"（"矣乎"）

　　　　　主语+"其"+不及物动谓+"乎"（"矣乎"）

[代表句] 吴 / 其亡乎 /？

[例句]（表二）

序号	S	"其"	ViPr	"乎"	引书
1	吴	其	亡	乎	《左传·哀公十一年》
2	泰山	其	颓	乎	《礼记·檀弓上》
3	梁木	其	坏	乎	《礼记·檀弓上》
4	哲人	其	萎	乎	《礼记·檀弓上》
5	延陵季子之于礼（也）	其	合	矣乎	《礼记·檀弓下》

[译文]

1. 吴国大概要灭亡吧？
2. 泰山恐怕要崩塌吧？
3. 栋梁大概要毁坏吧？
4. 哲人恐怕要辞世吧？（萎：枯萎，凋谢，比喻人死亡。）
5. 延陵季子对于礼仪，恐怕符合要求吧？

[说明]

1. "其"（"岂""盖"）是语气词，表示委婉或测度语气。
2. 本句型的主语是名词（如表一例 2 的"吴"）、名词短语（如表一例 3 的"始作俑者"）、代词（如表一例 1 的"子"是尊称，在这里代替第二人称代词使用）、主谓短语或复句形式（如表一例 6 的"大直若诎，道固委蛇"）。
3. "矣乎"是语气词连用，语气重点落在后面的疑问语气词"乎"上。
4. "其""岂""盖"译作"大概""恐怕""或许"。

[附] 相关句型：

S+"其"+O+"之"（"是"）+Vt+"乎"（"邪"）

主语+"其"+宾语+"之"（"是"）+及物动词+"乎"（"邪"）

诗曰："孝子不匮，永锡尔类。"其是之谓乎？（《左传·隐公元年》）

《诗经》上说："孝子的孝心没有穷尽，永远可以把它送给你的同类。"说的就是这种情况吧？（匮：尽。锡：通"赐"，赠予。）

这里"谓"是动词，宾语是代词"是"，为了强调而提到"谓"的前面，加代词"之"复指。

句型 6

[结构式] S+"其"+APr+"乎"（"也与"）

主语+"其"+形谓+"乎"（"也与"）

[代表句] 周公 / 其盛乎 /！

序号	S	"其"	APr	"乎"	引书
1	周公	其	盛	乎	《荀子·儒效》
2	周	其	乱	乎	《左传·昭公十八年》
3	鬼神之为德	其	盛	矣乎	《礼记·中庸》
4	中庸	其	至	矣乎	《礼记·中庸》
5	舜	其	大孝	也与	《礼记·中庸》
6	舜	其	大知	也与	《礼记·中庸》
7	武王周公	其	达孝	矣乎	《礼记·中庸》
8	晋	其	庶	乎	《左传·襄公二十六年》
9	齐国	其	庶几	乎	《孟子·梁惠王下》

[译文]

1. 周公可以说最高尚啊！
2. 周朝恐怕要动乱吧！
3. 鬼神的功德真盛大啊！
4. 中庸恐怕是最高的道德啊！
5. 舜大概最孝顺吧！
6. 舜大概最明智吧！（知：通"智"，这里用作形容词。）
7. 武王、周公可以说是举国称赞的孝顺的人吧！（达：通。）
8. 晋国差不多要大治吧！（庶：差不多。）
9. 齐国大概好起来了吧！（庶几：差不多，引申为还不错。）

[说明]

1. "其"是语气词，表示委婉或测度语气。
2. "其"译作"大概""恐怕""或许"，也可以不译。
3. 此句型虽属测度问句，但其本偏重于表示赞扬、歌颂，故句末均用叹号。

第二部分 祈使句

祈使句是说话人表示请求、命令或禁止的语气，以支配行动为目的。这类句子都是以动词作谓语或谓语中心。如果按照谓语的性质来分类，它们都属于叙述句。祈使句的主语多数是第二人称代词，有时可以用称呼语；有些句子经常省略主语。

祈使句经常见的语气有："也""矣""乎"等，译作"吧""啊""啦"。例如：

1. 愿公子忘之也！（《史记·魏公子列传》）
2. 公子勉之矣！（《史记·魏公子列传》）
3. 庶抚我乎！（《左传·成公三年》）

第一类　请求句

请求句是说话人用恭敬、委婉的语气请求或希望对方做某事。

句型 1

[结构式] S+"请"+Vt+O

　　　　主语+"请"+及物动词+宾语

[代表句] 王 / 请 / 大 / 之 /。

[例句]

序号	S	"请"	Vt	O	引书
1	王	请	大	之	《孟子·梁惠王下》
2	王	请	度	之	《孟子·梁惠王上》
3	君	请	待	之	《左传·昭公二十一年》
4	君	请	当	其君	《公羊传·庄公十三年》

[译文]

1. 请王能够把它扩大。（大：这里是形容词使动用法，"大之"即"使之大"。）
2. 请王好好考虑衡量。
3. 请王等待一下。
4. 请您去抵挡齐国的君主。（当：抵御，抵挡。）

[说明]

1. "请"是副词，放在第二人称代词充当的主语后面，用于请求对方做某事，有"我请你"的意义，作状语。
2. "请"不必翻译。本句型在译成现代汉语时，也可以将主语移到"请"的后面，但这样译法是改变了原文的句型结构的。如："王请"可译作"请王"。

句型 2

[结构式] S+"庶几"（"庶""幸""尚"）+Vt+O

　　　　主语+"庶几"（"庶""幸""尚"）+及物动词+宾语

[代表句] 王 / 庶几 / 改 / 之 /！

[例句]

序号	S	"庶几"	Vt	O	引书
1	王	庶几	改	之	《孟子·公孙丑下》
2	〔楚王〕	庶几	赦	吾罪	《国语·楚语》
3	〔楚王〕	庶几	赦	余	《左传·襄公二十六年》
4	〔秦王〕	庶	抚	我（乎）	《左传·成公十三年》
5	〔臣〕	幸	异	其礼	《汉书·东方朔传》
6	尔	尚	辅	予一人	《尚书·汤誓》

［译文］

1. 王也许会改变原来想法的！
2. 楚王或许可以赦免我的罪过吧！
3. 楚王也许可以赦免我。
4. 秦王或许要安抚我们吧！
5. 我希望把那种制度规范加以区别。（礼：古代奴隶社会或封建社会中的等级制度的规范形式。）
6. 希望你们要辅保我一个人。

［说明］

1. "庶几"（"庶""幸""尚"）是副词，表示期望或请求，作状语。
2. "庶几""庶""幸""尚"译作"希望""但愿"，也可以不译。
3. 本句型副词的替换词有："庶""庶几""庶乎""幸""苟""尚""上"等。

［附］相关句型：

"庶几"（"庶"）+S+V〈+O〉

"庶几"（"庶"）+主语+动词〈+宾语〉

庶几其国有瘳乎！（《庄子·人间世》）

或许那个国家治理好了吧！（瘳：病愈。）

副词"庶几"也可以放在句首，作状语。

句型 3

［结构式］I. S+ "其"（"岂"）+Vt+O

主语+ "其"（"岂"）+及物动词+宾语

［代表句］君 / 其待 / 之 /！

［例句］（表一）

序号	S	"其"	Vt	O	引书
1	君	其	待	之	《左传·闵公元年》
2	君	其	图	之	《史记·刺客列传》
3	君	其	舍	之	《左传·闵公二年》
4	子	其	勉	之	《左传·闵公二年》
5	君	其	许	郑	《左传·隐公六年》
6	子	其	戒	之	《左传·昭公五年》
7	我	其	试（哉）		《尚书·尧典》
8	子	其	（自）为	计	《史记·刺客列传》
9	汝	其	（于予）治		《孟子·万章下》
10	子	其	死	之	《左传·闵公二年》
11	天王	岂	（辱）裁	之	《国语·吴语》

[译文]

1. 您就等着吧！

2. 您还是应当考虑这种情况。

3. 君王还是放弃派遣太子出行吧！（舍之：舍，放弃。之：代词，这里指晋侯派遣太子申生攻打东山皋落氏事。）

4. 您可要努力啊！（勉：努力，尽力。）

5. 您还是答应郑国的要求吧！

6. 您还是多警惕吧！

7. 我还是试试吧！

8. 您可要自己做个安排。

9. 你就协助我管理吧！（于：介词，帮助。）

10. 你还是为此而死吧！（死：这里是动词的为动用法。之：代词，作"死"的宾语。"死之"就是为之而死，为此而死。）

11. 您就安排此事吧！（裁：裁制，即安排、规划。）

[结构式] II. S+"其"+ViPr〈+"也"（"乎"）〉

主语+"其"+不及物动谓〈+"也"（"乎"）〉

[代表句] 君 / 其往也 /。

[例句]（表二）

序号	S	"其"	ViPr	"也"	引书
1	君	其	往	也	《左传·襄公二十八年》
2	吾	其	奔	也	《左传·僖公二十三年》
3	吾	其	还	也	《左传·僖公三十年》

[译文]

1. 国君就去吧。

2. 我还是逃亡吧。

3. 我还是回去吧。

[说明]

1. "其"（"岂"）是语气词，表示委婉语气。

2. 本句型的主语多数是第二人称代词，表示劝告或希望；少数是第一人称代词，表示商量、建议或请求。

3. "其""岂"译作"还是""就""要"，也可以不译。

句型 4

[结构式] "唯"（"惟"）+ S+Vt+O

"唯"（"惟"）+主语+及物动词+宾语

[代表句] 唯君 / 图 / 之 /。

[例句]

序号	"唯"	S	Vt	O	引书
1	唯	君	图	之	《左传·襄公八年》
2	唯	陛下	察	之	《史记·张释之冯唐列传》
3	唯	陛下	财察		《汉书·晁错传》
4	唯	大王	（与群臣孰）计议	之	《史记·廉颇蔺相如列传》
5	唯	荆卿	留	意（焉）	《战国策·燕策》
6	惟	君子	察（焉）		《汉书·杨恽传》

[译文]

1. 希望君王考虑这事。
2. 请陛下详察。
3. 希望陛下裁决详审。（财：通"裁"，裁决。）
4. 希望大王和各位大臣仔细商量此事。
5. 希望荆卿对此留心。（焉：兼词，于是，对此。）
6. 希望您对于愚见明察。（焉：兼词，于之，对于愚见。）

[说明]

1. "唯"（"惟"）是语气词，用于句首，表示希冀、愿望的语气。
2. "唯""惟"译作"希望""请"。

句型 5

[结构式]"愿"＋O（S-PrP）

　　　　　"愿"＋宾语（主谓短语）

[代表句] 愿 / 子图之 /。

[例句]

序号	"愿"	O	引书
1	愿	子图之	《史记·李斯列传》
2	愿	大王用之	《史记·陈丞相世家》
3	愿	沛公听樊哙言	《史记·留侯世家》
4	愿	王释齐而先越	《史记·伍子胥列传》
5	愿	公子忘之也	《史记·魏公子列传》
6	愿	足下孰虑之	《史记·淮阴侯列传》
7	愿	将军孰计之	《史记·项羽本纪》
8	愿	大王孰察之	《汉书·邹阳传》
9	愿	足下详察之	《史记·淮阴侯列传》
10	愿	足下深虑之	《史记·淮阴侯列传》
11	愿	陛下少留意（焉）	《史记·李斯列传》
12	愿	子遂之	《史记·李斯列传》
13	愿	伯具言臣之不敢倍德（也）	《史记·项羽本纪》
14	愿	太傅更虑之	《史记·刺客列传》
15	愿	君必察之	《韩非子·奸劫弑臣》

[译文]

1. 希望您考虑这种情况。
2. 希望大王采用它。
3. 希望沛公听从樊哙的话。
4. 希望大王放弃齐国，先攻打越国。
5. 希望公子忘掉它。
6. 希望您仔细考虑这件事。
7. 希望您仔细考虑这情况。
8. 希望大王仔细考察这件事。
9. 希望您细心地考察这些事情。
10. 希望深入地考虑这个问题。
11. 请陛下稍加注意一些。（少：通"稍"。）
12. 希望您按我说的做吧。
13. 希望您全部告诉项王，我是不敢忘恩负义的。（倍：通"背"。德：恩德。倍德：忘恩负义。）
14. 希望太傅另想别的办法。
15. 希望君王一定要明察这种情况。

[说明]

1. "愿"是动词，表示希望、愿意对方做某事，作谓语中心。"愿"的宾语是主谓短语。
2. 有些句子在主谓短语中的动词前面，常加形容词"孰""详""深""少"和副词"具""更""必"等。
3. 本句型通常省略由第一人称代词充当的主语。
4. "愿"译作"愿意""希望"，"孰"译作"仔细""周详"，"具"译作"全部"，"更"译作"重新"，"必"译作"必定"。

句型 6

[结构式] S+"勉"+"之"
　　　　　主语+"勉"+"之"
[代表句] 公子 / 勉 / 之（矣）/！
[例句]

序号	S	"勉"	"之"	引书
1	公子	勉	之（矣）	《史记·魏公子列传》
2	君	勉	之	《新序·刺奢》
3	吾子	勉	之	《左传·成公二年》
4	弟子	勉	之	《庄子·德充符》
5	子	（其）勉	之	《左传·成公十六年》
6	子	（必）勉	之	《孟子·滕文公上》

［译文］

1. 公子努力吧！
2. 君王努力吧！
3. 您努力吧！
4. 弟子们，努力啊！
5. 您还是努力做吧！
6. 你一定要努力呀！

［说明］

1. "勉"是动词，表示"努力""尽力"，作谓语中心。"之"是代词，作宾语。本句型用于表示劝勉、鼓励对方做某事。
2. 例 5 的"其"是语气词，表示祈使语气。例 6 的"必"是副词，表示"必定"，作状语。
3. "勉"译作"努力"。

第二类　命令句

命令句是说话人用生硬的语气，命令或催促对方做某事。

句型 1
［结构式］I. S+Vt+O
　　　　　主语+及物动词+宾语
［代表句］小子 / 识 / 之 /!
［例句］（表一）

序号	S	Vt	O	引书
1	小子	识	之	《礼记·檀弓上》
2	弟子	记	之	《庄子·山木》
3	汝	戒	之（哉）	《庄子·山木》
4	小子	听	之	《孟子·离娄上》
5	弟子	趣	之	《史记·滑稽列传附录》
6	子	射	诸	《礼记·檀弓下》
7	王	负	剑	《史记·刺客列传》
8	帝	（趣）侯	信（也）	《史记·绛侯世家》
9	李凌韩延年	（趣）降		《汉书·李陵传》

［译文］

1. 学生们要记住这件事！（小子：老师对学生的称呼语。）
2. 学生们要记住！
3. 你要谨慎啊！

4. 学生们听着！

5. 徒弟去催促她！

6. 您射击他们！（诸：这里同"之"，代上文"吴师"。）

7. 大王，把剑推到后背上！

8. 皇上赶快封王信为侯吧！（侯信："侯"是名词的使动用法，"侯信"即"使信为侯"。信：这里指王皇后的哥哥王信。）

9. 李陵韩延年赶快投降！（趣：副词，赶快，急促。）

[结构式] II. S+ViPr

主语+不及物动谓

[代表句] 子 / 行（矣）/！

[例句]（表二）

序号	S	ViPr	引书
1	子	行（矣）	《汉书·邹阳传》
2	客	退（矣）	《史记·廉颇蔺相如列传》
3	丘	来前	《庄子·盗跖》
4	子房	前	《史记·留侯世家》
5	公	止	《汉书·李陵传》
6	先生	休（矣）	《战国策·齐策》
7	延掾	起（矣）	《史记·滑稽列传附录》
8	公	罢（矣）	《汉书·叔孙通传》
9	子	（亟）去	《史记·老子韩非列传》
10	汝	（可疾）去（矣）	《史记·商君列传》

[译文]

1. 您走吧！

2. 你们走吧！

3. 孔丘到前面来！（前：方位名词，这里用作动词，到前面来。例4同此。）

4. 子房到前面来！

5. 你不要说了！（止：停止。）

6. 您算了吧！

7. 延掾起来吧！

8. 您不要说了！（罢：停止。）

9. 您快走吧！

10. 您得赶快离开吧！（疾：赶快，迅速。）

[说明]

1. 本句型的结构和陈述句相同，表一例句以及物动词作谓语中心，表二例句以不及物动词作谓语。本句型多用于命令对方做某事，语气是比较生硬的；有时也用在比较特殊的场合，来不及使用礼貌的语言（如表一例 7 "王负剑"）。

2. 有些例句在动词前面加上"趣""速""亟""疾"等副词，表示时间紧迫，作状语。可以和"趣""速"等互相替换的副词还有："急""遽""立"等。

句型 2

[结构式] I. S+"必"+Vt+O
　　　　主语+"必"+及物动词+宾语

[代表句]〔子〕/ 必 / 掩 / 口 /!

[例句]（表一）

序号	S	"必"	Vt	O	引书
1	〔子〕	必	掩	口	《韩非子·内储说下》
2	〔子〕	必	（亟）听从	王言	《韩非子·内储说下》
3	吾子	必	谏		《左传·昭公二十八年》
4	〔尔〕	必	（速）祭	之	《左传·僖公四年》
5	〔王〕	必	杀	之	《史记·商君列传》
6	〔女〕	必	树	吾墓（以梓）	《史记·伍子胥列传》

[译文]

1. 你一定遮盖住嘴。
2. 你一定立即听从楚王的吩咐。
3. 你们一定要劝谏。
4. 你一定要赶快祭祀她！
5. 大王一定要杀掉他。
6. 你一定要把梓树种植在我的坟墓上。

[结构式] II. S+"必"+Vi
　　　　主语+"必"+不及物动词

[代表句] 子 / 必 / 来 /!

[例句]（表二）

序号	S	"必"	Vi	引书
1	子	必	来	《左传·昭公三十一年》
2	子	必	往	《左传·定公六年》

[译文]

1. 您一定要来。
2. 您一定要去。

[说明]

1. "必"是副词，用于命令对方一定要做某事，语气较重，作状语。

2. "必"译作"一定要""必须"。

3. 本句型副词的替换词有："必""定""当""必当"以及能愿动词"须"等。

句型3

[结构式] I. S+"第"（"弟"）+Vt+O

主语+"第"（"弟"）+及物动词+宾语

[代表句] 君 / 第 /（重）射 /。

[例句]（表一）

序号	S	"第"	Vt	O	引书
1	君	第	（重）射		《史记·孙子吴起列传》
2	〔公〕	第	举	兵	《史记·淮阴侯列传》
3	〔若〕	弟	言	之	《史记·郦生陆贾列传》
4	〔君〕	弟	从	我计	《汉书·贾捐之传》

[译文]

1. 您尽管下最大的赌注。（射：下注赌博。）

2. 您只管起兵。

3. 你只管把这些话说一说。（之：代词，它，这里指上文郦生向骑士自荐的话。）

4. 您尽管听从我的计策。

[结构式] II. S+"第"+Vi

主语+"第"+不及物动词

[代表句] 君 / 第 / 去 /。

[例句]（表二）

序号	S	"第"	Vi	引书
1	君	第	去	《史记·袁盎晁错列传》
2	汝	第	往	《史记·张丞相列传》

[译文]

1. 您只管逃走。（去：离开。）

2. 你只管前去。

[说明]

1. "第"（"弟"）是副词，用于要求对方无须拘束地去做某事，不必有所顾虑。

2. "第""弟"译作"尽管""只管"。

3. 本句型副词的替换词有："第""弟""但""苟""地"等。

句型4

[结构式] V-Non-S-PrS（V/VP）

动词性非主谓句（动/动词短语）

［例句］

序号	V-Non-S-PrS	引书
1	前	《史记·李将军列传》
2	走	《史记·郦生陆贾列传》
3	退	《韩非子·十过》
4	止	《汉书·霍光传》
5	来	《庄子·秋水》
6	往（矣）	《庄子·秋水》
7	急击	《史记·项羽本纪》
8	急引兵西击秦	《史记·项羽本纪》
9	可疾去（矣）	《史记·越王勾践世家》
10	趣下	《史记·郦生陆贾列传》
11	亟还（之）	《汉书·匈奴传》
12	戒之	《孟子·梁惠王下》
13	驱之	《汉书·王尊传》
14	备之	《汉书·袁盎传》

［译文］

1. 前进！
2. 快去！（走：古代汉语的本义为疾行，跑。）
3. 退下去！（退：后退。）
4. 停下来！
5. 走过来！
6. 去吧！
7. 赶快进攻！
8. 赶快带兵向西去攻打秦军！
9. 可以赶快离开了。
10. 赶快投降！（趣：副词，赶快，急速。下：投降。）
11. 赶快把他们送回。
12. 要警惕啊！（戒：警戒，防备。）
13. 快跑！
14. 要戒备啊！

［说明］

1. 本句型是动词性非主谓句，由单个动词或动词短语构成，常用于催促对方做某事，或者向自己的部下发出强制性的命令，语气比较生硬。
2. 有些例句在动词前面加上"急""亟""疾""趣"等副词，表示时间紧迫，作状语。

第三类 禁止句

禁止句是说话人用禁止或劝告的语气，使对方不做什么事。

句型 1

[结构式] I. S+"无"（"毋""勿"）+Vt+O

主语+"无"（"毋""勿"）+及物动词+宾语

[代表句] 王 / 无 / 罪 / 岁 /！

[例句]（表一）

序号	S	"无"	Vt	O	引书
1	王	无	罪	岁	《孟子·梁惠王上》
2	〔君子〕	无	友	不如己者	《论语·学而》
3	〔子〕	无	污	我	《史记·老子韩非列传》
4	〔王〕	无	望	民之多于邻国（也）	《孟子·梁惠王上》
5	吾子	（其）无	废	先君之功	《左传·隐公三年》
6	〔大王〕	毋	内	诸侯	《史记·项羽本纪》
7	〔汝〕	毋	（妄）言		《史记·项羽本纪》
8	君	勿	听		《韩非子·说林上》
9		勿	欺（也）		《论语·宪问》

[译文]

1. 王不要归罪于年成不好。（罪：名词用作动词，归罪。）
2. 君子不要跟不如自己的人交朋友。（友：名词用作动词，交朋友。）
3. 您不要玷污我。
4. 王不要期望您国家的人民比邻国增多了。
5. 您不要废弃先王的功业。
6. 您不要让诸侯进来。（内：同"纳"，接纳。）
7. 你不要乱说。
8. 君王不要听信这些话。
9. （臣子）不要欺骗（国君）。

[结构式] II. S+"毋"+Vi

主语+"毋"+不及物动词

[代表句] 王 / 毋 / 行（矣）/！

[例句]（表二）

序号	S	"毋"	Vi	引书
1	王	毋	行（矣）	《战国策·魏策》
2	〔子〕	毋	死	《左传·文公十年》
3	王	勿	忧	《战国策·魏策》

[译文]

1. 大王不要去了！
2. 您不要自杀。
3. 大王不要忧虑！

[说明]

1. "无"（"毋""勿"）是否定副词（"无"通"毋"），表示禁止或劝阻对方做某事，作状语。
2. "毋"（"无"）的语法作用和"不"相当，"勿"的语法作用和"弗"相当。"毋"后面的动词一般带宾语，"勿"后面的动词一般不带宾语（可参见第一编、Ⅱ、十二、句型3）。"勿"后面的动词偶尔也有带宾语的，如：

   百亩之田，勿夺其时。（《孟子·梁惠王上》）

   给每户一百亩土地，还不要侵占他们的农作时间。
3. "无""毋""勿"译作"不要""别"。
4. 本句型否定副词的替换词有："毋""无""勿""罔""末""莫""不""曼"等。

[附] 相关句型：

   S+"无"（"毋""勿"）+O（Pron）+Vt

   主语+"无"（"毋""勿"）+宾语（代）+及物动词

   尔无我虞。（《左传·宣公十五年》）

   你不要欺骗我。（虞：欺骗。）

   否定副词"无"用于表示禁止。否定句动词的宾语是代词，这个代词宾语要放在动词前面。

句型 2

[结构式] Ⅰ. S+"慎"（"必""幸"）+"无"（"毋""勿"）+Vt+O

　　　　　主语+"慎"（"必""幸"）+"无"（"毋""勿"）+及物动词+宾语

[代表句]〔若〕/ 慎无 / 反 /。

[例句]（表一）

序号	S	"慎"	"无"	Vt	O	引书
1	〔若〕	慎	无	反		《史记·吴王濞列传》
2	〔汝〕	慎	毋	为	劳力事	《史记·扁鹊仓公列传》
3	汝	必	无	受	利地	《列子·说符》
4	〔仆〕	幸	勿	为	过	《汉书·司马迁传》

[译文]

1. 你千万不要反叛！
2. 你千万不要做辛劳用力的事。
3. 你一定不要接受肥沃的土地！（利地：肥沃的土地。）
4. 我希望您不要责怪。

[结构式] II. S+"慎"("必")+"毋"("勿""无")+Vi
　　　　　主语+"慎"("必")+"毋"("勿""无")+不及物动词
[代表句]〔若〕/ 慎毋 / 留 /。
[例句]（表二）

序号	S	"慎"	"无"	Vi	引书
1	〔若〕	慎	毋	留	《史记·越王勾践世家》
2	〔将军〕	慎	勿	（与〔之〕）战	《史记·高祖本纪》
3	子	必	无	往	《左传·昭公二十七年》

[译文]
1. 你千万不要停留！
2. 您千万不要对汉军应战。（之：介词"与"后面省略了代词"之"字，"之"代汉军。）
3. 您一定不要前去！

[说明]
1. "慎"（"必""幸"）是副词。"慎""必"表示要求对方必定做某事。"幸"表示希冀对方做某事。"无"（"毋""勿"）是否定副词。"慎（必、幸）无（毋、勿）"表示禁阻的语气更重，作状语。
2. 带有"慎无（毋、勿）"的句子通常省略主语。
3. "慎"译作"千万""切"，"必"译作"必定""一定"，"幸"译作"希望"，"无""毋""勿"译作"不要""别"。

句型 3
[结构式]"愿"+O（S+"毋"/"无"/"勿"+V+O）
　　　　　"愿"+宾语（主+"毋"/"无"/"勿"+动+宾）
[代表句] 愿 / 大王毋爱财物 /。
[例句]

序号	"愿"	O				引书
		S	"毋"	V	O	
1	愿	大王	毋	爱	财物	《史记·秦始皇本纪》
2	愿	陈子	（闭口）毋	（复）言		《史记·张仪列传》
3	愿	上	无	（与楚人）争	锋	《史记·留侯世家》
4	愿	先生	勿	泄（也）		《史记·刺客列传》
5	愿	〔将军〕	勿	斩（也）		《史记·孙子吴起列传》
6	愿	将军	勿	虑		《三国志·周瑜传注》
7	愿	诸君	勿	（复）言		《三国志·诸葛亮传》

[译文]
1. 希望大王不要吝惜财物。

2.　希望陈先生闭口不要再谈。

3.　希望皇上不要跟楚国争高低。

4.　希望先生不要泄露啊！

5.　希望你不要杀他们啊！

6.　希望将军不要忧虑。

7.　希望各位不要再讲。

[说明]

1.　"愿"是动词，表示希冀或愿望，作谓语中心。"愿"的宾语是个主谓短语。

2.　"毋"（"无""勿"）是否定副词，放在主谓短语中动词前面，作状语。

3.　"愿"与"毋"（"无""勿"）前后呼应，表示说话人委婉地、有礼貌地劝阻对方不要做某事，所以多用于下对上的劝谏。

4.　本句型通常省略了由第一人称代词充当的主语。

5.　"愿"译作"希望""请"，"毋""无""勿"译作"不要""别"。

第三部分　感叹句

感叹句是表示说话人的各种感情的。人们的感情主要有：惊讶、悲伤、惋惜、厌恶、愤怒、喜悦、赞赏等。

常见的感叹语气词有："哉""夫""乎""也""矣"等，译作"啊""呀""吧""啦"。例如：

1. 贤哉孟舒！（《史记·田叔列传》）

2. 逝者如斯夫！（《论语·子罕》）

3. 参乎！（《论语·里仁》）

4. 乱我家者，太子也！（《汉书·元帝纪》）

5. 事急矣！（《汉书·高帝纪》）

第一类　主谓倒置句

这类句型的语序是：主谓倒置，即谓语在前，主语在后。这是为了表达说话人的激动感情，所以把感叹中心词语提前，然后再说主语。所谓感叹中心，是指某一事物的引起人们感叹的某种属性。这类是表达强烈感叹语气的句型。

这类句型句尾可以不使用感叹语气词，但谓语和主语中间必须使用感叹语气词。

句型 1

[结构式] APr+ "哉" （"夫" "矣" "乎" "矣哉" "矣乎" "矣夫" "哉乎"） +S〈+ "也" （"矣" "乎"）〉

形谓+ "哉" （"夫" "矣" "乎" "矣哉" "矣乎" "矣夫" "哉乎"） +主语〈+ "也" （"矣" "乎"）〉

[代表句] 野哉 /，由也 /！

[例句]

序号	APr	"哉"	S	"也"	引书
1	野	哉	由	也	《论语·子路》
2	直	哉	史鱼		《论语·卫灵公》
3	贤	哉	孟舒		《史记·田叔列传》
4	美	哉	室		《左传·昭公二十六年》
5	大	哉	言	矣	《孟子·梁惠王下》
6	善	哉	问	也	《孟子·梁惠王下》
7	富	哉	言	乎	《论语·颜渊》
8	大	哉	死	乎	《荀子·大略》
9	善	哉	问	乎	《庄子·人间世》
10	详	哉	其言之	也	《史记·管晏列传》
11	固	哉	高叟之为诗	也	《孟子·告子下》
12	仁	夫	公子重耳		《礼记·檀弓上》
13	鲜	矣	仁		《论语·学而》
14	幸	矣	子之不过治世之君	也	《庄子·天运》
15	焕	乎	其有文章		《论语·泰伯》
16	久	矣夫	丘不与化为人		《庄子·天运》
17	久	矣哉	由之行诈	也	《论语·子罕》
18	多	矣乎	予出祖者		《礼记·檀弓上》
19	美	哉乎	山河之固		《史记·孙子吴起列传》
20	善	哉乎	鼓琴		《吕氏春秋·本味》

[译文]

1. 子路真鲁莽啊！

2. 史鱼真是刚直不屈啊！

3. 孟舒道德高尚啊！

4. 屋子真漂亮啊！

5. 您的话真英明啊！

6. 这问题问得好啊！

7. 这话意义深刻呀！

8. 死亡，很伟大啊！

410

9.　你的问题很好啊！

10.　他们说的真详尽啊！

11.　高先生解释诗太拘泥啊！

12.　公子重耳很仁慈啊！

13.　这种人的仁爱太少了。

14.　您没有遇到治世的君主很幸运啊！

15.　他的礼乐制度多么辉煌灿烂啊！

16.　我做人没有随时随物来相应变化，已很久了！（丘：孔丘自称其名。）

17.　仲由从事弄虚作假已经很久了。（诈：弄虚作假。）

18.　子游所说的祖奠仪式比我所说的好多了！（多：好，胜过。予：我。祖：祭名。古人葬礼，枢车出行以前祭祀路神。《左传·昭公七年》注："祖，祭道神。"）

19.　山河险要稳固，好壮美啊！

20.　弹琴弹得真好啊！

[说明]

1.　句型 1—3 是以形容词和副词作谓语。这个形容词（或副词）是感叹中心语。

2.　本句型的主语是名词（如例 3 的"孟舒"）、动词（如例 6 的"问"）、动词短语（如例 20 的"鼓琴"）或主谓短语（如例 11 的"高叟之为诗"）。

3.　本句型句中常使用"哉""夫""矣""乎""矣哉""矣乎""矣夫""哉乎"等语气词（其中"矣哉""矣乎""矣夫""哉乎"等是语气词连用，表达感叹语气较强烈），句尾常使用"也""矣""乎"等语气词。

4.　这类倒置感叹句在译成现代汉语时，要把谓语移到主语后面。

5.　本句型常见形容词的替换词有："大""小""多""鲜""难""易""远""近""高""低""厚""薄""疾""徐""轻""重""智""愚""贫""富""真""信""诚""伪""善""恶""美""陋""实""虚""忠""孝""仁""贤""野""直""邪""曲""明""暗""纯""杂""详"等。

[句型转换]

　　S+APr⟹APr+"哉"（"夫""矣""哉乎"）+S ⟨+"也"（"矣"）⟩

　　主语+形谓⟹形谓+"哉"（"夫""矣""哉乎"）+主语 ⟨+"也"（"矣"）⟩

　　孟舒贤。⟹贤哉，孟舒！（本句型例 3）

　　"启贤"（第一编、Ⅲ、一、句型 1 例 2）是陈述语气的描写句，前句型"孟舒贤"和"启贤"结构相同。如果把谓语"贤"移到主语"孟舒"前面，并且在谓语后面加上感叹语气词，这样就转换成后句型："贤哉，孟舒！"这是用移位与添加的方法，转换成另一句型的。本式属于陈述句与感叹句的转换。

句型 2

[结构式] APr（RA）+"乎"+S ⟨+"焉"（"也"）⟩

　　　　　形谓（叠字形）+"乎"+主语 ⟨+"焉"（"也"）⟩

[代表句] 巍巍乎 /，舜禹之有天下也而不与焉 /！

[例句]

序号	APr	"乎"	S	"焉"	引书
1	巍巍	乎	舜禹之有天下也而不与	焉	《论语·泰伯》
2	巍巍	乎	其有成功	也	《论语·泰伯》
3	荡荡	乎	民无能名	焉	《论语·泰伯》
4	渊渊	乎	其若海		《庄子·知北游》
5	巍巍	乎	其若山		《庄子·知北游》
6	广广	乎	其无不容	也	《庄子·天道》
7	渊渊	乎	其不可测	也	《庄子·天道》
8	昭昭	乎	其知之明	也	《荀子·赋》
9	郁郁	乎	其遇时之不祥	也	《荀子·赋》
10	巍巍	乎	若太山		《吕氏春秋·本味》
11	汤汤	乎	若流水		《吕氏春秋·本味》
12	郁郁	乎	文	哉	《论语·八佾》

[译文]

1. 舜和禹得到天下，不是靠夺取得来的，真伟大啊！（也：句中语气词，表示停顿，不译。与：参与，这里有"夺取"的意思。）
2. 他建立的功业，多么伟大啊！
3. 老百姓不知道怎样来赞美他，他的恩德真广大啊！
4. 道好像大海一样，多么深广啊！
5. 道好像高山一样，多么高大啊！
6. 道没有什么不能包容的，多么宽广啊！
7. 道是不可以测量的，多么渊深啊！
8. 他们的智慧高明，多么明显啊！
9. 他们的命运不吉祥，多么烦闷啊！
10. 就像高山一样，多么巍峨啊！
11. 〔弹琴声〕就像流水一样，多么激荡啊！
12. 周朝的礼仪制度，多么丰富多彩啊！（文：礼仪制度，这里指周朝的礼仪制度。）

[说明]

1. 本句型的谓语是形容词叠字，这种句子多用于表达赞扬的感情。
2. 本句型的主语多数是主谓短语（如例2的"其有成功"）；少数是动词短语（如例10的"若太山"）或名词（如例12的"文"）。
3. 本句型句中常使用语气词"乎"，句尾常用语气词"焉""也"等。
4. 本句型常见形容词叠字的替换词有："巍巍""荡荡""汤汤""渊渊""扬扬""录录""苍苍""汪汪""赫赫""融融""泄泄""匈匈""郁郁""皦皦""皓皓""鳞鳞""萧萧""区区""泱泱""洋洋""沨沨""恢恢""昭昭""广广"等。

A+"哉"+A+"乎"+S〈+"也"〉

形容词+"哉"+形容词+"乎"+主语〈+"也"〉

美哉渊乎，忧而不困者也！(《史记·吴太伯世家》)

美好啊！音调深沉情绪忧伤却不困惑的乐曲啊。

这个句型是以并列的形容词作谓语。并列形容词后面分别使用语气词"哉""乎"等。

句型 3

[结构式]"甚"+"矣"("矣哉""矣夫""乎""哉")+S〈+"也"〉

　　　　"甚"+"矣"("矣哉""矣夫""乎""哉")+主语〈+"也"〉

[代表句] 甚矣 /，吾衰也 /！

[例句]

序号	"甚"	"矣"	S	"也"	引书
1	甚	矣	吾衰	也	《论语·述而》
2	甚	矣	其惑	也	《左传·昭公二十七年》
3	甚	矣	汝之不惠		《列子·汤问》
4	甚	矣	子之难悟	也	《庄子·渔父》
5	甚	矣	子之好学	也	《庄子·渔父》
6	甚	矣	先生之毁儒	也	《墨子·公孟》
7	甚	矣	鲁侯之淑鲁侯之美	也	《公羊传·庄公十二年》
8	(亦太)甚	矣	先生之言	也	《史记·鲁仲连邹阳列传》
9	甚	矣	惫		《公羊传·宣公十五年》
10	甚	矣	其城杞	也	《左传·襄公二十九年》
11	甚	哉	其相蒙	也	《左传·昭公八年》
12	甚	矣哉	子之为此来	也	《左传·昭公三年》
13	甚	矣夫	好知之乱天下	也	《庄子·胠箧》
14	甚	矣夫	人之难说	也	《庄子·天运》
			道之难明	邪	

[译文]

1.　我衰老得多么厉害啊！

2.　您的昏乱太严重了！

3.　你的愚蠢太严重了！(惠：通"慧"，聪明。)

4.　您太难省悟了！

5.　您太爱好学习了！

6.　您诋毁儒家，太过分了！

7.　鲁侯太善良，鲁侯太美好啊！(淑：善良。)

8.　您的话太过分了！

9. 疲乏太严重了！

10. 他为杞国筑城，太过分了！（城：这里名词用作动词，筑城。）

11. 大家互相欺骗太厉害了！（蒙：欺骗。）

12. 您为这件事前来，太过分了！

13. 爱好智慧造成搅乱天下，太严重了！

14. 是诸位国君非常难以说服呢？还是王道非常难以阐明发扬呢？

[说明]

1. "甚"是副词，表示某种状态或某种行为具有很深的程度，作谓语或谓语中心。

2. 本句型的主语是名词短语（如例 8 的"先生之言"）、形容词（如例 9 的"惫"）或主谓短语（如例 1 的"吾衰"）。

3. 本句型句中常使用语气词"矣""乎""哉""矣哉""矣夫"（其中"矣哉""矣夫"是语气词连用，表达感叹语气更强烈），句尾常使用语气词"也"。

[附] 相关句型：

"宜"+"乎"+S〈+"也"〉

"宜"+"乎"+主语〈+"也"〉

宜乎，百姓之谓我爱也！（《孟子·梁惠王上》）

老百姓说我吝啬，是应当的呀！

能愿动词"宜"作谓语，为了表达强烈的感叹语气，提到主语前面。

句型 4

[结构式] NPr+"哉"+S〈+"也"〉

　　　　　名谓+"哉"+主语〈+"也"〉

[代表句] 君子哉 /，蘧伯玉 /！

[例句]

序号	NPr	"哉"	S	"也"	引书
1	君子	哉	蘧伯玉		《论语·卫灵公》
2	君子	哉	若人		《论语·宪问》
3	小人	哉	樊须	也	《论语·子路》
4	君	哉	舜	也	《孟子·滕文公上》

[译文]

1. 蘧伯玉真是君子啊！

2. 这个人真是君子啊！

3. 樊须真是小人啊！

4. 舜是贤德的君主啊！

[说明]

1. 本句型是以名词或名词短语作谓语，这个名词或名词短语是感叹中心的词语。这是感叹语气的判断句，多用于表达对某人的赞扬或憎恨。

2. 本句型句中常使用语气词"哉"，句尾常使用语气词"也"。

句型 5

[结构式] I. Vt+O+ "哉" +S 〈+ "也" （"乎"）〉
　　　　　　　及物动词+宾语+ "哉" +主语 〈+ "也" （"乎"）〉
[代表句] 尚 / 德哉 /，若人 /！
[例句]（表一）

序号	Vt	O	"哉"	S	"也"	引书
1	尚	德	哉	若人		《论语·宪问》
2	有	心	哉	击磬	乎	《论语·宪问》
3	有	是	哉	子之迂	也	《论语·子路》

[译文]
1. 这个人真是崇尚道德啊！
2. 这个人敲磬，有心思啊！
3. 您的迂腐，到了这种地步啊！

[结构式] II. ViPr+ "矣" （"夫" "哉" "乎"） +S 〈+ "也" （"哉"）〉
　　　　　　　不及物动谓+ "矣" （"夫" "哉" "乎"） +主语 〈+ "也" （"哉"）〉
[代表句] 死矣 /，盆成括 /！
[例句]（表二）

序号	ViPr	"矣"	S	"也"	引书
1	死	矣	盆成括		《孟子·尽心下》
2	冤	哉	烹	也	《史记·淮阴侯列传》
3	惜	乎	子不遇时		《史记·李将军列传》
4	惜	乎	夫子之说君子	也	《论语·颜渊》
5	惜	乎	而夫子其穷	哉	《庄子·天运》
6	惜	哉	其不讲于刺剑之术	也	《史记·刺客列传》

[译文]
1. 盆成括要死了！（盆成括：姓盆成，名括，曾想投孟子门下学习，由于恃才妄作，终于取祸。）
2. 煮死我，冤枉啊！
3. 你没有遇到好时机，可惜啊！（时：时机。）
4. 您这样评论君子，可惜啊！（夫子：古代对大夫的尊称，这里指棘子成。意思是说可惜他说的话不正确。）
5. 你的老师将要遭受穷困了，可惜啊！（穷：古代汉语本义是阻塞不通，与"通"义相反。引申为生活困难，这里指孔子游历各国时遭受穷困。）

6. 他不求精于刺剑的技艺，可惜呀！

[说明]

1. 表一例句是以及物动词作谓语中心，表二例句是以不及物动词作谓语，这些动词作感叹中心。这是感叹语气的叙述句。

2. 本句型的主语是名词（如表二例 1 的"盆成括"）、名词短语（如表一例 1 的"若人"）、动词（如表二例 2 的"烹"）、动词短语（如表一例 2 的"击磬"）或主谓短语（如表二例 4 的"夫子之说君子"）。

3. 本句型句中常使用"哉""矣""夫""乎"等语气词，句尾常使用"也""乎""哉"等语气词。

第二类　主谓顺序句

这类句型的语序和陈述句完全相同，即主语在前，谓语在后。

句型 1

[结构式] S〈+"之"〉+APr+"矣"（"矣夫""也夫""哉""也"）
　　　　主语〈+"之"〉+形谓+"矣"（"矣夫""也夫""哉""也"）

[代表句] 事 / 急矣 /！

[例句]

序号	S	"之"	APr	"矣"	引书
1	事		急	矣	《汉书·高帝纪》
2	齿		（亦）老	矣	《史记·晋世家》
3	而志		（不）远	矣	《史记·孔子世家》
4	此		迫	矣	《史记·项羽本纪》
5	吾		过	矣	《礼记·檀弓上》
6	三年之丧		（亦已）久	矣夫	《礼记·檀弓上》
7	公父氏之妇		智	也夫	《国语·鲁语》
8	管仲之器		小	哉	《论语·八佾》
9	世之言梁多长者		（不）虚	哉	《史记·韩长孺列传》
10	予	之	（不）仁	也	《论语·阳货》
11	由	之	野	也	《韩非子·外储说右上》
12	公孙	之	亟	也	《左传·襄公二十四年》

[译文]

1. 事情很紧急了！

2. 我的马也老了！（齿：马齿，实指马的年龄。这里戏谈尚息年龄大。）

3. 你的志向太不远大了。（而：代词，你，你的。）

4. 这太急迫了!

5. 我错了!

6. 三年的丧期,也已经很久了!

7. 公父氏的妇人很聪明啊!

8. 管仲的器量很狭小啊!

9. 世人都说:"梁国有很多忠厚的人。"这话不假呀!(长者:有德行的人,性情敦厚的人。)

10. 宰予这么不仁爱啊!

11. 仲由这样粗野啊!

12. 公孙的性格这么急躁啊!

[说明]

1. 本句型是以形容词作谓语,这是感叹语气的描写句。

2. 本句型句尾必须使用"矣""哉""也"等语气词。"矣夫""也夫"是语气词连用,语气重点落在最后一个语气词上。

3. 形容词是感叹中心的词语。有的句子在感叹中心词语前面,加助词"之"作标志(如例10—12)。这种句子较少见。

4. "之"译作"这样""这么",也可以不译。

句型 2

[结构式] S+NPr〈+"也"("哉""矣""夫""已夫""也夫""乎哉")〉

　　　　主语+名谓〈+"也"("哉""矣""夫""已夫""也夫""乎哉")〉

[代表句] 乱我家者 /,太子也 /!

[例句]

序号	S	NPr	"也"	引书
1	乱我家者	太子	也	《汉书·元帝纪》
2	君之所读者	古人之糟魄	已夫	《庄子·天道》
3	是	命	也夫	《汉书·司马迁传》
4	夫有道而能下于天下之士	君子	乎哉	《说苑·尊贤》
5	公	(非)长者		《汉书·韩信传》
6	是	(非)君人者之言	也	《韩非子·难一》
7	此两人	(真)倾危之士	哉	《史记·张仪列传》
8	此	(真)将军	矣	《汉书·周亚夫传》
9	率天下之人而祸仁义者	(必)子之言	夫	《孟子·告子上》

[译文]

1. 扰乱我家的是太子啊!

2. 您所读的书,是古人遗留下来的糟粕啊!(魄:通"粕"。糟粕:酒糟、豆渣一类东西,比喻无价值之物。)

3. 这是天命啊!

4. 那道德高尚而且又能够对天下的士人谦恭卑下的，真是君子啊！
5. 你不是个忠厚的人！
6. 这不是做君主的人应该说的话。
7. 这两个人是真正险诈的策士啊！（倾危：本义是"倒塌"，这里解作"险诈"。）
8. 这是真正的将军啊！
9. 带领天下的人去损害仁义，一定是您的言论啊！

[说明]

1. 本句型是以名词或名词短语作谓语，这是感叹语气的判断句。
2. 有些例句在名词谓语前面，加上否定副词"非"及副词"真""必"等，作状语。"非"表示否定判断，"真"表示判断的真实性，"必"表示判断的必然性。

句型 3

[结构式] I. S〈+ "之"〉+Vt+O〈+ "夫" ("也"）〉
    主语〈+ "之"〉+及物动词+宾语〈+ "夫" ("也"）〉
[代表句] 逝者 / 如 / 斯夫 /！
[例句]（表一）

序号	S	"之"	Vt	O	"夫"	引书
1	逝者		如	斯	夫	《论语·子罕》
2	天		丧	予		《论语·先进》
3	斯人（也）		（而）有	斯疾	也	《论语·雍也》
4	女		为	君子儒		《论语·雍也》
5	吾		无	罪		《史记·秦始皇本纪》
6	季子		欺	予		《史记·晋世家》
7	〔竖儒〕		（几）败	乃公事		《汉书·张良传》
8	陈孺子	之	为	宰		《史记·陈丞相世家》
9	予	之	无	罪	也	《礼记·檀弓上》

[译文]

1. 失去的时光就像这流水一样吧！
2. 上天要灭亡我啊！（丧：灭亡，毁灭。）
3. 这样的好人竟有这样的病啊！
4. 你要做一个道德高尚的读书人！
5. 我没有罪过！
6. 季子欺负我！
7. 混书生，你差点坏了你老子的功业！（竖儒：指没有见识的书生。这里是刘邦对郦生的蔑称。乃公：用来称自己的傲慢语，可译作"你老子"。）
8. 陈家小子真会做主持分配祭肉的人！（宰：名词，主持分配祭肉的人。）
9. 我没有罪过啊！

［结构式］II. S+ViPr〈+"矣"("耳""矣夫")〉

主语+不及物动谓〈+"矣"("耳""矣夫")〉

［代表句］由／死矣／！

［例句］（表二）

序号	S	ViPr	"矣"	引书
1	由	死	矣	《史记·仲尼弟子列传》
2	吾	死	矣夫	《孟子·离娄下》
3	我	死	耳	《史记·晋世家》

［译文］

1. 仲由死了！
2. 我要死了！
3. 我死了吧！

［说明］

1. 表一例句以及物动词作谓语中心，表二例句以不及物动词作谓语。这是感叹语气的叙述句。
2. 动词及其宾语是感叹中心词语。有的句子在感叹中心词语前面，加助词"之"作标志（如表一例 8、9）。这种句子较少见。
3. "耳"是语气词，表示决定。"矣夫"是语气词连用，语气重点落在最后的一个语气词上。

［附］相关句型有下列三个：

1. S+"宜"+"哉"

主语+"宜"+"哉"

其不失国，宜哉！（《史记·楚世家》）

他没有失去国家，应该啊！

这个句型是以能愿动词"宜"作谓语。

2. S+"如"（"若"）+"是"（"此""彼"）+"之"+Vt+O〈+"也"〉

主语+"如"（"若"）+"是"（"此""彼"）+"之"+及物动词+宾语〈+"也"〉

女（故）如是之不知礼也！（《韩非子·外储说右上》）

你原来这样的不懂得礼！

"如"是动词，表示代词"是"作"如"的宾语。动词短语"如是"放在动词"知"的前面，作状语。助词"之"放在状语和谓语中心之间，作标志。

3. V-Non-S-PrS（V/VP〈+"与"／"乎"〉）

动词性非主谓句（动/动词短语〈+"与"／"乎"〉）

归与，归与！（《论语·公冶长》）

回去吧！

这是动词性非主谓语，由单个动词或动词短语加上感叹语气词"与""乎"等构成，用于表示感叹。这个句型较少见。

第三类　疑问词引导句

在这类句型中，疑问代词"何"常放在句首，也可以放在句中感叹中心词语前面。这类句型是借用疑问语气来表示感叹语气。

句型 1

[结构式]"何"（"何如"）+ S+"之" +A〈+"也"（"邪""耶"）〉

　　　　　"何"（"何如"）+主语 +"之" +形容词〈+"也"（"邪""耶"）〉

[代表句] 何 / 德 / 之 / 衰 /!

[例句]

序号	"何"	S	"之"	A	"也"	引书
1	何	德	之	衰		《论语·微子》
2	何	先生	之	惫	邪	《庄子·山木》
3	何	其智	之	明	也	《史记·春申君列传》
4	何	秦	之	智		《战国策·齐策》
	（而）山东	之	愚	耶	
5	何	辞	之	鄙倍（而悖于所闻）	也	《盐铁论·毁学》
6	何	言	之	（不）实	也	《三国志·武帝纪注》
7	何如	德	之	衰	也	《庄子·人间世》

[译文]

1. 道德怎么这么衰败啊！
2. 您怎么这样困乏啊！（惫：疲惫，困乏。）
3. 他的智慧多么卓越啊！
4. 秦国多么明智，山东六国却那么愚蠢啊！
5. 你们说的话怎么这么粗野、违背常理、和听到的完全相反啊！（鄙：粗野鄙陋。倍：通"背"，违背。）
6. 你说的话怎么这么不真实啊！
7. 道德怎么这么衰败啊！

[说明]

1. 句型 1、2 是以形容词作谓语中心，这个形容词是感叹中心的词语。
2. "何"是疑问代词。"何如"是短语，其中"如"是动词，本句型使用"何如"的情况很罕见。"何""何如"作状语。
3. "之"是助词，放在感叹中心词语前面，作标志。
4. 在这类句型中，语气词"也""邪""耶"等，与"何"互相呼应，表示感叹。
5. "何（何如）……之……"译作"怎么……这么……""怎么这么"。

句型 **2**

[结构式] S+"何"("何其""一何""壹何")+A 〈+"也"〉

主语+"何"("何其""一何""壹何")+形容词 〈+"也"〉

[代表句] 太子 / 何 / 忍也 /!

[例句]

序号	S	"何"	A	"也"	引书
1	太子	何	忍	也	《史记·晋世家》
2	〔王将军〕	何	怯	也	《史记·王翦列传》
3	巫妪	何	久	也	《史记·滑稽列传附录》
4	〔女〕	何	肥	也	《左传·哀公二十五年》
5	〔女〕	何其	速	也	《左传·僖公二十四年》
6	天下	何其	嚣嚣	也	《庄子·骈拇》
7	〔道之所在〕	何其	下	邪	《庄子·知北游》
8	〔道之所在〕	何其	(愈)下	邪	《庄子·知北游》
9	〔观庆父及叔牙闵公之际〕	何其	乱	也	《史记·鲁周公世家》
10	行事	何其	戾	也	《史记·鲁周公世家》
11	〔诛诸吕立孝文为汉伊周〕	何其	盛	也	《汉书·周勃传赞》
12	〔陛下与臣等〕	何其	壮	也	《汉书·樊哙传》
13	〔陛下与臣等〕	(又)何	惫	也	《汉书·樊哙传》
14	〔朔〕(拔剑割肉)	壹何	壮	也	《汉书·东方朔传》
15	〔朔〕(割之不多)	(又)何	廉	也	《汉书·东方朔传》
16	〔朔〕(归遗细君)	(又)何	仁	也	《汉书·东方朔传》

[译文]

1. 太子怎么这么残忍啊!

2. 王将军多么胆怯呀!

3. 巫婆怎么去了这么长时间啊!

4. 你怎么这么肥胖啊!

5. 你为什么那么快啊!

6. 天下的人为什么这样吵吵嚷嚷啊!(嚣嚣:喧哗,吵闹。)

7. 道存在的地方为什么这么低下啊!

8. 道存在的地方为什么这么更加低下啊!

9. 考察庆父和叔牙、闵公时期,多么混乱啊!

10. 处理事务怎么这样暴戾啊!

11. 周勃杀掉众位吕氏宗亲,辅佐孝文帝登基,担负起汉朝时期伊尹周公般的重任,功业多么昌盛啊!

12. 陛下和我们这些臣子们多么雄壮啊!

13. 陛下和我们这些臣子们又多么疲乏啊!

14. （拔出剑来，割下一块肉，）我多么雄壮啊！（朔：东方朔自称其名，例 15、16 同此。）

15. （割下的肉很少，）我又多么清廉啊！

16. （回家把肉送给我的妻，）我又多么仁爱啊！

[说明]

1. "何"是疑问代词，"何其"中的"其"是词尾。"一何""壹何"是短语，其中"一""壹"是副词。"何""何其"等放在形容词前面，表示程度之深，作状语。

2. 本句型的主语是名词（如例 1 的"太子"）或动词短语（如例 14 的"拔剑割肉"）。

3. "何""何其""一何""壹何"译作"多么""怎么这么"。

[附] 相关句型：

S+"何"+"若"（"如"）+"是"（"此""彼"）+"之"+A〈+"也"〉

主语+"何"+"若"（"如"）+"是"（"此""彼"）+"之"+形容词〈+"也"〉

齐王何若是之贤也！（《韩非子·外储说右下》）

齐王怎么这样贤明啊！

动宾词组"若是"放在形容词"贤"的前面，作状语。助词"之"放在状语和谓语中心之间，作标志。

句型 3

[结构式] S+"何"+V+"之"+C〈+"也"〉

　　　　　主语+"何"+动词+"之"+补语〈+"也"〉

[代表句] 君 / 何 / 言 / 之误 /！

[例句]

序号	S	"何"	V	"之"	C	"也"	引书
1	君	何	言	之	误		《史记·张耳陈馀列传》
2	生	何	言	之	谀		《汉书·叔孙通传》
3	君	何	见	之	晚	也	《史记·廉颇蔺相如列传》
4	大姊	何	藏	之	深	也	《史记·外戚世家》
5	〔足下〕	何	念	之	深	也	《史记·郦生陆贾列传》
6	〔唐〕	何	忧	之	远	也	《左传·襄公二十九年》

[译文]

1. 您说话怎么这么荒谬！

2. 先生说话怎么这么谀媚！（谀：谀媚奉承。）

3. 您的看法怎么这么迟钝！（见：见解，看法。晚：迟钝，滞后。）

4. 大姐，您怎么隐藏得这么深啊！

5. 您的忧虑怎么这么深重啊！

6. 歌唱唐的乐曲体现忧思怎么那样深远啊！

[说明]

1. "何"是疑问代词，放在动词前面，作状语。动词后面的形容词，表示动作行为的程度，作补语。这个形容词是感叹中心的词语。

2. "之"是助词，放在感叹中心词语前面，作标志。

3. "何……之……"译作"怎么……这么……""怎么这么"。

[附]相关句型有下列四个：

1. S+"何"（"一何"）+Vt+O〈+"也"〉

   主语+"何"（"一何"）+及物动词+宾语〈+"也"〉

   一何不远人事也！（《列女传·仁智》）

   多么不懂人间事理呀！

   这个句型是以及物动词作谓语中心。

2. S+V+C（"何"/"何其"+A）〈+"也"〉

   主语+动词+补语（"何"/"何其"+形）〈+"也"〉

   来何疾也！（《战国策·齐策》）

   先生回来得怎么这么快呀！

   这个句型是以动词作谓语中心，后面充当补语的是个偏正短语，形容词作中心语，"何"作定语。例句的主语因对话省略。

3. "何"+S+"之"+Vt+O

   "何"+主语+"之"+及物动词+宾语

   何许子之不惮烦！（《孟子·滕文公上》）

   许先生为什么这样不怕麻烦！

   这个句型是以及物动词作谓语中心，后面带有宾语。助词"之"放在感叹中心词语（动词及其宾语）前面，作标志。疑问代词"何"放在句首。

4. "何"+S++Vt+O+"之"+C〈+"也"〉

   "何"+主语+及物动词+宾语+"之"+补语〈+"也"〉

   何足下拒仆之深也！（《史记·季布栾布列传》）

   您为什么这样坚决地拒绝我呀！

   "何"放在句首。动词及其宾语后面的形容词，作补语。"之"放在感叹中心词语（形容词）前面，作标志。

第四类　非主谓句

句型 1

[结构式] A-Non-S-PrS（A/AP+"哉"/"夫"/"矣"/"矣哉"/"矣夫"）

　　　　　形容词性非主谓句（形/形容词短语+"哉"/"夫"/"矣"/"矣哉"/"矣夫"）

[代表句] 善哉！

序号	A-Non-S-PrS	引书
1	善哉	《墨子·公输》
2	仁哉	《汉书·文帝纪》
3	不祥哉	《韩非子·外储说右上》
4	善夫	《论语·子路》
5	悲夫	《贾谊集·大都》
6	忠矣	《论语·公冶长》
7	信矣	《汉书·樊哙传赞》
8	庶矣哉	《论语·子路》
9	盛矣哉	《汉书·萧何传赞》
10	难矣哉	《论语·卫灵公》
11	圣矣夫	《汉书·张良传赞》

[译文]

1. 好啊！
2. 仁慈啊！
3. 不吉利啊！
4. 说得对啊！
5. 悲哀啊！
6. 忠诚啊！
7. 真对啊！（信：言语真实。）
8. 人口真多啊！（庶：众多。）
9. （萧何的功绩）盛大啊！
10. 很不好办啊！（难：困难，艰难。）
11. （刘邦的预见）圣明啊！

[说明]

1. 本句型是形容词性非主谓句，由形容词或形容词短语构成，用于表示说话人对某人或某事产生的赞叹、悲伤等情绪。
2. 本句型句尾必须使用"哉""夫""矣"等感叹语气词。"矣哉""矣夫"是语气词连用，语气重点落在最后一个语气词上。

句型 2

[结构式] N-Non-S-PrS（N/NP〈+"乎"〉）

　　　　　名词性非主谓句（名/名词短语〈+"乎"〉）

[代表句] 公孙！

［例句］

序号	N-Non-S-PrS	引书
1	公孙	《左传·襄公二十四年》
2	竖儒	《汉书·郦食其传》
3	齐虏	《汉书·刘敬传》
4	参乎	《论语·里仁》
5	贤人乎	《史记·楚元王世家》
6	父邪	《庄子·大宗师》
7	母邪	《庄子·大宗师》
8	天乎	《庄子·大宗师》
9	人乎	《庄子·大宗师》
10	吾师乎	《庄子·大宗师》
11	君子哉	《论语·卫灵公》

［译文］

1. 公孙！
2. 书呆子（混书生）！（竖儒：骂人语，指没有远见的儒生。竖：竖子，小子。）
3. 齐地的奴才！（虏：俘虏，奴隶，这里是蔑称。）
4. 曾参啊！
5. 贤明的人啊！
6. 父亲啊！
7. 母亲啊！
8. 天啊！
9. 人啊！
10. 我的宗师啊！（吾师：我的老师，这里可译为"我的宗师"。因庄子尊天道为师，所以"吾师"即指天道。宗师是指受一代人尊敬、奉为师表的人。）
11. 真是位有道德的人啊！

［说明］

本句型是名词性非主谓句，由名词或名词短语构成，用于表示呼唤，同时也表达了说话人的赞美、悲伤或憎恨等各种感情。

句型 3

［结构式］ SInt（Int）

　　　　叹词句（叹）

［代表句］ 呜呼！

[例句]

序号	SInt	引书
1	呜呼	《论语·八佾》
2	噫	《论语·先进》
3	唉	《史记·项羽本纪》
4	嘻	《礼记·檀弓上》
5	呼	《礼记·檀弓上》
6	吓	《庄子·秋水》
7	嚄	《史记·外戚世家》
8	吁	《史记·廉颇蔺相如列传》
9	恶	《孟子·公孙丑上》
10	咄	《汉书·东方朔传》
11	嗟	《礼记·檀弓下》
12	嗟乎	《史记·陈涉世家》
13	叱嗟	《战国策·赵策》

[译文]

1. 哎呀！（这里表示感叹、叹息。其下文是："曾谓泰山不如林放乎！"可译为"竟然说泰山之神不如林放懂得礼吗？"）

2. 咳！（这里表示哀伤、痛惜。其下文是："天丧予！"可译为"上天要夺走我的命啊！"）

3. 唉！（这里表示强烈的感叹，且有愤恨。其下文是："竖子不足与谋！"可译为"这小子不值得跟他商量大事。"）

4. 唉！（这里表示哀伤，且不同意对方的做法。其下文是："其甚也。"可译为"那太过分了。"）

5. 呼！（可不译。这里表示惊讶、叹息。其上文是："曾子闻之，瞿然曰。"可译为"曾子听到了，忽然惊醒起来说。"瞿然：惊恐的样子。）

6. 吓！（可不译。这里表示发怒并恐吓对方。其上文是："于是鸱得腐鼠，鹓鶵过之，仰而视之曰。"可译为"有一只猫头鹰找到一只腐烂的老鼠，鹓鶵恰巧飞过，猫头鹰仰起头来看着它说。"）

7. 哎呀！（这里表示惊讶。其下文是："大姊，何藏之深也！"可译为"大姐，为什么隐匿得这么深呢！"）

8. 唉！（这里表示惊诧及责怪。其下文是："君何见之晚也！"可译为"您的见识多么迟钝啊！"）

9. 唉！（这里表示惊讶并反驳对方。其下文是："是何言也？"可译为"这是什么话？"）

10. 呸！（这里表示轻蔑、呵斥。其下文是："口无毛，声謷謷，尻益高。"可译为"嘴上没有毛，嗷嗷在哭叫，臀越来越高。"謷：通"嗷"。謷謷：哀鸣声。尻：臀部。）

11. 喂！（这里表示轻蔑、冷漠。其下文是："来食！"可译为"过来吃呀！"）

12. 唉！（这里表示感叹、抒情。其下文是："燕雀安之鸿鹄之志哉！"可译为"燕子、麻雀怎能知道大雁、天鹅的志向啊!")

13. 呸!(这里表示发怒,欲大声斥责。其下文是:"而母,婢也。"可译为"你的母亲是个婢女。")

[说明]

1. 本句型是叹词句,由叹词构成。叹词句能表达更强烈的感情色彩。说话人在感情激动时总是发出表示感叹的声音,然后再说出后面的句子。叹词就是表示这种感情的声音的词,它独立于句子结构之外,一般不与其他词语发生结构关系,也不充当任何句子成分。

2. 同一声音的叹词,在不同场合,可以表示不同的情绪;同一声音的叹词可以写成不同的字(详见本"说明"中 4)。

3. 本句型在翻译时,首先要根据具体的上下文来体会这个叹词所表达的情绪,再对译成现代汉语中的叹词。

4. 表示悲伤、惋惜的叹词有:"呜呼""于""于乎""于戏""噫""意""抑""懿""嘻""譆""熙""诶""唉""已""嗞""嗟乎""吁嗟""嗞嗟""嗟兹乎""嗟乎子乎"等。

   表示惊讶的叹词有:"恶""哑""乌""吁""呼""吓""嚄""嘻""譆"等。

   表示赞许或喜悦的叹词有:"嘻""譆""于""伙颐""猗与""猗欤""猗嗟"等。

   表示怒叱的叹词有:"呼""咄""叱嗟""咄嗟""叱咤""訾"等。

   表示呼唤或应诺的叹词有:"嗟""嘻""吁""都""唯""诺""俞"等。

第三编　复　句

　　两个或两个以上在意义上有关联的单句，通过一定的语法手段组合起来，以表达一个比较复杂的意思，就是复句。复句里的每个单句叫分句。各个分句的主语可以相同，也可以不同；可以省略，也可以不省略。

　　有些复句，分句本身又是一个复句，即分句中包含着分句，这种有两个以上层次的复句叫作多重复句。除了少数几个有必要做进一步分析的二重复句之外，对于其他句型中偶尔出现的多重复句，只分析其中的第一个层次，不再逐层分析。

　　两个或两个以上的分句紧缩在一起，中间没有停顿，这种句子就是紧缩复句。紧缩复句是用类似单句的结构，来表达复句内容的一种特殊类型。在这一编里，按照紧缩复句中所说的两件事的不同关系，分别归入各个句型里，不再另立一类。

第一类　并列关系

句型 1

[结构式] FCl+HCl（并列关系）

　　　　　前分句+后分句（并列关系）

[代表句] 得道者多助，| 失道者寡助。

[例句]

序号	FCl	HCl	引书
1	得道者多助	失道者寡助	《孟子·公孙丑下》
2	贤者识其大者	不贤者识其小者	《论语·子张》
3	楚不用吴起而削乱	秦行商君而富强	《韩非子·问田》
4	兵无常势	水无常形	《孙子兵法·虚实》
5	满招损	谦受益	《尚书·大禹谟》
6	贱民之主不忠	弃君之命不信	《左传·宣公二年》
7	千金重币也	百乘显使也	《战国策·齐策》
8	彼竭	我盈	《左传·庄公十年》

[译文]

1. 得到正义的人，帮助他的人就多；失掉正义的人，帮助他的人就少。
2. 贤能的人能够掌握它的重要方面，不贤的人只能掌握它的次要方面。

3. 楚国不任用吴起，就丧失领土、国家混乱；秦国实行商鞅变法主张，就百姓富裕、国家强盛。（削：土地被侵吞。乱：混乱。行：实行。）
4. 作战没有固定不变的方式方法，就像水没有固定的形态一样。
5. 盈满能招致亏损，谦虚能得到增益。
6. 刺杀百姓的主人，是不忠；放弃国君的使命，是不信。
7. 黄斤千斤是贵重的聘礼，动用百辆车子是显赫的使者。（币：礼物。）
8. 他们的士气竭尽了，我们的士气很旺盛。

[说明]
1. 这是意合法的并列复句。前后分句分别说明或描写几件事件、几种情况或同一事物的几个方面。它们在意义上有关系，而在结构上平列。前后分句之间没有使用关联词语。各分句如果互换位置，意思不变。
2. 例8是紧缩复句。

句型 2
[结构式] FCl+"而"+HCl
　　　　前分句+"而"+后分句
[代表句] 秦强 | 而赵弱。
[例句]

序号	FCl	"而"	HCl	引书
1	秦强	而	赵弱	《史记·廉颇蔺相如列传》
2	诸大夫强	而	公族弱	《史记·扁鹊仓公列传》
3	任重	而	道远	《论语·泰伯》
4	小人少	而	君子多	《韩非子·安危》
5	主上卑	而	大臣重	《韩非子·孤愤》
6	治者寡	而	乱者众矣	《韩非子·五蠹》
7	事因于世	而	备适于事	《韩非子·五蠹》
8	智困于外	而	政乱于内	《韩非子·五蠹》
9	晋伐阿甄	而	燕侵河上	《史记·司马穰苴列传》

[译文]
1. 秦国强盛，赵国衰弱。
2. 众大夫的势力强盛，国君宗族的势力衰弱。
3. 任务重大，前程遥远。
4. 坏人很少，好人很多。
5. 君主的地位低下，大臣的权势强大。
6. 把政事治理好的官吏少了，把政事弄混乱的官吏多了。
7. 政事要随着时代而发展，措施要适应变化了的政事。（因：因袭，顺着。）
8. 智谋在国外陷于困窘，政事在国内陷于混乱。

9. 晋国攻打齐国的东阿和甄城，燕国进犯齐国黄河南岸的领土。

[说明]

1. "而"是连词，放在后分句之首。"而"所连接的前后两个分句在意思上相对待。

2. "而"可以不译。

句型 3

[结构式] FCl（S+"且"/"既"/"并"+Pr）+HCl（"且"/"并"+Pr）

前分句（主+"且"/"既"/"并"+谓）+后分句（"且"/"并"+谓）

[代表句] 上且怒 | 且喜。

[例句]

序号	FCl			HCl		引书
	S	"且"	Pr	"且"	Pr	
1	上	且	怒	且	喜	《史记·淮阴侯列传》
2	〔高祖〕	且	喜	且	怜之	《史记·淮阴侯列传》
3	〔襄子〕	且	恐	且	喜	《韩非子·十过》
4	〔上〕	且	暗	且	聋	《谷梁传·文公六年》
5	三军	既	惑	且	疑	《孙子兵法·谋攻》
6	〔陵军〕	且	引	且	战	《史记·李将军列传》
7	陵	且	战	且	引	《汉书·李陵传》
8	〔彭越〕	且	为汉	且	为楚	《史记·田儋列传》
9	黄帝	且	战	且	学仙	《史记·孝武本纪》
10	〔骑〕	且	驰	且	射	《汉书·晁错传》
11	〔林类〕	并	歌	并	进	《列子·天瑞》

[译文]

1. 皇上又是生气，又是欢喜。

2. 高祖又是欢喜，又是怜悯他。

3. 襄子又害怕又欢喜。

4. 皇上又口哑又耳聋。

5. 军队既迷惑又怀疑。

6. 李陵军队一边撤退，一边作战。（引：退却，退避，避开。）

7. 李陵一边作战，一边撤退。

8. 彭越又帮助汉王，又帮助楚王。

9. 皇帝一面作战，一面学习仙道。

10. 骑兵一边策马疾行，一边射箭。

11. 林类一边唱歌，一边前进。

[说明]

1. "且""并"是连词，分别放在前后分句谓语前面。"既"是连词，只放在前分句谓语前面，和后分句的"且"相呼应。

2. 后分句的主语承上省略。

3. 例 1—5 前后分句的谓语中心通常是表示心理活动的动词或形容词。例 6—11 前后分句谓语中心通常是表示动作行为的动词。

4. 本句型用于表现某人在同一时间里的不同心理活动或同时进行的动作行为。

5. 用于心理活动动词和形容词前面的"且"和"既"译作"又"，如："且怒且喜"可译为"又生气又欢喜"。用在行为动词前面的"且""并"译作"一边（面）……一边（面）……"，如："且驰且射"可译为"一边策马疾行，一边射箭"。

6. 前分句连词的替换词有："且""既""终""众""并"等。

句型 4

[结构式] FCl+"且"+HCl

　　　　　前分句+"且"+后分句

[代表句] 狄应 | 且憎。

[例句]

序号	FCl	"且"	HCl	引书
1	狄应	且	憎	《左传·成公十三年》
2	〔盾〕斗	且	出	《左传·宣公二年》
3	寻践土之盟	且	谋伐郑也	《左传·僖公二十九年》
4	〔弦高〕以乘韦先牛十二犒师	且	使遽告于郑	《左传·僖公三十三年》
5	遵冯几口占书吏	且	省官事	《汉书·游侠传》
6	国士战	且	扶人	《墨子·公孟》

[译文]

1. 狄人一面接受，一面又很厌恶。

2. 赵盾一边格斗，一边退出来。

3. 僖公和王子虎等人重温践土的盟约，同时又策划攻打郑国。

4. 弦高先送四张熟牛皮，再送十二头牛犒劳秦国军队，同时又派邮车迅速向郑国报告。（乘：数词"四"的代称。乘韦：四张熟牛皮。遽：传车，即邮车。）

5. 陈遵凭靠着几案，一面向书吏口授机密，一面检查官府事宜。（占：口授。省：省察，检查。）

6. 国家的杰出勇士一边战斗，一边扶人。（国士：国中杰出的人物。）

[说明]

1. "且"是连词，放在后分句之首，表示人的两种动作行为同时在进行。

2. 后分句的主语承上省略。

3. 前分句的谓语中心大都是表示动作行为的动词。

4. "且"译作"一边""一面"。

5. 本句型连词的替换词有："且""并"等。

句型 5

[结构式] FCl+HCl（S+"亦"+hproe）

　　　　　前分句+后分句（主+"亦"+谓语中心及其他）

[代表句] 邦君树塞门，| 管氏亦树塞门。

[例句]

序号	FCl	HCl			引书
		S	"亦"	hproe	
1	邦君树塞门	管氏	亦	树塞门	《论语·八佾》
2	〔邦君〕有反坫	管氏	亦	有反坫	《论语·八佾》
3	左丘明耻之	丘	亦	耻之	《论语·公冶长》
4	杀人之父	人	亦	杀其父	《孟子·尽心下》
5	杀人之兄	人	亦	杀其兄	《孟子·尽心下》
6	辅依车	车	亦	依辅	《韩非子·十过》
7	我能往	寇	亦	能往	《左传·文公十六年》
8	臣不任受怨	君	亦	不任受德	《左传·成公三年》

[译文]

1. 国君宫殿的门前设立一个照壁，管仲在房门前也设立一个照壁。（塞门：在门前设立的屏，相当现在的照壁。）

2. 国君在堂上设立放酒杯的土台，管仲也设立放酒杯的土台。（反坫：古代国君在设宴招待外国君主时，设置的能放饮酒后空杯的土台。）

3. 左丘明认为这种行为可耻，我也认为它可耻。（耻：形容词的意动用法。耻之：以之为耻，认为它可耻。）

4. 一个人杀死别人的父亲，别人也会杀死他的父亲。

5. 一个人杀死别人的哥哥，别人也会杀死他的哥哥。

6. 颊骨依靠着牙床，牙床也依靠着颊骨。（辅：颊骨。车：牙床。）

7. 我们能去，敌寇也能去。

8. 下臣没有怨恨，君王也不受恩德。（任：担负，担任。）

[说明]

1. "亦"是副词，放在后分句主语后面，表示人和人、事物和事物之间的类同关系。前后分别叙述的动作行为或情况相同。

2. 有时前后分句的谓语中心及其宾语相同，有时前分句的主语是后分句的宾语。

3. "亦"译作"也""还"。

4. 本句型副词的替换词有"亦""矧""矧亦"等。

句型 6

[结构式] FCl（S+"亦"+hproe）+HCl（S+"亦"+hproe）

　　　　　前分句（主+"亦"+谓语中心及其他）+后分句（主+"亦"+谓语中心及其他）

［代表句］秦亦不以城予赵，｜赵亦终不予秦璧。
［例句］

序号	FCl			HCl			引书
	S	"亦"	hproe	S	"亦"	hproe	
1	秦	亦	不以城予赵	赵	亦	终不予秦璧	《史记·廉颇蔺相如列传》
2	有粮者	亦	食	无粮者	亦	食	《战国策·齐策》
3	有衣者	亦	衣	无衣者	亦	衣	《战国策·齐策》
4	丧	亦	不可久也	时	亦	不可失也	《礼记·檀弓下》

［译文］

1. 秦国也不把城池给赵国，赵国也到底没有把璧交给秦国。
2. 有粮食的人，（钟离子）也给食物吃；没有粮食的人，（钟离子）也给食物吃。（食：这里是动词的使动用法。"食"后面省略了"之"字。食之，即使之食，给他食物吃。例2、3叙述钟离子帮助齐王抚养百姓的故事。）
3. 有衣服的人，（钟离子）也给衣服穿；没有衣服的人，（钟离子）也给衣服穿。（衣：这里是名词用作动词，又是使动用法。"衣"后面省略了"之"字。衣之，即使之衣，给他衣服穿。）
4. 居丧也不可以太久了啊，取得君位的时机也不可以失掉啊。

［说明］

1. "亦"是副词，分别放在前后分句主语后面，表示相对待的两种人、物之间的类同关系。前后分句叙述的动作行为或情况相同。
2. 前后分句有的主语不同，而谓语相同（如例2、3）；有的谓语中心相同，而宾语不同（如例1）；有的主语、谓语都不同，而在意思上相对待（如例4）。
3. 本句型表示前后分句中的两种行为都相同，所以有"无论"的意思，如例2就表示无论"有粮者"和"无粮者"都"食"。
4. "亦"译作"也"。

句型7
［结构式］FCl+HCl（S+"又"／"而又"+hproe）
　　　　　前分句+后分句（主+"又"／"而又"+谓语中心及其他）
［代表句］今人有五子不为多，｜子又有五子。
［例句］

序号	FCl	HCl			引书
		S	"又"	hproe	
1	今人有五子不为多	子	又	有五子	《韩非子·五蠹》
2	是尝矫驾吾车		又	尝食我以其余桃	《史记·老子韩非列传》
3	虢常助晋伐我		又	匿晋亡公子	《史记·晋世家》
4	吏不敢以非法遇民	民	又	不敢犯法	《商君书·定分》

433

序号	FCl	HCl			引书
		S	"又"	hproe	
5	杞国有人忧天地崩坠身亡所寄 废寝食者		又	有忧彼之所忧者	《列子·天瑞》
6	民无内忧		而又	无外惧	《左传·昭公二十三年》
7	过而不改		而又	久之	《左传·宣公十七年》

[译文]

1. 现在一个人有五个儿子不算多，每个儿子又有五个儿子。
2. 这个人曾假托我的命令驾驶我的车子，还曾把他吃剩的桃给我吃。（食：动词的使动用法。食我：使我吃，给我吃）。
3. 虢国经常帮助晋国讨伐我们，又藏匿了晋国逃亡的公子。
4. 官吏不敢用非法行为对待民众，民众也不敢触犯法律。
5. 杞国有一个人担忧天塌地陷，自己无处安身，因而难以进食，不能安睡；又有一个人为他的担忧而忧愁。
6. 百姓没有内忧，又没有外患。
7. 做错了却不改正，而且又长久羁押不予释放。

[说明]

1. "又"是副词，"而又"中的"而"是连词。"又"放在后分句谓语中心前面，表示某种动作行为、状态重复发生或相继发生；有时也表示几件事情同时存在。
2. 本句型副词的替换词有："又""有""复""矧""矧亦"等。

句型 8

[结构式] FCl（S+"既"+Pr）+HCl（S+"亦"/"又"/"又且"/"而复"+hproe）

前分句（主+"既"+谓）+后分句（主+"亦"/"又"/"又且"/"而复"+谓语中心及其他）

[代表句] 七十子既不问，| 世之学者亦不知难。

[例句]

序号	FCl			HCl			引书
	S	"既"	Pr	S	"又"	hproe	
1	七十子	既	不问	世之学者	亦	不知难	《论衡·问孔》
2	名	既	成矣	（而）寡人 赦子	亦	己足矣	《史记·刺客列传》
3	〔晋〕	既	东封郑		又	欲肆其西封	《左传·僖公三十年》
4	〔文公〕	既	知一时之权		又	知万世之利	《韩非子·难一》
5		既	有麋麃		又且	多鹿	《管子·地员》
6	〔我〕	既	不受矣		而复	缓师	《左传·文公七年》

[译文]

1. 七十二名门徒既不提问，当时的学者也不深究。
2. 你已经成名了，我宽恕你也已经足够了。（寡人：寡德之人，古代君主表示自己的谦称。）
3. 晋国已经在东边向郑国开拓土地，又想要肆意扩张它西边的领地。（封：疆界，这里是名词的使动用法。封郑：使郑为封，使郑国成为疆界。肆：放纵，恣意。）
4. 晋文公既懂得权宜之计，又懂得长远利益。
5. 既有麋和狍，而且还有很多鹿。（麅：同"狍"。）
6. 我们已经不接受秦国了，而又迟缓地出兵。

[说明]

1. "既"是连词，放在前分句主语后面。"亦""又""又且""复"是副词。"而复"中的"而"是连词。"亦""又"等放在后分句主语后面，表示两种动作行为、状态同时存在。
2. "亦"译作"也"。"而复"译作"而又"。
3. 本句型分句的副词（或与连词连用）的替换词有："亦""又""又且""而复""而又""终""或"等。

句型 9

[结构式] FCl（S+"非"/"不"+hproe）+ HCl
　　　　前分句（主+"非"/"不"+谓语中心及其他）+后分句

[代表句] 所谓故国者非谓有乔木之谓也，| 有世臣之谓也。

[例句]

序号	FCl			HCl	引书
	S	"非"	hproe		
1	所谓故国者	非	谓有乔木之谓也	有世臣之谓也	《孟子·梁惠王下》
2		非	所谓踰也	贫富不同也	《孟子·梁惠王下》
3	〔太王〕	非	择而取之	不得已也	《孟子·梁惠王下》
4	古之易财	非	仁也	财多也	《韩非子·五蠹》
5	今之争夺	非	鄙也	财寡也	《韩非子·五蠹》
6	轻辞天子	非	高也	势薄也	《韩非子·五蠹》
7	重争土橐	非	下也	权重也	《韩非子·五蠹》
8		非	敢后也	马不进也	《论语·雍也》
9	往者	不	可谏	来者犹可追	《论语·微子》

[译文]

1. 通常所说的历史悠久的国家，不是说它有高大的树木，而是说它有历代功勋卓著的老臣。
2. 这不是所说的"超过"，而是前后家境贫富不同呀。
3. 太王不是选择好那块地方，作为自己定居之所，实在是不得已呀。
4. 古代人轻视财物，不是由于有仁爱之心，而是因为财物多。（易：动词，轻视。）

5. 今天人们互相争夺，不是由于心地卑鄙，而是因为财物少。

6. 古代人轻易地辞掉天子之位，不是由于品德高尚，而是因为权势很小。

7. 今天人们重视争夺官职和投靠主子，不是由于品德低下，而是因为权势很大。（"土"当作"士"，"士"通"仕"。"橐"通"托"，依托、依附的意思。）

8. 我不是敢于落后，而是这匹马跑不快呀。

9. 过去的失误已不能挽回，未来的还来得及改正。（谏：谏诤。犹可追：还来得及，还赶得上。）

[说明]

1. "非"（"不"）是否定副词，放在前分句谓语中心前面，作状语。

2. 本句型前后分句的内容相反：前分句是否定句，表示不是某种情况，或不是什么原因；后分句是肯定句，表示是某种情况，或是什么原因。

3. "非"译作"不是"。

[附] 相关句型：

FCl（S+"非"/"不"+hproe）+HCl（S+"直"/"徒"/"仅"+hproe）

前分句（主+"非"/"不"+谓语中心及其他）+后分句（主+"直"/"徒"/"仅"+谓语中心及其他）

寡人非能好先王之乐也，直好世俗之乐耳。（《孟子·梁惠王下》）

我并不是爱好古代先王的音乐，只是爱好普通人流行的音乐罢了。

这里在后分句中有范围副词"直""徒"等。

句型 10

[结构式] FCl＋HCl（S+"非"/"不"+hproe）

　　　　　前分句 + 后分句（主+"非"/"不"+谓语中心及其他）

[代表句] 此天之亡我，｜非战之罪也。

[例句]

序号	FCl	HCl			引书
		S	"非"	hproe	
1	此天之亡我		非	战之罪也	《史记·项羽本纪》
2	吾高阳酒徒也		非	儒人也	《史记·郦生陆贾列传》
3	合徒者为楚		非	为赵也	《史记·平原君虞卿列传》
4	有德者必有言	有言者	不	必有德	《论语·宪问》
5	仁者必有勇	勇者	不	必有仁	《论语·宪问》
6	君子成人之美		不	成人之恶	《论语·颜渊》

[译文]

1. 这是上天要灭亡我，不是作战的过错啊。

2. 我是高阳乡的酒徒，不是读书人。

3. 订立合纵盟约是为了楚国，不是为了赵国。

4. 有道德的人一定有好的言论，有好的言论的人不一定有道德。

5. 仁德的人一定会勇敢，勇敢的人不一定有仁德。

6. 一个有道德的人总是成全别人的好事，不促成别人干坏事。

[说明]

1. "非"（"不"）是否定副词，放在后分句谓语中心前面，作状语。

2. 前后分句的内容相反：前分句是肯定句，后分句是否定句。

3. "非"译作"不是"。

[附] 相关句型：

FCl（S+"乃"+hproe）+HCl（"非"+hproe）

前分句（主+"乃"+谓语中心及其他）+后分句（"非"+谓语中心及其他）

此乃天授，非人力也。（《史记·孝文本纪》）

这就是上天意愿授予的，不是人的力量能够做到的。

"乃"是副词，放在前分句主语后面，表示对事物的确认。"非"是副词，放在后分句谓语中心前面，表示否定判断。

句型 11

[结构式] FCl（S+"皆"+hproe）+HCl（S+"独"+hproe）

前分句（主+"皆"+谓语中心及其他）+后分句（主+"独"+谓语中心及其他）

[代表句] 诸君子皆与驩言，｜孟子独不与驩言。

[例句]

序号	FCl			HCl			引书
	S	"皆"	hproe	S	"独"	hproe	
1	诸君子	皆	与驩言	孟子	独	不与驩言	《孟子·离娄下》
2	人	皆	有兄弟	我	独	亡	《论语·颜渊》
3	四国	皆	有分	我	独	无有	《左传·昭公十二年》
4	诸侯县公	皆	庆寡人	女	独	不庆寡人	《左传·宣公十一年》
5	举世	皆	浊	我	独	清	《楚辞·渔父》
6	众人	皆	醉	我	独	醒	《楚辞·渔父》

[译文]

1. 各位大夫都跟我谈话，只有孟子不跟我谈话。（驩：这是齐王的宠臣王驩的自称。）

2. 别人都有兄弟，只有我没有。

3. 齐晋鲁卫四国都分到了珍宝器皿，只有我楚国没有分到。

4. 各诸侯和楚国县大夫都向我祝贺，只有你不向我祝贺。（县公：春秋时，楚国自称"王"，因此楚国的各县大夫也僭称"公"。）

5. 整个天下都是浑浊的，只有我是清白的。

6. 大家都喝得酩酊大醉，只有我是清醒的。

1. "皆""独"都是范围副词。"皆"放在前分句主语后面，表示全部；"独"放在后分句主语后面，表示局部（限制在一定的范围之内）。前后分句构成对比。
2. "皆"译作"都""全"，"独"译作"仅仅""只是""偏偏"。
3. 前分句副词的替换词有："皆""尽""悉""举""俱（具）""咸""毕""备"等。后分句副词的替换词有："独""惟""唯""唯独""独唯"等。

[附] 相关句型：

FCL（S+"皆"+hproe）+"唯"（"独"）+HCl

前分句（主+"皆"+谓语中心及其他）+"唯"（"独"）+后分句

商故人皆敬事邑，唯护自安如旧节。（《汉书·楼护传》）

成都侯商的老朋友，都尊敬地对待商的儿子邑，只有楼护自己能够照常遵守旧的礼节。

这里副词"唯"放在后分句之首。

句型 12

[结构式] FCl+"独"（"唯""唯独"）+HCl

前分句+"独"（"唯""唯独"）+后分句

[代表句] 上屏人，│独错在。

[例句]

序号	FCl	"独"	HCl	引书
1	上屏人	独	错在	《史记·袁盎晁错列传》
2	人之有德慧术知者恒存乎疢疾	独	孤臣孽子其操心也危	《孟子·尽心上》
3	莫敢难	独	窦婴争之	《史记·袁盎晁错列传》
4	宗室诸公莫敢为言	唯	袁盎明绛侯无罪	《史记·袁盎晁错列传》
5	方今燕赵已定	唯	齐未下	《史记·郦生陆贾列传》
6	秦灭诸侯	唯	楚尚有滇王	《汉书·西南夷传》
7	汉诛西南夷	独	滇复宠	《汉书·西南夷传》
8	及其族死无一人收者	唯独	洨孔车收葬之	《史记·主父列传》

[译文]

1. 皇帝让身边的人退下去，只留晁错在场。
2. 人所以具备道德、智慧、道术和才智，是由于他们经常想到久病、灾患，只有那些孤立无援的臣子和庶孽之子忧虑致使心神不安。（疢疾：久病，也可解作"灾患"。孤臣：被疏远的臣子。孽子：卑贱的非嫡妻所生的庶子。危：不安。）
3. 没有人敢反驳晁错的建议，只有窦婴向上规劝此事。（难：驳斥。争：通"诤"，谏诤，规劝。）
4. 皇族和众公卿都不敢替绛侯说话，只有袁盎证明他没有罪过。
5. 如今燕国、赵国已经平定，只有齐国没有攻取。
6. 秦国消灭了诸侯，只有楚地还设置了滇王。

7. 汉朝消灭了西南少数民族部落，只有滇王又受到宠爱。

8. 等到他身死族灭的时候。没有一个人给他收尸埋葬，只有洨县人孔车给他收尸埋葬。
（收：收葬尸骨。洨：县名。孔车：人名。）

[说明]

1. "独"（"唯""唯独"）是范围副词，表示局部（限制在一定的范围之内），放在后分句之首。

2. 本句型前分句没有使用"皆"，但主语常是代表两个或两种以上的人或物，有时主语是无定代词"莫"。这样，前后分句仍然构成"众多"与"单独"的对比。

3. "独"译作"只有""仅仅""唯独""偏偏"。

句型 13

[结构式] FCl（S+"或"/"乍"/"一"+hproe）+HCl（"或"/"乍"/"一"+hproe）

前分句（主+"或"/"乍"/"一"+谓语中心及其他）+后分句（"或"/"乍"/"一"+谓语中心及其他）

[代表句] 其神或岁不至，｜或岁数来。

[例句]

序号	FCl			HCl		引书
	S	"或"	hproe	"或"	hproe	
1	其神	或	岁不至	或	岁数来	《史记·封禅书》
2	〔扁鹊〕为医	或	在齐	或	在赵	《史记·扁鹊仓公列传》
3	〔病者〕	或	不当饮药	或	不当针灸	《史记·扁鹊仓公列传》
4	蛟	或	浮	或	没	《世说新语·自新》
5	军	乍	利	乍	不利	《史记·傅靳蒯成列传》
6	〔代〕	乍	燥	乍	大也	《史记·扁鹊仓公列传》
7	〔尊〕	乍	贤	乍	佞	《汉书·王尊传》
8	〔两郎〕	乍	见	乍	没	《汉书·景十三王传》
9	〔晋侯〕	一	与	一	夺	《左传·成公八年》

[译文]

1. 那个神有时常年不来，有时一年来数次。

2. 扁鹊行医有时在齐国，有时在赵国。

3. 病人或者不恰当地服药，或者不恰当地使用针灸治疗。

4. 蛟有时漂浮在水面，有时没入水里。

5. 军队作战有时获胜，有时失败。

6. 代脉忽然躁动，忽然宏大。

7. 王尊时而贤良，时而奸佞。

8. 两个小伙子有时浮出，有时沉没。

9. 晋侯忽然给予，忽然又夺走。

1. "或""乍""一"是副词，分别放在前后分句谓语中心前面，表示两种动作行为交替发生。其中"乍""一"所修饰的是突然发生的动作行为。
2. "或"译作"有的时候""有时""或者"。"乍""一"译作"忽然""突然"。

第二类 连贯关系

句型 1

[结构式] FCl+HCl（连贯关系）

   前分句+后分句（连贯关系）

[代表句] 子墨子闻之，｜起于鲁。

[例句]

序号	FCl	HCl	引书
1	子墨子闻之	起于鲁	《墨子·公输》
2	入而徐趋	至而自谢	《战国策·赵策》
3	齐侯陈诸侯之师	与屈完乘而观之	《左传·僖公四年》
4	其后秦伐赵	拔石城	《史记·廉颇蔺相如列传》
5	秦王怒	不许	《史记·廉颇蔺相如列传》
6	良乃入	具告沛公	《史记·项羽本纪》
7	樊哙侧其盾以撞	卫士仆地	《史记·项羽本纪》
8	祭地	地坟	《史记·晋世家》
9	与犬	犬死	《史记·晋世家》
10	与小臣	小臣死	《史记·晋世家》

[译文]

1. 墨子听到了这件事，就从鲁国启程。
2. 触龙进了门，做出快步走的样子，但是走得很慢。到了太后面前，主动请罪。（徐：慢。趋：快步走。）
3. 齐侯把诸侯的军队列成战阵，跟屈完乘坐一辆战车观看。
4. 此后，秦国讨伐赵国，攻占了石城。
5. 秦王发怒，不答应。
6. 张良于是进入军帐里，把项伯的话全部告诉给刘邦。
7. 樊哙斜放着他的盾牌一撞，卫士扑倒在地上。
8. 把祭酒倾倒在地上，地面就一座坟似的隆起了。
9. 把肉给狗吃，狗就死了。
10. 把肉给小宦官吃，小宦官就死了。

[说明]

1. 这是意合法的连贯复句。前后分句先后相承，意思连贯，依次叙述连续发生的动作或事情，各分句先后次序不能颠倒。前后分句之间没有使用关联词语。
2. 前后分句有的主语相同，后分句可以承上省略主语；前后分句有的主语不同。

句型 2

[结构式] FCl+HCl（S+"乃"/"遂"/"则"/"因"/"安"/"然后"/"而后"/"于是乎"+hproe）

前分句+后分句（主+"乃"/"遂"/"则"/"因"/"安"/"然后"/"而后"/"于是乎"+谓语中心及其他）

[代表句] 鲁仲连辞让者三，终不肯受，｜平原君乃置酒。

[例句]

序号	FCl	HCl			引书
		S	"乃"	hproe	
1	鲁仲连辞让者三 终不肯受	平原君	乃	置酒	《战国策·赵策》
2	武王薨文王即位	和	乃	抱其璞而哭于 楚山之下	《韩非子·和氏》
3	相国从其计	高帝	乃	大喜	《史记·萧相国世家》
4	次至信	信	乃	仰视	《史记·淮阴侯列传》
5	庞涓自知智穷兵败		乃	自刭	《史记·孙子吴起列传》
6	扁鹊已逃去	桓侯	遂	死	《史记·扁鹊仓公列传》
7	蔡溃	〔齐侯〕	遂	伐楚	《左传·僖公四年》
8	吴有豫章郡铜山	濞	则	招致天下亡命者 盗铸钱	《史记·吴王濞列传》
9	庞涓恐其贤于己疾之		则	以法刑断其两足 而黥之	《史记·孙子吴起列传》
10	夫曰象吾故裤	妻子	因	毁新令如故裤	《韩非子·外储说左上》
11	文侯不忍而复与之	豹	因	重敛百姓	《韩非子·外储说左下》
12	秦与韩为上交	秦祸	安	移于梁矣	《战国策·赵策》
13	秦与梁为上交	秦祸	案	环中赵矣	《战国策·赵策》
14	臣始至于境 问国之大禁		然后	敢入	《孟子·梁惠王下》
15	〔士会〕三进及溜	〔晋灵公〕	而后	视之	《左传·宣公二年》
16	申人鄅人召西戎 以伐周	周	于是乎	亡	《国语·晋语》

[译文]

1. 鲁仲连辞谢推让了多次，始终不肯接受，平原君就设置酒席招待他。
2. 楚武王死，楚文王登基，和氏就抱着他的璞在楚山脚下痛哭。（璞：含玉的石头。）
3. 萧相国听从了他的计策，汉高祖于是很欢喜。

4. 斩刑要轮到韩信了，韩信就抬头向上看。

5. 庞涓自己知道想不出一点办法，失败已成定局，就割颈自杀。

6. 扁鹊已经逃离齐国，齐桓侯就病死了。

7. 蔡军溃散，齐侯就攻打楚国。

8. 吴国拥有豫章郡的铜矿山，刘濞就招募天下逃亡的人，私自铸造钱币。

9. 庞涓害怕他比自己贤能，妒忌他，就按照法律，编造罪名，施用酷刑，砍断他两只脚，还在他脸上刺了字。（疾：妒忌。以：介词，按照，根据。刑：名词用作动词，施行刑罚。黥：墨刑，在犯人脸上刺字，再涂上墨。）

10. 丈夫说：要像我们的旧裤子，他的妻子于是撕毁了新裤子，让它好像旧裤子一样。（故：旧。）

11. 魏文侯不忍心拒绝，又把官印交给了他，西门豹于是加重向老百姓搜刮钱财。

12. 秦国和韩国有了亲密的友谊，秦国的祸患于是就会迁移到魏国。

13. 秦国和魏国有了亲密的友谊，秦国的祸患于是就指向赵国了。（案：同"安"，于是。环中赵："环"在这里是名词的意动用法，"环中赵"即"以赵为环中"，把赵国看作在自己环中，在自己占领的范围之内。）

14. 我刚到齐国边境的时候，询问齐国有哪些重大的禁令，然后才敢进入国境。

15. 士会前进了三次，到达屋檐下面，晋灵公才张开眼看他。

16. 申人、鄫人招引西戎人讨伐周幽王，周王朝于是灭亡。

[说明]

1. "乃"是副词，"遂""则""因""安""然后""而后""于是乎"是连词。"乃""遂"等放在后分句主语后面，表示两事先后相承。

2. "乃""遂""则""因""安""然后""而后""于是乎"译作"于是""就""便""才"。

3. 本句型副词和连词的替换词有："乃""遂""则""因""因而""因遂""用""遂用""然""然后""而后""而后乃""然后乃""乃后""焉""案""安""爰""抑""越""其""厥""庸""言""按""叵""丕""丕乃""焉乃""能""颇""肆""于是乎"等。

句型 3

[结构式] FCl+HCl（S+"则"+Pr）
　　　　　前分句+后分句（主+"则"+谓）

[代表句] 其子趋而往视之，｜苗则槁矣。

[例句]

序号	FCl	HCl			引书
		S	"则"	Pr	
1	其子趋而往视之	苗	则	槁矣	《孟子·公孙丑上》
2	郑穆公使视客馆	〔杞子等〕	则	束载厉兵秣马矣	《左传·僖公三十三年》
3	及诸河	〔秦将〕	则	在舟中矣	《左传·僖公三十三年》
4	〔晏子〕反	〔其宅〕	则	成矣	《左传·昭公三年》
5	〔子路〕至	〔丈人〕	则	行矣	《论语·微子》

[译文]

1. 他的儿子赶快跑过去一看，禾苗原来已经干枯了。（槁：枯萎，干枯。）

2. 郑穆公派人去察看杞子等人的客舍，杞子等人原来已经捆好行装，磨快武器，喂饱军马了。（客馆：杞子、逢孙、杨孙三人住的宾馆。厉：通"砺"，磨。秣：饲料，这里名词用作动词，喂。）

3. 阳处父赶到黄河岸边，秦国三位将领却已经在船上了。

4. 晏子回来的时候，他的新居已经完成了。

5. 子路赶到老人的家里，老人却已经走了。

[说明]

1. "则"是连词，放在后分句主语后面，表示后分句叙述一种不是前事的施事者所预期的情况。后分句的事在时间上也许比前分句的事发生要早些。

2. 本句型后分句句尾常使用语气词"矣"，表示报道一种新的情况。

3. "则"译作"原来已经""却原来"。

句型 4

[结构式] FCl+"于是"（"于是焉"）+HCl

　　　　 前分句+"于是"（"于是焉"）+后分句

[代表句] 孟尝君使人给其食用，无使乏，｜于是冯谖不复歌。

[例句]

序号	FCl	"于是"	HCl	引书
1	孟尝君使人给其食用 无使乏	于是	冯谖不复歌	《战国策·齐策》
2	董仲舒弟子吕步舒不知 其师书以为下愚	于是	下董仲舒吏当死	《史记·儒林列传》
3	今汉虽乏人陛下独奈何 与刀锯余人载	于是	上笑下赵同	《史记·袁盎晁错列传》
4	汉使还报梁事皆得释 安国之力也	于是	景帝太后益重安国	《史记·韩长孺列传》
5	其明年山东被水灾 民多饥乏	于是	天子遣使者虚郡国仓廥以振贫民	《史记·平准书》
6	或谓惠子曰庄子来 欲代子相	于是	惠子恐搜于国中三日三夜	《庄子·秋水》
7	东面而视不见水端	于是焉	河伯始旋其面目望洋向若而叹	《庄子·秋水》

[译文]

1. 孟尝君派人供给他吃的和用的东西，不让他缺少什么，冯谖于是不再唱了。

2. 董仲舒的学生吕步舒不知道那是他老师的著作，认为作者是最愚蠢的人，于是把董仲舒交给法官审问治罪，判处死刑。（下愚：最愚蠢的人。当：判罪。当死：判处死刑。）

3. 现在汉朝即使缺少人才，陛下为什么要和受过刀锯切割的人同坐一辆车呢？皇上于是大笑，让赵同下了车。（下：方位名词的使动用法，"下赵同"就是使赵同下车。）

4. 汉朝的使者回去报告了情况，梁国的事情都得到化解，这是韩安国的力量啊。汉景帝和太后于是更加看重韩安国。

5. 第二年，山东地区遭受水灾，很多老百姓陷于饥饿困乏之中，天子于是派遣使者，取空各郡国仓库中的物资来赈济贫民。（仓廥：粮仓。仓：本指仓库。廥：本指藏柴草的库。赈：救济。）

6. 有人对惠施说：庄子这次来是想要代替您做宰相，惠施于是很恐慌，就在国内搜查了三天三夜。

7. 河神向东方来看，却看不见水的尽头，他于是才改变了沾沾自喜的脸色，仰望着海神若感叹起来。

［说明］

1. "于是""于是焉"是连词，放在后分句之首，表示两事先后相承。

2. "于是"可不译，"于是焉"译作"于是"。

3. 本句型连词的替换词有："于是""于是乎""于是焉""于是遂""于是乃"（其中"乃"是副词）、"于是乎""于兹乎"等。

句型 5

［结构式］FCl+HCl（S+"即"/"辄"/"便"/"旋"/"寻"+hproe）

前分句+后分句（主+"即"/"辄"/"便"/"旋"/"寻"+谓语中心及其他）

［代表句］长子至，︱即立为皇帝。

［例句］

序号	FCl	HCl			引书
		S	"即"	hproe	
1	长子至		即	立为皇帝	《史记·李斯列传》
2	错闻之		即	夜请间具为上言之	《史记·袁盎晁错列传》
3	久之以为行己过		即	出	《史记·张释之冯唐列传》
4	见乘与车骑		即	走耳	《史记·张释之冯唐列传》
5	（扁鹊）过邯郸闻贵妇人		即	为带下医	《史记·扁鹊仓公列传》
6	过雒阳闻周人爱老人		即	为耳目痹医	《史记·扁鹊仓公列传》
7	来入咸阳闻秦人爱小儿		即	为小儿医	《史记·扁鹊仓公列传》
8	赵奢许诺		即	发万人趋之	《史记·廉颇蔺相如列传》
9	岁余高后崩	〔汉〕	即	罢兵	《史记·南越列传》
10	有一人徙之	〔鞅〕	辄	予五十金	《史记·商君列传》
11	驰义侯遗兵未及下	上	便	令征西南夷平之	《汉书·武帝纪》
12	奴不出	吏	（欲）便	杀涉去	《汉书·游侠传》
13	臣意即以寒水拊其头刺足阳明脉左右各三所	病	旋	已	《史记·扁鹊仓公列传》
14	家贫复为郡西门亭长		寻	转功曹	《后汉书·陈寔传》

[译文]

1. 长子扶苏来到以后，就会登位当皇帝。

2. 晁错听到这个消息，夜里马上请求单独谒见皇上，向皇上全部地说明此事。（具：通"俱"，完全。）

3. 过了很久，觉得皇上的队伍已经过去了，就出来了。

4. 看见皇上的车马卫队就在眼前，马上就跑了。

5. 扁鹊经过邯郸时，听说那里的人重视妇人，就当了治疗妇女病的医生。

6. 扁鹊经过洛阳时，听说周人敬爱老人，就当了治疗耳聋、眼花、肢体痹痛的医生。

7. 扁鹊来到咸阳时，听说秦国人喜爱儿童，就当了治疗儿童病的医生。

8. 赵奢答应了，立即派兵一万人迅速奔往北面山头。

9. 过了一年多，吕后逝世，汉朝就停止了进攻。

10. 有一个人把它搬走了，商鞅就赏给他五十金。

11. 驰义侯剩余的军队还没有来得及攻克，皇上就命令他征讨西南方少数民族，平定了他们。

12. 家奴还没有出来，官吏想要立即进去杀掉原涉。

13. 我就用冷水拍击他的头，针刺他的足阳明经脉，左右各刺三穴，病马上好了。（拊：拍击。旋：随即。已：停止。）

14. 陈寔家里贫穷，又当上本郡西门的亭长，随即又转为郡府的属官。（功曹：汉代官名，州郡衙门的属官。）

[说明]

1. "即"（"辄""便""旋""寻"）是副词，放在后分句谓语中心前面，表示前后两事紧紧相接。

2. "即""辄""便"译作"马上""就""立即""当即"。"旋""寻"译作"随即""很快""不久"。

3. 本句型副词的替换词有："即""辄""便""旋""寻""随""还""旋遂"等。

句型 6

[结构式] FCl（S+"一"/"壹"/"适"+hproe）+HCl

前分句（主+"一"/"壹"/"适"+谓语中心及其他）+后分句

[代表句] 相如一奋其气，｜威信敌国。

[例句]

序号	FCl			HCl	引书
	S	"一"	hproe		
1	相如	一	奋其气	威信敌国	《史记·廉颇蔺相如列传》
2	〔鲍叔牙〕	一	闻人之过	终身不忘	《庄子·徐无鬼》
3		壹	引其纲	万目皆张	《吕氏春秋·用民》
4	〔廷尉〕	壹	倾	天下用法皆为之轻重	《汉书·张释之传》
5	荆	适	有谋	诸儒常先闻之	《韩非子·内储说下》

[译文]

1. 蔺相如一旦振奋起来他的勇气，他的威风就在敌国得到伸张。
2. 鲍叔牙一听到别人的过错，就一辈子不会忘记。
3. 刚一提起那网上的绳，成千上万的网眼就都撑开了。
4. 廷尉执法刚刚有偏差，普天下使用法律都会为此或轻或重不能公正。
5. 楚国刚刚有什么打算，这矮子常常早听到了。

[说明]

1. "一"（"壹""适"）是副词，放在前分句主语后面。"一""壹"表示动作行为刚一发生，随即产生某种结果。"适"表示刚发生一事，继而又发生另一事。
2. "一""壹"译作"刚一""刚刚"或不译。"适"译作"刚刚""刚才"。
3. 本句型副词的替换词有："一""壹""适""才""属""属者""识""乍""甫""乃"等。

[附] 相关句型有下列四个：

1. FCl（S+"一"/"壹"+hproe）+"而"（"则""便"）+HCl

   前分句（主+"一"/"壹"+谓语中心及其他）+"而"（"则""便"）+后分句

   毛先生一至楚，而使赵重于九鼎大吕。（《史记·平原君虞卿列传》）

   毛先生一到楚，就使赵国的地位比九鼎大吕那种国家珍宝还要贵重。

   连词"而"放在后分句之首，和前分句中的"一"相呼应。"而"译作"就"。

2. FCl（S+"适"/"才"/"属"+hproe）+HCl（S+"已"/"既"+hproe）

   前分句（主+"适"/"才"/"属"+谓语中心及其他）+后分句（主+"已"/"既"+谓语中心及其他）

   适启其口，匕首已陷其胸矣。（《汉书·贾谊传》）

   冯敬刚刚开口讲话，匕首已经刺进他的胸膛了。

   这里前分句常用副词"适""才""属"等，后分句常用副词"已""既"等，表示前面事情刚一发生，而后面事情已经开始。

3. FCl（S+"未"+hproe）+"则"+HCl

   前分句（主+"未"+谓语中心及其他）+"则"+后分句

   事未成，则爵禄已尊矣。（《韩非子·五蠹》）

   事情还没有成功，臣子的官爵俸禄就已经很尊贵了。

   否定副词"未"放在前分句谓语中心前面，连词"则"放在后分句主语前面。"未"和"则"前后呼应。表示前一事尚未完成而后面的事已经发生。

4. FCl（S+Vt+O+C（"未"+"毕"/"卒"））+HCl

   前分句（主+及物动词+宾语+补（"未"+"毕"/"卒"））+后分句

   〔庞涓〕读其书未毕，齐军万弩俱发，魏军大乱相失。（《史记·孙子吴起列传》）

   庞涓还没有读完树上写的字，齐军就万箭齐发，魏兵非常混乱，彼此失去了联系。

   否定副词"未"放在动词"毕""卒"等字前面，"未毕（卒）"作补语。这个句型表示某一动作行为尚未完成，而后面的事已经发生。

句型 7

[结构式] FCl+HCl（S+"适"+hproe）

前分句+后分句（主+"适"+谓语中心及其他）

[代表句] 夫身中大创十余，｜适有万金良药。

[例句]

序号	FCl	HCl			引书
		S	"适"	hproe	
1	夫身中大创十余		适	有万金良药	《史记·魏其武安侯列传》
2	我高祖少皥挚之立也	凤鸟	适	至	《左传·昭公十七年》
3	先主斜趋汉津		适	与羽船会	《三国志·先主传》
4	〔孔子〕归到鲁东门外		适	遇柳下季	《庄子·盗跖》
5	谆芒将东之大壑		适	遇苑风于东海之滨	《庄子·天地》

[译文]

1. 灌夫身受重伤十多处，恰巧有非常贵重的药。
2. 我的高祖少皥挚即位的时候，凤凰恰巧来到。
3. 刘备走近路奔赴汉津，恰巧跟关羽的船相遇。
4. 孔子回到鲁国东门的外边，恰巧遇见柳下季。
5. 谆芒将要东游到海，在东海的岸边，正好遇见苑风。

[说明]

1. "适"是副词，放在后分句谓语中心前面，表示两件事情在时间上正好相合。
2. "适"译作"恰好""刚好""正""正好"。
3. 本句型副词的替换词有："适""会""属"等。

句型 8

[结构式] "会"+FCl+HCl

"会"+前分句+后分句

[代表句] 会梁孝王卒，｜相如归，而家贫，无以自业。

[例句]

序号	"会"	FCl	HCl	引书
1	会	梁孝王卒	相如归而家贫无以自业	《史记·司马相如列传》
2	会	天大雨	道不通度已失期	《史记·陈涉世家》
3	会	其怒	不敢献	《史记·项羽本纪》
4	会	冬大寒雨雪	卒之堕指者十二三	《史记·匈奴列传》
5	会	暮	大风起汉兵纵左右翼围单于	《史记·匈奴列传》
6	会	更始败	遵留朔方为贼所败	《汉书·陈遵传》

[译文]

1. 正赶上梁孝王逝世，司马相如回到家中，可是家里贫困，没有什么可以用来维持生活的职业。

2. 恰巧赶上天下大雨，道路不通，估计已经耽误了到达渔阳的期限。

3. 正赶上他们发怒，不敢进献。

4. 正赶上冬天寒冷下雪的天气，冻掉手指的士兵有十分之二三。（雨：动词，降下。雨雪：下雪。）

5. 恰巧天黑了，刮起了大风，汉军突然出兵，分左右两翼包围了单于。

6. 恰巧王莽政权垮台，陈遵留在朔方，被贼兵打败。（朔方：古地名，现在内蒙古一带。）

[说明]

1. "会"是副词，放在前分句之首，表示两件事情在时间上正好相合。

2. "会"译作"恰巧""正好"。

句型 9

[结构式] FCl（S+"每"+hproe）+HCl

　　　　前分句（主＋"每"＋谓语中心及其他）+后分句

[代表句] 〔孝王〕每闻太后病，｜口不能食，居不安寝。

[例句]

序号	FCl			HCl	引书
	S	"每"	hproe		
1	〔孝王〕	每	闻太后病	口不能食居不安寝	《史记·梁孝王世家》
2	（今）吾	每	饭	意未尝不在巨鹿也	《史记·张释之冯唐列传》
3	〔仆〕	每	念斯耻	汗未尝不发背沾衣也	《汉书·司马迁传》
4		每	至于族	吾见其难为怵然为戒	《庄子·养生主》
5	公	每	见	叩头流涕固辞	《汉书·王莽传》
6	〔侯犯〕	每	出一门	郰人闭之	《左传·定公十年》

[译文]

1. 梁孝王每次听说窦太后生病，就吃不下饭，睡不好觉。

2. 现在我每次吃饭的时候，心里总会想起李齐在巨鹿作战时的情景。

3. 我每逢想起这个耻辱，汗水总是从背上流下沾湿了衣服。

4. 我每当遇到筋骨交错聚结的地方，看到那里难以下刀，就小心翼翼地为此戒备起来。
   （族：交错聚结，这里指筋骨交错聚结之处。怵然：惧怕的样子。为：介词，后面省略充当宾语的代词"之"字。）

5. 王莽每次谒见，总是磕头流泪，坚决辞让封赏。

6. 侯犯每走一道城门，郰地人就关闭这道城门。

[说明]

1. "每"是副词，放在前分句主语后面，表示经常反复的动作行为。后分句表示相应发生的动作行为。前后两事经常一起出现，构成习惯性联系。

2. "每"译作"每次""每逢"。

句型 10

[结构式] FCl（S+"每"+hproe）+HCl（S+"常"/"辄"/"必"+hproe）

前分句（主+"每"+谓语中心及其他）+后分句（主+"常"/"辄"/"必"+谓语中心及其他）

[代表句] 於期每念之，｜常痛于骨髓。

[例句]

序号	FCl			HCl			引书
	S	"每"	hproe	S	"常"	hproe	
1	於期	每	念之		常	痛于骨髓	《史记·刺客列传》
2	〔新人〕	每	见王		常	掩鼻	《韩非子·内储说下》
3	〔陵〕	每	攘臂忍辱		辄	复苟活	《李陵集·答苏武书》
4	匈奴人民	每	来降汉	单于	（亦）辄	拘留汉使以相报复	《汉书·匈奴传赞》
5	伯宗	每	朝	其妻	必	戒之	《左传·成公十五年》
6	王	每	见之		必	泣	《左传·襄公二十二年》

[译文]

1. 我每当想到这些仇恨，常常疼痛进入骨髓。（於期：这里是秦国将领樊於期自称其名。）
2. 美女每逢看见楚王的时候，时常遮掩着鼻子。
3. 我每当因为忍受耻辱感到愤慨的时候，却总又苟且地活下去。（攘臂：抒袖伸臂，用以表示愤慨。）
4. 匈奴人民每次来投降汉朝时，单于也总是扣留汉朝使臣来回击泄愤。
5. 伯宗每逢上朝的时候，他的妻子一定告诫他。
6. 楚王每次看见他，都一定哭泣。（泣：小声哭或有泪无声。）

[说明]

1. "每"是副词，放在前分句主语后面。"常""辄""必"是副词，放在后分句主语后面。前分句表示经常反复的动作行为，后分句表示相应发生的动作行为。前后两事经常一同出现，构成习惯性联系。
2. "每"译作"每次""每逢"，"常"译作"时常""经常"，"辄"译作"总是""往往""常常"，"必"译作"必定""一定"。
3. 后分句副词的替换词有："常""辄""必""则""即""便"等。

[附] 相关句型：

"每"+FCl+HCl（S+"常"/"辄"/"必"+hproe）

"每"+前分句+后分句（主+"常"/"辄"/"必"+谓语中心及其他）

每汉使入匈奴，匈奴辄报偿。（《汉书·匈奴传》）

汉朝使者每次进入匈奴，匈奴总要回报补偿。

这里"每"放在前分句之首。

句型 11

[结构式] FCl（S+ "既" / "已" +hproe）+HCl

　　　　　前分句（主+ "既" / "已" +谓语中心及其他）+后分句

[代表句] 孙武既死，丨后百余岁有孙膑。

[例句]

序号	FCl			HCl	引书
	S	"既"	hproe		
1	孙武	既	死	后百余岁有孙膑	《史记·孙子吴起列传》
2	单于	既	立	尽归汉使之不降者	《史记·匈奴列传》
3	哙	既	饮酒	拔剑切肉食尽之	《史记·樊哙列传》
4	〔须贾〕	既	归	心怒睢以告魏相	《史记·范睢蔡泽列传》
5	管仲	既	用	任政于齐齐桓公以霸	《史记·管晏列传》
6	绛侯等	既	诛诸吕	齐王罢兵归	《史记·灌婴列传》
7	张仪	既	相秦	为文檄告楚相	《史记·张仪列传》
8	〔我〕	既	克	公问其故	《左传·庄公十年》
9	〔晋秦〕	既	陈	以其属驰秦师	《左传·文公二年》
10	扶苏	已	死	蒙恬疑而复请之	《史记·蒙恬列传》
11	〔其骑〕	已	缚之上山	望匈奴数千骑	《汉书·李广传》

[译文]

1. 孙武死以后，一百多年出了一个孙膑。
2. 且鞮侯单于登位后，全部释放送回汉朝使者中没有投降的人。
3. 樊哙喝完酒以后，拔出剑切开肉吃起来，全部吃光了。
4. 须贾回到魏国以后，心里嫉恨范睢，就把这件事报告给魏国宰相。
5. 管仲被任用以后，在齐国执政，齐桓公凭借他称霸天下。
6. 绛侯等人杀死了吕氏家族以后，齐王收兵回去了。
7. 张仪担任秦国相国以后，发出文书警告楚国宰相。（檄：古代官府用来晓谕或声讨的文书。）
8. 我军战胜齐军以后，庄公询问战胜的缘故。
9. 晋军秦军摆开军阵以后，率领他的部下飞速冲进了秦军队伍里面。（陈：列阵。）
10. 扶苏已经自杀，蒙恬怀疑再次请求申诉。
11. 李广随从的骑兵已经捆绑匈奴俘虏上了山，李广望见匈奴骑兵有几千人。

[说明]

1. "既"（"已"）是副词，放在前分句主语后面，表示前一事已经完结；后分句表示接着发生后一事。
2. "既" "已" 译作 "已经" "……以后"。
3. 本句型副词的替换词有："既" "已" "既已" "业" "业已" 等。

[附] 相关句型有下列两个：

1. FCl（S+"既"／"已"／"既已"+hproe）+"而"（"而后""然后"）+HCl

   前分句（主+"既"／"已"／"既已"+谓语中心及其他）+"而"（"而后""然后"）+后分句

   既得人爵，而弃其天爵。（《孟子·告子上》）

   已经得到了社会爵位，却抛弃了他的天然爵位。（爵：爵位。天爵：指仁义忠信等道德修养。人爵：指公卿大夫等社会上的等级。）

   连词"而"放在后分句之首，与前面的"既"互相呼应。

2. FCl（S+"既"／"已"／"既已"+hproe）+HCl（"乃"／"即"／"便"／"遂"／"因"／"而后"／"然后"+hproe）

   前分句（主+"既"／"已"／"既已"+谓语中心及其他）+后分句（"乃"／"即"／"便"／"遂"／"因"／"而后"／"然后"+谓语中心及其他）

   约束既布，乃设鈇钺，即三令五申之。（《史记·孙子吴起列传》）

   号令已经宣布完毕，于是就摆放好斧钺等刑具，当即又把已经宣布的纪律反复交代许多遍。（约束：管束，这里指纪律。布：宣布。鈇：同"斧"。申：申述，说明。）

   副词"乃""即"等放在后分句谓语中心前面，与前面的"既"互相呼应。这个句型副词和连词的替换词还有："便""遂""因""而后""然后"等。

句型 12

[结构式] FCl+HCl（"卒"／"终"／"竟"／"果"+hproe）

　　　　　前分句+后分句（"卒"／"终"／"竟"／"果"+谓语中心及其他）

[代表句] 头足异处，｜卒为天下笑。

[例句]

序号	FCl	HCl		引书
		"卒"	hproe	
1	头足异处	卒	为天下笑	《史记·淮阴侯列传》
2	用王生计	卒	见谢	《史记·张释之冯唐列传》
3	王迁立乃用郭开谗	卒	诛李牧	《史记·张释之冯唐列传》
4	大夫种辅翼越王为之深谋	卒	擒强吴据有东夷	《盐铁论·非鞅》
5	欲有所言复饮之醉而后去	终	莫得开说	《史记·曹相国世家》
6	今足下虽自以与汉王为厚交为之尽力用兵	终	为之所禽矣	《史记·淮阴侯列传》
7	弘病	竟	以丞相终	《史记·平津侯列传》
8	晋侯在外十九年矣	（而）果	得晋国	《左传·僖公二十八年》

[译文]

1. 头和脚分了家，终于被天下人耻笑。

2. 他采用了王生的计策，终于见到景帝，当面谢罪。

3. 赵王迁即位，就听信了郭开的谗言，终于杀了李牧。

4. 大夫文种辅佐越王，替他长远打算，最终捕获了吴王，占据了东方少数民族地区。

5. 那些人想要说些什么，曹参又让他们喝酒，直到喝醉了才离去，那些人最终没有能开口劝谏。

6. 如今您虽然自认为跟汉王结交深厚，替他尽全力作战，最终还是被他所擒获了。

7. 公孙弘患病，终于以丞相的身份死去。

8. 晋侯在国外十九年了，终于得到了晋国。

[说明]

1. "卒"（"终""竟""果"）是副词，放在后分句谓语中心前面。本句型前分句叙述经过，后分句说明出现的结果。

2. 后分句常省略主语。

3. "卒""终""竟"译作"最后""最终"，"果"译作"终于""究竟"。

4. 本句型副词的替换词有："卒""终""竟""遂""果""讫""迄""归"等。

第三类　递进关系

句型 1

[结构式] FCl＋HCl（递进关系）

　　　　　前分句＋后分句（递进关系）

[代表句] 乐岁终身苦，｜凶年不免于死亡。

[例句]

序号	FCl	HCl	引书
1	乐岁终身苦	凶年不免于死亡	《孟子·梁惠王上》
2	不能行于易	能行于难乎	《论衡·问孔》
3	疾在腠理汤熨之所及也	在肌肤针石之所及也	《韩非子·喻老》

[译文]

1. 丰收的年景也要一生艰难困苦，歉收的年景更是免不了冻饿而死。

2. 在容易治理的地方还行不通，在难治理的地方能行得通吗？

3. 病在皮肤和肌肉之间，是药物热敷的效力能够达到的；病在肌肉里，是针刺的效力能够达到的。（腠理：指皮肤和肌肉之间。汤熨：用药物热敷。肌肤：指肌肉浅层。针石：金属针和石针，用于针刺疗法。）

[说明]

这是意合法的递进复句，后分句表达的意思比前分句进了一层。前后分句之间不使用关联词语。这种复句很罕见。

句型 2

[结构式] FCl＋"且"（"并"）＋HCl

前分句+"且"("并")+后分句

[代表句] 公语之故，｜且告之悔。

[例句]

序号	FCl	"且"	HCl	引书
1	公语之故	且	告之悔	《左传·隐公元年》
2	孤之过也大夫何罪	且	吾不以一眚掩大德	《左传·僖公三十三年》
3	夫颛臾昔者先王以为东蒙主	且	在邦域之中矣	《论语·季氏》
4	比及三年可使有勇	且	知方也	《论语·先进》
5	天下事未可知	且	为天下者不顾家	《史记·项羽本纪》
6	矫以君命	并	命群臣	《史记·赵世家》
7	公所乘马名绝影为流矢所中伤颊及足	并	中公右臂	《三国志·武帝纪注》

[译文]

1. 郑庄公向他说明了原因，并且告诉他心里后悔的事。
2. 这是我的过错，大夫有什么罪？而且我不会因为这一次过错埋没你们以前的功劳大德。（眚：过错。掩：掩盖，埋没。）
3. 颛臾，以前的君王授命它主持东蒙山的祭祀，而且它已在鲁国疆域之内了。
4. 等到三年，我可以让人民都勇敢，而且懂得一些大道理。
5. 天下的大事不可以预料，况且要争夺天下的人是不顾及家庭的。
6. 他假托国君的命令，并且指挥众臣。（矫：假托，诈称。）
7. 曹操骑的马名叫"绝影"，被流箭射中，面颊和脚受了伤，而且射中了曹操的右臂。

[说明]

1. "且"("并")是连词，放在后分句之首，表示后分句的意思比前分句推进一层。
2. "且""并"译作"而且""并且""况且"。
3. 本句型连词的替换词有："且""并""並""且又""而且"等。

句型 3

[结构式] FCl（S+"犹"／"尚"／"且"／"尚犹"／"且犹"+hproe）+"况"（"而况""况于""而况于""何乃"）+HCl

前分句（主+"犹"／"尚"／"且"／"尚犹"／"且犹"+谓语中心及其他）+"况"（"而况""况于""而况于""何乃"）+后分句

[代表句] 蔓草犹不可除，｜况君之宠弟乎？

[例句]

序号	FCl			"况"	HCl	引书
	S	"犹"	hproe			
1	蔓草	犹	不可除	况	君之宠弟乎	《左传·隐公元年》
2	困兽	犹	斗	况	国相乎	《说苑·尊贤》

序号	FCl			"况"	HCl	引书
	S	"犹"	hproe			
3	小国有是	犹	复	而况	大国乎	《说苑·善说》
4	（畜老）	犹	惮杀之	而况	君乎	《左传·宣公四年》
5	人主之子也 骨肉之亲也	犹	不能恃无功之尊 无劳之奉而守 金玉之重地	而况	人臣乎	《战国策·赵策》
6	夫圣人之于死	尚	如是其厚也	况	当世而生存者乎	《说苑·尊贤》
7	庸人	尚	羞之	况于	将相乎	《史记·廉颇蔺相如列传》
8	臣	尚	自恶也	而况于	君	《韩非子·外储说左上》
9	今将军	尚	不得夜行	何乃	故也	《史记·李将军列传》
10	将军	尚	不知人	何乃	家监也	《史记·田叔列传》
11	死马	且	买之五百金	况	生马乎	《战国策·燕策》
12	夫千乘之王 万家之侯 百室之君	尚犹	患贫	而况	匹夫编户之民乎	《史记·货殖列传》
13	管仲	且犹	不可召	而况	不为管仲者乎	《孟子·公孙丑下》

[译文]

1. 到处滋生的野草还除不尽，何况是您宠爱的弟弟呢？
2. 被围困的野兽还要挣扎，何况是一国的宰相呢？
3. 小国有这种情况还能恢复，何况大国呢？
4. （牲口老了）要杀掉它还有顾虑，何况是国君呢？
5. 国君的子女，是骨肉之亲，还不能依靠没有功勋的尊贵地位，没有辛劳的俸禄，来守住黄金白玉一类贵重财物，何况是做臣子的呢？
6. 圣人对于死人还这样的宽厚，何况对现在还活着的人呢？
7. 一个平常人也会觉得羞耻，何况担当将相的人呢？（羞：形容词的意动用法，"羞之"即"以之为羞"。）
8. 我还觉得讨厌我自己，何况是您呢？（恶：讨厌。）
9. 现任将军还不准黑夜通行，何况是前任呢？
10. 将军尚且不了解人，何况他只是管家呀？
11. 死马尚且五百金买来，何况是活马呀？
12. 那些拥有千辆兵车的国君、享有万户封地的诸侯、占有几百户封地的大夫，尚且害怕贫穷，何况编入户口册的普通老百姓呢？
13. 管仲还不能召唤，何况召唤不屑与做管仲的那类人呢？

[说明]

1. "犹"（"尚""且""尚犹""且犹"）是副词，放在前分句主语后面，表示陪衬。"况"

（"而况""况于""而况于"）是连词。"何乃"是短语，其中"何"是疑问代词，"乃"是副词。"况""而况"等放在后分句之首，表示递进。本句型"犹"和"况"前后呼应，表示某人或某种事物还能够如此，而另外的人或事物更能如此。

2. 后分句通常只说主语，而省略谓语；甚至也可以只说偏正短语中的定语，而省略中心语（如例9只说"故"，而省略了"将军"）。

3. 后分句句尾通常使用"乎""也"等疑问语气词，表示反问。

4. "犹""尚""且""尚犹""且犹"译作"还""尚且"，"况""而况""况于""而况于"译作"何况"，"何乃"译作"何止是"，"乎""也"译作"呢"。

5. 前分句副词的替换词有："犹""尚""且""尚犹""且犹""犹且""犹尚""犹然""犹若""犹自""而""由""且由"等。后分句连词的替换词有："况""而况""况于""况乎""而况于""又况""何况""又乃况""兄""矧""皇"等。

句型 4

[结构式] FCl（"虽"/"自"+S+"犹"/"犹亦"/"以"+hproe）+"况"（"而况""又况""而又况乎"）+HCl

前分句（"虽"/"自"+主+"犹"/"犹亦"/"以"+谓语中心及其他）+"况"（"而况""又况""而又况乎"）+后分句

[代表句] 虽舜禹犹亦困，｜而又况乎俗主哉。

[例句]

序号	FCl				"况"	HCl	引书
	"虽"	S	"犹"	hproe			
1	虽	舜禹	犹亦	困	而又况乎	俗主哉	《说苑·尊贤》
2	自	古大圣	犹	惧此	况	臣莽之斗筲	《汉书·翟义传》
3	自	凡人	犹	系于习俗	而况	哀公之伦乎	《汉书·景十三王传》
4	自	尧之用舜文王于太公	犹	试然后爵之	又况	朱云者乎	《汉书·朱云传》
5	自	子夏门人之高弟也	犹	云出见纷华盛丽而说入闻夫子之道而乐二者心战未能自决	而况	中庸以下渐渍于失教被服于成俗乎	《史记·礼书》
6	自	是有德者	以	不知也	而况	有道者乎	《庄子·列御寇》

[译文]

1. 即使虞舜和夏禹那样的君王还要处于困境，更何况一般的君主呢？

2. 即使古代伟大的圣贤还要惧怕这种作乱的事情，何况我王莽这种不成材的人呢？

3. 即使平凡的人也还被习俗所束缚，何况哀公一类人呢？

4. 即使唐尧任用虞舜，周文王任用姜太公，还要试用然后才封爵，又何况朱云呢？

5. 即使子夏这样的孔子的高徒，还说："出门看见繁华艳丽的景物就高兴，回来听到孔子教育的道理就欢乐。两种念头常在心中斗争，自己不能决定取舍。"何况中等材质以下的人，长期逐渐被失去教育所侵害，被当时的习俗所征服呢？

6. 即使这些有道德的人看来也是不聪明的，何况通晓大道理的人呢？（知：通"智"，聪明。）

[说明]

1. "虽"（"自"）是连词，放在前分句主语前面，表示假设兼让步，即姑且承认某一假设情况，而后面的事情不受其影响。"犹"（"犹亦""以"）是副词，放在前分句谓语中心前面，表示陪衬。"况"（"而况""又况""而又况乎"）是连词，放在后分句之首，表示递进。

2. 后分句大多只说主语，而省略谓语。

3. 后分句句尾通常使用"乎""哉"等疑问语气词，表示反问。

4. "虽""自"译作"即使"，"犹""犹亦""以"译作"还""尚且"，"况""而况""又况""而又况乎"译作"何况"，"乎""哉"译作"呢"。

5. 前分句连词的替换词有："虽""自""每""唯"等。副词的替换词有："犹""由""尚""且""以""而""犹亦""尚犹""犹尚""且犹""犹且""犹然""犹若""犹自""且由"等。后分句连词的替换词有："况""兄""皇""矧""而况""况于""而况于""况乎""又况""又乃况"等。

[附] 相关句型：

"自"（"虽"）+FCl+"况"（"而况""况于"）+HCl

"自"（"虽"）+前分句+"况"（"而况""况于"）+后分句

自京师不晓，况于远方？（《汉书·杜周传》）

纵然国都里也不知道，何况远方呢？

这里在前分句主语后面，没有出现"犹""尚"一类副词。

句型 5

[结构式] FCl+"况"（"而况"）+HCl

前分句+"况"（"而况"）+后分句

[代表句] 一夫不可狃，│况国乎？

[例句]

序号	FCl	"况"	HCl	引书
1	一夫不可狃	况	国乎	《左传·僖公十五年》
2	吾未闻枉己而正人者也	况	辱己以正天下者乎	《孟子·万章上》
3	王蠋布衣也义不北面于燕	况	在位食禄者乎	《史记·田单列传》
4	其父而欲弑代之	况	他人乎	《史记·晋世家》
5	明者睹未萌	况	已著邪	《后汉书·班超传》
6	好善优于天下	而况	鲁国乎	《孟子·告子下》
7	技经肯綮之未尝	而况	大轨乎	《庄子·养生主》

［译文］

1. 一个普通老百姓还不能轻易侮辱，何况是一个国家呢？
2. 我没有听说过，使自身委屈，却能够指正别人的，何况使自身遭受侮辱，却能够指正天下人呢？
3. 王蠋是一位平民，却能守住节操，不向燕人屈服称臣，何况有官职享受国家俸禄的人呢？
4. 连他自己的父亲还想要杀害并取代他，何况对于别人呢？
5. 聪明人可以发现没有露头的现象，何况是已经很明显的呢？
6. 喜欢听取有益的话，用来治理天下都有充裕，何况治理鲁国呢？
7. 连脉络相连和附在骨上的肉以及筋肉聚结的地方都不曾碰过，何况大骨头呢？（技：当作"枝"，即络。经：经脉。肯：紧附在骨上的肉。綮：筋肉聚集处。轳：大骨。）

［说明］

1. "况"（"而况"）是连词，放在后分句之首，表示递进。
2. 本句型前分句字面上没有出现"犹""尚"等，但却隐含"犹""尚"的意思。
3. "况""而况"译作"何况"，"乎""邪"译作"呢"。
4. 本句型连词的替换词有："况""而况""况于""而况于""况乎""又况""又乃况""矧""兄""皇"等。

［附］相关句型：

FCl+"岂唯"（"岂独"）+HCl

前分句+"岂唯"（"岂独"）+后分句

我之不德，民将弃我，岂唯郑？（《左传·襄公九年》）

我们不奉行道德，老百姓将会抛弃我们，难道只是郑国？

这里用"岂唯"表示递进，"岂唯"是短语。这个句型句尾不用"乎"等疑问语气词。

句型 6

［结构式］FCl（S+"且"/"犹"/"尚"+hproe）+HCl

前分句（主+"且"/"犹"/"尚"+谓语中心及其他）+后分句

［代表句］身且不爱，丨安能爱君？

［例句］

序号	FCl			HCl	引书
	S	"且"	hproe		
1	身	且	不爱	安能爱君	《韩非子·难一》
2		（忠）且	见弃	吾不之楚何适乎	《战国策·秦策》
3	臣	（之壮也）犹	不如人	今老矣无能为也已	《左传·僖公三十年》
4	〔臣〕	犹	未足以知之也	今病在于朝夕之中臣奚能言	《吕氏春秋·贵公》
5	〔民〕	尚	不避死	安能避罪	《汉书·董仲舒传》

[译文]

1. 对自身还不爱护，怎么能爱护您？
2. 我忠于君王却将要被遗弃，我不去楚国，还能到哪里去呢？
3. 我在壮年的时候，还赶不上别人；现在老了，不能做什么了。
4. 我还不能够了解这样的人，现在我病重，危险就在朝夕之间，又怎么能谈论这件事呢？
5. 老百姓连死还不能躲避，怎么能让他不犯罪？

[说明]

1. "且"（"犹""尚"）是副词，放在前分句谓语中心前面，表示陪衬。后分句从意思上比前分句进了一层。其中多数是带"安""何""奚""奈何"等疑问词语的反问句，少数是陈述句。
2. "且""犹""尚"译作"还""尚且"。
3. 本句型副词的替换词有："且""犹""尚""而""尚犹""且犹""犹尚""犹且""犹然""犹若""犹自""且由"等。

[句型转换]

　　FCl（S+"犹"/"尚"/"且"+hproe）+"况"（"而况"）+HCl

　　⇒FCl（S+"犹"/"尚"/"且"+hproe）+HCl

　　前分句（主+"犹"/"尚"/"且"+谓语中心及其他）+"况"（"而况"）+HCl

　　⇒前分句（主+"犹"/"尚"/"且"+谓语中心及其他）+后分句

　　〔民〕尚不避死，况避罪乎？⇒〔民〕尚不避死，安能避罪？（本句型例5）

　　"蔓草犹不可除，况君之宠弟乎？"（第三编、三、句型3例1）是个前分句带有副词"犹""尚"，后分句带有连词"况"的递进复句。前句型"〔民〕尚不避死，况避罪乎？"和"蔓草犹不可除，况君之宠弟乎？"结构相同。如果后分句删掉"况"，并替换以疑问代词"安"，来表示反问，这样就转换成后句型："〔民〕尚不避死，安能避罪？"这是用删除与替换的方法，转换成另一句型的。

　　本式属于复句与复句的转换。

句型7

[结构式] FCl（S+"非徒"/"非特"/"非独"/"非直"+hproe）+HCl（"又"/"又乃"/"又将"/"又且"/"而又"+hproe）

　　　前分句（主+"非徒"/"非特"/"非独"/"非直"+谓语中心及其他）+后分句（"又"/"又乃"/"又将"/"又且"/"而又"+谓语中心及其他）

[代表句] 君非徒不达于兵也，｜又不明其时势。

[例句]

序号	FCl			HCl		引书
	S	"非徒"	hproe	"又"	hproe	
1	君	非徒	不达于兵也	又	不明其时势	《战国策·赵策》
2	〔小童〕	非徒	知具茨之山	又	知大隗之所存	《庄子·徐无鬼》
3	〔直议者〕	非徒	危身	又将	危父	《韩非子·外储说左下》

序号	FCl			HCl		引书
	S	"非徒"	hproe	"又"	hproe	
4	〔汝〕	非徒	危己也	又且	危父矣	《韩非子·外储说左下》
5	〔揠苗者〕	非徒	无益	而又	害之	《孟子·公孙丑上》
6	彼	非特	不服也	又	大不敬	《贾子·威不信》
7	此	非特	无术也	又乃	无行	《韩非子·六反》
8	厚赏者	非独	赏功也	又	劝一国	《韩非子·六反》
9		非直	费财	又乃	费士	《汉书·翼奉传》

[译文]

1. 您不仅不通晓兵法，而且又不清楚当今的形势。
2. 这位少年不只知道具茨山，还知道大隗住的地方。
3. 直言的人不只危害自己，又将要危害父亲。
4. 你不只危害自己，又将要危害父亲。
5. 拔苗助长的人的行为，不仅没有益处，反而伤害了禾苗。
6. 他不只不佩服，又十分不尊敬。
7. 这不但没有策略，又没有道德。
8. 给予丰厚的奖赏，不只奖赏了他的立功，又勉励了全国的人民。（劝：勉励。）
9. 这不只是浪费钱财，又浪费人才。

[说明]

1. "非徒"（"非特""非独""非直"）是短语。其中"非"是否定副词；"徒"（"特""独""直"）是范围副词，表示限定（限制在一定范围之内）。"非徒""非特"等放在前分句主语后面。
2. "又"（"又乃""又将""又且"）是副词。"而又"是连词和副词连用。"又""又乃"等放在后分句谓语中心前面。"非徒"和"又"前后呼应，表示递进。
3. "非徒""非特""非独""非直"译作"不仅""不只""不但"。
4. 前分句短语的替换词语有："非徒""非惟（唯）""非特""非但（亶）""非直""非独""不惟（唯）""不适""不啻""不翅""不独""不特""不专""不宁唯"等。后分句副词的替换词有："又""又将""又且""乃""又乃""亦""抑亦""能亦"等。

[附] 相关句型有下列两个：

1. FCl（S+"岂唯"/"岂独"+hproe）+HCl（S+"亦"+hproe）

前分句（主+"岂唯"/"岂独"+谓语中心及其他）+后分句（主+"亦"+谓语中心及其他）

丧先王之乘舟，岂唯光之罪，众亦有焉。（《左传·昭公十七年》）

失掉先王的乘船，难道只是我的罪过，大家也有罪的。（光：这里是吴国公子光自称其名。）

这里在前分句主语后面，使用了短语"岂唯"，其中"岂"和"唯"都是副词，表示反问。"岂唯"的意思相当于"不唯"。"岂唯"和后分句中的"亦"前后呼应。

2.　FCl（S+"非独"／"非惟"+hproe）+HCl（"虽"／"自"+S+"亦"+hproe）

前分句（主+"非独"／"非惟"+谓语中心及其他）+后分句（"虽"／"自"+主+"亦"+谓语中心及其他）

堪非独不可于朝廷，自州里亦不可也。（《汉书·刘向传》）

周堪不但不被朝廷赞成，即使乡里也不赞许。（可：许可，赞成。）

这里连词"自""虽"等放在后分句主语前面，副词"亦"放在后分句谓语中心前面。

句型 8

[结构式] "非惟"（"非独""不唯"）+FCl+HCl（"虽"+S+"亦"+hproe）

　　　　 "非惟"（"非独""不唯"）+前分句+后分句（"虽"+主+"亦"+谓语中心及其他）

[代表句] 非惟百乘之家为然也，｜虽小国之君亦有之。

[例句]

序号	"非惟"	FCl	HCl				引书
			"虽"	S	"亦"	hproe	
1	非惟	百乘之家为然也	虽	小国之君	亦	有之	《孟子·万章下》
2	非惟	小国之君为然也	虽	大国之君	亦	有之	《孟子·万章下》
3	非独	处家者为然	虽	处国	亦	然	《墨子·天志上》
4	不唯	泰誓为然	虽	禹誓	（即）亦	犹是也	《墨子·兼爱下》
5	不唯	禹誓为然	虽	汤说	（即）亦	犹是也	《墨子·兼爱下》
6	不唯	越王不知翟之意	虽	子	亦	不知翟之意	《吕氏春秋·高义》

[译文]

1.　不仅拥有百辆车马的大夫是这样，即使是小国的君主也有朋友。

2.　不仅小国的君主是这样，即使是大国的君主也有朋友。

3.　不只是居住在家里的人是这样，居住在国里的人也是这样。（处：居住。）

4.　不只是《泰誓》这样说，就是《禹誓》也是这样说。

5.　不只是《禹誓》这样说，就是《汤说》也是这样说。

6.　不仅越王不了解我的心意，就是你也不了解我的心意。（翟：墨子名"翟"，这里是墨子自称其名。）

[说明]

1.　"非惟"（"非独""不唯"）是短语。其中"非"（"不"）是否定副词；"惟"（"独""唯"）是范围副词，表示限定（限制在一定的范围之内）。"非惟""非独"等放在前分句之首。"虽"是连词，放在后分句主语前面，表示假设兼让步。"亦"是副词，放在后分句谓语中心前面，表示类同关系。

2.　"非惟""非独""不唯"译作"不只是""不仅仅"；"虽"译作"即使""纵使""就是"，"亦"译作"也"。

3.　前分句短语的替换词语有："非惟""非独""非徒""非特""非但""非直""不唯""不独"等。后分句连词的替换词有："虽""自""每""唯""惟"等。副词的替换词有：

"亦""抑亦""又""又将""又且""又乃"等。

[附] 相关句型有下列两个：

1. "非独"（"非惟""非徒"）+FCl+HCl（S+"皆"+hproe）

   "非独"（"非惟""非徒"）+前分句+后分句（主+"皆"+谓语中心及其他）

   非独贤者有是心也，人皆有之。（《孟子·告子上》）

   不仅贤人有这种思想，人人都有这种思想。

   这里在前分句之首使用短语"非独"，在后分句主语前面使用副词"皆"。前分句主语代表部分，后分句主语代表整体。

2. "非独"+FCl+"乃"+HCl（S+"亦"+hproe）

   "非独"+ 前分句+"乃"+后分句（主+"亦"+谓语中心及其他）

   非独政能也，乃其女亦烈女也。（《史记·刺客列传》）

   不仅聂政有才能，就是他的姐姐也是个刚烈女子。

   这里"非独"放在前分句之首；连词"乃"放在后分句之首，表示他转，译作"至于""就是"。

句型 9

[结构式] FCl（S+"犹"／"固"／"亦"+hproe）+"微独"（"非特""非独""非但"）+HCl
前分句（主+"犹"／"固"／"亦"+谓语中心及其他）+"微独"（"非特""非独""非但"）+后分句

[代表句] 神农、黄帝犹有可非，｜微独舜汤。

[例句]

序号	FCl			"微独"	HCl	引书
	S	"犹"	hproe			
1	神农黄帝	犹	有可非	微独	舜汤	《吕氏春秋·离俗》
2	学者	固	学为圣人也	非特	学为无方之民也	《荀子·礼论》
3	此	亦	教化之渐而仁谊之流	非独	伤肌肤之效也	《汉书·董仲舒传》
4	〔臣〕	亦	欲为吴	非但	为蜀也	《三国志·邓芝传》

[译文]

1. 神农、黄帝尚且有可以指责的地方，不仅仅舜、汤是这样。

2. 学习，本来是要学习做个圣人，并不只是要学习做个没有道术的人

3. 这也是教化的和仁谊的传播，不只是加在皮肤上的体罚的作用。（谊：公正合理，指应当做的事。）

4. 我也是想要为了吴国，不只是为了蜀国啊。

[说明]

1. "犹"（"固""亦"）是副词，放在前分句主语后面，"犹"表示陪衬，"固"表示事物的必然趋势，"亦"表示人或事之间的类同关系。"微独"（"非特""非独""非但"）是短语。其中"微""非"是否定副词；"特""独""但"是范围副词，表示限定（限制

461

在一定的范围之内）。"微独""非特"放在后分句之首。

2. 本句型是递进复句，但和句型 7、8 前后分句排列顺序相反。

3. 有些句子后分句只说出主语，承上省略了谓语（如例 1）；有些句子前后分句的谓语结构相同（如例 2、4）。

4. "犹"译作"尚且"；"固"译作"本来"；"亦"译作"也"；"微独""非特""非独""非但"译作"不只是""不仅是""不仅仅"。

5. 前分句副词的替换词有："犹""尚""且""而""固""亦""又""尚犹""犹尚""且犹""犹且""犹然""犹若""犹自"等。后分句短语的替换词语有："微独""非特""非独""非但""非亶""非直""非惟（唯）""匪啻""匪翅""不独""不惟（唯）""不适""不特""不啻""不翅""不宁唯"等。

[附] 相关句型有下列两个：

1. FCl+"非独"（"非但""非特"）+HCl

   前分句+"非独"（"非但""非特"）+后分句

   行役戍备，自古有之，非独今也。（《盐铁论·备胡》）

   劳役和防守边疆是自古以来就有的，不只是现在才有。

   这里在前分句中没有出现"犹"等副词。

2. FCl+"奚啻"+HCl

   前分句+"奚啻"+后分句

   臣以死奋笔，奚啻其闻之也！（《国语·鲁语》）

   我冒死执笔改了文书，何止听到这个呢！

   这里在后分句句首使用短语"奚啻"，表示反问，意思相当于"不啻"。

第四类　选择关系

句型 1

[结构式] FCl+HCl（选择关系）

　　　　　前分句+后分句（选择关系）

[代表句] 敬叔父乎？｜敬弟乎？

[例句]

序号	FCl	HCl	引书
1	敬叔父乎	敬弟乎	《孟子·告子上》
2	事齐乎	事楚乎	《孟子·梁惠王下》
3	子绝长者乎	长者绝子乎	《孟子·公孙丑下》
4	子食志乎	食功乎	《孟子·滕文公下》
5	王者贵乎	士贵乎	《战国策·齐策》
6	属之于子乎	属之于我乎	《史记·孙子吴起列传》
7	为肥甘不足于口与	轻暖不足于体与	《孟子·梁惠王上》

序号	FCl	HCl	引书
8	不知周之梦为蝴蝶与	蝴蝶之梦为周与	《庄子·齐物论》
9	使齐人傅诸	使楚人傅诸	《孟子·滕文公下》
10	韫椟而藏诸	求善贾而沽诸	《论语·子罕》
11	毁诸	已乎	《孟子·梁惠王下》

[译文]

1. 尊敬叔父呢？还是尊敬弟弟呢？

2. 滕国是奉承齐国呢？还是奉承楚国好呢？（事：侍奉，这里引申为奉承。）

3. 是你对我这老年人无情呢？还是我这老年人对你无情呢？（长者：老年人，系孟子自称。绝：绝交，绝情，无情。）

4. 你是按志向供给饮食呢？还是按功绩供给饮食呢？

5. 君王尊贵呢？还是士人尊贵呢？

6. 把国家政务托付给您呢？还是托付给我呢？（属：嘱托，委托，交付。）

7. 是为了肥美甘甜的食物不能满足您的口味呢？还是轻柔暖和的衣服不能满足您的身体呢？

8. 不知道是庄周做梦变成蝴蝶呢？还是蝴蝶做梦变成庄周呢？

9. 让齐国人教他呢？还是让楚国人教他呢？

10. 把它放在匣子里收藏起来呢？还是找个识货的商人卖掉呢？（韫：收藏。椟：木柜，木匣。贾：商人。沽：卖。诸：其中隐含的"之"，代美玉。）

11. 拆掉它呢？还是不拆？（已：停止。）

[说明]

1. 句型1—5是一组选择疑问句型。这种复句中，前后分句各自是是非问句，即在以陈述句作主体的后面加上"乎""与"等疑问语气词；或加上兼词"诸"，"诸"等于"之乎"。这种复句并列提出两个或几个疑问，以便让对方任选其一作为答案。

2. 本句型是意合法的选择复句，前后分句之间没有使用关联词语。

3. 前后分句句尾的疑问语气词多数相同，有时也可以不同（如例11）。

4. "乎""与"译作"呢"。"诸"要补出"之"所指代的对象，并将"乎"译作"呢"。

5. 本句型疑问语气词的替换词有："乎""与""欤""邪""耶"等。

句型2

[结构式] FCl+"抑"（"抑亦""且""将""其""其诸""忘其""妄其"）+HCl
　　　　　前分句+"抑"（"抑亦""且""将""其""其诸""忘其""妄其"）+后分句

[代表句] 求之与？| 抑与之与？

序号	FCl	"抑"	HCl	引书
1	求之与	抑	与之与	《论语·学而》
2	敢问天道乎	抑	人故也	《国语·周语》
3	曩而言戏乎	抑	有所闻之乎	《国语·晋语》
4	仲子所居之室伯夷之所筑与	抑亦	盗跖之所筑与	《孟子·滕文公下》
5	所食之粟伯夷之所树与	抑亦	盗跖之所树与	《孟子·滕文公下》
6	反诸其人乎	抑亦	立而视其死与	《孟子·公孙丑下》
7	岂吾相不当侯邪	且	固命也	《史记·李将军列传》
8	丞相岂少我哉	且	固我哉	《史记·李斯列传》
9	足下欲助秦攻诸侯乎	且	欲率诸侯破秦也	《史记·郦生陆贾列传》
10	王以天下为尊秦乎	且	尊齐乎	《战国策·齐策》
11	子能顺杞柳之性而以为桮棬乎	将	戕贼杞柳而后以为桮棬也	《孟子·告子上》
12	人生受命于天乎	将	受命于户邪	《史记·孟尝君列传》
13	秦诚爱赵乎	其	实憎齐乎	《史记·赵世家》
14	寝不安与	其诸	侍御有不在侧者与	《公羊传·僖公二年》
15	不识三国之憎秦而爱怀邪	忘其	憎怀而爱秦邪	《战国策·赵策》
16	道固然乎	妄其	欺不谷邪	《国语·越语》

[译文]

1. 求得的呢？还是别人主动告诉他的呢？

2. 我冒昧地问您是凭天道推测的呢？还是凭人间的事情知道的呢？

3. 从前你说的是玩笑话？还是听到了什么传闻呢？

4. 陈仲子所住的房屋，是像伯夷那样廉洁的人建造的呢？还是像柳下跖那样的强盗建造的呢？

5. 陈仲子所吃的粮食，是像伯夷那样廉洁的人种植的呢？还是像柳下跖那样的强盗种植的呢？

6. 把牛羊退还原主呢？还是站在一旁眼看牛羊饿死呢？

7. 难道我的骨相不该封侯吗？还是本来命该如此呢？（侯：名词用作动词，封侯。）

8. 丞相是看不起我呢？还是认为我鄙陋呢？（少：轻视，看不起。固：鄙陋，这里是形容词的意动用法。"固我"即"以我为固"。）

9. 您是想要帮助秦国攻打诸侯呢？还是想要率领诸侯灭亡秦国呢？

10. 大王认为天下各国尊重秦国呢？还是尊重齐国呢？

11. 您能顺着杞柳树的本性做成杯盘呢？还是毁伤杞柳树的本性，以后才做成杯盘呢？

12. 人的命运是由上天安排呢？还是由门户安排呢？

13. 秦国确实喜爱赵国呢？还是确实憎恨齐国呢？

14. 是睡不着呢？还是侍候您的嫔妃不在身边呢？

15. 不知道三国是憎恨秦国爱惜怀邑呢？还是憎恨怀邑爱惜秦国呢？（识：知道。怀：魏国城邑名。）

16. 道本来就这样呢？还是欺骗我呢？（不谷：不善，古代诸侯自称的谦词。）

［说明］

1. "抑"（"抑亦""且""将""其""其诸""忘其""妄其"）是连词，放在后分句之首，表示选择。

2. 前分句句尾的疑问语气词多数相同，有时也可以不同（如例 2、6、7、9、11、12、16）。

3. "抑""抑亦""且""将""其""其诸""忘其""妄其"译作"还是"，"乎""与""邪""哉""也"译作"呢"。

4. 本句型连词的替换词有："抑""抑亦""且""将""其""意""噫""亿""懿""意亦""亿亦""噫亦""噫将""妄""亡其""妄其""忘其""其诸""意亡""将妄""亡意亦"等。

句型 3

［结构式］"抑"（"其""其或""其者""意"）+FCl+"亡其"（"其""其或""意亦""将"）+HCl

"抑"（"其""其或""其者""意"）+前分句+"亡其"（"其""其或""意亦""将"）+后分句

［代表句］抑固窭邪？ | 亡其略弗及邪？

［例句］

序号	"抑"	FCl	"亡其"	HCl	引书
1	抑	固窭邪	亡其	略弗及邪	《庄子·外物》
2	其	正色邪	其	远而无所至极邪	《庄子·逍遥游》
3	其	欲干酒肉之味邪	其	寡人亦有社稷之福邪	《庄子·徐无鬼》
4	其	臣妾不足以相治乎	其	递相为君臣乎	《庄子·齐物论》
			其	有真君存焉	
5	其	俱是也	其	俱非也邪	《庄子·齐物论》
6	其或	是也	其或	非也邪	《庄子·齐物论》
7	其者	寡人之不及与	意亦	子大夫之思有所不至乎	《汉书·武五子传》
8	意	岂有所恨与	将	在位者与生殊乎	《汉书·贡禹传》

［译文］

1. 是才学鄙陋贫乏呢？还是智谋不能达到呢？（固：鄙陋。窭：本为贫穷，这里引申为才学贫乏。）

2. 是天空的真正颜色呢？还是天空辽远没有边际呢？

3. 是想要求得酒肉一类美味呢？还是想要辅佐我，给国家造福呢？（干：求。社稷：国家）。

4. 还是都做臣妾，不能互相支配呢？还是他们接连做君臣呢？还是有真正的君主存在呢？（真君：真心、真我，指百骸、九窍、六藏的主宰者。）

5. 我们俩都对呢？还是我们俩都错呢？

6. 我们俩有一个人对呢？还是有一个错呢？

7. 是我赶不上呢？还是大夫们有考虑不到的地方呢？

8. （你要辞退）难道有些遗憾吗？还是在位的人跟你在志向趣味上不同呢？

［说明］

1. "抑"（"其""亡其""其或""其者""意""意亦""将"）是连词，分别放在前后分句之首，表示选择。前后两个连词可以相同（如例2—6），也可以不同（如例1、7、8）。这种选择句型较少见。

2. "抑""其""其或""其者""亡其""意""意亦""将"译作"还是"，"乎""邪"译作"呢"。

3. 本句型连词的替换词有："其""其或""其者""将""抑""抑亦""抑将""且""意""噫""亿""懿""妄""亡其""妄其""忘其""其诸""意亡""将妄""意亦""亿亦""噫亦""噫将""亡意亦"等。

句型 4

［结构式］ FCl（S＋"宁"／"宁其"＋hproe）＋HCl（"宁"／"宁其"／"其宁"／"将"＋hproe）

前分句（主＋"宁"／"宁其"＋谓语中心及其他）＋后分句（"宁"／"宁其"／"其宁"／"将"＋谓语中心及其他）

［代表句］ 人之情宁朝人乎？ ｜ 宁朝于人也？

［例句］

序号	FCl			HCl		引书
	S	"宁"	hproe	"宁"	hproe	
1	人之情	宁	朝人乎	宁	朝于人也	《战国策・赵策》
2	此龟者	宁其	死为留骨而贵乎	宁其	生而曳尾于涂中乎	《庄子・秋水》
3	君	宁	弃国之半乎	其宁	有全晋乎	《新序・杂事》
4	君	宁	死而又死乎	其宁	生而又生乎	《吕氏春秋・贵信》
5	王	宁	亡十城邪	将	亡齐国也	《新序・善谋》
6	吾	宁	悃悃款款朴以忠乎	将	送往劳来斯无穷乎	《楚辞・卜居》
7		宁	诛锄草茅以力耕乎	将	游大人以成名乎	《楚辞・卜居》
8	〔吾〕	宁	正言不讳以危身乎	将	从俗富贵以偷生乎	《楚辞・卜居》
9	〔吾〕	宁	与骐骥亢轭乎	将	随驽马之迹乎	《楚辞・卜居》
10	〔吾〕	宁	与黄鹄比翼乎	将	与鸡鹜争食乎	《楚辞・卜居》

［译文］

1. 人的心情是愿意朝拜别人呢？还是愿意受别人朝拜呢？

2. 这只龟宁肯死了留下它的尸骨受人尊重呢？还是愿意活着拖着尾巴在泥里爬呢？

3. 君主愿意放弃国家的一半呢？还是愿意拥有晋国全部呢？

4. 您宁愿死而又死身亡国灭呢？还是愿意生而又生身在国存呢？

5. 大王宁肯失掉十个城邑呢？还是要齐国灭亡呢？
6. 我宁肯忠心耿耿，朴实又忠诚呢？还是到处周旋逢迎，才不会穷困呢？（悃悃款款：忠心耿耿的样子。）
7. 我宁肯锄掉茅草，努力耕作呢？还是和达官显贵交往，来沽名钓誉呢？
8. 我宁肯直言不讳，以致招来杀身之祸呢？还是随从世俗，求取富贵，苟且偷生呢？
9. 我宁肯跟良马骐骥并驾齐驱呢？还是跟着劣马的脚印缓步而行呢？（亢：通"伉"，并列。轭：车辕前面驾马用的曲木。）
10. 我宁肯跟黄鹄比翼齐飞呢？还是跟鸡鸭在一起争食呢？（鹜：鸭。）

[说明]

1. "宁""宁其""其宁"是副词，表示情愿选取某种做法，"将"是连词，表示选择。"宁""宁其"放在前分句主语后面和后分句谓语中心前面，"其宁""将"只放在后分句谓语中心前面。
2. 前后分句句尾的疑问语气词多数相同，有时也可以不同（如例1、5）。
3. "宁""宁其""其宁"译作"宁愿""宁肯""宁可"，"将"译作"还是"。

句型 5

[结构式] FCl+HCl（"不"／"非"＋"邪"／"乎"）
　　　　前分句+后分句（"不"／"非"＋"邪"／"乎"）
[代表句]〔秦〕欲破赵之军乎？｜不邪？
[例句]

序号	FCl	HCl		引书
		"不"	"邪"	
1	〔秦〕欲破赵之军乎	不	邪	《史记·平原君虞卿列传》
2	怨邪	非	邪	《史记·伯夷列传》
3	若伯夷叔齐可谓善人者	非	邪	《史记·伯夷列传》
4	倘所谓天道是邪	非	邪	《史记·伯夷列传》
5	此非以贱为本邪	非	乎	《老子·三十九章》

[译文]

1. 秦国想要打败赵国军队呢？还是不要呢？
2. 他们是怨恨，还是不怨恨呢？
3. 像伯夷、叔齐可以说是好人呢？还是不是呢？
4. 如果有所说的"天道"，那么这是天道呢？还是不是呢？
5. 这是把低贱当作根本呢？还是不是呢？

[说明]

1. 本句型前后分句内容相反，后分句只有否定副词"不""非"，表示否定前分句中的动作行为。前后分句并列提出正反两个疑问，要求对方选择其中一个作为答案。
2. 本句型前后分句的句尾都必须使用"乎""邪"等疑问语气词。

3. "非"译作"不是"，"乎""邪"译作"呢"。

4. 本句型否定副词的替换词有："不""非""未""否""无""毋"等。

[附] 相关句型：

FCl+"且"（"将""其"）+HCl（"不"/"非"/"未"/"无"＋"乎"/"邪"）

前分句+"且"（"将""其"）+后分句（"不"/"非"/"未"/"无"＋"乎"/"邪"）

有变乎？且不乎？《礼记·曾子问》

要有变动呢？还是不变呢？

这里在前后分句中间加了表示选择的连词"且"，也可以加"将""其"等。

句型 6

[结构式] FCl（S+"非"+hproe）+HCl（"则"/"即"/"乃"+hproe）

前分句（主+"非"+谓语中心及其他）+后分句（"则"/"即"/"乃"+谓语中心
及其他）

[代表句] 先死者非父，| 则母。

[例句]

序号	FCl			HCl		引书
	S	"非"	hproe	"则"	hproe	
1	先死者	非	父	则	母	《墨子·明鬼》
2	小臣之行	非	刑	则	戮	《韩非子·难一》
3	人主之大物	非	法	则	术也	《韩非子·难三》
4	齐国之诸公子其可辅者	非	公子纠	则	小白也	《韩非子·说林下》
5	语而不舍	非	愚	则	诬也	《庄子·秋水》
6	〔是〕	非	亲	则	顽	《国语·郑语》
7	民死亡者	非	其父兄	即	其子弟	《左传·襄公八年》
8	是	非	守宫	即	蜥蜴	《汉书·东方朔传》

[译文]

1. 先死的人不是父亲就是母亲。

2. 小臣稷的行为，不是应该受刑罚，就是应该被杀死。

3. 君主的大事，不是法令、法律，就是策略手段。（大物：大事。术：君主控制群臣的策略手段。）

4. 在齐国的众公子中，可以受到辅佐的人不是公子纠，就是小白。

5. 人们说这种话总是不停，那不是愚蠢，就是有意欺骗人了。

6. 这些国家不是宗亲就是蛮夷。（蛮夷：古代对我国少数民族的蔑称。）

7. 老百姓里死亡和逃走的，不是他们的父兄，就是他们的子弟。

8. 这虫不是壁虎，就是蜥蜴。（守宫：虫名，壁虎。它和蜥蜴是一类。）

[说明]

1. "非"是否定副词，放在前分句谓语中心前面。"则"（"即""乃"）是副词，放在后分句谓语中心前面。"非"和"则"前后呼应，表示非此即彼，两者必居其一。

2. 本句型前分句是否定句，后分句是肯定句。
3. 前后分句中的谓语中心多数是名词或名词短语，少数是形容词或动词。
4. "非"译作"不是"，"则""即""乃"译作"就是"。

句型 7

〔结构式〕FCl（S+"非"+hproe）+"而"（"其""如"）+HCl（"谁"／"何"／"奚"）

　　　　前分句（主+"非"+谓语中心及其他）+"而"（"其""如"）+后分句（"谁"／"何"／"奚"）

〔代表句〕〔弑君者〕非子｜而谁？

〔例句〕

序号	FCl			"而"	HCl	引书
	S	"非"	hproe			
1	〔弑君者〕	非	子	而	谁	《左传·宣公二年》
2	宗庙会同	非	诸侯	而	何	《论语·先进》
3	〔代立践南面〕	非	弑	而	何也	《史记·儒林列传》
4	国胜君出	非	祸	而	奚	《说苑·善说》
5	临长晋国者	非	女	其	谁	《国语·晋语》
6	而令德孝恭	非	此	其	谁	《国语·周语》
7	〔君〕	非	鼠	如	何	《左传·襄公二十三年》
8	此	非	弑君	如	何	《公羊传·宣公六年》

〔译文〕

1. 杀害君主的人，不是你又是谁？
2. 有祭祀的宗庙和跟别的国举行的盟会，不是诸侯国又是什么？
3. 臣子取而代之，南面称王。这不是杀害君主又是什么呢？
4. 楚国被战胜，国君出逃，不是灾祸又是什么？
5. 统治晋国的人，不是你又是谁？（临：从高处往低处看，引申为从上监视、统治。长：首领。）
6. 有美德孝顺谦恭，不是这个人又是谁？
7. 君王不是老鼠，又是什么？
8. 这不是杀害君主，又是什么？

〔说明〕

1. 本句型多数是紧缩复句。"非"是否定副词，放在前分句谓语中心前面。"而"（"其""如"）是连词，放在后分句之首。"非"和"而"前后呼应，表示肯定"非"后面的人或事，并含有排除其他可能性的意思。
2. 前分句的谓语中心多数是名词、代词，也可以是动词（如例 3 的"弑"）或动词短语（如例 8 的"弑君"）。后分句省略主语，只有由疑问代词"谁""何""奚"等充当的谓语。

3. "非"译作"不是"，"而""其""如"译作"又是"或"却"。

句型 8

［结构式］"与"（"与其"）+FCl+HCl（"宁"/"宁其"+hproe）

　　　　　　"与"（"与其"）+前分句+后分句（"宁"/"宁其"+谓语中心及其他）

［代表句］与人刃我，| 宁自刃。

［例句］

序号	"与"	FCl	HCl		引书
			"宁"	hproe	
1	与	人刃我	宁	自刃	《史记·鲁仲连邹阳列传》
2	与其	使民陷下也	宁	使民陷上	《韩非子·外储说左下》
3	与其	媚于奥	宁	媚于灶	《论语·八佾》
4	与其	不孙也	宁	固	《论语·述而》
5	与其	杀不辜	宁	失不经	《左传·襄公二十六年》
6	与其	素厉	宁	为无勇	《左传·定公十二年》
7	与其	失善	宁其	利淫	《左传·襄公二十六年》
8	与其	杀是人也	宁其	得此国也	《国语·越语》

［译文］

1. 与其别人杀死我，宁肯自杀。

2. 与其让人们奉承下级，还不如让他们谄媚上级。

3. 与其谄媚奥神，不如谄媚灶神。（奥：屋内西南角的神。灶：灶神。）

4. 与其骄横，宁肯寒酸。（孙：同"逊"，恭顺。固：鄙陋，寒酸。）

5. 与其杀害无罪的人，宁肯放走不守法的罪人。（不经：不守法纪的人。）

6. 与其空得勇猛之名，不如做一个缺乏勇气的人。

7. 与其失掉好人，宁肯对坏人有利。（淫：邪恶的。）

8. 与其杀死这些人，不如得到这个国家。

［说明］

1. 句型 8—12 是一组在前分句中带有"与"（"与其"）或"宁"的选择复句。复句中的两个分句都不是疑问句。

2. "与"（"与其"）是连词，放在前分句之首。"宁"（"宁其"）是副词，放在后分句谓语中心前面。"与"（"与其"）和"宁"（"宁其"）相呼应，表示在比较之后舍弃前分句中的做法，而选取后分句中的做法。

3. "与"译作"与其"，"宁""宁其"译作"宁肯""宁可""宁愿"。

4. 后分句副词的替换词有："宁""宁其""无宁"等。

［附］相关句型：

　　"与"（"与其"）+FCl+"宁"（"宁其"）+HCl

　　"与"（"与其"）+前分句+"宁"（"宁其"）+后分句

与其害于民，宁我独死。（《左传·定公十三年》）

与其危害老百姓，宁肯我一个人死。

这里副词"宁"放在后分句主语的前面。

句型 9

[结构式] FCl（S+"与"/"与其"+Pr）+HCl（"宁"/"无宁"+hproe）

前分句（主+"与"/"与其"+谓）+后分句（"宁"/"无宁"+谓语中心及其他）

[代表句] 礼，与其奢也，| 宁俭。

[例句]

序号	FCl			HCl		引书
	S	"与"	Pr	"宁"	hproe	
1	礼	与其	奢也	宁	俭	《伦语·八佾》
2	丧	与其	易也	宁	戚	《伦语·八佾》
3	吾	与	富贵而诎于人	宁	贫贱而轻世肆志焉	《史记·鲁仲连邹阳列传》
4	礼	与其	亡也	宁	有	《谷梁传·哀公元年》
5	予	与其	死于臣之手也	无宁	死于二三子之手乎	《论语·子罕》

[译文]

1. 礼节仪式与其奢侈豪华，宁肯节约俭省。
2. 办丧事与其在仪式上办得妥善完美，宁可在心里真诚悲哀。（易：整治，即把事情办得周到。这里指丧葬仪式办得妥善。）
3. 我与其享富贵却要屈身侍奉人，宁肯守贫贱，却能轻视世俗，放任自己的志愿啊！
4. 按照礼仪，与其没有卜筮，宁肯有卜筮。
5. 我与其在家臣的照料下死去，宁可在你们这些学生的照料下死去。

[说明]

1. "与"（"与其"）是连词，放在前分句主语后面（这种情况比较少见）。"宁"（"无宁"）是副词，放在后分句谓语中心前面。"与"和"宁"相呼应，表示在比较之后，舍弃前分句中的做法，而选取后分句中的做法。
2. "与"译作"与其"，"宁""无宁"译作"宁可""宁肯""宁愿"。
3. 后分句副词的替换词有："宁""宁其""无宁"等。

句型 10

[结构式] "与"（"与其"）+FCl+HCl（"不如"/"不若"+O）

"与"（"与其"）+前分句+后分句（"不如"/"不若"+宾）

[代表句] 与吾得革车千乘，| 不如闻行人烛过之一言也。

[例句]

序号	"与"	FCl	HCl		引书
			"不如"	O	
1	与	吾得革车千乘	不如	闻行人烛过之一言也	《韩非子·难二》
2	与	余以狂疾赏也	不如	亡	《国语·晋语》
3	与	使阇为慕势	不如	使王为趋士	《战国策·齐策》
4	与其	戍周	不如	城之	《左传·昭公三十二年》
5	与其	生而无义	（固）不如	烹	《史记·田单列传》
6	与其	得百里于燕	不如	得十里于宋	《战国策·燕策》
7	与其	誉尧而非桀	不如	两忘而闭其所非誉	《庄子·外物》
8	与其	用一人	不如	用一国	《韩非子·八经》
9	与其	死夫人所者	不如	赐死君前	《韩非子·奸劫弑臣》
10	与	吾因子而生	不如	反拘而死	《新序·节士》

[译文]

1. 我与其得到一千辆兵车，还不如听到听到行人烛过的一句话。（革车：战车。行人：官名，负责管理外交事务。烛过：人名。）
2. 我与其因为有疯狂病而受赏，还不如逃走。
3. 与其让我干仰慕有权势的勾当，还不如让大王做亲近贤士的事情。
4. 与其在成周防守，不如建筑那里的城墙。（戍：防守。城：名词用作动词，建筑城墙。）
5. 与其活着做不义的事情，实在不如受煮死的刑罚更好！
6. 与其从燕国得到百里土地，不如从宋国得到十里土地。
7. 与其称赞尧而非议桀，还不如善恶二者都忘掉，并且闭塞抛弃所非议和赞誉的事物。（闭：止，绝。）
8. 君主与其依靠自己一人的力量和智慧，不如利用一国人的力量和智慧。
9. 与其死在夫人那个地方，不如赐我死在君王的面前。
10. 我与其依靠您的帮助活着，还不如被逮捕处死。

[说明]

1. "与"（"与其"）是连词，放在前分句之首。"如""若"是动词，在后分句中作谓语中心；"不"是否定副词，作状语。"不如""不若"表示"赶不上"。"与"和"不如"相呼应，表示在比较之后，舍弃前分句中的做法，而选取后分句中的做法。
2. "与"译作"与其"，"不若"译作"不如"。
3. 后分句动词短语的替换词语有："不如""不若""莫如""莫若"等。

[附] 相关句型有下列五个：

1. FCl（"不如"/"不若"+O）+"与"（"与其"）+HCl
   前分句（"不如"/"不若"+宾）+"与"（"与其"）+后分句
   不如逃之，……与其及也。（《左传·闵公元年》）
   与其得到罪过，还不如逃走不要让罪过到来。

这个句型把"不如"放在前分句中，把"与其"放在后分句中，与常式不同。这是因补充而倒说，顺说应为"与其及也，不如逃之，……"。

2. FCl＋"与"（"与其"）+HCl

前分句+"与"（"与其"）+后分句

孝而安民，……与其危身以速罪也。（《左传·闵公二年》）

与其危害自身，加快罪过的到来，难道比得上行孝道，安定百姓吗？

这里把"与其"放在后分句中，这也是因补充而倒说，顺说应为"与其危身以速罪也，〔岂若〕孝而安民？……"。

3. FCl（S+"与"/"与其"+Pr）+HCl（"不如"/"不若"+O）

FCl（S+"与"/"与其"+谓）+HCl（"不如"/"不若"+宾）

丧礼，与其哀不足而礼有余也，不若礼不足而哀有余也。（《礼记·檀弓上》）

举行丧礼时，与其缺少内心的悲恸，礼节复杂繁多，还不如礼节缺少，内心充满悲恸呢。

"与其"放在前分句主语后面。

4. "与"（"与其"）+FCl+HCl（S+"岂若"+O）

"与"（"与其"）+前分句+后分句（主+"岂若"+宾）

与我处畎亩之中，由是以乐尧舜之道，吾岂若使是君为尧舜之君哉？（《孟子·万章上》）

我与其住在田野里，由此把尧舜之道作为乐趣，难道比得上我使这位君主成为尧舜那样的君主吗？

"岂若"是短语，其中"岂"是反诘副词，"若"是动词。这里"岂若"放在后分句主语后面。

5. FCl（S+"与其"+Pr）+HCl（"岂若"+O）

前分句（主+"与其"+谓）+后分句（"岂若"+宾）

而与其从辟人之士也，岂若从辟世之士哉？（《论语·微子》）

你与其跟随（孔丘那种）躲避坏人的人，难道比得上跟随（我们这些）躲避社会的人吗？（而：第二人称代词，你。辟：同"避"。）

这里"与其"放在前分句主语后面。

句型 11

［结构式］FCl（S+"宁"+hproe）+HCl（"无"/"毋"/"不"+hproe）

前分句（主+"宁"+谓语中心及其他）+HCl（"无"/"毋"/"不"+谓语中心及其他）

［代表句］〔吾〕宁信度，｜无自信也。

［例句］

序号	FCl			HCl		引书
	S	"宁"	hproe	"无"	hproe	
1	〔吾〕	宁	信度	无	自信也	《韩非子·外储说左上》
2		宁	百刺以针	无	一刺以刀	《淮南子·说山训》

序号	FCl			HCl		引书
	S	"宁"	hproe	"无"	hproe	
3		宁	一引重	无	久持轻	《淮南子·说山训》
4		宁	一月饥	无	一旬饿	《淮南子·说山训》
5		宁	为鸡口	无	为牛后	《战国策·韩策》
6		宁	见乳虎	无	值宁成之怒	《史记·酷吏列传》
7		宁	负二千石	无	负豪大家	《汉书·酷吏传》
8	臣	宁	抵罪于王	毋	抵罪于先王	《吕氏春秋·直谏》
9	吾	宁	斗智	不	能斗力	《史记·项羽本纪》

[译文]

1. 我宁可相信尺码，也不相信自己（的脚）。

2. 宁肯用针刺伤百次，也不愿用刀砍杀一次。

3. 宁肯提一次重物，也不愿长久地拿着轻物。

4. 宁肯一个月吃不饱饭，也不愿意十天饿成重病。（旬：十天。饥：吃不饱。饿：严重的饿，致成重病。）

5. 宁肯当鸡的嘴，也不愿当牛的腚。

6. 宁肯看到给幼崽哺乳的母虎，也不愿遇上宁成发怒。（宁成：人名，汉朝十个以残酷著称的官吏之一。值：遇。）

7. 宁肯得罪太守，也不愿得罪土豪恶霸。（二千石：汉代自九卿郎将，至郡守尉的俸禄等级。）

8. 我宁肯从您那里获罪，也不愿从先王那里获罪。（抵：当。）

9. 我宁肯凭智慧争斗，也不愿凭力量争斗。

[说明]

1. "宁"是副词，放在前分句主语后面，表示情愿选取某种做法，主观意志很坚决。"无"（"毋""不"）是否定副词，放在后分句谓语中心前面。"宁"和"无"相呼应，表示在比较之后，选取前分句中的做法，而舍弃后分句中的做法。

2. "宁"译作"宁可""宁肯""宁愿"，"无""毋"译作"不要""不愿"。

[附] 相关句型：

"宁"+FCl+"无"+HCl

"宁"+前分句+"无"+后分句

宁我薄人，无人薄我。（《左传·宣公十二年》）

宁可我军逼进敌人，不要让敌人逼进我军。（薄：迫近，逼进。）

这里"宁"和"无"分别放在前后分句之首。

句型 12

[结构式] FCl+"孰与"（"孰若"）+HCl

前分句+"孰与"（"孰若"）+后分句

[代表句] 大天而思之，| 孰与物畜而制之。

[例句]

序号	FCl	"孰与"	HCl	引书
1	大天而思之	孰与	物畜而制之	《荀子·天论》
2	从天而颂之	孰与	制天命而用之	《荀子·天论》
3	望时而待之	孰与	应时而使之	《荀子·天论》
4	惟坐而待亡	孰与	伐之	《三国志·诸葛亮传》
5	夫保全一身	孰若	保全天下乎	《后汉书·庞公传》

[译文]

1. （与其）尊敬天而思念它，哪里比得上把天当作物质保存而且控制它？
2. （与其）顺从天而歌颂它，哪里比得上控制天命而且利用它？
3. （与其）盼望天时而等待它，哪里比得上适应季节而且驱使它？
4. （与其）坐而等待灭亡，哪里比得上去讨伐他们？
5. 保护好自己一身健全，哪里比得上保卫好天下太平啊？

[说明]

1. "孰与"（"孰若"）是短语，其中"孰"是疑问代词，"与"是介词，"若"是动词。"孰与"（"孰若"）相当于"何如"，放在后分句之首，表示在比较之后，舍弃前分句中的做法，而选取后分句中的做法。
2. 本句型在译成现代汉语时，可以在前分句之首加上"与其"。"孰与"译作"哪里比得上"或"不如"。

第五类　转折关系

句型 1

[结构式] FCl+HCl（转折关系）

　　　　前分句+后分句（转折关系）

[代表句] 今法律贱商人，| 商人已富贵矣。

[例句]

序号	FCl	HCl	引书
1	今法律贱商人	商人已富贵矣	《汉书·食货志》
2	尊农夫	农夫已贫贱矣	《汉书·食货志》
3	管仲富拟于公室有三归反坫	齐人不以为侈	《史记·管晏列传》
4	晏子长不满六尺	身相齐国名显诸侯	《史记·管晏列传》
5	今诸侯独知爱其国	不爱人之国	《墨子·兼爱》

[译文]

1. 现在法律上轻视商人，可是商人已经富贵起来了。（贱：卑贱。这里是形容词意动用法，"贱商人"即"以商人为贱"，把商人看得卑贱。例 2 的"尊"的用法同此。）

2. 法律上尊重农民，可是农民已经贫贱起来了。

3. 管仲的富贵可以跟国君相比，拥有设置华丽的三归台和国君的宴饮设备，但是齐国人却不以为他奢侈。

4. 晏子身高不到六尺，却当了齐国的宰相，名声在各国显扬。

5. 现在诸侯只知道喜爱自己的封国，却不喜爱别人的封国。

[说明]

1. 这是意合法的转折复句。这种复句后分句并不是顺承前分句的意思说下去，而是说出了与前分句不协调甚至截然相反的意思。前后分句之间没有使用关联词语。

2. 本句型在译成现代汉语时，要在后分句前面加上"但是""然而""可是"等。

句型 2

[结构式] FCl＋"顾"（"但""抑""亦"）＋HCl

　　　　　前分句＋"顾"（"但""抑""亦"）＋后分句

[代表句] 此在兵法，｜顾诸君不察耳。

[例句]

序号	FCl	"顾"	HCl	引书
1	此在兵法	顾	诸君不察耳	《史记·淮阴侯列传》
2	彼非不爱其弟	顾	有所不能忍者也	《史记·越王勾践世家》
3	吾每念常痛于骨髓	顾	计不知所出耳	《战国策·燕策》
4	卿非刺客	顾	说客耳	《后汉书·马援传》
5	人体欲得劳动	但	不当使极尔	《三国志·方技传》
6	公干有逸气	但	未遒耳	《三国志·吴质传注》
7	君蜂目已露	但	豺声未振耳	《世说新语·识鉴》
8	子晳信美矣	抑	子南夫也	《左传·昭公元年》
9	尧舜之治天下岂无所用其心哉	亦	不用于耕耳	《孟子·滕文公上》

[译文]

1. 这在兵法上是有的，只不过诸位没有仔细看罢了。

2. 他不是不疼爱自己的弟弟，只是有些舍不得花费钱财啊。（忍：狠心。不能忍：不能狠心，舍不得。这里指舍不得花钱。）

3. 我每逢想到这些，经常痛恨到骨髓里，只是想不出复仇的计策罢了。

4. 你不是刺客，只是游说的人罢了。

5. 人的身体需要活动，只是不应当使它过累罢了。

6. 公干的文章有飘逸的气质，只是还不够强劲有力罢了。

7. 你已显露出蜂一样的目光，只不过还没有发出豺狼般的叫声罢了。

8. 子皙确实很漂亮，不过子南是个大丈夫啊！
9. 尧和舜治理天下，难道不费心思吗？只是不用在耕地上罢了。

[说明]

1. "顾"（"但""抑"）是连词，"亦"是副词，"顾""但"等放在后分句之首。这类词本来是表示限制的，在这里用于表示轻微的转折。
2. 本句型句尾常用语气词"耳"，表示限止，与"顾"类词相呼应。
3. "顾""但""抑""亦"译作"只是""只不过""不过"。
4. 本句型连词的替换词有："顾""但""亶""第""抑"等。副词的替换词有："亦""徒""独""特"等。

句型 3

[结构式] FCl+"而"（"然""则"）+HCl

　　　　前分句+"而"（"然""则"）+后分句

[代表句] 吾力足以举百钧，| 而不足以举一羽。

[例句]

序号	FCl	"而"	HCl	引书
1	吾力足以举百钧	而	而不足以举一羽	《孟子·梁惠王上》
2	明足以察秋毫之末	而	不见舆薪	《孟子·梁惠王上》
3	切肉肉断	而	发不断	《韩非子·内储说下》
4	季氏富于周公	而	求也为之聚敛而附益之	《论语·先进》
5	非为人口吃不能道说	而	善著书	《史记·老子韩非列传》
6	武王平殷乱天下宗周	而	伯夷叔齐耻之	《史记·伯夷列传》
7	陈平智有余	然	难以独任	《史记·高祖本纪》
8	及吕后时事多故矣	然	平竟自脱	《史记·陈丞相世家》
9	孙子筹策庞涓明矣	然	不能早救患于被刑	《史记·孙子吴起列传》
10	军不得休息	然	亦未尝遇害	《史记·李将军列传》
11	吾尝将百万军	然	安知狱吏之贵乎	《史记·绛侯世家》
12	先生有幸臣之意	然	有大伤臣之实	《韩非子·问田》
13	竭力以事大国	然	不得免焉	《孟子·梁惠王下》

[译文]

1. 我的力气能够举起三千斤重的物体，却拿不动一根羽毛。（钧：古代量词，一钧三十斤。）
2. 我的视力能够清晰地看见秋天的鸟兽毛的末梢，却看不见一车木材、柴草。
3. 切肉的时候，把肉切断了，可是在肉上的头发却没有被切断。
4. 季氏比周公还要富有，但冉求还去替他搜刮，增加他的财富。
5. 韩非这个人有口吃的缺陷，不善于言谈，却擅长撰写书籍。
6. 周武王平定了商纣的暴乱，天下都归顺了周朝。可是伯夷、叔齐却认为这是可耻的。
（耻：形容词的意动用法。耻之：以之为耻，认为它可耻。）

7. 陈平才智高超，然而很难做到独自担当重任。

8. 到了吕后执政时期，诸事多有变故，然而陈平终于能独自逃脱祸害。

9. 孙膑推算庞涓的军事行动很英明，但是却不能预先避免遭受刖足酷刑的灾祸。

10. 军队得不到休息，但是也从来没有遭遇过危险。

11. 我曾经统领百万军队，然而怎么知道狱吏的威风啊！

12. 您有喜爱我的心意，但实际上却重大地伤害了我。

13. 用尽力量去奉承周围大国，却是不能逃脱受侵略的祸害。

[说明]

1. "而"（"然""则"）是连词，放在后分句之首，表示重转。本句型较常见。

2. "而""则"译作"可是""但""却"，"然"译作"然而""但是"。

句型 4

[结构式] FCl+"然而"（"然则""然且"）+HCl

前分句+"然而"（"然则""然且"）+后分句

[代表句] 七十者衣帛食肉，黎民不饥不寒，｜然而不王者，未之有也。

[例句]

序号	FCl	"然而"	HCl	引书
1	七十者衣帛食肉 黎民不饥不寒	然而	不王者未之有也	《孟子·梁惠王上》
2	夫环而攻之 必有得天时者矣	然而	不胜者是天时不如地利也	《孟子·公孙丑下》
3	夫垂泣不欲刑者仁也	然而	不可不刑者法也	《韩非子·五蠹》
4	以骄主使罢民	然而	国不亡者天下少矣	《吕氏春秋·适威》
5	臣有宠矣	然而	臣卑	《韩非子·难一》
6	臣贵矣	然而	臣贫	《韩非子·难一》
7	臣富矣	然而	臣疏	《韩非子·难一》
8	今夫狌狌形笑 亦二足而无毛也	然而	君子啜其羹食其胾	《荀子·非相》
9	夫二字之勇未知其孰贤	然而	孟施舍守约也	《孟子·公孙丑上》
10	此三臣者岂不忠哉	然而	不免于死	《史记·李斯列传》
11	鞅复见孝公益愈	然而	未中旨	《史记·商君列传》
12	夫贵为天子富有天下 是人情之所同欲也	然则	从人之欲则势不能容物 不能赡也	《荀子·荣辱》
13	其不可行明矣	然且	语而不舍非愚则诬也	《庄子·秋水》

[译文]

1. 七十岁的人穿丝绵，吃肉食，老百姓不挨饿，不受冻，这样还不能实现王道统一天下的，是不会有的。

478

2. 在四面围攻的过程中，一定会有符合天时的机会；这样还不能取胜，这就是说占有天时赶不上占有地利。

3. 流下眼泪不想要用刑罚，是君王的仁爱；虽然这样，还是不能不用刑罚，因为是国家的法律。

4. 让骄傲的君王去役使疲惫的人民；这样，国家还不灭亡的，天下太少有了。

5. 我已经受到宠爱了，可是我的地位还很低下。

6. 我的地位很高了，可是我还很贫穷。

7. 我已经很富有了，可是君主跟我还很疏远。

8. 现在那些猩猩的外形也是有两只脚，却没有毛；然而有才德的人却吃它的羹，吃它的肉。（狌狌：猩猩。形笑：有的版本作"形相"，外形、外貌的意思。啜：吃或喝。羹：带汤汁的肉。胾：大块的肉。）

9. 这两人的勇气，我不知谁好一些；但是孟施舍在培养勇气上更为简要。

10. 这三个大臣难道不忠诚吗？虽然这样，还是免不了要死。

11. 卫鞅又进见孝公，谈得更多，虽然如此，却不合孝公的心意。

12. 尊贵到当上了天子，拥有天下的财富，这是人的情欲共同需要的，既然如此，可是放纵人们的情欲，形势是不允许的，物质是不能满足的。

13. 这种说法行不通是很明显的。然而人们还是不停地在说这种话，那不是愚蠢，就是欺骗。（诬：欺骗。）

［说明］

1. "然而"（"然则""然且"）是短语。其中"然"是指示代词，用于复指上文的情况；"而"（"则""且"）是连词，表示转接。"然而"等于说"如此，可是……"（如例 1—4）。有时"然而"是连词，这个用法现代汉语还保存（如例 5—11）。"然而"放在后分句之首，表示重转（比"而""然"更重一些）。

2. "然而""然则""然且"译作"这样，还"。"然而"作连词时，译作"但是"，也可以不译。

3. 本句型短语的替换词语有："然而""然则""然且""言而""然乃"等。

句型 5

［结构式］FCl+HCl（S+"乃"/"徒"/"曾"/"顾"/"反"/"顾反"+hproe）

前分句+后分句（主+"乃"/"徒"/"曾"/"顾"/"反"/"顾反"+谓语中心及其他）

［代表句］〔吴王〕当改过自新，｜乃益骄溢。

［例句］

序号	FCl	HCl			引书
		S	"乃"	hproe	
1	吴王当改过自新		乃	益骄溢	《史记·吴王濞列传》
2	吾困于此 旦暮望若来佐我	〔若〕	乃	欲自立为王	《史记·淮阴侯列传》
3	〔羽〕身死东城尚不觉寤 不自责过失		乃	引天亡我非用兵之罪	《汉书·陈胜项籍传》

序号	FCl	HCl			引书
		S	"乃"	hproe	
4	〔仆〕今已亏形为扫除之隶在阘茸之中		乃	欲仰首伸眉论列是非	《汉书·司马迁传》
5	不见子都		乃	见狂且	《诗经·国风》
6	吾以夫子为无所不知	夫子	徒	有所不知	《荀子·子道》
7	吾以子为异之问		曾	由与求之问	《论语·先进》
8	子之南面行王事	（而）哙（老不听政）	顾	为臣	《战国策·燕策》
9	诸侯发难不急匡救欲报私仇	〔晁错〕	反	以亡躯	《史记·袁盎晁错列传》
10	〔将军〕为将数岁		反	不如一竖儒之功乎	《汉书·蒯伍江息夫传》
11	燔发灼烂者在上行余各用功次坐	（而）反		不录言曲突者	《说苑·权谋》
12	我代韩而受魏之兵	〔我〕	顾反	听命于韩也	《战国策·齐策》
13	执弹而招鸟挥梲而呼狗欲致之	〔鸟与狗〕	顾反	走	《淮南子·说山训》

[译文]

1. 吴王应当改正错误重新做人，却更加骄横奢侈。

2. 我被围困在这里，日夜盼望你来帮助我，你竟然想要自立做王。

3. 项羽自己死在东城，还不觉悟，也不责备自己，竟然借口"天要灭亡我，并不是用兵的错误"。

4. 如今我的身体已经残废，成了地位低下的人，处在卑贱者人群中，竟然想要昂首扬眉，议论正确与错误。（扫除之隶：指地位低下的人。阘茸：卑贱。）

5. 没有看见美男子子都，却看见了放荡的狂徒。

6. 我以为我们老师没有不知道的事情，老师竟然有不知道的事情。

7. 我认为你问的是别人，竟然问的是仲由和冉求啊。

8. 子之称王，处理国事，可是燕王哙已经老了，不能掌管政事，反而做了臣子。（子之：人名，燕国相国。南面：君主坐北朝南，即居帝位。）

9. 七国发动叛乱，晁错不急于匡正挽救危难，却想报私仇，反而因此招致杀身的灾祸。

10. 您担任将军几年，反而赶不上一名混书生的功劳吗？

11. 烧焦头发烤烂皮肤的人坐在上位，其余的人按照功劳大小就座，反而不理睬建议弄弯烟囱的人。

12. 我们就会代替韩军承受魏军的进攻，我们反而听从韩国的命令。

13. 手拿弹弓要招引鸟飞过来，挥动短棍想呼唤狗跑过来，本想要得到它们，鸟和狗反而都跑了。（梲：木棒。）

［说明］

1. "乃"（"徒""曾""顾""反""顾反"）是副词，放在后分句谓语中心前面，表示出乎意料，或与一般规律相反。
2. "乃"译作"却""竟""竟然"，"徒""曾"译作"竟""竟然"，"顾""反""顾反"译作"反而""却"。
3. 本句型副词的替换词有："乃""则""徒""能""竟""曾""而竟"（"而"是连词）、"顾""反""顾反""故""而反"（"而"是连词）等。

［附］相关句型：

FCl（S+"反"+hproe）+HCl（S+"顾"+hproe）

前分句（主+"反"+谓语中心及其他）+后分句（主+"顾"+谓语中心及其他）

足反居上，首顾居下。（《汉书·贾谊传》）

脚反而在上面，头反而在下面。

这里"反""顾"等分别放在前后分句的主语后面。

第六类　让步关系

句型 1

［结构式］FCl（S+"虽"+Pr）+HCl

前分句（主+"虽"+谓）+后分句

［代表句］婴虽不仁，｜免子于厄。

［例句］

序号	FCl			HCl	引书
	S	"虽"	Pr		
1	婴	虽	不仁	免子于厄	《史记·管晏列传》
2	此言	虽	小	可以喻大也	《史记·李将军列传》
3	伯夷叔齐	虽	贤	得夫子而名益彰	《史记·伯夷列传》
4	颜渊	虽	笃学	附骥尾而行益显	《史记·伯夷列传》
5	我	虽	不敏	请尝试之	《孟子·梁惠王上》
6	马	虽	良	此非楚之路也	《战国策·魏策》
7	（夫）曹参	虽	有野战略地之功	此特一时之事	《汉书·曹参传》
8	（今）足下	虽	强	未若知氏	《韩非子·难三》
9	韩魏	虽	弱	未至如其晋阳之下也	《韩非子·难三》
10	〔不贤者〕	虽	有台池鸟兽	岂能独乐哉	《孟子·梁惠王上》
11	〔大王〕	虽	有黄帝之贤	不能并也	《史记·李斯列传》
12	〔太子〕	虽	有管晏	不能为之谋也	《史记·刺客列传》
13	〔臣〕	虽	死	不恨	《史记·刺客列传》

序号	FCl			HCl	引书
	S	"虽"	Pr		
14		虽	杀臣	不能绝也	《墨子·公输》
15		虽	之夷狄	不可弃也	《论语·子路》
16		虽	有智慧	不如乘势	《孟子·公孙丑上》
17		虽	有镃基	不如待时	《孟子·公孙丑上》
18	〔民〕	虽	劳	不怨	《孟子·尽心上》
19	〔民〕	虽	死	不怨杀者	《孟子·尽心上》
20	齐国	虽	褊小	吾何爱一牛	《孟子·梁惠王上》
21	季子	虽	来	不吾废也	《史记·刺客列传》
22		虽	袒裼裸裎于我侧	尔焉能浼我哉	《孟子·公孙丑上》

[译文]

1. 我虽然没有仁德，也能使您摆脱困境。（婴：晏婴，这里是自称其名。）

2. 这句话虽然说的是小事，但可以用来说明大道理呀！

3. 伯夷、叔齐虽然德行好，但只有得到孔子的赞扬，他们的名声才能更加传扬。

4. 颜渊虽然专心好学，但只有追随孔子，他的品德才更加显赫。（笃：忠诚，专心。笃学：好学。）

5. 我虽然不聪明，但请让我试试看。

6. 马虽然好，然而这不是去楚国的路啊！

7. 曹参虽然有征城占地的功劳，但这只是暂时的事情。

8. 现在您虽然强大，但是赶不上智襄子。（足下：尊称，这里指秦昭襄王。）

9. 韩国、魏国虽然弱小，但是不至于被瓜分在晋阳城下。（晋阳：赵襄子的封邑，智氏的领地曾被瓜分于晋阳城下。）

10. 没有道德的人，虽然有了高台深池、奇鸟异兽，难道能够独自享受吗？

11. 大王虽然有黄帝一样的贤能，也不能吞并各国了。

12. 太子即使有管仲、晏婴的才能，也不能为您出谋划策啊！

13. 我就是死了，也没有遗憾。

14. 即使杀了我，也杀不尽守城的人。

15. 纵然到少数民族地区去，也不能把这几样品德抛弃。（品德：指上文的"居处恭，执事敬，与人忠"。其意为：容貌态度庄严，工作认真勤恳，对待别人忠诚。）

16. 纵然有聪明，也须有可趁的有利时机。

17. 纵然有锄头，还须等待适宜耕种的农时。

18. 老百姓即使劳累，也不怨恨。

19. 老百姓即使被杀死，也不会怨恨杀他的人。

20. 齐国即使不大，我何至于连一头牛都舍不得？（爱：吝啬，吝惜。）

21. 季子即使回来了，也不会废掉我。（不吾废：古代汉语的否定句中代词"吾"作宾语，前置。"不吾废"即"不废吾"。）

22. 您即使赤身露体在我旁边，怎么能玷污我呢?（祖裼裸裎：赤身露体。浼：玷污，污染。）

[说明]

1. "虽"是连词，放在前分句主语后面，表示让步。在例 1—11 中，表示姑且承认某种既成事实；在例 12—22 中，表示姑且承认某种假设的情况，这种情况多是夸张的。后分句表示转折或反问，指出后事并不因前事而不成立。

2. "虽"表示既成事实时，译作"虽然"，如："婴虽不仁"译为"晏婴虽然没有仁德"；"虽"表示假设情况时，译作"即使"，如："齐国虽褊小"译为"齐国即使不大"。

3. 本句型连词的替换词有："虽""惟""唯""每"等。

[附] 相关句型有下列两个：

1. "虽"+FCl+HCl

"虽"+前分句+后分句

虽我之死，有子存焉。（《列子·汤问》）

即使我死了，还有儿子在呀。

这里连词"虽"放在前分句之首。

2. Cl1（S+"虽"+Pr）+Cl2（S+"虽"+Pr）+Cl3

第一分句（主+"虽"+谓）+第二分句（主+"虽"+谓）+第三分句

老仆虽弃，将军虽贵，宁可以势夺乎？（《史记·魏其武安侯列传》）

我虽然被废弃不用，您虽然显贵，难道可以依仗权势夺取我的田地吗？（仆：这里是自称的谦词。）

这里前两个分句表示重复让步，即并列两个带有"虽"字的分句。

句型 2

[结构式] FCl（S+"虽"+Pr）+"然"（"而""然而"）+HCl

前分句（主+"虽"+谓）+"然"（"而""然而"）+后分句

[代表句] 灌婴虽少，｜然数力战。

[例句]

序号	FCl			"然"	HCl	引书
	S	"虽"	Pr			
1	灌婴	虽	少	然	数力战	《史记·灌婴列传》
2	我军	虽	烦扰	然	房亦不得犯我	《史记·李将军列传》
3	穰苴	虽	田氏庶孽	然	其人文能附众武能威敌	《史记·司马穰苴列传》
4	诗书	虽	缺	然	虞夏之文可知也	《史记·伯夷列传》
5	荆轲	虽	游于酒人乎	然	其为人沈深好书	《史记·刺客列传》
6	（今）父老子弟	虽	患苦我	然	百岁后期令父老子孙思我言	《史记·滑稽列传附录》
7	漆城	虽	于百姓愁费	然	佳哉	《史记·滑稽列传》
8	陈氏	虽	无大德	而	有施于民	《左传·昭公二十六年》

序号	FCl			"然"	HCl	引书
	S	"虽"	Pr			
9	其书	虽	环玮	而	连犿无伤也	《庄子·天下》
10	其辞	虽	参差	而	諔诡可观	《庄子·天下》
11	楚	虽	有富大之名	而	实空虚	《史记·张仪列传》
12	其卒	虽	多	然而	轻走易北不能坚战	《史记·张仪列传》

[译文]

1. 灌婴虽然年轻,却屡次勇猛作战。
2. 我的部队虽然军务繁忙杂乱,然而敌人也不敢进犯我们。
3. 穰苴虽然是田家的妾所生之子,然而他的文才能让众人归服顺从,武略能让敌兵惧怕。(附:归附,这里是动词的使动用法,"附众"即"使众归附"。)
4. 《诗经》和《尚书》虽然有些残缺,但是还可以从记载虞、夏两代的文献里了解清楚。
5. 荆轲虽然跟酒徒们混在一起,但是他这个人却沉着稳重,喜欢读书。
6. 现在父老、兄弟虽然对我的事感到烦恼怨恨,但是百年以后,希望让父老的子孙们思念我所说的话。(患苦:形容词的意动用法,"患苦……"即"以……为患苦"。)
7. 用漆涂饰城墙虽然给百姓带来忧愁和花费,可是很美呀!
8. 陈氏虽然没有极高的品德,然而对人民有很多施舍。
9. 他的书虽然写得奇特,然而讲道理却婉转随和对人们没有伤害。(环玮:奇特。连犿:随和的样子。无伤:没有伤害。)
10. 书里的词虽然变化多端,却很奇异,可供观赏。(参差:变化多端,不呆板。諔诡:奇异。)
11. 楚国虽然有富裕和强大的名声,但是实际很空虚。
12. 他的士兵虽然很多,但是容易溃散逃跑,不能坚持战斗。

[说明]

1. "虽"是连词,放在前分句主语后面。"然"("而""然而")是连词,放在后分句之首。
2. 前分句表示让步,即姑且承认某种事实;后分句表示转折,指出后事并不因前事而不成立。
3. "虽"译作"虽然","然""而""然而"译作"但是""可是""却"。
4. 前分句连词的替换词有:"虽""唯""惟""每"等。后分句连词的替换词有:"然""而""抑""则""顾""但""亶""第""然而""言而""然则""然且""然乃"等。

句型 3

[结构式] FCl(S+"虽"+Pr)+HCl(S+"犹"/"尚"/"亦"+hproe)

　　　　前分句(主+"虽"+谓)+后分句(主+"犹"/"尚"/"亦"+谓语中心及其他)

[代表句](今)君虽终,|言犹在耳。

[例句]

序号	FCl			HCl			引书
	S	"虽"	Pr	S	"犹"	hproe	
1	（今）君	虽	终	言	犹	在耳	《左传·文公七年》
2	豪杰之士	虽	无文王		犹	兴	《孟子·尽心上》
3	此	虽	免乎行		犹	有所待者也	《庄子·逍遥游》
4	其热	虽	未尽		犹	活也	《史记·扁鹊仓公列传》
5	廉将军	虽	老		尚	善饭	《史记·廉颇蔺相如列传》
6	我	虽	死	公	亦	病矣	《史记·晋世家》
7	〔齐〕	虽	有智者	〔智者〕	亦	不知为齐计矣	《史记·淮阴侯列传》
8	仆	虽	罢驽		亦	尝侧闻长者之遗风矣	《汉书·司马迁传》
9	寡人	虽	死		亦	无悔焉	《左传·隐公三年》
10	〔如耳〕	虽	辩智		亦	不为寡人用	《韩非子·外储说右上》
11	越人之兵	虽	多		亦	奚益于胜败哉	《孙子兵法·虚实》

[译文]

1. 现在国君虽然逝世，但他说的话还在耳朵里。

2. 杰出的人才，即使没有文王，还是能兴旺的。

3. 这样，他虽然免除了步行的劳累，但他还是要有凭借的啊！（待：凭借，依靠。）

4. 热邪虽然没有完全消除，但还是可以保住性命的。

5. 廉将军虽然年老了，但饭量还很大。

6. 我虽然会死，但厉公也会倒霉的。（病：困，受困。）

7. 齐国即使有聪明的人，他们也不知道该怎样替齐国谋策了。

8. 我虽然才能低下，也曾经听过德高望重的人留传下来的风尚。（罢驽：疲弱的劣马，这里比喻才能低劣。罢：疲弱。驽：劣马。）

9. 我虽然死去，也没有什么后悔的了。

10. 如耳虽然有辩才和智慧，也不能为我所使用。

11. 越国的军队虽然多，对于战争的胜败又有什么好处呢？（奚：什么。）

[说明]

1. "虽"是连词，放在前分句主语后面。"犹"（"尚""亦"）是副词，放在后分句谓语中心前面。

2. 前分句表示让步，即姑且承认某种既成事实或某种假设情况；后分句表示转折或反问，指出后事并不因前事而不成立。

3. "虽"译作"虽然""即使"，"犹""尚"译作"还""还是""仍然"，"亦"译作"也""又"。

4. 前分句连词的替换词有："虽""惟""唯""每"等。后分句副词的替换词有："犹""尚""且""而""尚犹""且犹""犹尚""犹且""犹然""犹若""犹自""独""亦""又"

"矧"等。

句型 4

[结构式] FCl（S＋"虽"＋Pr）＋HCl（S＋"必"＋hproe）

前分句（主＋"虽"＋谓）＋后分句（主＋"必"＋谓语中心及其他）

[代表句] 海水虽多，｜火必不灭矣。

[例句]

序号	FCl			HCl			引书
	S	"虽"	Pr	S	"必"	hproe	
1	海水	虽	多	火	必	不灭矣	《韩非子·说林上》
2	冠	虽	贱	头	必	戴之	《韩非子·外储说左下》
3	屦	虽	贵	足	必	履之	《韩非子·外储说左下》
4	冠	虽	穿弊		必	戴于头	《韩非子·外储说左下》
5	屦	虽	五采		必	践之于地	《韩非子·外储说左下》
6	楚	虽	三户	亡秦	必	楚也	《史记·项羽本纪》
7	〔所闻〕	虽	博		必	谬	《荀子·儒效》
8	〔所见〕	虽	识		必	妄	《荀子·儒效》
9	〔所知〕	虽	敦		必	困	《荀子·儒效》
10		虽	愚		必	明	《礼记·中庸》
11		虽	柔		必	强	《礼记·中庸》
12	〔子〕	虽	狎		必	变	《论语·乡党》
13	〔子〕	虽	亵		必	以貌	《论语·乡党》

[译文]

1. 从海里取水灭火，海水虽然多，火也一定不能熄灭。
2. 帽子即使不好，也一定戴在头上。
3. 鞋子即使贵重，也一定踩在脚下。
4. 帽子虽然已经戴破了，也一定戴在头上。
5. 鞋子虽然色彩很华丽，也一定踩在地上。
6. 楚国即使剩有三户人家，灭亡秦国的也一定是楚国。
7. 听到的东西虽然广博，也一定有错误。
8. 看到的东西虽然能记住，也一定虚妄不实。
9. 知道的东西虽然很丰富，也一定有很多困惑。
10. 即使愚昧，也一定会变得聪明起来。
11. 即使柔弱，也一定会变得坚强起来。
12. 孔子（对那穿丧服的人）虽然平日很熟悉，也一定变成悲哀的样子。（狎：亲昵。）
13. 孔子（对戴礼帽的人和盲人）虽然是平时常见面，也一定很有礼貌，表示尊敬或同情。（亵：亲近得宠的。）

［说明］

1. "虽"是连词，放在前分句主语后面。"必"是副词，放在后分句谓语中心前面。
2. 前分句表示让步，即姑且承认某种事实或假设情况；后分句表示转折，指出后事并不受前事的影响，而是必定会发生的。
3. 例7—13是紧缩复句。
4. "虽"译作"虽然""即使"，"必"译作"必定""一定"。
5. 前分句连词的替换词有："虽""每""唯""惟"等。后分句副词的替换词有："必""定""当""必当"等。

句型5

［结构式］FCl（"虽"+Pr）+HCl（"可"+"也"）

　　　　　前分句（"虽"+谓）+后分句（"可"+"也"）

［代表句］虽被发缨冠而救之，｜可也。

［例句］

序号	FCl		HCl	引书
	"虽"	Pr		
1	虽	被发缨冠而救之	可也	《孟子·离娄下》
2	虽	闭户	可也	《孟子·离娄下》
3	虽	战	可也	《商君书·画策》
4	虽	杀	可也	《商君书·画策》
5	虽	重刑	可也	《商君书·画策》
6	虽	与日月争光	可也	《史记·屈原贾生列传》
7	虽	赴水火	（犹）可也	《史记·孙子吴起列传》

［译文］

1. 即使披散着头发，连帽子上的带子也来不及系好，匆忙去救他，也是可以的。（缨：冠上的带子，是自上而下地系在颈上的。缨冠：来不及把缨带系在颈上，和冠一起戴在头上，表示非常慌急。）
2. 即使是关上门，也是可以的。
3. 即使进行战争，也是可以的。
4. 即使杀死人，也是可以的。
5. 即使使用重刑罚，也是可以的。
6. 即使跟日月比光亮，也是可以的。
7. 即使叫她们赴汤蹈火，还是可以的。

［说明］

1. 本句型是紧缩复句。"虽"是连词，放在前分句谓语前面，表示让步，即姑且承认某种假设情况，这种情况有时是很夸张的。后分句只有能愿动词"可"和语气词"也"。"可"表示许可或可能，作谓语。"可"的前面可以加副词"犹""亦"等。

2. "虽"译作"即使""就是""纵使","可"译作"可以"。

3. 前分句连词的替换词有："虽""每""唯""惟"等。

句型6

[**结构式**] FCl（"虽然"）+HCl

        前分句（"虽然"）+后分句

[**代表句**] 虽然，｜吾尝闻之矣。

[**例句**]

序号	FCl	HCl	引书
1	虽然	吾尝闻之矣	《孟子·滕文公上》
2	虽然	今日之事君事也我不敢废	《孟子·离娄下》
3	虽然	每至于族吾见其难为怵然为戒	《庄子·养生主》
4	虽然	适夫人非所以事君也适君非所以事夫人也	《韩非子·奸劫弑臣》
5	虽然	公输盘为我为云梯必取宋	《墨子·公输》
6	虽然	子弑二君与一大夫为子君者不亦难乎	《左传·僖公十年》
7	虽然	何以报我	《左传·僖公二十三年》
8	虽然	必告不谷	《左传·成公三年》
9	虽然	受地于先王愿终守之弗敢易	《战国策·魏策》
10	虽然	贺公得通而生	《史记·张耳陈馀列传》

[**译文**]

1. 虽然这样，我也曾经听说过。

2. 虽然这样，今天的事情是君王命令的公事，我不敢扔掉不做。

3. 虽然这样，每逢遇到筋骨交错聚结的地方，我看到它不容易下手，就小心翼翼地因此戒备起来。

4. 虽然这样，顺从夫人不是用来侍奉您的办法，顺从您不是用来侍奉夫人的办法。

5. 虽然这样，但是公输盘已经替我造好云梯，我一定要占领宋国。

6. 虽然如此，您杀了两个国君、一个大夫，做您国君的人，不也太难了吗？

7. 虽然这样，您能用什么报答我？

8. 虽然这样，一定要把您的要求告诉我。

9. 虽然这样，我从祖先那里接受了这块土地，愿意永远住它，不敢把它交换。

10. 虽然如此，但是还要恭贺您，因为得到我，才有了活路。（通：蒯通，这里是自称其名。）

[**说明**]

1. 本句型前分句只有"虽然"。"虽然"是短语。其中"虽"是连词，表示让步；"然"是代词，用于指代上文叙述的情况。"虽然"等于说"虽然如此"。后分句表示转折。

2. "虽然"译作"虽然这样""即使这样"。

句型 7

[结构式]"纵"（"从""正""正使""弟令""藉第令"）+ FCl +HCl

"纵"（"从""正""正使""弟令""藉第令"）+前分句+后分句

[代表句]纵江东父兄怜而王我，｜我何面目见之？

[例句]

序号	"纵"	FCl	HCl	引书
1	纵	江东父兄怜而王我	我何面目见之	《史记·项羽本纪》
2	纵	彼不言	籍独不愧于心乎	《史记·项羽本纪》
3	纵	弗能死	其又奚言	《左传·庄公十四年》
4	纵	子忘之	山川鬼神其忘诸乎	《左传·定公元年》
5	纵	其有皮	丹漆若何	《左传·宣公二年》
6	正	二国废	国家不足以为利害	《汉书·终军传》
7	正使	死	何所惧	《三国志·高贵乡公纪注》
8	弟令	事成	两主分争患乃始结	《史记·吴王濞列传》
9	藉第令	毋斩	而戍死者固十六七	《史记·陈涉世家》

[译文]

1. 纵然江东的父老兄弟怜爱我，让我做王，我有什么脸面去见他们？（王：这里是名词的使动用法，"王我"即"使我为王"。）

2. 纵然他们不说什么，我内心难道不觉得惭愧吗？（籍：项羽，名籍，这里是自称其名。）

3. 纵然我不能去死，又能说什么？

4. 即使您忘记了，山川的鬼神难道会忘记这事吗？

5. 即使有犀牛皮，（涂皮的）红漆哪里去找？

6. 即使胶东、鲁国两国废除，国家也不能把它们当作利害。

7. 即使我死了，有什么害怕的？

8. 即使事情成功，两个君主定会有分歧、争夺，灾祸就开始产生。

9. 即使不被杀头，可是防守边境，死去的本来十人之中就有六七人。

[说明]

1. "纵"（"从""正""正使""弟令""藉第令"）是连词，放在前分句之首。

2. 前分句表示让步，即对某种假设事实的容忍；后分句表示转折或反问。

3. "纵""从""正""正使""弟令""藉第令"译作"即使""纵然"。

4. 本句型连词的替换词有："纵""纵令""纵使""纵其""从""正""正使""就""弟令""藉第令""即""自"等。

[附] 相关句型：

FCl（S+"纵"/"即"+Pr）+HCl

前分句（主+"纵"/"即"+谓）+后分句

吾纵生无益于人，吾可以死害于人乎哉？（《礼记·檀弓上》）

我纵然在活着的时候，对人们没有益处；我可以在死后对人们有害吗？

这里连词"纵""即"等放在前分句主语后面。

句型 8

[结构式] FCl（V/A+"则"+V/A+"矣"）+HCl

前分句（动/形+"则"+动/形+"矣"）+后分句

[代表句] 治则治矣，│非书意也。

[例句]

序号	FCl				HCl	引书
	V/A	"则"	V/A	"矣"		
1	治	则	治	矣	非书意也	《韩非子·外储说左上》
2	善	则	善	矣	未可以战也	《国语·吴语》
3	仁	则	仁	矣	恐不免其身	《庄子·渔父》
4	大	则	大	矣	裂之道也	《新序·杂事》
5	巧	则	巧	矣	未尽善也	《裴松之注三国志·杜夔传》

[译文]

1. 治理国家倒是治理好了，但却不是郢都人写信的本意。
2. 好倒是好啊，但却不可以凭借它作战。（以：介词，凭借。"以"字后面省略"之"字。之：它。）
3. 孔子的仁倒是可以算作仁了，恐怕他不能免除自身的灾祸。
4. 大倒是大了，却是很容易破裂的途径。
5. 巧倒是巧啊，可是没有达到最高境界。

[说明]

1. 本句型前分句通常省略主语，谓语是并列成分，即由连词"则"连接两个字面相同的动词或形容词。语气词"矣"放在前分句句尾，表示停顿兼感叹。
2. 前分句表示让步，后分句表示转折。
3. "则"译作"是""倒是"，"矣"译作"了""呀"。
4. 本句型连词的替换词有："则""固""而"等。

句型 9

[结构式] FCl（A/V+"则"+A/V〈+"矣"〉）+"抑"（"然""而""然而"）+HCl

前分句（形/动+"则"+形/动〈+"矣"〉）+"抑"（"然""而""然而"）+后分句

[代表句] 多则多矣，│抑君似鼠。

[例句]

序号	FCl				"抑"	HCl	引书
	A/V	"则"	A/V	"矣"			
1	多	则	多	矣	抑	君似鼠	《左传·襄公二十三年》
2	美	则	美	矣	抑	臣亦有惧也	《国语·晋语》

序号	FCl				"抑"	HCl	引书
	A/V	"则"	A/V	"矣"			
3	恶	则	恶	矣	然	非其急者也	《管子·小匡》
4	忠	则	忠	矣	然	非礼也	《说苑·建本》
5	不嫁	则	不嫁		然	嫁过毕矣	《战国策·齐策》
6	哀	则	哀	矣	而	难为继也	《礼记·檀弓上》
7	难	则	难	矣	然而	未仁也	《墨子·鲁问》

[译文]

1. 功劳多倒是多了，可是君王却像个老鼠。
2. 美倒是美了，可是我们也有些害怕啊！
3. 坏事倒是坏事，但是还不是要紧的事。
4. 忠实虽然忠实，然而不符合礼节啊！
5. 不出嫁倒是没有出嫁，然而比已出嫁的人生孩子还要超过很多。（毕：甚，很。）
6. 悲哀倒是悲哀，但是这种做法不是一般人能够继承延续的呀！
7. 这样做难倒是难了，但是还不算是仁爱啊！

[说明]

1. 本句型前分句通常省略主语，谓语是并列成分，即由连词"则"连接两个字面相同的形容词或动词。语气词"矣"放在前分句句尾，表示停顿兼感叹。
2. "抑"（"然""而""然而"）是连词，放在后分句之首。
3. 前分句表示让步，后分句表示转折。
4. "则"译作"是""倒是"，"矣"译作"了""呀"，"抑""然""而""然而"译作"但是""然而""却"。
5. 前分句连词的替换词有："则""固""而"等。后分句连词的替换词有："而""抑""然""顾""但""亶""第""然而"等。

第七类　因果（目的）关系

句型1

[结构式] FCl+HCl（由因及果）

　　　　前分句+后分句（由因及果）

[代表句] 一夫不耕，|或受之饥。

[例句]

序号	FCl	HCl	引书
1	一夫不耕	或受之饥	《汉书·食货志》
2	一女不织	或受之寒	《汉书·食货志》

491

序号	FCl	HCl	引书
3	饥寒至身	不顾廉耻	《汉书·食货志》
4	顾小而忘大	后必有害	《史记·李斯列传》
5	狐疑犹豫	后必有悔	《史记·李斯列传》
6	断而敢行	鬼神避之后有成功	《史记·李斯列传》
7	思念存想	自见异物也	《论衡·订鬼》

[译文]

1. 一个男人不种地，有人就会因为他挨饿。（受之饥：为动双宾语句，即"为之受饥"，因为他受饥。例2"受之寒"同此。）
2. 一个女人不织布，有人就会因为她挨冻。
3. 饥寒交迫加在自身上，就关顾不到廉洁和耻辱。
4. 只关注小事情，却忘了大事情，日后一定会有祸害。
5. 遇事犹豫不决，将来一定要后悔。
6. 果断而大胆地去干，就连鬼神都要避开，将来一定成功。
7. 经过揣摩想象，自然就会看见奇异的事物。

[说明]

1. 句型1—7是一组由因及果的复句。
2. 本句型是意合法的因果复句。前分句表示原因，后分句表示结果。前后分句之间没有使用关联词语。本句型较少见。

句型 2

[结构式] FCl+"而"（"则""则""斯""以至于"）+HCl

前分句+"而"（"则""则""斯""以至于"）+后分句

[代表句] 楚不用吴起，｜而削乱。

[例句]

序号	FCl	"而"	HCl	引书
1	楚不用吴起	而	削乱	《韩非子·问田》
2	秦行商君	而	富强	《韩非子·问田》
3	令尹诛	而	楚奸不上闻	《韩非子·五蠹》
4	仲尼赏	而	鲁民易降北	《韩非子·五蠹》
5	越王好勇	而	民多轻死	《韩非子·二柄》
6	楚灵王好细腰	而	国中多饿人	《韩非子·二柄》
7	质的张	而	弓矢至焉	《荀子·劝学》
8	林木茂	而	斧斤至焉	《荀子·劝学》
9	树成荫	而	众鸟息焉	《荀子·劝学》
10	醯酸	而	蜹聚焉	《荀子·劝学》

序号	FCl	"而"	HCl	引书
11	上下交征利	而	国危矣	《孟子·梁惠王上》
12	五谷熟	而	民人育	《孟子·滕文公上》
13	夫春气发	而	百草生	《庄子·庚桑楚》
14	仓廪实	而	知礼节	《史记·管晏列传》
15	衣食足	而	知荣辱	《史记·管晏列传》
16	阳人未狎君德	而	未敢承命	《国语·晋语》
17	形劳而不休	则	弊	《庄子·刻意》
18	精用而不已	则	竭	《庄子·刻意》
19	谗邪进	则	众贤退	《汉书·楚元王传》
20	群枉盛	则	正士消	《汉书·楚元王传》
21	君子道消	则	政日乱	《汉书·楚元王传》
22	墙薄	眨	亟坏	《贾谊集·连语》
23	缯薄	眨	亟裂	《贾谊集·连语》
24	器薄	眨	亟毁	《贾谊集·连语》
25	酒薄	眨	亟酸	《贾谊集·连语》
26	得其民	斯	得天下矣	《孟子·离娄上》
27	得其心	斯	得民矣	《孟子·离娄上》
28	申生有罪不念伯氏之言也	以至于	死	《礼记·檀弓上》
29	为道日损损之又损	以至于	无为	《老子·四十八章》

[译文]

1. 楚国不任用吴起执政，就削弱混乱。

2. 秦国实行商鞅的法治，就富足强盛。

3. 令尹杀了检举父亲的人，楚国坏人的犯法行为就没有人向上报告了。

4. 孔子奖赏临阵逃跑的人，鲁国人就轻易地投降或逃跑了。

5. 越王喜欢勇敢，很多老百姓就不怕死。（轻死：形容词的意动用法，即以死为轻。）

6. 楚灵王喜欢腰细，国中就有很多为了使腰变细，甘愿挨饿的人。

7. 箭靶子张挂起来，箭就会射到那里。（质：箭靶。的：箭靶的中心。）

8. 森林很茂盛，斧头就会到那里砍伐。

9. 树木成荫了，群鸟就会到那里休息。

10. 醋发酸了，蚊子就聚集到那里。（醯：醋。蜹：蚊子一类的昆虫。）

11. 上下阶层的人们互相追求私利，国家就危险了。

12. 粮食作物熟了，就可以养育老百姓。

13. 春天的阳气上升，百草就会茂盛地生长。

14. 仓库储备充实了，老百姓就会懂得礼节。

15. 吃穿充裕了，老百姓就会分辨光荣和耻辱。

16. 阳地的老百姓还没有熟悉您的品德，就不敢听从您的命令。（狎：熟悉。）

17. 身体劳累却不休息，那么就会疲惫。

18. 使用精力不停止，就会枯竭。

19. 谄媚的邪恶的坏人高升了，众多贤明之士就后退了。

20. 众多的邪恶小人昌盛了，正人君子就消亡了。

21. 君子的大道消亡了，政治就要会一天天地混乱下去。

22. 墙壁薄很快就倒了。

23. 绸帛薄很快就断裂了。

24. 器具薄很快就毁坏了。

25. 酒味薄很快就变酸了。

26. 得到了天下人民的拥护，就能得到天下。

27. 得到了民心，就能得到人民的支持。

28. 我背了罪名，没有听从您的话，才落得死亡的下场。（申生：晋献公的长子，这里是自称其名。伯氏：申生的叔父，这里是尊称。）

29. 领悟了大道，一天一天地减少欲望，减少了又减少，就会一直到"无为"的境地。

[说明]

1. "而"（"则"" 咫""斯"）是连词。"以至于"是短语，在这里可以看作连词。"而""则"等放在后分句之首。

2. 前分句表示原因，后分句表示结果。

3. "而"译作"就"，"则""咫""斯"译作"就""那么就"，"以至于"不必翻译。

4. 本句型连词的替换词有："而""则""斯""咫""枳""以至于"等。

句型 3

[结构式] FCl+"故"（"是""是故""以故""然故""是以""是用""以是"）+HCl

前分句+"故"（"是""是故""以故""然故""是以""是用""以是"）+后分句

[代表句] 西门豹之性急，｜故佩韦以自缓。

[例句]

序号	FCl	"故"	HCl	引书
1	西门豹之性急	故	佩韦以自缓	《韩非子·观行》
2	董安于之心缓	故	佩弦以自急	《韩非子·观行》
3	求也退	故	进之	《论语·先进》
4	由也兼人	故	退之	《论语·先进》
5	古之人与民偕乐	故	能乐也	《孟子·梁惠王上》
6	我必有罪	故	天以此罚我也	《吕氏春秋·制乐》
7	彼竭我盈	故	克之	《左传·庄公十年》
8	吾视其辙乱望其旗靡	故	逐之	《左传·庄公十年》
9	鄂侯争之急辨之疾	故	脯鄂侯	《战国策·赵策》
10	人杀吾子	故	哭之	《史记·高祖本纪》

序号	FCl	"故"	HCl	引书
11	〔匈奴〕数为边害	故	与师遣将以征厥罪	《史记·卫将军骠骑列传》
12	臣观大王无意偿赵王城邑	故	臣复取璧	《史记·廉颇蔺相如列传》
13	舜不穷其民造父不穷其马	是	舜无失民造父无失马也	《荀子·哀公》
14	为国以礼其言不让	是故	哂之	《论语·先进》
15	先王喜怒皆得其齐焉	是故	喜而天下和之 怒而暴乱畏之	《荀子·乐论》
16	诚者物之终始不诚无物	是故	君子诚之为贵	《礼记·中庸》
17	方急时不及召下兵	以故	荆轲乃逐秦王	《史记·刺客列传》
18	张羽力战安国持重	以故	吴不能过梁	《史记·韩长孺列传》
19	濞则招致天下亡命者盗铸钱 煮海水为盐	以故	无赋国用富饶	《史记·吴王濞列传》
20	其人家有好女者恐大巫祝为 河伯取之	以故	多持女逃亡	《史记·滑稽列传附录》
21	从士以上皆羞利而 不与民争业乐分施而耻积藏	然故	民不困财贫窭者 有所窜其手	《荀子·大略》
22	敏而好学不耻下问	是以	谓之文也	《论语·公冶长》
23	纣之不善不如是之甚也	是以	君子恶居下流天下之恶 皆归焉	《论语·子张》
24	仲尼之徒无道恒文之事者	是以	后世无传焉	《孟子·梁惠王上》
25	大伯不从	是以	不嗣	《左传·僖公五年》
26	不谷恶其无成德	是用	宣之以惩不壹	《左传·成公十三年》
27	公子往而臣不送	以是	知公子恨之复返也	《史记·魏公子列传》

[译文]

1. 西门豹性格急躁，所以佩带柔韧的皮带，提醒自己从容镇静。

2. 董安于思维缓慢，所以佩带绷紧的弓弦，鞭策自己敏捷急促。

3. 冉求平日做事畏缩，所以我鼓励他大胆干。（退：缩手缩脚。进：这里是动词的使动用法，"进之"就是"使之前进"。）

4. 仲由的勇气一人能抵几个人，所以我要拦挡他。（兼人：胜过人，一个能抵几个人。退：这里是动词的使动用法，"退之"就是"使之后退"。）

5. 古时的贤人能够跟百姓同乐，所以能得到真正的快乐。

6. 我一定有罪过，所以上天用这些惩罚我。

7. 他们的士气耗尽了，我们的士气很旺盛，所以战胜他们。

8. 我看见他们的车辙印很杂乱，瞭望到他们的旗帜已经倒下，所以才追击他们。

9. 鄂侯为这事急忙争执，辩护得很激烈，所以把鄂侯杀了做成肉干。

10. 有人杀了我的儿子，所以我在哭他。

11. 匈奴屡次侵犯汉朝边境，所以朝廷调集军队，派遣将领，去征讨它的罪恶。

12. 我观察大王没有偿还赵王城邑的意图，所以我又收回了宝璧。

13. 大舜不胁迫他们的人民，造父不胁迫他们的马。所以大舜没有逃亡的人民，造父驾车没有逃失的马。

14. 治理国家要讲求礼让，可是他的话却一点不谦让，所以我讥笑他。

15. 先王的喜悦、愤怒都得到了偕同。所以古代先王高兴了，天下的人们就附和他；古代先王愤怒了，暴虐的人们就畏惧他。

16. 真诚贯穿在事物发展自始至终的全过程；没有真诚，就没有事物，因此君子认为真诚最可贵。

17. 正当紧急时刻，来不及召唤下面的侍卫官兵，因此荆轲才能够追赶秦王。

18. 张羽奋力作战，韩安国稳重防守，因此吴军不能越过梁国的边境。

19. 刘濞就收罗天下逃亡的人，私自铸造钱币，熬海水做盐，因此不用征收赋税，国家财用却很富足。

20. 那些有美丽女子的人家，害怕大巫婆替河神娶他们的姑娘，因此大多带领着女儿远远地逃走了。

21. 从士人以上，都认为贪图财利是可耻，就不跟人民争夺财产，乐于施舍人，认为积藏财物是可耻。所以人民不被钱财所困窘，贫穷的人都会有事情做。（有所窜其乎：有所措其手足的意思，指参与谋生。窜：措。）

22. 他聪明而且爱好学习，不把向地位卑下的人请教看作耻辱，所以给他一个"文"的谥号。

23. 商纣王的坏，不像现在传说的那么厉害。所以君子讨厌处在下流的地位，处在下流天下的所有坏事都会集中在他身上。

24. 孔子的学生们没有讲述齐桓公、晋文公的事迹的，所以没有流传到后代来。

25. 大伯没有跟在旁边，所以没有继承君位。（嗣：继承，接续。）

26. 我讨厌他反复无常，因此把它公布出来，以便警戒言行不一。（不谷：诸侯自称。壹：统一，专一。）

27. 公子前往我却不送行，因此我知道公子对此感到遗憾，会返回来的。（恨：感到遗憾。）

[说明]

1. "故"（"是"）是连词；"是故"（"以故""然故""是以""是用""以是"）是短语，其中"是以""是用""以是"是介词短语。"以""用"是介词，表示"因为"；"是"是代词，作"以""用"的宾语。"是故""以故"等用在两句之间，可以看作连词。"故""是"等放在后分句之首，这种情况较常见。

2. 前分句表示原因，后分句表示结果。

3. "故""是""是故""以故""然故""是以""是用""以是"译作"因此""所以"。

4. 本句型连词的替换词有："故""是""肆""用""迪"等。短语的替换词语有："是故""以故""然故""以是""以此""以斯""由此""由是""用是""用此""是以""是用"等。

496

句型 4

[结构式] FCl+HCl（S+"故"／"以故"／"是故"／"是以"／"是用"+Pr）

前分句+后分句（主+"故"／"以故"／"是故"／"是以"／"是用"+谓）

[代表句] 范、中行氏皆众人遇我，｜我故众人报之。

[例句]

序号	FCl	HCl			引书
		S	"故"	Pr	
1	范中行氏皆众人遇我	我	故	众人报之	《史记·刺客列传》
2	兵出无名	事	故	不成	《汉书·高帝纪》
3	汉败楚	楚	以故	不能过荥阳而西	《史记·项羽本纪》
4	我王暴露苑中我独何为就舍	鲁王	以故	不大出游	《史记·田叔列传》
5	晋楚将平诸侯将和	楚王	是故	昧于一来	《左传·襄公二十六年》
6	嬖人有臧仓者沮君	君	是以	不果来也	《孟子·梁惠王下》
7	天下之至柔驰骋天下之至坚无有入无间	吾	是以	知无为之有益	《老子·四十三章》
8	郑伯与战于境息师大败而还	君子	是以	知息之将亡也	《左传·隐公十一年》
9	今在骨髓	臣	是以	无请也	《史记·扁鹊仓公列传》
10	伯夷叔齐不念旧恶	怨	是用	希	《论语·公冶长》
11	君子屡盟	乱	是用	长	《诗经·小雅》

[译文]

1. 范氏和中行氏，都把我当作一般人看待，所以我像一般人那样报答他们。

2. 出兵作战，因为没有讨伐罪人的名义，所以战事不会胜利。

3. 汉军打败楚军，楚军因此不能越过荥阳向西进军。

4. 我们鲁王在花园里被太阳晒着，我怎么能独自到馆舍中去呢？鲁王因此不再过多出外游猎。

5. 晋国和楚国将要媾和，诸侯将要和睦，楚王因此冒昧来这里一趟。

6. 有个名叫臧仓的宠臣阻止鲁君，鲁君因此没有按原订计划来访。（嬖人：受宠爱的人。果：副词，事情跟预料的相合叫"果"，否则就叫"不果"。）

7. 天下最柔弱的人，能够掌管天下最坚强的人，无形的力量能够穿透没有间隙的地方，我因此知道"无为"的好处。（驰骋：原指马奔走，引申为驾驭、掌管。）

8. 郑伯和息侯在国境内交战，息国的军队大败返回，君子因此知道息国将要灭亡了。

9. 现在桓侯的病已经到了骨髓里，我因此不再请求给他治病了。

10. 伯夷、叔齐这两人，不记住过去的仇恨，别人对他们的怨恨因此就少了。

11. 君子屡次发空话盟誓，祸乱因此蔓延。

[说明]

1. "故"是连词；"以故"（"是故""是以""是用"）是短语，其中"是以""是用"是介词短语，"以""用"是介词，表示"因为"；"是"是代词，作"以""用"的宾语。"以故""是故"等用在两句之间可以看作连词。"故""以故"等放在后分句主语后面，这种情况较少见。

2. 前分句表示原因，后分句表示结果。

3. "故""以故""是故""是以""是用"译作"因此""所以"。

句型5

[结构式] FCl（S+"以"+Pr）+HCl
　　　　 前分句（主+"以"+谓）+后分句

[代表句] 左右以君贱之也，｜食以草具。

[例句]

序号	FCl			HCl	引书
	S	"以"	Pr		
1	左右	以	君贱之也	食以草具	《战国策·齐策》
2	（当是时）诸侯	以	公子贤多客	不敢加兵谋魏十余年	《史记·魏公子列传》
3	宋	以	其善于晋侯也	叛楚即晋	《左传·僖公二十六年》
4	晋	以	卫之救陈也	讨焉	《左传·宣公十三年》
5	公孙归父	以	襄仲之立公也	有宠	《左传·宣公十八年》
6	吕不韦	以	秦之强	羞不如亦招致士	《史记·吕不韦列传》

[译文]

1. 左右的人因为孟尝君看不起他，就拿粗劣的饭菜给他吃。（贱：形容词的意动用法。"贱之"即"以之为贱"，认为他轻贱。草具：粗劣的饭菜。）

2. 在这个时候，诸侯各国因为魏公子贤能，门客众多，不敢动兵侵犯魏国有十多年。

3. 宋国因为他们对晋侯表示友好，所以背叛楚国，投靠晋国。

4. 晋国因为卫国救援陈国，就责备卫国。（讨：这里指遣使责问，不是加兵讨伐。）

5. 公孙归父，由于他的父亲襄仲立了宣公，就受到宠爱。

6. 吕不韦因为秦国很强盛，羞愧赶不上秦国，所以他也招来了士人。

[说明]

1. "以"是连词，放在前分句主语后面。

2. 前分句表示原因，后分句表示结果。

3. "以"译作"因为""由于"。

句型6

[结构式] "以"（"为"）+FCl+HCl
　　　　 "以"（"为"）+前分句+后分句

[代表句] 以道之不通，｜先入币财。

［例句］

序号	"以"	FCl	HCl	引书
1	以	道之不通	先入币财	《左传·昭公二十六年》
2	以	其郊于大国也	斧斤伐之可以为美乎	《孟子·告子上》
3	以	好畤田地善	可以家焉	《史记·郦生陆贾列传》
4	为	其老	强忍下取履	《史记·留侯世家》

［译文］

1. 由于道路不通畅，所以先送这点礼物。（币：古代汉语本义是指礼物，如玉、马、皮、帛等。）

2. 牛山的树木，由于生长在大国都邑的郊野，人们就用斧子砍伐它，它还能够保持秀美吗？

3. 因为好畤县的土地肥沃，可以在那里安家。（家：这里名词用作动词，安家。焉：兼词，于是，在这里。）

4. 因为他年纪很老，张良勉强忍耐着到桥下把鞋子拾了上来。

［说明］

1. "以"（"为"）是连词，放在前分句之首。
2. 前分句表示原因，后分句表示结果。
3. "以""为"译作"因为""由于"。

句型 7

［结构式］FCl（S+"以"/"为"/"唯"/"惟"+hproe）+"故"（"是以""以""以至于"）+HCl

前分句（主+"以"/"为"/"唯"/"惟"+谓语中心及其他）+"故"（"是以""以""以至于"）+后分句

［代表句］怀王以不知忠臣之分，｜故内惑于郑袖，外欺于张仪。

［例句］

序号	FCl			"故"	HCl	引书
	S	"以"	hproe			
1	怀王	以	不知忠臣之分	故	内惑于郑袖 外欺于张仪	《史记·屈原贾生列传》
2	秦	以	往者数易君 君臣乖乱	故	晋复强夺秦河西地	《史记·秦本纪》
3	〔张挚〕	以	不能取容当世	故	终身不仕	《史记·张释之冯唐列传》
4	〔成安君〕	以	不用足下	故	信得侍耳	《史记·淮阴侯列传》
5	臣	为	其不善君也	故	为君杀之	《韩非子·内储说下》
6	王	唯	信子	故	处子于蔡	《左传·昭公十五年》
7	〔公〕	唯	不信	故	质其子	《左传·昭公二十年》

序号	FCl			"故"	HCl	引书
	S	"以"	hproe			
8	卫	唯	信晋	故	师在其郊而不设备	《左传·成公六年》
9	夫〔祁奚〕	唯	善	故	能举其类	《左传·襄公三年》
10	夫〔我〕	唯	嗜鱼	故	不受也	《韩非子·外储说右下》
11	夫〔圣人〕	唯	不争	故	天下莫能与之争	《老子·二十二章》
12	卫懿公	唯	不去其旗	是以	败于荧	《左传·成公十六年》
13	阖庐	惟	能用其民	以	败我于柏举	《左传·哀公元年》
14	予	唯	不食嗟来之食	以至于	斯也	《礼记·檀弓下》

[译文]

1. 楚怀王因为不了解忠臣的职分，所以在内被郑袖所迷惑，在外被张仪所欺骗。
2. 秦国因为以前屡次更换君主，君臣之间关系混乱，所以晋国又强盛起来，夺走了秦国河西的土地。
3. 张挚因为不能讨好当时的权贵显要，所以一直到死没有再做官。
4. 成安君因为不采用您的计策，所以我才能够侍奉您啊。
5. 我因为他对您不友好，所以替您杀了他。
6. 君王正因为相信您，所以把您安置在蔡国。
7. 宋元公正因为没有信用，所以才把他的儿子作为人质。
8. 卫国正因为相信晋国，所以军队驻扎在他们的郊外，却不设防。
9. 祁奚因为有高尚的德行，所以才能推举他同类的人。
10. 我正因为爱吃鱼，所以才不收下。
11. 道德最高尚的人，正因为不跟别人争夺，所以天下没有人跟他争夺。
12. 卫懿公由于不去掉他的旗子，因此在荧地失败。
13. 阖庐只因为能够任用他的百姓，所以在柏举战役把我们打败了。
14. 我由于不愿意吃这种强硬口气的饭食，才落到这个样子的。

[说明]

1. "以"（"为"）是连词，"唯"（"惟"）是副词。"以""为"等放在前分句主语后面，表示原因。"故""以"是连词，"是以"是短语。其中"以"是介词；"是"是代词，作"以"的宾语。"以至于"也是短语。"是以""以至于"都可以看作连词。"故""是以"等放在后分句之首，表示结果。
2. "以""为"译作"因为""由于"，"唯""惟"译作"只因为""正因为""因为"，"故""是以"译作"所以"，"以""以至于"译作"才"，"以至于"也可不译。

句型 8

[结构式] FCl + HCl（由果溯因）

前分句+后分句（由果溯因）

[代表句] 吾妻之美我者，｜私我也。

[例句]

序号	FCl	HCl	引书
1	吾妻之美我者	私我也	《战国策·齐策》
2	妾之美我者	畏我也	《战国策·齐策》
3	客之美我者	欲有求于我也	《战国策·齐策》
4	井蛙不可以语于海者	拘于虚也	《庄子·秋水》
5	夏虫不可以语于冰者	笃于时也	《庄子·秋水》
6	曲士不可以语于道者	束于教也	《庄子·秋水》
7	人之于让也轻辞古之天子 难去今之县令者	薄厚之实异也	《韩非子·五蠹》
8	古者丈夫不耕	草木之实足食也	《韩非子·五蠹》
9	妇人不织	禽兽之皮足衣也	《韩非子·五蠹》
10	古者言之不出	耻躬之不逮也	《论语·里仁》
11	鲍叔不以我为贪	知我贫也	《史记·管晏列传》
12	鲍叔不以我为愚	知时有利不利也	《史记·管晏列传》
13	冬齐师灭谭	谭无礼也	《左传·庄公十年》
14	媪之送燕后也持其踵为之泣	念悲其远也	《战国策·赵策》

[译文]

1. 我的妻子认为我漂亮,是由于偏爱我。(美:美丽,这里是形容词的意动用法。"美我"即"以我为美",认为我漂亮。例2、3中"美"的用法同此。)
2. 我的妾认为我漂亮,是由于惧怕我。
3. 客人认为我漂亮,是由于有事想要向我求助。
4. 井里的蛙不可以跟它谈论大海,是因为受了它居住的地方的局限。
5. 夏天的虫不可以跟它谈论冰雪,是因为受了时间的约束。
6. 孤陋寡闻的书生不可以跟他谈论大道理,是因为被受过的教育所束缚。
7. 人们对于让位这件事,可以轻易地辞去古代的帝王之位,却难以舍弃现在的县官之职,是由于利益大小的实际情况不相同。
8. 古代男子不去耕作,是由于庄稼和果实足够供给人们吃的。
9. 妇女不从事纺织,是由于禽兽的皮足够供给人们穿的。(衣:名词用作动词,穿。)
10. 古时候,人们话不轻易说出口,是因为他们认为实践赶不上言论是可耻的。(躬:亲自,这里引申为"亲自做"的意思。逮:及,赶上。不逮:赶不上。耻:这里是形容词的意动用法。"耻躬之不逮"即"以躬之不逮为耻"。)
11. 鲍叔不认为我贪婪,是由于知道我贫穷。
12. 鲍叔不认为我愚蠢,是由于知道时运有时顺利,有时不顺利。
13. 冬天,齐国军队灭亡了谭国,是因为谭国没有礼节。
14. 您送燕后出嫁的时候,握着她的脚后跟为她哭泣,是因为惦念并且悲伤她要嫁到远方去。(媪:对老妇人的敬称。)

[说明]

1. 句型 8—11 是一组由果溯因的复句，这种复句在表示原因上显得更加突出。
2. 本句型是意合法的因果复句。前分句表示结果，后分句表示原因。前后分句之间没有使用关联词语。
3. 例 1—7 中，语气词"者"加在前分句句尾，表示提顿。本句型在后分句句尾一般要加语气词"也"，表示肯定事情的因果关系。"者""也"不必翻译。

句型 9

[结构式] FCl + "以"（"为"）(表原因) +HCl

前分句+ "以"（"为"）(表原因) +后分句

[代表句] 上索我者，｜以我有美珠也。

[例句]

序号	FCl	"以"	HCl	引书
1	上索我者	以	我有美珠也	《韩非子·说林上》
2	晋侯秦伯围郑	以	其无礼于晋且贰于楚也	《左传·僖公三十年》
3	夏楚子伐宋	以	其救萧也	《左传·宣公十三年》
4	今君起江东楚蠭午之将皆争附君者	以	君世世楚将为能复立楚之后也	《史记·项羽本纪》
5	士不远千里而至者	以	君能贵士而贱妾也	《史记·平原君虞卿列传》
6	赵王侍酒至暮口不忍献五城	以	公子退让也	《史记·魏公子列传》
7	先帝属将军以幼孤寄将军以天下	以	将军忠贤能安刘氏也	《汉书·霍光传》
8	一羽之不举	为	不用力焉	《孟子·梁惠王上》
9	舆薪之不见	为	不用明焉	《孟子·梁惠王上》
10	百姓之不见保	为	不用恩焉	《孟子·梁惠王上》
11	女之餐之	为	爱之也	《韩非子·外储说右上》
12	某非忘封之也	为	其母不长者耳	《史记·楚元王世家》

[译文]

1. 君王搜捕我，是因为我有美好的珠宝。
2. 晋侯、秦伯包围了郑国。因为它对晋国没有礼貌，而且怀有二心；它对楚国很友好。
3. 夏天，楚王攻打宋国，因为他救援萧国。
4. 现在您在江东起兵，楚地蜂拥而起的将领都争着归附您，就是因为您家世世代代做楚国的将领，能够重新拥立楚国后代做王。（蠭：同"蜂"。午：纵横交错的样子。蠭午：蜂拥而起。）
5. 读书人不认为千里路途遥远来投靠您，就是因为您重视读书人，却轻视姬妾啊。（"远""贵""贱"三字都是形容词的意动用法，"远千里"即"以千里为远"，"贵士"即"以士为贵"，"贱妾"即"以妾为贱"。）

6. 赵王陪着公子饮酒，一直到傍晚，不忍心开口提出进献五座城邑的事情，就是因为公子总是在谦让自责啊。

7. 先帝把他的孤儿托付给您，把国家大权寄托给您，就是因为您忠诚贤明，能够安抚刘氏天下。

8. 连一根羽毛都拿不起来，是因为不肯用力气。

9. 连一车柴草都看不见，是因为不肯用眼睛去看。

10. 老百姓得不到安抚保护，是因为不肯施加恩惠。

11. 你给他们饭吃，是因为爱他们。

12. 我并不是忘记封他，是因为他母亲太不像年长人的样子罢了。（长者：年长的人或厚道人。"长者"在这里名词用作动词，解作"有长者之行"。"不长者"即没有长者之行，没有长者之风。）

[说明]

1. "以"（"为"）是连词，放在后分句之首。

2. "者"是语气词，可以加在前分句句尾，表示提顿。

3. 前分句表示结果，后分句表示原因。

4. "以""为"译作"因为"。

[句型转换] 有下列两个：

1. S（N/Pron+"所以"/"所为"+VP+"者"）+Pr（PP）〈+"也"〉

⇒ FCl+"以"（"为"）+HCl

主语（名/代+"所以"/"所为"+动词短语+"者"）+谓语（介词短语）〈+"也"〉

⇒ 前分句+"以"（"为"）+后分句

上所以索我者，以我有美珠也。⇒ 上索我者，以我有美珠也。（本句型1）

"吾所以为此者，以先国家之急而后私仇也"（第一编、I、五、句型例5）是单句。"吾所以为此者"在句中作主语，介词短语"以先国家之急而后私仇也"作谓语。前句型"上所以索我者，以我有美珠也"和"吾所以为此者，以先国家之急而后私仇也"结构相同。如果删掉"所以"两个字，这样就转换成后句型："上索我者，以我有美珠也。"后句型是复句。这是用删除的方法转换成另一句型的。本式属于单句与复句的转换。

2. FCl（S+"以"+Pr）+HCl ⇒ FCl+"以"+HCl

前分句（主+"以"+谓）+后分句 ⇒ 前分句+"以"+后分句

上以我有美珠，索我。⇒ 上索我者，以我有美珠也。（本句型例1）

"左右以君贱之也，食以草具"（第三编、七、句型5例1）是个在前分句中带有连词"以"的复句。前分句"上以我有美珠，索我"和"左右以君贱之也，食以草具"结构相同，如果移动前后分句的位置，使原来的前分句成为后分句，原来的后分句成为前分句；并在前后分句句尾分别加上"者"和"也"，这样就转换成后句型："上索我者，以我有美珠也。"在后句型中，连词"以"放在后分句之首。

前句型与后句型的区别是：前句型由因及果，后句型由果溯因，这是用移位与添加的方法，转换成另一复句的。本式属于复句与复句的转换。

句型 10

[结构式] FCl（"无他" / "此无他" / "无它故焉" / "是无它故" / "岂有他哉"）+HCl

前分句（"无他" / "此无他" / "无它故焉" / "是无它故" / "岂有他哉"）+后分句

[代表句]（今天下地丑德齐，莫能相尚，）无他，｜好臣其所教，而不好臣其所受教。

[例句]

序号	FCl	HCl	引书
1	（今天下地丑德齐莫能相尚）无他	好臣其所教而不好臣其所受教	《孟子·公孙丑下》
2	（父子不相见兄弟妻子离散）此无他	不与民同乐也	《孟子·梁惠王下》
3	（吾王庶几无疾病与何以能田猎也）此无他	与民同乐也	《孟子·梁惠王下》
4	（闵王毁于五国桓公劫于鲁庄）无它故焉	非其道而虑之以王也	《荀子·王制》
5	（古有万国今有十数焉）是无它故	莫不失之是也	《荀子·君道》
6	（跛鳖致之六骥不致）是无他故焉	或为之或不为尔	《荀子·修身》
7	（以万乘之国伐万乘之国箪食壶浆以迎王师）岂有他哉	避水火也	《孟子·梁惠王下》

[译文]

1. 现在各个国家之间土地大小相同，道德风尚也一样，谁也不能超越谁，没有别的缘故，正是因为他们只喜欢让听从他的话的人做臣，却不喜欢让能够教导他的人做臣。（丑：相同。臣：名词的使动用法。臣其所教：使其所教的人为臣。"臣其所受教"与此相同。）

2. 父子不能见面，兄弟妻子都离别失散，这没有别的缘故，就因为王不跟百姓一同娱乐啊。

3. 我们君王大概没有疾病吧。他怎么能够打猎呢？这没有别的缘故，就因为他跟百姓一同娱乐啊。

4. 齐闵王被五国军队打败，齐桓公被鲁庄公所劫持，没有别的缘故，就因为他们实行的不是王道，而是策划称王于天下。

5. 古代有上万个国家，现在有十几个国家。这没有别的缘故，没有不是在这个问题上失误的。（"失之是"中的"是"：指示代词，这个，这里指用人不公。）

6. 瘸腿的龟鳖能够到达，六匹良马不能到达，这没有别的缘故，就因为有的肯做，有的不做罢了。

7. 拿一个拥有万辆兵车的国家去攻打另一个拥有万辆兵车的国家，老百姓带着用筐盛的饭和用壶装的酒来欢迎君王的军队，难道有别的缘故吗？只是因为想躲避水深火热的生活啊。

[说明]

1. 本句型的前分句是"无他"（"此无他""无它故焉""是无它故""岂有他哉"）等固定词语，用于强调原因的排他性，即没有其他原因。（"无他"前面的上文是表示结果的。）后分句用于解释原因。

2. "无他""此无他""无它故焉""是无它故"译作"这没有别的原因""这没有别的缘故"。
"岂有他哉"译作"难道有别的原因吗"。

句型11

[结构式] FCl + "盖" +HCl

　　　　前分句+ "盖" +后分句

[代表句] 孔子罕称命，|盖难言之也。

[例句]

序号	FCl	"盖"	HCl	引书
1	孔子罕称命	盖	难言之也	《史记·外戚世家》
2	屈平之作离骚	盖	自怨生也	《史记·屈原贾生列传》
3	案齐之故有胶泗之地怀诸侯以德 深拱揖让则天下之君王 相率而朝于齐矣	盖	闻天与弗取反受其咎 时至不行反受其殃	《史记·淮阴侯列传》
4	丘也闻有国有家者不患贫而 患不均不患寡而患不安	盖	均无贫和无寡安无倾	《论语·季氏》
5	鼓之而纣卒易乡遂乘殷人而诛纣	盖	杀者非周人因殷人也	《荀子·儒效》
6	侍卫之臣不懈于内 忠志士忘身于外者	盖	追先帝之殊遇 欲报之于陛下也	《三国志·诸葛亮传》

[译文]

1. 孔子很少讲命运，大概由于很难说清楚吧。

2. 屈原创作《离骚》，大概由于从抒发怨恨的心情引起吧。

3. 您稳守齐国原有的疆土，占据胶河泗水流域，用恩德安抚诸侯，恭谨谦让，那么天下的君主就会相继前来向齐国朝拜了。大概因为听说上天赐给的恩遇不肯接受，反而要受到惩罚；时机到来不采取行动，反而会遭受灾祸。（案：通"按"，占据。故：故土。怀：安抚。）

4. 我听说诸侯和大夫们不忧愁贫穷，却忧愁财富分配不均；不忧愁人口稀少，却忧愁境内不安定。大概由于财富分配均匀就没有贫穷；人民和睦，就不会人口稀少；境内安定就不会政权颠覆。（丘：孔子名丘，这里是自称其名。有国者：指诸侯。有家者：指卿大夫。）

5. 战鼓敲响了，纣王的兵卒掉转方向，倒戈起义。于是凭借殷国民众的力量，杀掉了纣王。原来杀掉纣王的并不是周人，而是凭借了殷国百姓的力量。

6. 侍奉保卫的臣子在宫廷内毫不懈怠，忠诚有志向的将士在外面舍生忘死，原来是因为怀念先帝对他们特殊的恩宠，想要把这种恩德报答给陛下呀。（者：语气词，用在前分句句尾，表示提顿。）

[说明]

1. "盖"是连词，放在后分句之首，表示解释原因或理由。

2. 前分句表示结果，后分句表示原因。
3. "盖"译作"大概由于""原来是"。

句型 12

[结构式] FCl＋"以"（"为"）（表目的）+HCl

　　　　前分句+"以"（"为"）（表目的）+后分句

[代表句] 五侯九伯，女实征之，｜以夹辅周室。

[例句]

序号	FCl	"以"	HCl	引书
1	五侯九伯女实征之	以	夹辅周室	《左传·僖公四年》
2	晋人归楚公子谷臣 与连尹襄老之尸于楚	以	求知罃	《左传·成公三年》
3	夫人朝夕退而游焉	以	议执政之善否	《左传·襄公三十一年》
4	愿令得补黑衣之数	以	卫王宫	《战国策·赵策》
5	彻其环瑱至老不嫁	以	养父母	《战国策·齐策》
6	毫毛不敢有所进 封闭宫室还军霸上	以	待大王来	《史记·项羽本纪》
7	吴起于是欲就名遂杀其妻	以	明不与齐也	《史记·孙子吴起列传》
8	明法审令捐不急之官 废公族疏远者	以	抚养战斗之士	《史记·孙子吴起列传》
9	妾愿入身为官婢	以	赎父刑罪 使得改行自新也	《史记·扁鹊仓公列传》
10	君子创业垂统	为	可继也	《孟子·梁惠王下》
11	敝帏不弃	为	埋马也	《礼记·檀弓下》
12	敝盖不弃	为	埋狗也	《礼记·檀弓下》

[译文]

1. 五侯九伯，你都可以讨伐他们，以便辅佐周王室。
2. 晋国人把楚国公子谷臣和连尹襄老的尸首归还给楚国，为了要求交换知罃。
3. 人们在劳作完了以后，早晨晚上到那里游玩，来议论政事的好坏。
4. 希望让他能充当一名宫中卫士，来保卫王宫。
5. 她撤掉了玉环耳坠，直到年老没有出嫁，以便奉养父母。（彻：通"撤"，撤除。）
6. 连毫毛一般细小的东西都不敢占有，封闭了秦王宫室，把军队撤回霸上，以便等待您的到来。
7. 吴起于是想要成名，就杀了自己的妻子，来表明他不依附齐国。
8. 他阐明法规，审定命令，裁减不太需要的官吏，废除疏远了的王族的供给，来抚慰供养作战的士兵。
9. 我愿意委身进入官府，充当奴婢，来赎父亲的罪恶，让他能有改过自新的机会。

10. 品德高尚的人创立事业，传给后代子孙，为了世世代代可以继承下去。
11. 破旧的帷幔不要丢弃，为了用来埋葬马。
12. 破旧的车盖不要丢弃，为了用来埋葬狗。

[说明]

1. "以"（"为"）是连词，放在后分句之首，表示目的。前分句表示结果。在"以"字表示目的的句型中，前后分句的主语一般是相同的；后分句大都具有积极的行动意义。
2. "以"译作"来""去""为了"，"为"译作"为了"。
3. 本句型连词的替换词有："以""而""用"等。

第八类　假设关系

句型 1

[结构式] FCl+HCl（假设关系）

　　　　　前分句+后分句（假设关系）

[代表句] 欲与大叔，｜臣请事之。

[例句]

序号	FCl	HCl	引书
1	欲与大叔	臣请事之	《左传·隐公元年》
2	君能补过	衮不废矣	《左传·宣公二年》
3	以此众战	谁能御之	《左传·僖公四年》
4	以此攻城	何城不克	《左传·僖公四年》
5	城不入	臣请完璧归赵	《史记·廉颇蔺相如列传》
6	弗诛	后遗子孙忧	《史记·晋世家》
7	事不成	我食舅氏之肉	《史记·晋世家》
8	距关毋内诸侯	秦地可尽王也	《史记·项羽本纪》
9	沛公不先破关中	公岂敢入乎	《史记·项羽本纪》
10	无财	作力	《史记·货殖列传》
11	少有	斗智	《史记·货殖列传》
12	既饶	争时	《史记·货殖列传》

[译文]

1. 君王想要把君位让给京城太叔，请让我去侍奉他。
2. 君王如果能够弥补过错，君位就不会废除了。（衮：帝王或三公的礼服，这里比喻君位。）
3. 用这样的军队来作战，谁能够抵挡他们？
4. 用这样的军队来攻城，哪个城不被占领？
5. 城邑不能交给赵国，请让我把完好的和氏璧带回赵国。
6. 如果不去讨伐，以后会给后代子孙留下忧虑。

7. 事情如果不成功，我就要吃舅舅的肉。

8. 守住函谷关，不要让诸侯军队进来，您就可以占领整个秦地称王了。

9. 如果不是沛公先攻破关中，您难道敢进关吗？

10. 没有钱财就得靠出卖劳动力生活。

11. 稍有钱财就得靠投机取巧赚钱。

12. 已经富足了，就靠抢时间获利。

[说明]

1. 这是意合法的假设复句。前分句表示假设，后分句表示结果。前后分句之间没有使用关联词语。

2. 例 10—12 是紧缩复句。

句型 2

[结构式] FCl＋"则"（"斯"）（表结果与假设的相因）＋HCl

前分句＋"则"（"斯"）（表结果与假设的相因）＋后分句

[代表句] 谏而不入，｜则莫之继也。

[例句]

序号	FCl	"则"	HCl	引书
1	谏而不入	则	莫之继也	《左传·宣公二年》
2	不入	则	子继之	《左传·宣公二年》
3	邹人与楚人战	则	王以为孰胜	《孟子·梁惠王上》
4	士师不能治士	则	如之何	《孟子·梁惠王下》
5	王之好乐甚	则	齐国其庶几乎	《孟子·梁惠王下》
6	人不得	则	非其上矣	《孟子·梁惠王下》
7	战	则	请从	《左传·庄公十年》
8	学而不思	则	罔	《论语·为政》
9	思而不学	则	殆	《论语·为政》
10	欲速	则	不达	《论语·子路》
11	见小利	则	大事不成	《论语·子路》
12	君行仁政	斯	民亲其上死其长矣	《孟子·梁惠王下》

[译文]

1. 您劝谏君王却不听，那么就没有人接着劝谏了。

2. 君王不听，那么您接着劝谏。

3. 假如邹国人跟楚国人交战，那么您认为哪一国会取胜呢？

4. 监狱官如果不能管理好下级属官，应该怎么办呢？

5. 您如果十分喜欢音乐，那么齐国差不多就可以治理好了啊！

6. 人们如果得不到这种享乐，就会埋怨他们的君主啊。

7. 打起仗来，请让我跟随前去。

8. 只读书却不思考，就会迷惑。

9. 只思考却不读书，就会很危险（仍然疑惑不解）。

10. 想要速度快，反而达不到目的。

11. 贪图小利，就办不成大事。

12. 您如果实行仁政，老百姓就会爱护他们的上级长官，愿意为他们牺牲了。（死：这里是动词的为动用法。"死其长"就是"为其长而死"。）

［说明］

1. "则"（"斯"）是连词，放在后分句之首。

2. 前分句表示假设；后分句表示结果或提出反问，而反问实际上是一种表达相反意思的推论。

3. 例7—11是紧缩复句。

4. "则""斯"译作"就""那么""那么就"。

5. 本句型连词的替换词有："则""斯""枳""咫""当""故"等。

句型 3

［结构式］"若"（"如""苟""为""苟为""即""有如""如有"）+FCl+HCl

　　　　　"若"（"如""苟""为""苟为""即""有如""如有"）+前分句+后分句

［代表句］若子死，｜将谁使代子。

［例句］

序号	"若"	FCl	HCl	引书
1	若	子死	将谁使代子	《韩非子·说林上》
2	若	幸而男	吾奉之	《史记·赵世家》
3	如	欲平治天下	当今之世舍我其谁也	《孟子·公孙丑下》
4	如	其不才	君可自取	《三国志·诸葛亮传》
5	苟	无民	何以有君	《战国策·齐策》
6	苟	得其养	无物不长	《孟子·告子上》
7	苟	失其养	无物不消	《孟子·告子上》
8	为	不能听	勿使出境	《吕氏春秋·长见》
9	苟为	不畜	终身不得	《孟子·离娄上》
10	苟为	不知其然也	熟知其所终	《庄子·人间世》
11	即	天下有变	王何以市楚也	《战国策·秦策》
12	即	女也	吾徐死耳	《史记·赵世家》
13	即	宫车晏驾	非大王立当谁哉	《史记·魏其武安侯列传》
14	有如	太后宫车即晏驾	大王尚谁攀乎	《史记·韩长孺列传》
15	有如	卒	子当代	《史记·绛侯世家》
16	如有	马惊车败	陛下纵自轻奈高庙太后何	《史记·袁盎晁错列传》
17	如有	遇雾露行道死	陛下竟为以天下之大弗能容有杀弟之名奈何	《史记·袁盎晁错列传》

1. 如果您死了，将要让谁代替您？
2. 如果有幸生的是男孩，我就抚养他。
3. 如果想要让天下达到太平，当今社会，除了我，还有谁担负这重任呢？
4. 如果他没有才能，您可以夺取帝位。
5. 如果没有人民，怎么会有国君？
6. 假如得到滋养，没有什么东西不会生长的。
7. 假如失去滋养，没有什么东西不会消失的。
8. 如果不能任用他，不要让他走出魏国边境。
9. 假如平时不储藏，那一辈子都会得不到。
10. 如果自己还不知道会是这样的情况，谁能知道他会有什么结局？
11. 假如天下发生什么祸乱，大王拿什么跟楚国做交易呢？
12. 如果是女孩，我将从容不迫地度过天年。（徐：慢。可译成"从容"，全句采用意译。）
13. 如果皇上一旦去世，不是大王继承皇位，还应该是谁呢？
14. 假如太后突然离开人世，大王还能依靠谁呢？
15. 如果他死了，他的儿子应当接替。
16. 假如有马受惊、车辆毁坏的事情，陛下纵然看轻自己，怎么对得起高祖和太后呢？
17. 如果在路上遭受风寒死在中途，陛下竟然会被认为天下那么大，却不能容纳弟弟，背上杀死弟弟的坏名声，怎么办？

［说明］

1. "若"（"如""苟""为""苟为""即""有如""如有"）是连词，放在前分句之首。这种情况较常见。
2. 前分句表示假设，后分句表示结果或推论。
3. "若""如""苟""为""苟为""即""有如""如有"译作"如果""假如"。
4. 本句型连词的替换词有："若""如""苟""其""为""即""有""则""且""犹""既""厥""及""如今""如使""如其""若其""若苟""若使""若犹""若或""若万一""苟为""有如""如有"等。

句型 4

［结构式］"若"（"如""为""有如"）+FCl+"则"（"斯"）+HCl

"若"（"如""为""有如"）+前分句+"则"（"斯"）+后分句

［代表句］若辩其辞，｜则恐人怀其文，忘其直。

［例句］

序号	"若"	FCl	"则"	HCl	引书
1	若	辩其辞	则	恐人怀其文忘其直	《韩非子·外储说左上》
2	若	用子之言	则	是禁天下之行者也	《墨子·贵义》
3	如	或知尔	则	何以哉	《论语·先进》
4	如	有能信之者	则	不远秦楚之路	《孟子·告子上》

序号	"若"	FCl	"则"	HCl	引书
5	如	有不嗜杀人者	则	天下之民皆引领而望之矣	《孟子·梁惠王上》
6	如	致膰乎大夫	则	吾犹可以止	《史记·孔子世家》
7	如	知其非义	斯	速已矣	《孟子·滕文公下》
8	为	悦其言因任其身	则	焉得无失乎	《韩非子·显学》
9	有如	两宫螫将军	则	妻子毋类矣	《史记·魏其武安侯列传》

[译文]

1. 如果使文辞漂亮动听，就恐怕人们只爱文辞的华丽，却忘记了它的价值。（怀：爱惜。直：通"值"，价值。）

2. 如果采用你的说法，这就是禁止天下人走路通行了。

3. 假如有人了解你们，那么你们做些什么呢？（以：动词，用法与动词"为"相同，解作"做""于"。）

4. 如果有人能够把它伸直，那么就是走到秦国、楚国，却不觉得路途远。（信：通"伸"，这里是动词的使动用法，"信之"就是"使之信"。远：形容词的意动用法，"远秦楚之路"就是"以秦楚之路远"。）

5. 如果有一位不喜欢杀人的君王，那么天下人民都会伸长脖子盼望他来。

6. 如果能够按照礼法，把典礼后的烤肉分给大夫们，那么我还可以留下来不走。

7. 假如知道这样做不合理，就赶快停止吧。

8. 如果喜欢他们的言论，就任用他们，那么怎么能够没有错误呢？

9. 假如皇上和太后都要加害于您，那您的妻子儿女就会全都被杀害了。

[说明]

1. "若"（"如""为""有如"）是连词，放在前分句之首，表示假设。"则"（"斯"）是连词，放在后分句之首，表示结果。

2. "若""如""为""有如"译作"如果""假如"，"则""斯"译作"就""那么""那么就"。

3. 前分句连词的替换词有："若""如""苟""其""为""即""有""则""且""犹""既""厥""及""如令""如使""如其""若其""若苟""若使""若犹""若或""若万一""苟为""有如""如有"等。后分句连词的替换词有："则""斯""故""当""枳""咫"等。

[附] 相关句型：

"为"（"若""如"）+FCl+HCl（S+"则"+Pr）

"为"（"若""如"）+前分句+后分句（主+"则"+谓）

为我死，王则封汝。（《列子·说符》）

如果我死了，楚王就会封给你土地。

连词"则"放在后分句主语后面。

句型 5

[结构式] "苟"（"若""如""为""即""有"）+FCl+HCl（S+"必"+hproe）

"苟"（"若""如""为""即""有"）+前分句+后分句（主+"必"+谓语中心及其他）

[代表句] 苟有险，｜余必下推车。

[例句]

序号	"苟"	FCl	HCl			引书
			S	"必"	hproe	
1	苟	有险	余	必	下推车	《左传·成公二年》
2	苟	为善	后世子孙	必	有王者矣	《孟子·梁惠王下》
3	若	重赂与谋出晋君入重耳	事	必	就	《史记·晋世家》
4	若	我出师	〔麇与百濮〕	必	惧而归	《左传·文公十六年》
5	如	我死		（则）必	无废斯爵也	《礼记·檀弓下》
6	如	复见文者	〔文〕	必	唾其面而大辱之	《史记·孟尝君列传》
7	为	我葬	〔女〕	必	以魏子为殉	《战国策·秦策》
8	为	入	〔子〕	必	语从	《战国策·赵策》
9	为	近王	〔子〕	必	掩口	《韩非子·内储说下》
10	即	上以将军为丞相	〔将军〕	必	让魏其	《史记·魏其武安侯列传》
11	有	用	齐秦	必	轻君	《史记·孟尝君列传》

[译文]

1. 如果有险路，我一定下去推车。
2. 如果一个君主能做好事，他的后代子孙必定会成为帝王的。
3. 如果多给他们一些财物，跟他们策划赶出晋君，让重耳进入国中，事情一定成功。（出、入：此二字都是动词的使动用法，"出晋君"就是"使晋君出"，"入重耳"就是"使重耳入"。）
4. 如果我们出兵，麇国人和百濮必定害怕就回去了。
5. 如果我死了，那么一定不要废弃这只杯子。
6. 如果有再来见我的，我一定把唾沫吐在他脸上，狠狠地侮辱他。（文：孟尝君姓田名文，这里是他自称其名。）
7. 如果我被埋葬，你们一定要用魏丑夫殉葬。
8. 如果您进入，面见君王，一定要谈论合纵的主张。
9. 如果走到楚怀王的近前，你一定要遮掩住嘴。
10. 如果皇上任命您做丞相，您一定要让位给魏其侯。
11. 如果他们受到重用，齐国、秦国一定会轻视您。

[说明]

1. "苟"（"若""如""为""即""有"）是连词，放在前分句之首，表示假设。"必"是副词，放在后分句谓语中心前面，表示必定产生的结果或主观意志与决心。

2. 有的例句连词"则"可以和"必"连用（如例 5）。

3. "苟""若""如""为""即""有"译作"如果""假如"，"必"译作"必定""一定"。

句型 6

［结构式］FCl（S+"若"／"苟"／"如"／"即"／"所"+Pr）+HCl

　　　　　前分句（主+"若"／"苟"／"如"／"即"／"所"+谓）+后分句

［代表句］寡人若朝于薛，｜不敢与诸任齿。

［例句］

序号	FCl			HCl	引书
	S	"若"	Pr		
1	寡人	若	朝于薛	不敢与诸任齿	《左传·隐公十一年》
2	王	苟	以错不善	何不以闻	《史记·吴王濞列传》
3	伯氏	苟	出而图吾君	申生受赐以至于死 虽死何悔	《国语·晋语》
4	士	如	归妻	迨冰未泮	《诗经·国风》
5	君	即	百岁后	谁可代君	《汉书·萧何传》
6	我	即	死	女能固纳公乎	《公羊传·襄公二十七年》
7	予	所	否者	天厌之	《论语·雍也》
8	〔吾〕	所	不与舅氏同心者	有如白水	《左传·僖公二十四年》
9	〔吾〕	所	不此报	无能涉河	《左传·宣公十七年》

［译文］

1. 我如果到薛国朝见，就不敢跟任姓诸国相并列。（齿：列。与齿：与之并列，即争先后。）

2. 您如果认为晁错不好，为什么不把这种情况上报？

3. 您如果肯出来替我君谋划，我申生甘心受赐去死，即使死了也不后悔。

4. 您如果娶妻，不要等到封河的冰融化。（迨：及，趁着。泮：融解，这里指冰融化。）

5. 假如您百年之后，谁可以替代您？

6. 我如果死了，你定能容纳献公回国吗？

7. 我如果做了不好的事情，上天厌弃我吧！

8. 我如果不跟舅舅一条心，有河神为证！（"所""有如"都是誓词的常用语。"有如白水"即"有如河"，意谓河神鉴之。）

9. 我如果不报复这次耻辱，就不能渡过黄河。

［说明］

1. "若"（"苟""如""即""所"）是连词，放在前分句主语后面。"若""苟"等放在主语后面的情况较少见。"所"字表示假设更为罕见，只用于宣誓、发誓。

2. 前分句表示假设，后分句表示结果或推论。

3. "若""苟""如""即""所"译作"如果""假如"。

句型 7

[结构式] FCl（S+"若"/"如"/"为"/"则"+Pr）+"则"+HCl

前分句（主+"若"/"如"/"为"/"则"+谓）+"则"+后分句

[代表句] 公子若反晋国，｜则何以报不谷？

[例句]

序号	FCl			"则"	HCl	引书
	S	"若"	Pr			
1	公子	若	反晋国	则	何以报不谷	《左传·僖公二十三年》
2	王	若	隐其无罪 而就死地	则	牛羊何择焉	《孟子·梁惠王上》
3	王	如	知此	则	无望民之多于邻国也	《孟子·梁惠王上》
4	中国	为	有事于秦	则	秦且轻使重币 而事君之国也	《战国策·秦策》
5	彼	则	肆然而为帝过而 遂正于天下	则	连有赴东海而死耳	《战国策·赵策》

[译文]

1. 公子如果回到晋国，那么用什么报答我？
2. 您如果可怜它没有罪过，却送进屠场，那么宰牛和宰羊又有什么可选择的呢？
3. 您如果懂得这个道理，那么就不要希望您的百姓比邻国多了。
4. 如果关东六国对秦国发动战争，那么秦国就将很快地赠送贵重的礼物去侍奉贵国。
5. 他们如果肆无忌惮地要当皇帝，进一步用政令统治天下各国，那么我只有跳进东海自杀了。

[说明]

1. "若"（"如""为""则"）是连词，放在前分句主语后面，这种情况较少见，其中尤以"则"放在前分句主语后面表示假设的情况更为罕见。"则"是连词，放在后分句之首。
2. 前分句表示假设，后分句表示结果或推论。
3. "若""如""为""则"译作"如果""假如"，"则"译作"就""那么""那么就"。

句型 8

[结构式] FCl（S+"若"/"苟"/"如"/"即"/"为"/"则"+Pr）+HCl（"必"+hproe）

前分句（主+"若"/"苟"/"如"/"即"/"为"/"则"+谓）+后分句（"必"+谓语中心及其他）

[代表句] 我若获没，｜必属说与何忌于夫子。

[例句]

序号	FCl			HCl		引书
	S	"若"	Pr	"必"	hproe	
1	我	若	获没	必	属说与何忌于夫子	《左传·昭公七年》
2	王	若	欲霸	必	亲中国而以为天下枢	《战国策·秦策》

序号	FCl			HCl		引书
	S	"若"	Pr	"必"	hproe	
3	事	若	不成	（则）必	有人道之患	《庄子·人间世》
4	事	若	成	（则）必	有阴阳之患	《庄子·人间世》
5	秦兵	苟	退	（请）必	言子于卫君	《史记·樗里子列传》
6	王	如	改诸	（则）必	反予	《孟子·公孙丑下》
7	王	即	不听用鞅	必	杀之	《史记·商君列传》
8	尔	即	死	必	于殽之嵚岩	《公羊传·僖公三十三年》
9	秦	为	知之	必	不救也	《战国策·秦策》
10	大寇	则	至（使之持危城）	（则）必	畔	《荀子·议兵》

[译文]

1. 我如果能够善终，一定把说跟何忌托付给孔丘他老人家。（获：得到。没：通"殁"，死，寿终。）

2. 大王如果想称霸诸侯，一定要亲近中原各诸侯国，以它们为天下的枢纽。

3. 事情如果办不成功，那么就一定会遭受惩罚的祸患。

4. 事情如果办成功，那么就一定会受忧愁和欢乐相冲突引起的身体阴阳失调的祸患。

5. 秦军如果撤退，请让我一定把您的功绩告诉卫君。

6. 齐王如果改变态度，那么就一定会把我召回去。

7. 您假如不任用公孙鞅，就一定杀掉他。

8. 你们如果死了，一定在殽的险峻的山岩。

9. 假如秦国知道这件事情，必定不肯援救他。

10. 敌人的大军如果来到，让他们守卫危险的城池，就一定会反叛。

[说明]

1. "若"（"苟""如""即""为""则"）是连词，放在前分句主语后面，表示假设。其中"则"放在前分句表示假设的用法很罕见。"必"是副词，放在后分句谓语中心前面，表示事情的必然结果，或表示某种主观意志、祈求及命令等。

2. 有些例句连词"则"和"必"连用（如例3、4、6、10）。

3. "若""苟""如""即""为""则"译作"如果""假如"，"必"译作"必定""一定"。

句型 9

[结构式] FCl（S+"而"+Pr）+HCl

　　　　　前分句（主+"而"+谓）+后分句

[代表句] 人而无恒，｜不可以作巫医。

序号	FCl			HCl	引书
	S	"而"	Pr		
1	人	而	无恒	不可以作巫医	《论语·子路》
2	人	而	无信	不知其可也	《论语·为政》
3	士	而	怀居	不足以为士矣	《论语·宪问》
4	管氏	而	知礼	孰不知礼	《论语·八佾》
5	子产	而	死	谁其嗣之	《左传·襄公三十年》
6	父	而	赐子死	尚安复请	《史记·李斯列传》
7	君	而	不可	尚谁可者	《汉书·张安世传》
8	人	而	无仪	不死何为	《诗经·国风》

[译文]

1. 人如果没有恒心，连巫术医生也不能做。（巫医：古代用占卜的方法治病的人。）
2. 一个人如果没有信用，不知道他怎么可以立身处世呢？
3. 读书人如果留恋安逸的生活，就不能够成为读书人了。（怀：怀念，留恋。居：安居，这里指安逸舒适的家庭生活。）
4. 管仲如果懂得礼节，那还有谁不懂得礼节？
5. 子产假如死了，谁来继他的位呢？
6. 父亲如果命令儿子去死，还要请示什么呢？
7. 您如果不适宜，还有谁适宜呢？
8. 一个人如果没有信义，那不死还有什么用？（仪：通"义"，这里指信义。）

[说明]

1. "而"是连词，放在前分句主语后面表示假设，兼表转折，含有"却"的意思（"而"不能放在前分句之首）。后分句表示结果或推论。
2. "而"译作"如果""假如"。

句型 10

[结构式] "使"（"向使""若使""令""假令""设""假设"）+ FCl+HCl
　　　　 "使"（"向使""若使""令""假令""设""假设"）+前分句+后分句

[代表句] 使武安侯在者，│族矣。

[例句]

序号	"使"	FCl	HCl	引书
1	使	武安侯在者	族矣	《史记·魏其武安侯列传》
2	使	予也而有用	且得有此大也邪	《庄子·人间世》
3	使	我得此人以自辅	岂有今日之劳乎	《三国志·诸葛亮传注》
4	向使	主人听客之言	不费牛酒终无火患	《说苑·权谋》

序号	"使"	FCl	HCl	引书
5	向使	四君却客而不内 疏士而不用	是使国无富利之实 而秦无强大之名也	《史记·李斯列传》
6	若使	天下兼相爱 爱人若爱其身	犹有不孝者乎	《墨子·兼爱》
7	令	秦来年复攻	王得无割其内而媾乎	《战国策·赵策》
8	令	我百岁后	皆鱼肉之矣	《史记·魏其武安侯列传》
9	令	他马	固不败伤我乎	《史记·张释之冯唐列传》
10	假令	愚民取长陵一抔土	陛下何以加其法乎	《史记·张释之冯唐列传》
11	设	以齐取鲁	曾不与师徒以言而已矣	《公羊传·闵公二年》
12	假设	陛下居齐桓之处	将不合诸侯而匡天下乎	《汉书·贾谊传》

[译文]

1. 如果武安侯还活着，就该灭族了。

2. 如果我有用处，我还能长得这么大吗？

3. 假如我得到这个人来辅佐我，难道还有现在这种劳累吗？

4. 假如从前主人听信客人的话，不必浪费掉牛和酒，最后也不会发生火灾。

5. 假如从前这四位国君，拒绝外国人士不肯容纳他们，疏远贤能的人，不能重用，那么秦国就没有富足的实力，也没有强大的名声。（内：通"纳"，容纳。）

6. 如果天下的人都能相爱，爱别人好像爱自己一样，还会有不孝的人吗？

7. 假如明年秦国再攻打赵国，大王恐怕会割让赵国内地去求和吧？

8. 假如我死了以后，人们都会像宰割鱼肉那样宰割他了。（百岁：指人逝世。鱼肉：这里是名词的意动用法，"鱼肉之"即"以之为鱼肉"，把他们当作鱼肉一样看待。）

9. 假如是别的马，本来不就摔伤我了吗？（固：副词，本来。败伤：摔伤。）

10. 假如愚蠢的人挖了长陵一捧土，陛下用什么刑罚惩处他呢？

11. 如果凭借齐国占领鲁国，竟然不动员军队，只是用言论罢了。

12. 假如陛下处于当年齐桓公的地位，能不联合诸侯匡救天下吗？

[说明]

1. "使"（"向使""若使""令""假令""设""假设"）是连词，"向使"中的"向"是表示过去的副词。"使""向使"等放在前分句之首（一般不放在主语后面），表示假设，但仍有让某人做某事的意味。后分句表示结果或推论。

2. "使""若使""令""假令""设""假设"译作"如果""假如""假设"，"向使"译作"当初如果""当初假设"。

3. 本句型连词的替换词有："使""若使""向使""乡使""令""向令""曩令""试""试使""假""假设""假使""假令""假之""浸假""设""设若""设使""设令""设其""借设""借使"等。

"如"（"若"）+Cl1+"使"（"令"）+Cl2 + Cl3

"如"（"若"）+第一分句+"使"（"令"）+第二分句+第三分句

如有周公之才之美，使骄且吝，其余不足观也已。（《论语·泰伯》）

假如一个人有周公那样美好的才能，但如果他骄傲而又吝啬，那其他方面再好，也是不值得赞赏的了。

这里前两个分句分别有连词"如"和"使"，并列在一起表示假设（重复假设）。

句型 11

[结构式] "使"（"试使""向使""乡使"）+ FCl+"则"+HCl

　　　　 "使"（"试使""向使""乡使"）+前分句+"则"+后分句

[代表句] 使圣人预知微，能使良医得蚤从事，|则疾可已，身可活也。

[例句]

序号	"使"	FCl	"则"	HCl	引书
1	使	圣人预知微 能使良医得蚤从事	则	疾可已身可活也	《史记·扁鹊仓公列传》
2	试使	山东之国与陈涉度长絜大 比权量力	则	不可同年而语矣	《贾子·过秦论》
3	向使	能瞻前顾后援镜自戒	则	何陷于凶患乎	《后汉书·张衡传》
4	乡使	管子幽囚而不出 身死而不反于齐	则	亦名不免为 辱人贱行矣	《史记·鲁仲连邹阳列传》
5	乡使	曹子计不反顾议不还踵 刎颈而死	则	亦名不免为 败军禽将矣	《史记·鲁仲连邹阳列传》

[译文]

1. 如果道德智能极高的人，事先知道隐匿的疾患，能让高明的医生及早治疗，那么疾病就可以治愈，可以活命了。（圣人：道德智能极高的人，也可译为"君主"。微：细微，这里指症状不明显的疾病。蚤：通"早"。已：停止，指疾病治愈。）

2. 假如山东的诸侯国跟陈涉比一比长短大小，较量一下权势和力量，那就不能够相提并论了。（度：计算，估计。絜：动词，衡量。）

3. 当初如果能够前后察看，拿着镜子来警诫自己，那么怎么会陷入祸患里呢？

4. 当初假如管仲长期囚禁，不能出狱，死在牢里，没有回到齐国，那么也就不免落个品行耻辱、行为卑贱的名声了。

5. 当初假如曹沫不反复考虑，不从容计议，就刎颈自杀，那么也就不免落个常败被擒之将的名声了。（还：通"旋"。还踵：旋转脚跟。不还踵：形容时间匆促。禽：通"擒"。禽将：被擒之将。）

[说明]

1. "使"（"试使""向使""乡使"）是连词，"向使""乡使"中的"向""乡"是表示过去的副词。"使""试使"等放在前分句之首（一般不放在主语后面），表示假设，但仍有让某人做某事的意味。"则"是连词，放在后分句之首，表示结果或推论。

2. "使""试使"译作"如果""假如""假设"，"向使""乡使"译作"当初如果""当初假设"，"则"译作"就""那么""那么就"。

句型 12

[结构式]"使"（"若使""乡使""令"）+ FCl+HCl（"必"+hproe）

　　　　"使"（"若使""乡使""令"）+前分句+后分句（"必"+谓语中心及其他）

[代表句] 使梁睹秦称帝之害，｜（则）必助赵矣。

[例句]

序号	"使"	FCl	HCl		引书
			"必"	hproe	
1	使	梁睹秦称帝之害	（则）必	助赵矣	《战国策·赵策》
2	若使	汤武不遇桀纣	（未）必	王也	《吕氏春秋·长攻》
3	乡使	政诚知其姊无濡忍之志 不重暴骸之难必绝险千里 以列其名姊弟俱戮于韩市者	（亦未）必	敢以身许 严仲子也	《史记·刺客列传》
4	令	彼在齐	（则）必	长为鲁国忧矣	《国语·齐语》

[译文]

1. 假如魏国看到秦王称帝的危害，那么就一定会帮助赵国了。（梁：魏国。）

2. 假如商汤、周武王不遇上桀、纣，不一定能成就王业。

3. 当初假如聂政确实知道他姐姐没有软弱和忍耐的性格，不看重暴尸露骨的苦难，一定要越过千里险阻来表明他的姓名，以致姐弟二人一同死在韩国的街市上，也不一定敢把生命应允给严仲子啊。（濡：软弱。忍：忍耐。濡忍之志：软弱、忍耐的性格。绝：越过。列：显露。戮：被杀戮。）

4. 假如他在齐国，那么就一定长久地成为鲁国的忧患啊。

[说明]

1. "使"（"若使""乡使""令"）是连词，"乡使"中的"乡"是表示过去的副词。"使""若使"等放在前分句之首（一般不放在主语后面），表示假设，但仍有让某人做某事的意味。"必"是副词，放在后分句谓语中心前面，表示事情的必然结果。

2. 有的例句连词"则"和"必"连用（如例 1、4）。

3. "使""若使""令"译作"如果""假设""假如"，"乡使"译作"当初如果""当初假设"，"必"译作"必定""一定"。

句型 13

[结构式] FCl（"党"/"尚"/"当"/"倘或"/"脱其"/"脱误"+Pr）+HCl

　　　　前分句（"党"/"尚"/"当"/"倘或"/"脱其"/"脱误"+谓）+后分句

[**代表句**] 党同文昭之德，∣岂不大哉？

[**例句**]

序号	FCl		HCl	引书
	"党"	Pr		
1	党	同文昭之德	岂不大哉	《后汉书·张奂传》
2	尚	欲祖述尧舜禹汤之道	将不可以不尚贤	《墨子·尚贤》
3	当	为之撞巨钟击鸣鼓弹琴瑟 吹竽笙而扬干戚	民衣食之财将安可得乎	《墨子·非乐》
4	倘或	可采	瑜死不朽矣	《三国志·鲁肃传》
5	脱其	不胜	取笑于天下失权于天下矣	《吴子·励士》
6	脱误	有功	富贵可致	《三国志·吕蒙传》

[**译文**]

1. 如果和周文王、燕昭王的道德相同，难道不伟大吗？
2. 如果想要效法尧舜禹汤治国的大道，就不能不尊重贤能的人。（祖述：效法。）
3. 如果我们给他敲撞大钟，擂击鸣鼓，弹奏琴瑟，吹响竽笙，而且跳着干戚舞蹈，老百姓衣食财物哪里能够得到呢？
4. 假如我的话可以采用，我死也就不朽了。
5. 假如不能战胜，要被诸侯耻笑，在天下也就失去权势了。
6. 万一立下战功，就可以得到财富和显贵。

[**说明**]

1. "党"（"尚""当""倘或""脱其""脱误"）是连词，放在前分句谓语前面。本句型的主语大多省略。
2. 前分句表示假设（包括可能性极小的假设），后分句表示结果。
3. "党""尚""当""倘或""脱其""脱误"译作"倘若""如果""万一"。
4. 本句型连词的替换词有："倘""党""傥""当""尚""脱""或""倘使""倘若""倘或""傥使""当使""脱若""脱其""脱误""脱若万一"等。

[**附**] 相关句型有下列两个：

1. FCl（S+"当"/"党"/"尚"+Pr）+HCl（S+"必"+hproe）
    前分句（主+"当"/"党"/"尚"+谓）+后分句（主+"必"+谓语中心及其他）
    先祖当贤，后子孙必显。（《荀子·君子》）
    祖先如果有贤德，后代子孙一定显贵。
    这里连词"当"放在前分句主语后面，副词"必"放在后分句谓语中心前面。"当"与"必"前后互相呼应。
2. "当"（"当使"）+FCl+"则"+HCl
    "当"（"当使"）+前分句+"则"+后分句
    当使虎豹失其爪牙，则人必制之矣。（《韩非子·人主》）
    假如虎豹失去它们的爪和牙，人就一定会制服它们了。

这里连词"当使"放在前分句之首，连词"则"放在后分句之首。"当使"和"则"前后互相呼应。

句型 14

[结构式] FCl（S+"诚"/"审"/"果"/"必"+hproe）+HCl

前分句（主+"诚"/"审"/"果"/"必"+谓语中心及其他）+后分句

[代表句] 楚诚能绝齐，｜秦愿献商于之地六百里。

[例句]

序号	FCl			HCl	引书
	S	"诚"	hproe		
1	楚	诚	能绝齐	秦愿献商于之地六百里	《史记·屈原贾生列传》
2		（今）诚	以吾众诈自称公子扶苏项燕为天下唱	宜多应者	《史记·陈涉世家》
3	〔天下之人牧〕	诚	如是也	民归之由水之就下	《孟子·梁惠王上》
4	足下	审	能骑龙弄凤翔嬉云间者	亦非狐兔燕雀所敢谋也	《后汉书·矫慎传》
5	圣人	果	可以利其国	不一其用	《史记·赵世家》
6	〔圣人〕	果	可以便其事	不同其礼	《史记·赵世家》
7	〔虢〕	果	为乱弗诛	后遗子孙忧	《史记·晋世家》
8	王	必	欲长王汉中	无所事信	《史记·淮阴侯列传》
9	〔王〕	必	欲争天下	非信无所与计事者	《史记·淮阴侯列传》
10	君	必	行之	妾自杀也	《史记·晋世家》
11	〔女〕	必	欲求贤夫	从张耳	《史记·张耳陈馀列传》
12	大王	必	欲急臣	臣头今与璧俱碎于柱矣	《史记·廉颇蔺相如列传》
13	王	必	无人	臣愿奉璧往使	《史记·廉颇蔺相如列传》
14		必	若此	吾将伏剑而死	《战国策·赵策》

[译文]

1. 楚国如果能和齐国绝交，秦国愿意把商、于一带六百里土地奉献给楚国。
2. 现在如果我们假冒扶苏和项燕的名义，为天下人带个头，应该会有很多人响应。
3. 天下的统治者如果真是这样，老百姓归附他，就好像水向下奔流一样。
4. 您如果能骑上龙，玩着凤凰在云里飞翔嬉戏，也就不是狐兔燕雀一类敢于暗算的了。
5. 圣人如果认为这样做对他的国家有利，他用的方法不一定单一。
6. 圣人如果认为这样做便于行事，他用的礼制不一定雷同。
7. 虢国如果真的作乱，不去讨伐它，以后就会给子孙留下忧患。

8. 大王如果一定要长期在汉中称王，就没有用得着韩信的地方。

9. 大王如果一定要夺取天下，除了韩信，就没有可以跟您商量大事的人了。

10. 君王一定这样做，我就自杀了。

11. 你一定要找一个贤能的丈夫，就嫁给张耳。

12. 大王一定要逼迫我，现在我的头就和宝璧一起撞碎在殿柱上了。（急：逼迫。）

13. 大王如果真的没有人，我愿意捧着宝璧前去出使。（奉：通"捧"。）

14. 您如果一定这样做，我们将要用剑自杀。

［说明］

1. "诚"（"审""果""必"）是副词，放在前分句主语后面。

2. 前分句表示假设，后分句表示结果。

3. 在本句型中，"诚""审"等常与能愿动词"能""得""可以""欲"相搭配。

4. "诚""审""果"译作"如果确实""如果真的"，"必"译作"如果一定"。

5. 本句型副词的替换词有："诚""信""审""果""必"等。

［附］相关句型：

　　FCl（S+"诚"／"信"／"果"+hproe）+"则"+HCl

　　前分句（主+"诚"／"信"／"果"+谓语中心及其他）+"则"+后分句

　　信能行此五者，则邻国之民仰之若父母矣。（《孟子·公孙丑上》）

　　如果真的能够做到这五点，那么邻近国家的老百姓就会像对待父母一样地敬慕您了。

　　这里连词"则"放在后分句之首，表示结果。"则"与前分句的"诚""信""果"等互相呼应。

句型 15

［结构式］FCl（S+"诚"／"果"+hproe）+HCl（S+"必"+hproe）

　　　　　前分句（主+"诚"／"果"+谓语中心及其他）+后分句（主+"必"+谓语中心及其他）

［代表句］赵诚发使尊秦昭王为帝，｜秦必喜。

［例句］

序号	FCl			HCl			引书
	S	"诚"	hproe	S	"必"	hproe	
1	赵	诚	发使尊秦昭王为帝	秦	必	喜	《战国策·赵策》
2	王	诚	以一郡上太后为公主汤沐邑	太后	必	喜	《史记·吕太后本纪》
3	〔太子〕	诚	得樊将军首与燕督亢之地图奉献秦王	秦王	必	悦见臣	《史记·刺客列传》
4	（今）王	诚	杀丹献之秦王	秦王	必	解	《史记·刺客列传》
5	君	诚	能听臣	燕	必	致旃裘狗马之地	《史记·苏秦列传》
6		果	遇		必	败	《左传·宣公十二年》

[译文]

1. 赵国如果确实派遣使者尊奉秦昭王称帝，秦王一定高兴。

2. 大王如果能把一个郡的封地献给太后，作为公主收取赋税的封邑，太后一定高兴。（汤沐邑：诸侯朝见天子，天子赏赐他们供其住宿和斋戒沐浴的封邑，后来指皇帝、皇后、公主收取赋税的私邑。）

3. 太子如果能得到樊将军的头颅和燕国督亢的地图，进献给秦王，秦王一定会高兴地接见我。

4. 现在大王如果杀掉太子丹，把他的人头献给秦王，秦王一定会和解。

5. 您如果能听我的忠言，燕国一定会献出盛产毡裘狗马的土地。

6. 如果真的和敌人作战，必定会失败。

[说明]

1. "诚"（"果"）是副词，放在前分句主语后面。"必"是副词，放在后分句主语后面。

2. 前分句表示假设，后分句表示结果。

3. "诚""果"译作"如果确实""如果真的"，"必"译作"一定""必定"。

句型 16

[结构式] "今"+FCl+HCl

"今"+前分句+后分句

[代表句] 今王欲并诸侯，｜非终为韩不为秦。

[例句]

序号	"今"	FCl	HCl	引书
1	今	王欲并诸侯	非终为韩不为秦	《史记·老子韩非列传》
2	今	王不用久留而归之	此自遗患也 不如以过法诛之	《史记·老子韩非列传》
3	今	不急下	吾烹太公	《史记·项羽本纪》
4	今	陛下以啬夫口辩而超迁之	臣恐天下随风靡靡 争为口辩而无其实	《史记·张释之冯唐列传》
5	今	能入关破秦	大善	《汉书·陈胜项籍传》

[译文]

1. 如果王要吞并诸侯土地，韩非到底为韩国出力，不为秦国出力。

2. 现在大王不任用他，长期地留在秦国然后再放他回去，这是给自己留下的祸患啊，不如给他一个罪名，按法律杀掉他。

3. 现在你如果不赶快投降，我就把你老子煮死。

4. 现在陛下因为啬夫能言善辩，就越级提拔他，我担心天下人都会追随这种风气，争相夸夸其谈，却不讲求实际。（啬夫：古代掌管虎圈的小吏。超迁：越级提升。随风靡靡：随着风气附和。靡靡：颓废不振。）

5. 如果能进入关内击破秦军，就太好了。

1. "今"是时间名词，放在前分句之首，表示假设的现在。后分句表示结果。
2. "今"译作"假设""如果"。

［附］相关句型：

"今"+FCl+"则"+HCl

"今"+前分句+"则"+后分句

今王与百姓同乐，则王矣。(《孟子·梁惠王下》)

王如果跟百姓一同欢乐，就可以使天下归服了。

连词"则"放在后分句之首。

句型 17

［结构式］FCl（S+ "一" / "壹" / "一旦" +hproe）+HCl

前分句（主+ "一" / "壹" / "一旦" +谓语中心及其他）+后分句

［代表句］蔡、许之君，一失其位，| 不得列于诸侯。

［例句］

序号	FCl			HCl	引书
	S	"一"	hproe		
1	蔡许之君	一	失其位	不得列于诸侯	《左传·成公二年》
2		一	闻人之过	终身不忘	《庄子·徐无鬼》
3	岁	一	不登	民有饥色	《汉书·文帝纪》
4	〔此鸟〕	一	飞	冲天	《史记·滑稽列传》
5		一	鸣	惊人	《史记·滑稽列传》
6		壹	败	涂地	《史记·高祖本纪》
7	地制	壹	定	宗室子孙莫虑不王	《贾谊集·陈政事疏》
8	〔今〕括	一旦	为将东向而朝	军吏无敢仰视之者	《史记·廉颇蔺相如列传》
9		一旦	击之	所谓疾雷不及掩耳	《三国志·武帝纪》
10		一旦	不合上意	遣绣衣来责将军 将军之身不能自保	《汉书·赵充国传》

［译文］

1. 蔡、许两国国君，一失去了他们的身份，就不能列在诸侯之中。
2. 鲍叔牙一听到别人的过错，就一生不会忘记。
3. 一年的收成一旦不足，老百姓就会挨饿。（岁：年成。登：成，熟。）
4. 这只鸟一飞腾，就会直冲云霄。
5. 这只鸟一叫起来，就会让人惊奇。（惊：动词的使动用法，"惊人"即"使人惊"。）
6. 我们一旦失败，就会肝脑涂地。
7. 这种土地制度一经制定，宗室的子孙没有人忧虑不会被封作王的。
8. 现在赵括刚一做了将军，就面向东方接受部下的朝见，军官里没有人敢抬头看他的。

9. 我一旦攻打贼兵（他们却没有防备），这就是所说的"迅猛的雷让人来不及遮掩耳朵"啊。

10. 您一旦不符合皇上的心意，皇上就会派遣御史来责备您，您自身不能保全。（绣衣：御史。）

［说明］

1. "一"（"壹""一旦"）是副词，放在前分句主语后面，表示把假设的某种事实作为前提，后分句表示随即产生某种结果。

2. 例 4—6 是紧缩复句。

3. "一""壹""一旦"译作"一""一经""万一""一旦"。

4. 本句型副词的替换词有："一""壹""一旦""一朝""一曙"等。

［附］相关句型：

FCl（S+"一"/"壹"/"一旦"+hproe）+HCl（S+"必"+hproe）

前分句（主+"一"/"壹"/"一旦"+谓语中心及其他）+后分句（主+"必"+谓语中心及其他）

彼一见秦王，秦王必相之。（《战国策·秦策》）

他一谒见秦王，秦王必定会任用他做相国。

副词"必"放在后分句主语后面，与"一"前后呼应。

句型 18

［结构式］"微"（"讵非""自非"）+ FCl + HCl

　　　　　"微"（"讵非""自非"）+前分句+后分句

［代表句］微子之言，| 吾亦疑之。

［例句］

序号	"微"	FCl	HCl	引书
1	微	子之言	吾亦疑之	《史记·伍子胥列传》
2	微	太子言	臣愿谒之	《史记·刺客列传》
3	微	赵君	几为丞相所卖	《史记·李斯列传》
4	微	陛下	臣等当虫出	《史记·田叔列传》
5	微	樊哙奔入营谯让项羽	沛公事几殆	《史记·樊哙列传》
6	微	夫人之力	不及此	《左传·僖公三十年》
7	微	禹	吾其鱼乎	《左传·昭公元年》
8	微	二子者	楚不国矣	《左传·哀公十六年》
9	微	管仲	吾其被发左衽矣	《论语·宪问》
10	讵非	圣人	必偏而后可	《国语·晋语》
11	讵非	圣人	不有外患必有内忧	《国语·晋语》
12	自非	圣人	得志而不骄侈者未之有也	《盐铁论·论功》
13	自非	圣人	外宁必有内忧	《左传·成公十六年》

[译文]

1. 如果没有你说这些话，我也怀疑他。
2. 如果太子不说这番话，我也要请求行动了。（谒：请求，请示。）
3. 假如没有赵君，我几乎被丞相出卖了。
4. 假如没有陛下，我们就会死后尸体生蛆（没有人给收尸）。
5. 如果不是樊哙闯进军营谴责项羽的话，刘邦的事业几乎垮台了。
6. 如果没有那个人的力量，我们到不了今天。（夫人：那个人，指秦穆公。夫：指示代词，那个。）
7. 如果没有禹，我们大概会成为鱼吧。
8. 如果没有子西、子期两个人，楚国就不会成为国家了。
9. 如果没有管仲，我们恐怕会披散着头发，衣襟向左面开了。
10. 如果不是圣人，一定会偏向一方面才行。
11. 如果不是圣人，没有外来的灾祸，就一定会有内心的忧虑。
12. 如果自己不是圣人的话，在成功后却是个不骄奢淫逸的人，是从来没有过的。
13. 如果不是圣人，即使外部很安定，内部也必定有忧虑。

[说明]

1. "微"是连词。"讵非""自非"是短语。其中"讵""自"是连词，"非"是副词。"微""讵非"等放在前分句之首，表示否定的假设或条件，略等于"若无"或"若非"。后分句表示结果。
2. "微"译作"假如没有""假如不是"，"讵非""自非"译作"如果不是"。

句型 19

[结构式] FCl（"不"＋"有"＋O）＋HCl

　　　　 前分句（"不"＋"有"＋宾）＋后分句

[代表句] 不有居者，｜谁守社稷？

[例句]

序号	FCl			HCl	引书
	"不"	"有"	O		
1	不	有	居者	谁守社稷	《左传·僖公二十八年》
2	不	有	行者	谁扞牧圉	《左传·僖公二十八年》
3	不	有	君子	其能国乎	《左传·文公十二年》
4	不	有	废（也）	君何以兴	《左传·僖公十年》
5	不	有	是事	其能终乎	《左传·昭公十六年》
6	不	有	以国	其能久乎	《左传·昭公十七年》

[译文]

1. 如果没有留下的人，谁来保卫国家？
2. 如果没有跟随君王的人，谁来保卫那些放牛牧马的人？

3. 如果没有君主，难道能治理国家吗？

4. 如果没有奚齐、卓子的被废掉，君王怎么能够兴起？

5. 如果没有这件事，难道能够永久地友好下去吗？

6. 如果没有治理国家的人才，国家难道能够长久吗？（以国：治国的人才。"以"解作"为"，动词，治理，管理。）

[说明]

1. "有"是动词，在前分句中作谓语中心。"不"是否定副词，放在谓语中心前面，表示假设性的否定。"不有"略等于"若无"，后分句表示反问。

2. "不有"译作"如果没有""假如没有"。

句型 20

[结构式] FCl（"不"/"不者"/"否"）+HCl（S+"即"/"即遂"/"则"/"将"/"且"+hproe）

前分句（"不"/"不者"/"否"）+后分句（主+"即"/"即遂"/"则"/"将"/"且"+谓语中心及其他）

[代表句] 不，｜ 即立长。

[例句]

序号	FCl	HCl			引书
		S	"即"	hproe	
1	不		即	立长	《史记·鲁世家》
2	不		即	不见也	《战国策·秦策》
3	不		即遂	南面称孤而有楚国	《史记·春申君列传》
4	否		则	奉身而退	《左传·襄公二十六年》
5	否		则	守钱虏耳	《后汉书·马援传》
6	不者		将	有火患	《说苑·权谋》
7	不者	〔女〕	且	得罪	《史记·越王勾践世家》
8	不者	若属	（皆）且	为所虏	《史记·项羽本纪》
9	不		且	见屠	《史记·齐悼惠王世家》

[译文]

1. 不这样，就立长子继位。

2. 不这样，我就不谒见大王了。

3. 不这样，您就可以面朝向南称王，而据有楚国。

4. 不这样，就可以保全自身而隐退。

5. 不然，就只是个守钱奴罢了。

6. 不然，将要有火灾发生。

7. 如果不这样，你将要有罪过。

8. 不这样的话，你们这伙人都将被（沛公）俘虏。

9. 不然的话，将要被屠城。

[说明]

1. 本句型多数是紧缩复句，前分句只有否定副词"不""不者"（"者"是语气词）、"否"
    等，用于否定上文叙述的情况。"即"（"即遂""则"）是连词，"将"（"且"）是副词。
    "即""即遂"等放在后分句谓语中心前面，用于承接或表示将来。

2. 前分句表示假设性的否定，后分句表示结果。

3. 后分句主语多数承上有略。

4. "不""否"译作"如果不""假若不""不然的话"，"即""即遂""则"译作"就""将"，
    "且"译作"将要"。

[附] 相关句型有下列两个：

1. FCl（"不"＋"然"/"如是"/"如此"）+HCl

    前分句（"不"＋"然"/"如是"/"如此"）+后分句

    不然，何忧之远也？（《左传·襄公二十九年》）

    如果不是这样，为什么忧思那么深远啊！

    这里前分句是"不然"，其中"然"是代词；也可以是"不如是""不如此"等动词短
    语。"不然""不如是"等用于表示否定上文叙述的情况。

2. FCl（S＋"非"+hproe）+"则"+HCl

    前分句（主＋"非"+谓语中心及其他）+"则"+后分句

    吾非至于子之门，则殆矣。（《庄子·秋水》）

    我如果不是来到您这里，就危险了。

    否定副词"非"放在前分句谓语中心前面，表示假设性的否定，略等于"若非"。连词
    "则"放在后分句之首。

句型 21

[结构式]"苟"（"信如""假令"）+Cl1+Cl2（S＋"虽"+Pr）+Cl3

        "苟"（"信如""假令"）+第一分句+第二分句（主＋"虽"+谓）+第三分句

[代表句] 苟子不欲，| 虽赏之不窃。

[例句]

序号	"苟"	Cl1	Cl2			Cl3	引书
			S	"虽"	Pr		
1	苟	子不欲		虽	赏之	不窃	《论语·颜渊》
2	苟	仁义之类也		虽	在鸟兽之中	若别白黑	《荀子·儒效》
3	苟	可以明君之义 成君之高	〔寡人〕	虽	任恶名	不难受也	《战国策·燕策》
4	信如	君不君臣不臣 父不父子不子		虽	有粟	吾得而食诸	《论语·颜渊》
5	假令	晏子而在	余	虽	为之执鞭	所忻慕焉	《史记·管晏列传》

1. 如果您不贪求太多的财物，即使奖赏他们去偷，他们也不会去偷。
2. 如果是仁义一类的美德，它们即使混杂在鸟兽里面，也能够分辨得好像区别黑白一样。
3. 如果可以表明您的仁义，成就您高尚的品德，我即使承担坏的名声，也不难接受。
4. 如果国君不像国君，臣子不像臣子，父亲不像父亲，儿子不像儿子，即使有很多的粮食，我能够吃得着吗？（粟：粮食，这里指做官的俸禄。诸：谦词，等于"之乎"。之：代词，指代粟。乎：疑问语气词，吗。）
5. 假如晏子还活着，我即使替他拿着鞭子赶车，也是我十分高兴向往的啊。（忻：同"欣"，高兴。慕：羡慕，向往。）

[说明]

1. 在本句型和句型 22 中，第一分句是前分句，第二、三分句合在一起是后分句。
2. "苟""信如""假令"是连词，放在第一分句之首。"虽"是连词，放在第二分句谓语前面。
3. 第一分句表示假设；第二分句表示让步，即姑且承认某种假设情况；第三分句表示结果或推论。
4. "苟""信如""假令"译作"如果""假如""假设"，"虽"译作"即使"。
5. 第一分句连词的替换词有："苟""如""若""即""使""令""设""假""借""借使""假令""曩令""向使"等。第二分句连词的替换词："虽""唯""惟""每"等。

句型 22

[结构式]"使"（"即"）+Cl1+Cl2（"虽"+Pr）+Cl3（"犹"/"尚"/"又"+hproe）

　　　　"使"（"即"）+第一分句+第二分句（"虽"+谓）+第三分句（"犹"/"尚"/"又"+谓语中心及其他）

[代表句] 使其中有可欲者，| 虽锢南山犹有隙。

[例句]

序号	"使"	Cl1	Cl2		Cl3		引书
			"虽"	Pr	"犹"	hproe	
1	使	其中无可欲者	虽	锢南山	犹	有隙	《史记·张释之冯唐列传》
2	使	其中有可欲者	虽	无石椁	又	何戚焉	《史记·张释之冯唐列传》
3	即	色衰爱驰后	虽	欲开一语	尚	可得乎	《史记·吕不韦列传》

[译文]

1. 如果它里面有人们想要的东西，即使把棺椁锢在南山的下面，还是有缝隙可钻的。
2. 如果它里面没有人们想要的东西，即使没有石头做的外棺，又何必忧虑呢？
3. 假如到了容颜衰老，宠爱消失之后，即使想和太子说上一句话，还能行吗？

[说明]

1. "使"（"即"）是连词，放在第一分句之首。"虽"是连词，放在第二分句谓语前面。"犹"（"尚""又"）是副词，放在第三分句谓语中心前面。
2. 第一分句表示假设；第二分句表示让步，即姑且承认某种假设情况；第三分句表示结果或推论。

3. "即""使"译作"如果""假如""假设","虽"译作"即使","犹""尚"译作"还""还是""仍然"。

4. 第一分句连词的替换词有："苟""如""若""即""使""令""设""假""借""借使""假令""曩令""向使"等。第二分句连词的替换词有："虽""唯""惟""每"等。第三分句副词的替换词有："犹""尚""且""又""亦"等。

[附] 相关句型有下列两个：

1. Cl1（S+"果"/"诚"/"信"+hproe）+Cl2（"虽"+Pr）+Cl3（"必"/"犹"/"尚"+hproe）

第一分句（主+"果"/"诚"/"信"+谓语中心及其他）+第二分句（"虽"+谓）+第三分句（"必"/"犹"/"尚"+谓语中心及其他）

果能此道也，虽愚必明，虽柔必强。（《礼记·中庸》）

如果真的能够实行这种方法，即使愚蠢的人也一定会变得聪明，即使软弱的人也一定会变得刚强。

这里副词"果"放在第一分句谓语中心前面。

2. "借使"（"使""令"）+Cl1+Cl2（"虽"+Pr）+"而"+Cl3

"借使"（"使""令"）+第一分句+第二分句（"虽"+谓）+"而"+第三分句

借使秦王计上世之事，并殷周之迹，以制御其政，后虽有淫骄之主，而未有倾危之患也。（《史记·秦始皇本纪》）

假如秦始皇能够考虑上古的往事，沿着商朝、周朝的途径，来制定实行他自己的政策，后代即使有骄奢淫逸的君主，也不会有颠覆灭亡的祸患。

这里连词"而"放在第三分句之首。

句型 23

[结构式] Cl1+Cl2+Cl3+Cl4（正反假设关系）

第一分句+第二分句+第三分句+第四分句（正反假设关系）

[代表句] 信能死，刺我；| 不能死，出我袴下。

[例句]

序号	Cl1	Cl2	Cl3	Cl4	引书
1	信能死	刺我	不能死	出我袴下	《史记·淮阴侯列传》
2	能用信	信即留	不能用	信终亡耳	《史记·淮阴侯列传》
3	后世贤	师吾俭	不贤	毋为势家所夺	《史记·萧相国世家》
4	欲归燕	已有隙恐诛	欲降齐	所杀虏于齐甚众恐已降而后见辱	《史记·鲁仲连邹阳列传》
5	我之大贤与	于人何所不容	我之不贤与	人将拒我如之何其拒人也	《论语·子张》

[译文]

1. 如果真的不怕死，就刺我；怕死，就从我的两腿之间爬出去。（袴：胯。袴下：两腿的当中。）

2. 如果能够重用我，我就留下来；不能任用，我终究要逃跑的。（信：韩信自称其名。）

3. 假如我的后代子孙贤明，就学习我的俭朴；后代不贤明，也不会被权势人家夺占。

4. 假如想要回到燕国，已经产生裂痕，害怕被杀害；想要投降齐国，自己杀死俘虏的齐国人太多，恐怕投降后受到侮辱。

5. 我如果是一个非常好的人呢，对于别人有什么不能容纳的呢？我如果是一个不好的人呢，别人就将拒绝跟我交往，我又怎么能够拒绝别人呢？

[说明]

1. 本句型是二重复句。第一层：第一、二分句与第三、四分句，是并列关系，在意思上相对待。第二层：第一分句与第二分句，第三分句与第四分句，是假设关系。第一、三分句表示假设，第二、四分句表示结果，这就是正反假设复句，常用于对事情的各种不同可能性进行分析和议论。

2. 本句型在译成现代汉语时，可以在第一、三分句句首加上"如果""假设"等。

句型 24

[结构式] Cl1+"则"+Cl2+Cl3+"则"+Cl4（正反假设关系）

第一分句+"则"+第二分句+第三分句+"则"+第四分句（正反假设关系）

[代表句] 贤而多财，则损其志；| 愚而多财，则益其过。

[例句]

序号	Cl1	"则"	Cl2	Cl3	"则"	Cl4	引书
1	贤而多财	则	损其志	愚而多财	则	益其过	《汉书·疏广传》
2	与之	则	费难供	不与	则	失其心	《后汉书·班梁列传》
3	君子得其时	则	驾	不得其时	则	蓬累而行	《史记·老子韩非列传》
4	前日之不受是	则	今日之受非也	今日之受是	则	前日之不受非也	《孟子·公孙丑下》
5	善用之	则	百里之国足以独立矣	不善用之	则	楚六千里而为仇人役	《荀子·仲尼》

[译文]

1. 贤能的人如果钱财很多，那么就损害了他的志气；愚蠢的人如果钱财很多，那么就增加了他的过错。

2. 如果给他们，巨大花费就难以供给；如果不给他们，那么就失掉了他们愿意友好的心意。

3. 君子如果遇到好时运，就驾着车子出去做官；遇到坏时运，就像蓬草一样随风漂流转动。（蓬：小草名。当风吹时草根断绝，蓬随风漂流。累：转行的样子。）

4. 如果过去不接受是对的，那么今天接受就不对了；如果今天接受是对的，那么过去不接受就不对了。

5. 如果善于运用治国之道，就是一个百里的小国，也能够独立存在；不善于运用治国之道，即使像楚国那样拥有六千里的大国，也要被仇敌秦国所役使。

[说明]

1. 本句型是二重复句。第一层：第一、二分句与第三、四分句，是并列关系，在意思上相对待。第二层：第一分句与第二分句，第三分句与第四分句，是假设关系。第一、三分句表示假设，第二、四分句表示结果，这就是正反假设复句，常用于对事情的各种不同可能性进行分析和议论。

2. "则"是连词，分别放在第二、四分句之首。

3. "则"译作"就""那么就"。

4. 本句型连词的替换词有："则""即""枳""咫"等。

[附] 相关句型：

Cl1+Cl2+Cl3+"则"（"即"）+Cl4（正反假设关系）

第一分句+第二分句+第三分句+"则"（"即"）+第四分句（正反假设关系）

欲与大叔，臣请事之；若弗与，则请除之。（《左传·隐公元年》）

君王想要把君位让给太叔，请让我去侍奉他；如果不让给，那么就请除掉他。

这种正反假设句只在第四分句之首加"则"（也可以加"即"），而第二分句之首不用连词。

第九类　条件关系

句型 1

[结构式] FCl＋HCl（条件关系）

前分句+后分句（条件关系）

[代表句] 君仁，｜ 莫不仁。

[例句]

序号	FCl	HCl	引书
1	君仁	莫不仁	《孟子·离娄上》
2	君义	莫不义	《孟子·离娄上》
3	君正	莫不正	《孟子·离娄上》
4	斧斤以时入山林	材木不可胜用也	《孟子·梁惠王上》
5	臣疑其君	无不危国	《史记·李斯列传》
6	妾疑其夫	无不危家	《史记·李斯列传》
7	蜚鸟尽	良弓藏	《史记·越王勾践世家》
8	狡兔死	走狗烹	《史记·越王勾践世家》

[译文]

1. 君主仁爱，就没有人不仁爱。

2. 君主做事公正适宜，就没有人做事不公正适宜。（义：正义，合宜，即适合、适宜。）

3. 君主正直，就没有人不正直。

4. 带着斧子按照一定的时间进入林中砍伐，那么木材就会用不完。

5. 臣子跟着君主攀比，没有不危害国家的。（疑：通"拟"，这里有"比同""攀比"的意思，即想要地位提高。例6同此。）

6. 妾跟丈夫攀比，没有不危害家庭的。

7. 飞鸟射杀完了，好的弓就收藏在一旁不用了。（蜚：通"飞"。）

8. 狡猾的兔子捕猎光了，猎狗就被煮死吃掉了。

[说明]

这是意合法的条件复句。前分句表示事情赖以发生的条件，后分句表示结果，前后分句之间没有使用关联词语。

句型 2

[结构式] FCl＋"则"（表结果与条件的相因）＋HCl

　　　　 前分句＋"则"（表结果与条件的相因）＋后分句

[代表句] 强本而节用，｜则天不能贫。

[例句]

序号	FCl	"则"	HCl	引书
1	强本而节用	则	天不能贫	《荀子·天论》
2	养备而动时	则	天不能病	《荀子·天论》
3	循道而不贰	则	天不能祸	《荀子·天论》
4	木受绳	则	直	《荀子·劝学》
5	金就砺	则	利	《荀子·劝学》
6	橘生淮南	则	为橘	《晏子春秋·内篇杂下》
7	生于淮北	则	为枳	《晏子春秋·内篇杂下》
8	足下为汉	则	汉胜	《史记·淮阴侯列传》
9	与楚	则	楚胜	《史记·淮阴侯列传》
10	三十日不还	则	请立太子为王	《史记·廉颇蔺相如列传》

[译文]

1. 加强农业生产，节约开支，上天就不能使人贫穷。

2. 生活资料供给充足，活动适时，上天就不能使人生病。

3. 遵循自然规律，不出差错，上天就不能使人遭受灾祸。（贰：差，原当作"貣"，依王念孙说。）

4. 木材经过墨线比量，就能取直。

5. 刀剑等金属品放到磨刀石去磨研，就能锋利。

6. 橘子生长在淮河以南就是橘子。

7. 它生长在淮河以北就是枳。

8. 您协助汉王，汉王就能胜利。

9. 您协助楚王，楚王就能胜利。

10. 大王如果三十天还不回来，就请您允许我们拥立太子做王。

［说明］

1. "则"是连词，放在后分句之首。

2. 前分句表示条件，后分句表示结果。

3. "则"译作"就""那么""那么就"。

4. 本句型连词的替换词有："则""斯""而""此""故""咫""枳"等。

句型 3

［结构式］FCl＋"然后"（"而后"）+HCl

　　　　　前分句+"然后"（"而后"）+后分句

［代表句］岁寒，| 然后知松柏之后凋也。

［例句］

序号	FCl	"然后"	HCl	引书
1	岁寒	然后	知松柏之后凋也	《论语·子罕》
2	国人皆曰贤	然后	察之	《孟子·梁惠王下》
3	见贤焉	然后	用之	《孟子·梁惠王下》
4	权	然后	知轻重	《孟子·梁惠王上》
5	度	然后	知长短	《孟子·梁惠王上》
6	学	然后	知不足	《礼记·学记》
7	教	然后	知困	《礼记·学记》
8	夫大寒至霜雪降	然后	知松柏之茂也	《淮南子·俶真训》
9	据难履危利害陈于前	然后	知圣人之不失道也	《淮南子·俶真训》
10	夫人必自侮	然后	人侮之	《孟子·离娄上》
11	家必自毁	而后	人毁之	《孟子·离娄上》
12	国必自伐	而后	人伐之	《孟子·离娄上》
13	人有不为也	而后	可以有为	《孟子·离娄下》

［译文］

1. 到了严寒的季节，然后才会知道松树、柏树是在最后凋零的。

2. 全国的人都说他有才德，然后才去考察他。

3. 发现他确实有才德，然后才任用他。

4. 称一称，然后才知道物体的轻重。

5. 量一量，然后才知道物体的长短。

6. 经过学习，然后才知道自己有不够的地方。

7.　经过教别人，然后才知道自己有解不通的地方。

8.　强劲的寒气来到，霜雪降落，然后才知道松柏树的枝繁叶茂。

9.　遇到困难，脚踏着危险，利害摆到面前，然后才知道圣人是不会丧失道德的。

10.　人们必定自己先有招引侮辱的言行，然后别人才敢侮辱他。

11.　家庭必定有自取毁灭的因素，然后别人才会毁坏它。

12.　国家必定自己先有让人讨伐的缘由，然后别人才去讨伐它。

13.　人要有不肯去做的事情，然后才可以有要做的事情。

[说明]

1.　"然后"（"而后"）是连词，放在后分句之首。

2.　前分句表示条件，后分句表示结果。本句型通常用于发表议论，阐述只有具备某种条件，才会有某种结果。

3.　"然后"（"而后"）译作"之后"，或不译。

4.　本句型连词的替换词有："然后""而后""乃后"等。

句型 4

[结构式] FCl（"然则"）+HCl

　　　　　前分句（"然则"）+后分句

[代表句] 然则，| 吾将使秦王烹醢梁王。

[例句]

序号	FCl	HCl	引书
1	然则	吾将使秦王烹醢梁王	《战国策·赵策》
2	然则	管仲知礼乎	《论语·八佾》
3	然则	废衅钟与	《孟子·梁惠王上》
4	然则	一羽之不举为不用力焉舆薪之不见为不用明焉 百姓之不见保为不用恩焉	《孟子·梁惠王上》
5	然则	小固不可以敌大寡固不可以敌众弱固不可以敌强	《孟子·梁惠王上》
6	然则	舜怨乎	《孟子·万章上》
7	然则	仲尼之圣尧奈何	《韩非子·难一》
8	然则	今有美尧舜禹汤武之道于当今之世者必为新圣笑矣	《韩非子·五蠹》
9	然则	器生于工人之伪非故生于人之性也	《荀子·性恶》
10	然则	君之所读者古人之糟粕已夫	《庄子·天道》
11	然则	子何为使乎	《晏子春秋·内篇杂下》
12	然则	德我乎	《左传·成公三年》
13	然则	归乎	《左传·昭公十年》
14	然则	吾亡乎	《新序·刺奢》
15	然则	孰者为圣	《列子·仲尼》

[译文]

1. 既然如此，那么我将让秦王把魏王烹煮并剁成肉酱。
2. 既然如此，那么管仲懂得礼节吗？
3. 既然如此，那么就废除祭钟这一礼节吗？（衅钟：上古时一种祭礼，杀牲以血涂钟。）
4. 既然如此，那么一根羽毛拿不起来，是因为不肯用力量的缘故；一车木柴看不见，是因为不肯用视力的缘故；老百姓不受爱护，是因为统治者不肯施加恩惠的缘故。
5. 这样看来，小国本来就不可以抵挡大国；人口稀少的国家本来就不可以抵挡人口众多的国家；势力弱的国家本来就不可以抵挡势力强的国家。
6. 既然如此，那么舜怨恨父母吗？
7. 既然这样，孔丘把尧当作圣人，是因为什么呢？（圣尧："圣"在这里是名词的意动用法，"圣尧"即"以尧为圣"，认为尧是圣人。）
8. 既然这样，那么在当代如果有赞美尧舜禹汤武的治国大道的人，一定会被新时代的圣人所耻笑。
9. 既然这样，那么器物产生于工匠人为的努力，不是产生于人的本性。（伪：人为的。）
10. 既然如此，那么您所读的书，就是古人的糟粕了。
11. 既然这样，那么为什么你（被委派）出使呢？（何为：疑问句中，疑问代词"何"作介词"为"的宾语前置。"何为"即"为何"。）
12. 既然这样，那么感激我吗？
13. 既然这样，那么回去吗？
14. 既然这样，那么我要灭亡了吗？
15. 既然这样，那么谁是圣人呢？

[说明]

1. 本句型是紧缩复句，前分句只有"然则"，"然则"是短语。其中"然"是表示代词，指代上文所说的事实；"则"是连词。"然则"多用于对话或承接上文的议论，来表示确定前提。后分句表示推论，多数后分句是用反问的形式，来表达相反意思的推论。
2. "然则"译作"既然这样，那么""既然这样，就"。

句型 5

[结构式] FCl + HCl（S+"乃"+hproe）

　　　　　前分句+后分句（主+"乃"+谓语中心及其他）

[代表句] 必以长安君为质，| 兵乃出。

[例句]

序号	FCl	HCl			引书
		S	"乃"	hproe	
1	必以长安君为质	兵	乃	出	《战国策·赵策》
2	举世混浊	清士	乃	见	《史记·伯夷列传》
3	绝圣弃知	大盗	乃	止	《庄子·胠箧》
4	知彼知己	胜	乃	不殆	《孙子兵法·地形》

序号	FCl	HCl			引书
		S	"乃"	hproe	
5	知天知地	胜	乃	可全	《孙子兵法·地形》
6	两刃相割	利钝	乃	知	《论衡·案书》
7	二论相订	是非	乃	见	《论衡·案书》

[译文]

1. 一定要用长安君去做人质，（齐国）才能出兵。
2. 整个社会都混乱污浊的时候，清白廉洁的士人才会显露出来。
3. 抛弃了圣明和智慧，大盗犯罪才能停止。
4. 了解对方又了解自己，才能取胜不危险。
5. 了解上天又了解土地，胜利才可以全面得到。
6. 两件兵刃互相接触厮杀，才能了解哪件刀刃锋利与否。
7. 两条理论互相评论，正确与错误才能显露出来。

[说明]

1. "乃"是副词，放在后分句主语后面，表示前后两件事在情理上的顺承相因。
2. 前分句表示条件，后分句表示结果。
3. "乃"译作"才""就"。

句型 6

[结构式] FCl（S+ "不" +hproe）+HCl（S+ "不" / "无" +hproe）

前分句（主+ "不" +谓语中心及其他）+后分句（主+ "不" / "无" +谓语中心及其他）

[代表句] 圣人不死，| 大盗不止。

[例句]

序号	FCl			HCl			引书
	S	"不"	hproe	S	"不"	hproe	
1	圣人	不	死	大盗	不	止	《庄子·胠箧》
2	士卒	不	尽饮	广	不	近水	《史记·李将军列传》
3	士卒	不	尽食	广	不	尝食	《史记·李将军列传》
4		不	入虎穴		不	得虎子	《后汉书·班超传》
5	邢	不	亡	晋	不	敝	《韩非子·说林上》
6	晋	不	敝	齐	不	重	《韩非子·说林上》
7	〔智术之士〕	不	明察		不	能烛私	《韩非子·孤愤》
8	〔能法之士〕	不	劲直		不	能矫奸	《韩非子·孤愤》
9		不	登高山		不	知天之高也	《荀子·劝学》

序号	FCl			HCl			引书
	S	"不"	hproe	S	"不"	hproe	
10		不	临深溪		不	知地之厚也	《荀子·劝学》
11		不	闻先王之遗言		不	知学问之大也	《荀子·劝学》
12		不	违农时	谷	不	可胜食也	《孟子·梁惠王上》
13	数罟	不	入洿池	鱼鳖	不	可胜食也	《孟子·梁惠王上》
14		不	及黄泉		无	相见也	《左传·隐公元年》

[译文]

1. 圣人如果不死亡，大盗犯罪就不会停止。
2. 士兵如果没有全部喝到水，李广就不会靠近水。
3. 士兵如果没有全部吃上饭，李广就不曾吃过饭。
4. 不进入虎的洞穴，就得不到虎的幼崽。
5. 邢国不灭亡，晋国就不会疲惫。
6. 晋国不疲惫，齐国在诸侯国中的地位就不会重要。
7. 通晓智谋和策略的人，不能仔细地观察，就不能洞察私弊。
8. 善于推行法治的人，不刚劲正直，就不能纠正奸邪的勾当。
9. 不攀登高山，就不会知道天的高度。
10. 不来到深溪，就不会知道地的厚度。
11. 不聆听古代圣王的遗言，就不知道学问的渊博。
12. 不剥夺农业生产的时间，粮食就吃不完。
13. 不把密孔的渔网撒到大的池塘里捕捞，鱼鳖类水产品就吃不完。（数：细密。罟：渔网。洿：大，深。洿池：池塘。）
14. 不到黄泉，就不要互相见面了。

[说明]

1. 句型 6—8 前后分句都分别有否定词。
2. "不"是否定副词，分别放在前后分句谓语中心前面。"无"是否定副词，表示禁阻，放在后分句谓语中心前面（如例 14）。
3. 前分句表示唯独的条件，后分句表示结果。这种复句含有"只有……才……"的意思。
4. "不……不……"译作"如果不……〔就〕不……"，"不……无……"译作"如果不……〔就〕不要……"。

句型 7

[结构式] FCl（S+"非"+O）+HCl（"不"+hproe）

　　　　 前分句（主+"非"+宾）+后分句（"不"+谓语中心及其他）

[代表句] 五十非帛，| 不暖。

［例句］

序号	FCl			"不"	hproe	引书
	S	"非"	O			
1	五十	非	帛	不	暖	《孟子·尽心上》
2	七十	非	肉	不	饱	《孟子·尽心上》
3	民	非	水火	不	生活	《孟子·尽心上》
4	寡人	非	此二姬	（食）不	甘味	《史记·孙子吴起列传》
5	君	非	姬氏	（居）不	安	《左传·僖公四年》
				（食）不	饱	

［译文］

1. 五十岁以上的人如果没有丝绵，就穿不暖。
2. 七十岁以上的人如果没有肉，就吃不饱。
3. 老百姓如果没有水和火，就不能够生活。
4. 我如果没有这两个姬妾，吃东西的时候就没有滋味。
5. 国君如果没有骊姬，居住不得安宁，吃饭也吃不饱。

［说明］

1. "非"是动词，放在前分句主语后面，作谓语中心，表示假设性的否定，略等于"若无"。"不"是否定副词，放在后分句谓语中心前面。
2. 前分句表示唯独的条件，后分句表示结果。这种复句含有"只有……才……"的意思。
3. 例 4、5 后分句本身又是个紧缩复句，"食""居"是表示时间的分句。
4. "非……不……"译作"如果没有……〔就〕不……"。

［附］相关句型：

    FCl（"无"+O）+"则"+HCl（"无"+O）

    前分句（"无"+宾）+"则"+后分句（"无"+宾）

    无与马则无所见其能。（《荀子·儒效》）

    如果没有车马，就不能表现他的才能。

    "无"是动词，分别在前后分句中作谓语中心。前分句中的"无"表示假设性的否定，等于"若无"。连词"则"放在后分句之首。

句型 8

［结构式］ FCl（"非"+hpr）+HCl（"不"+hpr）

        前分句（"非"+谓语中心）+后分句（"不"+谓语中心）

［代表句］ 非梧桐，| 不止。

［例句］

序号	FCl		HCl		引书
	"非"	hpr	"不"	hpr	
1	非	梧桐	不	止	《庄子·秋水》

序号	FCl		HCl		引书
	"非"	hpr	"不"	hpr	
2	非	练实	不	食	《庄子·秋水》
3	非	醴泉	不	饮	《庄子·秋水》
4	非	其君	不	事	《孟子·公孙丑上》
5	非	其民	不	使	《孟子·公孙丑上》
6	非	其友	不	友	《孟子·公孙丑上》
7	非	法	不	言	《孝经·卿大夫》
8	非	道	不	行	《孝经·卿大夫》

[译文]

1. 如果不是梧桐树，（它）就不栖息。
2. 如果不是竹子的果实，（它）就不吃。
3. 如果不是甜美的泉水，（它）就不喝。
4. 如果不是他敬仰的君主，就不侍奉。
5. 如果不是他承认的百姓，就不役使。
6. 如果不是他信任的朋友，他就不结交。（友：第二个"友"字在这里是名词用作动词，结交。）
7. 如果是不合礼法的言论，就不说。
8. 如果是不合事物规律的事，就不做。

[说明]

1. "非"是否定副词，放在前分句谓语中心前面，表示假设性的否定，略等于"若非"。"不"是否定副词，放在后分句谓语中心前面。
2. 前分句表示唯独的条件，后分句表示结果。这种复句含有"只有……才……"的意思。
3. "非……不……"译作"如果不是……〔就〕不……"。

[附] 相关句型：

    FCl（"非"+hpr）+"则"+HCl（"不"+hpr）

    前分句（"非"+谓语中心）+"则"+后分句（"不"+谓语中心）

    非其身之所种则不食。（《国语·越语》）

    不是他亲自耕种的粮食，就不吃。

    连词"则"放在后分句之首。

句型 9

[结构式] Cl1+"则"+Cl2+Cl3+"则"+Cl4（并列条件关系）

    第一分句+"则"+第二分句+第三分句+"则"+第四分句（并列条件关系）

[代表句] 足下右投则汉王胜，| 左投则项王胜。

序号	Cl1	"则"	Cl2	Cl3	"则"	Cl4	引书
1	足下右投	则	汉王胜	左投	则	项王胜	《史记·淮阴侯列传》
2	足下为汉	则	汉胜	与楚	则	楚胜	《史记·淮阴侯列传》
3	人不乐生	则	人主不尊	不重死	则	令不行也	《韩非子·安危》
4	狡兔尽	则	良犬烹	敌国灭	则	谋臣亡	《韩非子·内储说下》
5	事智者众	则	法败	用力者寡	则	国贫	《韩非子·五蠹》
6	木受绳	则	直	金就砺	则	利	《荀子·劝学》
7	刑当罪	则	威	不当罪	则	侮	《荀子·君子》
8	爵当贤	则	贵	不当贤	则	贱	《荀子·君子》
9	用之	则	行	舍之	则	藏	《论语·述而》
10	得之	则	生	弗得	则	死	《孟子·告子上》

[译文]

1. 您向右投靠，那么汉王就会胜利；向左投靠，那么项羽就会胜利。
2. 您帮助汉王，汉王就会取胜；帮助楚王，楚王就会取胜。
3. 老百姓不乐于生存，君主就不会受到尊重；老百姓不看重死亡，法令就不能执行。
4. 狡猾的兔子捕光了，好的猎狗就会被煮死；敌国灭亡了，出谋划策的臣子就会被杀害。
5. 从事智力工作的人多了，法治就会败坏；替国家出力的人少了，国家就会贫穷。
6. 木材经过墨线比量，就会取直；刀剑之类金属品放到磨刀石上磨过，就会锋利。
7. 刑罚跟罪行相当，就有威严；刑罚跟罪行不相当，就会受到轻慢。
8. 爵位跟才能相称，就会受到尊重；爵位跟才能不相称，就会受到轻视。
9. 如果用我，我就推行我的主张；如果不用我，我就把自己的主张收藏起来。（"行""藏"其后省略了的宾语都指"道"，即自己的主张。）
10. 得到它就能活下去，得不到它就会死亡。（之：代词，它，指上文的"一箪食，一豆羹"。）

[说明]

1. 本句型是二重复句。第一层：第一、二分句与第三、四分句，是并列关系，在意思上相对待。第二层：第一分句与第二分句，第三分句与第四分句，是条件或因果关系。第一、三分句表示条件或原因，第二、四分句表示结果，这就是并列条件复句。
2. "则"是连词，分别放在第二、四分句之首。
3. "则"译作"就""那么就"。
4. 本句型连词的替换词有："则""枳""咫""则安"等。

句型 10

[结构式] Cl1+"则"+Cl2+Cl3+"则"+Cl4（顶真条件关系）

第一分句+"则"+第二分句+第三分句+"则"+第四分句（顶真条件关系）

[代表句] 仁义修则见信，| 见信则受事。

序号	Cl1	"则"	Cl2	Cl3	"则"	Cl4	引书
1	仁义修	则	见信	见信	则	受事	《韩非子·五蠹》
2	文学习	则	为明师	为明师	则	显荣	《韩非子·五蠹》
3	魏攻中山而弗能取	则	魏必罢	罢	则	魏轻	《韩非子·说林上》
	魏轻	则	赵重				
4	诚心守仁	则	形	形	则	神	《荀子·不苟》
	神	则	能化矣				
5	诚心形义	则	理	理	则	明	《荀子·不苟》
	明	则	能变矣				
6	自得之	则	居之安	居之安	则	资之深	《孟子·离娄下》
	资之深	则	取之左右逢其源				
7	名不正	则	言不顺	言不顺	则	事不成	《论语·子路》
	事不成	则	礼乐不兴	礼乐不兴	则	刑罚不中	
	刑罚不中	则	民无所措手足				

［译文］

1. 修养好仁义，就能受到君主信任；受到君主信任，就会得到官职。
2. 学习好文献典章，就能给君主做高明的老师；做高明的老师，就会得到显贵和光荣。
3. 魏国攻打中山国，却不能占领，魏国就会疲惫；魏国疲惫，它的地位就会低下；魏国的地位低下，赵国的地位就会提高。
4. 用诚实的心保持仁爱，仁爱就会体现在外形上；仁爱体现在外形上，就会显得神明，显得神明，就能使邪恶转化为善良。
5. 用诚实的心推行正义，做事就有条理；做事有条理，就显得光明；显得光明，就能够让人转变。
6. 自觉地学习有了体会，就能牢固地掌握；牢固地掌握，就能积累得深；积累得深，就能取之不尽，运用自如。
7. 名分不正，说话就不顺当；说话不顺当，事情就做不成；事情做不成，礼乐就不能兴盛；礼乐不能兴盛，刑罚就不会适当；刑罚不适当，老百姓就会坐立不安，连手脚也不知道放在什么地方合适。

［说明］

1. 本句型是二重复句。第一层：第一、二分句与第三、四分句，是并列关系。第二层：第一分句与第二分句，第三分句与第四分句，是条件关系。第一、三分句表示条件，第二、四分句表示结果。
2. "则"是连词，放在第二、四分句之首。
3. 本句型的特点是：第三分句在字面上与第二分句相同，即这个分句在前一复句中表示结果，而在后一复句中又表示条件。这样按照顶真续芒的形式向后延伸的复句叫作顶真条件句。按照这样的形式延伸下去，使得分句的数目很不固定，常见的是包含四个分句（如例 1、2）、六个分句（如例 3—6），偶尔也有包含十个分句的（如例 7）。

4. "则"译作"就""那么""那么就"。

句型 11

[结构式] FCl（S+"愈"/"逾"/"兹"/"益"/"弥"+hproe）+HCl（S+"愈"/"逾"/"兹"/"益"/"弥"+hproe）

前分句（主+"愈"/"逾"/"兹"/"益"/"弥"+谓语中心及其他）+后分句（主+"愈"/"逾"/"兹"/"益"/"弥"+谓语中心及其他）

[代表句] 所治愈下，│得车愈多。

[例句]

序号	FCl			HCl			引书
	S	"愈"	hproe	S	"愈"	hproe	
1	所治	愈	下	得车	愈	多	《庄子·列御寇》
2	辞	愈	卑	礼	愈	尊	《国语·越语》
3	国	逾	危	身	逾	辱	《墨子·所染》
4	其乐	逾	繁（者）	其治	逾	寡	《墨子·三辩》
5	其人	兹	众	其所谓义者	（亦）兹	众	《墨子·尚同》
6	上	益	庄	丞相	益	畏	《史记·袁盎晁错列传》
7	其人	弥	众	其亏	弥	大矣	《韩非子·解老》

[译文]

1. 治疗的方法越卑鄙，得到的车辆就越多。
2. 说的话越卑鄙，礼节就越尊敬。
3. 国家更加危险，自己更受屈辱。
4. 君王制作的音乐越繁多，治理天下的效果就越少。
5. 人越多，他们说出的道理也就越多。
6. 皇上更加庄严，丞相更加敬畏起来。
7. 那些人越多，损失也就越大了。（其人：那些人，指上文的"数变业者"，即屡次变换作业的人。亏：损失。）

[说明]

1. "愈"（"逾""兹""益""弥"）是副词，分别放在前后分句谓语中心前面，表示两件事情各自的程度成比例地变化，二者有着连锁关系。
2. 前分句表示条件，后分句表示结果。
3. 前后分句的谓语中心多数是形容词，也可以是表示心理活动的动词（如例 6 的"畏"）。
4. "愈（逾、兹、益、弥）……愈（逾、兹、益、弥）……"译作"越……越……"。
5. 前后分句副词的替换词有："俞""愈""逾""弥""益""兹""滋"等（前后分句可以

用字相同，也可以不同）。

[附] 相关句型：

FCl（S+"愈"/"兹"/"益"+hproe）+"而"+HCl（S+"愈"/"兹"/"益"+hproe）

前分句（主+"愈"/"兹"/"益"+谓语中心及其他）+HCl（主+"愈"/"兹"/"益"+谓语中心及其他）

位滋尊而礼愈恭。（《荀子·尧问》）

地位越尊贵，可是我的礼节越恭敬。

这里连词"而"放在后分句之首。

第十类　时间关系

句型

[结构式] FCl（S〈+"之"〉+Pr〈+"也"〉）+HCl

前分句（主〈+"之"〉+谓〈+"也"〉）+后分句

[代表句] 赤之适齐也，｜乘肥马，衣轻裘。

[例句]

序号	FCl				HCl	引书
	S	"之"	Pr	"也"		
1	赤	之	适齐	也	乘肥马衣轻裘	《论语·雍也》
2	媪	之	送燕后	也	持其踵为之泣	《战国策·赵策》
3	晋公子重耳	之	及于难	也	晋人伐诸蒲城	《左传·僖公二十三年》
4	昔桓公	之	霸	也	内事属鲍叔外事属管仲	《韩非子·外储说右下》
5	尧	之	王天下	也	茅茨不剪采椽不斫	《韩非子·五蠹》
6	禹	之	王天下	也	身执耒臿以为民先	《韩非子·五蠹》
7	其		幼	也	敏而好学	《说苑·尊贤》
8	其		壮	也	有勇而不屈	《说苑·尊贤》
9	其		老	也	有道而能以下人	《说苑·尊贤》
10	其		嗟	也	可去	《礼记·檀弓上》
11	其		谢	也	可食	《礼记·檀弓上》
12	令		初下		群臣进谏	《战国策·齐策》

[译文]

1. 公西赤到齐国去的时候，乘着肥壮的马拉的车子，穿着又轻又暖的皮袍。

2. 您老人家送女儿燕后出嫁的时候，握着她的脚后跟为她哭泣。（媪：古人对老年妇女的尊称。）

3. 晋国公子重耳遭受危难的时候，晋军在蒲城攻打他。

4. 从前齐桓公称霸天下的时候，内政的事托付给鲍叔，外交的事托付给管仲。

5. 尧统治天下的时候,他住的房顶上的茅草没有修剪整齐,栎木做的椽子没有砍削光滑。

6. 禹统治天下的时候，他亲自拿着耒、铁锹，率领百姓干活。(耒：古代翻土农具，犁。
   臿：铁锹。)

7. 他年龄幼小的时候，聪明又爱好学习。

8. 他壮年的时候，勇敢又不屈服。

9. 他老年的时候，道德高尚又能礼贤下士。

10. 别人粗暴口气唤你吃，你可以拒绝不吃。

11. 他道歉以后，你就可以吃了。

12. 命令刚发出的时候，众大臣就上去进献谏诤的话。

[说明]

1. 本句型的前分句用于表示时间。前分句的主语和谓语之间通常要加助词"之"，来取消
   句子独立性；前分句句尾通常要加语气词"也"，表示顿宕。但也有少数句子"之"和
   "也"都不加（如例 12）。

2. 例 7—11 中，前分句的主语是人称代词"其"，"其"等于"名词+'之'"。

3. "之""也"可不译。本句型在译成现代汉语时，要在前分句句尾加上"……的时候"。
   如："尧之王天下也"可译为"尧统治天下的时候"。

[句型转换]

"及"+PO+S+Vt+O ⇒ FCl（S〈＋"之"〉+Pr〈＋"也"〉）+HCl

"及"+介词宾语+主语+及物动词+宾语⇒ 前分句（主〈＋"之"〉+谓〈＋"也"〉）+后分句

及赤之适齐也，乘肥马，…… ⇒ 赤之适齐也，乘肥马，……（本句型例 1）

"及父卒，叔齐让伯夷"（第一编、II、三十、句型表一例 1）是个单句，"及"字介词
短语作状语，用于表示时间修饰。前句型"及赤之适齐也，乘肥马"与"及父卒，叔齐让
伯夷"结构相同。如果删掉"及"字，这样就转换成后句型："赤之适齐也，乘肥马"，这
是用删除的方法，转换成另一句型的。本式属于单句与复句的转换。

附录 缅怀篇

邢公畹、马汉麟、裴学海三位教授是我最尊崇的业师。谨以数篇拙诗文附此，来寄托我的缅怀之情。

终生奋笔公畹师

时光在急速地流逝着，转瞬间邢公畹先生离开我们已近四载。2004 年春日，当我们含泪向邢师的遗体告别时，他那毕生不辞辛劳、坚毅攻读探索的形象，时时浮现在我的眼前，使我既悲哀而又万分钦敬。

邢师以饱满的精力在学术领域中耕耘。他无怨无悔，全力以赴，这在我们求学时给我们授课的诸多勤奋的学者们当中，也是较为突出的。1979 年，我由于撰写专著要向他老人家咨询请教，并欲拜托他在百忙之中抽时为我的书稿审订、作序，遂开始登门拜访。每次跨入单元的门槛，就看到他在书房里伏案聚精会神地奋笔疾书。家人说他几乎天天如此，从不间断。即使腊月三十、正月初一也是埋头研读，毫无半点懈怠。我只觉得邢师好像有点畏惧酷暑。有一次，正当人们汗流浃背、炎热难耐的时候，我登门拜访。他对天气有些抱怨地说："天太热了！实在干不了啦！"盛暑要使他被迫歇上几天，这就是他在一年之中的"假期"吧。

邢师不像有人说的那样"不苟言笑"，我觉得他很慈祥，很和蔼可亲。从拜访中得知：他于 1914 年出生在安徽安庆。1937 年于安徽大学中文系毕业，随即考入当时的中央研究院历史语言研究所做研究生。1942 年在西南联大任课，1946 年复校后被聘为南开大学中文系教授，时年 32 岁。他一生主攻少数民族语言，曾得到赵元任、罗常培、李方桂等语言大师悉心教诲。他治学领域十分宽广：现代汉语、古代汉语、汉语方言学、音韵学、文字学、国外语言学无不精通。早在 20 世纪 50 年代末，他对美国语言学家乔姆斯基的转换生成语法就做过深入探索。他读书不拘一格，《饮冰室全集》《红楼梦》《甲骨文编》等都经反复阅读而烂熟于胸。有一次，我还无意中发现他在治学时竟然做了英法俄德日五种语言的卡片。我在敬佩之余，不由得想起了 1957 年，他由于提倡大学生要重视外语学习，从而招致了灾祸，真是天大的冤枉！

我曾询问过邢师的日常生活安排。他说：除了白天工作以外，每天晚上从八点多钟都要干到两三点钟。夜夜如此，已成惯例。邢师一生似无太多爱好，唯有一个兴趣，那就是去书店购书了。每隔半个月或二十天，他都要到和平区烟台道古籍书店或滨江道外文书店内部书库里挑选一些古版线装书或进口精装书，他不用学校派车，而是自己雇用出租车。烟台道、滨江道等处是市中心地带，楼厦如林，景象繁华，但他无心观赏，对沿途商店也从不留意；能够带回几本心爱的好书来就满足了。这使我想起自己总觉得尚属勤奋，其实从读初中以来就痴迷于京剧、昆曲、曲艺（如相声等）、拳术、书法之中，虽得乐趣，但并未深入其一学有所得，深感无比愧疚！邢师以其超人的用功，终于创立了蜚声海内外的辉煌业绩。"文化大革命"结束后，他争分夺秒，要夺回被耽误的时光。他撰写的《语言论集》《红河上游傣雅语》等几种大部头著作相继问世，赢得了国内外专家学者的一致赞扬。王力先生在一次专家会议上专门赞许邢先生说："在座的邢公畹先生是十分勤奋的，因而取得了优异的学术成果。"20世纪50年代，邢先生曾赴苏联莫斯科大学讲学。1957年，我们有幸聆听了他给我们讲授的汉语方言学。70年代后期起，他曾任南开大学中文系主任、全国语言学会副会长、全国音韵学会顾问、全国民族语言学会理事等职。邢先生的大名已收录于《中国大百科全书·语言文字卷》中的人物栏内。

邢先生不喜张扬，不爱说漂亮话。有一时期，我见他身体欠安，就劝他说："您已取得了这么大的成就，也可以搁笔颐养天年了。"他耐心地解释说："我念书不是为了别的，是因为我对书有兴趣。书是我唯一的、最好的精神寄托啊！"他谦虚谨慎，从不骄矜。我敬佩邢师的学术论文颇富文采，笔力深厚。我表示很喜欢他和吕叔湘先生的优美文辞。邢先生说："我怎么能和吕先生相比，吕先生的文章已经到了炉火纯青的境界！"

20世纪80年代初，邢先生由于过度劳累，经常觉得心跳、胸疼、头晕，经医生检查系患冠心病与脑动脉硬化。于是我向他建议：每日清晨最好练练太极拳，下午散散步。邢先生听了很高兴，表示同意。有一天，他对我说："咱们一起到外面练练吧。我跟你学学太极拳。"我说："我的水平很低，不敢说能教。我就和您一起练练吧。"我们一同来到马蹄湖边的一块空地上，我站在前面，邢师在后面跟着我做，我也向他介绍一些练拳要领。他十分敏捷，大约练了十来次，就基本掌握了。此后他认为我的路途很远，就不再让我跑，而向系内另一位老教师学习太极拳88式，又学了些气功。由于他锻炼持之以恒，又颇认真，身体状况逐渐好转，最后能够享寿九旬。邢师从那时起对练拳开始有了兴趣，因而我到他家，又增加了练拳的话题。有时他竟能让我在他书房的地毯上，转上几圈八卦，展示几个招式。他语重心长地嘱咐我说："八卦拳是武术，是内家拳，讲究调气。我年龄大，练不了啦。希望你坚持下去吧！"邢师的教导和鼓励，一直铭记在我的心中。

邢师的夫人陈先生，原是《天津日报》的编辑、记者，为人机智健谈，是辅佐邢师掌管诸多事务的贤内助。她非常热情，对待学生如同自己的子女一般。1994年冬，她因患脑疾，不幸溘然长逝。邢师十分难过，把师母的巨幅照片悬挂在写字台的正上方，时常沉默不语，有时喟然长叹。大约一个月之后，邢师强忍悲伤，又操起笔来，做起了学问。此后邢师就是这样，在孤单清冷的氛围中又艰苦笔耕了10年。每当我看到邢师在师母的遗照下面形单影只的情景，不禁深感同情而愈加敬佩他那高尚的品德。平时他虽不曾讲过一句什么叫作爱情，但他却用行动表明，他是一位最懂得爱情忠贞不渝的德才兼优的良师！邢师有三子，都已成家，并有所建树。其中长子邢凯先生现任南开大学文学院教授，他全面继承了邢师的事业，颇具其父风范。

恭献五言律诗一首

垂髫①怀壮志，奋笔几曾休！
夜夜伴灯述，朝朝执笔求。
清心无欲念，赏籍解烦忧。
师训不承继，时光枉自流。

邢师简介

邢公畹先生（1914—2004），原名庆竺，生于安徽省安庆市。1937 年安徽大学中文系毕业，随即考入当时的中央研究院历史语言研究所当研究生。长期在南开大学中文系任教授、博士生导师。曾任南开大学中文系主任、中国语言学会副会长、中国音韵学研究会顾问、中国民族语言学会理事。主要著作有：《语言论集》《红河上游傣雅语》等。邢师在 20世纪 50 年代中期曾给南开大学中文系 1955 级同学讲授汉语方言学课程。

马师与我叙衷肠

1973 年夏，我去南开大学东村马汉麟先生家拜访，他非常热情地接待了我。这是我从毕业以来第一次去看望心中思念甚久的恩师。他让我坐下后，不由得聊起这几年的处境。这时他摇晃着头，连声地长叹着："唉！唉！我是一个搞学术的人，自幼除了埋头读书以外，再也没干过别的什么事，也没有别的兴趣爱好，真没想到这伙人他们竟会这样接二连三地整我，一有运动就冲着我来了，真是想不到啊！为什么会这样啊？"他十分困惑地连连眨着眼睛，仰着头嘘唏不已，呈现出仿佛屈原在吟诵《天问》一样的神态。在以后的拜访中，他也向我谈过他的身世，使我颇感兴趣。

他说，他是江苏泰州人，和梅兰芳大师是同乡。他于 1944 年在西南联大中文系汉语言专业毕业，和李荣、朱德熙等学者是同班或前后年级的同学。他的夫人、游国恩的女儿游珏于 1945 年在该系文学专业毕业。他本来考入外语系英语专业，学习一年以后才转到中文系来。他说，和业务相比，他对政治过问得少一些。他选择学习语言专业，是因为他认为语言学是介于自然科学和社会科学之间的学问，学起来很稳妥，不容易犯错误。对于文学作品，他最爱读的是鲁迅、郭沫若、朱自清、闻一多、茅盾、巴金、老舍等大师的著作，其中朱、闻二先生是他尊崇的面授的业师。其他更多人的作品他就无暇问津了。1944 年毕业前夕，为了迎接第二次世界大战的胜利，西南联大命令全体毕业生给美军担任翻译，凡不任此职的，就不发给毕业证。马先生的翻译水平很好，没想到此事竟成了他后来挨整的头条罪状，真是莫须有的罪名啊！偶尔有一次马先生对我说："你这个人很忠厚老实，我很

---

① 垂髫：头发下垂，指童年。

信任你。"其实我和马先生来往并不频繁，远不如有些学友。想不到他老人家洞察学生情况却如此入细入微。他这样一位著名的语言学家能和我这样一名辛事无成的普通学生推心置腹，说出肺腑之言，真让我感动万分。这使我不由得记忆起读大学一年级时，有些学友见我个子矮矮的，体型胖胖的，脸色黑黑的，与马先生有形似之处，而又酷爱古汉语，于是给我起了个"小马汉麟"的绰号，他们一起大声喊着惹得班上哄堂大笑。现在听了马先生一番情真意切的话，我的眼睛不由得湿润了。

马先生终生治学古汉语，早已蜚声海内外，成就卓著，成为业内翘楚，却永远孜孜不倦，博采众长。他长年兼治英语。自 1972 年北京人民广播电台英语广播讲座开播以来，他每天都坚持收听，还把所听到的内容认真地记录下来。我每次去他家，他都兴致勃勃地和我谈英语，时而朗读，时而对话，竟把我这个"英语学徒"当作了知音。当他得知我正在天津财经学院外贸系进修大专英语时，还非常谦虚地说："你多指教。"我听了以后有些无地自容，我会的那点英语跟马先生的才学相比，还不是太仓里的一粒小米啊！

马先生平易近人，无半点架子。记得 1958 年暑假，学校组织师生共同编写教材，工作之余，马先生还加入我们学生的文娱比赛队伍中，在学生自编自演的京剧小合唱里，竟毫无顾忌和学生一起大声演唱，显示出他在学唱京剧方面是有一定基础的。马先生平日没有什么嗜好，只是偶尔吸一点香烟，如铁盒装的"大中华"之类，遇有客人登门造访，就让客人一起来抽。他还爱饮南方产的好茶叶，如铁观音之类，用玻璃杯泡上浓浓的一大杯。吸好烟，品香茗，既能缓解他用脑的劳累，也给先生带来几分惬意。后来先生由于积劳成疾，身体羸弱，健康每况愈下。1978 年夏天，他对我说："我的身体太衰弱了，洗脸时连拧毛巾都吃力了。"我说："我教您一点太极拳，不好吗？"他伤心地说："练不了啦。"此后不久，这位深受师生同人景仰的师尊就与世长辞了。

（原载南开大学中文系 1955 级《学友通讯》第 22 期）

忆往昔兮立师门

1955 年我考入南开大学中文系，最先给我们开课的就是马汉麟先生。他讲授古代汉语，知识渊博、治学严谨而且讲课生动活泼，得到同学们的一致推崇和爱戴。当时我担任班学习委员兼古代汉语课代表，由于有一些班上事情需要和马先生联系，所以我经常登门拜访，顺便请教古代汉语中的问题，这样开始和马先生建立起密切的师生关系。1958 年暑假，学校组织广大师生共同进行科学研究，我被分配到古代汉语编写组。马先生领导我们几名学生一起编写古代汉语教材。他给了我们许多具体的指导，使我在业务上得到了切实的锻炼和提高，为以后自己撰写著作打下了坚实基础。1973 年，我考入天津财经学院外贸系英语班，学习大专英语。马先生见我已近不惑之年又去攻读第二学历，高兴地勉励我说："学习英语对于进行古汉语研究是很有帮助的，一定要坚持把汉语和英语两门课程都学好。学英语贵在坚持，千万不可半途而废啊！"后来我开始搜集英语结构主义和转换生成语法的原版资料，决心借鉴英语句型转换理论，致力于古汉语句型结构以及句型转换的研究。马先生曾语重心长地对我说:"这是一项开拓性的工作,也是一种苦差事,一定要以最大的毅力完成它,要记住:归纳出来的句型形式和分类都要科学,最重要的是句型要齐全啊!"马先生身患重病,还给了我一些指点,使我获益良多。

转瞬间,马先生离开我们已历 20 年了。这些年来,我在辛勤笔耕中经常参阅马先生留给我们的十分珍贵的遗著;在课堂上我时常向学生介绍马先生的学风和观点。在家中或某些场合,总爱与家人、朋友谈论起马先生的为人与治学情况。光阴荏苒,师恩难忘。谨以兹文来表达我对他老人家的缅怀和哀思。

(原载南开大学中文系编《纪念马汉麟先生论文集》第 143、144 页,
南开大学出版社,1998 年)

恭献诗两首

(一)

常攻外语善交谈[1],刺股习文志若磐[2]。
为览星辰登厦顶[3],顽石点首盛思源[4]。

(二)

音学训诂俱非凡[5],屡建奇文耀杏坛[6]。
岂料英年身早逝[7],悲情励我志弥坚[8]。

马师简介

马汉麟先生(1919—1978),江苏省泰州市人。1944 年于西南联合大学中文系毕业,

---

① 指上文中所述西南联合大学全体毕业生给作战的美军担任翻译一事。

② 刺股:战国时苏秦曾用锥刺股来发愤学习。磐:磐石。

③ 马师的天文学知识造诣颇深,常在夜里亲登屋顶观察天空的星象。在王力主编的《古代汉语》一书中,马师负责撰写第三册通论中的"古代文化常识",此部分后来被调出单独成册出版。

④ 古代成语有"顽石点头",用以形容讲述者道理讲得清晰透彻,能使不易感化的人赞叹。思源即思源堂。马师常在思源堂旁第二教室为中文系学生授课,最受好评。当时系主任李何林先生曾高兴地说:"我聘来了一匹好马!"

⑤ 朱德熙先生说:"汉麟同志是我大学时代的同学。他的专门学问是音韵学,但在文字学、训诂学,特别是古代汉语语法方面,也都有深入的研究。"(马汉麟所著《古代汉语语法提要》由陕西人民出版社于 1980 年出版,朱德熙先生为该书作序。)

⑥ 杏坛:传说中孔子聚徒讲学的地方。

⑦ 马师心中曾酝酿着几部大部头的书稿,可惜未能实现,竟然英年早逝(马师 1978 年逝世,时年 59 岁)。

⑧ 南开大学中文系学生极为伤痛,决心立志化悲痛为力量。

长期在南开大学中文系任教授，并任天津市语文学会理事。在王力主编的《古代汉语》中任"常用词及通论"编写组组长。主要著作有：《古代汉语读本》《马汉麟语言文字论集》等。马师在20世纪50年代中期给南开大学中文系1955级同学讲授古代汉语课程。

毕生研读终无悔

我于1952年考入天津第三中学读高中，翌年9月刚开学，语文课更换了新老师，那就是后来享誉神州，独树一帜的裴学海先生。记得裴老师身着蓝色粗布对襟褂子，双手揣在袖中走进了教室。他不苟言笑，神态从容，衣着十分朴素，俨然一副老农模样，更增添了同学们对他的钦敬。他操着一口浓重的滦县口音开始介绍自己："我一生最崇拜的就是江苏高邮王念孙、王引之父子，我最喜欢读的是他们各自撰写的《广雅疏证》《经传释词》，……"他边说边在黑板上写下了人名和书名，给我们留下很深刻的印象。时光荏苒，转瞬间已飞逝了半个世纪，但裴老师的授课情景依然历历在目。记得那时同学们在课余纷纷议论，都为我们能受教于这样一位清华大学国学研究院毕业的研究生而感到万分荣幸、欣喜若狂。要知道他可是国学大师梁启超、陈寅恪、赵元任的高足，而且有独自撰写的《古书虚字集释》专著面世！每位同学都心花怒放，决心把这门课学好，取得优异的成绩，以不辜负美好的机缘。我自初中以来就酷爱语文课本中的文言文，所以更把裴老师奉为心中的偶像。每听裴师授课都像品着香醇的琼浆芳茗一般，如醉如痴。裴师精通训诂之学，即使讲一篇白话文，也要针对其中某几个字做起考证的学问。例如他援引了《楚辞·离骚》中的词句，对"览""相""观"一类字详加比较辨析，旁征博引，功力之深，令人叹服。有时，他依据某字的甲骨文、金文、小篆的字形，来阐释该字的本义；有时运用古音韵学知识来考订、验证某字当训何义。他有如清儒，擅长写一笔端庄的楷书。他的粉笔字板书也遒劲有力，一丝不苟，真是颜筋柳骨，同学们不由得暗暗叫绝。课后他用毛笔蘸朱砂批改学生的作文本，同学们都把它珍藏起来视为瑰宝。可惜经我多年保存下来的最珍爱的作文，不幸在"文化大革命"初期佚失，真令人不胜伤痛矣哉！仅此高中一年，裴师即已把清代乾嘉时期严谨扎实的朴学的种子，埋在我这个不谙世事的幼稚的中学生的心田里了。他老人家循循善诱，使我对古代汉语产生了无比浓厚的兴趣。1955年高中毕业时，在那种"重理轻文"的社会环境中，我不顾一些人的鄙夷不屑，毅然选择了填报中文专业的志愿。同年9月，我被南开大学中文系录取，从此走上了研读古汉语的漫长的人生之路。正是裴先生他老人家对我的影响，把我引入了古汉语学术领域的门扉！

弹指间，裴师仙逝已历30多年。这些年来我在高等师范院校讲授古代汉语，备课经常参阅先生留给世人的那份最珍贵的典籍。我觉得裴师仿佛仍指导着我在教学和科研的崎岖之路上前进，他凭那丰富的学识，永远在向我们传道、授业、解惑。例如《战国策·冯谖客孟尝君》中的"君家所寡有者以义耳"的"以"字，王力主编《古代汉语》释为衍文，即多余的字，难以诠释。裴师《古书虚字集释》中说："'以'犹'惟'也。"这就是说，"以"当"惟（只有）"讲，此一难题轻而易举地迎刃而解了。

裴师博闻强识，具有惊人的记忆力。经史子集，无所不窥，大都能默记于心，烂熟于胸臆，其中尤以《四书》《五经》《前四史》更能通篇背诵。你看他老人家背起书来，滔滔不绝，游刃有余。有如钱塘江上涨的潮水，后浪不断催着前浪，奔腾翻滚，气势磅礴；又如一匹千里马奔驰于原野，"嗒""嗒"的马蹄声清脆嘹亮、连贯悦耳。不论讲课还是做学问，他一般都不需要查阅书籍、寻觅例句，而是信口从容说来，绝无半点差错。在场学子无不为之惊叹，交口称赞："如果不是少年在私塾里苦读磨炼，怎会有如此过硬的功力！"有的语言大师对他这点也非常佩服，不禁流露出自叹弗如之情，颇具深情地说："能有这样真本事的，当今没有几人了！"作为裴师的学生，我深感惭愧。自己所掌握的知识，与他老人家相比，真是沧海之一粟啊！

裴师一生爱好不多，唯嗜博览群书。他生活只有一点小情趣，那就是囊中常揣有用纸包好的一小包干的大虾仁（俗称大虾杆儿），每逢课余或上下班途中就拿出来含上一两枚，聊慰工作的艰辛。

20世纪80年代，裴师的《古书虚字集释》已载入《中国大百科全书·语言文字卷》中第99页。裴师做学问扎实、牢靠、务实、严谨，已成为学界专家对他一致的最公正的评价。作为深受恩师惠泽的晚生，我愿永远学习、继承他老人家的学风，尤其是他那"皓首穷经"的治学态度。

（原载天津市第三中学《校友回忆录》第一册第153—156页，2002年）

恭献诗三首

（一）

群经默诵废餐眠，惊显才学冠校园①。
至上英名荣伟册②，三杰共赞胜前贤③。

（二）

精批细改费朱丹，柳骨颜筋体秀妍。
教诲音容如会面，忽失至宝泪潸然④。

---

① 指裴师于1928年考入清华大学国学研究院一事。据悉，该研究院先后仅办了五届，能考入此院实属不易。

② 裴师大著《古代虚字集释》已载入《中国大百科全书·语言文字卷》，第99页。

③ 裴师考入该院后，他的导师是梁启超、陈寅恪和赵元任三位教授。据说梁先生格外钟爱功底深厚、已近而立之年的这位弟子。

④ 这首诗叙述的是：我多年经心保存了裴师给我批改的高中时的作文本，他老人家给每位同学批改作文都用毛笔蘸上朱砂，以工整的小楷精批细改。字体清妍秀丽，端庄大方，批注一丝不苟，词语亲切。他老人家字体颜筋柳骨，即师法唐代的颜真卿和柳公权两家。可惜这个作文集册在政治运动中遗失。

（三）

终生喜作虚字篇，拓展"王学"不惧难①。
待续宏图别重邑②，门徒掩泣师不还③。

裴师简介

裴学海先生（1899—1970），曾用名会川，河北省滦县人。1928 年考入清华大学国学研究院读研究生，后在天津市立第三中学（原河北省立中学）任教。1954 年调至河北大学任教授。主要著作有《古代虚字集释》等。20 世纪 50 年代前期在天津市第三中学给我班同学讲授语文课并兼任班主任。

---

① 裴师一生最崇拜江苏高邮王念孙、王引之父子，决心在继承王引之《经传释词》上下苦功，学业完成后遂发扬"王学"而著书。

② 裴师曾多年积累资料，准备增补《古书虚字集释》，可惜未能完成，就于 1970 年被送回原籍河北省滦县。而他笔耕多年足足攒了一麻袋的稿子，最终遗失殆尽。

③ 据说 1970 年学校派人赴滦县，迎接裴师回校授课，然而他老人家已逝世。他回乡下不到一年，就匆匆离开人间，令学校师生十分惋惜、悲伤。掩泣：掩面而泣。

主要参考书目

[1] 班固. 汉书（中华书局校点本）. 北京：中华书局，1962.

[2] 布鲁斯·L. 莱尔斯，著；殷洪元，译. 转换语法入门. 济南：山东科学技术出版社，1985.

[3] 陈保亚. 20 世纪中国语言学方法论. 济南：山东教育出版社，1999.

[4] 陈承泽. 国文法草创. 北京：商务印书馆，1982.

[5] 陈广忠，译注. 淮南子译注. 长春：吉林文史出版社，1990.

[6] 陈寿. 三国志（中华书局校点本）. 北京：中华书局，1959.

[7] 戴圣，编. 礼记（十三经注疏本）. 北京：中华书局，1980.

[8] 董治国. 古代汉语句型大全. 天津：天津古籍出版社，1988.

[9] 董治国. 古代汉语句型分类详解. 天津：南开大学出版社，2016.

[10] 董治国. 试论古代汉语句型转换. 《中国语文》，1994（4）.

[11] 范晔. 后汉书（中华书局校点本）. 北京：中华书局，1965.

[12] 管仲，撰. 管子（诸子集成本）. 上海：上海书店，1986.

[13] 郭庆藩，撰. 庄子集释. 北京：中华书局，1980.

[14] 《韩非子》校注组. 韩非子校注. 南京：江苏人民出版社，1985.

[15] 韩峥嵘. 古汉语虚词手册. 长春：吉林人民出版社，1984.

[16] 何乐士，等. 古代汉语虚词通释. 北京：北京出版社，1985.

[17] 桓宽. 盐铁论. 上海：上海人民出版社，1974.

[18] 黄伯荣，廖序东，主编. 现代汉语（修订本）. 兰州：甘肃人民出版社，1983.

[19] 金兆梓. 国文法之研究. 北京：商务印书馆，1983.

[20] 雷馨，编. 英语分类句型. 北京：商务印书馆，1981.

[21] 廖振佑. 古代汉语特殊语法. 呼和浩特：内蒙古人民出版社，1979.

[22] 刘安，等，撰. 淮南子（诸子集成本）. 上海：上海书店，1986.

[23] 刘淇. 助字辨略. 北京：中华书局，1954.

[24] 卢元骏，注译. 新序今注今译. 天津：天津古籍出版社，1987.

[25] 吕叔湘. 中国文法要略. 北京：商务印书馆，1956.

[26] 吕叔湘. 汉语语法论文集. 北京：商务印书馆，1984.

[27] 马汉麟. 古代汉语读本. 郑州：中州书画社，1982.

[28] 马汉麟. 马汉麟语言文字论集. 北京：商务印书馆，1993.

[29] 马建忠. 马氏文通. 北京：中华书局，1954.

[30] 马忠. 古代汉语语法. 济南：山东教育出版社，1983.

[31] 缪文选，校注. 战国策. 成都：巴蜀书社，1980.

［32］裴学海. 古书虚字集释. 北京：中华书局，1954.

［33］任继愈，译注. 老子新译. 上海：上海古籍出版社，1978.

［34］人民教育出版社中学语文室. 中学教学语法系统提要（试用）.《中学语文教学》，1984（2）.

［35］山东大学《商子译注》编写组. 商子译注. 济南：齐鲁书社，1982.

［36］上海师范大学古籍整理组，校点. 国语. 上海：上海古籍出版社，1978.

［37］沈玉成，译. 左传译文. 北京：中华书局，1981.

［38］司马迁. 史记（中华书局校点本）. 北京：中华书局，1959.

［39］孙武. 孙子兵法（宋本《十一家注孙子》）. 上海：中华书局上海编辑所，1961.

［40］孙诒让，注. 墨子间诂. 北京：中华书局，1975.

［41］王充. 论衡. 上海：上海人民出版社，1974.

［42］王力，主编. 古代汉语. 北京：中华书局，1962.

［43］王力. 汉语史稿. 北京：中华书局，1980.

［44］王守谦，等，译注. 战国策全译. 贵阳：贵州人民出版社，1992.

［45］王引之. 经传释词（标点本）. 北京：商务印书馆，1931.

［46］吴则虞，撰. 晏子春秋集释. 北京：中华书局，1962.

［47］邢公畹. 语言论集. 北京：商务印书馆，1981.

［48］徐士珍. 英语句型转换1000例. 郑州：河南人民出版社，1979.

［49］许维遹，撰. 吕氏春秋集释. 北京：中国书店，1985.

［50］杨伯峻. 文言文法. 北京：北京出版社，1956.

［51］杨伯峻，译注. 论语译注. 北京：中华书局，1958.

［52］杨伯峻，译注. 孟子译注. 北京：中华书局，1960.

［53］杨伯峻，撰. 列子集释. 北京：中华书局，1979.

［54］杨伯峻. 古汉语虚词. 北京：中华书局，1981.

［55］杨伯峻，注. 春秋左传注. 北京：中华书局，1981.

［56］杨树达. 词诠. 北京：中华书局，1965.

［57］杨树达. 高等国文法. 北京：商务印书馆，1955.

［58］佚名. 尚书（十三经注疏本）. 北京：中华书局，1980.

［59］俞樾. 古书疑义举例. 北京：中华书局，1954.

［60］章诗同，注. 荀子简注. 上海：上海人民出版社，1974.

［61］赵善诒，疏证. 说苑疏证. 上海：华东师范大学出版社，1985.

［62］邹世诚. 实用英语句型变换. 南宁：广西人民出版社，1980.

［63］A. S. Hornby. *Guide to Patterns and Usage in English*. Oxford: Oxford University Press, 1967.

［64］Lyda E. La Palombara. *An Introduction to Grammar: Traditional, Structural, Transformational*. Washington: Winthrop Publishers Inc., 1976.

后　记

莫辜负文化传承的好时代

　　伟大的中华民族有着数千年的文明历史，创造了灿烂夺目的古代文化。这些宝贵的文化遗产，已成为世界文化宝库的重要组成部分，值得我们骄傲自豪和发扬光大。尤其令人兴奋的是，这些年来传统文化呈现出一片辉煌喜人的景象。各级各类学校都开设了有关古文化的课程。就连大街小巷里从幼儿园接出来的边走边跳的小朋友也会诗不离口。他们一路高声吟诵着唐诗宋词，其父母在一旁与他们一唱一和。家长们还不时地把《三字经》《千字文》和《弟子规》中宣扬孝顺、睦邻、礼让的小故事讲给孩子们听，以陶冶他们的情操。在国家大力提倡"文化自信"的时代，教育部已经把加强中小学教育郑重写进了文件，其精神不仅融入了大纲，更体现在了课本中文言文比例的增加上。

　　如果认为读古书只是学习文学、哲学、历史的少数专业人士的事，那就错了。事实上有不少行业都需要研读古书。一些有硕士、博士学位的学子对古籍更是情有独钟。我们曾亲聆过，中医大夫在讲授养生的课程中背诵张仲景的《伤寒论》和孙思邈的《千金方》中的经典名句，用以说明如何调治各类沉疴和杂症；军官们会联系孙武的《孙子兵法》和吴起的《吴子》中的故事，讲述古代将士屡建奇功的缘由；武术教练在讲授内家拳时，以孙氏太极拳创始人孙禄堂撰写的《太极拳学》《八卦拳学》和《形意拳学》中的拳理为证，让人们不仅学会比武的娴熟技巧，更重要的是练出"正气"来，强健体魄，延年益寿；京剧艺术家在教给徒弟们学唱梅（兰芳）派《贵妃醉酒》中的"海岛冰轮初转腾"或学唱马（连良）派《打渔杀家》中的"稼场鸡惊醒了梦里南柯"的唱段时，要求练习者必须懂得幽雅的戏文和艰深的典故的含义；书法家向爱好者传授如何挥毫泼墨，也常会以王羲之的《兰亭集序》和孙过庭的《书谱》为楷范，申明应认真临摹大师们书写的每个字神奇的结构和笔力，等等。除了上述情形之外，在天文、地理、电影、戏剧、音乐、曲艺、绘画、建筑、考古和鉴宝等领域，人们无不将古籍奉为理论必参之宝典，修养品德、施展技能的指南。身在这些行业若不能直接阅读原版古籍，将大师们教导我们的格言熟记于胸，就会事倍而功半或一事无成，不亦哀哉！

　　多年来，我在其他高等学校兼授对外汉语课程，深感外国留学生对古书十分喜爱，他们除了能讲一口流利的汉语之外，每人都能滔滔不绝地背诵孔子、孟子等大师的经典原文，对于《诗经》《左传》和唐诗中的僻字、难句皆能解释得十分精准，总之深得古书之三昧，令人钦佩。世界各地相继建立了诸多的孔子学院，异国学子们也能够领略中华传统文化的魅力。事实告诉我们：传统文化不仅在祖国大地迎来复兴，而且确已走出了国门，走向了世界。

我们虽然喜欢古书，但不会再走几千年来头悬梁、锥刺股、皓首穷经的老路，那种一味读了背，背了读，苦读、死读，并不理解真意的旧私塾式教学，生效极其微小而缓慢。作为新时代人，我们一来不应安于现状，墨守成规而停滞不前，二来应该广泛地汲取国内外最新的科研成果，闯出一条崭新的学习古文的康庄大道。

为了实现古汉语教学改革这一重要目标，我们应当鼓励"三性教学"，它们是：

一、大力提倡创新性。教师和学生都要做到能够借鉴有益的经验，开动脑筋，尽力探索，创造出更先进的古文教学方式，来适应突飞猛进的现实需要。

二、努力追求全面性。传统的古汉语研究大多偏重于研讨词法，致使词典、辞书在全国大小书店、图书馆乃至千家万户星罗棋布。而探讨句子的书籍犹如凤毛麟角，寥寥无几。因此，编写描述句子结构的书籍是十分必要的。此外，古汉语知识领域中，还有一些不为人所注意的知识内容，尚需大力发掘，如：考虑兼语句、双宾语句、主谓谓语句有没有增添的新模式，"之谓"句和"谓之"句的用法有何区别，等等。

三、坚持增强趣味性。要鼓励学生阅读课外书并踊跃参加多种教学活动，如：知识比赛、知识竞猜等。更重要的是鼓励学生亲自动手收集材料，采摘例句；积极动脑思考并解决问题；经常动口回答问题，归纳问题，总结规律，得出结论。这样教师和学生都会乐此不疲，获得求知的极大乐趣。读古书也将由呆板枯燥变为趣味盎然，使学生和教师一样，都是教学的主人，这样才会有学习古文的源源动力。成年读者也不妨培养自己勤于用手、用脑和用口的习惯，在"全民阅读"的大环境中体验古文的隽永韵味。

作为古代汉语教学工作者，我们应当以开放的视野、创新的思维，为古汉语学习摸索出多元化、有特色的路径和模式，在科研的前进路上结出香菲硕果！

董治国

2018 年早春